ピエール・ブーレッツ

20世紀ユダヤ思想家

来るべきものの証人たち

2

合田正人
渡名喜庸哲
藤岡俊博
共訳

みすず書房

TÉMOINS DU FUTUR

Philosophie et messianisme

by

Pierre Bouretz

First published by Éditions Gallimard, 2003

20世紀ユダヤ思想家　来るべきものの証人たち 2

目次

＊ 本書は Pierre Bouretz: *Témoins du future. Philosophie et messianisme*, Éditions Gallimard, 2003 の第4章から第6章の邦訳である。同書は全9章からなり、第1章ヘルマン・コーエン、第2章フランツ・ローゼンツヴァイク、第3章ヴァルター・ベンヤミンは邦訳の第1巻に、第7章レオ・シュトラウス、第8章ハンス・ヨナス、第9章エマニュエル・レヴィナス、および全巻索引は邦訳の第3巻に収録する。

＊ 翻訳にあたっては、原文の nation は文脈に応じて「民族」「国民」「民族＝国民」等に訳し分けた。また、同じく peuple は基本的には「民」と訳したが、peuple juif については「ユダヤ民族」とした。

第4章　ゲルショム・ショーレム——認識と修復とのあいだの〈伝統〉

ゲルショム・ショーレムは、自叙伝の最後の数段落で、自分が別のところで書いたカバラーにおける椰子の雌雄両性に関する二頁の文章が、いかにして自らの運命をエルサレムへとつなぎとめることになったのかを語っている。開拓の時代、パレスチナにユダヤの民族的な住処を設立するという計画を自らの権威でもって後押ししていたバルフォア卿は、ヘブライ大学の設立をも取り仕切っていた。このヘブライ大学は、フェリックス・ウォーバーグがまさにユダヤ教のあらゆる面の研究を行う機関を創設するために充てた寄付によって、ユダー・レオン・マグネスの指揮のもと日の目を見ることとなる。マグネスは、「古く新しい国」に暮らすためにベルリンから来たこの若者についてすでに聞き及んでいた。この若者は、カバラー研究を続けながらも図書館司書として生計を立てていたのだ。だがこの若者は適任だったのか。人選委員会では、とりわけマルティン・ブーバーという支持者がいた。ブーバーの意見は不可欠のものではあったが、しかし十分なものではなかった。いわゆる学術論文には冷淡であるという評判だったからだ。そこで別の識者の意見を聴く必要があった。すなわち、当時ベルリンのユダヤ教学高等学院の院長であったユリウス・グットマン、およびユダヤ教学の古き伝統の生きた体現者であったイマヌエル・レーフである。ユリウス・グットマンは、ショーレムの初期の論考とその哲学的素養に鑑み、彼を熱烈に推薦した。イマヌエル・レーフの方は、椰子の雌雄両性についての数頁を読んで、こう決断した。「これを書いた男は信頼してよい(1)」。

その時代最も気高い知性の持ち主の一人であった者の未来が、ラビ文学や植物学に魅かれた老賢者の判断に基づいて決められるという素晴らしい時代に、ゲルショム・ショーレムは、トリエステ、アレクサンドリアおよびヤッフォを経由する長旅の末、エルサレムにすでに居を構えていた。一九二三年九月の、小説のように波瀾に富んだこの旅路は、それだけでも教訓を与えてくれる(2)。当時は、トリエステとパレスチナとを結ぶ直接の海路はなく、アレクサンドリア行きの船があるだけだった。そこでの選択肢は二つだ。すなわち、戦争中にイギリスによって敷設された、エル＝アリシュとガザを経由してシナイ半島を横断する鉄道を使うか、あるいはヤッフォまでレバントのいくつもの港に寄港する船を使うかである。ショーレムの選択は、すでに三月に渡航していたのちに妻となるエシャが、ヤッフォで待っているという事情によって決められたのだろう。そこで二人はヨム・キプールの朝に再会することになっていたのだ。ショーレムはシュローモ・ゴイタインと一緒に船に乗り込んだが、ポートサイド〔エジプト北東部の港町〕で足止めされたため、その町のシナゴーグでコル・ニドライ〔ヨム・キプール第一夜に朗詠する歌〕の礼拝に出席することにした。ゴイタインの方は船に残ったため、翌日にはハイファに着き、パレスチナの国で夜のネイラー〔ヨム・キプールを締めくくる礼拝〕に行くことができた。シヨーレムはようやくパレスチナに辿り着いたものの、数日のあいだテルアビブに留まる。最初に驚いたことは、そこで「ドイツ人」〔アシュケナジー〕がヘブライ語ではなくガリツィア語を話しているということである。ショーレムはしばしば、このまだ新しいイシューヴ〔イスラエル建国前のパレスチナのユダヤ人共同体〕における言語の混乱について述べている。彼自身ドイツでヘブライ語を学び、長いこと用いており、もはや習得していたため、ベルリンなまりの発音をより広まっていたロシア風の抑揚に変えようとは思わなかった。一年後、ハイム・ヴァイツマンが国立大学図書館創設の際にエルサレムに来たとき、彼は、ヘブライ語よりも英語か、あるいはフランス語で話した方がましではないかとザムエル・フーゴー・ベルクマンに漏らすだろう。ショーレムとしては、この言語の微妙なニュアンスに慣れ、その豊かな源泉を取り戻すにいたるためにはもう少し時間が必要だと自覚しており、すぐさま自分の仕事ではヘブライ語を用いるようになる。

ショーレムはついに九月二〇日、ホシャナ・ラッバ〔仮庵の祭りの七日目〕に、エルサレムに到着する。しばらくのあいだザムエル・フーゴー・ベルクマン宅に滞在するが、そこでまだ顔を知らなかった男の写真がピアノの上にあるのを見て驚く。フランツ・カフカであった。しばらくしてショーレムは、一一月のハポエル・ハミズラヒ〔正統派シオニストの組織ミズラヒの労働者部門〕の宗教的シオニストの会合で結婚することになるエシャとともに、アラブ人の家の二部屋に居を定める。そこには電気も電話もなく、水は貯水槽から汲んでくるため、マラリヤやチフスのおそれもあった。だが、壁の厚さのおかげで、当時多くの旅行者が不平を言っていた不測の気候からは守られていた。その街区の描写からは、エルサレムの地理と居住者の社会が浮かび上がる。当時、ユダヤ人人口は一〇万に満たなかったが、第二次アーリア（一九〇四年―一九一四年）の際に移り住んだ人々と、その後やってきた若い世代のシオニストらとのあいだで共同体が形成されていた。ショーレムを受け入れてくれたベルクマンのサークルには、パレスチナで生まれた者たちや、とりわけ医者たちがいた。なかには、ジクムント〔・フロイト〕の親類であり、ショーレムの二番目の妻となるファニアの叔父であったヨゼフ・フロイトもいた。ショーレムが住むアビシニア通り（今日のエチオピア通り）は、古きイシューヴと新たなイシューヴの一種の境界線であった。通りは、タルムード学校《イェシヴァ》から一日中トーラーの朗唱が聞こえてくる正統派の地区メアー・シエアリームに面している。ここではシオニストは忌み嫌われており、彼らの事業は悪魔の所業だと非難され、ヘブライ大学創立の際には壁中に破門や呪詛の言葉が掲げられたほどである。だが、同じ通りは、キリスト教施設や各国領事館のある区域の端にある預言者通りにも通じている。ここからは地上のほとんどあらゆる言語を聞くことができるヤッフォ通りへも遠くない。つまり、この通りは、新たなイシューヴ、真のハルツィーム（開拓者）の共同体の象徴であるシオニストらの街区の境界を定める「世俗の通り」というわけだ。半世紀後、メアー・シェアリームのまわりのこの地勢について語る際、ショーレムはこう書いている。「われわれは、この正統派の楽園の壁の外に、それこそ寓意的に住んでいた」。さらに付記すべきは、そこに彼にとって恵みと思われたものがあったことである。この街区には、もはや誰も触れようともしない神秘主義の珍書、この地に移り住み、祈り、学び、死んでいった者たちが残した世界のあらゆるところからやってきた学問的ないし異様な小品など、夥しい書物があったのである。ショーレムの行く手には毎日こうした書物との出会いがあり、これをわずかな値段で買うことができたのだ。まもなくして、彼は探している重要文献の欠本カタログを作り、その表題を、二つのしかたで読みうる聖書の一句、「平和《シャローム》のもとへ来たれ」と「ショーレムのもとへ来たれ」とするだろう。

以降、ショーレムの友人は、都市に残る者と、新しくできたキブツに新たな社会や生活を作ろうという夢を抱いてやって来る者とに分かれる。最初の冬のあいだ、ショーレムは、プラハから来たザムエル・フーゴー・ベルクマンの近親者や、ハショメル・ハツァイルの構成員であるガリツィア（現在のウクライナ南西部およびポーランド南部の地域）の若い社会主義的シオニストらによって一九二二年に設立されたキブツ、ベト・アルファを訪れている。その土地は、国土の東端に位置しており、生活は困難で危険なものだった。一九二九年には、そこでパレスチナのシナゴーグとしては最も古いものの一つが発見されることになる。ところでショーレムはベト・アルファでイェフダー・ヤアリという人物に出会っている。

彼は、ショーレムにとって、再構成すべき「興味深い生涯」、豊かな系譜を有しているように思われた人物の一人である。この点はエルサレムの共同体のほかの構成員も同様である。プシェムィシル〔ポーランド南東部、ウクライナ国境近くの都市〕のツァディク・ラビ・メイールの家系に属するガリツィア出身の考古学者レオ・アリ・メイール、ドイツのリベラルなラビたちの環境に由来するシオニストの苗床であるコーン一家などである。イェフダーの場合は、ラビ・ナフマン・ブラツラフの継承者であるプシェヴォルスク〔ポーランド南東部の都市〕のツァディク・ラビ・モッシェに近しい人物である。ラビ・ナフマン・ブラツラフは、バアル・シェムの曾孫にあたるが、このバアル・シェムとは、一八世紀末にイスラエルの地を旅したのちにロシアにハシディズムの大共同体の一つを築き、ウクライナのウーマニにあるその墓は崇拝の対象となっている人物なのである。こうした系統の記憶をとどめたイェフダー・ヤアリは、ショーレムにとって、バアル・シェムの遠き世界と第三次アーリアの世界との生きた紐帯なのであり、キブツ精神そのものと言うべきもののまわりに突如結集したこうした世界に、一種のユートピア的統一を与える者だったのだ。彼のおかげで、ショーレムは、いくつかのキブツで講師の「キャリア」を始めることになり、サフェド〔イスラエル北部ガリラヤ地方の都市〕のカバラーの歴史について定期的に話をするようになる。一九四一年のプリム〔アダルの月の一四日の祭り〕からペサハ〔過越しの祭り〕までのあいだ、彼はサバタイ主義について一二時間以上も話すようになるだろう。それは「この国での私の生活のなかで最も幸福な時の一つ」だったのだ。しかしながら、ショーレムが新たな生活を築き、学者としての自らの使命を成就しようとするのはエルサレムにおいてである。一見すると、彼は政治運動にあけくれる生活には比較的無関心だったように見える。一九二〇年以来エルサレムで暮らすベルクマンのサークルで、ショーレムはできたばかりのヒスタドルト〔イスラエル労働総同盟〕の組合員たちや、とりわけハポエル・ハツァイル〔一九〇五年に創設された非マルクス主義的シオニスト組織〕の「若き労働者」たちと関わることになるが、彼らの文書をベルリンで読みコメントした際には、あまりに集団主義的すぎて趣味に合わないと判断していたのだった。半世紀後に質問を受けた際、ショーレムは自分が実質的に与していたのはハルツィーム、すなわち、ヘルツル以上にアハド・ハアムの影響を受けた実践的シオニズムの名のもとで、政治よりも具体的活動に関心を抱く開拓者らであったと語っている。彼らとともにブルジョワ的な生活を敵視しつつ、ショーレムは土地よりも本を買うことを好んだ。ある日には、自分が同じ世代の古参のなかでほとんどわずかの土地も所有していない少数の者のうちの一人であることに気がつくだろう。

居を構えるとすぐに、ショーレムは重大な結果をもたらす選択を迫られることになる。生活の必要に応えうる仕事を選ばなければならなかったのだ。シオニズム執行機関の教育主任が、アルバート・アインシュタインによって将来行列論の指導者になると見込まれた若い博士が抜けた代わりの数学教師のポストをショーレムに提案してきた。その仕事はすぐ始めなければならなかったが、報酬は話にならないものだった。そこにもう一つの展望がベルクマンのおかげで開けてくる。国立図書館のヘブライ語部門での司書の仕事である。ベルクマンは熱心にこう言った。「きみはヘブライ語の本のことならなんでも知っているし、専門知識があってユダヤ関係に精通している。月一〇ポンドほど払えるが、もちろん即金ではない」。ショーレムが選択したのは書物の方であり、あとは支払いについて執行機関を説得するだけだった。執行機関からは拒否されたが、ショーレムは、図書館に直接寄付されたお金を闇金庫から直に受け取ることができるようになる。数カ月のち、ユリウス・グットマンの指導のもと、イツハク・ベアーやレオ・シュトラウスも通っていたユダヤ教学アカデミーで数年前に会っていた友人ダーフィット・バーネットが合流することになるだろう。ここに再び、とりわけ「興味深い」系譜が描かれることになる。ダーフィットはモラヴィアの碩学のラビの家系に属しており、その痕跡は一八世紀初頭まで遡る。先祖であるモルデカイ・ベン・アブラハム・バーネトは四〇年にわたってとある著名なタルムード学校《イェシヴァ》を主宰しており、とりわけハンブルク寺院建立の際に改革派の運動に対して敵対する行動をとったことで注目された人物である。一八九三年にクロトシン〔現在のポーランドの都市〕で生まれたダーフィット・バーネットはショーレムより少し年上で、一九二〇年以来ユダヤ教学アカデミーで助手として働いていた。卓越したアラビア語の使い手であった彼は、ハインリヒ・グレーツの最後の弟子であるフィリップ・ブロッホの書庫の目録作成も行っていた。ショーレムはバーネットのことをベルリンにいたころから知っており、自叙伝では彼が企画してくれたブロッホとの会談について語っている。ブロッホは、この若き同僚を迎え入れてこう言った。「私たちは二人ともメシュッゴイーム、狂人ですからね」。ショーレムはカバラーの手稿に感嘆しこう言った。「あなたがこれをすべて研究したとは、なんと素晴らしいことでしょう！」ブロッホ曰く、「なんだって、こんなつまらんものを私にまだ読めと言うのか」。ここにすでに、ユダヤ教の隠された世界を軽視し、ほかの諸国民に提示できないものだと判断していた合理主義の古き学者たちの世代との断然の一端が見られる。

エルサレムではザムエル・フーゴー・ベルクマンが中心的

な役を演じていた。一八八三年に生まれた彼はその世代では年長であり、一九二〇年以来パレスチナで暮らしていた。すぐさま誕生したばかりの国立大学図書館長となったため、到着してくる文無しの若い学者らにポストをあてがうことができたのだ。だが、彼はとりわけベルリン的世界と東方の若いシオニストたちの組織の苗床との架け橋だった。プラハでは、彼は学生組織バル・コクバの主導者の一人であり、カフカの友人にしてマルティン・ブーバーの近親者でもあった。ある日、彼はショーレムに、ブダペストの著名なイスラム学者から寄贈された蔵書を管理できるアラビア語専門の司書を探していることを伝えた。ショーレム曰く、「それはぼくの友人のバーネトにうってつけの口だ。彼ならすべて条件がそろっている。彼はヘブライ語とアラビア語に堪能で、どんなことにも石橋をたたいて渡る几帳面さの持ち主だし、ブロッホの蔵書の目録づくりで司書技術も身につけており、ぜひともここへ来たがっている」。エルサレムに着くと、バーネトは月二五ポンドもらえることになっていたため、ベルクマンはショーレムにも同額の報酬を求める交渉をすることができた。彼ら三名とこの図書館を中心にして、のちにエルサレム歴史学派を生むことになるグループができたのである。仕事は膨大にあり、ベルクマンは土曜日に人が来ることも許容したが、この安息日に煙草を吸うことは禁じた。そうこうするうちに、図書館紀要を公刊することが話題になった。この機会に、ショーレムはベンツィオン・ディヌールと出会う。彼は、イツハク・ベアーとともに、ユダヤ教学アカデミーの初代院長である大歴史家オイゲン・トイブラーの最良の弟子の一人とみなされていた人物である。こうして創設者たちのなかに新たな顔《プロフィル》が加わることになる。ショーレムより一三歳年上のディヌールはリトアニアのタルムード学校《イェシヴァ》で教育を受け、そののちベルン、ペトログラード、ベルリンのユダヤ教学高等学院で学ぶ。一九二一年よりエルサレムに定住するが、彼の同僚たちよりもいっそう政治活動に参加していた。シオニズム左派の活動家であり、そののち第一回クネセト〔イスラエルの国会〕でマパイ党〔現労働党〕の議員となり、一九五一年から一九五五年には文部大臣を務め、最後にはホロコースト《ヤド・ヴァ》記念館《シェム》の館長となる。ディヌールは、ユダヤの歴史を、イス《エレッ》ラエルの地《ツ・イスラエル》と〈離散《ディアスポラ》〉のあいだの根本的な緊張関係をめぐって、シオニズムの視点から描こうとしていた。ところで、ディヌールはベルクマンとショーレムとともに年四回発行の紀要の創設を目指していた。この紀要『キルヤト・セフェル』（*Kirjat Sefer*）の第一号は、一九二四年のペサハに公刊され、ショーレムの初のヘブライ語論文がそこに掲載されることになる。約一〇年後、ディヌール、ベアー、ショーレムはのちに歴史研究の殿堂となる『ツィオン』（*Zion*）誌を創刊するが、一方ベルクマンの方が哲学に関してこれと同様の雑誌を創刊するには数年待たねばならず、この『イユン』（*Iyyun*）誌の創刊は一九四五年であった。残るはイツハク・ベアーである。彼は一八八八年にドイツに生まれ、文献学、哲学、歴史学を修め、一九一九年に誕生したばかりのユダヤ教学アカデミーに入る。エルサレムに来たのはもっと後であり、二〇年代の末であった。だが、彼の中世スペインに関する研究はすでに多大な印象を与えるものであった。一九二三年以降、彼はサロモン・イブン・バルガの『ユダの王笏』（*Shevet Yehudah*）およびその源泉に関する注目すべき分析を公刊しており、〔一四九二年の〕スペイン追放以降のユダヤ・スペイン世界の理解の刷新をすすめていた。さらに、数回のスペイン滞在のおかげで、膨大な資料収集もしていた。数千頁におよぶ『キリスト教スペインにおけるユダヤ人』（*Die Juden im christlichen Spanien*）第一巻は一九二九年にベルリンで公刊され、第二巻はエルサレムで一九四一年に公刊されることになる。これら双方は、一九四五年にヘブライ語で公刊される記念碑的著作『キリスト教スペインにおけるユダヤ人の歴史』の土台となるものである。その間、ベアーは何度かドイツに戻り、とりわけ一九三六年、まさに最後の機会に、赤表紙の「ショッケン叢書」から、ショーレムが「真の至宝」とみなした小著『追放』（*Galut*）を公刊している。

　こうして先駆的学者の世代の枢軸となる核が集結したわけである。彼らは、イスラエルの地《エレツ・イスラエル》への回帰とユダヤ研究の再興とを結び合わせるという欲望を象徴する場所、自分たちの知識への情熱と建立者になる夢とに権威付けをしてくれる研究機関を待ち望んでいた。その計画はあったが長いあいだシオニズム執行機関の書類箱に散らばっており、ショーレムをして「一八八二年から一九一二年のヘブライ大学の前史はただの空事だ」と言わしめたほどである。ヘルマン・シャピラは、一八八四年から、第一次アーリアのために闘っていたロシア生まれのシオニズム組織であるヒバト・ツィオンのカトヴィツェ〔現在のポーランドの都市〕での会議の際にこの問題を提案していた。さらに彼は、一八九七年の第一回世界シオニスト会議の際には、ユダヤ民族の土地という問題とともに、この問題を議事録へと組み入れていた。すぐさま、ハイム・ヴァイツマンがこの問題にとりかかり、マルティン・ブーバー、ベルトルト・ファイヴェルとともに一九〇一年のシオニスト会議のためのパンフレットを起草したため、ヘルツルはオスマン帝国のスルタンに許可願を提出することができた。一九一三年の、第一次大戦前の最後のシオニスト会議では、ヴァイツマンとユダー・レオン・マグネスがこの計画の具体化を担うことになったが、ヨーロッパの諸々の出来事によってこの企ては延期されることになる。大戦はまだ終結していなかったが、一九一八年七月二四日に、一二個の礎石が象徴的にスコプス山に据えられた。だが、最初の講演が行われるには一九二三年を待たねばならない。これはアルバート・アインシュタインが相対性理論について行った講演であるが、その最初の言葉はヘブライ語で、すなわちそこでのその後の教育を担うことになる言語で発せられたのだ。ここでもヴァイツマンとマグネスが、当時想定されていたところに基づき提示されていた二つの方向性を具体化する役を担うことになる。すなわち、一方の生物化学者は自然科学を、他方はユダヤ研究をという方向性である。ショーレムによるユダー・レオン・マグネスの人物描写は、彼の最も熱のこもったものの一つである。マグネスは一八七七年にサン・フランシスコで、一世代前にポーランドとドイツからやってきた家に生まれ、エルサレムには一九二二年の秋に家族とともに定住した。マグネスの経歴は、彼がショーレムにとって「桁外れの」人間であったことを示すには十分なものだった。ニューヨークでマグネスは様々な階級のユダヤ人共同体を結びつけるために働き、その結果一九〇五年のバーゼルでの世界シオニスト会議にその代表として参加し、ロシアや東方の各組織との持続的な連携を築いた。さらに彼は若くしてニューヨークの最も目立つ共同体の一つを率いるも、改革派の失敗を告発したため責任職を辞任することになる。その後正統派の生活態度に戻るが、彼はアメリカ的急進主義と、一時滞在していた中央ヨーロッパに由来する文化的シオニズムとの奇妙な折衷を体現していた。戦時中は平和主義を唱え、一種のボルシェヴィキとみなされる危険を冒しつつも、ヴァイツマンの潮流からは距離をとる。だが、五番街的な雰囲気から隔たっていた彼は、戦後のアメリカのユダヤ社会において大きな道徳的権威を保っていたのである。

　エルサレムでは、大学を新たなイシューヴのシンボルにしようと考えた人はいたものの、その大義は既得のものとは言いがたかった。流行りの冗談の一つに「博士《ドクトル》」をユダヤ式ファースト・ネームにするというものがあったし、学のある労働者も十分いるからこれ以上増やさなくてもよいだろうと考えている者も多かった。他方でほかにすべきより緊急の仕事もたくさんあったのだ。しかし、ユダー・レオン・マグネスは、大銀行家のフェリックス・モーリッツ・ウォーバーグの訪問を上手く利用し、彼を計画の味方につけて、ほかの人々を魅惑できるほどの多額の寄付金を得ることができた。彼のおかげで、ユダヤ研究所が一九二四年秋に開設され、そしてその翌年の四月一日にヘブライ大学が正式に創設されることとなった。エルサレム神殿の破壊を記念するアブの月九日の断食の数日前に行われた式典の光景は壮大なものだった。エルサレム北東部のスコプス山からは、一方で旧市街の城壁が、他方でユダヤ砂漠、ヨルダン谷、死海、モアブの丘といった聖書の土地が見晴らせる。岩をくりぬいてできたばかりの円形議場の観覧席には、シオニズムの主要な人物であるハイム・ヴァイツマン、ラビ・クック、ビアリク、アハド・ハアムらが列席しており、「素晴らしい姿の老人」、議長のバルフォア卿が、「沈みゆく太陽を前に、ユダヤ民族を、そしてこの民族が過去になしてきたこと、将来になすだろうことを讃えた」。マグネスは賭けに勝ったのだ。彼は初代総長になり、のちには大学出版局および大学で最も威信のある教授職にその名が冠されることになろう。しばらくして、イツハク・ベアーが中世史の教授に任命され、さらにザムエル・フーゴー・ベルクマンが哲学の、ダーフィット・バーネトがアラブ文学の、ベンツィオン・ディヌールが現代史の、シュローモ・ゴイタインが中東研究の、そして最後にゲルショム・ショーレムがユダヤ神秘主義およびカバラーの教授となるだろう。目下のところユダヤ研究所は始まったばかりであり、そこを、時間のすべてを冒険に、生活のすべてをユダヤ的生のあらゆる面に対する研究へと捧げることのできる情熱的な若い学者で満たす必要があった。ユダー・レオン・マグネスは、そのなかでも最も奇妙な分野に身を捧げている人物を一人知っていたが、そのためにはまずこの人物の知識を確認しなければならなかったのである。

ベルリンからエルサレムへ

晩年、ゲルショム・ショーレムは自らの世代の経験を振り返り、それを「歴史意識」[3]の浸透と性格づけた。ユダヤの歴史の流れを否認せずに変形すること、ヨーロッパにおけるこの歴史の様々な形態に対する根本的反抗を引き受けつつもその連続性を再び統合すること、こうしたことこそ、彼の目には「われわれを来《こ》し方《かた》に結びつける紐帯」という本来の意味での宗教《レリギオ》としていまだ命脈を保っているように見えたこの意識のまさに弁証法的な形態であったのだ。ショーレムはベルリンですでに博学への情熱と、彼が「宗教とニヒリズムの臨界点にある」[4]と気づき始めていた対象を理解する欲求とをはっきり持っていた。エルサレムに定住すると、彼は、諸々の時の特異な融合のなかでユダヤ的生のあらゆる側面を凝縮する場を生きることとなる。すなわち、まさに夢を実現せんとする現代の政治経験の——時に靄のかかった——英雄主義、シナゴーグから聞こえてくる祈禱の声のリズムにあわせ、またタルムード学校《イェシヴァ》から差しこむ柔らかな光のもと、最後のカバラー主義者たちがいまだに存在する街区が漂わせている永遠性の感情、忘れられていた書物との出会い、友人たち——

みなアカデミックな生活の強制から解放され、自分たちだけで伝統の創設者となるだろう——との議論の赴くままに新旧の様々なかたちを結びつけることのできる研究の幸福、こういったあらゆる側面を凝縮する場だったのだ。これがすなわち、一九二三年秋に彼が新たな生活を始めることとなったイスラエルである。「おそらくは楽園の本性そのものに根ざす[…]、むしろ弁証法的な楽園」である。[5] こうした感情を理解するためには、ほかにも多くのことを証言してくれる彼の経歴の初期へと遡る必要があろう。この経歴は、ユダヤの歴史を書くということにまつわる数々の秘密をも明らかにしてくれるはずである。

大戦に先立つ数年、ゲルショム・ショーレムは〈離散《ディアスポラ》〉と知的ヨーロッパの中心の一つであったベルリンでその青春時代を過ごしていた。生涯の終わりにさしかかっていたヘルマン・コーエンの後見的な影のもと、年上のフランツ・ローゼンツヴァイク、マルティン・ブーバー、そしてヴァルター・ベンヤミンの傍らで、またカフカという神秘的な星が輝いていたプラハからもさほど遠くないところで、ショーレムは、広く共有されていたある自己同一性《アイデンティティ》の経験を有していた。すなわち、やがて疎遠なものと見えてくる一つの言語、文化、文明のなかにこれまで埋もれたままでいた諸々の根を再び見つけ出すことによって自己同一性《アイデンティティ》を構築しなければならないという経験である。だが、多くの同時代人とは異なり、ショーレムは非常に早くからこうした諸帰属のもつれを明確にしようという関心をはっきりさせていた。ヘブライ語を学び、パレスチナに定住しようという彼の早い時期からの決断はその象徴である。環境によって抑圧され、ひいては禁止もされていた自己意識への目覚めの痕跡を辿ること、さらにベルリンからエルサレムへの彼の道程を再構成すること、こうしたことは、歴史によって破壊されたある世界の何がしかを感じ取ることであり、同時にある使命の諸々の起源を暴くことである。こうした仕事は近年閲覧可能になった彼の修業時代についての豊富な資料によって可能になるだろう。ショーレムが自らの八〇才の誕生日のために書き、その後も手直しした自叙伝のほかにも、同じ時期にヴァルター・ベンヤミンの思い出のために書かれた書物が、彼との友情を合わせ鏡として、同化の世界に対する様々なかたちの反抗についての記述を補完してくれる。[6] あるいは、最近公刊された書簡集は、交友関係、諸々の書物や考えの往来、さらにドイツ文化やユダヤ教内の矛盾した諸潮流と事を構えるような思想の形成がどのようなものだったかを明らかにしてくれる。[7] 付記すべきは、とりわけ内容豊かな次の二つの書簡集である。ヴァルター・ベンヤミンとの書簡集においては、ショーレムの著作の決定的諸テーマが、ベンヤミンとの友好的かつ特異な激しい対立を通じて素描され、確たるものになっていく。だが同様に、ショーレムと母との書簡集は、激動の人生の初期にあった冒険に対する一種の固定点となっている[8]。最後に、若きショーレムの日記という逸品がある。そこでは彼のヘブライ語の修業、〈伝統〉の発見、読んだ本や彼の人生にとって決定的なものとなった数々の出会い、彼を取り巻く世界やシオニズム、様々なかたちの政治経験に対する問いかけなどをその日その日で追うことができる[9]。ゲルショム・ショーレムは対話相手の系譜を記憶から再構成するのに長けていたが、自分自身の系譜もまさに再構成し、いかなる点でそれがベルリン的ユダヤ教の典型であったのかを強調している。ショーレムという名は、シャローム〔平和〕のアシュケナジー風の訳語であり、姓としてはきわめて稀であったが、イディッシュ作家のショーレム・アレイヘムのようにファースト・ネームとしては多かった。その起源はある取り違いにまで遡るようである。一八一二年の勅令でプロイセンがユダヤ人に姓を名のるように命じた際、姓を聞かれたことをよく理解しなかった祖先が、戸籍係の役人に、自分の名は「ショーレムだ」と答え、それが登録簿に記載されることになったわけである……。だが、自叙伝のヘブライ語版によればこれはおそらく伝説だろうということなのだが[10]！　逆に確かなことはショーレム家が低部シレジアの出で、ベルリンには片方は一世紀以上前から、もう片方は三代前から定住しているということだ。ゲルハルトが一八九七年一二月五日に誕生したとき、両親は、一九世紀中葉から社会的階層を上り始めていたユダヤ人の中産・小ブルジョワの典型であった。父方はベルリンで印刷所を所有していた。父自身は小さな印刷事業を営み、時間の多くを職業団体や体育組織に費やしていた。彼が編集した本で家の蔵書に置かれていたのは『ドイツ体操総覧』くらいだった。それよりも重要なことは、父方の叔父が、『ユダヤ展望』（*Jüdische Rundschau*）誌と、ヘルツルがつくった『世界』（*Die Welt*）誌というドイツのシオニズム組織の二つの機関紙の印刷を引き受けていたことである。叔父は、学問に携わる職業への古典的な移行を踏まなかった家庭ではうるさがられていた学者肌であったが、ゲルハルトにとっては両義的な参照項をもたらす存在であった。すなわち、長く学問の形式を忘れてきた環境のただなかでの学問に対する本来的な興味と、同時にすぐさま参加するにはあまりに「非現実的な」シオニズムである。

当時、ベルリンのような都市の地理はまだユダヤ人社会の様子を表わし、その歴史の痕跡をとどめていたのだが、そのなかでショーレム家の家庭環境は、ちょうど同化の敷居をまたいだばかりのユダヤ人のそれであった。ヴァルター・ベンヤミンは、もっと前から同化していた大ブルジョワが住むベルリン西区で幼年時代をすごした。ネッテルベック通り二四番地にあった彼の両親のアパートは、最近舗装されたばかりのクアフュルステンダムまで数メートルほどのところ、『ベルリンの幼年時代』[11]の神秘を為しているティアーガルテンや動物園のほぼ南側にあった。そこに登場する神秘的な場とは、鉄道馬車が庭園まで登ってゆく小さなシル通り、ヴァルターが生まれたマクデブルク広場の市場、レーマン叔母さんの王国であるシュテーグリッツ＝ゲンティーンの街角、良家の子女が通うザヴィニー広場にある厳格なカイザー・フリードリヒ高校の新ゴチック調の建物などである。ショーレムが一九一五年七月に彼に出会ったとき、ベンヤミンはグルーネヴァルトの上品な地区にある両親の新居の一室に住んでいた。そこは彼が幼年時代を過ごしたところの南側だが、一九世紀末に西側に移ってきたこの新ベルリン内部であったことにかわりはない。ショーレムの幼年時代の地勢図はまったく別物である。そこは旧ベルリンであり、そこにいるユダヤ人のほとんどが一六七一年の再居住許可以降に定住した人たちである。ゲルハルトは、物心がつき始めたときにはノイエ・グリューン通り二六番地に暮らしていた。この住所は彼の初期の手紙の冒頭に印刷されており、彼が家から追い出されるまで使い続けるものである。通りを上るとシュプレー川に出て、それに沿って行くとうってつけの遊び場だったメルキッシュ公園に出る。そこからはグリューナウ行きの遊覧汽船が出発するヤノビッツ橋駅も遠くない。ヴァルター・ベンヤミンがかくも愛した灯台図《ファルス・プラン》を一目見れば、多くのシナゴーグをはじめ、消え去ってしまったものが現れてくるだろう。リンデン通りのシナゴーグはパイプオルガンに象徴されるリベラルな儀式をとり行っていたが、ショーレムはハイデロイター小路の古いシナゴーグの方を好んだ。そこでの伝統的典礼は、聖歌隊長がすばらしいヘブライ語で歌い、列席者も祈禱を朗唱できるものばかりであり、非常に印象的だったのだ。ショーレムは、そこからすぐのところにあるドレスデン通りの正統派シナゴーグに長いこと通い、そこで毎週日曜にラビ・ブライヒローデから学ぶことになる。そこから少し遠いフリードリヒ通りを上ったところに、再建されて現在も唯一残っているオラーニエンブルク通りのリベラルなユダヤ教の豪華なシナゴーグがあり、ショーレムは特にその図書室を好んでいた。古いシナゴーグの近隣にはユダヤ教に関する書物を取り扱う古書店が二件あったが、こうした地区においてこそ、彼はベルリンのユダヤ社会の濃淡を見極めようと励むことができたのである。この修業時代を、ショーレムはたった一人で、家族の無関心のなかで、やがては家族に反抗するかたちで過ごしたのである。

概して、彼の日常生活には父親はほとんど登場しない。長いこと心臓病を患っていたこの父は自らの職業や組合活動であまりに忙しい生活を送っていたと、母ベティ・ショーレムは夫の死の翌日に息子に伝えている。[12] ゲルショム・ショーレムの回想では、とりわけ三つの苦い思い出が父のイメージに結びつけられており、父が体現しているのは追放のユダヤ教《ゴルース・ユーデントゥム》だというきびしい表現が早い時期から用いられている。[13] まずアルトゥル・ショーレムが露骨に誇示するこの追放のユダヤ教の最初の兆候は、「ユダヤ教ドイツ国民中央協会」への所属が象徴しているように、その過激な反シオニズムにある。これはショーレム家の食卓でただちに激しい議論を引き起こさずにはおかないものだが、のちには戦争に対する意見の対立によって決定的な分裂を生じさせることにもなる。さらに、父はユダヤ教への帰属のあらゆる痕跡を一貫して執拗に追及し、たとえば妻がすすんで用いる表現や、シオニストである叔父が彼の前で挑発的に繰り返す表現を用いることを禁止するほどであった。とはいえ、自発的にヘブライ語を学び始めたばかりの青年は、ある日母がシェマー・イスラエルを暗唱するのを聞いて驚くだろう。最後に、人が望んでドイツ的環境に溶け込もうとするこの状況にあって、ユダヤ的儀式として残されていたのは純粋に家族的なものとみなされたいくつかの祝日だけだった。安息日にはキドゥーシュ〔ヘブライ語の安息日の祝福の祈り〕を歌ってはいたが誰も意味が分からず、燭台で煙草に火を付けることすらあった。セデルの夜〔過越しの祭りの最初の夕べの宴〕やヨム・キプールにはみな集ったが、父は仕事に励み、断食のことも問題にしなかった。逆に、みなドイツ人だからという理由でクリスマスを祝っていたのだ。ゲルハルトがこの喜劇を受け入れたのはわずかのあいだだけである。一九一一年のクリスマスに、両親はクリスマス・ツリーの下にテオドール・ヘルツルの写真を置いておくことを思いつき、「おまえがあんなにシオニズムに関心を持つものだから」と言ってきた。以来ショーレムは、その日には一貫して家を空けることになるだろう。[14]

「おまえはなんでラビにならないのか？」ある日アルトゥル・ショーレムは息子にこう尋ね、皮肉をこめてこう付け加えた。「そんなにユダヤ性《イディッシュカイト》とやらが好きなら、ラビになるんだな。そうすれば生涯そのユダヤ性に関わっていけるから」[15]。ゲルショム・ショーレムはラビにはならなかったが、生涯ユダヤ性には関わった。わずか一六、一七才の少年の生活の数ヶ月に注目してみると、こうした表面上の逆説の理由を見分けることができる。自叙伝はその最初の指標を次のように書いている。「私のユダヤ人意識が生まれる最初のきっかけとなったのは歴史に対する関心であった」[16]。ショーレムは一九一一年夏のある日にハインリヒ・グレーツの『ユダヤ人の歴史』の三巻本の簡略版を発見したことを語っている。その後、母が手紙を書いてくれたおかげでオラーニエンブルク通りの図書館に登録することができ、それを読みに行ったのだ。その後、この本は、彼のバル・ミツヴァー（一九一一年一二月二日）〔ユダヤ教の成人式〕の際には母にテオドール・モムゼンの『ローマ史』と一緒に買ってもらうことになる。のちには多くの点で厳しく修正の指摘をすることになるが、グレーツのこの著作は彼にとってつねに参照項となる。ショーレムは、自身のヘブライ語を学ぶ決断、さらにはシオニズムへの参加はこの著作によるものだったとしている。あたかも、歴史への情熱と同化の環境への反抗とが、意識化という同一の過程においてすでに結びついていたかのようにである。まもなく研究対象のいくつかを見出すのもこの著作のおかげである。すなわちショーレムは、その第六巻を読みカバラーの世界全体を、第七巻を読みセフィロトの構造と意味を見出すのである。[17]

バル・ミツヴァーの約一年後から始まる日記は読書の豊富さを物語っている。たとえば、ハインリヒ・グレーツとザムゾン・ラファエル・ヒルシュ両者の一八八二年の『詩編注解』から始まり、レオポルト・ツンツによるナフマン・クロホマルの追悼文――これはショーレムに『今日の迷える者への手引き』の著者は「真に天才」だという気持ちを抱かせた[18]――、さらに、もちろんのことマルティン・ブーバーの『ラビ・ナフマンの物語』や、一九一一年に出たユダヤ教に関する初期講演集、[19]またマックス・ノルダウの一八九九年の『コーン博士』――そこにショーレムは「同化の問題」が立てられていると考える[20]――なども読んでいたが、同時にキルケゴールやニーチェも読んでいた――ある日ショーレムは彼に「多くを与えた」書物のうち、『ツァラトゥストラ』は聖書に並ぶと記している[21]――。一九一三年三月一二日の日記には、ショーレムが母に借金を懇願してオラーニエンブルク通りの古書店をはじめて訪れ、何を買ったかを記している。タルムードに関する書物一冊とドイツにおけるユダヤ人の状況に関するものが数冊、「国家の法が法である」とする「ギッティン篇」の引用でもって注釈が付けられた掘り出し物、すなわち『神学政治論』を購入した。同じ日、スピノザを「できるかぎり」読むという重要な決断を書き留めている。[22]ヘルマン・コーエンについては、まだ理性の宗教に関する主著を公刊していなかったため、日記に現れるのはもっと後であるが、すでに意味深いかたちで次のような言及が見られる。「われわれは新たな空を――そして古き神をもたらしたいのだ。モーセの神であって、ヘルマン・コーエン教授のそれではない。そうすればこれを彼への贈り物にできるだろう」。[23]

こうしたことを書いているとき、ショーレムはちょうど一七歳になろうとするところだったが、すでにヘブライ語、聖書、タルムードを数年来学んでいた。この言語の習得は一九一一年に始まり、その後語るところによると、一九一三年から一九一五年のあいだ、もちろん学校でのなすべきことのほかに、週に一五時間も勉強したという。これは、彼に「学ぶ《レルネン》」のを教える《レーレン》」ためにすこしも報酬を受け取らなかった老齢の教師たちのおかげであった[24]。彼の日記は最初の数頁から角文字〔ヘブライ文字〕であふれ、その意味についての注記がある[25]。自叙伝では、一九一三年春のある日曜日、人生で最も決定的な経験の一つを得たと記している。ラビ・イーザク・ブライヒローデのおかげで、タルムードの原典の第一頁を、さらにラシによるそれについての注解を読むにいたったときである。「いつから夜のシェマーを読むべきなのか」。「ベラホート篇」の最初の頁をはじめて原文で捉えることは、「伝統のなかでのユダヤの実体」を見出すことだったのである[26]。この経験の衝撃は決定的なものだったのだろう。両親の期待に反し、ショーレムは学び《レルネン》に自らすすんで没頭していくのである。この学び《レルネン》という語は、イディッシュ語で学ぶこと本来の意味を示しており、この時期の日記の記述をそのあらゆるニュアンスでもって織り成しているが、自らを学問狂《ヴィッセンシャフトファナティカー》いと呼ぶことになる者にとっては呪物的な語であった[27]。たとえば、一九一三年四月四日の日曜日の、ゲルハルト・ショーレムの一日の生活は次のようであった[28]。七時から九時まで二時間はラビ・ブライヒローデのところでゲマラー〔トーラーについての先行する注解書ミシュナーについての注解〕に充てられる。「非常におもしろい」ラシとつきあわせて古文選集を読む。さらに、聖事録《ハギオグラファ》〔旧約聖書のうち、「歴代誌」など、モーセ五書や預言者の書以外のもの〕の一節について、「深遠な人物」ヨーゼフ・エッシェルバッヒャーの宗教講義がある。加えて、さらに一時間、「ドイツ文学も学んだ博学の好人物」であるラビ・マルティン・ヨーゼフのところで「メギラー篇」のミシュナーと、オバジャ・ディ・ベルティノッティの注解の読解がある。最後に、「創世記」に関するラシの注解に立ち戻った後に、ヨセフ・カロの『シュルハン・アルーフ』を学ぶ歴史の講義があって一日が終わる。

日がたつにつれ、こうした学びの時を通じてある奇妙な現象が生じてくる。この冒険において、ショーレムは、単に家族に導かれずに自らの師を選んだだけではなく、もちろん同化したベルリンでタルムードの教育のための場を見つけることの困難は強調しているとはいえ、ユダヤ的生の異なる環境のなかから師を選んでいたのだ[29]。マルティン・ヨーゼフがリベラルなラビであったとすれば、イーザク・ブライヒローデの方は、ドレスデン通りの正統派のシナゴーグを主宰しており、ラビ・アキバ・エーガーという一九世紀初頭のドイツで最も偉大なタルムード学者の一人の曾孫にあたる人物だった。ショーレムはしばしばこの人物を「もの静かで、実に敬虔な人であり、異様に落ち着きを払っていて、しかも親切な人柄」と描いているが、共同体の人々が文句をつけたのは、ただ一つだけ、若き日の失恋以降独身を貫いていることだった……。ショーレムは、彼によって、学者（*Gelehrten*）とは異なったニュアンスでの律法学者（*Schriftgelehrten*）とは何かを理解できたと語っている。ショーレムは数年にわたり、毎週日曜日に何時間ものあいだ師の傍らで過ごし、さらにまた師のアパートで週に二回行われる夜の講義にも迎え入れられることになる。父たちに反抗する世代をも受け入れる師の「教育的才能」は、護教論を作動させることよりも「トーラーの光」を働かせるままにするその特異なしかたに由来しているだろう。だが同時に、その才能は、生徒たちが実のところはほとんど「ユダヤ教に疎遠」だっただけにますます彼らの魂を燃え立たせることができたとも言わねばならない[30]。数年後、イーザク・ブライヒローデはかなり高齢になってからエルサレムで亡くなるが、葬儀ではショーレムが弔辞を読むことになる。その間、ファニア・ショーレムの語るところによると、二人は感動的な場面で再会を果たしていた。「私たちはエルサレムである演習に出席していましたが、あるユダヤ人がそこに参加しにきて、もし私たちのうちの誰かがそんなことを言ったらショーレムがすぐさま追い払ってしまいかねないような質問をし始めました。しかし、ショーレムはきわめて辛抱強く氏に返答していたのです。私たちは彼が誰だかまったく分かりませんでした。演習が終わると、ショーレムはラビ・アキバの言葉を使ってこう言いました［…］。「私が知っていることすべて、そしてあなたたちが知っていることすべてを、私たちは彼に負っているのです」。それがラビ・ブライヒローデだったのです。彼はエルサレムにやってきて、さらに数年そこで研究をしました――ショーレムの指導のもとでです[31]」。師が最後に自分のかつての弟子から学ぶこと――ショーレムはエルサレムにおいてタルムードの教育の精神そのものを再発見していたのである。

以後も長らく、こうしたリズムで、安息日のはじまりの夕刻のシナゴーグと夜の「若きユダヤ」の会合とが、ゲーテ、シュテファン・ツヴァイクやグスタフ・ヴィネケンの読書と、家庭環境のなかでは抑圧されていた儀礼への感嘆すべき参加とが交錯するかたちで、日々は流れるだろう。一九一五年九月一九日の日記で、ショーレムは「今日はヨム・キプール」と角文字で強く書き綴り、コル・ニドライを司るイメージを詳しく描き、その日は一日中断食する旨書き記している。金曜の夕刻やセデルの夜よりも美しいものはあろうかと別のところでショーレムは自問している。ショーレムは祝福を求めて光に手を差し出す母の姿と、この儀礼の簡素さが与える驚異的な印象とを喚起しつつこう答える。「それがわれわれの美しさだ」[32]。こうした修業時代において、最も注意力と粘り強さを要したものはやはりヘブライ語である。一九一六年以降、彼は一人で、毎日学ぶことになる。六月二八日、彼は「詩編」第一三〇章にとりくみ、いらだちながらこう叫ぶ。「もっと勉強せねば。もっともっとだ」[33]。あくる日、ため息交じりにこう書いている。「ぼくは、もう辞書がなくとも勉強できるくらい十分ヘブライ語を学んできたはずなのに」。五カ月後、それでもショーレムは暫定的な総決算を出すことになる。「ぼくはもう五年もヘブライ語を学んできた。今日ではもうヘブライ語ができると言ってもよい。不足しているのは、『敬虔なる者たちの書』（*Sefer hassidim*）のように語彙のよく分からないものだけだ〔…〕。どれほど時間がかかろうともアラビア語を知らねばならない。しかし、もうヘブライ語のような言語は決して学ぶまい」[34]。一九一八年六月、ショーレムはこうした言語やテクストの勉学の日々に一種の綜合を与えてくれる小論を書くことになる。トーラーのイメージについてのすでに前からあった省察とヘルマン・コーエンのいくつかの命題とを関連づけたこの小論は「ユダヤ教における時間についてのノート」と題され、「ヘブライ語の形而上学」[35]を素描している。コーエンはこう書いている。「もし未来に現在の意味が与えられるならば、現在と未来との差異はまさに制限されてしまう。〈存在〉は現在において不動のままであるのではなく、現在を越えて宙づりになっているのである。現在と未来は神というこの〈存在〉において統一される」[36]。ショーレムは、「出エジプト記」第三章第一四節を書き写し、こう注釈をつける。「神の真の〈御名〉は、時間の〈私〉でもある。このことが意味するのは、あらゆる経験的時間の根本であり、同時にそれを補うものは、神的なもの、永遠なる現在である。だから神とは、世々にあったところのものであろう」。「毎日」という聖書の文句は何を意味するのか。〔未来に〕「あるであろう」神の国がすでに現在あり、メシアの国が「歴史の現在」であることである。ここで、ゲルハルトはヴァルターのことを記している。ベンヤミンとショーレムのどちらが先に、こうした言語の形而上学的意味についての直観を持ったのかは分からない。ベンヤミンは当時「言語一般および人間の言語について」という論考を書いていたが、ショーレムは彼にヘブライ語を学ばせるよう説得できなかったことを嘆いている。ショーレムが「神の名とカバラーの言語論」に関する自らの研究を書くにはまだ五〇年待たねばなるまい[37]。

「ぼくはシオニストでもある」[38]。日記二頁目にあるこの括弧にくくられた注記は、いまだ若きショーレムが私的な日誌上の冒険に繰り出そうと集中していた時期に彼が持っていた第二の情熱を証している。この方面では、この情熱は第一の情熱に劣らず大きなものであり、環境に対する反抗と、決定的な人格の構築とが結びついた次元にあるものだった。まもなく、この次元での宣言は数を増やし、洗練されていき、一九一五年には長文を形作るにいたる。そこでは、蓄積されていく知的参照項、一種の感情の混乱のなかで獲得された革命的理想や戦争という文脈それぞれに関して、その宣言の意味が明確にされていく。「シオニズムについてのカウツキーの考えは恐ろしい」とショーレムは記し、反ユダヤ主義に対する社会民主主義の両義性を強調し、さらにヴァルター・ベンヤミンもある日その犠牲となる史的唯物論に対する確固たる不信を抱き始めるようになる(39)。それでもやはりモットーが「革命」にあることにかわりはない。「いたるところでの革命」であり、「外的かつ内的な」革命である。だが、ショーレムにとって、この革命が意味するのは何よりもまず「家族、父方の家系に対する革命」である。付記すべきは、この革命が「ユダヤ教に関するあらゆるもの」を転覆させるものとしてシオニズムという名を持つとしても、そこからこの「形式的な装い」を剝がねばならないということである。「われわれはヘルツルを拒否する」と言われるように、その創設者との断絶は避けられない。シオニズムの父の思想の究極の地平は「ユダヤ人たちの国家」であったが、「われわれはアナーキズムを説く。言い換えれば、われわれが欲するのは国家ではなく、自由な共同体である(40)」。とはいえショーレムは一時ユダヤ人組織の世界に居場所を見つけようとし、ときには自分に提示された選択にどのような指針がからんでいるか正確に見分けようと四苦八苦した(41)。友人は彼を、「青＝白《ブラウ・ヴァイス》」同盟という、ドイツ・ロマン主義の観点からユダヤの刷新を図っていた組織が行っていた森林歩きに連れて行こうとしたが、失敗に終わる。より意義深いのは、イスラエル同盟《アグダト・イスラエル》との出会いである。一九一一年に設立されたこの組織は、「トーラーの精神によるユダヤ共同体の問題の解決」という魅力あるモットーを掲げていた。〔「青＝白」同盟の〕徒歩ハイキングよりはヘブライ語を集中的に学ぶことを好んだショーレムにとって、この組織はさらに〈伝統〉の源泉についての多くの講義を与えてくれる点でも優位にあった。ショーレムは、あるとき引き込まれて、イスラエル同盟《アグダト・イスラエル》の幹部にさせられるが、のちに「トーラーの精神」のもとで行動するというこの組織の関心は『シュルハン・アルーフ』の尊重に限られていることを悟るようになる。委員長は彼に、シオニズムとは〔「民数記」にある〕「赤い雌牛」の代わりに、それに触れた浄い者を不浄にしてしまうものだと断言したのである。ここでの経験はそこまでだが、しかし同時にはじめての恋愛関係が生まれたのもそのときである。これは後日思いがけず再び現れ、隔たった時と場所を不思議な絆で結ぶことになろう。相手はカリッシュの仕立屋のロシア人の娘で、色香と敬虔さとがふしぎに混じり合っていたが、二五年後、ショーレムはテルアビブでの講演の際に、シオニスト夫人組織のスターとなっていた彼女に再会することになるのである。

のちになって、ショーレムは、自分も友人たちも国家創設を即時に求めるという展望によって直接動かされていたというよりも、ユダヤ人たちが自らの歴史を意識化するよう促すことに関心があったことを認めている。時とともに、とりわけ「ヒトラーによるユダヤ人の絶滅」以降には、ショーレムはシオニズムそのものを「免れがたい弁証法」に貫かれたものとみなすようになろう。すなわち、〈伝統〉への回帰の必要性と、過去の諸形式を勝手に用いることに対する反抗とのあいだの弁証法である。(42) 日記では、こうした定式化はまだなされていないとはいえ、この緊張関係はすでに生じている。ある日、ショーレムは日記で神についての不安を打ち明け、神とは単に「完成した人間的存在というぼくの夢想の理想」にすぎないのではないかと自問している。(43) とはいえ〈伝統〉の再発見による根源の探求という点では、宗教感情についてのこうした疑念は、近代における〈伝統〉の修繕に対する深い不信によって釣り合いが保たれている。リベラル派の人々はトーラーを象徴とみなすべきだと主張するが、ショーレムが彼らに答えて言うには、「真理は象徴ではない」のである。(44)

一年後、彼は「詩編」第一一六章にある「私は生ける者の地で、主の御前に進もう」を読みこう叫ぶ。「これこそがぼくの宗教だ」。(45) 彼の注意はこうして長いあいだ叙情詩や哀歌の形式や精神へと引きつけられることになる。(46) 逆に、ショーレムは研究の初期のころの魅惑の対象であったものを否認しているかのように見受けられるときもある。「タルムードは多くの回廊のある王宮などではなく、残骸の散らばった野なのだ」。(47) こうした点から浮かび上がってくるのは、ラビたちによる口伝の〈トーラー〉の無味乾燥さと、神秘主義の生きた形式との対置が、いまだ思考されていないとはいえ予感され始めているということである。もっとも、遺産の古典的な表現に対する最初の心酔が和らげられているとはいえ、その痕跡は消えてしまったわけではない。このことは、関連する諸々のテクストに絶えず言及している彼の日記が示すとおりである。明らかなことはこの心酔が以降シオニズムへと向けられる新たな熱狂に取って代わられるということである。ただし、このシオニズムは指標を求めているし、それが何を含みもっているのかはいまだ不確かである。「ぼくは深くパレスチナに引きつけられているのか」とショーレムは自問するのである。(48) 目下のところ浮かび上がるのは、ショーレムがとりわけ生涯保ち続ける姿勢、すなわちユダヤ人の生活におけるブルジョワ的形態への激しい嫌悪である。ドイツ・ユダヤ教の怠惰な安逸と偽りの意識を告発するためには、理論を打ち立てることで満足している人たちに対しては「サロン・シオニズム」、言語を気晴らしに学ぶ者に対しては「サロン・ヘブライズム」、さらに知識から逃れようとする者に対しては、「家に教養のある者がいなければ、それはゴグとマゴグの戦争である」というタルムードの表現を用いても決して厳しすぎることはない。[49] ショーレムの夢が明確になるとき、それは建立者のシオニズムというかたちをとるだろう。すなわち、楽園《パルデス》に入り、そこから無傷では出なかった者たちの歴史を記憶にとどめつつ構築すべき世界のために、シオンとトーラーを求めるのである。彼の定式の最終的な定式は次のようなヘブライ語の語根の似た二つの語の結びつきから汲み取られることになる。すなわち、「ユダヤ教への回帰（*teshuva*）は、イスラエルの地《エレッツ・イスラエル》への定住（*jischuw*）による」というものである。[50]

戦争およびそれに対して自らの立場を定める必要性によって、いっそうショーレムの態度は鮮明になっていく。ショーレムは友人とともに、大部分のドイツのユダヤ人の態度に呆然とさせられる。彼らは自らを国家に対する忠誠義務に従うべき者とみなし、シナゴーグではその勝利を祈り、兵役義務を全うし、戦争とは自らが承認され反ユダヤ主義をせき止めるために耐えるべき最大の試練であると考えるのである。その最も痛ましい象徴はマルティン・ブーバーのそれである。ブーバーは、ドイツのシオニストを前にしたハヌカー〔ユダヤ教の神殿の清めの祭り〕の講演で、この戦争をマカバイの乱に喩えるにいたるほど「熱烈な戦争支持者」の隊列に姿を現していたのである。[51] 決定的な出来事が一九一五年二月に起こる。この月の初旬、ハインリヒ・マルグリースは『ユダヤ展望』誌に、「こうしてわれわれは戦争に行くことになった。ユダヤ人なのに行った、というのではなく、シオニストだから行ったのだ」という高揚した一節でクライマックスをむかえる「後に残った者たちの戦争」と題された論文を公表した。[52] ショーレムは、十数人の同志を代表し、編集部に当てて手紙を書き、この「シオニスト・ジャーナリズムのなかでも最も遺憾な産物」を非難する。こうした発言を侮辱として異議を申し立て、シオニズムの機関紙内においてさえもあらゆる異説が禁止されてしまう内面化された検閲を皮肉りつつ、ショーレムのテクストはマルグリースの主張と根本的に正反対の主張をする。「われわれはこの戦争が共同体の秘密を開示したとはみなさないし、さらに戦争がそういうことをすることができるとも考えない。加えて、われわれはドイツの大義や、世界のほかの何らかの国の大義が、われわれのものであるとは信じない[53]」。この出来事はショーレムの強硬な反戦主義と、シオニズムの大義がドイツ的ナショナリズムに侵されてしまうことに対する彼の拒否を表しているが、これは一連の帰結を招くものとなった。軽率にも、友人に署名させるためにこの手紙を高校に持っていってしまったため、ある生徒に見つかり密告され、「反国家的な」イデオロギーを広めたかどで数週間にわたり訴追調査を受けることになったのである。当局は困惑して、この厄介な分子についていかなる態度をとるか躊躇した後で決定を下す。学生ショーレムが学期末に受け取った報告は非常にすばらしいものだったが、彼の「不満足な」素行について放校という記載があった[54]。この事件はすぐさま父との深刻な不和を引き起こし、父はゲルハルトを「ヘーリングスベンディガー」――ベルリン方言で食料品店を意味する――へ奉公に出すぞと脅した。もっとおもしろい場面がまだ残っている。高校から追放されたあと、自由聴講生になるための試験を受けた際にショーレムの口頭試問を行ったドイツ語の教師が、どうしてこんなに成績がよいのに学校をやめたのか分からないと言ったのだが、この教師は「女の子との一件」があったにちがいないと思って安心したのだった……。

ショーレムは兄ヴェルナーとともに、カール・リープクネヒトやローザ・ルクセンブルクが率いていた社会民主党少数派の非合法集会に数ヶ月通っていた。だが、彼の活動の中核はシオニズム運動内の好戦的傾向と戦うことに捧げられ、とりわけ、父の知らぬまに家の印刷所で石版印刷した雑誌『青白眼鏡』(*Die Blau-Weisse Brille*)を三号公刊するようになる。この雑誌名は、かつて付き合い、その自然嗜好を嘲弄もしたシオニズム運動の名を流用したものである[55]。彼がマルティン・ブーバーと出会うのはこの文脈においてである。一見すると状況はあまり好ましくないものだった。単にマルグリースに反対するショーレムの手紙がブーバーの側近を標的にしていただけではなく、ショーレムが一九一五年秋に公刊した雑誌にはブーバーの人格に対する辛辣な風刺とその言説のパロディもあったからである[56]。非常に驚くべきことに、ショーレムは友人とともにブーバーに招かれ、一二月一六日にはツェーレンドルフに彼を訪問しに行ったのである。「なんて日だ」とショーレムは日記に書き記し、綿密にこの対談の際の出来事を綴っている。彼らを抱擁して迎え入れたブーバー、客間の優雅さ、印象的なほど整理された書斎、さらに創刊間近の『ユダヤ人』誌への協力の誘いなどである[57]。この旅行の幸運な帰結として、ショーレムはこのブーバーの雑誌に長いあいだ書きかけだったユダヤ人青年運動に関する論文や、ヘブライ語からのいくつかの翻訳や、カバラーに関する最初の論考等を載せることになるだろう[58]。しかしショーレムは、彼を引き込もうとしていた、マルティン・ブーバーなるものをめぐって作られていた世界とはつねに疎遠であった。何度目かの訪問の際、ブーバーは彼の弟子たちの何名かによってアレクサンダー広場近辺で作られたばかりの「ユダヤ人民ホーム」に行ってみるようショーレムに促す。この地区には多くの東ヨーロッパからの移民が暮らしていたが、シオニストたちはそこで社会福祉事業に携わっており、ブーバーは、みなが集まり講演を聞いたり議論をしたりするホームの指揮をジークフリート・レーマンに委ねていたのだった。ショーレムは、スカートをはいて地面に腰を下ろした若い女性たちのまわりから醸し出される、その場を支配している「美的恍惚」の雰囲気と彼が呼んだものに対して深いいらだちを日記に書き記している。レーマンが「ユダヤ人の宗教教育の問題」について行ったある講演はとりわけ彼の怒りを引き起こした。それは、ユダヤの歴史については何も知らずにブーバーを受け売りし、ショーレムの目には滑稽で原典にも忠実でない一種のネオ・ハシディズムを展開するまがい物であり、宗教なき「宗教性」の象徴であったのだ。だが、数日間彼と講演者とのあいだで行われた討論は、ショーレムに奇妙な驚きを長くとっておくことになる。ショーレムは当時知る由もなかったが、その場にはある若い女性がおり、この討論についてその婚約者に語っていたのだ。五〇年後、フェリーツェ・バウアーとフランツ・カフカの書簡を見つけたとき、ショーレムは次のような一節を読むことになろう。「きみが語ってくれた討論は特徴的なものです。ぼくも頭ではいつもショーレム氏がしているのに似た提案に傾くのですが、これは極限まで要求し、そうすることで何も要求していないのです。そのような提案やその価値を、眼前にある実際の効果で測ってはなりません。それにぼくの言うのは一般的なことです。ショーレムの提案はそれ自体としては実行不可能ではないのです[59]」。

こうした経験はいずれもショーレムの家族関係を改善させるものではなかった。一九一七年初頭、ヴェルナーが重傷を負って前線から戻った後、皇帝の誕生日に極左のデモに参加したために国家反逆罪で逮捕、告訴された際に、家族関係は決定的に悪化することになる。昼食のおそろしい場面の最中、憤慨した父に対してゲルハルトは兄を擁護したために、翌日書留の手紙を受け取り、家から追い出されることとなる。ザルマン・ルバショフの言葉を借りれば、ショーレムは「若きユダヤ」の友人たちにとって、さらには『ユダヤ展望』にとっても、「シオニズムの殉教者」となったのである。こうした称号を得て、ショーレムはルバショフの誘いもあってパンシオーン・シュトルックに身を置くことになる。ウーラント通りの端にあるその場所は、ヴァルター・ベンヤミンの領域であるベルリン西区の、動物園やクアフュルステンダムからも遠くない、しばしば哲学者の名を冠したいくつかの通りがある地区に位置する。厳密に飲食律《カシェール》を守るその家は東ヨーロッパから来たユダヤ人を受け入れており、ショーレムのみがベルリン生まれであった[60]。そこではドイツ語が話されるが、とりわけロシア語、ヘブライ語やイディッシュ語も話され、彼にとってはイディッシュ語を習得する良い機会であり、この経験はのちに実りの多いものとなる。ショーレムを魅了したロシアのインテリゲンツィアが多数を占めるそこの居住者たちは、みなシオニストであり、多くが「ポアレ・シオン」〔ロシア生まれの社会主義シオニズム政党〕のメンバーであった。ある者はのちにヘブロンで医者に、ある者はテルアビブで医学の教授に、またある者は作家になることになる。この社会主義的な雰囲気のなか、シオニズムやマルクス主義に開かれている選択肢について、イディッシュ語の擁護について夜遅くまでみな語り合っていた。こうした問題は、一九一七年秋、ロシア革命の際に燃え上がることになる[61]。ザルマン・ルバショフの領分は次のようなものである[62]。一九一二年にドイツにやってきた彼は、ベラルーシのハシディズムの家庭に育ち、一九〇五年にはすでに革命に参加して戦い、また故郷やウクライナなどでユダヤ人の自衛団を組織していた。一九〇七年に数ヶ月拘禁された後、サンクトペテルブルクのユダヤ研究アカデミーで学んだ彼は、シモン・ドゥブノフの側近となり、一九一一年夏にはすでにイスラエルの地《エレッツ・イスラエル》に渡る。ドイツではフリードリヒ・マイネッケの学生となり、戦争が始まると敵国出身者として拘留されるが、ドイツのシオニストたちが、彼らのロシアの同志たちはツァー体制に対する最も敵対的な者であるとドイツ当局を説き伏せ、一九一五年には解放されることになる。ショーレムはルバショフの雄弁さに魅了される。イディッシュ文学、聖書考証、ユダヤの歴史一般や労働運動の歴史、加えてシオニズムの任務など、様々なテーマについて何時間も語ることができるのだ。パンシオーンでは、ショーレムは彼と隣室であり、彼の習慣に合わせたリズムで生活を送ることになる。ルバショフは夜は遅くまで起き、朝は一一時にならないと起きてこず、その後は彼が支柱の一つを担っていた『ユダヤ展望』の仕事を一日中するのだ。いつの日にか、この二人の友人はエルサレムで再び隣人となるだろう。学問は中座したが、ルバショフは自らの政治的使命を果たし、シュネウル・ザルマン・シャザールという名で第三代イスラエル大統領になり、連れの友人はイスラエル科学アカデミーの会長として同等の地位を占めるにいたるのである。

　ザルマン・ルバショフのおかげで、ショーレムにははじめての報酬のある仕事の機会が与えられた。ダヴィッド・ベン・グリオンというまだ無名の「ポアレ・シオン」の活動家によってニューヨークで再版されたばかりの本、『イスコル　イスラエルの地で没した警備兵と労働者の追悼集』をイディッシュ語から翻訳するというものだった。この書はヘブライ語では一九一四年にヤッフォで公刊されたが、オスマン＝トルコ当局ともめるおそれがあった。そのためドイツ語版にはブーバーが「巻頭言」を書く必要があったのだ。ショーレムは自分はイディッシュ語を翻訳するには適さないと考えたが、ルバショフに説得される。「あなたはヘブライ語ができる。［…］それにドイツ語ができることを証明してもらうにはおよびません。中高ドイツ語は学校で習ったわけですから［…］。スラブの言葉のことなら、私に聞きなさい。そのためにこそ私たちは隣同士で暮らしているのではありませんか。さあ、これがそのイディッシュ語ですよ[63]」。この本に収められた論文のうち、ヨセフ・ハイーム・ブレンネルの論文などいくつかはショーレムの気に入るものだった。ブレンネルは、ヘブライ文学の刷新のシンボルのような存在であり、一八八一年にウクライナに生まれ、一九〇九年以降パレスチナに定住し、一九二一年の暴動の際ヤッフォで命を落とす。だが、ほかの論文の軍隊調のトーンはショーレムを苛立たせ、自らの名で翻訳を出すことは拒んだのだった。この本それ自体については、トルコの報復があるのではとシオニズム執行機関のなかでも議論を引き起こした。これについては「使命」があると宣言したブーバーの権威のみが窮地を救ったのである。サバタイ・ツヴィについての知識でショーレムに天啓を与えたザルマン・ルバショフのところで、ショーレムはのちに自らの情熱となるものを見出す。ユダヤ教のメシアニズム運動の歴史である。これが、ショーレムが最も大きな賞賛を捧げた人物のうちの一人、曰く「遠くから、生きたユダヤ教の世界から、ドイツ・ユダヤ教の干からびた骸骨を生き返らせるためにやって来た使者」である[64]。彼らの友情が決定的に固められるのは一九一七年六月一八日のことである。この日、ショーレムは歩兵部隊の前線へと編入される予定であった兵営に召集され、ルバショフは朝五時にショーレムを送っていった。ショーレムを戸口で抱きしめると、彼はポケットに黒い小さな本を差し入れた。それはヘブライ語の詩編のミニチュア選集であったが、そこには彼の手書きで一節（「詩編」第一二一章第七節）が書かれていた。「神がすべての災いを遠ざけてあなたを見守り、あなたの魂を見守ってくださるように[65]」。

ザルマン・ルバショフという人物を中心としたこのパンシオーン・シュトルックは、したがって、知識人たちの、ショーレムにとっては「解放する者にして解放された者たち」の世界であったのだ。これとまったく異質だったのが、これもまたショーレムの親友の一人となる人物、シュムエル・ヨセフ・アグノンという形象である。ルバショフがロシア的シオニズムの風を吹き込み、あまりに整然としたベルリン的ユダヤ教の秩序を転覆したとすれば、アグノンの方は、いっそう遠くから、「インスピレーションの源泉がこんこんと湧き出るイメージの世界から」やって来た。[66]前者が情熱的な雄弁でもって熱狂を鼓舞したとすれば、後者は古いラビや素朴な人たちであふれる想像界に生き、その奇妙なドイツ語と対称的なすばらしいヘブライ語を話していたのである。このザムエル・ヨーゼフ・チャチュケスは一八八八年にガリツィアのブチャチュに生まれた。チョルトコフ〔現ウクライナ〕のレベ〔イディッシュ語でラビ〕に近い学者だったその父は、彼にハシディズムの伝統を教え、母はヨーロッパ文学を見つけさせ、彼は一人でガリツィアのユダヤ啓蒙主義《マスキリーム》者の著作を学んだ。非常に若くしてクラクフで最初の詩や短篇小説を出版したアグノンは、一九〇七年にはパレスチナへと出発するが、彼をブルジョワとみなす開拓者たちと、ガリツィア人とはほとんど関係を持たない第二次アーリアのロシア人とのあいだで孤立する。一九一三年にヨーロッパに戻りドイツに定住することになり、そこで彼はザルマン・ショッケンの賞賛を獲得し、その著作の刊行の確約を得るのである。ショーレムがアグノンに出会うのは、マックス・シュトラウスを介してである。シュトラウスはまばゆいばかりの若い弁護士であり、すでにアグノンのテクストをいくつか翻訳していたが、ほかの仕事についての助言を求めていた。普段からドイツのユダヤ人たちに対して批判的なアグノンは抽象的なものとは疎遠の存在であり、彼が古いユダヤの記憶を具現している様は、ショーレムがこの伝統の源泉や言語に対して持っていた情熱と容易に合流するものだった。孤高の人アグノンは、一種の憂愁《メランコリー》を詩に移入させており、そのやさしく悲しげな声は、自分の書いたものを朗唱して読むときには人を喜ばせることもできた。ショーレムは、日常言語となった近代ヘブライ語が持ちうる危険性について非常に早くから敏感だったため、のちに、文学をその古き形態の遺産から再生させようとするアグノンの関心や、伝統的な言語の構造の調和のなかに滑り込んでいくスタイルを見つけ出す彼の才能を讃えることになるだろう。教えの家《ベイト・ハミドラッシュ》での学びに由来する揺るがぬ学識に育まれ、まだ読んでいない本を探して何時間も蔵書目録カードをめくるアグノンは、謙遜さと、その読者の多くには不可視の知識とが内密に混じり合った物語を織り成し、「単純なるものの弁証法」とも呼べるものを示していたのである。[67]アグノンの七〇才の誕生日に捧げられた記念論集のなかで、ショーレムは彼を賞賛しつつ、彼の物語の一つについてそこに秘められた源泉を明らかにしている。[68]一九二四年以降、彼らはともにイスラエルに暮らすようになるが、それから数十年間、エルサレムの外に住んでいたアグノンはほとんど日常的にショーレム宅を訪問することになる。目下のところは、アグノンはいわばザルマン・ルバショフの対極をなしていたわけであり、その文学的夢想や言語への愛といった領分が、ルバショフの政治的、知的情熱といった領分を補完していたのである。

ショーレムは「精神病質者」としてすぐに除隊になったが、その友人のなかには、彼ほど幸運にめぐまれずに前線から戻らなかった者もいた。なかでも、彼の最も近しい友人の一人であるハリー・ハイマンがそうであった。彼とは「若きユダヤ」の初期から一緒であり、シオニズム運動の内部闘争の同志であり、マルグリースに対する手紙の共同署名者であった(69)。ショーレムは、彼が死んだ一九一八年七月二八日に日記一頁を彼に捧げ、一年後にいわゆる命日《ヤールツァイト》をとり行っているが、彼の喪失は痛恨さを含んだ不安をショーレムに引き起こすことになる。あたかも、若きシオニストたちのドイツへの奇妙な献身を取り巻く不思議な英雄主義は秘密にしておくべきものであったかのようにである(70)。というのも、おそらくユダヤ教への愛はおぼろげで、イメージのなかでしか政治を生きてこなかったこの男には、一種の「ユダヤ・ドイツの混同」が残っていたからである(71)。前線に戻らねばならないという展望から解放されたショーレムは、ベルリンで始めた大学の学業をイエナで続けられるようになる。一九一七年以前はショーレムは生まれた街で数学科に登録していたが、エルンスト・トレルチなど哲学や宗教史の講義も受講していた。哲学ではエルンスト・カッシーラーがソクラテス以前の哲学者らの面白い節を「これ以上やるには及ぶまい」と言って打ち切ってしまうのには苛立たされられた(72)。最後の大ヘーゲル学者アドルフ・ラッソンの公開講義もあまり説得力のあるものではなかった。ブーバーのまわりで高く評価されていたゲオルク・ジンメルについては、もうベルリンを離れてシュトラスブルクへ行ってしまっていた。したがって残るはヘルマン・コーエンである。コーエンはユダヤ教学高等学院で毎週月曜に、のちの『ユダヤ教の源泉から引き出された理性の宗教』を準備する講演を行っていた。ショーレムのコーエンに対する関係は特に謎めいており、ユダヤ人社会でコーエンが体現しているものに対して繰り返し現れる敵対心と、遺稿が公刊されるまでは想像しがたかった一種の孝心とが混じり合ったものであった。コーエンについては、一九一七年一二月に父が二〇歳の誕生日に『純粋認識の論理学』を送ってくれたこともあり、ショーレムはとりわけその観念論を読んではいた(73)。この読書は、晩年のコーエンの講演の聴講と結びついており、ショーレムが『ファウスト』をもじって名づけた、当時のふたつの「精神」――すなわち数学者の精神とユダヤ人の精神――のあいだの抗争を引き起こすことになる。だが、ショーレムはこの哲学者の政治についての考え方には苛立ちをおぼえている。のちにカール・レーヴィットに書き記すように、その考え方は、父のそれとあまりにも同一だったのである(74)。

だが、シオニストに対するコーエンの不信がショーレムを彼から遠ざけていたとはいえ、ショーレムはこの点について、ローゼンツヴァイクが伝える「奴ら〔シオニストたち〕は幸せになりたいのだ」というコーエンの言葉をおもしろがっている。「われわれのもとに突然降りてきた古代の人物」、すなわち預言主義について語るとき情熱がほとばしるようにして演壇の上に現れる「真の聖書の登場人物」とショーレムが描く人物のイメージをどうしたものだろうか[75]。

ヘルマン・コーエンに近づいた者はみな、彼の多かれ少なかれ奇抜な決まり文句を集め持っているが、ショーレムは決してコーエンと近しい間柄にはならなかった。それでも彼は二人の仲介者に恵まれていた。一人はフランツ・ローゼンツヴァイクである。ローゼンツヴァイクはコーエンの授業すべてに熱心に出席し、彼とともにのちのユダヤ教学アカデミーの計画を立て、のちにはコーエンの『ユダヤ教論集』の編集や『理性の宗教』の原稿の校正を任されることになる[76]。もう一人は「若きユダヤ」の友人ハリー・ヘラーである。ヘラーは『迷える者への手引き』についてのコーエン宅での私的演習にもコーエンが亡くなるまで参加している。のちの数多くの宣言に比べて、コーエン死去の際のショーレムの注記は驚きをもたらすものだろう。一九一八年四月五日、彼はこう書いている。「私はこの人物とは直接の関係を持たなかったが、しかしヘラーの話を聞くにつれ、彼はますます近しい存在になっていった。私にとって、いや私たちユダヤ民族にとって、何か巨大なものが消えてしまったのだ。彼は、誤った解釈をしていたけれども、確実に完全なユダヤ人だった。このことは彼の墓前でたゆまず言われなければならない[77]」。ハリー・ヘラーがコーエンの最後の弟子の一人であったことを羨むショーレムは、この点についての自身の考えをはっきりさせるために「ヘルマン・コーエンの思い出に」というテクストを書くことになる。コーエンがユダヤ民族の霊廟《パンテオン》で占めるべき地位を喚起しつつ、ショーレムはコーエンを古《いにしえ》の預言者の精神を体現する数少ない者のうちに数え入れ、誤謬にもかかわらず深い尊敬の情を抱かせる彼の生涯に敬意を表するのである。だが、最も驚くべきは、ショーレムが次のような一種の祝福の言葉でもって、ヘルマン・コーエンをシオニストの想像界へと取り込んでいることである。「われわれがコーエンのようであればシオニズムは成就するだろうし、われわれは強い意味での司祭者たちの民となるだろうに。汝の魂が生ける者たちの束にたばねられますように[78]」。ヴェルナー・クラフトへの次のような打ち明け話は、個人的なものであるだけに、よりいっそう明快である。「コーエンは最上の意味で私のモデルとなるだろう[79]」。つまり、ショーレムにとって、コーエンはおそらく、彼が父において嫌悪していた社会的イメージと、彼が持ちたかった父の精神的理念という二つの特徴を示していたのだろう。

　イエナでは、ショーレムは引き続きすでに道筋のつけられていた二つの学問路線〔数学と哲学〕に従い、とりわけゴットロープ・フレーゲの講義や、フッサールの弟子であるパウル・F・リンケの講義に出席する。さらに、コーエンのもとで学んだ新カント派の学者だが、カント学会からの離反の危険をおかしてリッカート側に立ったブルーノ・バウホの講義にも出席するようになる(80)。だが、ショーレムが学業を仕上げるのは、ベルンに滞在したのち、一九一九年から一九二二年の冬学期を過ごすミュンヘンにおいてである。ドイツ最大のヘブライ語の手稿のコレクションがあるという理由でとりわけ選ばれたこの都市で、ショーレムはベルリンの青年時代と同じかたちの研究に再び取り掛かることになる(81)。その理由の一つは、おそらくショーレムがそこでハインリヒ・エーレントロイという、かつての師に似た師に出会ったことであろう。かなり前から「ヤコブの天幕」という正統派シナゴーグのラビであったエーレントロイ博士は、ハンガリー出身でブラチスラバのタルムード学校《イェシヴァ》で学ぶ。当時七〇才くらいであった彼は、ショーレムにとって、かつてイーザク・ブライヒローデが示していたのと同じ学び《レルネン》の原型を体現していたのだ。ショーレムは彼のもとで日常的に学ぶようになる。夏は朝、祈りの後にシナゴーグで、冬は午後、彼のアパートでという具合である。この数年間を通して、ショーレムが取り組むのは、表向きは結婚契約に関するものだが、様々な事柄に触れているために親しみをこめて「小タルムード」と呼ばれている「ケトゥボット篇」である。一一二頁にわたる「ケトゥボット篇」に加え、ショーレムは、伝統的な注解や、さらには『ミシュネー・トーラー』を用いてトーラーの読解を続ける。そのうちに、ついに『迷える者への手引き』をラビ・エーレントロイとともに読む機会を得る(82)。ただし、そこで明らかになった決定的な発見とは、カバラーの発見であった。すでに以前から、ショーレムはこの軽蔑されてきた文学のまわりを支配していた異様な雰囲気を気にしてはいた。ユダヤ教学の創始者たちはそれに対して露骨に無関心を決め込んでいたのだ。ハインリヒ・グレーツは敬うべき例外であり、カバラーに対して家をひっかきまわす子供のような地位を与えていた。数年前、ショーレムは友人とともに、ある日イーザク・ブライヒローデにカバラーの数節を一緒に読んでくれるよう頼んでみたが、この企てはすぐに失敗に終わった。「子供たちよ、これはあきらめるしかない。私は『ゾハール』の引用が分からないし、きみたちに事柄を正しく説明できない」。自叙伝は、「感染菌」がはっきり現れたのは一九一九年春だったことを認めている。研究の力点を数学からユダヤ教へ、暫定的にはカバラーの学問的研究へと移すことを決めたのだった。もちろん「この数年の計画が生涯のものとなる」とは想像できなかったのだが。[83]

この時期にはいくつかの決定的な出会いがあったが、それは単に書物との出会いに限られるものではない。ショーレムは、とりわけ、ベルリンや、イエナで形成されていたサークルで、彼より年長の女子学生たちとの友好関係を大事にしていたように思われる。[84] こうした「淑女たち」とともに、彼は毎週トーラーの一週分の節を学んだり、彼女たちにヘブライ語を教えたりした。なかでもトーニ・ハレはプロイセンでは数少ない改宗していない裁判官の娘であった。彼女は、カール・ヤスパースの演習に出席する一方で、ハシディズムについての研究を書こうとしていたが、しかしそれに関してはブーバーが書いたものしか知らないと言い、ほかにも何か文献があるのかと無邪気にも疑ってすらいた。彼女は、ショーレムの数年後パレスチナにやって来るが、そこで実験的な高校を創設することになる。[85] ショーレムはこうした女友達の美しさを好んで想起している。改宗した家庭の出身で数学を学んでいたが、のちにリトアニアのユダヤ人の高校で教え、さらにイスラエルにやって来ることになるケーテ・ホレンダーは、「ヨーロッパ風の身なりの、ベドウィン人の風貌」をしていた。だが、こうした女性たちのなかで最も魅力的だったのが、ケーテ・オレンドルフである。目を大きく開くときの彼女の素朴な仕草は「衝撃的」であり、あきれるほど感傷的な女性であった。彼女は、一九三三年二月にたまたまイスラエルを訪れるが、ドイツで何が起きているかについてまったく意識しておらず、ショーレムのおかげでそこにとどまることになる。[86] ジクムントの姪、トム・フロイトはデッサン画家であり、アグノンの子供向けの本の挿絵も書いていた。アグノンもまた、一九一九年の冬にはミュンヘンにいたのだ。ショーレムはトムの異様な醜さを強調し、彼女の姉で、俳優のアルノト・マルレと結婚したばかりのリリーの美しさとの違いを際立たせている。とはいえ、ショーレムは、まわりに芸術家や作家らが集うこの「生粋のボヘミアン」に、ミュンヘン時代の魅力の大部分を捧げている。また、まもなくアグノンと結婚することになるエスター・マルクスもいた。えもいわれぬほど美しい女性だった彼女は、「ドイツの正統派ユダヤ教の家族のなかでも最も高貴な」家族に生まれ、力強い無神論とヘブライ語の賞賛すべき知識とに育まれていた。[87] 残るはエシャ・ブルヒハルトである。彼女もまた、正統派の、ハンブルクで医者をしていた家族の出身である。ショーレムが彼女にはじめて出会ったのは一九一八年一月下旬、ハイデルベルクに滞在しているときであったが、日記はこの時期あまり書かれなくなっていたためにこの出来事については書き記されていない。より多くを語っているのは自叙伝の第二版である。それによると、エシャは彼女をとりまいていた正統派ユダヤ教は拒絶したが、〈伝統〉とは深い絆を保っていた。ゲルハルトはとりわけ彼女の魅力、そのユーモアを書き留めている。(88) エシャはミュンヘンで医学を学んでおり、それがショーレムがミュンヘンを選んだ理由の一つでもあったが、彼女はショーレムの出席する講義にもほとんど参加していた。一九二二年以降、彼ら二人はしばしばヴァルター・ベンヤミンとドラも住んでいたアパートを借りることになる。二人はエルサレムで結婚するが、一九三六年に離婚、エシャはザムエル・フーゴー・ベルクマンと結婚することになるだろう。

ミュンヘンでショーレムは、グスタフ・シュタインシュナイダーという彼の友人のなかでも最も風変りな友人と再会する。彼とは短い軍隊生活で寝室をともにしていたのだ。(89) グスタフはユダヤ教学の創設者のなかでも最も博学な者の一人であった者の孫にあたる。その祖父モーリッツ・シュタインシュナイダーは、この学はユダヤ教を埋葬する役割を持つという、のちに有名となる多かれ少なかれ黙示録的な文句を遺言として残した者である。共産主義者の兄と、のちにドイツ最初のハルツィームとなるシオニストの弟とにはさまれたグスタフは、ヴァルター・ベンヤミンと共通する特徴を持っていた。軽い憂鬱症の傾向、哲学者としての才、ほとんど知られていない文学に対する好み、さらに勉学を段取り良くできないことや、とりわけ現実の情勢に対する果てしない不器用さなどである。一九三三年、多くの芸術家や「考えられるかぎりあらゆる分野の博士号取得者」とともにパレスチナにやって来た彼は、ショーレムとザルマン・ルバショフの仲介のおかげで道路清掃夫のポストを得る……。一九一七年七月、ショーレムがヴェルナー・クラフトと文通をするようになったとき、クラフトはハノーファーの軍隊の介護兵へと追いやられたことに愚痴をこぼしていた。彼ははっきりと鬱病気味であり、自殺願望も漏らしていた。(90) この時期、クラフトはベンヤミンとショーレムの文通のなかでも重要な位置を占めていた。前者は後者に対してクラフトに注意を向けるよう、さらに自分自身がどういう意味において言語の問題に取り組んでいるかを彼に説明してくれるよう執拗に勧めている。ショーレムは献身的に彼の憂鬱を抑えるようにと努めた。クラフトの世界はショーレムやその友人たちの世界とはまったく異質であった。ユダヤ教にはほとんど無関心であったクラフトは、カール・クラウスとルドルフ・ボルヒャルトが君臨していた領域を動き回っていた。一方は熱狂的な反戦の代弁者、他方は国粋主義的な保守主義者である。彼とともにショーレムは、ヘルダーリン、ゲオルゲ、クラウス等々、多くの文学について語り合った。だが、ショーレムはユダヤ的な事柄に関して深刻な対立があったことも書き記しており、ある日には彼は本当に「偉大な男」なのかと自問しているほどである。ショーレムの心はある時点まではクラフトとベンヤミンとで揺れ動いていたのだろうが、結局後者が勝ることになるだろう。[91] 彼ら三人は、ヴェルナー・クラフトがトーニ・ハレの妹と一九二二年に結婚する際に顔をそろえることになる。結婚式を執り行ったのはレオ・ベックであり、これがショーレムがベックと顔を合わせる最初の機会となった。

ゲルショム・ショーレムとヴァルター・ベンヤミンとの出会いについてはすでに述べた。[92] この出会いは、一九一七年一二月のショーレムの二〇才の誕生日にベンヤミンが送った手紙が証言するように、はじめから神秘的な霊気《アウラ》に包まれていた。「ぼくがきみの手紙を受け取ってから、しばしばぼくは高揚感に満たされた。それはまるでぼくが祭りの時期に入り、きみに霊感を与えたものの前では、ぼくは〈啓示〉を前にしたときのように頭を下げなければならないかのようにだ。というのも、まるで、きみに対して理解すべく与えられたものがきみ宛の個人的なメッセージのようにして感じられたのは、まさにきみゆえのことのように見えるのだから。そして、このことは一瞬ぼくたちの生へと戻ってくるのだ」。[93] 数ヶ月後、今度はショーレムがベンヤミンの二〇才の誕生日のために「ユダヤ教とシオニズムについての九五カ条の論題」を書く。[94] この論題は、日記に多くの痕跡が残っている二人の友人間の議論を反映していることに加えて、一連のアフォリズムが碑文のように並べられたスタイルを持ち、以降ショーレムがどのようにしてユダヤ教の世界のなかに自らの位置を定めるのかを明らかにしてくれる貴重なものである。ショーレムはそこでユダヤ教の後見人たちの姿を喚起するが、彼らへの言及は、諸々の逆説を通じて、徐々に明確になっていく。「S・R・ヒルシュはわれわれが知るかぎり最後のカバラー主義者である」。「彼は悪への性向を否認するのだ」。[95] ブーバーについての判定はよりいっそう控え目だが、ほとんど決定的でもある。「彼は異端だ」。[96] ブーバーの弟子たちについては、深刻さを含んだユーモアでもって扱われている。「生きられた経験とは内在を通じた運動の皮肉だ。あるいは、とりわけ定義されえないものだろう。「われわれはユダヤ的な生きられた経験をすでに持っただろうか」などとブーバー主義者は問うのだ」。[97] ヘルマン・コーエンは逆に奇妙な表現で尊敬とともに考慮されている。「コーエンの現存在《ダーザイン》はトーラーである」、「カバラーは神を無限、あるいは虚無と呼んでいる。ユダヤ神秘主義の真の道こそ、H・コーエンへと導くものだ」。[98] そのほかのことについては、ショーレムは、彼が辛抱強く順応してきた〈伝統〉の世界と、その後彼の仕事の核心的な対象となる神秘主義の世界とのあいだの蝶番に腰を据えているように思われる。前者の側では、「〈伝統〉とはユダヤ神秘主義の絶対的な対象である」という論題のように、のちに幅広く展開されることになる論題や、さらには、「タルムードの弁証法の法則とは、真理は言語の連続的な機能を表すというものである」という論題もある(99)。カバラーは、その中心的展望のまわりで、最初の輝きを放ち始める。「秩序と形式は、修復《ティクン》というヘブライ語の概念において一致する。「修復《ティクン》された世界」とは、メシアの国である」。「カバラーはあらゆる言語が神の名に因るということを肯定する(100)」。これら二つの側面のあいだで、ヴァルター・ベンヤミンの最後のテクストに呼応するような歴史の思想の大筋が現れてくる。「現在までユダヤ教の歴史《ゲシヒテ》は〈啓示〉の時間においてしか見られてこなかった、あるいは歴史《ヒストーリエ》においてしか見られてこなかった。その歴史《ゲシヒテ》の全体は、独自なしかたでそれを見つめることなしには再構成されえないだろう(101)」。

　ヴァルター・ベンヤミンが、ショーレムにとって、つねに賞賛に値し、ときとして役割を交換しつつ論争的ともなる特権的な友情の対象になりつつあったことは周知のことである。だが、以下ではゲルショム・ショーレムの修業時代を綜合するイメージをあえて描いてみよう。その最も目立つ特徴は、彼が、家庭環境における無理解やさらには敵意のなかにあって、のちに同化の幻想と語られるものから自分自身で逃れようと努めていたことである。非常に早くから、ショーレムは、自らが育った環境の持つイデオロギーの性格を、追放のユダヤ教《ゴルース・ユーデントゥム》という厳しい表現を用いて描いていた。自叙伝では、それを特徴づける皮肉的な表現で多くの例を挙げ、〈伝統〉から離反した精神を際立たせようとしている。「安息日の午後に、一本の上等の葉巻をくゆらしながら、ゲマラーの一頁を読む楽しみに勝るものはない」とか、ヨム・キプールの日にオラーニエンブルク通りの大シナゴーグの近くのレストランの入り口で「断食されている旦那さまがたには、奥の間にてお食事を提供します」という具合である(102)。時がたつにつれ、ショーレムは少数の正統派に育たなかったごく若いドイツのユダヤ人みなに外部から浸透してくる一種の「雰囲気的」要素を、「自己放棄の願望と、人間的な威信を保ち自己自身に忠実でありたいという願望が弁証法的に交差した、何か無意識的なもの」と描いている(103)。一方で、一八七〇年頃に獲得された政治的解放に後続した社会的解放の希望は、ドイツ人民のなかに自らの姿を消し、そこでユダヤ人としては自らを見えなくするという欲望を育んでいた。他方で、それでもいまや廃れてしまった伝統のいくつかのちぐはぐな断片を、この伝統に取って代わるはずの世界において存続させようとする者もいた。結局のところ、「自己の神秘化という現象」と「自分自身を偽る能力」こそが象徴的なものとなり、当時その場所におけるユダヤ的ユーモアにシオニストの装いを与えていたのである。[104]

　世紀転換期にドイツで生まれたユダヤ人の多くについて証言してくれるゲルショム・ショーレムの経験は、ある小説家がそこから遠くないところで生きたと語る経験と容易に結びつけることができるだろう。ショーレムが自らのインスピレーションの源泉に認めた者の一人であるこの小説家とは、フランツ・カフカである。カフカやほかの多くの同時代人と同様、おそらくショーレムにおいても、ユダヤ人としての最初の自己意識は次のような恐るべき任務と結びついていただろう。すなわち、「すべてを獲得する、現在や未来だけではなく、過去すらも、どんな人間でも生まれながらに持っているものすら自分で獲得する」という任務である。[105]より正確に言えば、この世代は父のイメージに対する反抗を通じてしか形成されない奇妙なかたちの自己同一性《アイデンティティ》を共有していたのである。ただしそれは、家系の自然の流れを逆向きに進むかのように、父によって隠された世界への一種の回帰というかたちをとる。結局のところ、八〇才のときに書かれた自叙伝と、これも晩年の研究「一九〇〇年から一九三〇年におけるドイツのユダヤ人の社会心理学」とのあいだで、ショーレムはカフカの『父への手紙』に相当するものを提示したと考えることは可能だろう。この決して送付されなかった手紙においての――ショーレムはこれについて、もしこれを父が受け取ったとしても、理解できなかっただろうと記している――、カフカはこう書いている。「あなたの生を導く信仰は、根本的には、ある特定のユダヤ社会階級のものの見方が絶対に正しいという確信です［…］。そのなかにもユダヤ教信仰は十分残っていましたが、子供にまで伝えるにはあまりにも乏しいものでした。あなたのユダヤ教信仰は、あなたがぼくに手渡しているあいだに、指のあいだから全部こぼれ落ちてしまったのです」[106]。より分散したかたちで、しかしおそらくは内面化されたいっそうの暴力を伴ってショーレムが語っているのはこれと別のことではあるまい――彼の父もそれを理解することはできなかったのだが。ショーレムが語っていることとは、まず、父の保護のもとでは、この典型的な同化したリベラルなブルジョワジーの家庭には「ユダヤ人らしさが感じられる痕跡はほとんどなかった」[107]こと、また、意味を失った儀式の不作法な振る舞いや、安息日の燭台で煙草に火をつける父を見たときのひそかな苦しみ――彼は比類なき隠語《ジャーゴン》でもって、煙草の実《ボレ・ペリ・トボッコ》を創造されたお方を呼び求める祝福のパロディを語ってもいる[108]――、さらには、とりわけ、ユダヤ教の歴史的使命は「人間性のなかに埋没する」[109]ことにあると示そうとする一種の世俗化されたメシアニズムに優雅なかたちで裏打ちされた、ドイツ的環境のなかへの〔ユダヤ教の〕解消という幻想である。意識の内奥に秘かな傷のように刻まれた、まもなく悲劇的ともなるこうした「自発的自己欺瞞」を表す事柄は——そのなかにドイツの同化の環境があったわけだが——、深いところでショーレムの知的方針や、ユダヤの歴史についての彼の書き方《エクリチュール》そのものを構造化している。父に賛成しながらユダヤ教を離れるためにドイツ語で書く者たちの態度について、カフカはマックス・ブロートへこう書き記している。「彼らはそれ〔ユダヤ教を離れること〕を望んでいたけれども、後脚ではまだ父親のユダヤ性にしがみついていたし、前脚は新たな土地を見つけかねていた(110)」。ゲルショム・ショーレムは早いうちからヘブライ語を学ぶことを決心していたし、つねにヴァルター・ベンヤミンに対して、自分に従ってこの道に進まなかったこと、さらにエルサレムへの道に進まなかったことを責めている。こうした二重の運動は、ユダヤ的生の秘められた世界の探求に身を捧げる企図と相まって、どこに「前脚」を置くべきか知らなかった自分の世代の者たちに、新たな土地を与えようとするものだったのだろう。

霧の壁を突破すること

一九七七年、ゲルショム・ショーレムは、ハイーム・ナフマン・ビアリクに対し、その名を冠した賞を受賞した際に賛辞を捧げているが、そこで彼は、はじめから自らの仕事の構成要素となっていた一つの緊張関係を喚起している(111)。彼は、その仕事の最も目立った部分を「非秘教的」と呼びつつ、自らのユダヤ神秘主義の研究を分ける区分を以下のように提示している。すなわち、原典の文献学的確証、諸々の教説の解釈、それに関する歴史的弁証法の分析である。だが、同時に自らの企てには、より秘められた、それほど目立たないある関心があったことも示唆している。すなわち彼が様々な神秘主義の想像界への関心と控え目に述べているものである。この時期、ショーレムは一九二五年七月の長い手紙でビアリクにまさに提示していた計画のほとんどすべてを実現していた(112)。当時ショーレムは、諸々の原典を、掘り起こすべきもの、公刊すべきもの、注解をつけるべきものといった具合に熟慮の上で分別し、一種の目録を作っていたが、この計画は次の二つの問題をめぐって準備されていたものだった。まずはカバラーの起源がいつだったのかを確かめること、そして、その本性が〈伝統〉の本来的構成要素なのか、それとは異質な借り物の寄せ集めなのかを特定することである。神秘主義は、マキルの子供たちが「ヨセフの膝の上に」生まれた（「創世記」第五〇章第二三節）ようにユダヤ教の「膝の上に」生まれたのか、あるいは単に中世に現れたにすぎないのか。神秘主義はグノーシス的世界から汲み取られるのか、あるいはその起源をはるか遠くの口伝の伝統に見出すのか。ショーレムはこれら双方の仮説について決断を下し、ラビや哲学者や学者らのあまりに慎重な合理主義と決別することにした。彼らは、おそらく神秘主義の言語に恐れをなして、それを不浄な汎神論として抑圧したり、その痕跡を検閲したり、端的に無視したりすることを好んでいたのだ。こうした点からすると、ショーレムは単にユダヤ的生の忘れさられた現象を認識することに貢献しようと確信していただけではなく、〈伝統〉の連続性を再構成するために正当に学問的批判を行うということについても確信していたのだろう。

ショーレムの仕事の秘教的と言うべき領域については、彼はつねに何度も寓意《アレゴリー》的にそれを提示していた。その最初の表現が現れるのは、いまだ総決算はされてはいないが懐古的視線でかつてを眺めていた時期である。その機会は、一九三七年一〇月、ザルマン・ショッケンの六〇才の誕生日に送った手紙にある。これは二〇年後、「カバラーに関する一〇の非歴史的テーゼ」という挑発的なタイトルを持つテクストの骨子となるだろう[113]。自らの仕事の「真の動機」を明かしつつ、ショーレムはこう書く。「私が「カバラー主義者」になったのは決して偶然からではない」。この表現が発せられたのもまた偶然からではない。彼が準備も防御もなくカバラーの異様な世界へと入り込まねばならなかったのは、それが哲学者や学者たちの軽蔑によって取り巻かれていたということに起因している。あたかもサアディア・ガオン、マイモニデスやヘルマン・コーエンらが、しかし同様にレオポルト・ツンツ、モーリッツ・シュタインシュナイダーやハインリヒ・グレーツらもそれと正面から向かい合うことを絶えず避けており、それを単なる神話や汎神論の現れだと反駁することで満足していたかのようにである。ところで、このユダヤ教の隠された大陸が投げかけてきた挑戦は、それを踏破するために獲得されるべき知識に関わるのと同様、そこにあえて乗り込んで行こうとする者たちを飲み込んでしまうかもしれない深淵の目もくらむほどの眺望を前にしたときに求められる大胆さにも関わっている。カバラーのような資料体を文献学的に検討することについて、そこには何か皮肉めいたものがあるとショーレムは書いている。「それは、神秘主義の伝統の歴史として事柄そのものの身体を覆っている霧のベールに関わる[114]」。一九三七年、ショーレムはまだ、不足しているのはこの資料体への鍵というよりはユダヤ教学の創設者たちの世代とは異質なある精神様態であると考えていた。すなわち、「象徴的な平面を通じて歴史の壁を建立する勇気」である[115]。さらに彼は、こうした「靄の壁」を突き抜けるためには、二つのことが彼の助けになったと付記している。まず、フランツ・ヨーゼフ・モリトールの『歴史の哲学』二巻本を以前から読んでいたことである。この書は不確かな歴史分析というかたちながら、「ユダヤ教の隠された生がかつて住まっていたように思われる宛先」を示していたのだ(116)。さらに、カフカの著作を絶えず読んでいたことである。ベンヤミンと文通をしていた時期から、カフカの著作は「近代精神におけるカバラーの感性の世俗化したかたち」として感じとられていたのである(117)。これら双方を携え、ショーレムは鋭い逆説の感覚を研ぎ澄まし始めていた。「もちろん、歴史は幻想でありうる。だが、この幻想なくしては存在を時間的次元において理解することは不可能なのだ」。ちょうどそのとき、彼の精神に到来したものは、諸々の現象を歴史に投影することがそれらの消失に寄与してしまうという弁証法を確認することから生じる以下のような問いである。「私は霧のなかに消えゆくのか、言わば学者としての死を被るのか」。

研究生活の秘められた意図、研究開始時に中心的な役を担っていた反抗心、研究初期の日々の叙情的な振る舞いを和らげていたいまだはかなき不安、こうしたものを寓意《アレゴリー》で言い表そうとすることは、彼が今度は深淵の縁で一種の総決算を行うとき、ある分裂した表現を得ることになる。一九四四年夏、エルサレム・ヘブライ大学のユダヤ研究所の創設二〇周年を祝おうとしていた頃のことである。ショーレムはヘブライ語で書くようになっていた。彼は、自らの研究対象をユダヤ教学《ヴィッセンシャフト・デス・ユーデントゥムス》と呼ぶのではなく、ホッホマト・イスラエルという、ユダヤ教の学を意味するまえに「イスラエルの知恵」を意味する表現を用いるのである(118)。のちにショーレムは、この発表されなかった演説の原動力となっている「言語についての憤慨」を喚起しつつも、この演説をロンドンのレオ・ベック研究所の聴衆用の表現が和らげられた版とは混同しないようにと促している(119)。後者において見られるのは、新たな建立者としての夢、ユダヤ教学の創設者たちの世代との断絶、脱魔術化の不安である。だが、ちりばめられた数々のイメージを判読することは、これがある悲劇の横糸をなしているだけに、ほとんど不可能である。この悲劇は、単に歴史に関わるのみならず、幻想が不意に暴かれたときの感情にも関わっている。ユダヤ教学が部分的に同化のイデオロギーと関わっていること、それが解放の渇望や啓蒙の企図すらも失敗へと導いたこと、こうしたことをショーレムは、覆いに包まれているがそれだけにますます力強い表現で語っている。「歴史的な自殺、解消と解体への傾向は、ユダヤ的啓蒙《ハスカラー》の効果であった。十枚重ねの衣服が、西洋において、光のもとに現れると同時に秘密へと隠れるこの破壊の悪魔を覆い隠していたのである(120)」。これが、ユダヤ教学の誕生を取り巻いていた「通夜の雰囲気」である。モーリッツ・シュタインシュナイダーは、それに関して、自分がなすべきは「なおも存続しているユダヤ教の要素を、礼儀正しく埋葬してやること」だと語っていた[121]。

　ドイツ・ロマン主義末期の黄昏の雰囲気のなかで生まれたユダヤ教学は、ショーレムにとってはそれが有する計画に内在する矛盾を乗り越えるものではなかった。それが方法論を借用していた歴史記述の偉大な伝統は、ユダヤの歴史の深遠さをドイツにもたらし、それまで失われていたその形式を明るみに出したが、一方、提示すべきではないと判断されたユダヤ教の過去の諸々の現れについてはこれを検閲することで自らを肯定してきたのだった。すなわち、カバラーの不気味な世界や、一〇九六年の虐殺以降のラシの悔悛の祈りが証言するような歴史的悲劇の耐えがたい表現ばかりでなく、より一般的にベルリン的サロンの会話からはかけ離れた「地階〔酒場〕」で繰り広げられるようなあらゆることに対する検閲である。ドイツのロマン主義者たちは、その最も栄光に満ちた時代において、共同体の「神髄」を明るみに出すことを任務としてきた。これに対しユダヤ教学の創設者たちは、次の二つの傾向のあいだで揺れていた。一つは、ザルマン・ルバショフをして真の「脱ユダヤ化」と言わしめた、ユダヤ教の生き生きとした形式の解消であり、もう一つは、最終的には「保守的な」ものとして現れるとはいえ、ユダヤ的世界の生き生きとした性格に対する多大なる同情である[122]。彼ら開拓者のうちで最も大胆だった者たちが抱いていた考えは、当時の対立関係にとらわれた護教論であった。このことは、一八三二年にユダヤ教の典礼における説教についての研究（『ユダヤ人の礼拝のための講話』（*Die gottesdienstliche Vorträge der Juden*））によってその学派の最も偉大な著作の一つを公刊したレオポルト・ツンツが、シナゴーグにおけるドイツ語の使用を正当化しようとしたことからも示されるだろう。保守と破壊のあいだで、後者が勝るのであり、こうした学者らは結局「去勢を施す」学に向かう「精神の背教者」（ビアリク）となってしまうだろう[123]。もちろん、「死に支度」をしていたこの世代については、「過去の文書の「奥底を探す」というその学問的批判は破壊という方向においてしか実りは無かった」ということを考慮しつつ、その「知性主義の嘘」を、避けるためにも明記しておかねばなるまい[124]。しかしながらその教訓はいっそう残酷なものであり、いっそう徹底的な反抗をもたらすものである。すなわち、ユダヤ教学の失敗は、ユダヤ的啓蒙の幻想から汲み取られるものであり、それが自らを新たな土台の上に基礎づけたとしても、建設と破壊とをそれぞれ結びつけてきた弁証法を阻むのに十分かどうかは確かではない、ということである。

　ユダヤ教学に「西洋の隠語《ジャーゴン》への追放以降、自らの言語に再び住まいに来る」ように促すこと、これがビアリクが一九二四年に若いシオニストの学者らの前で行った呼びかけの意味であり、ショーレムはその最良の証言者である。[125] 建立者たちの世代が抱いていた夢をショーレムは次のように寓意的に再構成する。「ユダヤ研究の家を再建する」ために、彼らはソロモン王に倣って新たな建造物の「隅石」となる「無傷の石」を求めた。[126] 彼らは共同体の「永続的な土壌」から湧き出てくる眼差しでもって、「永遠の泉」に知恵を再興し、再建された現在から出発して「過去を生き生きとした力」として「立て直す」ことだろう。さらには自らの存在を深く掘り下げ、刷新された知を提示しながら、彼らは、追放から目覚め「どこで彼は現れ、どこで彼は救うのか」を知らせてくれる長いあいだ捕囚の身だった王の子の忠実さでもって、「天蓋」にまで糸を伸ばすことだろう。[127] 自らの国と言葉へと帰還した彼らは、あるときには神殿の再建を果たしたと考えた。かつての人々はうわごとを言い、「夢の翼」に導かれたり、目の前に夢の実現を思い描いたり、明け方まで酔っぱらって虚言を呈していたりしただけなのだ。[128] 先行する世代において解消と建設とを結びつけていた恐るべき弁証法とは反対に、彼らは「破壊の破壊」を遂行し、あまりに性急に死体用の防腐処置を施されてしまった有機体を覆っていたベールを引き裂き、「裂け目を縫合する」ことで、その顔を醜くしていた傷痕を治していたのである。[129] 掘り起こされ、解読された文書は、再建された過去の暗号となる。仮面を解かれたイスラエルは、諸国民のただなかへの追放状態から脱出する。自らの口からトーラーが発せられるのを見ることを望む者たちは多くいるはずなのだ。

しかし、勝利の時は過ぎ去り、悲劇的な幻滅の時がやってくる。みなし子、孤独者となったのだ。「われわれが自分たちの希望の基礎にしようとした新たな力の多くは、ヨーロッパにおけるわれわれの民の絶滅とともに消え去った」。[130] 彼らは神殿の隅石を見つけ出したと思ったが、この石は以降「建立者の手からこぼれる」だろう。[131] 彼らはエルサレムで世間知らずとして見られることになるが、彼らはおそらく「拍子を外してショファールを吹いて」しまったのだ。ユダヤ研究は「ハラハーの四クデのなか」に据えられるために戻ってこなければならなかったのだが、いまや四クデ四方の墓のなかに住まっているかもしれないのだ。[132] こうした幻滅を語るために、ショーレムの用いる寓意はいっそう厳しいものとなる。「われわれは〈永遠の主〉と戦っていなかったとしても、〈悪魔〉と戦っていたということは確かである。われわれは、破壊の秘密を知らないがゆえに建設の秘密も知らない無責任な弁証法の指揮者たるこの矛盾者と戦っていたのだ」。夢の翼がもがれてしまったとき、「もう一つの側」(*Sitra ahara*)が再び現れる。すなわち、「身体から遊離した精神」を解放した教皇面（*Päpstlichkeit*）のユダヤ教学が垣間見せたものである[133]。だがそれは、もしかすると、学という「新たな装い」で上演するための「国家の誇張」が生み出したものかもしれない。おそらく、宗教の釈義や修辞を、国家のそれに置き換えるのが必要だったはずなのだ。「だが、どの場合でも、世界で作動している真の力が働き続けていた。すなわち、われわれ自身が持つ観念とは異質な、真の「ダイモーン」に由来する力が働き続けていたのだ」。最後に、最も厳しい問いがやってくる。「もしかして魂が混沌《ティクン》（*tohu*）の世界から戻ってきて、われわれが向かっている修復の世界に混乱をまきちらしているのではないか[134]」。かつてはしだいに薄れゆく恐れにすぎなかったものが現実のものとして現れる。「専門家」となることで、ショーレムと仲間たちは「学者としての死」を被ったのだ。一九四二年以来次の詩に託されていたある予感が確信へと変わったのである。「古い書物のなかに何時間も没頭した／その文字は偉大に見えた。それらだけとともに、私はあまりに多くの時間を過ごした／もはや離れることなどできないほどに。／その古き輝きは真理をとりまく／だがどうやってそれを集めればよいのか？／諸々の世代を結ぶ絆はそれほど強くない／知も純粋ではない。［…］／変質した時代が私を無情に見つめる／後ろに戻る気などないと言って。／苦悩のうちで視界を晴らす者が、／排斥された幸福を享受できるのだろう[135]」。

すべてが崩壊するように見えたこの不確かな時代に、ショーレムは「危機を免れたわずかな残りの者の活力」でもって、夢のうちでいまだ救いうる部分を引き留めようとしていた[136]。たとえその可能性の条件を無情にも見直さねばならないにせよ、「諸世代の連続性」は残り続ける。「歴史を通じてわれわれの存在を為したものが、その光と影とを伴って、上からの世界と下からの世界とのあいだの、天使たちと悪魔たちとのあいだの、民族の魂を取り戻すための戦いとして現れる[137]」。同時代の経験はおそらくもう一度「〈伝統〉の新たな読解」を提示することを要請するだろう。だが、その意図が開陳されるのは、「真の「われわれの身体の寸法」の神秘を開示すること」という謎めいた隠喩においてである[138]。この計画そのものについては、勝利の時からはかつてないほど遠ざかっているように見えるとはいえ、その形式と地平とを保ち続けている。「ユダヤ研究は、その原理において、またそのあらゆる側面において、自らの修復《ティクン》を必要としているのだ[139]」。こうした歴史経験は、ショーレムにおける逆説に対する感覚をますます鋭くすることになる。まず、「まさに本質的なものこそが、歴史学的な投影においてぼやけてくるのではないか」と問われているように[140]、この逆説は認識の地平に関わる。さらに、それは、決して学問的期待から遊離してはいなかった。シオニズムの冒険にも関わる――これは、この期待が自らの力を汲み取る源泉であったと同時に、その地平を混乱させる運動でもあったからである。さらに、とりわけハンス・ヨナスが「生きられた体験としての学」と述べたものに諸々の矛盾がしみ込んでいたことがある。[141] その理由は、ユダヤ研究の中心がベルリンからエルサレムに移ったことから引き出すべき教訓に見出される。「われわれは最初は反徒であったが、いまや継承者となったのだ[142]」。

このような確認を経ることによって、おそらくユダヤ教学の創設者たちの作業に向けられた判断にニュアンスをつけるよう促されたのだろう。すなわち、彼らが非難されるもととなったずうずうしさや勇気の欠如と、修正または補完する必要はあろうがそれでも多くの仕事を開くことのできた記念碑的歴史の遺産とのあいだで、諸々の事柄を考慮すべきだったのだ。郷土に定住し、ドイツ語を捨てヘブライ語で書き始め、あまりに長いあいだ抑圧されてきたユダヤ的生の多様な面を明るみに出すことに専心しつつも、ショーレムは決してこうした偉大な歴史記述のスタイルとまったく手を切ったというわけではなかったのである。われわれが少なくとも言うことができるのは、この歴史記述がショーレムの仕事の「非秘教的な」次元を導き、構造化しているのは、この歴史記述が提起することのできなかった様々な問いに対するより秘められた関心が現れてくることによって、この歴史記述に対して内面から働きかけ、さらには攻撃していたからだということであろう。これこそが、二つの源泉から汲み取られ、ほとんど矛盾した動機によって育まれ、さらには本当に混じり合うかも定かではない様々な地平のなかに書きこまれた、ショーレムのユダヤの歴史を書く技法の起源である。その原則は、絶望の淵での幻滅の時代に獲得された「遊びとして始まるが［…］最後には虚無を崇拝するにいたる博学な秘教主義」に対する不信につねに基づいている。[143] 彼の発した最も深い問いについて言えば、それは形而上学的次元の古くからの関心に関わり、あるいは同時代の視点からも要請される問い、すなわち、〈伝統〉の隠れ家ないし媒介者としての言語の力の問いであり、さらにはユダヤの歴史におけるメシアニズムの弁証法の役割と効果に関する問いである。

ユダヤ的魂の隠れた住処

言語の問題は、とりわけその研究を実現するのに半世紀を要したと自らが認めているように、ゲルショム・ショーレムの生涯にわたる関心事であった。ヘブライ語に魅せられそれを学び、ヴァルター・ベンヤミンと議論をしていた時代に構想されたあるテクストは、学問的言説と形而上学的省察とが交差する書き方を用いているが、最終的に、歴史に対する不安の刻印を残すものとなろう。非秘教的な次元では、この「神の名とカバラーの言語論」は、〈啓示〉の媒介とみなされた人間の言語の秘密の発見に結びついた教説——これは宗教思想に対するユダヤ教の根本的な遺産の一つである——がいつ現れ、どのように展開し、またどのような様相を持つかを描いている。だが、カフカやベンヤミンの目立たぬ影響のもとで書かれたこのテクストは、よりいっそう秘教的な視点から言えば、その副題「言語の神秘主義」やハーマンからの引用「言語、それは理性と〈啓示〉の母であり、そのアルファかつオメガである」が示唆するように、また別の性質を帯びたより広い地平に書きこまれたものでもある。(144) この観点では、再び歴史についての懸念が透けて見えてくる。もし神の〈御名〉があらゆる言語の起源にあるとすれば、またあらゆる言語が「〈創造〉と〈啓示〉以来われわれに語りかけている」神の言葉を反映しているとすれば、さらにあらゆる言語が伝達機能には何も負っていないある神秘をほのめかすのだとすれば、時代がそれについて知識を、ましてや意識を保持しているかどうかは定かではない。ショーレムが与するように思われる神秘主義的言語論の光に照らすと、「意味や意義やかたちを持つものとは言葉そのものではなく、この言葉の伝統であり、時間におけるその伝達と反映である」ことになるのである。(145) ところで、結局考えさせられるのは、現代性とは、この秘密の忘却と結びついた、言語の危機の現代性であるということである。「固有の弁証法を有したこの伝統は、変質し、ほとんど聞き取れない小さなささやきになってしまうこともありうる。この伝統が押し黙り、もはや伝達されなくなるような時代——たとえばわれわれの時代——があるのだ」。そが、言語の神秘を探ることを可能にしていた。とすると一カバラー主義者にとって、語句のもとでの〈御名〉の現在こつの問い、この研究に真の深みを与える問いが提起されるだろう。すなわち「神がそこから身を引いてしまった言語の卓越さとは何であろうか」というものである。

「世界のなかに創造の言葉の拡散した反響が聞こえるとなおも信じている人たち」にしか向けられていないように思われるにせよ、こうした問いによって、人間の言語のなかに単に〈啓示〉の言語だけではなく、「啓示としての言語」をも見出すという神秘主義者らの計画をかつて導いていたものを再構成することができるようになる。この観点からショーレムが強調するのは、ほかの宗教世界における同様の潮流のなかでも、ユダヤ神秘主義は「神に固有な道具とみなされた言語に対する形而上学的に肯定的な態度」によって特徴づけられるという点である。[146] こうした考察の基盤は、伝達機能や語句の意味を固定して表現を可能にする慣例とは異質な、言語に内在的な領野が存在するという考えにある。「言語における解読不可能なもの」が透けて現れること、これは「言葉の裂け目から」開陳されるということ、このことは、ヴァルター・ベンヤミンがすでに自らの象徴論において「表現を欠いた伝達不可能なものの伝達」という矛盾した次元も含めて明らかにしていたところである。[147] したがって、若かりし時代に「言語についての純粋な神秘主義者」として思考していたベンヤミンのような人物の直観から出発してこそ、ショーレムはカバラー主義者らの理論の根本的なテーマを定義することができたのである。カバラー主義者らにとって問題だったのは、第一に、神的なものの諸要素は象徴の助けを借りて言語を貫いているという見地に基づいて、〈創造〉と〈啓示〉とを、神の自己表象として捉えることである。補足的にもう一歩踏みこめば、彼らは〈御名〉をあらゆる言語の形而上学的起源とすることができたであろう。そうなれば、人間の言語は、啓示されたテクストの言語とほとんど同じように、象徴的に意味された秘かな次元を有するものとして現れるのである。さらに、より問題含みの次元がある。すなわち神的な諸々の名と、厳密に人間的な言葉に認められた諸々の力についての理論のただなかでの、神秘主義と魔術との弁証法的関係である。

こうした言語論が評価されるのは、トーラーやラビ派文学における〈御名〉の考えとの比較によってのみである。トーラーは、言語に対していかなる「魔術的な雰囲気《アウラ》」も与えないように思われる。啓示という観点においても、典礼における「聖別」という観点においても、呪術的操作の次元に入りうるアプローチはつねに拒否されている。タルムードの律法学者たちは、〈御名〉が現れることで惹起される畏怖についてのちに成文化する際にも、それを魔術的に用いる誘惑を退けようとし、〈御名〉の発音不可能性を強調し、それに測りえない深みを与えるために聴覚的領野から退かせるのである。ショーレムはこの点に関してヘルマン・コーエンの晩年の証言を喚起している。コーエンは、「あらゆる言語、あらゆる民族において」神の唯一性を証する力がメシアの時代にはあるという見地から、タルムードにおいて〈御名〉は魔術的な言葉であることをやめたという考えを賞賛しているのだ。[148] さらに付記できることは、コーエンに先立って、マイモニデスが、言語の隠れた次元の存在を否認し、トーラーの不明瞭な言葉は寓意として理解されねばならないと示すことでその曖昧さを払拭し、言語についての慣例主義的な考えを擁護し、「トーラーの秘密」を語句の秘密によって解釈することを避けていたということだ。[149] この観点では、マイモニデスは、タルムードにおいてメシアニズムの黙示録的な考えをもたらしうる節についてもそうしているように、言語についての神秘主義的な思弁の源泉となりうるような多くのテクストから距離をとっていなければならなかった。「きみが一文字でも忘れるならば、あるいは一文字でも付け加えるならば、きみは世界全体を壊すことになろう」。「トーラーの章は秩序立てて並べられてはいない。もし並べられているとしたら、それを読む各々の者は死者たちを復活させたり、あるいはほかの奇跡をおこしたりすることも可能だろう」[150]。逆に、ナフマニデスが神秘主義的言語論に取り組む際には、彼は同時代人たちの攻撃からマイモニデスを擁護しているとはいえ、マイモニデスの注釈については遠慮なくふるまうことになろう。

神秘主義的言語理論を提示する最初の書物は、ショーレムがこれまで解釈されてきた成立月日を修正し、カバラーの起源に遡らせる書物のうちの一つ、『創造の書《セフェル・イェツィラ》』[151]である。これによれば、神が世界を創造したときの「知恵の不可思議な三二の小径」の記述は、アルファベットの二二の子音字と一〇の原数字《セフィロト》の合算に直接由来している。この観点では、二二の文字からできる二三一の組み合わせが、宇宙の三つの次元、すなわち世界、時間、人間の身体を保証するのである[152]。言語の神秘に基づいたこうした宇宙論によって、「あらゆる創造とあらゆる言説は一つの名から生まれる」と言うことができるようになるのである。とはいえ、こうした初期の理論は、真に思弁的というよりは魔術的な言語論を用いている点で、理論的意図と同程度に魔術的考察の影響を受けていると想定することもできよう。ナフマニデスこそ、こうしたあいまいさを払拭した者である。彼によれば、聖なるテクストは起源においては諸々の語句に区別されることなく書かれている。このことによってこそ、一文字忘れたり、付け加えたりすることが危険だと理解され、またとりわけ次のように宣言することが可能になる。すなわち、「われわれは正当な伝統を持っており、それによればトーラー全体は神の名から成り立っている。これこそが諸々の語句を区別し、われわれがそれをまったく異なるしかたで読むことを可能にしているのである」。だが、ナフマニデスは、諸々の名で織り成されたテクストという考えよりもさらに先に行き、「トーラーの五書は、〈聖なる者〉――〈その方〉はほむべきかな――の〈御名〉である」ことを肯定するにいたる。換言すれば、ナフマニデスにとってもジローナで彼を教えた学者たちにとっても、さらには『ゾハール』の著者にとっても、問題は、もはや言語の力に結びついた魔術にではなく、「トーラー全体は、それだけでただ一つの聖なる神秘的な名である」[153]という点をめぐる理論的思弁にあるのである。ナフマニデスの死後数年後、モーゼス・デ・レオンはこの観点からトーラーの四つの意味の次元の解釈という伝統的な理論を再び取り上げ、これらをタルムードの有名な一節の〈楽園（Pardès）〉という語を構成する四つの子音字――字義どおりの意味ペシャト（*Peshat*）、寓意的な意味レメズ（*Remez*）、ラビ派の解釈のデレシャー（*Derush*）、神秘的な意味ソド（*Sod*）――に結びつけて解釈することになる。[154] ヨセフ・ギカティラは、トーラーとは〈御名〉である以上に、〈御名〉の説明なのであり、したがってトーラーは聖四文字《テトラグラム》の巨大な注釈として現れると主張するだろう。[155]

ナフマニデスが「〈御名〉による」トーラーの読解と名づけたもの以来、こうして現実を絶対的なものの啓示として理解する純粋に言語論的性質を持った考えが作り上げられたわけである。ショーレムによれば、「言語の彼方には、まだ分節化されていない省察、純粋な思考、名を持たない者が隠れている精神の無言の深みがあるのだ」[156]。言語神秘主義に関する真に最初の著作である『創造の書《セフェル・イエツィラ》』の注釈を著した盲人イサークは、神のことばが諸々の文字のもとに隠されているとし、そうしたことばは普遍的な筆記《エクリチュール》に属し、言語の世界をまさに「霊的世界」として描くとする。あらゆる隠れた神性の顕現のはじまりであるエーン・ソフ（無限）が、神の思惟が「「言説の起源」にまで」行きわたる諸々の段階を通じて描かれるのである。[157] こうした問題系は、よりいっそう大胆に練り上げられることで、真の記号論を生み出すだろう。『マ・ハヤン・ホクマ』（知恵の泉）の著者にとって、言語の運動には、それぞれヨッドとアレフという子音字によって構成された二つの分節点が見受けられる。聖四文字《テトラグラム》〔יהוה〕の最初の音節であるヨッド〔י〕の点状の小さな鉤のようなかたちは言語の原初的な場の可視的象徴を表しており、他方その直角は、枝分かれして無限へと向かい、最後にその中心に戻ってくる言語的運動の「沸騰した泉」を象るために、起源から広げられている翼のようなものを描いているはずである。アレフに関しては、その発音が、ほかのあらゆる文字が形成されるもととなる中立の地点のように、言語の形成を惹起する純粋な息吹を描いている。[158] 一三世紀末、アブラハム・アブラフィアは、〈御名〉それ自体は子音字のみによって構成されていると指摘しつつ、この現象は、トーラーとその言語の秘儀を伝授されることができる者たちのための、隠匿という神的意志として理解されるべきだと主張するだろう。

『ゾハール』の著者と同時代人であり、同様にスペインで生まれたアブラハム・アブラフィアはその主要な論考を一二八〇年から一二九一年のあいだイタリア南部で著し、マイモニデスの思想の秘教的側面を開陳することで満足したと自ら語っている。[159] だが、彼はマイモニデスの教説の本質的な要素、すなわち預言に関わる部分を変容させてもいる。『迷える者への手引き』の著者にとって、預言とは人間精神の神に対する関係の最も高次の次元を示すが、それはかつて何名かの者だけに授けられた能力であり、メシアの時代にしか蘇らないものであった[160]。アブラフィアはこの預言を実現する不可能性に対して異議を唱え、『創造の書《セフェル・イェツィラ》』の言語論に合理主義的解釈を施すのである。彼は、〈創造〉は神的な書く技法として捉えねばならず、他方〈啓示〉と預言は、神の言葉が人間の言語へと流れ出て、物事についての際限のない知性を潜在的に人間に与える形象であるとする。こうした急進的な理論によって決定的な一歩が踏み出された。なぜなら「〈創造〉、〈啓示〉、預言は、言語の世界において生起する現象である」とされるからである[161]。そこから帰結するのは、神的な言葉とそれを支える行為は、〈創造〉の瞬間に一度だけ世界に放たれたのではなく、間断なく絶えず刷新されるプロセスから発せられるものであるということだ。こうした神の筆記《エクリチュール》として〈創造〉を捉える考え方からすれば、筆を手に持ち、筆にインクを吸い取らせ、物質にどのような形を与えようかあらかじめ表す代書人の筆先におけるように、各々の文字は〈創造〉へと送り返される象徴となるのである。だが、子音字があらゆる言語の源泉であるにせよ、以降は母音字こそがそれらを結合し、運動させ、人間の言葉に見合うことのできる真の「神の言葉」を保証する。「預言の学」として描かれたこうした教説は、マイモニデスの能動知性論を再び取り上げ、言語の領野およびトーラーの領野は、人間が自らの可能性の頂点に達したときに開かれるということを示そうとするのである[162]。人的完成の究極の形象は、言語についての学を習得した預言者的経験と実際に一致する。「もしあなたが、自らが預言者となるトーラーの次元に達したいのであれば、預言者の道に従わなければならない。なぜなら彼らの道とは、トーラー［のすべての文字］を組み合わせることであり、それをはじめから終わりまで聖なる〈御名〉の組み合わせとして学ぶことだからである。なぜなら、真の伝統がわれわれまで達しているのは、トーラー全体が、はじめに《ベレシット》（「創世記」第一章第一節）のベートから、全イスラエルの目の前で《レ・エイネ・コル・イスラエル》（「申命記」第三四章第一二節）のラメッドまで、〈聖なるお方〉の〈御名〉だからである[163]」。

アブラフィアは、一種の永続的な筆記《エクリチュール》を通じて神が万物のなかに配置した「署名」を知るのにふさわしい訓練を経ることで預言者的経験が再生されうると主張し、自らが「文字の結合術の学」と呼ぶものを定式化するにいたる。この学の原理として、次のような公準がある。「（万物の）「大群」の起源にある秘密とはアルファベット文字であり、その各々は〈創造〉へ差し向けられるしるし（象徴）である[164]」。この見地からアブラフィアは、名について熟考してもその形式を修正することのなかった先人たちとは異なり、〈御名〉を分解し、文字ないし母音をまったく新しいしかたで結合することによって新たな言語単位を生み出すことを正当化するのである。このとき、彼はその同時代人の一人が提案していた次のような例に従っている。「よく知られていることだが、この節（「私は私はあるというものだろう」、「出エジプト記」第三章第一四節）を受け取り、文字を結合させることで、心から追憶されるわれわれの師モーセは、あらゆる認識の最終目標に到達し、驚異や奇跡を起こすことも可能な最高度の次元に到達するのである」[165]。実践的な目的で考えれば、この言語の領域で展開される神秘主義的な行為は、預言の目覚めに適した意識状態を喚起することができる方法論的な瞑想訓練を必要とする。「〈御名〉において、私の知性は直覚の地位へと高まるための梯子を見出したのだ」[166]。マイモニデスの認識論の諸カテゴリーに従って構想された、純粋思惟の調和的運動に類似したものを描くために、アブラフィアはこの純粋思惟を音楽になぞらえている[167]。結合術の学を訓練することで、精神はモティーフを作り、この類比を可能にしている無限の変奏によってそれを変化させるのである。アブラフィアによれば「最初に弾く弦は、最初の文字アレフに比較でき、さらに次のベート、三番目のギメル、四番目のダレット、五番目のヘーを弾く。様々な音が結合しあい、この結合において表現される神秘は聴覚を通じて心を喜ばせる。筆によって諸々の文字を外から入れ替える方法もこうして行われるのである」[168]。この訓練そのものについては、アブラフィアはその自然言語がヘブライ語であることを賞賛している。地上の七〇の言葉のなかで、ヘブライ語が二二の文字でもって、神的筆記《エクリチュール》の「原初的な綴り字」を与えているからである[169]。

ショーレムは、カバラー主義者らに対する自らの関心の発端について問われた際、彼らが「自分自身の状況を世界の状況として表現するための象徴を作り上げる」ことができたことだと答えている[170]。歴史的経験のこうした変化についての学問的理解という配慮に加えて、ショーレムの神秘主義的言語論についての仕事は、おそらく、こうした適性を発揮する可能性についての省察によって支えられてもいたのだろう。ショーレムは、この種の省察への導入として、オリゲネスがカイサリアの学院のラビから借り受けたイメージを喚起している。聖書は多くの部屋のある大きな家に喩えられる。その各々の部屋には鍵が一つある。だが、鍵が入れ替えられてしまったために、部屋の戸と合致しない。したがって、戸を空けるためには、それぞれの部屋に正しい鍵を戻さなければならない、というイメージである。ここで、神秘主義的衝動に突き動かされていた最後の著作家の一人とみなされていた、カフカのような人物が同時代にもたらした想像界との類似をすぐさま見てとれよう。カバラー主義者と聖なるテクストが出会う場所は、まさに彼がこの聖なるテクストを変貌させる権利を手に入れるところに位置している。「〈啓示〉の言葉は、簡素で厳格であり、いわば両義的であったり理解不能であったりしてはならないが、いまやそれは無限に意味で満たされている」[171]。トーラーが数えきれない意味を「孕んで」いること、その隠れた意味を探す者は「聖句を開く」ことができるということ、こうしたことの帰結は、神のことばが「無限の意味の層に解体される」ということである。だが、それでもやはり入れ換えられた鍵を持つ家の寓話が示唆する「絶望する自由」が〈伝統〉の権威の尊重の枠内にとどまることにかわりはない。こうした保守的態度がしばしばトーラーの破棄という革命的傾向の攻撃を受けてきたとしてもである。カフカ的世界が提起する伝達不可能となった〈伝統〉という問いとは、〈御名〉についての多くの神秘主義者たちの絶望を埋め合わせてくれるものをいかに保つことができるのか、すなわち「いかに弁証法によって引き裂かれているにせよ、絶対的なものとみなされた言語への信仰、言語のなかから聴こえる神秘への信仰」をいかに保つことができるのか、その可能性の問いである[172]。カフカの著作を「ユダヤ神秘主義の系譜」に組み入れつつ、ショーレムはカフカを、この神秘主義がその零度の地点に到達したときになお可能にしているものについての証人とするのである。「鍵は見失ったのかもしれない。だがそれでもそれを探し求めようとする欲望は残り続ける」のだ[173]。

メシアニズムの弁証法　ユダヤの歴史の書き方《エクリチュール》

ゲルショム・ショーレムは、自らを「哲学的感覚を持った歴史家あるいは歴史的知識を持った哲学者」と規定することで、おそらく自らのユダヤの歴史を書く技法の鍵の一つを漏らしているのだろう[174]。その方向性、および対象へのアプローチの仕方という点で、この技法は弁証法の鋭い感覚によって特徴づけられるだろう。長いあいだショーレムは、ユダヤ教学《ヴィッセンシャフト・デス・ユーデントゥムス》の創設者たちの経験から引き出される教訓について熟考していた。すなわち、この学は決然とユダヤ性を解消する方向に向かったり、あるいは端的に自らの帰結に無関心だったりしたために、ユダヤ民族の過去を掘り出せば掘り出すほど埋葬してしまうという教訓である。こうした、自らの対象を破壊する知の持つ否定弁証法からは、アビ・ヴァールブルクの有名な格言「親愛なる神は細部に宿る」に照らして、源泉への情念と文献学の必要性とを引き留めておくべきだろう。だが同時に、ショーレムが「学者としての死」と名づけたこの学の学問的無頓着さの帰結にも同じエネルギーでもって用心しなければならないだろう。ここから生じるのが、つねに緊張関係にある書き方《エクリチュール》である。学問研究の面では、ショーレムが非常に早くから自らの任務としていたのは、ユダヤの歴史のうち、啓蒙以来日陰におかれ、何人かの先人によって垣間見られてはいたが、多くの者によって軽視されていた領域を再構成することのできる資料を集めることであった。しかし、ショーレムにとって、こうした企図が意味を持つためには、これらのテクストが歴史的状況を照らすことができ、諸々の概念が、追放状態にあった不確定な存在に対する返答として理解され、全体としてユダヤ的生の神秘、その危機や生き延びるための条件について熟考する要素を与えてくれるような地点まで自らを高めることができるようになっていなければならなかったのである。この観点では、カバラー主義者たちが練り上げた言語論を再興することはユダヤ神秘主義の存在論を明るみに出すこととして捉えられるだろう[175]。ユダヤ神秘主義がユダヤ民族の想像界と経験のなかに浸透しているという見地から提起される歴史の哲学、すなわちメシアニズムの哲学については、これから明らかにしなければならない。

ショーレムにとって、ライフワークとも言えるユダヤ神秘主義の復権は、ユダヤ的啓蒙《ハスカラー》が行った選択に起因する一種の不正を修復することに相当するものであった。「西ヨーロッパのユダヤ人が、一八世紀の転換期において、確固としてヨーロッパ文化の道に身を置いたとき、カバラーは途上に倒れた最初にして主要な犠牲者の一つだった。奇妙で厄介なものと思われてきたユダヤ神秘主義の世界は、その複雑な象徴的表現とあいまって、以降は異様で邪魔なものと判断され、それゆえにすぐさま忘れられたのである」[176]。このかぎりにおいて、ある日ショーレムは、自らの批判的な仕事は「〈伝統〉を再構成する」ことに寄与したと宣言しもするだろう[177]。その歩みの出発点にあったのは、カバラーに対して、その名が示すとおりの要請を免除してやるという意志である。すなわち、ラビや哲学者たちが展開し、あまねく認められた諸々の表現の傍らで、〈伝統〉の本来的表現であるという要請である[178]。ショーレムにとって、ユダヤ教は卓越した意味で伝統の理念に立脚した宗教である。固有の意味での〈伝統〉とは、「神のことばを、〈啓示〉によって定められた生の形式に従って、表現でき、使用できるようにする試み」のことである[179]。この観点では、カバラーは、トーラーの注釈や一神教の三つの基本原理に基づく思索を通じて展開されるならば、ユダヤ教の中心軸からは一般に言われているほどは隔たっておらず、「第二神殿の時代およびそれ以降に結晶化されたラビ派ユダヤ教の意味を神秘主義的な考え方によって解釈する試みの総体」として定義されるのである。[180] 思想と歴史との結節点において、様々なかたちで異議を唱えられてきた権利をカバラーに与え直し、同時に、その力を与えている弁証法を強調しながらカバラーを描く必要がある。すなわち、「ユダヤ人が自分自身を知り、外的世界を知るために依拠した正当な形態、自らの宗教的経験とその歴史的変化を表現し、しかし同時に死にいたらしめかねなかったり、生を付与したりするその諸々の危機を表現するような形態」をである。[181]

ユダヤ教の歴史のなかで神秘主義が占めてきた位置や役割を理解するためには——これをすぐれて弁証法的現象として描くことによって、その性質を正確に描けなくなってしまうおそれがあるとはいえ——、その研究にのしかかる二つの前提をア・プリオリに退けておく必要がある。その第一は、一般に認められているように、神秘主義的経験は少数の個人に固有の内面性の次元にのみ属し、したがって社会的な文脈とは何ら関係を持たないという前提である。[182] こうした経験を特徴づけている多くの要素はこの説を補強するように思われる。どの宗教的世界においても、神秘主義は、歴史的展開の二次的状態として現れる。この状態は、すでに社会形態や儀礼や恒常的な制度が存在しているが、しかし最初の霊感が、一種の硬化によって古びたり、使い古されたりしてしまったようなときでなければ出現しないのである。遺産の籠絡、その変質に対する反抗として、神秘主義は、宗教の「ロマン主義的段階」に似ているかもしれない。すなわち、観想、神との直接的交流、さらには合一すらも可能にするような天啓、認識の無媒介性を求める信者たちが起源へと回帰しようとする段階である。こうした観点において、神秘主義者が共同体から徹底的に孤立し、一種の恍惚した内面性を育むにせよ、それでも彼が「弁証法的人物」であり、社会的世界との矛盾した関係を保つことにかわりはない。その存在様態は、宗教経験を媒介することを自称する制度に対して、神への無媒介的現前を対置させることに立脚している。だがこの場合、伝統的宗教の肯定をかつて司っていたのと同じ主張を繰り返すのでなければ、彼は何をするのか。別の見地では、根源的啓示の源泉と神秘主義者の源泉とが結局のところ同じようなものであるのと同様に、神秘主義者は、自分が反抗している伝統によってもたらされた宗教的イメージや言語イメージによって育まれているのである。そこから、彼の立場の非常に両義的な様相が生じる。一見すると、革命的な態度が勝っているように見える。神秘主義者は制度の支配に動じない内的自由を肯定し、ほとんどニヒリズムに近い一種の社会的アナーキズムにいたる危険を冒しつつも、共同体の生活の束縛から解放された霊的生を求める。しかしながら、逆のことも同様に可能であり、彼を保守主義者とすることもできる。「具体的で伝統に満ち溢れた社会的文脈のなかで行動することで、神秘主義者の飛翔は、自らが生きる伝統を認め、自らをこの伝統の立役者ないし守り手とすることができる」のである[183]。

革命家ないし保守主義者として、権威への公然の敵対者ないし伝統の逆説的守護者として、建設的ないし破壊的な活動をもたらす者として、神秘主義者はしたがって、社会と抗争的だが実効的な関係を保つ。こうした確認を経ることで、一般に受容されている考えの第二に反駁することができる。すなわち、神秘主義者を、「歴史的次元の彼岸ないし下部に、歴史的次元とは異なる経験の次元に」生きる者とみなす考えである[184]。ここでは、神秘主義者自身が直面するジレンマこそが、こうした見かけに対する反駁を可能にする。カバラー主義者らがデベクートと呼んだ神との合一は、一見すると、純粋に内的かつ個人的で、それを享受する者を孤立させるだけにいっそう強度な、いずれにせよ伝達不可能な経験にしか属していないように見える[185]。ユダヤ的敬虔の様々な形態に関して言えば、賢者《タルミッド・ハハム》が、律法に通暁し、「賢人たちの弟子」として、彼をその世代の師とみなす共同体に身を捧げる生の理想を示すのに対し、義人《ツァディク》と敬虔な者《ハシッド》は、外部に伝播することのない孤独な自己の完成を自らの自己同一性《アイデンティティ》の源としている。とはいえ、神秘主義者は、自らの経験の頂点に到達したときに、自分自身にしか語らないか、あるいは「言い得ないものを語句へと翻訳する」かの選択をせねばならない。孤独な観想的生を育むために世界の目から隠れたままでとどまるのか、世界の方を向いて、社会のなかで精神的使命を成就させるのか。神秘主義の伝統は、形而上学的なデベクートと、社会的目的に身を捧げるデベクートとを区別しているが[186]、後者において義人《ツァディク》は「一歩下がる」ことを受け入れ、同時代人たちの蒙を啓くことができるのである。ショーレムにとって、後者の態度こそが、ユダヤの歴史のなかでのカバラーの衝撃を明らかにしてくれ、新たにその矛盾した形態を理解させてくれる点で、本質的なものである。この意味で、神秘主義者らは、自らの経験に由来する認識を伝達するという欲求をつねに成就してきただけではなく、この認識を歴史において経験された諸々の危機の理解のために用い、しばしばラビや哲学者たちが提案するものよりも深く、力強い返答を与えてもいたのである。彼らのメシアニズムの理論を通じて本質的に現れる神秘主義という現象の意義は、この点において推し量ることができる。「これらの返答は、追放と〈救済〉の意味を明らかにしてくれ、イスラエルの特異な歴史条件を、より広い、宇宙的ですらある枠組み、すなわち〈創造〉の枠組みのなかに位置づけるのである[187]」。

ショーレムは、カバラーを徹底した無歴史性によって特徴づける考えに反駁し、それにメシア的理念が持つ力と一つになった力を与えようとしながら、自分自身のユダヤの歴史の書き方の原理を研ぎ澄ます。この点では、彼の意図はもはや単に合理主義に追い払われた知が被ってきた不正義を修復することに限られず、長いあいだユダヤ民族が追放という逆境を歩むことを可能にしていた歴史の理解を再興することにある。かつてカバラー主義者たちは、世界における諸々の偶発事を神的生の神秘の反映として描こうとしており、したがって「彼らの経験が凝縮されている諸々のイメージは、ユダヤ民族の歴史的経験と密接に絡み合っていた(188)」。ユダヤ的啓蒙《ハスカラー》以降の世代によって「近代の渦に飲み込まれてしまった」後に、彼らの認識、彼らの歴史についての思想に何が起こったのかについては周知のとおりである。すなわち、「残ったものは、やぶの生い茂った道なき廃墟の眺めばかりであり、そこでは、ここかしこで、たまたまやって来た学識ある読者が、合理的思考には侮辱的な、突飛な聖なるもののイメージに驚き、拒絶するのだった」。反対に、学問的認識は、埋もれたテクストを掘り起こし、それを文献学的批判にさらすことのみを対象とするわけではない。「かつて閉ざされていた象徴は、われわれにとっては、開示と照明という価値を持っている」のである(189)。別のしかたでいえば、カバラー主義者らが学のない者たちから遠ざけておこうとしたものの見方を突飛な精神の持ち主に与えてしまうという危険はあるとしても、カバラーにおいて展開されている追放と救済の神話は、四散やゲットーにおけるユダヤ共同体に対し、自らの状況を映し出す鏡としての歴史哲学――これは、この状況を解読し、現在の苦痛を越えた地平に書き込むための一つの仕方である――を提示しているだけに、こうした危険は冒すに値するものなのだ。

　ユダヤ民族の歴史におけるカバラーの役割がメシア的展望を作動させることのできるかつてない能力に依存しているのだとしても、こうした展望自体はユダヤ教に固有の〈救済〉の考え方に由来している。この点では、諸々の大宗教がどのような指針を持っているかということが決定的である。キリスト教は、メシアの到来はすでに起こった出来事であるという考えに基づき、〈救済〉を、内面性という見えない霊的領域に、つまり歴史の流れを修正することのない個人の自己変革の次元に追いやった。ユダヤ教はというと、不当な先取りと思われるものに異議を申し立て、自分が最初から持っていた立場を保ち続けた。すなわち〈救済〉とは、つねに「歴史の舞台で、ユダヤ共同体の心臓部において生起すべき公の出来事」であるという立場である(190)。ところが、ショーレムにとっては、〈救済〉という問題系をメシアに関する理論のなかで言い表すことは、たとえそこにイザヤにおける終わりの日であれ〔第二章第一節〕、アモスにおける主の日〔第五章第一八節〕であれ、エゼキエルにおける神の山車〔第一章〕であれ、預言者らの幻視から借り受けた要素が見られるとはいえ、狭義の聖書時代より後代のものであるということを強調しなければならない。〈律法〉とは別の源泉から汲み取られたメシアニズムという主張は、ショーレムの立論にとっては本質的なものである。彼は「メシアニズムの起源は歴史経験にある、あるいはむしろこの歴史経験がユダヤ人たちの想像界において引き起こした反応にある」と言うのである。[191] さらに付記すべきは、メシアニズムが本当に現れたのが、第二神殿の破壊や、バル・コクバの敗北や追放の開始といった諸々の出来事の後だったとしても、それが真の歴史的実効性を有すことになるのはよりいっそう後になってからだということである。長いあいだ、メシアへの期待は抽象的なものにとどまり、実際の経験とは関係を持たず、したがって、〈伝統〉とは異なった源泉を有するとはいえ、この〈伝統〉に溶け込み、それと両立しうるもののように思われたのである。歴史の終わりに、あるいは歴史の彼方に到来するはずの出来事と考えられていた〈救済〉は、次のような二つの矛盾した表象をもたらしていた。一つは、破壊され、今後再び作り直すべき原初的状態への回帰という表象であり、もう一つはまったく新たな世界の闖入という表象である。だが少なくとも、〈救済〉の現在性についての考えと過去の伝統とのあいだの潜在的な抗争は隠れたままであったし、メシア時代のトーラーについての思弁は、本質的に、想像や期待の次元で展開されていたのだ。

こうした不安定な均衡こそ、初期のメシアニズム運動が、はじめから存在していたが長いあいだ抑制されていた矛盾を顕わにすることで破壊せねばならないものだったのだ。ショーレムは、メシアの理想像を引き裂いている抗争についてかなり早い時期から気づいていた。一九一九年の手帖でショーレムは、その現れ方には理論的にも歴史的にも区別されるべき二つの形態があると記している。一方は「革命的」と名づけられるもので、「終わりの日のメシア」という考えから出発し、ゴグとマゴグの戦争の光景や、あらゆる魂が回帰する世界の終わりとして考えられた最後の審判、メシア時代と新たな〈創造〉の同一視等に変化する。逆に、「変遷」(*verwandelnde*)型のメシアニズムも同時に存在する。これは最後の審判という見地を中和化し、魂の浄化や自然の変容を目指すが、「来るべき世界」において何か新奇なものが挿入されるわけではない。[192] さらに、ショーレムは幾度もこうした類型論を再編成し洗練させている。メシアニズムの問いに関するショーレムの最も完成されたテクストにおいて、この問いはユダヤ教の三つの潮流の区別というより広い枠組みで捉えられている。[193] そのうちの第一は「保守主義的な」ものであり、ラビ派の伝統のなかで最も目立つ立場と同一視される。これは、追放において ユダヤ人が守られるかどうかは、シナイでの〈啓示〉の際にもたらされた民族の唯一性を保証するために、共同体が〈律法〉の変わらぬ一体性を保持できるかどうかに依存すると考える。第二の「復興的な」潮流は、ユダヤ民族の最初の状況が追放の苦難を通じ変転したとみなし、過去に位置する理想への回帰を図り、原初的状態の再建に期待を寄せる。最後に残るは「ユートピア的な」ヴィジョンであり、これはこれまで知られている諸々の経験とは比べられない将来という、まったく新たなメシア的世界の見地を全面に押し出す。

メシアニズムそのものについては、これは復興とユートピアという二つの問題系が合わさるところに生まれ、これら二つのあいだの弁証法的関係を通じて展開する。すなわち、一方から他方へと移行することは可能であるとはいえこれら二つの教説のあいだに残る対立、メシア時代についての思弁的考察と実践的で直接の活路を見出そうとする運動とのあいだの緊張、〈救済〉の時は徐々に成就するという展望と歴史の流れにおける黙示録的闖入という展望とのあいだでユートピア的理想そのものがとりうる諸々のニュアンス――メシアニズムはこうした弁証法的関係を通じて展開するのである。

ここでもまたショーレムは、メシアについての諸々の教説の分析と、こうした教説が歴史的表現を見出している諸々の具体的状況とを交差させながら自らの理論を構築する。この観点からすると、中心的役割を担うのは黙示録的な見方である。この見方は、ラビ派の伝統において守られてきた〈律法〉と別の源泉から汲み取られた〈律法〉とのあいだの長く隠れていた抗争を明るみに出すことで、ユートピア的潮流を引き裂くことになるだろう。より具体的に言えば、メシアへの希望が想像的現実について抽象的に語られるものであることを止め、神に放棄された現実の状態に対する可能な返答として現れてくるとき、保守的傾向を持つ「哲学的、合理主義的」思想と、神話的要素を持ち、革命的活路を求める民衆運動とのあいだに緊張が生じるのである[194]。ショーレムにとって、次のような二つの対立した相関関係が歴史的に存在していることはほとんど疑いない。すなわち一方では、追放の苦しみを受けた「民衆的心性」は、熱狂や反抗へと駆り立てるいくつかの黙示録的ミドラッシュに由来する伝説に親しみを感じ、他方では、ラビや哲学者たちの平素からエリート主義的な世界は、逆に、終末の破局という見方を中和化する文献につねに専心し、観想的生を推奨してきたのである。ショーレムが与する歴史的観点からはいかなるメシアへの期待も黙示録的なものを欠くことができないために、これら二つの世界観のうち前者こそがダイナミズムを生み出す。黙示録自体を著した者たちに加え、こうした考えは、イザヤやホセア、アモスのような、苦しみや絶望に発言権を与え、自らの終末論に民族的な装いを与えようとした預言者たちに見出される。だがこうした考えがその力を汲み取っているのは、「産みの苦しみ」を描き、反律法主義すれすれの黙示録的な逆説を展開する次のようなミシュナーのいくつかの節なのである。「あなたたちが最も低く倒れたときに、私はあなたたちを贖いにやってくるだろう」。あるいは「メシアのかかとの下では、傲慢が高まり、尊敬は消え去るだろう。シナゴーグは売春宿となり、どこにももはや真理は見出されないだろう。「息子は父を侮り、娘は母に立ち向かい、人の敵はその家の者だ」(「ミカ書」第七章第六節)。この家系の顔は犬の頭のようであろう」[195]。

〈救済〉に先立つ破局を告げ、メシアが近づく日を数えるように仕向け、〈終末を急ぐ〉ことも可能なはずだと示唆することで、黙示録的メシアニズムが提起するのは、「人間は自分自身の運命の主として考えられうるのか」という抑圧することも抑制することも困難な問いである[196]。だがこのメシアニズムは、救済は内面性の成就ではないというユダヤ教の古典的な教説を徹底的に、また魅力的に翻訳するものでもある。「〈救済〉とはむしろ歴史を越えた超越の出現、歴史を消し、崩れさせる闖入、歴史の外部の源泉から光線を放射することである」[197]。こうしたことこそが、合理主義的な著述家たちが反駁しようと専心せねばならなかった考えや見地だったのである。ショーレムにとって、こうした合理主義的な著述家の先鋭として登場し、黙示録的ヴィジョンを回避した終末論を提示することを余儀なくされたのはマイモニデスであった。マイモニデスとともに、メシアに関する諸々の教説の類型論のなかで、非ユートピア的ユートピアとも言えるものが立ち上がる。マイモニデスは、メシアニズムの持つ否定できないユートピア的次元を保存しつつも、その先端にある黙示録的な部分を取り除くことで、ショーレムの言葉によれば「哲学的神秘が歴史の活力にとって代わった貴族主義的ユートピア」[198]のために、法典編纂者としての自らの権威とその思弁的能力を動員したということになろう。終末を計算する可能性を擁護する人々に対して、彼はその予見不可能な性格についての賢者たちの言葉を対置する。「人が気にしなくても到来するものが三つある。メシア、遺失物、サソリである」[199]。より視野を広げ、マイモニデスは、メシアの期待について性急にそれを求めることを退けてこう表現すべきだと考えていた。「彼が到来すると信じ、確信しつつも、彼は来るのが遅れているのではないかなどとは考えないこと。それに日付を割り当てず、聖典からいつ彼が到来するかなどを引きださないよう。［というのも］われわれの師たちはこう語っているからである。「終わりの日について考える者たちの精神は取り去られよ」（「サンヘドリン篇」九七Ｂ）[200]」。最終的にマイモニデスがなすべきだったのは、急進的なユートピア観にとってかわる「メシアの日」の記述を提示することである。「メシアがしるしや奇跡を働かせたり、世界の物事を刷新したり、死者たちを蘇らせたりするとは信じないように。［…］メシアの日に世界の自然な流れが止まったり、何らかの革新が〈創造〉に組み込まれたりするなどと考えないように。［…］賢者たちが言うには、「この世界とメシアの日との唯一の差異は、隷属や諸国民の権力からの解放である」（「サンヘドリン篇」九一Ｂ）。［…］だからイスラエルの子らは偉大な賢者となるだろう。彼らは隠された物事を知り、人間にとって可能なかぎり〈創造主〉の認識の最も高い地点に到達し、「水が海を満たしているように大地は神の認識で満たされる」（「イザヤ書」第一一章第九節）だろう[201]」。

だが、ショーレムにとって、「大いなる鷲」の権威も「自身の終末論の本質的な弱点を覆い隠す」ことはできなかった[202]。アブラバネルのような著述家たちの力こそが、きわめて悲惨と迫害に満ちた時代に、黙示録の伝統を考慮に入れることによってこうした弱点を修正することができるだろう。ただし、ここでもまた、メシアニズムが真に歴史に参入しその推進力となるのは、カバラー主義者らが解釈したスペイン追放のようなトラウマを与える出来事の衝撃のもとでしかない。とはいえ、ここで示すべきは、ユダヤ教の自己同一性《アイデンティティ》に関する最も論争の的になった問いの一つであるユダヤ教の神話との関係についての問いへと立ち戻ったときに、こうした力がいかに理解されるのかということである。こうした見地から、ショーレムは、神秘主義を神話への後退として非難した合理主義による古典的批判を裏返そうとする。一神教の確立と補強のために「神話の廃絶」が担った役割には異議は唱えられないだろう[203]。先行ないし隣接する諸宗教が神、宇宙、人間の汎神論的統一を認めているのに対し、ユダヤ教はこれら三つの領域のあいだに深淵を穿った。このようにしてサアディア・ガオンやマイモニデスの中世から、合理主義の近代的形態まで、神の観念を、神話的イメージや神人同型論的イメージから純化させるための戦いが展開されてきたのである。現代の思想においては、ヘルマン・コーエンがこの「非の打ちどころのない神学」への関心の最良の証言者である。彼はそれを超越論的観念論の図式のもとで展開させた歴史家であると同時に、格別に不利な文脈においてそれを擁護しようとした当事者でもあった。そのためにショーレムは、たとえユダヤ神学がコーエンの最も深遠な直観から最良の帰結を必ずしも引きだしているわけではないとはいえ、コーエンにユダヤ神学に対する真の貢献があったとするのである。コーエンは、逆説的にも彼自身その相続者であったリベラルな神学の諸矛盾を余すところなく描いた。すなわち、あらゆる自発性を歴史から排除して、「楽しい暇つぶし」としてのメシアニズムしかもたらさない危険や、それが、「革命の神学」という、メシアについての考えの真の意味を理解しない形態をとった対立物を生み出してしまう様などである。[204]コーエンは、これらをいずれも退け、「メシア的未来は、経験的な感性と道徳的な諸価値とが対立することについての最初の意識的な表現である」と認めることで、ユダヤ人の真の歴史への回帰と「メシア的活力」との混乱を避け、再び〈救済〉という地平を解放するのである。[205]だが、メシア的未来が感性的経験の限界を逃れるということが正しいのは、「諸価値が完全に「絶対的」に実現される領域においてでしかない」ことをコーエンは忘れていた。そもそもコーエンはほかの合理主義的思想家らと同じようなしかたでしか考えていなかった。彼の体系は、シナイは「人間の心のなかに」刻まれるという考えのために〈啓示〉の瞬間性を相対化するなど、神秘主義的隠喩を用いていたのである。[206]

マイモニデス、ラビ派の伝統、預言者らを神の純粋な観念を求める戦いへと事後的に徴集するコーエンの壮大な企ては、純粋な神という観念と「生きた神」という観念との抗争まで押し隠すことはできないだろう。この点に関して、ショーレムは『理性の宗教』に対してマルティン・ブーバーが行った批判を取り上げて、超越を神話によるあらゆる感染から守るという粗暴な意志は「神の概念を無化する」にいたるという点を強調する。[207]概念的純粋性において獲得したものが実体としては失われるというジレンマこそが、合理主義的神学が――あらゆる信者は何らかのしかたで人間たちの世界と交ざり合った神を想像しなければならないと認めることは拒否しつつも――そうとは知らずに被っていたものなのである。こうした地平において、ショーレムは、人間論的な省察を教説の分析に交差させる。この後者の視点に関して問題となるのは、トーラーに現れる神の公現の地位、とりわけそれが含み持つ神人同型論である。[208]ここでは、〈啓示〉の問いに答えを与える以下のようないくつかの言表のあいだに一つの矛盾が顕わになってくるように思われる。「主は顔《パニム》と顔を合わせてモーセに語られた」(「出エジプト記」第三三章第一一節)。あるいは「口から口へ、私は彼と語り合う。あらわに、謎によらずに。主の姿《テムナ》を彼は仰ぎ見る」(「民数記」第一二章第八節)。「あなたたちは語りかけられる声を聞いたが、声のほかには何の姿《テムナ》も見なかった」(「申命記」第四章第一二節)。同様に、神の表象は「創世記」(第一章第二六節)における「われわれにかたどり《ツェレム》、われわれに似せて《デムト》、人を造ろう」という母型となる提案によって正当化されるように思われる。神について「顔」「似姿」「姿」が語られるときに、いかに像の禁止が課されようか。こうした問いや、トーラーの多くのあいまいな表現から生じるほかの同様の問いに対して、マイモニデスは逐一答えている。『迷える者への手引き』の冒頭で、彼はツェレムとデムトに関する神人同型論的な解釈を同時に反駁している。前者は、「生来の形態」、すなわち「事物の実体を構成する」形態を指すものであり、この場合人間が享受するツェレムとは「知性的認識」を意味する。(209)「似姿」に関しては、これは「ある種の観念」を指すのであり、経験的現実を指すのではない。それゆえ、例えば詩編作者が荒れ野のみみずくに自分を譬えるとしても、そこで喚起されるのはもちろんその翼や羽ではなく、その悲しみである。したがってこれら二つの分析によって、モーセが「神の姿《テムナ》を見た」と語られるとき、モーセは「神のその実在において理解した」と解すべきだと認めることができるようになる。さらに、「顔と顔を合わせて」というより厄介な例に関しては、マイモニデスは神がモーセに対して「媒介なく」、すなわち天使が介在することなく語ったと理解すべきであると説明している。この点は、モーセは声のみを聞き顔は見なかったという「申命記」第四章第一二節によって決定的に確認されよう。

マイモニデスの多かれ少なかれ穏やかな確信に対してショーレムが対置するのは、次のような逆説を差し出す宗教的人間論である。被造物から借り受けた像《イメージ》を神に与えることで、神人同型論は「宗教の死活にかかわる領域の一部をなす」(210)。だが、この領域に同様に属するのは、「神的存在の実在はかような言説を超越するという印象」である。換言すれば、像に対するむなしい戦いの弁証法に合理主義は送り返されるべきなのである。「神人同型論に対する攻撃ほど無意味なものはないが、しかし、こうした過剰さに支配された神学者の瞑想的意識に対して、これほどの執拗さと必然性でもって課せられるのは神人同型論以外に何もない」。ここで歴史は自らの権利を取り戻し、それとともにショーレムの立論の筋道もはっきりしてくる。すなわち、神学が神話的な像《イメージ》を非秘教的な領域において消し去るにいたったとしても、この像《イメージ》は秘教的次元で再び現れ繁茂するのである。したがって問題は、禁止された像《イメージ》についての不純な思弁として神秘主義を告発することではもはやなく、一神教が自らの実体を失ったり、空の貝殻のごとく現れたりすることなしに、こうした像《イメージ》なしですませられるのかどうかということである。同様にして、ラビ派的ないし哲学的合理主義と神話の非合理主義との抗争にいつまでも焦点を合わせているわけにはいかない。戒律の尊敬へと向けられる信者たちの熱意を生み出すことができるかどうかだけが問われているのである。この問いを検討するのに先立って、ショーレムは対立の領野を制限し、カバラーの起源についての古典的な考えに異議を唱える。第一に、時代とともに自省することができなくなっていったラビ派ユダヤ教に対して、哲学と神秘主義はともに、硬直化にさらされた〈伝統〉に救援をもたらし、徹底的にその遺産を再考するにいたる。この観点では、哲学と神秘主義は、まったく隔たった世界に属するのではなく、しばしば関心をともにし、各々が有する概念の意味が他方へと伝達される際に変質するおそれはあるにせよ、たがいに混じり合った言語を用いていたのである。こうして問い直されるのが、カバラーは啓蒙への反動から生まれたというハインリヒ・グレーツの主張である。カバラー主義者らの合理主義的伝統との関係は、より単純であると同時により複雑なものである。「神秘主義の魔法の杖は、スコラ的な多くの観念や抽象のただなかに、隠れた源泉と新たな生を開示した」[211]。両者の真の対立について、ショーレムは一三世紀のブルゴスのモーゼス〔・ベン・シモン〕が提起した論争的記述に与するかたちでこう表現している。「あなたがたは哲学者たちの知恵をほめるが、われわれが始めるところで彼らは終わるのだということをあなたがたは知っておくべきだ」。

こうして哲学とカバラーとの二律背反をより正確に再構成したために、ショーレムはこれを言語論のカテゴリーで提示し直すことでいっそう堅固なものとすることができるようになる。哲学もカバラーも「〈律法〉の秘密」についての新しい理解を求めるのはもちろんだが、両者が対立するのは、いかにこの「秘密」を顕わにするかという点においてである。哲学がそれに取り組む際、一般的傾向としてトーラーをアリストテレスとその後継者たちの形而上学や倫理学の書物に含まれる諸々の考えを伝達するものとみなし、したがってユダヤ教の具体的な現実を「一連の抽象」へと変換してしまう[212]。逆に、神秘主義は、現象を理念化することを拒否するがゆえに、「宗教的物語を寓意《アレゴリー》化することでその生き生きとした組織を破壊することを慎む」のである。したがって、両者の対立は寓意《アレゴリー》と象徴《サンボル》のあいだの差異として捉えなければならない。ここでもまたヴァルター・ベンヤミンの理論に着想を得て、ショーレムは寓意を、「各々のものがほかのものの表象になりうるが、すべて言語と表現の限界内にとどまるような、意味と相関性の無限の網」と定義することを提案する。寓意のおかげで、哲学者たちは聖書の諸々の説話の意味を開示するよう努力し、さらには質料と形式の関係の記述や、精神の諸能力をそこに見出そうと望みもしたのだ。これに対して、カバラーが依拠するのは象徴、すなわち「それ自体としてはわれわれに対して形式も輪郭も持たないある現実が、その内容を可視的で表現可能な意味によって包含するもう一つの現実によって、明瞭になり、こう言ってよければ可視的になるような」表現のしかたである。これこそが、象徴に特徴的な力である。厳密に言えば、それは何も「意味」しないが、しかし「あらゆる表現の手前にある何ものかを明瞭にする」がゆえに、カバラー主義者はそこに、寓意が見ることのない「真の超越」の反映を見出すことができるのである。ショーレムはこうして、哲学と宗教との抗争関係についての彼の分析を統べている諸々の言語カテゴリー間の対立を綜合する次のような定式化を提案するにいたる。「寓意とは、表現しうるものを、もう一つの表現しうるものによって表象することであると定義できるとすれば、神秘的象徴の方は、表現や伝達の領野を越えたところにある何ものか、こう言ってよければその顔をわれわれの内面と外面へと向けた領野から来る何ものかを表現しうるものによって表象することである[213]」。

〈伝統〉の古典的なベクトルに対する無関心という哲学の性格をあえて強調することで、ショーレムは〈律法〉の解釈およびその実践的帰結という面でも哲学をカバラーに対置している。そのためにショーレムは、マイモニデスの落とし穴を、その法典編纂者としての権威とその知的意図とのあいだの矛盾に見出し、『ミシュネー・トーラー』の第一章が哲学に比してハラハーについてはほとんど語っていないことを指摘する。同様の視点からショーレムは、マイモニデスの戒律《ミツヴォット》についての理論が「その実際の実践に対する信徒の情熱を増加させたり、即座に宗教感情を喚起したりすることが可能」だと主張することはできないと言うのである[214]。ハガダーに関しては、哲学者らはつねにこれに当惑し、彼らにとってこれは「貴重な遺産であるよりも躓きの石」であったとショーレムはみなしている。この困惑こそ、逆にカバラー主義者らの果敢さを浮き彫りにするものである。彼らは単に戒律のなかにより深遠な観念の寓意《アレゴリー》を求めようとしなかっただけではない。彼らは真の「ハラハーのイデオロギー」を展開したのだ。秘儀の成就を可能にする秘跡《サクルマニ》へとハラハーを転換することで、彼らは、神話を排斥しようとしていたユダヤ教のただなかで、否定しがたいかたちで神話を再生させることを可能にしたのである。だが、ここで認めておかねばならないことは、こうした歩みによって、少なくとも、いかなる宗教的なユダヤ人も世界の舞台の立役者となることができるという展望のもと、民衆に対するハラハーの権威が強められたということである。「各々の戒律《ミツヴァー》は宇宙的な重要性を持つ出来事となり、力動的な宇宙観を統べる行為となる」。並行して、カバラー主義者らは、タルムード時代のユダヤ人たちの日々の生活様態や宗教感情についてハガダーが反映しているものにつねにこだわり続けた。この時代と歴史的に連続した世界に生きることで、カバラー主義者らは、当時の宗教的な説話や、そこに見られるナイーヴな様相を呈する主張を軽視することを拒み、むしろ人間がより高次の世界へと介入できる神秘的な領域を見出すことができると示そうとしたのである。ハラハーについてと同様に、彼らにとってのハガダーは、もちろん賢者たちのそれとはもはや同一ではないが、しかし、その実践的有用性たるや歴史的状況に適応できるほどのものなのである。「現実の世界がゲットーの世界へと変化した」とき、実生活がきわめて狭められて、未知の世界に霊感を探し求めざるをえないような状況にである。[215]

カバラーに対して起こされた古典的訴訟においてこのようにカバラーを弁護し哲学を告発すること、レオ・シュトラウスはこれを見逃すことはなかった。シュトラウスによれば、こうした断罪は中世の思想をそれを取り囲む偏見から引き剝がそうとする者にとって一種の有益な挑戦である。[216]シュトラウスは明白にショーレムの批判の結晶点を強調している。ショーレムにとっては、哲学者らに欠けていたのは、人間の経験のなかでも最も恐るべき問題の一つ、すなわち世界における悪の存在の問題に直面する勇気である。悪の力は神話においてしか現れないとのちに肯定するヘルマン・コーエンのように、中世のユダヤ人哲学者らは、悪に対して固有の意義を与えることを拒み、このことでもって単に自らの民の精神から遊離していただけではなく、人間一般の精神からも遊離していたのである。この点についてもまた、カバラー主義者らは人間の恐怖心によって織り成される神話へと開かれた精神を保っていたために、「悪の現実性と、あらゆる生けるものの上に漂う暗い恐怖についての鋭い感覚」を有していたのである。[217]さらに言えば、この問題こそ、簡単な文句でもってこれを葬り去る哲学者らの回避とは異なり、カバラー主義者らが、それを解決するために深い意味を捉えようという希望を持ちつつ、つねに気をもんでいた問題なのである。こうした確認をすることで、ユダヤの歴史におけるカバラーの成功に関する次の二つの構成要素についてのショーレムの主張は決定的に確かなものとなるはずである。すなわち、カバラー主義者らは、人間の経験のなかでも底知れぬ展望に直面することで、彼らの思弁的な関心と「民衆信仰の生き生きとした関心」との連結を維持していたのであり、さらにこうした資質は、彼らが「神話世界の印璽保持者」の役を担っているという点につねに依拠していたという主張である。しかし、ショーレムは擁護者としてこの地点まで至りながらも、カバラーの反時代的な称揚を避けるために、一つの修正を添えている。これは、その対立にもかかわらず哲学者らと神秘主義者らの双方が冒しかねない、「思考の貴族」にとどまる危険に関わっている。すなわち、前者が、現実の生活の根源的な問いから離れ、生ける神の観念の必要性を忘却してしまう一方、後者は、自らの教説が活力を見出している神話の迷宮で道を迷わないように用心しなければならないのである。

哲学と神秘主義の抗争について、後者の優位を説く自らの主張を例証するために、ショーレムはあるタブーを取り上げることもためらわない。すなわち、ユダヤ的グノーシスの存在である。カバラーがユダヤの歴史の舞台に登場する約千年前、タルムードは、それがすでに「トーラーの秘密」（*strei baTorah*）と呼んでいたものについての思弁の存在を証言している。とりわけ、そのなかでも〈創造〉の説に関わる「マアッセ・ベレシット」と、エゼキエル書の天の山車の幻視に結びつけられる「マアッセ・メルカバー」の二つが主たるものである。[218]だが、ミシュナーがこれらについてまさに禁止を宣言するのだ。「〈創造〉の説を二人の人の前で解釈してはならないし、〈天の山車〉の説を一人の人の前で解釈してはならない。自分自身で理解できる賢者ならば別である。上にあるもの、下にあるもの、前にあるもの、後にあるもの、これら四つのことについて思弁をはたらかせる者は、創造されなかったほうがましであろう」（「ハギガー篇」一一B）。マイモニデスはのちにこれらの秘密の存在を大げさな仕方で確認し、時にはそれらを列挙している。とりわけそこに諸々の神の名を含ませるためにである。[219]彼はまた、しばしば引用される賢者たちによる規則を自ら再び取り上げ、そこから、レオ・シユトラウスが解読しようとするような筆記《エクリチュール》の原則を練り上げもするだろう。[220]ショーレムの関心は、トーラーの秘密をめぐる最初の神秘主義的思弁の内容に関わる。ショーレムは、この思弁が発せられた時代をラビ派の教義が結晶化する時代にまで遡り、さらにそれとグノーシスとの関係の問いを提起しようとするのである。「マアッセ・ベレシット」についての最も古い注解が提示されているのは、とりわけ〈御名〉の理論とその宇宙論で重要な『創造の書《セフェル・イェツィラ》』である。だが、神人同型論を含んだグノーシスの霊感を受けた最も意義ある文献はヘハロート文学である。そこでは〈山車〉の秘儀を伝授された神秘主義者がいかにして七つの天、王宮ないし神殿を通り、神の王座にまで至るのかその旅路が描かれている。この冒険のなかで、天上の事柄や〈創造〉の秘密、天使たちの位階や巫術の実践についての啓示が神秘主義者に与えられるのだ。だが、肝要なことは、この旅路の果てに神秘主義者が、メルカバーの王座の上にエゼキエルが見た「人間のように見える姿をしたもの」（「エゼキエル書」第一章第二六節）を直観するということである。[221]

　その神人同型論ゆえに最も挑発的なものとみなされた神秘主義的ヴィジョンの一つは、「身体の寸法《シウール・コーマ》」（*Shiur Qoma*）にある。グノーシスとは異なり、これに関する文学はもう一つの神という二元論的形象こそ持ち出さないけれども、擬人的イメージは認めている。「〈彼〉は、言わば私たちと同様であるが、あらゆるものより大きい。それは私たちには隠された

〈彼〉の栄光なのである」[222]。また、この神の大きさの寸法は、その成員たちの大きさの寸法にまで及び、冒瀆的な観を呈した途方もない数や神秘的な名の身体的表象と結びつきうる[223]。しかも最後に、こうした秘密の所有は、タルムードのカテゴリーのなかで次のように定義された至福へと接近させる諸事象の一つに数えられるのだ。「われわれの〈創造主〉の寸法と〈聖なる人〉――〈彼〉はほむべきかな――の栄光は、被造物には隠されているが、これらを知っている者は、来るべき世界において確実に自らの場を有するだろう[224]」。ショーレムは、哲学者たちが持つと予想される愛憎両義性《アンビヴァランス》を強調する。すなわち、彼らは、シウール・コーマにおける公然たる神人同型論に対する拒否と、ラビ派学院の権威者たちへ宛てられた質問の多さに表れたシウール・コーマの人気ゆえに抱かざるをえない関心とのあいだで揺れているのである。『創造の書《セフェル・イェツィラ》』の注解を著したサアディア・ガオンは、その正当性については疑うものの、この問題には何度も注意を払っていた。ユダ・ハレヴィはというと、その慎重な擁護論をさらに推し進めている。「主の姿を彼は仰ぎ見る（「民数記」第一二章第八節）とか、彼らはイスラエルの神を見た（「出エジプト記」第二四章第一〇節）といった文句も、山車の幻視も、さらにはシウール・コーマですら、不条理なものとして捨て去ってはならない。それが魂に神への畏怖を吹き込むからであり、だからこそ、あなたたちの前に神を畏れる畏れをおいて（「出エジプト記」第二〇章第二〇節）と言われているのである[225]」。さらに時を経て一四世紀になると、ナルボンヌのモーゼスやシモン・ベン・ツェマー・デュランらが、シウール・コーマに哲学的な寓意的意味を与えることでこれを救おうとするだろう[226]。だが、最も特徴的なのはここでもまたマイモニデスの態度である。『ミシュナー注解』で、マイモニデスはシウール・コーマを預言者の幻視についての研究に挿入する可能性を示唆している[227]。とはいえ、このテクストについてのちに問われた際に、マイモニデスはぶっきらぼうにこう答えるのである。「私はそれが賢者らの手によるものであるとは思わない。かようなことが彼らの手から出たなどということはありえない。[…]この書とその内容についての記憶を消し去ることは戒律を実行することである。というのも、ほかの神々の名を唱えてはならない（「ヨシュア記」第二三章第七節）と書かれているからである[228]」。

ショーレムにとって、シウール・コーマが提示する神の神秘主義的表象に与えられるべき歴史的重要性は、その成立時期に直接依存している。近代の歴史記述はそれを後期だと思いたがり、タルムード期のラビたちにはどのような神秘主義への関心もなかったとするだろう。逆にそれが二世紀には成立していたならば、「グノーシスのユダヤ的分枝の一つ」として現れることになろう[229]。紀元後最初の数世紀のユダヤ教が神の神秘主義的形象についての認識を有していたということを、ショーレムはオリゲネスの証言に基づいて示そうとする。「雅歌」注釈への序文で、オリゲネスは次のように書いている。「ユダヤ人たちはまだ壮年に達していない者に対しては、この書物を手に取ることを禁じたと言われている。それだけではない。彼らのラビや師たちは、若い子らとともに聖書のあらゆる巻と口伝の言い伝えを読むけれども、最後まで取り置かれる四つの書物がある。すなわち、世界の創造が語られる「創世記」冒頭、天使の教説が開陳されている「エゼキエル書」冒頭、未来の神殿について語っている同書末尾、そしてこの「雅歌」である[230]」。これら四つのテクストのうち最初の三つについてのオリゲネスの情報は正確であるが、「雅歌」もまた神秘主義の思弁に与していたかどうかはいまだ示されていない。「雅歌」の研究は二、三世紀には正当なものとみなされていたばかりではなく、ラビたちによる公共教育で好まれたテーマでもあったということが知られているだけに、この主張はいっそう奇妙である。シナゴーグにおいて神とイスラエルの民との愛の寓意として解釈されていた書物が、どうして「トーラーの秘密」についての情報を含んでいるのか。ショーレムが答えるところでは、この書物は以下のように神的形象の記述を提供しているのだ。「私の恋しい人は赤銅色に輝き〔…〕、頭は純金で、髪はふさふさと、烏の羽のように黒い。目は水のほとりの鳩〔…〕、唇はユリの花、ミルラのしずくを滴らせる。手はタルシュシュの珠玉をはめた金の円筒、胸は象牙の板〔…〕、脚は大理石の柱〔…〕、その口は甘美〔…〕」（「雅歌」第五章第一〇―一六節）。残る課題は、賢者たちがこれらのイメージの秘教的な次元、すなわちシウール・コーマの形象との関係を知っていたのかどうかを示すことである。これを示す方法の一つは、彼らの文献のなかに、準備の整っていない聴衆にはこのテクストに近づくことを禁じた一節を見つけることであろう。ところが、「創世記」冒頭や「エゼキエル書」の預言のいくつかの要素のように、明らかにマアッセ・ベレシットならびにマアッセ・メルカバーの論拠とみなしうるものとは異なって、ラビ派の文献にはこうした節はまったく見出せないのである。ただし、ある書物が賢者らの不信を生じさせるということを指摘するもう一つの手がかりがある。つまり、この書物を聖典に組み入れるべきか、すなわちそれは「手を不浄にする」ことはないかについての議論である[231]。ところで、「雅歌」に関してはまさにこのような論争が存在した。ミドラッシュにおいてこれについて書かれている箇所で、次のようなラビ・アキバの言葉を読むことができる。「「雅歌」が手を不浄にするということをイスラエルにいる何人も議論するなかれ。というのも、言ってみれば、世界は光明のためにしか存在しないが、この書には光明が与えられたからである。なぜか。なぜなら、〔聖事録《ハギオグラフィ》の〕すべての書物は聖なるものであるが、この書は聖なるもののなかでも聖なるものだからである」[232]。

こうした文書をどうするべきか。まず指摘すべきは、「雅歌」を擁護するためであれ、シウール・コーマ文学においてであれ、ラビ・アキバこそ、エゼキエルが「人間のように見える姿をしたもの」と描いた神の「身体の寸法」に関する秘教の先駆者とみなされるということである。この点はヘハロート文学がメルカバーの領域における神殿への「上昇の危険」についての知識をも彼に帰しているという点から確認されよう[233]。付記すべきは、二、三世紀のグノーシスのうちに、とりわけ「父の身体」や「真理の身体」の描写に結びつけられた、神秘主義的神人同型論の同様の形式を見ることができるという点である[234]。こうした資料をもとに、ショーレムは、一方でラビ派ユダヤ教から退けられた異端的神秘主義の潮流と、他方で「ハラハーの伝統に忠実であろうとした一種のユダヤ的グノーシス主義」を代表するメルカバーの幻視者らの潮流との二つの潮流が溶け合ったのだろうという仮説を作り出す。さらに加えて、七つのヘハロートの遍歴を成就した者に関して、「彼に基づく〈王座〉と〈栄光〉はすぐさま、世界のあらゆる住人たちへと啓示されるだろう」と認められるときのように、これらのテクストは、のちの文献のなかで、神秘的教説は普遍的認識へとまもなく変形するだろうと告げるメシア的思弁の支えとなるだろう。したがってショーレムは、自らが神秘主義の歴史的実効性とその諸様相を描くときの枠組みに完全に収まるような結論を導き出すことができる。メルカバーの神秘主義者らは、公然たる「黙示録的憧憬《ノスタルジー》」を掲げるがゆえに、彼らの同時代人であるハガダーの神学者たちが描く歴史よりもいっそう否定的な歴史に対する指向を顕わにしている。この意味で彼らは、教会による最初の迫害に対応する重苦しい時代のユダヤ民族の感情を、ハガダーの神学者たちよりもよく表現している。けれども、長いあいだ軽視され、いまだ誤解されているこの文献は、神の〈栄光〉が住まう高次の世界への神秘主義的上昇のモデルを提示することで、とりわけ豊かな潜在力を有した見地を開いてくれる。「神秘主義者は、歴史の世界から、慰めを求めるため先史時代の〈創造〉の時へと、あるいは歴史に後続する〈救済〉の時へと歩み入るのである」[235]。

カバラーとその諸年代

カバラーのこの先史時代と、それを教義的ないし社会的な黄金時代へと導く時代との連関が不確かであるとはいえ、〈創造〉についての安心をもたらす回顧と〈救済〉の能動的な先取りとの二極性のうちでこそ、ショーレムはメシアニズムを通じて映し出される自らのユダヤ史の書き方《エクリチュール》を組織化するのである。この歴史に構造を与え、諸々の時期を区分し、それを照らす類型論を構築するにあたって彼が採った諸々の選択は、諸起源についてのいくつかの発見に直接由来している。ショーレムは、非常に早くから三つの契機を持つ時期区分を提示していた。これらの契機は、神秘主義が歴史の舞台に上がることにどれくらい寄与したか――このこと自体もメシアの待望を方向づける力によって規定される――によって区別される。すでに知られているように、そのうちの第一の契機は、「トーラーの秘密」についての思弁を有し、マアッセ・ベレシットについての『創造の書《セフェル・イェツィラ》』や、マアッセ・メルカバーに関する『シウール・コーマ』文学などの主要な産物を残したラビ派の時代に遡る。第二の契機は一三世紀初頭に始まり、スペイン追放において完成する。これは、プロヴァンスからジローナまで、まさしくカバラーそのものの展開と肯定の契機であり、その最も著名な人物と最も有名な書物を残している。すなわち、盲人イサーク、ナフマニデス、アブラハム・アブラフィア、そして『ゾハール』である。だがカバラーの黄金時代が始まるのは、スペイン追放から約半世紀後、サフェドにおいてである。そこでは、モーゼス・コルドヴェロ、イサーク・ルーリア、ハイーム・ヴィタルらがこの出来事に対する応答としてメシアニズムの神秘主義的な解釈の諸観念を提示することになる。これは、ある日サバタイ主義を通じて、メシアニズムが歴史のなかへ雄大かつ悲劇的に闖入することを可能にすることとなる。ユダヤの歴史の構造をこうして構成したショーレムは、この巨大なフレスコ画のなかに、神秘主義の歴史に正当に場を有している運動の二つの時期を書き込むことを忘れない。すなわち、ハシディズムであり、これはまず中世ドイツに誕生し、一五世紀までアシュケナジーの世界に影響を及ぼし、さらに一八世紀末にポーランドとウクライナのあいだでかなり新しい形態のもとで再生することになる。だが、ショーレムにとって、ハシディズムはユダヤ民族の歴史の中心軸からは隔たったところにとどまっているように見えた。彼は、友人イツハク・ベアーとともに、世界におけるユダヤ民族の歴史の位置は「世界の尺度では測れない」と言うこともできただろう(236)。ショーレムは、こうした歴史を、世界の年代とは決して一致しないカバラーの諸年代を通じて描くのである。

ショーレムのハシディズムに対する関心が一見すると周縁的なものであるという点については、次のような瑣末な説明を施すこともできるかもしれない。すなわち、それは年長のマルティン・ブーバーがハシディズムを我が物にし、再生しつつあるユダヤ研究の学問世界に場を占めたためだ、と。だがそれにはまったく別の理由がある。非常に早くから、しかも、ブーバーのサークルを取り巻いていた研究と「生きられたもの」との多かれ少なかれ漠然とした結びつきに対する一種のいらだちを認める以前から、ショーレムは、見捨てられた諸々の原典と諸々の問い――この問いは彼の歩みを特徴づける博識と歴史哲学との綜合に組み込まれることになる――から成るもう一つの世界があることを発見していたのである。さらにそこに、ハシディズムの資料体が彼の目にはユダヤ神秘主義のほかの諸潮流の資料体ほど豊かなものではないと映ったということが付け加わる。ハシディズムは、ショーレムを魅了しうる思弁的な興奮や形而上学的概念や、言語、その神秘、その諸形態についての省察を欠いていたのである。しかし、本質的なことはおそらく、ハシディズムが、追放において生きながらえるという経験の数々の神秘についての省察のなかや、より控え目に言えば起源の地への回帰に結びつけられた希望についての省察によって統制された歴史のなかに、真に場を持っていなかったという点である。メシアニズム的カバラーの巨大な衝撃はこの点から推し量ることができる。すなわち、神に放棄された状態と待機の感情とを象徴において言い表す能力であり、ゲットーの狭い世界の彼方に位置づけられる諸々の地平を開くことができる力であり、ほかのどのような運動もそれ以前にはなしえなかった、ユダヤ的生を覚醒させることのできる弁証法を解放する――それを疲弊や破局へ導くおそれがあろうとも――そのしかたである。ユダヤ教を歴史の舞台において肯定することへのハシディズムの寄与は、これに比して少ないものだった。ショーレムは実直にその展開、諸形態や役割について論じているが、しかしそこにはほかの潮流に向けられる情熱はなく、原典の収集の企てや文献学的作業に乗り出したりはしていない。つねにこの世界の外部にとどまり、ときにはその学問的師であった者に対しても皮肉を呈しており、ただエルサレムとニューヨークのあいだで時折その残滓に出会った際に感銘を受けた程度である。

ショーレムは、ユダヤの歴史をメシアニズムの視点から構築するという点を確認しつつ、ハシディズムについての自らの考えを二つの対立的テーゼのあいだに書き込む。文献学的厳密さの点ではときに異議を申し立てられた学者ではあるが、多産な著述家のマルティン・ブーバーは、「日常における救済によってしか〈救済〉の「つねに」は到来しない」との考えによって、[237]ハシディズムは能動的な霊的力としてのメシアニズムを一掃したと主張する。一方、ときに細部にはほとんどこだわらないとはいえ、ユダヤの歴史において活発に働く大きな力についての力強い歴史家たるベンツィオン・ディヌールは、シオニズムを先取りする一つの強力なメシア的刻印をハシディズムのうちに見ている。おそらくショーレムは、これらの解釈をいずれも退けつつ、これら二人の学者から自分を差異化する点を示しているのだろう。すなわち、一方については、研究対象となっている数々の運動本来の意義がメタ歴史の次元において測られるべきであるにもかかわらず、それがこの次元に書き込まれていることにあまりに無関心であり、他方については、過去の分析と歴史への参加《アンガジュマン》とのあいだの複雑な接合を尊重する際に必要となる弁証法的感覚を欠いているとするのである。だがショーレムは、ハシディズムはカバラーの遺産と無関係ではないが、この遺産がもたらした高みに完全には達していないとの評価を下してもいたのかもしれない。ハシディズムはメシアニズムを中和化したというショーレムの説――これはまだ言わば準備段階にあるが――は、諸教説が判定されるのはその歴史的生産性に基づいてであるという地点にまさに書き込まれているのである。一六世紀にパレスチナから到来したルーリアのカバラーと、その一世紀後にユダヤ世界全体を混乱に陥れたサバタイ主義の双方に先立たれた一九世紀のハシディズムは、メシアニズムの諸潮流と緊密な接触を有していた。神秘主義的な考えの急進化に目をふさいだ正統派のカバラー主義者たちや、こうした考えに鼓舞された最新の大民衆運動によって生み出された大破局の記憶へと群衆を導くことを何としても拒んだ者たちと異なって、ハシディズムは、カバラーの遺産を目覚めさせようとしつつも、同時に民衆を動かしたいとの関心を維持していたのである。この意味では、ハシディズムはほかの運動と同様「カバラーを市場から神秘主義者の独房へと連れ戻した」などとは言えない[238]。だが、それでもやはり、ハシディズムの姿勢は、メシアニズムの黙示録的な見方の悲劇的な帰結やその反律法主義的実践に鑑み、メシア的イニシアティヴに内在する諸々の危険に対する不安な意識によって規定されていたのである。

ショーレムの歴史分析が書き込まれている暗黙の比較空間において、ハシディズムとカバラーは鏡合わせの状況を占めている。サバタイ主義に爆発的活路を見出す以前は、後者は貴族主義的サークルに適したものにとどまり、その考えを一般の意識へと広めるのに四苦八苦していた。ハシディズムは、こうしたエリート主義にとどまることなく、ユダヤ的生の核心へと浸透するにいたり、共同体を組織し、民の宗教的関心を手中に収めた。こうしたことは、中世ドイツのハシディズムにおいて、一人の後見的人物および一冊の本の周囲で、すなわちハシッド・ユダと『敬虔者の書《セフェル・ハシディーム》』の周囲ですでに見られたことである[239]。この人物については、もし彼が預言者たちの時代に生まれていたら、そのなかの一人となっていただろうと言われており、この著作は、その運動の三名の創立者、すなわち、ユダ自身と、その父サムエルおよびヴォルムスのエレアザルの文学的遺言を提供するものである。だが、一一五〇年から一二五〇年にかけてアシュケナジーの世界でかなりの影響を有していたこの最初のハシディズムは、カバラーに対立する性格をもう一つ示している。すなわち、歴史的迫害――この場合は十字軍による略奪――に対する応答として現れたのではない、という点である。パレスチナのカバラーの場合にそうなるような、スペイン追放を前にしたこの種の思弁的勃発とは異なって、中世のハシディズムは原則として、おそらくイタリアから来たメルカバーの古い神秘主義の要素を吸収し、それを共同体における日常生活を中心にした教説や実践の枠内にはめ込むものであったと思われる。付記すれば、ショーレムにとってはユダヤの歴史に真に活力を与えることのできる運動を告げるはずの黙示録的な切っ先が中世のハシディズムにはほとんど見当たらないのである。ハシディズムが終末論的な見方を提示したとしても、これは魂に関わるのであって社会に関わるのではない。つまりイスラエルの民以上に神秘主義者の人格に関わるものなのである。ハシディズムはメシアに関する思弁を捨て去るだけではない。その師たちは、そうした思弁を次のように言って告発するのである。「もしあなたが誰かメシアについて預言する者を見たら、その者は魔術使いになってしまったか、悪魔と付き合っているのだということを知るがよい(240)」。

中世のハシディズムは、一八世紀末に現れたそれと同じ名前のものに直接の影響を与えたわけではなかったが、敬虔な《ハシッ》者《ド》の諸特徴を一八世紀のハシディズムに遺贈している。この種の敬虔者は、ほかの諸時代にも知られていないわけではなかった。マイモニデスは『ピルケー・アボット』のミシュナー注解のなかで、敬虔な者を、未開人、庶民、愚者、賢者のなかに登場させて、いささか皮肉めいたしかたではっきりと定義している。「公明正大さ、すなわち道徳的性向を増大させ、両極端のいずれかに少々傾くにいたった賢い男。彼の行為はその知恵を超過し、だからこそ彼はこの超過ゆえに敬虔《ハシ》な者《ツド》と名づけられたのだ。というのも、ある物事の尺度を超えることは、この乗り越えが善によるにせよ悪によるにせよ、慈しみ《ヘセッド》と言われるからである(241)」。ショーレムがユダヤ的敬虔の諸形態の類型論でこれに与える定義も、結局のところ、マイモニデスの定義と異なるものではない。敬虔な者《ハシッド》は、義人《ツァディク》とまったく同じ活動の方へと向かうけれども、賢者の知的属性を備えた賢者《タルミッド・ハハム》とは異なる。だだ、前二者は、後者に固有の観想的生（*Vita contemplativa*）よりも活動的生（*Vita activa*）を好む点で共通だとしても、それでもやはり、これらの生をどう理解するかによってそれぞれ異なっている。すなわち、いささかブルジョワ的な外観で「平均的ユダヤ人」の価値を体現する、感情の発露なき節制である。マイモニデスが強調するように、義人《ツァディク》の理想は規範の理想である。敬虔な者《ハシッド》の方は、要求されたものに「付け足す」のであり、その非順応主義は「聖なるアナーキズム」のごときものを含むことすらある。この「聖なるアナーキズム」は、それがより高次の「天の律法」を適用しようとするときには、トーラーに対する隠れた批判を含むことがある。悲観的世界観は、耐え忍ぶべき軽蔑に直面した敬虔な者《ハシッド》を、アタラクシア〔平静〕に近い一種のストア主義とも言える禁欲や謙遜、自己放棄へと導くのである。ハシディズムがルーリアのカバラーから「火花の上昇」という考え――〈創造〉の際に四散した光の破片を起源の地点に再び集めるという考え――を借り受けるにせよ、ハシディズムはこの任務を修復《ティクン》の宇宙的循環のなかに組み入れる。すなわち共同体のメシア的結集に働きかけるのではなく、デベクート〔神との密着〕の個人的な実現のなかへではなく、「内面への追放を破壊する」神との合一の実現のなかに組み入れるのである[243]。

ここで何がショーレムの関心をハシディズムから遠ざけているかがようやくはっきりする。ハシディズムの企図は、社会体の救済を無視した魂の救済という企図であり、したがってそれはスペイン追放以降のカバラーが全面に押し出した展望、すなわち、頽落状態の外へと引き出された世界および追放から解放された民という展望を隠蔽しているのである。カバラー主義者らが、エジプト、シオン、イスラエルの地《エレッツ・イスラエル》、追放（*Galut*）、〈救済〉（*Ge'ula*）といった概念を精神化するのは、これらに具体的な歴史的意味を与えるためであった。敬虔な者たち《ハシデイーム》は、逆にこれらの概念を内面化し、それを個人が自らの個人的救済のために戦う際の要素にしようとするのである。エジプトは、各人の「生きられたもの」に属する奴隷の家となる傾向があり、その一方で、イスラエルの地《エレッツ・イスラエル》のイメージは内的再生の地平として現れる。この観点ではメシアニズムは実際に「中和化」されている。メシアニズムは、霊的想像界からまったく消されるということはないが、〈救済〉に先立つ切迫した破局の黙示録的炎に結びつけられることもなく、デベクートのための努力の構成要素として寓意化《アレゴリー》されるのである。こうして、ハシディズムとともに「各個人が、自分自身の小さな世界の救世主、メシアとなった」と皮肉をこめて言うこともできるだろう[244]。内面的領域へのこの引籠りの次元はおそらく原始ハシディズムと一九世紀に大きな共同体を組織することになるハシディズムとのあいだで発展していったのだろう。ただ、後者は結局のところ革命的というよりは保守的であり、サバタイ主義の冒険の際に見られた爆発に対しても免疫があったために、歴史を思考し、それに対して真に活動することは差し控えた。換言すれば、神との合一への内的遍歴の現在にあまりに焦点を合わせていたために、ハシディズムはカバラーが開いた〈創造〉の過去への回帰や〈救済〉の未来への希求といった展望を再び閉じてしまったのだ。結局、ハシディズムが生み出した神秘主義的エネルギーの湧出は、それ以前には知られていなかった宗教的観念や神秘主義的認識の理論を形成することはなかった。この点に関するショーレムの判断はいささか辛辣である。ハシディズムはもちろん追放におけるユダヤ人の覚醒に寄与したが、しかし内面性の領域を獲得したとしても、「メシアニズムの領域を失った」のである。

逆にメシアニズムの領域の獲得こそ、ショーレムにとっては、カバラーをしてユダヤの歴史に活力を与える力ならしめるものである。カバラーがこうした意味でまさに誕生した時代は、哲学がその頂点を極めていた時代とほぼ同じである。さらに付記すると、両者ともスペインとプロヴァンスとのあいだの共通の空間において展開された。だが各々が光を放つ動きは逆向きである。カバラーはナルボンヌとリュネルのあいだで練り上げられ、次いでジローナへと辿り着く。哲学はまずアンダルシアを照らしたが、南仏にやってくるのはもう少し待たねばならなかった。しかし、こうした行き違いにもかかわらず、あるときにはいくつかの場所で相互浸透があり、さらには、部分的であれいくつかの教説の相互浸透さえあったのである。[245] リュネルでは、当時、ドイツの敬虔な者《ハシディーム》たちに近い禁欲主義を具現化していたヤコブ・ナジィールや、グラナダからユダヤ・アンダルシア文化を携えやって来る翻訳家らの家系を創設したユダ・イブン・ティボンなどがいた。「翻訳家たちの父」ユダ・イブン・ティボンが、盲人イサークの父でありマイモニデスの敵対者であったポスキエールのラバド〔アブラハム・ベン・ダヴィッド〕の勧めによって、バフヤ・イブン・パクダの『心の義務の書』（*Livre des devoirs des coeurs*）を翻訳し、その息子サムエルがのちに『迷える者への手引き』の翻訳家となり、自らが引き起こした論争においてはマイモニデスの擁護者となるといった具合に、人間関係は複雑である。おそらく理解すべきことは、初期のカバラー主義者らのあいだでの哲学への反応は、ユダヤ・アラブ世界からやってきた哲学の諸々の変異体《ヴァリアント》に応じて調子を変えていたということである。一二三二年のマイモニデスをめぐる論争の際には、アリストテレス主義が問いに付される。だが、その半世紀前には、イブン・パクダの有名な倫理論のイスラム神秘主義の色合いを帯びた新プラトン主義が、ヤコブ・ナジィールやポスキエールのラバドのサークルを魅了したが、当地では二世代前にプロヴァンスにやってきていたグノーシス的色彩の秘教主義的伝統が育まれていた。相似たしかたで、「イスラエルの全会衆」の秘められた意味についての思弁は、ユダヤ民族の選び、イスラエルの預言的使命、諸国民のあいだでの〈救済〉の証人の役割といったユダ・ハレヴィの諸々の考え――これはユダヤ・イブン・ティボンによる『クザリ』の翻訳のおかげで広まることになる――と親近性を持つこととなった。

カバラーそのものの最初の書物が真に姿を現し、公刊されるのはプロヴァンスにおいてである。すなわち、『バーヒル書』である。[246] この書物は文献的には謎が多いものであり続けている。『ゾハール』以前にはそれに匹敵する人気を持つものはなかったが、一三世紀のカバラー主義者らによれば、『バーヒル書』は羊皮紙に書かれた断章、いくつかの小論、口伝の言い伝えの諸要素などが含まれた不安定な集合体のようにして彼らにもたらされた。この書は形式的にはミドラッシュに似ており、もしかすると虚構かもしれない討論形式でもって章句を注解ないし説明している。主にショーレムの関心を引きつけたのは、秘教主義サークルからなる狭い世界を離れ始めた時期のカバラーに関してこの資料が有する二つの性格、すなわち、それが象徴的言語を用いているという点、およびその実質的な主張がグノーシス的な様相を呈しているという点である。『バーヒル書』から引き出される神についての考え方はほかの何にも似ていない。これは、アリストテレス主義的哲学者らの考えとは完全に異なり、また新プラトン主義の隠れた〈一者〉という観念とも一致しない。この神は――ここに一つの起源があると仮説を立てることが可能であるが――ドイツ・ハシディズムの神でもない。それはまた、ヘハロート神秘主義における〈神殿〉の高次の部屋に座する者でもない。この書が何かに類似しているとすれば、ハガダーの言語を語っているにもかかわらず、グノーシス的神話学の神に類似しているのである。神智論的観点から見られた神は、宇宙的力によって表象された、「どのような存在もそこから出て伸びていく世界樹の組織へと自らの力を入りこませる者」である。[247] それは、「宇宙の創造の内的歴史、プレローマ〔充溢〕の超世界の歴史、最後に下位の世界がそこに由来する内的ドラマ」に関わる神性の認識についてのグノーシス的観念の側に完全に自らの場を有するものなのである。この書物の起源に関する学問的論争において、ショーレムは、カバラーの源泉についての自らの分析を確証するような説を擁護している。この書物は、プロヴァンスでかなり古い資料を集めて作られたものであるとはいえ、そこで直接練り上げられたものだということを示すものは何もない。それは、すでに古くからあるユダヤ神秘主義の諸要素を含んでおり、これに、グノーシス的な術語の存在によって識別できる東方から来た諸々の考え方を組み入れているのである。さらに、カバラーの発展に対するこの書物の根本的な寄与は、象徴的言語の利用にある。ショーレムによれば、その鍵は、テクストとはそこで諸々の語句が秘密の示唆や天上の実在の呼称となるものだという考えや、〈聖典〉においては「単に創造された世界において何が起こるかばかりでなく、神の王国の諸々の出来事や神の諸属性の活動が問題になる」という解釈である[248]。この観点からすると、この書物はユダヤ教における神話的思想の登場を決定的に記すものとなる——この登場によって、ユダヤ教のラビ派の伝統や哲学的伝統との論争や対決がもたらされることになるのだが[249]。

一二世紀末期から一三世紀初頭のプロヴァンスのカバラーにおいては二人の人物が中心的位置を占めていた。ポスキエールのラバド（一一九八年没）とその息子盲人イサーク（一二三五年没）である。ラバドはまだ純粋なカバラー主義者ではなかった[250]。その著作の大部分はタルムードのいくつもの篇の注釈であり、その名声は『ミシュネー・トーラー』の批判に多くを負い、これによって彼はマイモニデスに敵対する中心人物となったのである。この論議において、彼は、民衆宗教の素朴な信仰の名において神人同型論を擁護し、マイモニデスに反対して「彼よりも良き多くの者たち」が神の身体という観念を信じていたと主張する[251]。だが、彼は何よりも、のちに一部のカバラー主義者を特徴づけるようになる姿勢、すなわち、自らの認識の支えを高みから来る天啓に求める姿勢を築いた。彼の霊感の公然たる源泉は以下のような考えである。「〈精霊〉はすでにわれわれの学びの家に顕現した」。「神の神秘が私に啓示された。神を畏れる者に対して神はそれを伝えたのである[252]」。その後カバラーは秘教的知の一連の伝達を引き受けることになるが、彼としては自分には先行者がいないと断言している。「私は、博士や師が伝える伝統はまったく持っていない[253]」。「光豊かな者」と呼ばれた彼の息子の方は、厳密にカバラー主義的と言える最初の著述家である。盲人イサークの権威は、ハラハーや説教の類の非秘教的な書物に負うのではなく、伝統から受け継がれ、とりわけ天啓の果実として提示される神秘主義的な思弁にもっぱら負っている。彼の著作においては『バーヒル書』のいまだ漠たる諸観念が結晶化し、『創造の書《セフェル・イエツィラ》』の注解の方は、諸々の文字は〈御名〉の可視的な分枝にすぎないとする最初の神秘主義的言語論を展開する機会を彼にもたらした。カバラーの根本概念の一つであるエーン・ソフ〔無限〕が、発明されたとは言わずとも定式化されたのは、盲人イサークによっているのである[254]。この語の起源は不確かである。ほかの学者と異なり、ショーレムは、この語は哲学者たちの言語に属するギリシア語の転記でも、アラビア語による複写を反復するものでもないと主張する。他方で、この語は中世ヘブライ語における欠如の概念を示す名称のどれとも一致しない。それはむしろ、「限りなく伸びる」と言うときのような神の無限性を示そうとする表現の実詞化に類似しているのである。当初この語は、神の知性的認識の視点からの否定的属性をというよりも、こうした認識が不可能であることを表現しようとしており、そののちに「終わりを持たない〈お方〉」を明瞭に指示するようになったと思われる。それでもやはり、ほかのいくつかの概念とともに隠れた神の領域を喚起するこの概念は、神に帰される「純粋な思考」と、こちらは人間に帰される「思考にとって捉えられないもの」とのあいだの緊張を保持しているように見える。つまり、この思考はセフィロトの教説によって描かれる流出過程に集中しなければならないのだ。思考の彼方というこの考えを言語の象徴的表現と組み合わせることによって、盲人イサークは、トーラーに関する急進的な主張を最終的に引きだす。彼にとって、トーラーの地位は、白い羊皮紙の上の黒い文字というその物質的形式に起因する。結局のところ、書かれたトーラーは一介の死すべき者にとっては存在しない。この者が読むものは、それを媒介する話されたトーラーにしか対応せず、真理の「白い光」も、白い羊皮紙の上のいまだ可視的ならざる記号においてしか明瞭にはならない。換言すれば、話されたトーラーという「不鮮明な鏡」を通じては、誰も書かれたトーラーの真の秘密に気づくことはできない。これは、最終的には預言者たちだけが到達できる神秘的な領域においてしか実現しないものなのである[255]。

　こうした教説の急進性は、秘教的な教えというカバラーの性格の一つを説明してくれる。この点に関して意義深いのは、カバラー主義者らが哲学者らと類似した言語を用いて、同じ源泉を目指していることである。彼らのうちの一人は〈精霊〉の創造についてこう言っている。「〈賢者〉はそれを長く詳しく論じはしなかった。人々が「高みにおられるお方」についての観念を抱かぬようにするためである。だからこそ彼らはこの事柄を、生徒たちや賢者たちに対して、伝統のように、呟きながらひそかに伝えることを習わしとしていたのである[256]」。こうして「カバラー」という語の秘教的な意味の誕生に居合わせる機会が与えられる。すなわち、「呟きながらひそかに」伝えるという要請が示すように、それはもはや単に語られた〈律法〉や〈伝統〉を指すのではなく、秘密の教えを指すようになるのである。盲人イサーク自身はすぐさま、生まれつつあるこの教説があまりに広く伝播したことに不安を募らせている。それを証言するのがスペインからの手紙への彼の応答である。これは、ナフマニデスの求めに応じて、ブルゴスの人々に広まる動揺をこう伝えている。「賢者たちや、学のある人たち、敬虔な者たち《ハシディーム》が、本や手紙などで、偉大で崇高な主題を不遜にも論じているのを見たとき、私は大きな不安に駆られました。ところで、書かれたものとは、自分の戸棚には保存できないものなのです。何かがなくなることもありますし、その持ち主が死ぬこともありますし、この書かれたものが愚者や嘲笑好きの人の手に渡ることもありましょう。天の御名はこうして冒瀆されるのです」[257]。ここで著者が開陳しているのは、「トーラーの秘密」を説明しようとする者がみな持つ次のようなよく知られたジレンマである。すなわち、まだ準備の整っていない耳に対してそれが聞いてはならない事柄を漏洩してしまう危険を引き受けることと、とりわけ貴重な知を消失したり忘却したりする恐れに直面することとのあいだのジレンマである。マイモニデスもまたこうした問題に直面し、『手引き』の執筆を正当化する際に「時の長さと野蛮な人々の支配」とを引きあいに出しているが、そこで自らの書き方を賢者たちの古い規則に合わせ、非秘教的に秘密を広めることの禁止と、それらを伝えることの必要性とを次のように両立させようとしている。「「〈天の山車〉の説をたった一人の人の前で解釈してはならない」とはいえ、彼に基本要素をいくつか知らせることは可能である」[258]。カバラー主義者らは、自らの教えの一部が消え去ることがありうるという代価を払うことになろうが、むしろ口伝の伝達に信を置く。だが、スペイン追放のトラウマから生まれた切迫性に鑑み、ある日彼らは自らの言説を公的広場で大きく広めることを決意するだろう。こうした態度は、つねに禁止に違反するものではあっても、彼らの考えが有した人気や、それがユダヤの歴史の舞台で演じることになった役割を説明するのである。

　とはいえ、盲人イサークの時代には、カバラーの地位はユダヤ社会のなかでは確固たるものであるとはいまだ言い難かった。カバラー主義者らは、自己正当化のために、本来的なユダヤの伝統の後継者として自らを示そうと欲し、自分たちは伝統の土台をラビ派の枠内で強固なものにしているのだと主張していた。だが長いあいだ、彼らの教説や実践は権威派からの反論や批判の対象であった。これについては、ナルボンヌのメイールがプロヴァンスの共同体に宛てた長文の回状が、生まれつつあるカバラーに対する敵対者らの主要な論点を示している。彼らの憤慨の主だった対象は祈禱の神秘主義とその神学的な理由づけに関わっている。ナルボンヌのメイールは自らの考えを次のように大げさに表明している。「ここしばらくのあいだ、分別のない者たちや愚者たちが厚かましくも現れ出でて、神への信仰についてや、祖先よりわれわれに命じられた祈禱や祝福に関して誤った意見を提示しているが、彼らの言うことは聖書にもタルムードにもトーラーや〈伝統〉にも、ましてや彼らが所有している外典の物語《アッガドット》にも根拠を持たぬものであり、おそらくのところ堕落した、ほとんど確かではない事柄、そこからどのような証拠も引き出すことはできないような事柄なのである」[259]。カバラー主義者らは、しばしば偉大な祈禱の師ではあったが、彼らがそこに非常に早くから見て取っていたのは、天の王国への霊的遍歴を可能にするような、魂が脱自的恍惚へと上昇する手段であった[260]。この観点においては、高次の世界の存在論的位階は典礼によって祈りを捧げる一連の〈御名〉を通じて啓示されるのであり、したがって、神秘主義者は、〈無限の原因〉に至る上昇のなかで神が顕現する各々のセフィロトに一つずつ精神を集中するのである。神との完全な合一の実現へ向かうこうした道程の終局において、人間は、唯一預言者たちだけが成し遂げたように、自らの思考と意志を神の思考と意志と一致させるにいたるのである。メイールはその論戦において、こうした教説を解釈して、諸々のセフィロトを通じた神の流出という観念が〈一性〉の原理を侵すものであることを示そうとする。「これら分別のない者たちが言うには、恩寵の行為も、祈禱も祝福も神から、つまり始まりも終わりも持たない〈つねにあるお方〉から来るのではない」。「彼らが語りかけているのは、創造され、流出された複数の神々、始まりと終わりを持つと彼らが語るところの複数の神々なのである」。メイールがカバラー主義者を非難するのは、したがって、彼らは祈禱を思想に変え、その集団的形式を個人的瞑想と取り換えている点、そしてまた、〈御名〉に祈りを捧げることと、別々の神に結びつけられる諸々の名について思弁を呈することとを混同しているという点である。「それを見る目には不幸あれ、それを聞く耳には不幸あれ、それが起こる世代には不幸あれ」というナルボンヌのメイールによる呪詛は、カバラーの諸観念が闖入したことによって引き起こされたスキャンダルに比肩する。ナフマニデスのような偉大なカバラー主義者の権威によって、こうした議題が抑えられることになるには、少なくとももう一世代が必要だろう。

一三世紀中葉は、ショーレムが「カバラーの青春期」と呼ぶものの終わりを記すものであり、その中心がプロヴァンスからスペインへと決定的に移った時期と同一である。この移行において中心的役割を演じた人物は、ポスキエールのラバドの孫にして盲人イサークの甥にあたるアシェル・ベン・ダヴィドである。叔父と父から秘教的教えの秘儀を伝授されたアシェルはラングドックとジローナのあいだを恒常的に行き来し、とりわけカタルーニャの多くの学生を惹きつけていたナルボンヌとリュネルの学派の評判のおかげですでに確立していた当地の諸共同体間の関係を強化した。だが、彼はカバラー主義者と権威派の代表者との抗争の仲介者、調停者の役も担っていた。これについては、彼がナルボンヌのメイールに宛てた返答の手紙が証言してくれる。アシェルはそこで「多くの卑劣な中傷」に抗して教説を擁護しつつも、それを伝えてきた弟子たちのやり方に不用意さがあったことを認めている。「彼らの意図は賞賛すべきものですが、彼らの言語はそれでもやはり妥当なものではなく、彼らの学もこの点で効力のないものでした。したがって彼らは、自らの演説や書きものにおいて、見識のある者にとって十分な伝達と、愚者たちに対して守るべき自制とのあいだに良き道を見出すことができなかったのです[261]」。ジローナでナフマニデスのような異論の余地なき思想家が育つ時期になると、敵対関係は和らげられるだろう。盲人イサークの直接ないし間接の弟子たちによって広く構成されていたジローナのグループは、モーゼス・ベン・ナフマン（一一九四年―一二七〇年頃）を中心に、一二一〇年から一二六〇年のあいだ活発に活動していた。彼は、すぐさま当時のスペインの最も偉大なハラハーの権威と目されるようになり、一二三二年のマイモニデスをめぐる論争においてはその立役者たちがみな彼に伺いを立てることになるほどだった。だがナフマニデスもまた、もう少しのちには、アラゴンのユダヤ人たちの当然の代弁者とみなされることになる。一二六三年のバルセロナの論争の際にはその王によって彼らの代表とされたのである[262]。あるときナフマニデスはカバラー主義者の考えを公に説明することを思い立ち、「簡潔かつほのめかしによって」書くという、より賢明で古典的な方法を採用する。彼のトーラー注解がのちに有名になることで、彼はユダヤ教の擁護者という異論の余地のない自らのイメージを利用し、カバラーを「諸々の神秘の観想と伝統とが結びつく保守的な力」として価値あるものとするようになるのである[263]。

ジローナでは、プロヴァンスに由来する諸々の考え方が形を成し始めたときに、カバラーは公的広場に顔を出し始める。ナフマニデスに加え、多くの役者がこの仕事に貢献することになった。アシェル・ベン・ダヴィドはあえて非秘教的な言説と秘教的な言説とを交え、カバラー主義者らの考えを、学はあるが秘儀を伝授されていない公衆に提示する。ジローナのエヅラ（一二四〇年頃死去）は逆に『「雅歌」注解』の道を選び、すでにカバラーによって練り上げられていた象徴体系を明るみに出す[264]。残るはアブラハム・アブラフィア（一二四〇年―一二九二年）である。彼は、この一団のなかでも最も爛々たる著作家であり、公然たるマイモニデス賛同者として『手引き』を預言者的カバラーの方へと向け直そうとしていた。彼は一二七一年にバルセロナで突然天啓を享け、文字の組み合わせの秘密と数の神秘主義とを打ち明けられ、これを言語論に活用するようになる[265]。ラビ派の権威たちとの抗争が緩和される一方、問題となってくるのは哲学との関係である。

あるときには、この曖昧な関係は和解へと好転するように思われた。その例証として、ある匿名の著者は、盲人イサークが死去した頃の時代について語るなかで、「『手引き』を熟考したのちに」、哲学者らの説とカバラー主義者らの説とのあいだの視点の一致を思いがけない論点で主張している。後者はシウール・コーマを字義通りに取ると公言し、「〈創造主〉自身が肉体的性格を有するなどとは信じないという意見でみな一致する」と言っている。[266] 状況が悪化しているときには、いっそう驚くべきしかたで、ヤコブ・ベン・シェシェトが哲学者らの合理主義に対して攻撃を仕掛け、マイモニデスに向けられているわけではないとはいえ『手引き』の翻訳者サムエル・イブン・ティボンのある著作での異教的見解を告発し、サムエルがその師の考えを変造したと告発する。[267] ジローナでは、カバラー主義者らの位置は不確かであったため、ユダヤ人たちが一般に彼らをどのように捉えていたかはまだ決定的ではなかった。彼らのうちの何人かは、自らを哲学者らの継承者とみなし、論争を避けるばかりでなく、いくつかのアリストテレス主義的要素を考慮に入れ、しかも、哲学が何も語っていない事柄について自らが語る際にも敵対的になることは避けようとする。逆に、別の者は、影響力があると同時にラビ派の権威によって異議を呈されていた合理主義の脅威を感じとり、自ら断固として真の〈伝統〉を体現しようとしていたのだ。

一二三二年に再発したマイモニデスをめぐる論争は、カバラー主義者らと哲学者らとの関係についての試金石となる。最初の論戦は、一一八〇年頃スペインのトレドとバルセロナとのあいだで展開された。一四世紀初頭にようやく完結するサイクルの始まりである。この新たな事件が起きた時代には、『手引き』の著者はすでに二五年前に亡くなっており、プロヴァンスが、イブン・ティボン家の人々によって組織されていた多数のマイモニデス擁護者らをかくまう場所となっていた。この出来事について通常最も流布している見方によれば、グレーツが「原タルムード主義者」と呼んだ、正統派の卓越した受託者たちが全面に押し出される。[268] ショーレムの方はと言えば、カバラー主義者こそ、彼らがユダヤ社会のなかでいまだ占めていた不安定な地位に応じた、信仰と理性とのあいだの論議の真の立役者となると考える。この観点からカバラーの擁護者たちは、異端の嫌疑をかけられていたがゆえに、トーラーの秘密の彼ら自身による発見、物語《アッガドット》やミドラッシュの思いもかけない深み、さらに祈禱の誤解されてきた価値などは、哲学に脅かされてきたラビ派の伝統を強固にするものなのだと何としても示そうとするのである。この点を説明するために、ショーレムは自らのユダヤの歴史一般の読み方を方向づけている解釈図式を動員する。すなわち、この抗争において、カバラー主義者らは逆説的にも、トーラーの精神化は本来的な信仰を危険にさらすと考えてこれに対抗するのであって、彼らの戦いとは、まさしく寓意に対する象徴の戦い、抽象的な観念の探求の観想に対する「表現しえない内容を享けた法悦的瞬間の想起」の戦いであるというのだ。この角度からは、マイモニデスの敵対者の多くは「超厳格なタルムード主義者」として現れることをやめ、「言葉なき、観念なき」、しかし新たな象徴表現において表現される神的生の弁護人と一体化する。カバラー主義者らは哲学者らに対抗してラビ派の側にいるという具合に、前線を実際に転倒させて記述することは、アブラハム・アブラフィアの父が語句の両義性につけ込むしかたによって確証されるだろう。彼は合理主義者たちに対して、秘教的認識を指すのと同様、古典的意味における〈伝統〉をも指す「カバラー」を対置する。「あなたがたは、宗教の基礎を理性の天秤に置く必要はありません［…］むしろ、その預言者たちの幻視や彼らの神秘の跡をたどり、学識者の言葉と謎を信じればよいのです［…］というのも、カバラー学者の根づけ方とは、真理の種をまくことであり、空しい言葉の種をまくことではないからです[269]」。

こうしてカバラー主義者らに対して、ショーレムは、神の神秘主義的ヴィジョンと欠落なき信仰とを関連づける役割を付与することで、論争の境界線を次のように描き直す。哲学者らが観念を欲するのに対して、神秘主義者らは象徴を提示する。マイモニデスの擁護者らが寓意的かつ合理的な性質の世界の観想的図式を提示するのに対して、これに敵対する者のうちで最も有能な者たちは、対照的に、象徴的かつ非合理的なモデルを押し出すのである。プロヴァンスとスペインのあいだでユダヤ世界を揺るがしたこの戦いにおいてカバラー主義者らが担った役割から、彼らがその後考慮すべき力となったことが確認される。ジローナでは、カバラーはすでに開花した形態で、すなわち「その精神でもって、ユダヤ的存在のあらゆる領域を魅了し、吸収せんとする観想的神秘主義」という形態で現れていた[270]。ただし、ショーレムにしてみれば、ここで欺かれてはならない。カバラーがその影響を確たるものにするにいたったのは、それが保守的な力として現れていたからなのである。カバラーの原則について言えば、それはつねに次のような矛盾のうちにある。すなわち、カバラーは〈伝統〉の権威のために戦ったが、そこで用いた方法は、自らの礼賛を「一介のユダヤ人の信」から汲み取るという古いグノーシス的基底にほかならないのである。それでもやはり、当時カバラーが「交差点に」いたことにかわりはない。かつてその前史において見せていたアナーキズム的様相はなくなり、カバラーは、以降「セフィロトにおいて現れる神性の世界へと地上の世界全体を関係づけ、いたるところで輝く神秘主義的な象徴を用いることで、その彷徨的霊性を人間の活動の世界へとつなぎとめる」ことができるようになる。だが、こうした発展の可能性はいまだ断定的なものではない。マイモニデスの多くの弟子たちを魅了しうる洗練された教説を霊化する傾向と、伝統的信仰ならびにラビ派の権威とを強固なものにすることを目指す保守的な方向を固める動きとのあいだで揺れていたのである。ショーレムにとって、歴史こそ決断を下すものだということは疑いない。続く数十年のあいだ、スペインにおいてカバラーは、徐々に裕福な社会層の代表と思われるようになっていった哲学者らを周縁化することになり、民の希求を受け持つものは自分たちであると自認することになるだろう。二世紀以上のちには、スペイン追放のトラウマへの返答を与えることができたことで、カバラーは真にユダヤの歴史に方向性を与えることができるようになるだろう。

ナフマニデスの死後わずか数年後、そしてアブラハム・アブラフィアがいまだ存命であるにもかかわらず、カバラーの残りの文学作品のすべてを浸食するほどの人気をほこる書物が出回り始める。この『ゾハール』にショーレムは多くの精力を傾注した。一九三五年以降、彼は注釈付きの選集を公刊し、またこの書に関する諸々の論争に決着をつけようとする論文をいくつか執筆し、さらにこれについて『ユダヤ神秘主義　その主潮流』の二つの長い章および『エンチュクロペディア・ユダイカ』の長い解説を捧げている。[271]『ゾハール』の成立年代に関する議論に第一線で関わっていたにもかかわらず、ショーレムは、この書を一種の非時間性のなかに置いているようにも思われる。『カバラーの諸起源』はこの書が現れる時期までで終わっており、それについては一言も語っていないし、とりわけ彼のユダヤの歴史の読み方を構造化している熟慮された年代学のなかに書きこむための明らかな努力も行っていない。そのグノーシス的形態について分析されたカバラーの青春期と、スペイン追放以降サフェドで顕現するその絶頂期とのあいだで宙づりになっているかのように、『ゾハール』は、ショーレムにおいて、自らの時代を超えてそびえたっているかに見えるのである。この点については、ショーレムは『ゾハール』が辿る運命につき従う。すなわち、ポスト・タルムード期のラビ派文学のなかで聖典的地位を授けられるにいたった唯一の書物というのがそれである。とはいえ、ショーレムはこの記念碑に対してはイサーク・ルーリア学派のより白熱した著作に対するのと同じくらい大きな親近感は抱いていないのかもしれない。ショーレムにとって、おそらくこの書物は、神秘的であるとはいえ、ユダヤ民族の波乱万丈を照らし、それに弁証法的装い――これはショーレム自身の歴史の書き方を養うものである――を与えてくれるようなメシアニズムの輝きを欠いていたのだろう。確かにショーレムは『ゾハール』に「ユダヤの魂の最も内奥への退隠において最も深く最も完全に隠されていたもの全体の表現」を見る。[272]しかし、彼がそこに、サバタイ主義のような民衆運動を通じてカバラーの爆発的な力を解放してくれる燃料としての本質的要素を認めていたかどうかは定かではないのである。

『ゾハール』には、成立年代、統一性およびその著者に関する歴史記述上の一連の謎がある。ショーレムがいくらか躊躇したのちに最終的に提示する説は、一二八〇年から一二九〇年のあいだスペインでモーゼス・デ・レオンによって流布された書物がこの書物であるというものである。この説を主張するためには、まずもって、目下の書物が様々な場所で複数の世代を通じて練り上げられた諸々の文書の編纂というよりも一個の書物であるということを証明することから始めなければならなかった。この方面では語彙や文体の分析こそ最もショーレムの役に立った。[273]『ゾハール』は、ミドラッシュ風に構想されており、トーラーのかなりの数の説について体系的というよりは説教調に注釈を施し、より広い考察を展開している。それがモデルとして登場させているのはパレスチナで生活していたと思われる一門の議論であるが、まずもってすべきは虚構の糸をそれぞれ解きほぐすことである。固有名詞の誤記、地理の不正確さ、そしてとりわけ用いられている言語によって、その登場人物はあいまいなシルエットにすぎず、舞台となる国は著者が足を踏み入れたことがない舞台装置であると断定することが可能になる。語彙についてのアプローチは、「言語の折衷主義の虹」を顕わにすることによって、ヘブライ語が、しばしば改変されたアラム語や、あるいはそれが人工的なものだと自ら漏らしてしまう後代の言語と交ざり合っているという考えを確証してくれる。さらに文体を通じて、この書の構成単位が最もよく現れる。『ゾハール』はそれぞれ長さの異なる二四の章から成っており、トーラーの週ごとの区分に従った長いカバラー的なミドラッシュから、「ルツ記」、「雅歌」、「哀歌」の注解、「大集会」、「学院長」、「秘密の書」、「文字の秘密」、「秘密の秘密」等々のより挑発的な章題を持つ小論にまで至っている。[274]だが、こうした外見上の分裂にもかかわらず、ミドラッシュ的な断章と中世の説教者風に書かれたものとのあいだにも、また議論の関係と語られている諸契機とのあいだにも、実質的な差異は見出されない。そこに見られる諸々の考え方を――これが一人の著者に帰されることができたのちに――解釈することを通じて、『ゾハール』は古代ないし同時代のテクストを組み合わせたものではなく、少なくとも一貫した文学的コーパスであることが確かめられるのである。

言語の分析によって、この書が一三世紀後半にスペインで書かれたという主張に多くの論点が得られるため、より正確な成立年代を提示することが可能になる。ショーレムが強調する決定的要素は、〈救済〉は一三〇〇年に始まり、それに至る段階もすでに描くことができると告げる黙示録的計算が『ゾハール』に存在するという点に関わる。すなわち一二六八年頃に「産みの苦しみ」が始まり、まもなくモーセが現れ、時の終わりが近づいていることを示し、また移行期は一三一二年頃に完結し、〈救済〉そのもののプロセスが開始されるだろう、という計算である。[275] この算術から、この書物の著者は一二六八年以降の数年でこれを書いたということが帰結するが、他方明確に日付を持つ原典を利用すれば、その執筆は遅くとも一二七四年には完成していたとすることができる。『ゾハール』が一二八〇年から一二九〇年のあいだにモーゼス・デ・レオンによって流布されたということは確実に知られていることだけに、残るは彼がその著者かという問題である。この点についてショーレムは考えを変えている。当初は多くの読者と同様、これは様々な時期に書かれた一連の文書を集め後代に編集したものだと考えていたが、のちにモーゼス・デ・レオンを『ゾハール』の実際の著者とするグレーツの説に賛同するようになるのである。しかし、グレーツが行った以上に――そもそも彼は『ゾハール』を「偽りの書」とみなしていた――多くの論点によってこの説は支持される。ショーレムは、一九三五年にその選集を作っていたときにはまだこの点について確信は持っていなかったが、すでにある本質的な指標を有していた。その二〇年前にモスクワで発見された、モーゼス・デ・レオンに宛てられた『迷える者への手引き』の一二六四年のヘブライ語訳の写本である。[276] 彼がこうした書物を得ることができるほどの資力と教育水準を有していたということは、彼が一介のディレッタントではないことを示してくれるだろう。さらに、とりわけわれわれが見ることのできる彼が著したいくつかの著作は、彼が単なる写本家や編纂者ではなく個人的にも学識のある者だったことを確証するばかりか、その思想と『ゾハール』の思想との諸々の視線の深い一致を明らかにしているのである。

ハインリヒ・グレーツは、自らが嫌悪する書物をモーゼス・デ・レオンのものであるとしつつ、彼の肖像を非常に悪く描いている。すなわちカバラーの流行の高まりを利用して名声を得たり儲けたりしようとした文無しで取るに足らないペテン師という肖像である。ショーレムは、モスクワの手稿によって明らかになった情報に加え、モーゼス・デ・レオンの既知のテクストによってこうした判断に反駁することができ、『ゾハール』が彼のものであることを確証するかたちで、またその著作の指針を明らかにするかたちでその人物像の輪郭をはっきりさせていく。モーゼス・デ・レオン自身の著作を分析することによって、彼が、ヨセフ・ギカティラとの近さにもかかわらず、書き間違えのしかたによってすら識別可能な文体で、独自の思想を展開しているということが示される。だが、とりわけ、彼の名で著されたものはすべて、『ゾハール』を注釈することによって普及させることが企てられており、その存在を前提としているものとみなせるのである。そのうちの一冊で自らの意図を示す際、モーゼス・デ・レオンはおそらく『ゾハール』の実現を統べていた意図を提示している。「私は世界の子らの生きる様を見、あらゆる点に関して、彼らがどれくらい異質で誤った考えに満たされているのかを見た……。一つの世代が終わり、また新たな世代がやってくるが、しかし誤謬と誤りは永久に残り続ける。そして、誰も見ず、聞かず、目を覚まさず、みな眠ったままである［…］こうしたことをすべて見たとき、私は、思惟する者たちにこれらの神秘を明らかにするためにも、それについて書き、それを隠しまた吟味しなければならないと思った[277]」。この書の生みの親とされた建立者モーゼス・デ・レオンの真の肖像は以下のごとくである。おそらく一二四〇年頃に生まれた彼は、合理主義的な環境のなかで教えを受け、まだ若い時に『手引き』の写本を得たという点が示すようにマイモニデスを近くで学んだ。彼はしたがって、この時代のよく知られた変遷を描くようなかたちで、徐々に哲学的な象徴の世界から神秘主義的な神智論へと移っていったわけである。哲学的光のなかで教育を受け、カバラーへと改宗し、「トーラーの秘密」を語る者たちに特徴的なレトリックによれば「書きかつ隠す」ことを決意したモーゼス・デ・レオンは、したがって自らの学と知識とを哲学に対して向けなおすのである。こうした特徴から、ショーレムは自らが理解するようなカバラー主義者の原型を彼に認めている。すなわち、その原型とは、知性主義者らのサークルに固有の実践について教育を受けつつも、彼らが〈律法〉と〈伝統〉の原理を捨て去ってしまったと確信し、合理主義の高まりを防いでトーラーのユダヤ教と信仰の本来性とが傷つかないよう保守しようとする者である。

　モーゼス・デ・レオンの知的な輪郭をはっきりさせようとするなかで、ショーレムは『ゾハール』の内容についてもすでに明らかにしていた。先述のように著者は、哲学者らの寓意的思想に賛同したのちに、カバラーとその象徴体系の方へ進展していった。より正確には、彼は、ジローナ学派と、カスティーリャで展開されていた率直に言ってグノーシス的な方向性を有したカバラーという、二つの先行する世代の遺産が混じりあった環境に属している。こうした世界において、彼はヨセフ・ギカティラという同様に意味深い行程を歩んだカバラー主義者に近い。ギカティラはアブラフィアの弟子として現れるが、よりいっそう神智論へ傾いたグノーシス派のサークルと交わったのちに文字や名の神秘についての研究からは遠ざかるようになる。[278] ショーレムにとって、『ゾハール』の教説の基底を実際最もよく特徴づけているのは、「神性の神秘的な営為を知り、描こうとし、人間はこの神性の観想に没頭することができると信じる思考方法」という非アナクロニックな定義で言われた場合での神智論である。[279] ユダヤ神秘主義において、こうした教説は、〈創造〉〈啓示〉〈救済〉という一連の行為において自ら顕現する生きた神という考えによって表される。こうした考えを熟考することで描かれるのは、カバラー主義者らが「セフィロトの世界」と名づけるもの、すなわち「われわれの感覚与件からなる世界のもとに秘められ、あらゆる存在するもののうちで現存し活動している神性の王国全体の領域という考え」である。[280] 生きた神という観念は、それが神人同型論を前提とし、また無限の〈存在〉への限定を示唆するものだけに、哲学者らを当惑させていた。逆にカバラー主義者らは、認識される神と隠れたる神《デウス・アブスコンディトゥス》とのあいだの緊張に豊かな現実性を見たのである。彼らにとっては、隠れたる神、すなわち彼らがエーン・ソフと呼ぶ、神性の内奥の〈存在〉を示す者は、感性的にも知性的にも把握できない世界に住まう。だが、この神は、「神の生が往来する一〇の段階」でもある一〇の根本属性を通じて自らを顕現するのだ。[281]

セフィロトの理論は神の隠れた生を描こうとするが、『ゾハール』は、この理論を支える「隠れたる神、エーン・ソフは、無限に多様な影と次元を有する一〇の異なる様相のもとでカバラー主義者に自らを顕現する」という考えに応じて、洗練された象徴体系をこの理論へと結びつける。[282] こうした見地においてトーラーは、各々の語が象徴となり、それに完全な神秘主義的解釈を与えることができる者は、トーラーとは〈御名〉にほかならないことを見出す、というしかたで捉えられることになる。セフィロトは通常次のような名を有している。ケセル・エルヨーン（神の「最高の王冠」）、ホクマー（「知恵」）、ビーナー（「知性」）、ヘセッド（「愛」ないし慈愛）、ゲブーラーまたはディーン（裁く力という意味での「権力」）、ラハミーム（「慈愛」）、ネツァハ（「忍耐」）、ホッド（「尊厳」）、イェソッド（神におけるあらゆる活動力の「基盤」）、マルクート（「王国」）である。[283] とはいえ、『ゾハール』が徐々に獲得していく人気が、神の隠れた生の神智論的宇宙を象徴的表現でもって描くそのしかたに直接結びつくものかどうかは定かではない。ショーレムはそれをより親しみ深い要素に結びつけている。第一に、それ以前の文学と異なり、『ゾハール』のカバラーが示そうと努めているのは、神秘主義者が神との合一に達しようとするデベクートは内的な瞑想の領野に閉じ込められるのではなく、「共同体のただなかの個人の日常的生において実現しうる」ということである[284]。この観点では、その成功は、倫理的な徳を組織化しうる社会的価値へと法悦の経験を翻訳できる新たな力によるものなのである。さらに、『ゾハール』のカバラーは貧困を宗教的徳の第一に据えたという点を付け加えるなら、それが単に秘儀を伝授された者たちの狭いサークルから出たというばかりではなく、ユダヤ社会の広い領域を魅了することができたということが理解できるだろう。最後に、『ゾハール』の影響に関してショーレムにとって最も意味深い理由は、それが悪の逃れる余地のない経験によって引き起こされる普遍的な不安を控え目かつ深い象徴表現でもって言い表していることにある。この点でも、この書物の源泉はグノーシスにある。すなわち、悪はそれ自体実在を有し、人間とは独立したところで、世界の構造そのものにおいて、ひいては神の生の構造において書き込まれているという存在様態を有するという考えである。『ゾハール』の著者はもちろん形而上学的、物理的ないし生物学的な諸々の隠喩のあいだでとまどっているが、それでもやはり、彼が、悪魔的なものもまたその根を神の秘密のうちのどこかに有しているという生きた神の観念が持つ大胆な帰結に適応する象徴を提示しているという点にかわりはない。こうした象徴体系の最も有名な表現は、悪をケリパとして、すなわち宇宙樹の樹皮ないしクルミの殻とみなす点にあるだろう。こうしたイメージは、この悪が隠れた生の有機的過程をどれほど拘束しているかを強調しているが、同時に、この生が、解放されて自らを成就するためには、何らかのしかたで爆発することもあると示唆をしているのである。こうした考えはいつか歴史意識を表現するものとなるだろう。目下のところ、こうした考えが提供しているのは、『ゾハール』がすぐさま預言者的カバラーの貴族主義的な形態に取って代わったことについての端的な理由である。その言葉は、「人間の日常の畏れ」を誰よりもうまく耐え、語る者の言葉なのである[285]。

〈創造〉の追放

『ゾハール』の出現から二世紀ののち、ある出来事によって、かつて経験されたことのない規模で悪に一つの歴史的形態が与えられることになる。すなわち、スペインからの追放である。この追放とともに、現象をめぐってそれまでカバラーによって提供されてきた形而上学的説明は不適合であることが明らかになる。これらの説明は、新たな追放に意味を付与するためには概念的にあまりに曖昧であり、また、この状況に見合う実践的な見地を開くためには影響力の面で社会的にあまりに限定されていたからである。そもそも、自らの屈性を様々な始原から終末の方向へと転換することで根本的に修正を施された一つのカバラーが、秘教主義のサークルを越えて支持層を拡大し、自らの活動を——すなわち、歴史のなかで働いている悪魔的諸力を象徴に翻訳することを——再開するにいたるには、それからおよそ一世紀が必要であった。最終的に、サフェドに放逐されたカバラーが、自らの歴史的経験に敢然と立ち向かい、神に放棄された現在の状態は改められうるという次元にこの経験を書き込むために、悪についての自らの古い存在論的解釈を乗り越えることができるだろう。スペインから遠く離れて、しかし追放された者たちの子孫が抱いた感情に近いところで、パレスチナのカバラー主義者たちは、歴史の盛衰を通じたユダヤ民族の放浪を神的冒険の表現に翻訳するような追放の諸象徴を構築するにいたるだろう。ショーレムにとっては、〈追放〉という外傷への応答を練り上げるこの契機が、真の意味でカバラーが歴史の舞台に登場する契機である。この黄金時代におけるカバラーの諸概念は、もはや『ゾハール』の概念が持っていた非時間性の外観をまとっていない。それらが織り上げているのは、何の準備もなしに敵対的な世界のうちに投げ込まれたユダヤ教——とはいえ修復を約束されたユダヤ教——の歴史、結集に先立つ四散の歴史、そして〈救済〉を告知する暴力の試練の歴史についての宇宙論的物語である。この諸概念の輝きは、それらが出現させ〈離散《ディアスポラ》〉の果てにいたるまで伝播させることになるメシア的微光と直接的に結びついている。この再生の諸効果は遠くまで届くことになるだろう。そこに導くのは、突如として解放されたメシアニズムの弁証法である。

この〈追放〉は唐突さと、広さと、迅速さという特徴を示していただけに、その衝撃はよりいっそう仮借ないものであった。一四九二年三月三一日、グラナダにおいて、カスティーリャ王国およびアラゴン王国に所属する全ユダヤ人の追放を命じる勅令に王と王妃が署名をした。異端審問の慣用語法の痕跡をとどめたこの文書は、即時に施行されるものとして四月二九日に発布され、〈追放〉は五月はじめに開始された。整然たる立ち退きを望んだ諸当局は、ユダヤ人の財産が当局に売られ、彼らが借金を返済することができるように要求したが、ユダヤ人が金銀や宝石を持ち出すことは禁止していた。シナゴーグや墓地、公的建物は没収され、その多くはまもなく俗化されることになる。他方、人々は利用できるあらゆる手段によって国を発ち、最後のユダヤ人がスペインを離れたのは七月三一日のことであった。この新たな追放において、一〇万から一二万人のユダヤ人がポルトガルに、五万人がイタリア、北アフリカ、トルコに移住したと推定されているが、歓迎しようとしたのはオスマン帝国だけであった。イツハク・ベアーは、中世においてほかに類のないこの政治的決断が持っていた特殊性を強調している。すなわち、スペインのキリスト教が同化するにいたらなかった共同体に対する人種的動機と、本来の宗教的な配慮との混合である[286]。他方で、ユダヤ的生の最も重要かつ活動的な中心の一つから排除されたことによって引き起こされた外傷は、多くのカバラー主義者が〈救済〉が起こるのがまさに一四九二年であると計算していただけによりいっそう深いものとなった。このように告知されていたユダヤ民族の最も強い希望の実現の代わりに、新たな追放が課せられたということ——かくして、世界中に四散し、目印を奪われ、この状況を思考することを可能にするような知的手段に乏しかったユダヤ民族の諸権威は、それから長いあいだ声なきままにとどまることになった。おそらくは他のものよりも悪の経験に直面する心構えができていたからであろうが、のちにはカバラーのみが、歴史の暴力を思弁的な次元——歴史の暴力が神的経済《エコノミー》の観点から意味を持つような次元——に高めることのできる唯一の力となる。とはいえ、悪の経験に対するこの心構えは、即座の対応を可能にするほどには十分ではなかった。潜伏期間は少なくとも二世代にわたることになろう。それは狼狽と、証言することの困難さの世代であり、新たな追放の不安に付け加わった霊的彷徨の世代である[287]。

一四九二年の時点において、カバラーがある時期から停滞のうちにあったことをショーレムは強調している[288]。スペインにおいてさえカバラーは一三世紀末に絶頂期に達しており、その次の世紀には一種の衰退を開始していた。カバラーの知的生産性の弱体化と、そこから帰結した相対的な影響力の喪失の兆候は、カバラーが、スペインでの迫害の始まりや一三九一年のマラーノ主義の出現に対して、これといった説明や応答をもたらしていなかったことに由来している。ショーレムは一五世紀のカバラーに対して冷淡であるが、彼は〈追放〉が回顧的に明らかにするものを照らし出してもいる。すなわち、カバラー主義者たちが終末よりも様々な始原に、〈救済〉よりも〈創造〉に、さらには成就の希望よりも回帰の希望に専心していたという事実である。歴史的呪詛が突如としてまとった形態は、神との合一を目指す多かれ少なかれエリート主義的な努力の枠組みのうちに神秘的経験を含み入れることができなくなるほどのものであった。黙示録的な扇動の諸形態とは異質なものにとどまっていたカバラーは、諸起源の思弁と、堕落した世界を再生することによって諸起源へと立ち返る方法の思弁のために自らの直観と概念とを動員し、観想的な退隠のために歴史の経験を言わば無力化しており、一般的にメシア的な見地を過小評価していた。それ以後、世界の暴力に対する新たな感情によって、根本的な方針の再決定が要求されたように思われる。それはすなわち、〈救済〉の観点を決然と取り入れること、そして〈救済〉を、事物の進行を中断する外的力の闖入として――歴史的危機を早めようとするイニシアティヴを通じて準備されうる一つの黙示録として――構想することであった。スペインからの追放民にとって、〈追放〉という破局は「終末」の動乱的性格を明確にしていた。この意識によって、旧来の預言を再検討して出来事についての直接的な眼差しを改めることが余儀なくされた。つまり、一四九二年は実際に〈救済〉の経済のうちに入っていたが、ただしそれは、メシア時代に先立つ「産みの苦しみ」の始まりとしてであるとみなすためであった。

　新たな四散の様々な場所で、カバラーは新しく生まれ始めた。イタリアや――そこでの思弁はおおよそ伝統的な軸線のうちにとどまっていた――とりわけトルコおよび北アフリカにおいてである。ダヴィッド・ベン・ユダー・メッセル・レオンはマントヴァを離れてサロニカに定住したのち、新しいカバラー主義者たちに長期にわたる影響を与えることになるカバラーの哲学的説明を提供している。モロッコでは、新しいカバラー主義者たちが多くの著作を出版する。カバラー的釈義の諸理論、典礼に関する注釈、そしてとりわけ、ヨセフ・ベン・アブラハム・イブン・ザイヤーの著作のうちに頂点を見るセフィロトの理論の深化がそれである。しかしながら、〈追放〉のおよそ四〇年後に新しい環境が生まれたのはイスラエル《エレッツ・イスラエル》の地においてであった。一五一六年から一五一七年にかけてのトルコによる征服以来、パレスチナは都合のよい行き先として現れていた。ガリラヤの丘の上に位置するサフェドには旺盛な経済活動があり、それに対してユダヤ人たちも重要な一部を担っていた。またサフェドは、多くの移民が通過するシリアの近郊に位置しているという利点を呈していた。他面でこの地域は、タルムード期の多くの賢者たちの地域であったという事実によって与えられているアウラに浴していた。最後にサフェドには、すでに有名になっていた『シュルハン・アルーフ』の著者ヨセフ・カロ（一四八八―一五七五）のような幾人かの重要な権威が生きていた。パレスチナの政治状況は相対的に安定していたため、一五三〇年以降多くの追放民の定住が可能となり、その結果、世紀中葉にはユダヤ人人口はおよそ一万人にまで増大した。これらがカバラーの再生の諸条件であり、その数々のサークルのなかではスファラディーやアシュケナジーたち、そしてユダヤ－アラブ世界出身のムスタラビームたちが交わっていた。そして、取られるべき方針はというと、それはとりわけ、メシアが到来する日付に関する新しい計算を通したメシア的活動の刷新によって規定される。イサーク・アブラバネル（一四三七―

一五〇八）は、〈救済〉の時代は一五〇三年から開始していると主張していた。それに対して、黙示録的カバラーの熱心な布教家であったアブラハム・ベン・エリエゼル・ハ・レヴィはエルサレムにおいて、メシアは一五三〇年から一五三一年のあいだに訪れるであろうと宣言していた[289]。

サフェドのカバラーは、自らの理論を提供するよりもまえに、新たな追放によって引き裂かれたユダヤ人世界に影響を与えるための諸条件を作り出していた。秘教的な諸観念の伝播を司っていた旧来の禁止を取り除くことによってである。当時のある不詳のカバラー主義者は、この主題に関して支配的であった精神状態を次のように要約している。「公にカバラーの研究を禁じる神命は二五〇年（一四九〇年）末までしか有効ではないと書かれているのを私は発見した。そのあとは最後の世代と呼ばれるのだという［…］。三〇〇年（一五四〇年）以降、公の研究は、若い者にとってと同様に老いた者にとっても、特別な功績を示す行為として数えられることになるだろう。王たるメシアは、ほかならぬ様々な功績のおかげで訪れるのであるから、われわれは怠慢であってはならない[290]」。終末論的な熱情の再生という文脈においては、新しいカバラー主義者たちの正当性は、敬虔主義者として表に出たり、当時の雰囲気に適合した禁欲主義を実践し擁護する彼らの身振りのうちで確たるものとなることができた[291]。彼らのサークルは、カバラーの制度化に寄与することになる師たちの人格に中心を据えた様々な共同体（*havurot*）を通して、先駆者たちのサークルよりも人目につくしかたで現れることを自らに許していた。サフェドの敬虔主義者たちは様々な出来事への応答として、神との生の復興という見地のうちに人間の実存を真に再構築することを提案しているが、ショーレムはそれを可能にする諸範疇を強調している。すなわち、死、悔悛、再生である[292]。死と再生のあいだにあって、新たな飛躍を見るのは魂の輪廻（*gilgul*）の理論である[293]。この観念は古いものであり、『バーヒル書』に現れたあと、弁神論の見地から一三世紀スペインのカバラー主義者たちによって展開されていた。しかし、ルーリアの思想を説明するハイーム・ヴィタルがこの観念に割いている論を通してサフェドのカバラーが提起している解釈《バージョン》において、この観念は、〈追放〉以後のユダヤ民族の心理状態を表現しようとするものである。アダムの堕罪とそこから帰結した世界の混乱のなかに起源を持ちつつも、この無秩序の修復という地平を開いているこの魂の転生の観念は、宇宙全体が追放の身にあるような一つの世代、そして〈救済〉の道を引き出すような結集を希望している一つの世代の感情に合致していた。このような再生と、悔悛ないし回心の古典的理論は〈追放〉の諸原因の説明と、復元の諸条件の提示とのあいだで結びつけられることができた。すなわち、ユダヤ民族は信仰および宗教的風習の弛緩――哲学的合理主義の影響がその兆候であるように思われた――によって損傷を被っていたのであり、カバラーの教えによる〈律法〉とその秘密に従った実践への回帰によって救済への道を再び見出すことになるだろう、というのである。

サフェドの主要人物たちは、彼らの人格およびその思想によって、このような座標系のなかに書き込まれている[294]。モーゼス・コルドヴェロ（一五二二年―一五七〇年）がこの世代の最初の師である。おそらくエルサレムで生まれたと思われるコルドヴェロ――とはいえいずれにしても出自はスペインである――はヨセフ・カロの弟子であり、のちにカバラーの思弁的体系の構築を試みている。その見地のなかで、コルドヴェロは、種々の神人同型論の神の観念を純化したことに関してマイモニデスを重視しているが、彼は哲学者たちが未解決のままにしてきた問題を解決しようとする。すなわち、超越的〈存在〉の原理と、人格としての神の観念との和解の問題である。セフィロトの流出の過程を弁証法的過程として描写しながら、コルドヴェロは、彼の弟子たちが完成させることになる次の図式を素描している。すなわち、顕現するためには神は隠れていなければならない、というのがそれである。この隠蔽によって、なぜ神性のいくつかの側面が〈救済〉の時代まで封印され続けるのかが説明される、というのである。

イサーク・ルーリア（一五三四年―一五七二年）という人物はより謎めいている。ドイツないしポーランドからやってきた父親が定住したばかりのエルサレムに生まれ、コルドヴェロとともに研究する以前にはエジプトで養成を受けていたルーリアは、三〇人ほどの生徒からなるサークルを形成することになるが、『ゾハール』の一節の注釈の形態をとった一冊の著作しか残していない。ルーリアは書き物に対する嫌悪感を告白しており、口伝による旧来の秘教的実践の方を好んでいた。それゆえ、彼の教えの伝達は本質的に、他の弟子との競合のもとでそれを行った彼の弟子ハイーム・ヴィタル（一五四二年―一六二〇年）に負っている。ルーリアの教えの基礎は、〈創造〉の際に神的火花が四散し、世界の事物の質料に囚われているのだとするグノーシス的な起源を持つ考えに依拠している。モーゼス・コルドヴェロの立場を説明し、それをさらに延長しようとしながら、ルーリアは、コルドヴェロが扱っていたのは「混乱の世界」（*olam ba-tobu*）であったのに対し、彼の方は「修復の世界」（*olam ba-tikkun*）に専心しているのだと主張している。ルーリアとともにサフェドのカバラーは、流出という霊的王国の様々な次元を探査する一つの体系とみなされるようになる。この枠組みのなかで「神秘主義の隠れた世界の迷宮」を踏破しながら、この「聖なるライオン」〔ルーリアのこと〕は様々な概念を鍛え上げるにいたる。

次に来る諸世代は、それらの概念のおかげで、自らの経験を〈追放〉の経験に弁証法的に接合し、自らの状況を神的冒険の一つの反映として感知することができるようになるのである。

カバラーは、サフェドで練り上げられた理論を通して、〈創造〉から〈救済〉に至る世界の完全な円環を説明する体系の諸範疇を提供している。この円環を構想する際にルーリアが本質的に関心を持っていたのは、「上位の光」に属する諸現象の神秘的現実を、経験の世界に対する「イデオロギー的な」意図なしに描写することだったとショーレムは認めている。とはいえやはり彼の目には、新しいカバラーは追放と〈救済〉という二つの極のあいだに書き込まれており、このカバラーは〈救済〉の諸概念を歴史的次元から神的な次元、ないしは宇宙的な次元にまで移動させているように映っている。新しいカバラーが提供するモデルは間違いなく、語の真の意味において神話的なものである。「彼は歴史を、すなわち、神的な様々な行動と作用の歴史を物語っており、「外的な」、すなわち物質的な創造を生み出す〈神性〉に内在する神秘的過程によって世界の神秘を説明している。カバラー主義者たちによると、外的なものの一切は、内的現実の象徴ないし暗示にすぎない。この内的現実こそ、われわれが知覚する外的現実を決定している真の要因である」[295]。ここで再び、この描写の言語学的道具を提供しているのは象徴であり、そのとき象徴は、表現しえないものを表現することのできる様々なイメージの提示によって、脆弱な人間の理解を埋め合わせることを可能にするのである。この意味でルーリアの学派は、様々な重大な帰結に満ちた弁証法を明るみに出している。物質的および神人同型論的な諸形象に訴えることを強いられながら、ルーリアの学派は修辞的な皮膜によってその力を軽減しようとする。しかし、この学派が操作する資料はしばしば、破廉恥な身体的ないし性的表象を含んでおり、それらは彼らを糾弾する者たちとの論争に養分を与えたばかりか、別の文脈においては、危険な実践的帰結への使用を可能にするものともなるのである。とはいえやはり、ルーリアの学派はまさしく追放と〈救済〉の深遠な象徴学を利用しているがゆえに幅を利かせたのであり、最終的には非常に長い期間にわたって、ユダヤ教における真に新しい唯一の神学として現れることができたのである。

ルーリアのカバラーの体系は、収縮（*tsimtsum*）、破損（*shevirah*）、修復（*tikkun*）という三つの主要概念をめぐって分節化されている。ルーリアの出発点は、一神教の偉大な神学者たちがカバラー主義者たちに残した最も厄介な遺産の一つのうちにある。すなわち、いかにして無からの創造を説明するか、という点である。ヘルマン・コーエンによれば「始まりの奇跡」の段階にとどまっているこの現象の説明は、神話においては免除されてきており、それは世界の永遠性を弁護するアリストテレスの哲学においてその説明が免除されているのと同様である[296]。このことに加えて、無からの創造という見地をトーラーが明確なしかたで舞台に載せていることを示すのは容易ではない。ショーレムにとってこの問題は依然として「中世の神学者たちの頭痛の種」であった。マイモニデスには無カラノ（*ex nihilo*）創造に対する雄弁な弁護が見られるが、この観念が聖書のいくつかの章句の理解を助けるわけではないという告白も同様に見られる[297]。それに対して、ヨセフ・アルボのような重要な中世ユダヤ神学の代表者は、この原理を否定する者たちは、それでも「イスラエルの賢者にして敬神者[298]」のなかに居続けることができるとみなしている。この主題についての古典的理論のあいだのジレンマは深刻である。根源的行為に先立つすべての存在の否定を認めることは、絶対的な神的自由の教義を強固にするのだが、この説は、その臨界点に達すると汎神論の亡霊を浮かび上がらせてしまうのである。起源以来カバラーはこのような見地とともに動いてきたために、おそらくはこのような神学的不安に対して部分的に免疫を有していた。したがって、ショーレムの目にはカバラーこそが、絶対的矛盾を要請するように見える事柄に立ち向かうために最もよく武装しているように映っているのである。「神は、自分自身ではない何かを存在へと呼ぶ自由を有している」。提案される解決に関して言えば、それは依然として、「生産的な誤解」という代価を払うことによってのみ幅を利かせることができるとされる。あたかもこの問題は、問題の解消にまで行き着くほどの不透明さを保持しているかのようである。「神秘主義者にとって一つの深遠な直観とか偉大な象徴として現れるものは、歴史家や、さらには哲学者の冷静な眼差しにとっては概念的な無理解のように見える。ところで、このような概念が歴史のなかで自らの生産的な本質を啓示し、宗教的な言語宇宙の連続性を保証する――怪しげな性格という代価を支払ってではあるが――のは、まさにこの誤解のおかげなのである[299]」。

古典的な諸神学における基礎的な原理は、神の本質は永遠に不動であるという点に存している。この観点からすれば、絶対的存在を表象するために神は本性上、どれほど小さな無さえも――それは一つの欠陥として現れてしまうことになる――甘受することができないということになる。しかしそうだとすれば、完全なものとなるために〈創造〉が行われる出発点としての必然的な無の存在をいかにして構想することができるのか。この問題を解決するために、サフェドのカバラーは問題を自分自身の範疇において組み立て直すことから始めている。「もしエーン・ソフが全における全であるならば、エーン・ソフでないような何かはいかにして存在することができるのか」。かつてのカバラー主義者たちであれば、流出の理論によって答えたであろう。「〈神〉は、〈ご自身の〉創造的力を〈神自身〉から出発して投影する。〈ご自身の〉隠された本質から出発して、より正確には〈ご自身の〉放出的輝きから出発して、〈神〉はセフィロト、すなわち神的光を流出させる。これらのセフィロトは、それによって〈神〉が〈ご自身の〉様々に異なる属性のうちに〈ご自身を〉顕現させる諸段階である。これらの諸段階は、存在するものすべての原型を含んでいる[300]」。このような、依然として神から世界および人間へと一方向的に現象を描写する説明に満足していないルーリアは、神の可動性を想像するという禁止にためらわず背き、その過程で〈啓示〉を神の外部への純粋な現れとする理論に釘を刺している。ルーリアにとって、〈創造〉は弁証法的なしかたでしか知覚されえない。すなわち、何かが存在しうるためには、それに先だって無が存在していなければならないのだから、神は自らを顕現するまえに自らを退けなければならない、というのである。これこそ、ルーリアが無カラノ創造の問いを解決する際に依拠する逆説的な考えである。この過程は、「自分自身の内奥への降下」としての、神的本質それ自体の自己収縮から始まる。この運動において、神は外部へと働きかける代わりに、存在の可能性に先行する無を存在させるために自分自身のうちに身を退ける。無限のエーン・ソフの観点からすればこの空間は極小の点にすぎないが、創造という点ではこの空間は宇宙空間全体を表象している。この観念はグノーシス的な外観を呈しており、「無は神に依存した無そのものではなく、まさに神の無である[301]」という点で神学的には物議を醸す側面を持っている。

ルーリアは、彼が神の「〈ご自身〉の〈ご自身〉のうちへの」閉じ籠もりと呼んでいるものを表現するために、収縮《ツィムツム》という概念を作り出す。この語は元来「集中」ないし「収縮」を意味するものだが、サフェドのカバラーが理解するかぎりにおいて、この語は、「退却」という語によってより適切に翻訳される。さらにこの語は、神が自らの本質の内部へと少しのあいだ追い払われることと結びついた、一種の「孤独」をも思わせるものである[302]。したがって、〈創造〉が要請するような絶対的な神的自由は、神が〈ご自身〉から外部へ出て行くことという古典的な観念には対応しえないものであり、むしろ〈ご自身〉の内部への退縮という逆向きの運動――それが宇宙のア・プリオリを表している――を前提としているのである。世界の永遠性について語っていた哲学者たちも、〈啓示〉に焦点を合わせた神学者たちも、〈創造〉の弁証法を感知していなかった。〈創造〉を可能にする原初的行為とは、神が「自らの深遠な本性の深遠な神秘のうちに」収縮しながら自らを隠す行為であり、そのときにはじめて、諸世界の流出と、「〈創造者〉にしてイスラエルの〈主〉である人格的神[303]」としての神性の顕現が生起しうるのである。とはいえ、このような〈創造〉の冒険の創始が、神の〈ご自身〉の内部への退却――それが〈神の〉光の流出と光輝を可能にする――という原初的な瞬時に限定されているとすれば、存在するのは神だけということになるだろう。それゆえ、〈創造〉の真の過程は、収縮《ツィムツム》から由来する無が連続的に再生産されて〈存在〉のただなかの到るところに介入してくることを前提としている。ここで再び、グノーシス的な起源を持つ考えが現れる。すなわち、すべての存在は、「神が自らの本質から発する光輝を発散しながら〈ご自身〉のうちに閉じこもる」という二重の運動から生じるのである。この観点からすれば、各々の事物は「一定量の二重性と根底的二面性、すなわち、そこから追放と発露とが生じる収縮と流出[304]」を含んでいることになる。

　ルーリアは彼の体系のこの点において、補足的な劇的要素を導入する。伝統的観念に従って、〈創造〉の完全な顕現は、アダム・カドモン（〈原人間〉）によって象徴化される人間の顕現と結びついている。〈原人間〉の諸器官から湧出した最初の光は、依然として、セフィロトのあいだの差異化のない統一された存在体に属していた。しかし、〈原人間〉の両目から流出した光の方は、これらの光が「特別な器、すなわち、より強力でより抵抗力のある光からなる容れ物のなかに集められ、保存され[305]」なければならないとするような分離の原理に従って、原子化された、あるいは「点状」のものであった。ところで、最も上部に位置する三つのセフィロトから流出した光はこれらの容器（*kelim*）のうちに集められることができたのに対し、他の光はあまりにも強かったため容器を爆発させてしまった。そこでルーリアは「点状の光の世界[306]」（*olam ba-nekudot*）を「混乱の世界」（*olam ba-tohu*）と名づけるにいたる。この爆発に際して、解放された光の一部はその源泉に立ち返ったが、一定数の火花は破裂した容器の破片にくっついたまま残り、破片とともに原初的空間のうちに落ちた。そこで、神的光（*shekhina*）の火花を捕らえた物質の断片はそれらを閉じ込める殻（*qelipot*）と化し、かくして「もう一つの側」（*sitra abara*）、すなわち悪と悪魔的諸力の側を生み出したのである[307]。「容器の破損」（*shevirah ba-kelim*）という宇宙的ドラマを通して、ショーレムは追放のドラマを認めている。サフェドのカバラー主義者たちの想像界において、各々の事物が壊れ、堕落し、その自然的場所から引き剥がされるようなこの不完全で欠陥のある世界は、まさに「追放[308]」という語で指し示されているのである。この破損を一つの偶発事として考えるカバラー主義者もいれば、最初の人間の過失の結果であると考える者たちもおり、さらには、善と悪とを選ぶ権利を人間に付与するために計画された出来事であると考える者たちもいた。解釈の如何はさておき、このような観念が実際に、追放という歴史的概念を象徴へと変形させているのである。かくしてショーレムは、イサーク・ルーリアとハイーム・ヴィタルが有していた世界の不完全性についての根本的な見方を次のように要約することができる。「存在する一切は、言わば神も含めて（「言わば」を付け加えたのは、〈創造者〉の唯一性への信仰を傷つけるように見えるこの思想の重大な影響を危惧するからである）、追放の状態にある[309]」。現実的なものと、諸世界の構成の全体性を「容器の破損」という象徴によって説明することで、カバラー主義者たちは〈創造〉の内的追放の体系的描写を提供しているが、今度はこの描写によってユダヤ民族の歴史的経験が規定されている。容器《シェビラー》の破損《ハケリーム》は、神的存在のなにがしかの部分が〈ご自身〉を出て世界へと追放されていることを示唆しているのである。とはいえそれ以前に、収縮《ツィムツム》によって、神の〈ご自身〉のうちへの追放という、よりいっそう深いイメージが課せられていたのではあるが[310]。

しかしながら、ルーリアのカバラーの力、およびスペインからの〈追放〉以後のユダヤ民族の追放を考察するその能力が理解されるのは、無からの創造と「容器の破損」によって開始された過程の弁証法的逆転を表す「世界の修復」（*tikkun olam*）という概念から出発したときのみである。体系のこの第三の契機は最も複雑であり、ショーレムが、修復《ティクン》の過程の描写は神秘的観想に投げかけられる挑戦に似ていると――それを理解しようとする学者については何も言わないとしても――告白することでほとんどそこから手を引くにいたっているほどである[311]。「容器の破損」以前には、セフィロトのいくつかは〈原人間〉に結びついたままであって、それゆえこれらのセフィロトは、四散した光の結集と破壊された調和の復元の過程を始めるために〈原人間〉の額から湧出することができた。額からのこれらの光はパルツーフィーム、すなわち「顔」と名づけられる。これらの顔のそれぞれは神および神の創造的力の一側面を表象しており、それらは「バロック的な」神秘的構築物のただなかで一体となるために近づけられなければならない。そこにショーレムは「〈ご自身〉を誕生させる神[312]」という一種の神話を認めている。ルーリアは、この「修復」の筋書きのなかにあらためてドラマトゥルギーの要素を導入している。最初の人間が創造されたとき、修復《ティクン》の過程はその終焉に到達していた。すなわち神的な光と布置はほとんど結集されていた。それゆえ、〈存在〉の霊的連鎖の最後の環としてのアダムは、もはや最後の一筆をもたらすだけでよかったのである。アダムが神によって割り当てられたこの課題を行うにはすべてが整っていた。「自らの存在全部をより高度の根へと結び直すことを可能にするような神秘的―霊的努力によって、彼は修復《ティクン》を達成し、万物をその適切な場所へと復帰させることができていたかもしれない」[313]。この行為は彼の自由な選択に左右されていたのであり、彼が神との完全な合一に到達し最終的に悪から善を分離することができるということを前提としていた。しかし、何が起こったのかは知られているとおりであり、その様子をルーリアは「創世記」第二章のカバラー的解釈に由来する隠喩によって要約している。彼は「樹から果実を分離した」のであり、そのことによって「果樹園を破壊した」[314]のである。彼は上部の領域とともにあったのだが、「もう一つの側」の不吉な力に囚われてしまい、その結果、「原初的アダムの存在論的次元において容器の破損によって引き起こされた災禍が、歴史的アダムの罪によって人類学的・心理学的水準において反復され、再生産された」のである。それ以後、人間の魂は神的光《シェキナー》(*shekhina*)の運命を共有することになる。神的光の火花は破裂した容器の破片にくっつき、殻(*qelipot*)がそれらを捕らえたまま留めているのである。

したがって、ショーレムにとって、修復《ティクン》の理論とそれが描く地平は一種の回顧から出発して理解されなければならない。もしアダムが自らの課題を果たしていたとしたら、「宇宙的追放は終焉を迎えていただろう」。彼は世界をその統一へと復帰させる〈救済〉の主体者となっていたことだろう。そして「歴史的過程は、ユートピアの創設とともに、始まるよりもまえに仕上げられていたことだろう」。明らかに、この仮説をはじめから否定することによって修復《ティクン》の世界はメシア的行動の世界となるのだが、とはいえ、この観念がメシアに関する古典的理論をどのように覆しているのかを示すことが残っている。ルーリアにとってメシアの到来は、世界の修復という連続的過程の完遂としてしか理解されえない。それゆえ、〈救済〉が歴史的現象と化すということが彼の体系の帰結である。この現象は次の二つの作用と結びついている。すなわち、破損した容器の破片と同時に殻《ケリーポース》の領域のなかに堕落した神的火花の結集と、アダムの堕罪以来「殻」のなかに同じように閉じ込められている聖なる魂の結集である[315]。この最後の観点からすると、人間の本質をその本来的な霊的領域のなかに復帰させることは、このように「歴史に付随し同一の期間を持つ」現象として現れる〈救済〉の最終段階においてしか介入しえない、ということになる。この見地のなかでルーリアが練り上げている心理学は、かつてのカバラーによって提起された魂の輪廻《ギルグール》の理論の改編に依拠することができるだろう。これは、各世代ごとにいくつかの魂だけが殻《ケリーポース》の世界から脱出するにいたって、転生によって浄化の円環のなかに入り、各々の魂が自らの根を再発見したときに修復《ティクン》が介入する、という理論である[316]。この心理学はまた、イスラエルの状況の歴史的説明という枠組みのうちにも入ることができた。すなわち、追放の境遇にある諸世代は魂の火花の四散を経験しているのであって、〈救済〉の道を開く輪廻を被らなければならないのである。しかしこの心理学は、のちにサバタイ主義が示すことになるような異端的な展開を引き起こす危険も有していた。そのとき預言者サバタイ・ツヴィはルーリアの再来を自称することになるのである[317]。

しかしながら、ルーリアの理論が一つの有効な神話学を展開したのは、神的火花の結集という視角においてである。この神話学は、イスラエルの冒険の意味を人類の冒険の次元へと高め、それらを神的神秘の秩序のうちに書き込むにいたっただけによりいっそう有効なものであった。修復《ティクン》の過程を「火花の上昇」と名づけながら、提起された宇宙的物語はユダヤ民族の状況の説明を次のように展開している。「歴史の世界でのイスラエルの地上の共同体の追放は、天上のイスラエルすなわち神的光《シェキナー》の追放の反映にほかならない[318]」。イスラエルの本性が全体としての創造の本性を象徴化しているというこの考えから、イスラエルに割り当てられる使命が生じてくる。すなわち、ユダヤ人はそれぞれが世界の修復の鍵、つまり善と悪の決定的な分離を手にしており、この課題の条件はトーラーの諸戒律の達成である、というものである。さらに、神秘的な集中は、修復《ティクン》の達成――それが〈救済〉の契機にほかならない――にいたるまで神的火花を殻《ケリーポース》から引きはがすのを助けることで、宇宙《コスモス》の上部の秩序に影響を与えるのである。かくしてサフェドのカバラーは、スペインからの〈追放〉の経験によって外傷を与えられたユダヤ教における最も差し迫った問題――追放の問題――に一つの回答を提供していた。ユダヤ教の四散は創造に内在する衝突の反映であり、神的光《シェキナー》それ自体の追放の象徴である。イスラエルの痛ましい条件は、歴史のなかでイスラエルが担う役割の代価である。すなわち、ユダヤ人たちの苦痛は、贖われていない世界の不完全性を象徴化しているのだが、四散した神的光の断片を再び集めることによって彼らの行いが創造の諸悪を癒す、というのである。最後に、火花の上昇によって実現される宇宙的修復がメシアを来たらしめるとされ、他方で〈救済〉は、「追放民の結集[319]」によって象徴化されるイスラエルの国民的復元と一致するとされる。

いまや、われわれはルーリアの諸説の深遠な独創性を見て取ることができる。〈救済〉に関するユダヤ的啓蒙《ハスカラー》以後のリベラルなユダヤ教の諸観念がそうであるのとは異なり、イスラエルは諸民族を導く光であるというよりはむしろ、イスラエルとともに地上のいたるところに追放された神的光《シェキナー》の火花を諸国民から引きはがす力——修復《ティクン》が四散の様々な場所が具現化している殻《ケリーポース》を破壊するという側面を持つことは避けられないが——なのである。しかし、追放という問いを自らの関心および体系の中心に据えることで、ルーリアのカバラーはラビ派ユダヤ教の見解を深いところで修正してもいる。専制と圧政の理由の説明という観点からも、またユダヤ民族の選びという観点からも、歴史と化した一つの弁神論が理論のなかで並外れた場所を占めるようになる。「エジプトは「大地の裸出のようなもの」であり、殻《ケリーポース》が固着している選びの場所であるから、多くの火花がエジプトに結びつき、イスラエルもそこで奴隷となっていたのだった。神的光《シェキナー》さえも、そこにあった火花を上昇させるために、イスラエルとともに追放されていた。[…]〈われらが賢者たち〉は次のように説いていた。一つの国家にただ一人のユダヤ人が囚われていればそれで十分である。あたかも、この国家のうちに堕落した火花の一切を上昇させるためにそこではイスラエル全体が奴隷状態にあったかのようにみなされるのである。だからこそ、万物を上昇させるために、イスラエルが地上のいたるところに四散することが必要だったのである」[320]。とはいえ、ルーリアと彼の弟子たちによって最も深いしかたで変形された理論が、メシアニズムの理論であることにかわりはない。彼らにとって〈救済〉はもはや、それに先立つ歴史的過程から分離されていない。「イスラエルの救済は、浄化から浄化へと、そして洗練から洗練へと段階的に展開される」。メシアは、自分自身が修復《ティクン》を実現するどころか、その仕上げの瞬間においてのみ現れるものとして、修復とともにもたらされる[321]。ショーレムにとって、メシア的破局というヴィジョンのこのような放棄は、イスラエルの使命の再定義よりもはるかに革命的なものである。旧来の黙示録的な伝統は、この放棄を通じて、歴史的国民としてのイスラエルのためにメシアの果たす役割が相対的に抹消されるという修復《ティクン》の理論に道を譲る。この見地において、〈救済〉はもはや突如として訪れるのではなく、「ユダヤの歴史の論理的かつ必然的な結果として」現れるのである。

ここから、再び歴史のみが決着を付けることになるような両義性が生じてくる。一六世紀には二つの終末論が共存し続けている。第一に、メシアは歴史を中断するために介入してくるような歴史の外部にある力であるとする黙示録を経由する終末論であり、第二に、とりわけ歴史のただなかにおいて世界の修復にまで至る霊的変形の過程を感知するサフェドのカバラー主義者たちの終末論である[322]。ルーリアと彼の学派はこの緊張に意識的であり、メシア時代に先立つ「産みの苦しみ」という旧来の観念を完全には放棄しなかった。このことを示しているのはモーゼス・コルドヴェロの次の宣言であるが、とはいえ彼は古典的理論の軽度の方向転換を排除してはいない。「イスラエルの苦痛は極点まで高まっていき、彼らは、山に向かって「われらに覆いかぶされ」と言い、丘に向かって「われらの上に落ちよ」と言うほどの悲嘆に暮れるだろう。その理由は、神的光《シェキナー》が自らの家（イスラエル）を裁き、〈救済〉のためにそれを浄化するからである。[…] 誰であれ、うなじをかたくなにし悔悛しない者は破滅し、悔悛のくびきをうなじに背負いあらゆる試練を喜びとともに迎え入れる者は浄められ、ふさわしい者とみなされるだろう」[323]。しかしハイーム・ヴィタルは、この区別について、より明確にカバラー主義者たちに有利に働くような解釈《バージョン》を与えている。「〈生命の樹〉の側にいる者たちは、日々の終わりに、追放の過程を耐え忍ぶことはないだろう。それは通常の罪人たちがすることである」。ショーレムにとって、法悦的聖者および幻視者の共同体が、自らを大衆から隔離するような優越感を発達させたことは驚くべきことではない。強烈な信心を実践し、禁欲的な献身に日常的に身を捧げ、そして祈りの実践を再び行動の方向へと向けることで、彼らは、〈救済〉の前夜にふさわしいと思われていた態度のみならず、「産みの苦しみ」を短縮することのできる神秘的権力をも明確に示していたのである[324]。とはいえ、サフェドの時代に明らかである両義性は長い間残ることになるだろう。すなわち、ユダヤの人々の圧倒的多数は旧来の黙示録的伝説を持ち続け、それらが涵養しているメシア的な扇動の諸形態に執着し続けることになる。それに対し、カバラー主義者たちからなる霊的エリートは、修復《ティクン》の理論に照らし合わせた〈救済〉の理論の解釈をますます際だたせ、自らの終末論から一切の民衆的要素をほぼ抹消するまでにいたるのである。メシア的理念が「歴史的経験のふるいにかけられた」[325]ときにはじめて、この衝突は決着を見ることになるだろう。しかし、このような弁証法的解明の代価をすでに頭に入れておかねばならない。一七世紀はじめまで、あたかも大衆の政治的メシアニズムとカバラー主義者たちの神秘的メシアニズムは補完的な扇動に依拠した唯一の体系を形成しているかのように、この二つの考え方はなおもたがいに助け合うことができた。しかし、前者の失敗とそれが生み出す失望と軌を一にして、後者が力を増していき、ある日とうとうこの矛盾が悲劇的なしかたで爆発するまでにいたるだろう。それは、ちょうどサバタイ・ツヴィが出現した瞬間というよりは、彼の背教とその爆発的結果の時代である。

ショーレムは、サバタイ・ツヴィと彼の名を冠することになる運動にかなりの精力を割いた。一九二八年に発表された論文と「罪による〈救済〉」に関する一九三七年の長大な研究によって開始されたこの作業は、多くの原典の校訂本によって豊かにされ、さらにいくつかの学術発表によって明確にされた上で一九五七年の『サバタイ・ツヴィ』において頂点に達する。[326]この著書がもう一つのショーレムの学術的大著『カバラーの諸起源』に五年しか先行していないという事実には、おそらくほとんど偶然の入る余地はないだろう。この両著作は研究生活の頂点であり、同じ知的情熱の二つの極を示している。すなわち、ユダヤ思想の隠れた大陸を忘却と軽蔑から引き剝がすために飽くことなく発揮された学識の極と、メシア的理念――これは、諸宗教界へのユダヤ民族の重大な貢献を指し示すと同時に、ユダヤ民族の世界経験の原動力を提供するものである――の弁証法の上に構築された歴史の極である。しかし、一三世紀までのカバラーの理論的起源の調査と、一七世紀に生まれ近代の中心まで最終的な分枝を伸ばしている運動の分析を結んでいるのは、おそらくはより秘められた糸であろう。長期にわたるこの期間のほぼ真ん中でショーレムは、歴史の舞台へのカバラーの登場を決定することになる出来事――スペインからの〈追放〉――と出会い、歴史のなかでのカバラーの役割を統べることになるメカニズム――いかにして、〈救済〉の見地における追放の神秘的解釈のみがこの外傷を乗り越えることができるのか――を描写する。この分析は、ユダヤ的生を賦活する諸力のうちでカバラーが哲学の優位に立っているとするかつての直観を堅固にするものだが、それはとりわけメシアニズムの爆発的強さを示すことを可能にする。メシアニズムの宇宙論的な解釈《バージョン》を提供することで、ルーリアのカバラーは、世界内でのユダヤ民族の悲劇的苦難は神的冒険の歴史と一致しているという次元の上に、追放という破滅的経験を投影していた。しかし、ルーリアのカバラーはまた、長いあいだ隠され続けることになる、〈救済〉の二つの考え方とそれらを擁する諸潮流のあいだの衝突を後世に残してもいた。サバタイ主義とは、この矛盾を破裂させ、メシアニズムの爆発的精力を解放し、手の施しようもないほどに破壊的かつ建設的なメシアニズムの弁証法を示すことを可能にするような運動なのである。サバタイ主義とともに、メシア時代の様々な表象のあいだに当初から存在していた緊張関係に根ざしていた長い円環が閉じられる。すなわち、ユートピアなのか黙示録なのか、〈賢者〉たちの慎重さなのか大衆の熱狂なのか、観想への段階的移行なのか歴史の外部にあって歴史に終末を課すことのできる力なのか、といった緊張関係である。「スミルナの偽メシア」の経験が持つ避けがたく悲劇的な外観は、ユダヤの歴史とその近代的諸形態に関するショーレムのいくつかの本質的な考えをさらに強めることになるだろう。すなわち、ゲットーからの脱出の逆説的な諸条件、メシア的理念のためにユダヤ民族が支払った法外な代価、そして、メシア的理念がシオニズムやイスラエルの存在といった現代的な諸経験においてさえ取り結んでいる弁証法、である。

罪による救済に関する一九三七年の研究とその二〇年後に出版された著書のあいだで、ショーレムはサバタイ主義をその二つの極限によって取り扱った。前者においてショーレムは、サバタイ主義の終焉とそれが浮かび上がらせる問題から出発している。つまり、預言の非実現と、とりわけサバタイ・ツヴィの最終的な背教は、〈救済〉の時代が到来したのだと信じていた者たちのあいだに耐えがたい緊張を生み出した、ということである。この観点からすると、主として想像界と歴史とのあいだのこの衝突の諸帰結から出発することでこの現象の強さが観察される。すなわちサバタイ主義が、数え切れないほどある束の間のメシア的冒険という地位を離れ、ユダヤ的生における重大な契機という地位に入るのは、サバタイ主義がこの裂け目についての一つの説明を提供するにいたるからにほかならない。しかし、サバタイ主義が提起している解決は、その実現に必要な〈律法〉の逸脱という観念——この理論はまっすぐにニヒリズムへと導く——に依拠しているのである。それに対して一九五七年には、ショーレムはサバタイ主義の起源へと立ち返っている。おそらくは語りの順番を尊重するこの著書の伝記的手法が、その手続きを課しているのであろう。すなわち、中心人物たちの紹介と、メシア宣言を際だたせる様々な出来事の提示があり、その機会に〈離散〉を捕らえたメシア運動の再構成があって、さらに救世主の背教の劇的な演出と、厳密な意味でのサバタイ主義——歴史の評決を拒み、あらゆる手段を使って希望を無傷のまま保とうとする人々からなる大きい潮流——の描写が続くのである。しかしながら、絶えずはらはらさせるような見事な筆致に支えられた著作をこのように線的に読解してみても、その真の原動力を手にすることはできない。この原動力は自らの力の一部を、ショーレムが滅多に放棄することのない論争的意図から引き出している。すなわち、この運動は、おそらくはほかのいかなる運動も成し遂げないようなしかたで〈離散〉の全体に降りかかり、アムステルダムやハンブルクの富商にもポーランドやリトアニアのゲットーの人々にも同じように及び、最後に、それを生み出した者の破局的挫折のあとも生きのびたのだが、いかなる古典的な社会‐歴史的説明もこのような運動の深さを真に明るみに出すことはできない、というのである。この現象の根は、社会的衝突や心理学的与件とは別のところ、すなわち、一七世紀のユダヤ的感受性を支配している、ルーリアとその弟子たちのカバラーという宗教的宇宙のなかに存しているのである。したがってサバタイ主義は高みから見られなければならない。「ユダヤ人の〈離散〉の全体をミニチュア状に表象したもの[327]」に似ていたサフェドから見られなければならない。そして、追放という歴史的経験の一種の精髄を提供することで、社会的ないし地域的な様々な特殊性を超越するにいたった諸理論の資料体から出発して見られなければならない。しかしまた、矛盾に満ちた遺産という観点からも見られなければならない。この上なく暗鬱な追放の生き生きとした記憶に培われ、追放の終わりが近づいていることを告知していた霊的革命――とはいえそれは、「〈救済〉の羽ばたき」として理解されていたものを、メシアの到来が近いことを感じている人々に馴染み深い黙示録的言語に本当の意味で翻訳することはなかったのだが――という遺産である[328]。

　メシア運動の出現には二人のパートナーが必要である。すなわちメシアとその預言者である。一六六五年に生まれる前者の形象の場合、それは、彼の生涯や行為についての豊富な資料――それらは、彼の近親者や敵対者たち、そしてまた彼が通った痕跡が記された様々な場所における多くの外国人の証言者に由来する――があるにもかかわらず、一抹の神秘を持ち続けている。サバタイ・ツヴィの誕生日はあまりにも明確な象徴を含んでおり、確かであると立証されるよりもまえに、歴史的批判の灯火に従わないわけにはいかない。すなわち、ユダヤ暦五三八六年（一六二六年）アブ九日――〈伝統〉によって第二神殿の破壊に帰される日――であり、さらには様々な約束を詰め込まれたシャバットという七番目の日――これが未来のメシアにその名前を提供することになる――である。サバタイ・ツヴィに関係する数多くの伝説の一つは彼にアシュケナジー系の出自を与えているが――これはほとんど確かではない――彼の家族がスミルナに定住するまえにギリシアで暮らしていたことは確かである。彼の修行時代には――この点についての信頼できる情報が限られており、それゆえ不確実なところがいくつもあるにもかかわらず――ほとんど独創的なところがなかったことが知られている。すなわち、スミルナの著名な師の指導のもとでの古典的なラビ的学習、一八歳ないし二〇歳からカバラーの見習い――彼が研究をした環境では、四〇歳までカバラーを禁じるアシュケナジーの規則は生き残っていなかった――そして隠遁および禁欲的規律の早期からの実践である。この教育を終えて彼は、垂涎の的であるハカーム〔ハハーム〕(*hakham*) の資格を獲得したのだと思われる。この資格は、スファラディーの人々が彼らの賢者たちに与えるものであり、それゆえ、のちに彼を狂気であるとか背徳であるとか言って非難する者たちでさえ、決して彼を無知な者として扱うことはなかった。彼の人格の最も特徴的な点は、非常に早い時期に現れ最晩年まで続くことになる病気のうちにある。この病気は、法悦的幻視をしるしとする高揚と熱狂と、そのあとに続く長期間にわたる憂鬱と衰弱の各期のサイクルであり、それは、完全な受動性と同義のものである迫害に対する不安とその感覚の源となるものであった。しかしながら、サバタイ・ツヴィの同時代人たちの注意を惹きつけていたにちがいないのはこのような躁鬱病の臨床的特徴ではなく、多かれ少なかれ奇抜で扇動的ないくつかの振る舞いであった。彼の弟子たちが称賛を示すカバラー主義の用語で「奇行」と名指すことになるこれらの身振りのなかで、そのいくつかは特に衝撃的である。彼は、説明もしないままに様々な変革を導入しておかしな儀式を実践したり、興奮期には戒律の廃止を宣言したり、さらには、口にしてはならない神の〈御名〉（聖四文字《テトラグラム》）を口に出す性向があったのである。

メシアは自らの預言者を伴わずに出現することはできないとはいえ、ここでは後者の使命が前者のそれに先行していたように思われる。一六四三年ないし一六四四年にエルサレムに生まれたナータンは、一六六五年のプリム〔「エステル記」の祭り〕の頃のメシア的啓示にいたるまでのいまだ短い人生のはじめについて、自ら次のように語っている。「私は二〇歳まで浄き身のままトーラーを学び、大罪を犯したひとたちにイサーク・ルーリアが勧めている偉大な修復《ティクン》を成し遂げました。〔…〕二〇歳で私は『ゾハール』とルーリアの著作をいくつか勉強し始めました。〔…〕同じ年に、私の力が天使と精霊の幻視によってかき立てられたので、私はプリム祭の断食の前の週に長い断食を行いました。私が神聖かつ清浄な状態で特別室に籠もり、涙に濡れながら朝のお勤めの償いの祈りを唱えていますと、霊が私の上に訪れました。私の髪は逆立ち、膝は震え、メルカバーを見ました。それから、昼も夜も一日中、神の幻視を見ました。そして私に預言の才が与えられたのです。〔…〕私の心はきわめてはっきりと、私の預言が誰に向かっているのかを感じ取りました。預言者は、自分の預言の意義に疑いを持たないほどに自分の預言の正しい解釈を心のうちに感じ取るものだとマイモニデスが明言していたとおりです。それから今日にいたるまで、私はこれほど深遠な幻視を見たことはありません。救世主がガザに自らを現し、メシアであると宣言するまで、この幻視は私の心のなかに仕舞い込まれたままでした」[329]。ガザのナータンと出会うまえにサバタイ・ツヴィがなんらかのメシア的幻視を見ていたことはありうるが——エルサレムに住んでいた頃に二人が路地ですれ違ったことがあるのはほぼ確かである——冒険は一種の取り違えから始まる。一六六三年末からエルサレムの使者としてエジプトに派遣されたサバタイ・ツヴィは、ガザに現れた神の人——自分の苦しむ魂を治療することができるかもしれないと思われた——の力を聞きつけていた。言い換えればサバタイ・ツヴィは、病人が魂の医者のもとを訪れるようにしてガザのナータンのところにやってくるのであり、ガザのナータンが彼に自分の使命を納得させるのである。運動の始まりに関する最初の報告の一つは、彼の足取りを素っ気なく書き留めている。「彼は自らの任務を放棄し、魂の修復《ティクン》と平和とを見出すためにガザに赴いた」。彼の到着はまもなくある言葉遊びによって要約されることになるだろう。「彼はシャリアッハ（使者）として出発し、マシアッハ（メシア）として戻ってきた[330]」。

ショーレムはガザのナータンに対して明らかな知的共感を抱いており、彼のうちに、サバタイ・ツヴィには残酷なまでに欠けている美点を発見している。すなわち「疲れを知らぬ行動力、神学的思想の独創性、偉大なる生産力、文学的な闊達さ[331]」である。しかし、ショーレムはとりわけガザのナータンのうちに、出現しようとしている巨大なメシア運動の真の立役者を見ている。一六六五年の春に二人は数週間をともに過ごすのだが、その際にナータンは、サバタイが自分の預言の対象であることを彼に納得させるために、懸命に自分の預言の真理を証明しようと努めている。ガザにおけるサバタイ主義の誕生の日付は、確信を持って固定することができる。すなわち、サバタイ・ツヴィが自分はメシアであるとはじめて宣言した一六六五年五月三一日――スィバン一七日――である。そのあとに続いた混乱においても、ナータンは絶好の場所を占めている。風聞が広まった様々な事件のなかでは、口にしてはならない〈御名〉の宣言やタムーズ一七日の断食の廃止、さらにはヘレブ（腎臓の脂肪）のような禁止された食物を口にすることの奨励が記録されている。数年前に冒瀆的な奇癖を理由にサバタイ・ツヴィを鞭打ち刑と追放に処したラビたちはほとんど寛容を示そうとはしなかったが、しかし意見が分かれていた。それゆえ、物議を醸す奇異な態度はカバラーが神の人について述べている「奇行」なのだと彼らを説得する必要があった。さらに、信者の集団のなかに群衆的な運動が即座に膨れ上がったが、「しるし」がないためにに弱まってしまう危険があったこの熱狂を保つためにマイモニデスの権威が必要であった[332]。最後にナータンは、〈救済〉の接近にふさわしい悔悛の実践の普及を呼びかけた。しかしながら、預言者による即時の説明も、騒動を巻き起こす点および不確かな正体に対して、当局がメシアの不利に働くような反応を示すことを阻止するには十分ではなかった。サバタイ・ツヴィは、即座に回心した者や躊躇を見せた者がいたにもかかわらず、エルサレムのラビ法廷で刑を宣告され、破門された。一通の手紙がコンスタンティノープルに送られ、この手紙は最終的に、次の追伸を付されてスミルナにまでいたることになる。「この新たな考えを広める者は異端者であり、彼を殺す者は多くの魂を救った者とみなされるだろう。ためらわずに彼を打つ手は、神の目にも人間の目にも讃えられるだろう」[333]。とはいえ、運動が拡大し、ガザのナータンがその理論を定めることを妨げるものはなにもない。

背教までの運動の広がりについてショーレムが提示している分析は、メシアニズムに関する唯一の資料の解釈を中心に展開されている。この資料とは、一六六五年九月にガザのナータンがエジプトに暮らすラファエル・ヨセフ——彼は出来事の展開についてほとんど日常的にナータンに尋ねている——に送った手紙である。この長文の書簡は、洗練された神学的言語で表現されたいくつかの神秘主義的与件と、民衆的形態の黙示録的メシアニズムに属する様々な情報とをたくみに織り交ぜている。まず最初に、ナータンは〈御名〉についてのいくつかの大胆な思弁から始めたのち、挑発的な説を明かしている。「現在、神的光《シェキナー》の火花は悪の領域にはもう残っていないということを、たしかにご理解ください。[…]私たちは「それゆえもはや」修復《ティクン》の行為を成し遂げることに執着する必要はなく、ただ「花嫁（神的光《シェキナー》）を飾り」、花婿と対面させるだけでよいのです。[…]偉大なる師ラビ・イサーク・ルーリア——その思い出は讃えられよ——が示された意図（*kavanot*）は今日ではもはや適用できません。なぜなら今はすべての世界が異なっているからです。[…]ですから、アリ「イサーク・ルーリア」——その思い出は讃えられよ——の意図《カッヴァノース》に没頭したり、彼の瞑想録や説教や著作を読まないように気をつけてください。なぜならそれらは難解で、ラビ・ハイーム・ヴィタル——その思い出は讃えられよ——を除いては、生きた人間に彼の言葉は理解しえなかったからです」[334]。この一節のなかでガザのナータンは、〈救済〉の瞬間にセフィロトの上部の光が地上に顕現されるだろうというカバラー主義者たちの古典的説への賛同から、ルーリアの様々な勧告の現代性の拒絶へとそれとないしかたで移行している。このメシア的時代において宇宙《コスモス》の神秘的構造が転覆されると主張するときには、ナータンはなおもサフェドのカバラーの教えに従っている。というのも、「神的光《シェキナー》の火花」を引き留めていた殻《ケリーポース》はメシアの歩みのもとで破壊され、修復の過程が仕上げられるからである。しかし、ナータンがこの状態から引き出してくる結論は、すでに彼を自ら援用する理論から引き離してしまっている。日常的な典礼を神への上昇と結びつけていたがゆえに、ルーリアは、「容器の破損」によって四散してしまった火花の結集のために祈りの力を捧げるよう弟子たちに促していた。ナータンにとっては、サバタイ・ツヴィの宣言によって、宇宙的運動のこの段階には終止符が打たれた。すなわち、世界の現今の秩序は〈救済〉の時代のために告知された「新しい〈律法〉」に対応しているのであり、ルーリアの瞑想の活用は廃止され、それを描写したヴィタルのテクストも禁止されなければならないのである。ハイーム・ヴィタルの著作のこのような断罪は、かつてハイームの息子サムエルを自分のもとに迎えたことのある文通相手に宛てられているだけに、よりいっそう容赦ないものである。さらにこの断罪は、より根本的な断絶を——今度は明確に黙示録的なメシアニズムという場の上に——予示している。

　ガザのナータンの手紙の第二の部分は話題を変え、現在の状況を描写し、様々な出来事の経過を民衆的メシアニズムの言語で知らせている。ナータンが現状の解釈と、現状に対して持つべき態度をあらためて定式化する際には、彼の言説はまだ少しのあいだルーリアの理論と意見を同じくすることができている。「確かなことは、いまが究極的な終わり［のあらかじめ定められたとき］だということです。私たちの世代がどうしてそれに値したのかは聞かないでください。［…］いかなるしるしも奇跡もなしに［これら］すべてのことを信じなければ、イスラエルにとって生きることは適わないということを、あなたは絶対的な確信とともに信じなければなりません」。しかし、真の意味でのメシア的預言によって、ルーリアの理論とのこの脆弱な一致は破裂させられる。「一年と数ヶ月のあいだに、彼［サバタイ］は戦わずしてトルコ王から権力を奪い取るでしょう。なぜなら、彼が吟じる歌と讃歌によって、あらゆる国民は彼に服従するだろうからです。［…］このときはまだ追放民の結集は起こらないでしょう。とはいえユダヤ人たちは、それぞれの場所で大いなる栄誉に浴するでしょう。同様に〈神殿〉もまだ再建されませんが、このラビは祭壇の場所と赤い牛の灰を見つけ、生け贄を捧げるでしょう。これは四年ないし五年続きます。それからこのラビはサンバチオン川に赴きますが、そのあいだは王国をトルコ王の責任に委ね、ユダヤ人の世話を彼に任せるでしょう。しかし三ヶ月後に彼［トルコ王］は助言者たちにそそのかされ、反乱を起こすでしょう。それから大いなる苦悩が続き、「私はそれを金を試すようにして試し、銀を精錬するようにして精錬する」（「ゼカリヤ書」第一三章第九節）という聖句が成就するでしょう。［…］この時代の終わりに、『ゾハール』のなかに予見されていたしるしが成就し、それは次の安息年（一六七二年）まで続くでしょう。これがタルムードの言う「七年目にダヴィデの子が来るだろう」（「メギラー篇」一七B）なのです。七年目、すなわちシャバットとは、サバタイ王を指しているのです。［…］彼を見て、すべての国民と王は大地にひれ伏すでしょう。まさにこの日に追放民の結集が起こり、完全に再建された〈神殿〉が〈天〉から下りてくるのが見えるでしょう。そのときイスラエルにいるのは七千人のユダヤ人であり、またこの日にイスラエルで死んだ死者たちの復活が起こるでしょう。［…］イスラエルの外での復活は、それから四〇年後に起こるでしょう」[335]。

ナータンは今度は急進主義の形をとって――その理論的諸形態は別のところで知られている――「彼の待機の黙示録的緊張[336]」を表明する。悪魔的諸力の統治の終焉が諸帝国の支配と追放の終焉と一致するということは、実のところルーリアと矛盾してはいない。ルーリアにおいて宇宙的運動は歴史のなかに表されているからである。しかし、年表を進めてみると、もう一つの着想源が露わになる。修復《ティクン》の仕上げというより穏やかなヴィジョンのために、サフェドのカバラーは、〈救済〉の到来には破局が先立つというハガダー的伝統を大幅に無効化していた。ここで黙示録的伝説が大軍をもって再来するのである。手紙の冒頭のルーリア的論理においては、神的火花が殻《ケリーボース》から引き剝がされたあとにも悪の諸力が残存しているという考えにはいかなる余地も与えられていなかったはずである。しかるに、服従を無視したトルコ王の反抗を通して、ナータンの予言のなかに突如として〔黙示録的な〕展望が開かれるのである。この矛盾は、サバタイ主義の特徴的な構成要素を明らかにしている。すなわち、黙示録的感情に培われた民衆的メシアニズムという非秘教的与件と、世界の漸次的修復というヴィジョンに方向づけられたサフェドのカバラーの秘教的言説を混ぜ合わせた、両義的な終末論である。ナータンが大衆の心性に譲歩しているとか、彼自身が旧来の物語の魅惑を被っているとか、あるいは単にサバタイ・ツヴィの精神状態に一致しているとかいったことよりも、重要なのは彼の預言の結果である。すなわち、観想の時期へと通じる修復《ティクン》の仕上げの時代というルーリア的観念と、「産みの苦しみ」を短縮させるために旧来の〈律法〉の撤廃を認可するような「新しい〈律法〉」の到来の時代とのあいだで爆発する、切迫した緊張である。ガザのナータンが足早に練り上げた理論はこの衝突の意味深長さを確証することになるが、他方で、背教についての逆説的な説明を提供するために、まもなくこの第二のモティーフが整えられることになる。

ガザのナータンがこのエジプトの文通相手に宛てた手紙を執筆していた頃、メシア運動は現実味を帯び始めていた。エルサレムを追われたサバタイ・ツヴィはサフェドに赴き、それから一六六五年七月二〇日にアレッポに着く。この短期間、彼はメシアとして公に現れることを慎んでいたようだが、しかし興奮が始まる。男も女も、無教養の者も預言の才を断言する。幾人かのラビや賢者たちさえもが渦のなかに入り込んでいる。ユダヤ新年《ローシュ・ハシャナー》の少しまえにスミルナに着き、一二月の終わりに新たな法悦の段階に入ると、事態は拡大する。宮潔《ハヌカ》めの祭りのとき、彼は「王の」態度を取り、「奇行」を復活させる。騎乗でシナゴーグに入り、口にしてはならない〈御名〉を再び口にし、脂肪を食べ、トーラーの伝統的な巻物ではなく印刷された写しを公に用い、女たちにそれを集会のまえで読むように促す……。ラビ法廷が彼に対して訴訟を起こしても無駄である。民衆の大多数は「信者」の陣営に与している。この出来事をめぐる最初の物語は、現実と伝説が混じり合い、情動と想像力が刻み込まれたかたちで、一〇月はじめにヨーロッパに伝えられた。イタリアとオランダ、ドイツとポーランド、そしてまもなく北アフリカとイエメンのあいだで、運動は、直接的に迫害を経験した共同体にも、その記憶を持っていなかった共同体にも関係なく、この上なく貧しい人々にも富裕な名士たちにも、普通の者にも学ある者にも関係なく波及していく(337)。二つの社会が特に敏感であった。それは〈離散《ディアスポラ》〉のうちに四散していたマラーノたちの社会である。すなわち、スピノザのサークルに好感を寄せていたオランダと、預言的才ですぐに有名となったアブラハム・カルドーソ——のちに運動の不屈の擁護者となる人物であり、自らの論文をサバタイに送ることになる神学者である——が出現したトリポリである(338)。しかしまた、ポーランドやロシアといった、一六四八年の虐殺が起こった諸地域の社会も同様であった。そこでは、ラビたちの厳命にまったく従わない無政府主義的熱狂——ピンスク、ヴィルナ、ルブリンでの暴動がそれを示している——が支配していた。

ショーレムは、一六六六年夏のあいだに頂点を極めるこの運動の広がりを説明してくれる五つの要因を取り出している(339)。第一に、この運動が〈離散《ディアスポラ》〉においてよりもむしろパレスチナで生まれたという事実である。アムステルダムからイエメン、ないしペルシアにおいては、最も純粋で強度の霊性の形態を体現している敬神者や碩学たちの共同体が生きていることが知られているが、それだけに〈聖地〉からやってきたこの運動はよりいっそうユダヤ人世界の全体に伝播することができたのである。このことに加えて、地上のいたるところに四散したものの、同様のリズムと同一の枠組みのなかで生き続けているユダヤ人世界においては、メシアの顕現および預言者の再出現が似たようなしかたで受け止められたようである。その結果、運動の過激派と穏健派、熱狂者と真摯な信者——彼らは、状況に適合することを強いられたラビ的権威の敵意に多かれ少なかれ従順であった——のあいだの一種の混合が、いたるところで見られたとされている。第三に、理論的な二律背反を呈しているとはいえ——この二律背反はまもなく、ときに破局的な形態をとって破裂することになるのだが——、サバタイ・ツヴィとガザのナータンの使信は、二つの構成要素によって、対立した陣営を合流させうるものを提供していた。この使信が含む黙示録的部分は、追放の苦痛に特に敏感な人々の期待を満足させるような政治的メシアニズムに対応している。この動機は、〈伝統〉の点から見て、逆説的ではあるが安心感を覚えるような保守的側面を提供しつつも、カバラー——のちにエリートたちを運動に供給することになる——の保護のもとに展開される革命的次元を内に隠しているのである。また、ガザのナータンが投げかけた悔悛すべしという呼びかけも、彼の言説の権威を保証していた。ナータンの小冊子のなかで、信念と否定しがたい文学的才能をもって表明されたこの呼びかけは、宣伝活動《プロパガンダ》という戦術的要素としては現れていない。この呼びかけは、弟子たちの最初のサークルの実践から知られていたものと結びついており、対立者たちの敵意を直接的に受けることのないまま最も慎ましい魂にまで波及する。そこでは各人が、産みの苦しみを軽減し〈救済〉を早めることに貢献しているのだと悟るのである。最後に、いまだ否認されていない約束という黄金時代をメシア運動が経験しているあいだは、公衆を分けるような差異化がまったく生じていなかったと思われる。提起された理論の象徴主義と自分たち自身の用語法とのあいだの対立をおそらくは知らなかった保守主義者たちは、自分たちの考える〈救済〉の世界を延長してくれるような〈救済〉の世界の訪れを想像しながら、伝統的な終末論的待機の成就の告知を受け取ることができた。サバタイ・ツヴィの劇的な背教まで、彼らは大きな困難もなく、別の型の信徒たちと共存することになるだろう。「自らの時代を深刻な危機の時代として生き、新しい時代の到来を貪欲に待っているユートピア主義者たち[は]旧来の事態の消滅に対してもまったく涙を流さないだろう[340]」。

サバタイ・ツヴィの逮捕がどのような状況だったのかは不確かなままである。サバタイは一六六五年一二月三〇日にスミルナを離れてコンスタンティノープルに向かった。これは一〇日ほどの船旅のはずであったが、嵐のせいで三六日間も続き、無事到着することさえできなかった。サバタイは、シャバットが始まる直前の一六六六年二月六日にマルマラ海上で進路を遮られ、月曜日に上陸、大きな混乱のなか鎖につながれて牢屋に送られ、枢密院（*diwan*）に引き出された。いくつかの信頼に足る物語と伝説のあいだで知られていることとしては、ワジールが一定の寛大さを示したということである。サバタイに惹きつけられたのか、それとも暴動を危惧したのか、ワジールは比較的快適な拘留条件を提示したので、サバタイは自らの活動——すでに習慣化していた「禁じられていることを赦される〈お方〉」への祝福を述べることといった、見る者によっては多かれ少なかれ有罪に見える活動——を継続することができた。九月まで及ぶサバタイ・ツヴィの長い収監のあいだ、ガザのナータンは再び本質的な役割を演じている。この不測の出来事への釈明を提示することになったため、ナータンは洗練されたカバラー的論文を八月に練り上げ、とりわけメシアの捕囚に象徴的な意味を与えることを目指している。『竜に関する論文』のなかには、そのおよそ一年前にラファエル・ヨセフ——おそらく彼がこの文書を望んだのだろう——に送られた手紙で語られた考えを定式化する理論が見出される。その数ヶ月前に執筆された『アブラハムの幻視』のなかですでに行っていたように、ナータンはルーリアのカバラーを情勢に適合させるために再解釈し、未曾有のメシア的展望でもってそれを充実させている。彼は第一段階の見解として、形而上学的与件と伝記的要素とをたくみに織り交ぜたメシアの魂についての説を展開し、サバタイ・ツヴィの奇妙な人格を明らかにしようとしている。しかし彼は、とりわけサバタイの現在の状況についての寓意的説明——これはまもなく、別の悲劇的状況においても再び使用されうるものとなる——を提供している。「ヨブについて告げられた苦痛は実のところ彼［サバタイ］に関わっている。彼は大きな誘惑を受けつつ、様々な殻《ケリーポース》の手のうちでこの上なく残酷な苦悩を耐え忍ぶだろう[341]」。スミルナのメシアの逆説的な振る舞いは「秘密裏に修復《ティクン》に参与する行為」であると主張し、聖性と悪のあいだの活発な衝突を強調し、さらにはメシアの運命は必然的に悲劇的なものでありうることを示唆しながら、ナータンは、サフェドのカバラーのなかに控え目なしかたで現れているグノーシス的構成要素を際だたせている。まさにこのときには、彼は依然として、自らその遺産の適合を試みているこの理論の境目に立っている。しかし、新たな出来事がすぐさま、すでに予感されていたものを明るみに出すことになるだろう。「力点を置く場所をほんのわずか——ほとんど分からないほどに——移動させるだけで、このカバラーの理論を異端に変えるには十分だろう[342]」。

　サバタイ・ツヴィの背教とともにメシア的冒険は惨劇に変わる。放蕩の罪に問われ、反乱を醸成したとの嫌疑をかけられ——ユダヤ人住民のあいだでは大きな騒擾が広まっていただけにいっそう信憑性があった——ほとんど公的秩序を脅かす聖者ないし殉教者であるとみなされたサバタイ・ツヴィは、ガリポリからアドリアノープルへ移送され、九月一五日からそれに続く数日、スルタンの宮廷に出頭した。二つの風聞が、この出来事の悲劇的側面を濃くするのに貢献することになる[343]。第一に、多くの証言者たちがラビ・ネヘミヤ・コーヘンに割り当てている役割である。リヴィウの出身であるネヘミヤは、サバタイが彼を自分のもとに来させるまえに預言を行っていたが、自分自身もメシアであるという印象を与えるためなのか、彼自身の背教を準備するためなのか、いずれにしてもサバタイを告発したとされている人物である。しかしまた、より確からしい事実として、決定的な会議は背教したユダヤ人であるスルタンの侍医によって先導された、ということがある。この二つの情報の真実性はさておき——これは小説的な想像をそそるものではあるが――、アドリアノープルのユダヤ人たちがナータンの予言に従って、スルタンの王冠を取り上げるためにそこにいるのだと確信している人物に対して、曖昧なところのない二者択一が差し出された。すなわち、自らの宗教を放棄してイスラムに改宗するか、あるいはただちに処刑されるか、のどちらかである。(344) 多かれ少なかれ伝説的なものである様々な物語は、なおもサバタイの態度に関して意見を異にしている。イスラムを奉じる準備ができていることを示す簡単な宣言をしたと主張する物語もあれば、トルコ人になれることを長いあいだ待ち望んでいたと言ったとするものもあり、最後に、ユダヤ教を罵倒したとするものもある。しかし、二つの事実は疑いのないものだと思われる。すなわち、彼がこの逆境のなかでまったく受け身だったこと、そして、自分がメシアであるという一切の自負を頑として否定した、ということである。運動の将来にとって、このエピソードは劇的なまでに明確である。一六六六年九月一五日にサバタイ・ツヴィは、背教と引き換えに自分の命を買ったのである。メフメット・エッフェンディとなり、スルタンによって一五〇アスペルスの給料がもらえるカピジ・バシ（宮殿の門番）の職務に任じられた彼は、それから、ムスリムとしての義務を果たしながらも、自らの配慮によって奇妙に脚色された一部のユダヤ的儀式を守り続けているという印象を与えることになる。彼は相変わらず、知られていたとおりの天啓と衰弱の諸段階を交互に示し、最終的には、トルコ人が彼に期待していたような、彼に続いて改宗するようユダヤ人を誘うという宣教師の役割を演じることになる。彼は、贖罪の日であった一六七六年九月一七日に亡くなった。ガザのナータンに先立つことわずか数ヶ月である。しかし、彼はこのときにはもう長いこと歴史の舞台を離れてしまっていた。彼の背教とともに歴史は新しい時代に入っていたのである。

サバタイ・ツヴィの不意の出現によって引き起こされ、突如として彼自身の否認に直面したこの運動がその後も生きのびたことは、歴史家に対して難問を突きつけている。ユダヤ教にとって、深刻な反響を引き起こさないまま崩壊したメシア的経験は馴染み深いものであった。〈救済〉が近いという期待は、そのつど歴史の残酷な現実にぶつかっていた。しかし、人々はいつも失望を押し殺して日課に戻り、不安を弱めるための伝統的な慰め文句――「この世代はふさわしいとみなされなかったのだ……」――を呼び起こした。〈離散《ディアスポラ》〉にくまなく降りかかった冒険の悲劇的結末は、ア・プリオリに忘却を運命づけられ、意識から消し去られ、悪夢という色あせた痕跡のみを年表に残すはずであった。ショーレムは慎重にこの問題の解決に入っていく。間違いなく、この現象の未曾有の広がりは、それに未知の深遠さを与えていた。それに加えてこの現象が、かつて〈追放〉の外傷を消化吸収しえたカバラーの影響を被った社会に出現したということによって、おそらく「信者たち」は、新しい「内的」現実と歴史の外的進行とのあいだにずれがありうることを理解する心構えができていた。彼らの新たな感情は単に政治的救済の希望だけに執着していたわけではなかったので、彼らはおそらく、目に見える失敗が必ずしも修復《ティクン》の隠された実現の停止を引き起こすわけではないという次元に逃げ込む機会を持っていたということもありうる。換言すれば、おそらくメシア的酵素が生んだ「心理学的副産物」によって、かつてないほどの妨げとなった外的現実の衝撃に対する免疫を与えられることができたのかもしれない。とはいえ、このような説明は、宣言されたメシアが今度も正しいメシアではなかったという事実の発見以外のドラマなしに終わったエピソードという、すでに知られた仮説においても妥当してしまうだろう。この説明は、このエピソードの結末が表している悲劇に立ち向かうにはあまりにも脆弱であるように見える。サバタイ・ツヴィの背教は、その象徴的暴力によって、メシア的信の素朴な単純さを根絶したのであり、通常ならば他のいかなる形態もそのあとに生き残ることはできなかった。たしかにカバラー主義者たちは、異教徒のくびきからの単なる解放よりも広大な地平を開くような宇宙的次元を〈救済〉の理論に付け加えていた。しかし「スミルナの偽メシア」の裏切りは、〈救済〉の様々な水準のあいだの潜在的矛盾を、ユダヤ的経験の馴染み深い枠組みを傷つけずにはおかないほどの鋭い表現へと導いた。厳密な意味でのサバタイ主義は、この衝突の解決が思い描かれるときにおいてのみ始まる。しかしこの解決が課されるのは、異端の閾を踏み越えることによってでしかない。

背教がメシア的告知を、根本的に予測しえなかった危機に陥れたために、ユダヤ人世界の様々な部門はすべて袋小路に立たされた。ラビ派ユダヤ教は約束されたメシアの捕囚を説明するすべを知っていたので、もしかしたらそれを非業の死でもって説明することもできたかもしれない。しかし、「義人の苦痛」という弁神論は自らの信を放棄した者のまえでは無力であった。正統派のカバラー主義者たちは、歴史は隠された宇宙的過程を反映しているとする観念をたやすく使いこなしていたが、それでも「象徴と象徴化された現実とのあいだの」対立を少しも想像することはできなかった。新しい時代に入ったのだという確信とともにサバタイ・ツヴィおよびその預言者ナータンに付き従った「信者」はと言えば、彼は突然、神の声をどこに見分けるべきかを知るように命じられた。すなわち、「歴史の残酷な評決――最低限言えることは、この評決はメシア的経験の正体を暴き、それが幻想であることを明らかにした――のなかなのか、それとも、自らの魂の最も深いところに根ざした信の現実のなかなのか[345]」である。最後に、運動の敵対者たちのなすべき任務が簡単であったことは疑う余地がない。彼らは、侵犯に対してわめきちらし、狂気を証明する証言を重ね、異教の神々の信奉者たちを告発することができた。しかし、膨れ上がった論争において、最終的に「不信心者」と名指されたのはまさに彼らであった。ショーレムにとって、もはや馴染み深い「苦しむ聖者」ではなく罪を犯す聖者こそが謎だったのだという状況に直面することができたのは、ただサバタイ主義を生み出そうとしていた人々だけであった。とはいえ、その代価は高くつくものだっただろう。「このような破壊的な逆説に基づいた信は、その無垢状態を失ってしまった。その弁証法的前提は、同様に逆説の弁証法にしるしづけられた様々な結論を必然的に生み出すことになる[346]」。サバタイ・ツヴィに関する大著のこの著者は、そこになおも自分自身の一筆を付け加えている。すなわち、新しい運動は政治的活動や社会的騒擾によってではなく、神学によって培われることになるということ、そしてこの点において、この運動が数世代にわたって生き続けたことは「ユダヤ教の歴史に本質的に属する弁証法的過程」の表現とみなされなければならないだろう、ということである。

サバタイ・ツヴィの背教が差し当たり「ユダヤの歴史の最も悲劇的な瞬間の一つ」であることが明らかであるとしても、この背教がかつての彼の支持者たちの観点から提起している問題を見てみなければならない[347]。彼らの目には、〈救済〉はもはや「通りの片隅に」あったのではなく、すでにそこに、つまりカバラー主義者たちの言語で言えば「新しいアイオーン」の閾にあった。すなわち、彼の預言者によれば「新しい生の知覚」が幅を利かせる瞬間であり、ゲットーの世界が誰に対しても解消し始めるような場所である。メシアが突如として背教者に変形したことによって生み出された驚愕は、まさに耐えられないような状況を作り出した。傷ついたままユダヤ的生の正常な形態に立ち返り、伝統的な権威のもとで傷の手当てをしようとした者もおそらく多かった。しかし、妥協しない者たちは、メシアの否認は一つの神秘であり、それは大規模に進められた〈救済〉の歩みをいささかも妨げることはなく、さらには〈救済〉を加速させてくれる新しい方策を露わにしさえするという逆説的な前提に則って、運動の再建に専心するエリートを見出すことになる。開かれた空間は狭いものだ。政治的領域においてはなにも変わらなかったのだから、むしろ宇宙の隠された諸力の領域に焦点を合わせなければならない。しかし、サフェドのカバラー主義者たちが残し、ガザのナータンもいっとき保存していた脆弱な均衡は、それ以後崩壊してしまった。すなわち、外的現実と内的経験のあいだ、メシア的預言の明らかな失敗と盛んに煽られた終末の切迫の確信のあいだ、追放の経験の見たとおりの存続と垣間見られた自由の急迫とのあいだに、深淵が口を開いたのである。したがって運動が生きのびるためには、これらの緊張関係の中央に再び身を置くことのできるイデオロギー、すなわち、歴史と信とのあいだの明白な矛盾に対する首尾一貫した説明を提起しなければならなかった。この点について、ショーレムはキリスト教の始まりとのアナロジーを示唆している。罪人として殺された救い主と、背教に導かれたメシアとは、いずれも素朴な宗教的意識にとっては受け入れることのできないものである。しかし、恥のうちで消え去った者は栄光のうちで自らの堕落から戻ってくるのだということを証明できるとすれば、躓きの石も建築に役立つことができるのである。(348)

それゆえ、サバタイ主義に関するかぎり、急迫した〈救済〉をめぐって裏切られたばかりの使命に代わって、メシアの逆説的な使命に対する新たな信を作り出さなければならなかった。ショーレムはかつて、耐えがたい緊張を生きられるものとするためにガザのナータンやアブラハム・カルドーソ、そして他の論者たちが考案した解決をより堅固なしかたで図式として描いていたが、サバタイ・ツヴィに関するこの著書においては、この図式を印象派的な形態で埋めている。栄光に満ちた時期の理論に培養土を提供していたルーリアのカバラーは、情勢に適合するために十分なほど、グノーシス的二元論から借用した要素を含んでいた。すなわち、情勢の原因を悪の諸力の存続に帰することによってである。かつてメシアの「奇行」を正当化することだけが問題になっていたときには控え目であったナータンの神学の反律法主義的核は、背教の神秘主義的必然性を説明するに際して、白日のもとに現れているとされる。メシア的なうねりによって引き起こされた強度の宗教的覚醒を再びニヒリズムに変えてしまうおそれはあるが、〈律法〉に対する反抗は最後には失望の苦さを埋め合わせるにいたるとされる。しかしながら、追放の身にあったユダヤ民族に終末論的時代におけるトーラーのイメージを最終的に提起したがゆえに、運動の理論家たちはユダヤ民族に対して弁証法的な視野を開いたのだとされる。すなわち、いかなる自由のイメージをそこに結びつけるべきかは分からなかったものの、彼らが新しいものだと願っていたユダヤ教の失敗――とはいえこのユダヤ教はゲットーの外の世界の可能性を解読してもいる――という視野である。この著作のなかでショーレムは、「罪による〈救済〉」についての一九三七年の論文には付随的なしかたでしか目配せを行っていない。しかしながら、運動の終焉と、運動が伝えている矛盾に満ちた遺産の最も総合的な解釈を探すとすれば、おそらくこの論文に向かわなければならない。そこでショーレムは、「トーラーを犯すことでトーラーを成就する」という逆説的原理の起源と形態、帰結を探査しながら、背教以後もサバタイ主義が生きのびた点を説明するばかりか、いかにしてニヒリズムが「ユダヤ的啓蒙《ハスカラー》と一九世紀の改革派運動への道を開いた[349]」のかを示すことを提案している。これは、それほど明瞭な形態であるようには見えないものの、後にも完全には消えることのない見方である。

　サバタイ主義に関するショーレムの最初の研究は主としてその存続の謎に専心し、それを「罪による〈救済〉」という見地に帰していたが、この研究はすでに運動の背景から出発してこの問題を扱ってもいた。「ユダヤ教の歴史は内側からしか捉えられない」と主張することで、この分析はその後も変わることのない枠組みを描いている。一七世紀には、イサーク・ルーリアの後継者たちは事実的にユダヤ民族の神学者となった。彼らの成功は〈救済〉についての新しい解釈に由来していた。すなわちこの現象は単に、主として「諸国民のくびき」からのイスラエルの解放と結びついた世上の出来事としてはもはや捉えられないものであり、創造の根本的変形、すなわち、「容器の破損」という原初的破局の際に四散した神的火花の結集による世界の修復という、霊的かつ物質的な過程に属するものだ、という解釈である。しかし、明確には意識されていなかったものの、彼らの遺産にはメシアニズムをめぐる二つの見解のあいだの矛盾が刻み込まれていた。すなわち、民衆的環境に固有の終末論的待機、および、カバラー主義者のエリートに特徴的な宇宙論的瞑想にそれぞれ依存した見解である。メシア的預言の短い黄金時代のあいだには、この二つの潮流とその理論は、各人が自らの希望の現実化に確信を抱くことを可能にするような、共有された熱狂の諸効果のおかげで共存することができた。この希望とは、勝ち誇ったメシアの歩みにおける隷属からの解放であり、殻《ケリーポース》の領域から火花を引きはがすことによる修復《ティクン》の仕上げである。サバタイ・ツヴィの背教に際して、幻想であることが暴露されるのは、メシア的時代に入ったのだというこの確信である。このとき、「再び清浄なものとなった世界」の接近によって引き起こされた自由の印象が崩壊したのみならず、とりわけ悲劇的なものであるこの失敗の諸状況によって、内的感情と外的現実のあいだに耐えがたい緊張が生み出された。サバタイ的な異端はまさにそこから生まれる。すなわち、「ユダヤ民族の広範な層が申し立てていた、歴史の裁きに服従することへの拒絶、および、自分たちの個人的経験が思い違いであり錯乱であったのを認めることへの拒絶[350]」からである。

　反抗への急進的欲望、矛盾に対する強力な精神、そして逆説の鋭い感覚のみが、この緊張をより耐えやすいものとするにいたるだろう。本当の意味での死活問題を解決してくれる図式は、次の唯一の形態しか取ることができないだろう。すなわちメシアの背教は一つの謎である、そして、そのようなものとしてこの背教は、メシアが神的火花を解き放つために殻《ケリーポース》の暗黒世界の最も深いところへと降りてゆかねばならなかったことのしるしとみなされなければならないのであり、この使命によって彼の実存は避けがたく悲劇的なものとなったのだ、というのである。運動の理論家たちはなによりもまず宗教的なユダヤ人であったので、彼らは自分たちの自然的宇宙へと向かうことから始め、慣れ親しんだ方法でもって新しい神学を練り上げようと試みている。すなわち、「〈聖典〉の断片や抜粋によって、そして、カバラーの著作から引き出されたり、ユダヤ教文学の最も奥まったありとあらゆるところから取り出された、脈絡のない逆説や言葉から出発して[351]」である。「彼が傷つけられたのは私たちの背きのためである」という「イザヤ書」（第五三章第五節）の聖句は存分に解釈された。ここにはまず第一に、〈救世主〉の伝説的な先駆者であり、〈伝統〉によれば異教徒の手で殺されなければならないとされるヨセフの子であるメシアへの暗示を見ることができる。しかしまた、いくつかの原典によれば「トーラーを遵守しようとする力によって妨げられなければならない」とされるダヴィデの子であるメシアの言及として、この聖句を理解しようともされている。最後に、言葉遊びによってこの元々の釈義を翻訳することも許されている。「ヘブライ語のヴェ・フ・メホラル（というのも彼は傷つけられた）は、「彼（メシア）は聖なる者から汚された者（ホル）に変わらなければならないだろう」を意味するものとして解釈された[352]」。そのほかの聖句も同様のしかたで利用された。多くの説教は「彼の墓は邪な者たちとともにされるだろう」という「イザヤ書」第五三章第九節に依拠している。最後に、より急進的なテクストは、メシアは流刑者ないし犯罪者として彼自身の民によって断罪されなければならなかったことを証明しようと試みている。「われわれはこれ［サバタイ・ツヴィの背教］を、イスラエルの大いなる救いの原因であったエステルの物語に引き寄せることができる。たしかに、多くの人々は無知だったために、偶像崇拝や異教徒に身を委ねることで明らかにトーラーの秩序を犯したのだとしてエステルを軽蔑した。しかしかつての〈賢者〉たちは秘密を握っており、彼らはエステルを罪人とはみなしていなかった。なぜならタルムードには彼女について、「エステルは世界の礎である」と言われているからである[353]」。

　このように一種のブリコラージュによって〈伝統〉の様々なテクストを模索しながら、サバタイ主義の思想家《イデオローグ》たちは、ミツヴァー・ハ・バアー・バ・アヴェラー、すなわち「背きによって成就される掟」という古いラビ的概念を再発見するにいたる。これこそがつまり新しい神学の核である。急進的なしかたで解釈されたこの観念は、トーラーの侵犯を戒律の成就へと変形させる。そしてサバタイ・ツヴィの行為は、その最後の行為にいたるまで、神的火花の断片を悪の領域から引き剝がすために、彼が悪の領域の深奥へと降下していったことを証立てている。背教は単に正当だったばかりか、必要だったのである。このように提示された図式は、歴史の外的現実と霊的生の内的現実との耐えがたい矛盾をたくみに説明することで、サバタイ主義者たちの問題を解決するように思われた。しかしながら、このような体系は同時に彼らを別の問題へと押しやった。すなわち、メシアの反律法主義的行動がすべてのユダヤ人にとっての範例として当てはまるのかどうかを知ること、メシアが殻《ケリーポース》の支配下にとどまらなければならない移行期間の本性と長さとを明確化すること、そして、この時代におけるトーラーの地位を特定すること、といった問題である。ここで運動は分裂する。ガザのナータン、アブラハム・カルドーソ、アブラハム・ロヴィゴといった初期の理論家の何人かは、「穏健な」陣営を形成することになる。これは、「奇妙な聖性」という概念をめぐってサークルを描き、なにがサバタイ・ツヴィの逆説的な振る舞いの説明を可能にするのかが分かるまではそこに入り込むことを禁止しようと試みる人々である。この意味で彼らの理論は「メシアの背教は一種独特《スイ・ゲネリス》のものであった」という主張に依拠している。すなわち、それは彼の場所、彼の時代において必要ではあったが、範例として引き合いに出されてはならない行為だったということである。メシアの背教は奇妙なものであり、物議を醸したものではあったが、それによって彼は自らの民を贖うことが約束されたのである。「〈主〉は私たちみなの罪を彼に負わせた」(「イザヤ書」第五三章第六節)。とはいえ、ユダヤ人はあくまでもユダヤ人であり続けなければならない。たとえ修復《ティクン》がその終わりに近づくとしても、本当の意味での〈救済〉の到来までは、いかなる戒律も撤廃されたとみなされてはならないのである。これを契機に明らかにされた「神聖の神秘」の新たな側面はというと、それは依然として厚みを保ち続けている。この次元においては、一種の未知の移行の持続に関する諸問題に対して、ルーリアのカバラーの手段によっては明確な回答を与えられないので、穏健派サバタイ主義者たちはルーリアのカバラーを変形しようと——実際には彼ら自身のカバラーを作り出そうと——している。彼らのカバラーは、しばしばそうするようにグノーシス的図式から資源を汲み取ろうとしているが、この場合には逆向きの図式である。いかなる点においても神的二元論は、哲学者たちが大事にしている「第一原因」や人格的神の二元論ではない。とはいえこの二元論は、グノーシスが擁護している善の原理とデミウルゴスとの二元論――他面でこの二元論は、ユダヤ人の神のうちにデミウルゴスを見て取る「形而上学的な反ユダヤ主義」の源泉である――と正確に同じものでもない。この二元論は、それぞれ女性的および男性的なものである神の二つの「顔」（*partsoufim*）に対応している。シェキナーの名で知られる第一の女性的な顔は、創造し、それから啓示するものであり、祈りはこれに向けられる。それに対して第二の男性的な顔は、追放の終わり、すなわち〈神の〉光の火花がすべて悪の領域から引き剝がされたときにのみ顕現することになる。[354]このような新旧の混同を通じて、ナータンは運動の革命的な氾濫を堰き止めようと努めるとともに、預言の際には彼自身を締めつけていた黙示録的熱情を和らげようとしている。[355]ここから、彼自身の状況の逆説と彼の個人的失敗の理由が生じてくる。かつては、メシアニズムのこの上なく急進的な理論家として受け止められていたナータンは、背教に続く時期においてはこの上なく穏やかな著作を提示しているのである。おそらくこのことは、黙示録の炎が彼のなかで静かに燃え続けているということなのかもしれない。しかし、自分自身に反して獲得されたこの種の平静さによって、おそらく彼は、火つけ人たちを理解することを阻まれ、彼らのまえで武装解除するのである。

「奇妙な聖性」の概念をめぐって描かれるこのサークルは、あまりに脆弱であることが明らかになる。宇宙的瞑想の領域に閉じこもることによって、歴史に対する失望を鎮めるすべをまだ知っている新しいカバラー主義者たちのエリートにとっては、おそらくこのサークルは十分であった。しかし、事実の残酷さが人々のうちに引き起こした焦燥感を誘導するには無力であった。最も熱烈な「信者」たちのあいだには、新しい問題が浮かび上がる。すなわち、「メシアが悪魔の力との戦いという最も苛酷な段階に入り込んだまさにこのときに、メシアを彼の運命のなすがままに委ねていてよいのだろうか」[356]という問いである。この問いに対する回答は、真に底知れぬほど深い視野を開く。すなわち、「扉が再び閉ざされてしまうまえに、メシアとともに深淵のうちに降りていこう」というものである。この提案とともにサバタイ主義の急進的な翼を持ち去っていくニヒリズムのうねりは、再び逆説のもとにある。このような身振りが深い宗教的霊感に対応していることは否定できないとはいえ、〈救済〉の確信と自由の経験が引き起こした「革命的祝祭」においては、このような衝動を抑える伝統的な形態は無意味なものとなり、それによってまったく異なる本性を持った情熱が生み出されるのである。それまで純粋に抽象的なものだった理論を現代化することで、急進派たちはこの運動に同行していく。〈救世主〉が到来するまで内部と外部は調和していたので、ひとは目に見える形での掟の遵守を通して、ルーリアが奨励していた修復《ティクン》の行為を実践することができていた。しかし、この出来事のあとには内部と外部が対立に入っており、それゆえ「修復《ティクン》の実現を可能にする唯一のものである内的掟は、外的な背きの同義語と化した」[357]のである。課せられる結論はこうである。「いまやトーラーの侵犯は、その真の成就である」。こうして異端が生まれる場所を正確に見ることができる。ガザのナータンは、ラファエル・ヨセフへの手紙のなかで、修復《ティクン》のためのルーリアの勧めは世界の修復という宇宙的円環《サイクル》の成就が近づくことで撤廃されたのだと主張することを自らに許していた。サバタイ・ツヴィの冒険が、この論理と政治的メシアニズムの論理との一致を保ち続けているように思われていたあいだは、このような観念の爆発的力は抑えられていることができた。しかし、背教が決定的に事態を変えてしまった。伝統的な黙示録的待機が力を持って再来する。急進派たちは、〈律法〉に反した〈伝統〉の秘められた言語のうちに自らの権利を再定式化することでそれを行使する。そして、「穏健派」たちが試みた旧来の理論の調整は、もはやニヒリズムの氾濫を堰き止めることができないのである。

この弁証法が開いた空間のなかで、理論の観点からの最後の言葉と、歴史的運動における権力とを持っているように思われるのは「急進派」である。『ゾハール』およびサフェドのカバラーが定式化した「流出の四つの世界」に関する『ゾハール』の理論を踏襲するかたちで、上部世界のトーラーと下部世界のトーラーの対立という観念が出現した[358]。サバタイ主義の理論家たちはこの観念について、自分たちの状況に見事に適合した解釈を与えている。すなわち、真のトーラーとはトーラー・デ・アツィルト（流出のトーラー）であり、このトーラーは神的光の火花とユダヤ民族の四散のあいだは隠されているのだが、〈救済〉の過程が開始されるときに啓示され始めるのだとされる。それに対してトーラー・デ・ベリアー（〈創造〉のトーラー）は、追放といういまだ贖われていない世界のトーラーであり、追放が続くあいだは放浪状態におけるシェキナーの被服として役立つのだとされる[359]。「急進派」たちのライトモティーフとなったこの説は新しい道徳の逆説的な基礎を据える。トーラー・デ・アツィルトの精髄はトーラー・デ・ベリアーの精髄と同じものではあるが、後者は前者の光に照らし合わせて読み直されなければならず、またその掟も前者の展望のなかで再解釈されなければならない。補足的にもう一歩を踏み出せば、次のように言うこともできるだろう。トーラー・デ・ベリアーの体系的な侵犯がサバタイ・ツヴィのメシア性の主要なしるしであり、それが彼によって創始される新しい時代の象徴となるのである。光の火花を解放するために殻《ケリーポース》の領域へと降下していく際に彼が実践したこの侵犯は、その任務を助けて〈救済〉の過程を早めるために彼の信徒たちによって実行されなければならない。「内的なトーラーが解放されるために、外的なトーラーは撤廃されなければならない」。ショーレムは一九世紀はじめのプラハのある「信者」のこの宣言のうちに、長期にわたるサバタイ主義の影響とゲットーの生活に対するその衝撃、そして、サバタイ主義が、政治的次元では表されえないために逆説的な宗教的形態をまとった自由への欲望を表現しているという事実のこの上ない証拠を見て取っている。[360] さらにショーレムは、罪による〈救済〉を弁護することでメシアニズムがニヒリズムに向かったときの「急進派」の理論が「マラーノ」の心理を表現していると付け加えている。[361] こうして、追放状態にあるユダヤ的生の最も痛切な表現のいくつかを相互に結び合わせながら、ショーレムは四散したユダヤ民族の一部の存続の説明を、サバタイ主義を一種の原型とするような次の動機に結びつけている。「本当の信」は公に表明するものであってはならず、各人は外的にはその信を否定する義務がある。というのも、「本当の信」は魂の苗床に撒かれた種のようなものであり、覆われてはじめて成長することができるからである。「本当の行為」はつねに隠されたままであり、それが「明示的なものの誤謬を否定する」唯一の手段なのである。

ショーレムは、「汝の罪は贖われた、シオンの娘よ」というガザのナータンの墓碑銘に注釈を加えながら、サバタイ・ツヴィの遺産とその預言者に対する最終的な立場を提示している。「彼らは〈救済〉の正門を開こうという野心を持っていたのであり、イスラエルの〈家〉全体の目覚めを引き起こすにいたった。しかしながら、幻視を実現へと導く道を見出すのはうまくいかなかった――実のところうまくいくはずがなかった。彼らは民の心のなかに深い畝溝をつけた。彼らの使信の種は、ユダヤの歴史が経験した新しい段階のなかで――別のやり方で、そして彼らが考えていたのとは異なる状況においてであったが――芽生えた。彼らが口火を切った運動によって早められた危機は、ユダヤの歴史における決定的な転回点の一つとみなすことができる」。[362] この歴史家にとって、この失敗が明らかになるのはより大きな次元、おそらく彼らには見ることのできなかった次元においてである。すなわち「ポスト・メシア的」ユダヤ教という次元である。[363] 事態のこの秩序において要請されていたのは、メシアの歩みのもとで開かれた「新しい世界」に形態を与える一つのしかたとしての、自由の肯定的定義である。非業の死であればおそらく引き起こしていたであろうものとは異なって――非業の死は、同様の経験の解釈が並ぶ一覧表のなかに所を得ていたが――背教はこの課題をほとんど不可能にしてしまった。しかし、運動をその急進的翼が捕らえたことは不可避的に破局へ導いた。スペインからの追放に対する遅ればせの回答としてサフェドで鍛え上げられたメシアニズムの遺産を、長いあいだ一つの緊張が貫いていた。大衆に固有な政治的解放の終末論と、カバラー主義者のエリートたちが洗練された言語のうちに定式化した〈救済〉の成就の待機とのあいだの緊張である。サバタイ・ツヴィの否認のあと、一つの深淵が口を開けた。民は王国も帝国も受け取らなかったが、追放の締めつけは、その終わりが垣間見られただけに、よりいっそうその支配力を強めた。「信者」たちの内的生と外的な歴史的現実との隔たりは、耐えられる限界を踏み越えた。この荒廃した領野で勝利を収めた急進派の信奉者たちは、サバタイ主義者たちの神学的想像界を最後の瞬間《インエクストレミス》に救ったように思われた。しかし、支払われた代価はこの上なく高いものだった。遠くグノーシスに由来する反律法主義をニヒリズムへと導くような、伝統的諸価値の価値転倒という代価である。いっとき〈離散《ディアスポラ》〉を熱情へと駆り立てた「革命的祝祭」とその悲劇的な出口のあいだのどこかで、ショーレムはサバタイ主義のうちに、ユダヤの歴史の「解読」の力——サバタイ主義は、ほの見えた自由についてのより良い定義が与えられるために必要となる時間を一二〇年のあいだ測り続けた——を感知している。その日はおおよそ〈解放〉の日である。ここではおそらく、この前例のないメシア的爆発はその効果を遠くまでもたらすのだと言うこともできるかもしれない。そのときわれわれはこのメシア的爆発が、一般的に認められている契機よりもはるか以前にユダヤ的現代性《モデルニテ》——これとは異なる様々な引き裂きを経験することになるのだが——の根を植えつけているのだと考えることができるだろう。とはいえ差し当たり、このメシア的爆発はその時代の相貌を絶望的なしかたで提示している。すなわち「ゲットーに抗する反乱［は］ゲットーのしるしを身に着けている[364]」のである。

猶予期間の生

「メシアニズムにはどれほどの代価を支払わなければならないのか」——この問いがショーレムの著作を俯瞰しており、その方向と迂回路とを決定し、ユダヤの歴史を書く彼の技法の鍵を引き渡している[365]。サバタイ・ツヴィに関する大著の入り口に置かれたこの問いはこの著書に記念碑的な外観を与え、細部の探査を方向づけている。さらにこの問いは、理論的な構成要素の詳細な分析と、歴史的な弁証法の素描とを接合し、スミルナのメシアとその預言者の放浪を——この冒険の総括が描かれうる次元を定義しながら——一歩ずつ再構成する際の賭け金を定義している。同時代のものである一九五五年の巨大な研究も同じ問いかけによって支配されている。「メシアニズムの代価――ユダヤ民族はメシアニズムという観念を世界に投げかけながら、自らの実存においてこの代価を支払わなければならなかった[366]」。疑いの余地なく、ショーレムにとって、絶頂期は栄光に輝いていると同時に逆説的なものであった。サフェドのカバラー主義者たちは、メシアニズムという この観念のおかげで、新しい追放という神からの放棄状態を照らし出すすべを心得つつ、神学的傑作を鍛え上げた。しかし、宇宙的ドラマにおいて〈創造〉を〈救済〉に結びつけていた彼らの美しい理論的全体は、歴史的な有効性を持たないままであった――それはサバタイ主義の不意の出現まで延期されていた。この運動が瓦解した瞬間とその帰結は、異端と錯乱、一種の自殺という別方面の扉を開いた。ショーレムは彼の問いが開いた道を遠くへと進んでいき、ゲットーの経験よりもはるかに長期にわたる経験を包摂するような説にまでいたる。「追放という嵐のなかでユダヤ人に与えられた一片の歴史的現実が狭ければ狭いほど、悲惨かつ苛酷なものであればあるほど、追放はより透明度を増し、その象徴的性格はより正確なものとなり、それを噴出させ変形させるメシア的期待はより輝かしいものとなる[367]」。とはいえ、この命題が因果関係という単純さを有しているように見えるとしても、この命題は、それがメシア的待機によって生み出される根本的に矛盾に満ちた諸経験で満たされるときにだけ自らの意味を見出す、ということにかわりはない。これは、ユダヤの歴史のほぼすべての期間を包摂する影と光の弁証法である。

ゲルショム・ショーレムがユダヤ教にまつわるある人物に関して、その人物が「歴史的理解」に嫌悪を催させ、一切の「客観性の意志[368]」を挫折させると表明するのは稀なことであり、実際には一度きりのことである。かくして彼の目には、フランク主義はそのようなものとして映っているのである。これは「ユダヤの歴史における最もぞっとするような事例」であり、「ユダヤ教がメシア的理念のために支払った究極的な代価[369]」である。奇妙な符合であるが、ヤコブ・フランクはサバタイ・ツヴィのちょうど一世紀後に生まれた。すなわち彼は一七二六年に、急進派サバタイ主義者たちの子孫にとっての選びの地にして、ポーランドの他の地域よりも構造化されていない共同体からなる世界であり、ウクライナのロシア人党派との接触があった例のボドリヤの小村コロロフカに生まれた[370]。ショーレムはサバタイの人格を平凡だとみなしていたが、ガザのナータンに対してはある程度の魅力を隠していなかった。彼はフランクに対してははっきりと正真正銘の嫌悪感を示している。以下が、この恐ろしく「悪魔的な」人物である。彼は「原始的」存在であり、「獣じみて放縦な」魂であり、「ほとんど真正なところがないニヒリスト」であった[371]。彼は無教養であったばかりか、自分の無知を誇りにしており、発言の下品さと行為の荒々しさとを合わせ持ち、「体育系メシア[372]」の特徴を呈していた。サバタイ主義の瓦礫の上に生まれた罪による救済の理論は、「信者」たちを最も低いところに連れていったのだと思われていた。フランクはさらに遠くに進んでいく覚悟をしていた。すなわち、「深淵へと最後の歩みを進め、聖性の最後の本能が嘲笑へと変わるまで、荒廃と破壊の杯をなめ尽くして空にする[373]」心構えである。実際、それがフランクの計画であった。彼はサバタイ・ツヴィの「奇行」を戯画化し、最も過激なサバタイ主義者の反律法主義のうちにも残存していたなにがしかの神学を茶化す。「私はあなたたちを高めるために来たのではない。私が望んだのは、これ以上低いところに降っていくのは不可能なほどの深みまであなたたちを貶めることである[374]」。この発言に結びつく実践的掟は、さらに乱暴なしかたで表明されている。「最もよく魚が釣れるのが濁り水のなかであるのと同様に、世界全体が血にまみれたときこそ、われわれは、自分たちに属するものを釣り上げることができるのである[375]」。

後期サバタイ主義を特徴づける様々な矛盾の織物が遅かれ早かれこのような怪物を産み落としたであろうことは、ショーレムにとっては明らかである。サバタイ・ツヴィの背教とフランク主義運動の形成とを隔てるほぼ一世紀のあいだに、この遺産の二つの分枝が見られた。ヘシェール・ツォーレーフ（一六三三年ヴィルナ生まれ）という人物を中心に組織化された最初の分枝は、禁欲的なサバタイ主義を推奨し実践しており、ショーレムはこれが部分的にハシディズムのうちに再利用されたと見ている。この分枝はカバラーの土台の極限において、その究極的産物のようなものを提示している。すなわち「個人の振る舞いにおける禁欲主義という薄いベールのみによって、歴史的ユダヤ教と真っ向から衝突する革命的力として爆発することを阻止されているような新しいユダヤ教[376]」である。ハイーム・マルアッハ（一六五五年頃生まれ）のまわりには、ポーランド・サバタイ主義の明確に革命主義的な変異体が展開され、サバタイ・ツヴィの再臨を一七〇六年とする告知を中心とした活動を繰り広げた[377]。戒律のくびきからの解放という初歩的な神学、情動的な宗教性、そして放蕩――ある機会にショーレムは、このような騒擾の基礎を次のように問うている。「自分たちにとって意味を失った伝統に嫌気がさした主体が感じる自己嫌悪なのだろうか？　知的文化の機械化に対する反抗だろうか？　霊的な面でも世上的な面でも自分たちの日常生活を支配していた一切を、軽いと同時に重くもある感情爆発の時節のなかで踏みにじろうとする密やかな、ほとんど悪魔的な享楽なのだろうか？　自分たちに支配を押しつけたこのタルムード的権威の師たちと同じように自らを顕示する喜びなのだろうか［…］？[378]」いずれにしても、サバタイ主義のうちに潜伏していた根本的にアナーキズム的な要素が白日のもとに現れたことによって、暗鬱な力を——途方にくれた大衆の待機に形を与え、敬虔派に対して無力な禁欲か反抗かのどちらかを選ぶように命じるためにー―誘導することのできる指導者が出現しさえすれば爆発してしまうような爆弾の成分が準備されたのである。しかし「その代価は、自己の否認であり欺瞞であり詐欺であり計算された悪意[379]」であった。

フランク主義の筋立ては、ラビ的権威に対する様々な暴力的衝突——これは、ユダヤ人が同胞に対して口にしうる最も下劣な断罪のうちに頂点を極めることになる——をめぐって織り上げられている[380]。おそらく青年期よりサバタイ主義的環境と接触していたヤコブ・フランクは、一七五五年末にポーランドに戻ってくる。ブロディのラビ議会が彼の破門（*herem*）を言い渡す一年前のことであった。すぐさま彼はカミャネチ＝ポジリシキィのデンボウスキ司教のもとへ保護を求めた。フランク主義者たちは即座に、ラビたちとの討論を組織してくれるようにデンボウスキ司教に依頼し、この討論を経て、彼は一七五七年一〇月一七日にフランク主義者たちの主張を認めることになる。この最初の対決がもたらした主要な結果が、ポーランドのいくつかの街において司教によって宣告されたタルムードの焚書である。それ以後、教会、次いで王によって保護されたフランク主義者たちは背教へと近づき、最終的に一七五九年七月一七日から九月一〇日のあいだにリヴィウで行われた決定的な論争を準備することになる。この第二の争いの議題に上ったのは七つの命題であり、その一つは、タルムードはユダヤ人がキリスト教徒の血を得るべきだとしているという主張である。このような儀式的犯罪の告発を論証しながらフランク主義者たちはさらに遠くまで進んでいったため、事案を取り仕切る任にあった司祭はラビたちに文書での結論を求めることに決めた。しかし、フランクや党派の他の代表者たちが、改宗を定式化するよりもまえに改宗への一歩を踏み越えてしまったかのように振る舞っていることを鑑みれば、時すでに遅しであった。ユダヤ側を指揮するラビ・ラポポートに対して彼らのなかの一人が与えた回答の暴力性がこのことを証立てている。「あなたはわれわれの血が流れることを許した——これがあなたの「血には血を」である[381]」。一七五九年九月一七日に最初に洗礼を受けたフランクは、党派主義者の大部分を同じ道へと引きずり込んだ。ワルシャワへの盛大な旅にちりばめられることになる様々な物議の果てに、フランクは数年間投獄され、それから追放された。しかし彼は再び自由を得て最終的にドイツに定住し、宮廷で豪勢な暮らしを送り、この偽の王国のなかに諸時代の終わりの戦争に備えるための軍事体制を設置した。彼らが保護の恩恵を受けていた一九世紀のポーランドにおいて、フランク主義者たちはかなりの社会的上昇を経験することになる。彼らのうちの多くは、法曹や実業家としての職業、ポーランドの熱烈な愛国者、フリーメーソンの支柱を占めることになり、しばしばフランス革命の理念にも開かれていた。彼らの集団からは、ナポレオン軍の一人の将軍が輩出されることになる。さらに、アダム・ミツキェヴィチはしばしばフランク主義系の出自であるとみなされている[382]。

ヤコブ・フランクの理論は、諸起源をめぐるカバラーとも、さらにはガザのナータンのカバラーとも関係がないものだったが、この理論はサバタイ・ツヴィの後継者のなかでも最も過激な者たちの立場を――できるとすればの話であるが――急進化している。その異端的変質がいかなるものであれ、この過激派たちが活用していたのは依然として、グノーシス的カバラーの後期の形態での神智論的言語であり、それはなおも秘儀伝授された者たちに宛てられた言説であった。フランクはと言うと、彼が操るのは野卑なほど民衆的で、過度に比喩に満ちた新しい言語であり、聖書物語の基本的な形象のいくつかを、最近の出来事に多かれ少なかれ適合させた神話のうちに再利用しているものである。〈族長〉たちの伝統のなかで、ヤコブが具現化しているのは神へと歩む人間であり、それに対して彼と対立する兄エサウ（エドム）は「現世の、暴力の、享楽の生[383]」を体現している。テクストのなかには、フランク主義的ウルガタ聖書が主張するもの――ヤコブが兄を訪問するという約束（「創世記」第三三章第一四節）の秘密裏の実現――を指し示しているものはなにもない。かつて「最初のヤコブ」がエサウに会いに行くときに取ったとされる道に従いつつ、「最後のヤコブ」――すなわちフランク――は、深淵へと降っていきながら「偉大なる兄」を迎えに進んでいく。「われわれが向かう場所にはもはや法はない。なぜなら法は〈死〉から生まれたが、われわれは〈生〉に結ばれているからだ[384]」。一見するとこの隠喩は明白である。ヤコブの〈階段〉は、高所への上昇に先立つ低所への運動を予示していた。そして、「エサウへの道」に従うことのできるのは、身体的なエドムの衣装をまとう者のみである。それゆえカトリック（中世のラビ用語ではエドム）への改宗は〈生〉に到達する条件なのである。とはいえ、キリスト教世界への「同化」に見えるものの背後には、フランクの教えの二元性が隠されている。「一方でフランクは、異教徒たちの実践を現実的に、そして真摯に取り入れることを要求する。この実践の遵守は、最終革命のあとに起こるであろう解放への道だからである。他方でこの同じ遵守は、最終革命が適用する諸制度と道徳の秘密裏の撤廃および内密の破壊に対する遮蔽幕として役立つはずである」[385]。「沈黙せよ！」というのがフランク主義者たちのスローガンであるが、これは敵対的な環境のうちにある信仰や儀式を保護するためではなく、混じり気のないニヒリズム――背きに対する奔放な嗜好に培われ、世界の再生のモティーフに基づいて世界を破壊することを目指すニヒリズム――へと身を任せるためである。フランクが賛同者を募り、ワルシャワからプラハのあいだで一世紀近く生きのびることになる運動を生み出そうとした様々な境遇を観察し、そして、彼らが地位の低いユダヤ民族における「貧しい者のなかでも最も貧しい者たち」と、弁証法の奥義に精通した何人かの学者を結び合わせていることを確認し、さらには、彼にとって嫌悪感を催させるこの種子が、遠いところで、またずっと後になって、それほど苦くはない果実を生み出すこともありうることを想像しながら、ショーレムは歴史的運動における一つの地位をこの現象に与えている。「危機の時代に――ここではゲットーの社会的危機を告知している――定期的に現れるニヒリズム的道徳[386]」という地位である。フランク主義のいくつかの伝記に関して別のところで提出されているより正確な評価をそこに付け加えてもよいだろう。「この最後のサバタイ主義者たちの希望と信仰によって、彼らはその時代の「至福千年主義的」な空気に特に敏感な人間となった。相変わらず「信者」でありつつも――さらには、まさに「信者」であったがゆえに――彼らはユダヤ的啓蒙《ハスカラー》の精神にますます惹きつけられた。それから、彼らの信の炎が消えたとき、彼らは改革派ユダヤ教の指導者や世俗的知識人、さらには無感動の完全なる懐疑論者にさえなったのである[387]」。しかし、フランク主義はショーレムにとって何よりもまず、その成員たちが儀式的殺人の告発に与えた支持が象徴するものであり続けている。まさにこの場所、この瞬間において、メシアニズムの異端への変身が、ユダヤの歴史の最も暗い頁を書いたのである。

「ヘーゲルはどこかで、偉大な歴史的出来事および人物は言わば二度現れると記している。彼はこう付け加えるのを忘れなかった。一度目は「偉大な」悲劇として、そしてその次は「哀れな」茶番劇として[388]」。サバタイ主義とフランク主義のあいだで、歴史は不吉なしかたで反復された。この反復はユダヤ教の逆説的変形の最初の動因であり、また、分解を加速させることで新しいものを古いものから解放しようとする原動力を隠密裏に据えつけたものだったのだが、このような反復が一般的なものだったということがありうるだろうか。フランク主義とともに絶対的なものとなったメシアニズムの否定性が、裏返しになることでユダヤ的現代性《モデルニテ》を産んだのだとするこの説を、ショーレムは何度も――ときには力を込めて、しばしば点線状に、大きな学術的研究の中心ないし結論のなかで――素描している。たとえば、「トーラーを侵犯することでトーラーを成就する」という観念がいかにしてサバタイ・ツヴィのメシア性の理論の弁証法的帰結となったのかを示す研究ではこう言われる。「このニヒリズムによって、ユダヤ的啓蒙《ハスカラー》および一九世紀の改革派運動への道が開かれた」(389)。ここでショーレムは、全面的解放への希求から生まれた自己破壊の欲望を「卓越した建設的着想」へと変えるような過程を描写している。祖先たちの世界に賛同しつつも「根本的に新しい型の独創的な内面性」を発達させ始めたユダヤ人は、サバタイの時代にも多かった。しかし、このような内的動揺が「ユダヤ的魂の秘密の聖域」とは別のところに宿されうるためには、ゲットーという窮屈な世界は依然としてあまりに重苦しいものだった。ただフランス革命のみが、このような様々な心性の革命が社会闘争のうちに表されることを可能にしたとされている。この見方においては、シオニズムの冒険それ自体も一つの兆候である。「シオニズムの冒険によって、われわれはサバタイ主義の最後の飛躍のうちに、より豊かな国民的実存への呼びかけを見分けることができるのだが、一九世紀の平穏なブルジョワのユダヤ人はそこに、完全には晴れることのない悪夢しか見ていなかったのである」(390)。しかし、この言葉のうちには、皮肉や、挑発の快楽を、そして、同化の支配のもとに組み立てられたユダヤ教学に対してショーレムがはじめから維持している論争の残響を聴き取らなければならない。ユダヤ教学は、周縁的とみなされた伝統における奇妙な言説を検閲し、歪んだ宇宙の最下層に恐れを抱き、さらには社会の中階で繰り広げられているものを隠蔽して、諸国民の目に汚れなきもののように映ろうとしているのである。

　このような説の歴史的証明のいくつかは、もしかすると、残存物からなる長い時間のなかに書き込まれていることがあるかもしれない。しばしばショーレムは、サバタイ主義とフランク主義を共通して束の間の輝きとみなすような表象に異議を申し立てる証拠を探し求めた。この証拠の一つは、トルコのドンメ派によって与えられている。ドンメ派は痕跡がなかったために資料上の歴史から長らく抹消されてきたが、ほとんど奇跡的に救われた古文書の発見のおかげで掘り起こされ、さらに六〇年代はじめにショーレムの「情報提供者」が出会ったものである(391)。ドンメ派は次の点でほとんど唯一の事例である。すなわちこれは一六八三年にイスラムに改宗したサバタイ主義者たちであり、公には善きムスリムとしての義務を遂行しつつも心のなかではユダヤ教徒のままとどまり、二五〇〇年以上もこの二重の自己同一性《アイデンティティ》を固持し続けた事例なのである。自分たちの実存の文脈に適合された彼らの反律法主義は、おそらくイスマイル派の急進的翼の反律法主義から影響を受けているが、その一方で彼らは間違いなくフランク主義者たちと接触していた。しかしショーレムはドンメ派のうちに、彼がフランク主義者において強調している例の自己破壊的な暴力ではなく、むしろ風変わりなユダヤ教の表現――このユダヤ教の炎は同化によって少しずつ消えていくことになる――を見ている。サバタイ・ツヴィの後裔に属する忘れられた分派のこのような再構成に、ある遺言書をめぐる注釈を付け加えることができる。これは一八〇二年七月二七日にプラハに生まれ、一八八一年に亡くなるニューヨークのとあるサバタイ主義者の遺言書であるが、彼は同時期に他のひとともにドイツでユダヤ教学を基礎づけたツァハリアス・フランケルの本いとこであり、アメリカ合衆国連邦最高裁判所の有名なブランダイス判事の大おじであった[392]。アメリカ合衆国に移住したものの父祖たちの教えに忠実であり続けたユダヤ人によって書かれたこの資料を、ショーレムは歓喜とともに紹介し、それに注釈を付けている。この資料は、プラハにおいて恥であったものがいかにしてニューヨークでは誇りになっているのかを示すとともに、三世代先立つボヘミアの小集会の雰囲気を一八六〇年代の〈新世界〉のなかで透かして見せており、次に続く世代に貴族階級の精神を伝えようとしている。自分の子どもたちにヨーロッパの貴族たちのものに似た画廊を見せることができないことを嘆きつつも、ゴットリープ・ヴェーレは、教養と慈善の実践で尊敬を受けていた人間たちからなる高貴な家系を思い起こしている。ただし、彼らの評判は芳しくなかったのだという。というのも、彼らは共同体のなかで「異端者、ゾハリスト、サバタイ主義者」として告発され、「熱心党員」たちから「偽善者」との中傷を受けて追及されていたからである[393]。ショーレムが楽しみを見出しているのは次の言葉である。「明瞭な眼差しと気高い希求とを持っていたこの誠実なひとたちにとって、思弁と精神の鋭敏さのみを目指していた無味乾燥なタルムード研究は十分ではありませんでした。[…]また、あなたがたの先祖たちはこうも明言していました。タルムードに関する著作は古いものも新しいものも、議論好きでうわべだけの注釈者たちによってみだりに食い物にされたのだ、そして、そのようなものはユダヤ教の外殻であり皮相にすぎなかったのだ[…]と[394]」。サバタイ主義が「家族の宗教」だったことを知っていたショーレムは、あざやかなしかたで、この証人の系譜を再構成するために様々な原資料に当たっている。そこで彼が発見しているものはむしろ、革命の奇妙な火が消えてしまったはるかのちも生きのびている一抹の反抗精神に属している。すなわち、硬直化した主知主義の拒絶、カバラーの清浄な空気を吸い込むことであり、「神の似姿であり傑作である人間は、〈創造者〉の御手から出てきたときと同じように再び完全な状態へと戻るだろう」[395]という約束である。とはいえ、この遺言書の書き手が子どもたちの「懐疑主義的な思想」を予感して危惧を抱いているのだとしても、ショーレムはこの文書の解釈をあまりにも推し進めすぎないように気をつけてもいる。

モーゼス・ドブルシュカ、またの名をフランツ・トーマス・フォン・シェーンフェルト、またの名をユニウス・フライ。ブルノ、ウィーン、パリ。フランク主義、合理主義、ジャコバン主義――これが、近代のただなかにかつての異端的メシアニズムが秘密裏に働いているという仮説を支えるための伝記であり、道程であり、夢想された様々な自己同一性《アイデンティティ》である。[396]ショーレムが小著を捧げているこの三重の人物――彼の慣れ親しんだ枠組みを越えた学識によって培われたこの著作は様々な謎で織り成されており、長編小説のようにはらはらさせるものである――は三つの生を生き、その時代のヨーロッパ史の三つの次元に書き込まれた三つの筋立てを結び合わせている。はじめに、一七五三年七月一二日、女帝マリア・テレジア統治下の経済界に完全に組み込まれたモラヴィアのユダヤ人家庭にドブルシュカという子が生まれた。ラビ的伝統のなかで教育を受け、サバタイ主義者たちの「信の秘密」を伝授された彼は、周縁的ではあるがよく知られたユダヤ教を証立てており、賢明な信を公言しつつも、フランク主義に近しかったラビたちとの接触のなかで秘密裏に「党派」の実践に没頭していた。第一の人生の終わりは、フランクがブルノに到着してから少しあとの一七七五年一二月一七日に、三人の兄弟とともにキリスト教に改宗したことである。それ以後、彼はフランツ・トーマス・シェーンフェルトと名乗るようになる。この事例はすでにして奇抜なものではあるが、彼の様々な活動は、意外ではないようなしかたで組み合わされている。すなわち、生計を立てるための事業であるとか、社会に出るための文学であるとか、秘教的なフリーメーソンのサークルとの交際がそうである。この時期に関するショーレムの情報の大部分は、フランツ・モリトールの著書――一九一六年秋に発見して以来、この著書がショーレムから離れたことはほとんどなかった――に由来している。[397]これらの情報が証言するところでは、この主人公が啓蒙思想を公言し皇帝ヨーゼフ二世のために公然と活動していた時期、彼はブルノのフランクの周囲に定期的に滞在し、秘密裏にサバタイ主義の理論をできうるかぎり広めていた。これは、合理主義と神秘主義によって培われた「アジア兄弟団」という団体――この会は、カバラーと、サバタイ・ツヴィの時代に鍛え上げられた諸観念から養分を得た思弁を自由に働かせることを許していた――においてであった。一七九二年から、それ以後ユニウス・フライと名乗るこの人物は、フランス革命という新しい歴史のなかに入る。六月一四日にパリに到着した彼は、ストラスブールから来たジャコバン派としてすでに知られていた。ストラスブールで、自分の国で迫害されて亡命してきたのだと自称していた彼は、国民公会議員フランソワ・シャボ――彼の妹を娶ることになる――と出会い、それ以後は、ある同時代人によって「ジャコバン派の受洗名」と呼ばれるもの――「ユニウス・フライ、別名ブルトゥス、自由人」[398]――で自身の文書に署名を行っている。今度は、まったく別の両義性が彼にこびりつき、最終的に彼を見失うことになる。すなわち、彼は自ら公言しているような断固たる革命家なのか、それとも、幾人かが疑っているように外国の手先なのか、という両義性である。彼の最後はほとんど月並みなものである。一七九三年一一月二三日、シャボの数日後に逮捕された彼は、フーキエ＝タンヴィルの予審による迅速な裁判の果てに有罪を宣告され、一七九四年ジェルミナル一五日（四月五日）にダントンやその一派の他の成員の傍らで処刑された。

この冒険は、それ自身を越えて、そして他面で知られている事柄を越えて、次のようなものを立証しているのだろうか。すなわち、ラビ的伝統およびサバタイ主義の理論に対する一定数の東欧ユダヤ人の二重の忠誠、神秘主義的ないし神智論的諸観念に対する啓蒙の合理主義の透水性、あるいはより陳腐な、フランス革命における運命の浮沈、といったものである。この冒険を通してわれわれは、一八世紀の知的激変のるつぼにおいて異端的メシアニズムがゲットーのなかで維持してきた反抗の酵素――苦しみのなかでその政治的翻訳を産み出すために――を豊かにするような、現代性《モデルニテ》の秘められた潮流を感知することができるだろうか。「モーゼス・ドブルシユカ――またの名をフランツ・トーマス・フォン・シェーンフェルト――またの名をユニウス・フライ――の公的かつ秘密の、驚くべきものであるとともに波乱に満ちた二重の――とはいえその心は、これらすべての「変身」を通じて共有され続けたのだが――経歴[399]」からなにを結論づけるべきだろうか。再びショーレムは、範例的であるためにはおそらくあまりにも特異なこの人物の秘密をめぐる様々な問い――ユダヤ教徒なのか背教者なのか、カバラー主義者なのか合理主義者なのか、ジャコバン派なのかスパイなのか――を越えて先に進まないように気をつけている。遅ればせながら歴史に取り戻されたドンメ派たちの比類のない経験、三つの顔を持つ人物の放浪、そしてニューヨークのサバタイ主義者の遺言書に、さらに別の事項を――その重要性の度合いは様々だが――加えることもできるかもしれない。すなわち、ポーランドのサバタイ主義者たちの社会的上昇および革命思想への改宗、彼らの集団から輩出された帝国の将軍という形象、さらには、ショーレムが非常に早い時期から記しているように、ボヘミアのフランク主義者の家庭から生まれたフリッツ・マウトナーという人物が無神論の歴史家となった事実、である。(400) これらすべては、一つの説を作り上げるのに十分だろうか。そこから、ユダヤ的現代性《モデルニテ》はユダヤ教の最も奇妙な諸経験を通じて芽生えたのだという帰結を引き出すことができるだろうか。そこでヨーロッパのユダヤ人の運命は、ゲットーの壁を攻撃した無政府主義的反抗——この壁を壊すことは長いあいだできなかったものの——のなかで、この上なく不明瞭な理論を啓蒙のただなかで再利用することを通じて、そして爆発的なものと化したメシア的理念の遠く逆説的な影響のもとで鍛え上げられたのだと想像すべきだろうか。

これらの点について、ショーレムは慎重であり続けている。ショーレムは隠れたメシアニズムに関する謎めいた指摘をときおりベンヤミンに伝えていたが、それと同様に彼は、しばしばカフカについて、いまだプラハに多少の賛同者を有していたカバラーのぼやけた残響を記したり、また『審判』や『城』から自らの着想の一部を取り出すことがあるとたびたび打ち明けている。しかし、ショーレムがカフカのうちに逆説的な現代性《モデルニテ》を見抜いているとしても、このことは未解決のままである。それは、彼の作品に結びついている数々の神秘や、その捉えがたい性格を示す様々な指標とならんで、この作家に特有な暗号のなかでも最も不確かなものとして、未解決であり続けているのである。ときどきショーレムは、研究の端端でより明確な文章を発している。隠れユダヤ教徒やフランク主義者たちがフランス革命に対して感じていた魅力についてはこう言われる。「メシアニズムの火が消えるとき、進歩という散文的な理念が解放の理念に取って代わり、光と改革による諸価値の新しい階梯が全体的な転覆と動乱のヴィジョンに取って代わることになる」。(401) サバタイ主義者とその継承者たちの反律法主義についてはこうである。「ある奇妙な脱皮によって、このニヒリズムは、相変わらず神秘主義的語調で語り続けているユダヤ的〈啓蒙〉の前衛を生みだした」。(402) さらに、別の次元においてはより大まかにこう言われている。「ユダヤの歴史記述家が同化の精神によって支配されてきたのと同様に、実証主義と改革が、単に合理主義的精神の結果であるのではなく、ある完全に異なる精神形態——すなわちカバラーとサバタイ主義的危機——の結果であったことを予測するものは誰もいない」。(403) しかしながら、これらは非常にしばしば、真の意味で実証されるための時間をかけていない直観であり、未開拓であり続けている考えであり、あるいはそれとない皮肉に満ちた定式——これらの定式は、学識的作業は別の場所に源泉を持つ刺激がなければ決してなされないことを思い起こさせるためのものだ——である。寓意的なものである晩年のテクストは、カバラーの秘教主義が自らの規範を解体することでユダヤ民族の心を奪ったことがありうることを暗示している。カバラーの秘教主義は、〈御名〉に関する自らの崇拝を神秘なき本性の擁護へと――そう望まないままに――変形させ、「魔術的な眼差し」のもとで、秘密の世界をあまりに澄み切った与件へと変身させている、というのである。「カバラーにおいて、〈律法〉の城壁は徐々に透明なものと化す。〈律法〉が包み込み指し示す現実の微光が、〈律法〉を貫き通すのである。このような〈律法〉の錬金術、〈律法〉を透明なものとするその変貌は、カバラーが持つ最も深遠な逆説の一つである。というのも根底において、この微光――それ以後光輝き始めるこの象徴的なもののアウラ――よりも不可視なものなどありえないからである。しかしながら、〈律法〉がつねにより透明なものとなっていくにつれて――とはいえこの透明さはたえずより不鮮明になるのだが――〈律法〉がユダヤ的生に投げかけていた影もまた霧消していく」[404]。ここでショーレムは、このような過程が論理的に「ユダヤ教改革」――「純粋に抽象的で、影も背景も持たず、さらにはもはや非合理的ではない〈律法〉の人間性であり、〈律法〉の神秘主義的分解の輪郭」――に帰着したはずであると言うまでにいたっている。しかし、ここで問題になっているのが「非歴史的」命題であることを忘れることはできない……。

現代性《モデルニテ》の源泉に関する確信よりも確実なしかたで、ショーレムは、ユダヤ民族の社会的経験との様々な出会いに際したカバラーの変形の理由を、彼の主要な関心の一つであり続けているもの、すなわちメシアニズムの代価に帰している。意義深い事実であるが、この問いが含まれる枠組みをショーレムが最も明確に言い表しているのは、彼がサバタイ主義に関する著書の主要な結果を形式化するときである。イスラエルの家をその土台にいたるまで揺り動かし、さらには〈離　散《ディアスポラ》〉の端から端まで、最も地位の低い者たちから最も教育を受けた者たちまでをも揺り動かしたこの運動は、「ユダヤ民族の活力のみならず、メシア的理念に固有の弁証法が持つ深遠で危険な、そして破壊的な本性」[405]を明らかにした。大きな歴史のなかに入る手段をユダヤ民族に与えるためにはこの理念だけで十分に強力だったことは、ショーレムの目には疑いの余地がない。メシア的理念がなければ、ユダヤ民族は衰弱によって消失してしまうおそれがあったこと、そして、この理念とともにユダヤ民族は、結集される希望――それによって、追放という神に放棄された状態は耐えられるものとなった――を獲得し、数世紀来の屈辱を贖ってくれる誇りを手に入れ、さらには、ゲットーの息苦しい壁から引きはがされた世界をいつか築くのだという力を蓄えたということも同様である。しかし、メシア的理念が、その光と同時にいくつもの恐ろしい影を投げかけたのだということも、ショーレムは同じように確信している。カバラーの神学的傑作が、その象徴の輝きを失って多かれ少なかれ不吉なしかたで使われることが可能な難解な概念へと変形したことから生じた影。賢明な思弁と奇妙な神話、学識的計算と黙示録的ヴィジョン、そして内的再生と社会的反抗といったものの爆発的な混合の不意の解放に由来する影。最後に、脆弱すぎる英雄や、道を誤った幻視者、あるいは臆面もない山師たちによるこの理念の略取と結びついた影。これらすべてのことによってショーレムは、メシアニズムの弁証法を、彼がユダヤ教の歴史を書き込み、再構成し、考察する地平とするのみならず、彼の青年期からの夢が——彼の世代が再発見しようと望んでいた言語であれ、再構築しようとしていた学知であれ、あるいはこれらの課題の達成のために約束されていると想像していた国であれ——映し出される鏡とするにいたったのである。

彼の著作のなかでメシアニズムの弁証法が占める場所に関して、矛盾に満ちた様々な批判がショーレムに対して向けられてきた。エフライーム・E・ウルバッハにとって、彼が「罪による〈救済〉」をめぐる研究のなかで感知している現象の肯定性の強調と、『サバタイ・ツヴィ』の結論として見ているもののあいだで、サバタイ主義に与えられたイメージは一致していないとされている。「メシア的使命の達成という夢を育み続けながらも、不純さの力へと受動的に服従し殻《ケリーポース》の深淵のうちに沈み込む心構えができていたサバタイ主義的救世主は、実のところ、宗教的諸価値の最もニヒリズム的な価値転倒への道を開いたことになります[406]」。ここではショーレムが最終的に「裏切り者としてのメシア」に対する軽蔑的な判断を口にしていることが遺憾だとされているのだが、それに対してR・J・ツヴィ・ヴェルブロウスキーは反対に、同じ本のなかで、弁明的目的のために歴史記述を利用するしかた、メシア的跳躍の称賛によるラビ的伝統の失墜の試み、政治的底意に培われた一種の知的な無政府主義といったものを感じ取り、それを嘆いている[407]。われわれは当然のこととして、これらの批判はその食い違いにもかかわらずどちらも誤りであり、しかも同一の理由で誤りなのだと考えることができる。これらの批判は、ショーレムが疑念を口にしているところに信念を聴き取り、彼が両義性を提示しているときに画一的な場面を想像し、さらには、完成されておらずつねに不気味なものである歴史的過程のなかで衝突している諸要素で我慢すべきところで、何らかのイデオロギーに奉仕する説を見つけようと望んでいるのである。いずれにしても、この種の反論に対するショーレムの返答はそのようなものである。彼の返答は、メシアニズムの「奇妙な火」を消してしまったと糾弾されるときには政治的な返答となり、伝統的な諸価値を破壊したいのではないかという嫌疑をかけられるときには神学的な返答となっている。「私の考えでは、世俗的な運動とメシアニズムの運動との混同によって、後者は失敗を余儀なくされるのです」、あるいは、「破壊という要因は、そのニヒリズム的な潜在性を考慮に入れたときであっても、つねに肯定的なユートピアの期待の土台だったのだと考えることを私は決してやめたことはありません」[408]。弁証家の目には、現実は決してその様々な面の一つには還元されえない。秩序づける理性と壊乱させる神話、押しとどめる〈伝統〉と探査するメシアニズム、内的革命を称揚する神秘主義と不羈の力として出現する黙示録的なもの——ユダヤの歴史がこれらのもののあいだの衝突を繰り広げるのを見ている者にとって、自分の陣営を選ぶことには意味がない。ショーレムはヘーゲルではない。彼の弁証法は未決断のものであり、新しいもののなかに古いものを持ち込み、光のなかに影を維持し、さらには未来を、それがかつてそうであったのとまったく同じように解読不可能なものとするのである。

まったく別の次元において、こんにち議論されているのは、ショーレムが構想しているような歴史、彼が歴史に与える形態、そして彼が歴史を書くしかたである。今度は、標的にされているのはイデオロギー的な先入観ではなく、歴史記述の前提である。すなわち、メシアニズムは「神秘主義が自らを修正して一つの歴史的力となることを可能にした王道[409]」であるという前提である。ショーレムは、あまりにも弁証法を開きすぎているということよりもむしろ、解釈学的循環のうちに入り込んでしまったことにおいて批判されている。「〈追放〉以後のユダヤ教の〈歴史〉は［…］ユダヤ神秘主義から深い影響を被った歴史として描写されたのだが、それは、ユダヤ神秘主義が歴史から深い影響を被ったのとまったく同様なのだ[410]」。悲観的すぎる言説、あるいは熱狂的すぎる言説である以上に、「霊感を受けた読解」が問いに付されている。「涙の歴史によって引き起こされた涙はカバラー的な象徴のうちに結晶化されたのだが、これらの象徴は、歴史がそこにおいて意味を持つような鏡として役立ったのである[411]」。ここには、父親に対する息子の反抗というかたちで続けられる学者の世代間の継起の効果を見ることができるかもしれない。ショーレムにとって、すでにハインリヒ・グレーツやベンノ・ヤーコプ、あるいはマルティン・ブーバーの仕事がまさに「霊感を受けた注付きの釈義」（*pneumatische Exegese mit Anmerkungen*）[412]に属していたのも、この反抗によるものであった。また、時間がその作品を作るのだと想像することも可能かもしれない。つまり、より良く飼い慣らされた対象の熱を冷まし、方法とは別の場所に源泉を持っていたような論争の音を和らげ、さらには新しい知を含み入れることによって、であるとか、原典の蓄積であるとか、仮説の再検討であるとか、解釈の不確実さといった当然の事柄を考慮に入れなければならない。学識的伝統を開くことによって、ショーレムは模倣される危険と同時に異議を申し立てられる危険――資料の年代確定、釈義の正確さ、カバラーの時代を区分する際の非正統的なやり方に関して――をも冒したのである。他方でユダヤの歴史が、メシアニズムの視点とは異なる視点から踏査され、サバタイ主義やフランク主義の英雄ないし悪漢の伝記とは異なる伝記を通して語られ、神秘主義の体系とは異なる体系をめぐって捉えられることができることも明らかである。最後にこの作品が、その様々な選択のゆえに、構造と細部、大壁画と細密画、偉大な形態への嗜好と文献学的な細心さといったものの弁証法に他の作品以上にさらされていることを認めなければならない。しかしながら、新奇な対象への開かれと、それらの探査を組織だてる問い、そして霊感の息吹を伝えることのできる筆記《エクリチュール》が同時に行われるのでないとしたら、偉大な歴史記述とはいかなる点に認められるのだろうか。

おそらく、ショーレムが書いているようなユダヤの歴史は、可視性の度合いが異なる二つの分析のあいだの総合に決して身を任せることがなかっただけに、よりいっそう評価することが難しい。素描しかされていないように思われるが、それらのうちの一方の分析は、この上なく長期にわたるシークエンスを扱っており、ユダヤ的生のほぼ全体を包摂し、二つの想像界、二つの知的宇宙、そして権威の二つの様態を対立させているものである。これらの衝突のうちの最初のものは、伝統と革新、連続性の欲求と過去から自立しようという欲望、そして、規範の安定性への配慮と規範の強制力を軽減したいという願いとのあいだの衝突である。これに、理論的枠組みを構築する際の二つの様態の相違が付け加わる。すなわち、〈律法〉を不変の与件としてコード化することとトーラーをテクストとして解読することとの相違、推論の堅牢さを重視することと想像への開かれを重視することとの相違、厳密さを好むことと思弁的軽快さを好むこととの相違である。最後に、安定性を保存し、整理し、保護することに執着するラビたちと、発明し、別のところに視線を向け、改革を夢見る自由を要求する者たちとのたえざる対立がある。この観点において本質的に問題となるのは、伝統という概念を理解することであり、ユダヤ神学の特殊性を捉えることであり、あるいは、メシアニズムが様々な体系における理念として――様々な世界観を組織立てる原理、ないし、社会的実践のなかの賭け金として――まとっている諸形態を描写することである。(413) この次元においてショーレムは事態を、ラビたちのユダヤ教と神秘主義者たちのユダヤ教とのあいだの衝突として――これはおそらく、マルティン・ブーバーの初期のテクストに由来する図式に基づいている――要約しようとしている。(414) かくして、ユダヤの知的生における第三の偉大な潮流――すなわち哲学者たちの潮流――にはほとんど場が残されていない。中世の哲学者の一団は、〈伝統〉を外部から照明しながらも〈伝統〉のうちに含み入れられようとする意志、トーラーの内的意味を調査しながらも掟を組織だてようとする意志、そして、学者たちが好きなように瞑想することを許しながらも社会の調和を保証しようとする意志とともに見捨てられている。レオ・シュトラウスがすべての注意を差し向けた対象であるマイモニデスは不在であるし、彼を取り巻く神秘――ラビなのか哲学者なのか、〈律法〉の守り手なのか異質な思想の手先なのか、民衆的な進路変更を抑制しようとする正統派賢者の代表者なのか教義を融解させる観念の擁護者なのか――も不在である。最後に、疑いの余地のないことであるが、ショーレムの偏愛はつねにカバラーに向かっている。カバラーは、寓意によって不透明さが増しているところに光輝く象徴を提供し、他の者たちが忍耐しか弁護しようとしていないときに希望に明確な形を与えるすべを知っており、さらには、他の誰よりも上手いしかたで、戒律のための熱を保ち続けることができるのである。

ショーレムが最も明確なしかたで素描している見地は、比較的短いシークエンスに関係している。この見地はカバラーの端緒から始まっているが、スペインからの追放とともにはじめてその真の対象を見出す。それからこの見地は、およそ一世紀後にサフェドで鍛え上げられた理論と、それがユダヤ的生に与えた衝撃に中心化される。最後にこの見地は、神に放棄された状態と希望、落胆と熱狂、行動の無力と能力とを、順境にあっても逆境にあっても結びつけているメシアニズムの弁証法を明るみに出している。メシア的理念がユダヤ民族の歴史的経験と出会うこの次元において、そこでの分裂は追放の危険性によって課される分裂であり、そこでの地理は四散の地理であって、当事者たちは大幅に予測不可能な様々な布置に従って姿を現す。メシア的時代の現代性と結びついた力学が問題になっているとき、最も有効な表象を――ラビたちのあまりに冷徹な表象や、哲学者たちのあまりに精妙な表象に対して――提供するのはカバラーである。最後に、主として問題となるのは強力な逆説である。「黙示録的メシアニズムがユダヤ教の家に入ったのは、ある晴れた日であった。この登場を最も上手く描写するとすれば、それはある無政府主義の流れに存していたと言うことになるだろう。窓が開かれ、風が吹き始めた。しかし、風がなにを一緒に運んでくるのかは決して分からないのである(415)」。このイメージを中心に、ショーレムはユダヤの歴史の大きな筋立てを構築しているのだが、この筋立てのために彼は、しばしば蔑視されてきた原典を収集しそれに解釈を加え、メシア的理念が変形する長期にわたる時間と神秘主義的体系におけるこの理念の結晶化を引き受けるとともに、表に出てしまっている様々な衝突が矛盾に満ちた帰結から解放される瞬間について判定を下すのを引き延ばしている。タルムード時代以来、ユダヤ教が、諸時代の終わりという黙示録的ヴィジョン——すなわち、大いなる無秩序と諸価値の逆転、そして「迫害され抑圧された民と刑執行人との痛烈な決着」(416)として現れるメシア的戦争——に留保を置いていたことも忘れることはできない。いかにしてラビたちがこのようなヴィジョンを注意深く隠し、それに対して哲学者たちがそれを賢明なユートピアのうちに移し替えようとしたのかをショーレムは喚起している。しかし、彼はとりわけ、カバラーがこのヴィジョンを様々な象徴——彼は象徴に対して一種の美的快楽を覚えている——で培われた巨大な宇宙的神話に変えるにいたったしかたに執着している。最後に、ショーレムの注意は特に、この理論——良く理解された場合もそうでない場合もあるが——と、準備の出来ていない様々な運動——あまりにも強力なために制御されることができず、予測不可能な効果を生み出す運動である——との出会いが生み出す爆発によって引き留められている。ショーレムにとっては、最終的につながることになるこれらの瞬間において、メシアニズムの弁証法が最も明確なしかたであらわになる。これは、ゲットーの壁の内側に白熱した希望を伝え、あまりにも見事に整序された世界を転覆し、眠っていた精力を目覚めさせるような空気の流れである。しかし、それは同時に、通り過ぎる際にすべてを吹き飛ばし、規範を転倒させ、失敗が明白なときには破壊的暴力を引き起こすような力でもあったのである。

ショーレムにとって、「ユダヤ民族はメシア的理想の名において高い代価を支払った」(417)ことは疑いの余地がない。ショーレムの筆致における真のライトモティーフはこうである。「メシア的待機という偉大さに呼応しているのは、世界史——追放によって、ユダヤ民族はなんの準備もなくそこに投げ入れられた——のなかでのユダヤ民族の無限の弱さである」(418)。ユダヤの歴史を持続のなかで研究してきたショーレムは、メシア的待機がどれほどまでユダヤの歴史の解読を可能にし、長々と続く迫害に一つの意味を——追放の途上における一種の方向づけ、四散に対するほとんど一個の論理を——与えることを可能にしたのかを知っていた。この次元においては、メシア的待機のみが敵対的世界に対する理解力と、この世界の不透明性の理解、そしてその秘密についての知識を提供することができた。このメシア的待機のおかげで希望は形をなし、この上なく暗鬱なときへの慰めと、未来のヴィジョン――その地平が明らかになったと思われたときには――を提供したのである。しかしまた、この歴史をその様々な分裂から出発して捉えることによって、ショーレムは、明日なき夢と束の間の熱狂、そして、決して実現することのない世界の変形の告知といったものの反復に出会った。ここでは、それはしばしば偽メシアたちの歩みのもとに、不条理な思想と原理なき行動の効果として開かれた深淵である。ユダヤ教は様々な折に、内的崩壊や、破壊にしか導かない自由、そして暴力を解き放った者たちのもとに返ってくる暴力によって、危うく自らを見失うところであった。メシアニズムが、自らを生みだした神学的想像界に対してその報いの一部を押しつけうることも付け加えなければならない。神学的想像界においてはすべてが終わりへと焦点化されており、それゆえ〈救済〉の瞬間は「ユダヤの歴史全体が集中するような焼けるように熱い炉のようなもの」である。事態を回帰の観念や成就ないし修復の観念で思い描いたとしても、そのとき重要なのはむしろ、はるか遠くに及ぶ側面がもたらす帰結である。すなわち、緊張下の、待機のうちの、弛緩なき実存である。焦燥感を和らげ、出来事がなぜ遅れているのか、そしてそれはどのように訪れるのかを説明することはつねに困難である。しかし、この地平を消し去ってしまうと、ユダヤ教は自らを消失させてしまいかねない。かくしてショーレムにとって、歴史は最終的に恐るべき教訓を引き渡している。「期待のなかには、偉大ななにかがあると同時に、底知れず非現実的なものがある」。「メシア的待機によってユダヤ的生は猶予期間の生（*vie en sursis*）――そこでは決定的にはまったくなにも獲得されず、最終的にはなにも成就されない――となったのである[419]」。

ショーレムがこの教訓を引き出してくるのは彼が研究する過去からであるが、彼はまたこの教訓を、自分の眼下で繰り広げられていることをめぐる考察によってさらに豊かなものにしてもいる。彼のシオニズム的理想は決して否認されることがなかった。青年期のベルリンで、同化したブルジョワ世界に対する怒りのうちで鍛え上げられたこの理想は、彼が決して離れなかったエルサレムで――学派をなした知的計画の達成を通じて、彼が生み出すことに貢献しつねに擁護した国において――早くも実現した。ジョージ・スタイナーのように、コスモポリタニズムの名において、そして〈離散《ディアスポラ》〉における生が提供していたとされる批判的距離の名において「シオニズムの代価」の見積もりを行うひとたちに対して、ショーレムは一つの教義ではなく、一つの事実確認をもって反論している。「彼は歴史の外で生きようとしているのですが、それに対して、イスラエルにいる私たちは、歴史の内部で、責任あるしかたで生きているのです[420]」。ただしこの場合には、あたかも〈離散《ディアスポラ》〉が一度も存在したことがなかったかのように〈離散《ディアスポラ》〉を「飛び越える」ことを望む「カナーン主義者」たちの説を同じように毅然とはねつけているだけに、ショーレムは非常に気ままである。「誰もが知っているように、私たちは聖書の時代と橋で結ばれているのだと説くひとたちが私たちのなかにおります。[…]私はこのような意見にまったく興味がありません[421]」。早くも一九四六年にショーレムは、イスラエル国家の創設が輪郭を持ち始めた時期のシオニズム的政治の内的批判として提示されたハンナ・アーレントのテクストを激しく批判した[422]。アーレントが告発していたのは、国民主義的な逸脱であり、反ユダヤ主義は「永遠」であるという確信を中心に構造化された世界観であり、さらには党派主義的な閉じこもりであった。ショーレムは単刀直入に一点ずつ彼女に応答している。「私は国民主義者であり、進歩主義を僭称する様々な仰々しい演説――それらが反対している意見は、すでに私の少年時代から乗り越えられたものだと言われ続けているものなのですが――にはまったく動じません」。「私は人間的観点から、反ユダヤ主義の「永遠」の持続を信じています」。「私は「党派主義者」であり、党派主義は決定的かつ肯定的なものたりうるのだという自分の信念を恥だと思ったことは一度もありません[423]」。この場合、この立場は、そもそもあらゆる幻想を断ち切っているだけに、それだけいっそう腰の据わったものとなっている。「シオニズム運動は、現実的なものとその破局的な潜在性との弁証法というこの経験を、この世界における現実のなにかをあえて変えようという危険を冒した他のあらゆる運動と共有しているのです[424]」。結局のところ、シオニズムの様々な課題の定義のうちに均衡を見出そうとするとき、ショーレムは一つの逆説を作り出している。「聖書の国を再建してイスラエル国家を樹立するという計画は、自分自身の歴史へのユダヤ人たちのユートピア的な回帰を表している[425]」。

ショーレムにおいて、シオニズムの持つ弁証法的外観という意識は、それが古いものであるだけによりいっそう深いものである。ベルリンにおいて、シオニズムは思春期からすでに父祖たちに対する反抗として生きられ、次いで青年期の様々な組織のなかでは社会参加《アンガジュマン》の真正さのための闘いのなかで生きられ、最後に成年期のはじめには、外国語のなかに迷い込んだ学知に対する反乱の形態を取って生きられた。一九二三年秋のエルサレムで体験されたのは、夢の実現であり、先駆者たちの想像界の形成――これは楽園の発見に似ていた――であった。しかし三〇年代の境目には、一種の幻滅が明るみに出ることとなった[426]。その文脈は、まずは政治的なものである。エルサレムでショーレムは、ザムエル・フーゴー・

ベルクマン、ハンス・コーン、マルティン・ブーバーとともに、ユダヤ人に利するような多数性の基準のない二民族国家を擁護する組織「平和同盟」（*Berit Shalom*）に所属していた[427]。その場での彼らの主要な論敵はヨーゼフ・クラウスナーである。一八七四年ヴィルナ近郊に生まれたクラウスナーは、早い時期からヘブライ語再生のための闘士であり、アハド・ハアムから彼の雑誌の舵取りを引き継いだ人物であるが、彼はオデッサでユダヤ歴史学の教授を務めたあとロシア革命の時期にパレスチナに復帰し、最終的にはエルサレム大学のヘブライ文学講座をその設立時から占めることになる。イシューヴの精神を体現する社会主義者や大学で多数派を占める自由主義者たちに対して、クラウスナーは、ウラディーミル・ジャボチンスキーの修正主義運動——一九二九年八月のアラブ人暴動によって硬化した国民主義的軸線に基づいた運動であり、ユダヤ人が多数を占める住民の定住を推奨していた——を代表していた。しかしながら、事態は別のところで決着を付けられたように思われる。すなわち、一九三一年バーゼルにおける第一七回シオニスト会議では、ハイム・ヴァイツマンに代表の辞任を強い「平和同盟」に対して明確に敵対的な決議を採択させたことで、修正主義者たちが勝利を収めたように見えるからである。

ショーレムはヴァルター・ベンヤミンに対して、彼が「エルサレムの小サークル」と呼ぶもの——二〇人ほどのサークルであり、論敵たちは彼らのうちに「根こぎの知識人」を見ていた——の災難を語っている。重要な事柄についてこの相棒に話すときにしばしばそうしているように、ショーレムは寓意的な用語で意見を表明している。「シオニズムは、勝利を収めたことで死んでいる［…］。実際シオニズムは多大な努力の代価として、遂行することをいささかも予見していなかった役目を遂行したのだ。われわれはあまりにも早く勝利を収めすぎたのである。シオニズムが不変的なしかたで固定化することを望んだわれわれの実存、われわれの悲しき不死性は、再び時間のなかで、すなわち次の二世代の分は保証された。しかし、そのためにわれわれはこの上なく恐ろしい代価を支払ったのである。というのも、国において、そして言語において過去との接続を実現し、それを課すよりもまえに、われわれは、そこで闘うことになるなどと一度も考えたことがなかった場所で、自分たちの力を失ったからである[428]」。ベルリンで勝利を収めながらもエルサレムでは勝てないことが明らかになったシオニズムについて語るとき、ショーレムはなにを言わんとしているのか。第一に、ヨーロッパの知識人のあいだでのシオニズムの成功は、大衆の移民においてではなく、むしろ抽象的な誇りの再生となって現れた、ということである。この意味で、「シオニズムは霊的な領域における勝利を先取りしていたのだが、それゆえに、その勝利を物理的な領域にもたらす力を失ったのである」。第二に、シオニズムの指導者たちは自らの闘争を世界史の次元に――すなわち、本質的なものを覆い隠すような国際的妥協案が演じられる、あまりにも照明を当てられた舞台の上に――移動させるという誤りを犯した、ということである。本質的なものとはすなわち、「民へと導く道」であり、社会的および文化的企図の実現――これはヘルツルの政治的計画よりもアハド・ハアムにより多くを負っている――であり、言語の再生――それがなければ国は空ろな殻になってしまうだろう――である。最後に、そしてとりわけ、過激主義者たちとともに幅を利かせているのが一種のネオ・メシアニズムである、ということである。これは回帰と救済とを混同する一つのしかたであり、聖なるものを歴史のうちに持ち込もうとする隠れサバタイ主義者的な誘惑に似たものである。これをショーレムは同時期に、別の言葉を用いて告発している。「修正主義者たちの黙示録的過剰のなかに自らの救済、修復《ティクン》を見出すことができないのと同様に、「シオニズムは」「神秘主義の政治」においてもいっそうそれらを見出すことができないだろう」[429]。

この闘いにおいて、そしてこのような動機とともにショーレムは、非常に早い時期に、彼がシオニズムに内在する弁証法として感知しているものの鍵を見出した。一九二九年から、そして「平和同盟」を擁護する側に立っていた論争においてすでに、ショーレムは、ユダヤ民族の政治的救済を隠蔽したとして彼に向けられた批判に応答していた。当時のショーレムの論敵は作家イェフダ・ブルラであった。一八八六年、三世紀来エルサレムに定住していた一家に生まれた彼は、中央ヨーロッパおよび東ヨーロッパの著者たち――ハイーム・ナフマン・ビアリク、ヨセフ・ハイーム・ブレンネル、イツハク・レーブ・ペレツ、ショーレム・アレイヘム、シュムエル・ヨセフ・アグノン……――のために軽蔑されていると感じていたスファラディー文学の擁護者であった。ショーレムは彼に対し、宗教的概念と政治的概念との混合を告発している。「シオニズムの理想とメシアニズムの理想は別物であり、この二つの領域は重なり合うことがない。ネオ・サバタイ主義的精神――これは失敗を運命づけられているのだが――をしばしばわれわれの青年層に吹き込んでいる民衆的結集という空疎な美辞麗句のなかにおいてさえも。その深い根に関して言えば、シオニズム運動はサバタイ主義運動とはなんの関係もないのであって、シオニズムのうちにサバタイ主義的精神を導入するためになされた試みはすでに多くの間違いを犯している」[430]。およそ半世紀後にこの言葉に注釈を付ける際もショーレムはこの説を追認しているが、この説はその間になされたメシアニズム運動の研究によって補強されている。

「俗なる歴史の政治的次元における活動は、霊的かつ宗教的な次元における活動とは異なる現実である。この二つのことを混同することは、惨憺たる結果を招くだろう」[431]。したがって、この観点からすれば、すでに完成された歴史家としてのショーレムは、態度を明確にした見物人としての判断を確証している。ショーレムは、三〇年代にはまだ、自らの仕事の主要な対象の一つに対する直観を手にしていたにすぎなかった。すなわち、カバラーの洗練された体系を一つの災厄へと引きずり込んでいく弁証法――そのときカバラーは、学識的概念を民衆的神話に変形し、抽象的な象徴を闘いのための武器に変形することで、思弁の領域から行動の領域へと移っていく――である。しかしショーレムは、ユダヤ民族にとって、それは、政治的破局がどのように生まれるのかをすでに知っていた。それは、俗なるものにおける聖なるものの時宜を得ない闖入であり、自由と世界の再生との混同であり、歴史を否定したいという誘惑である。

とはいえ、シオニズムのなかにメシアニズムを看取することをショーレムがつねに拒否していたとしても、彼は過去の重みや想像界の役割、そして期待からその古い形態を奪うことの困難も知っている。ユダヤ的生の特殊な本性を定義しようとする際に、彼の念頭に浮かんでいるのはこの考えである。「シオンへの回帰というユートピアにおいて明らかになったのとは異なり、メシア的な倍音には、慰めによって自らを養うことをもはや望まない行動への断固たる方向づけが付随していたことに驚いてはならない」[432]。メシアニズムは二千年のあいだユダヤ民族に付随していた「崇高なメロディー」のようなものだ、というのがその理由である[433]。数世紀のあいだ、ユダヤ民族はこのメロディーでほとんど中毒になっていた。危機の際には、本質的にはその弱さの代価をユダヤ民族は自らを通して支払ったのである。今日ユダヤ民族は、岐路に立つという義務をメシアニズムに対して負っている。そこでは、国への回帰の夢が〈救済〉の希望から分離されなければならないのである。シオニズムはその歴史の冒頭からしてすでに、この選択への心構えが十分にできておらず、継続と反抗とのあいだの矛盾を自らのコードのなかに含んでいた。シオニズムを標榜する知識人やその闘士の大半にとっては反抗が勝っていたことは疑う余地がない。辱められた過去と決別し、服従の心性を捨て去り、〈離散《ディアスポラ》〉との橋を打ち破ることが問題だったからである。しかし、逆向きの傾向も存在していた。すなわち、世代間の連続性と、追放のなかでただ単に変質してしまっただけの実存の探求、さらには〈伝統〉のそのままの状態での保存を称揚していた傾向である。事態が理論のなかで経過していたあいだは、これら二つの展望は、「矛盾した見解を持つ二冊の書物が同じ棚に並べられているように」

共存することができていた[434]。それ以降は決着を付けるときであるが、イスラエルの政治風景はあまりにも多くの微妙な差異を提示しているように思われた。宗教に無関心な、あるいは敵対的な社会主義者たち、聖書時代に戻っているのだと感じているカナーン主義者たち、シオニズムに対立的な正統派たち、そして宗教的なシオニストたちである。第二のカナーン主義者たちを除くと、彼らのなかにショーレムの敵はほとんどいない。とはいえ、彼が完全に居心地の良さを感じる場所はどこにもない。彼は単に一個の信念を鍛え上げたのである。「シオニズムは歴史のなかで行動するのに対し、メシアニズムはユートピア的な次元の上にとどまっている[435]」。

しかしショーレムは、「シオニズムの隠れた（*nistar*）側面[436]」が存在するというもう一つの考えを決して捨てることがなかった。この考えを言い表す際、ショーレムは、そこでは学識的対象――彼の教えが身を捧げている対象――の諸範疇のなかで思考することが問題であると明言している。すなわち、隠れた秘教的現実は顕在的な世界を通して表現されるのであり、シオニズムとメシアニズムの奇妙なつながりはシオニズムの「謎めいた側面」なのである。様々なスローガンの次元に関して言うならば、そのなかでも最も古いものの一つであり多くのシオニストが継承したスローガンに疑義を差し挟むことが問題になるのかもしれない。すなわち、「他の諸国民と同じような国民となる」というスローガンである。サムエルの時代に発せられたこのスローガンは、イスラエルがそのような願いを達成しているように見えるだけに、よりいっそう現代的なものに思われる。しかしショーレムはこのスローガンに異議を申し立てている。ユダヤ民族の「標準化」はユダヤ民族の衰退を、さらにはその消失をもたらすだろう、というのである[437]。「あらゆる世俗化に対して超越的である」ような道徳的信仰について語りながら、ショーレムはなにを言わんとしているのか。第一に、社会のなかに現前している諸力の見せ物を越えて見つめなければならない、ということである。「シオニズムは、その俗的かつ世俗的な正面の背後に、ある宗教的内実を潜在的に有しているということ、そして、この潜在性は、諸政党の「宗教的シオニズム」と化したものよりもはるかに強力であるということを私は確信している[438]」。おそらく、このような十分に同定されていない形態への執着は、ショーレムが同時代人たちのあいだに自らの場を見出すことの難しさを説明するとともに、いくつかの難解な表明を解明してくれるかもしれない。「イスラエルの地《エレッツ・イスラエル》での五〇年間の生活のあいだ、私は、この国の俗的な極とも宗教的な極とも、完全に自分を同一視したことがありませんでした」。「私は宗教的無政府主義者です」。「私は自分が非宗教的なユダヤ人であるとみなしてはおりません。私が宗教的人間であるがゆえに、そして私が神への自らの信に確信を抱いているがゆえに、私の世俗主義は自らの根に躓いているのです[439]」。とはいえ、しばしばショーレムは、シオニズムの秘密という道にさらに深入りしている。「神権政治的な期待の残余がユダヤ民族の世界史への回帰を司っているという考えは私と遠いものではない[440]」。ここではユダヤ的自己同一性《アイデンティティ》そのものが問題となっている。示唆されているのは、メシアニズムがその権利をすべて失ったわけではないかもしれない、ということである。ユダヤ教が安全に超越から離れることはできないだろう、ということが語られているのである。

　ショーレムはときたま、国への回帰が持つ意義に対して幻滅を示すことがあるが、彼は言語の再生に対してはたびたび懸念を表明している。ショーレムは非常に早い時期から、過去との接続のこの二つの形態は組み合わさっていなければならないという信念を得ており、それからはシオニズムへの参加とヘブライ語の徹底的な学習によって——これらの選択を決定的に承認することになるエルサレムへの出発以前から——自らの行為をこの信念と一致させていた。ベルリンにおいてこの問いはヴァルター・ベンヤミンとの絶えざる討論の対象であり、それはベンヤミンの死まで変わることがなかった。口論と告白とのあいだで、ショーレムが言語に関する熱狂と不安とを最も明確に打ち明けたのはフランツ・ローゼンツヴァイクに対してである。その中心となるエピソードは劇的なものだ。一九二二年、ローゼンツヴァイクはすでに病気によって死を宣告されていたのだが、ショーレムはそのことを知らなかった。彼らはその前年にはじめてフランクフルトで出会い、ノーベル師によるゲマラーの講義をともに聴講し、大いに議論した[441]。二回目の対話についてはほとんど知られていない。ショーレムはこの対話が夜に行われたことを伝え、それがドイツのユダヤ教に関するものだったことを簡単に記した上で、このように注釈している。「こうして私は、自分の青年期における最も激烈で最も取り返しのつかない討論——それによって私たちの接触は一切断ち切られた——のなかに身を投じたのである[442]」。この二度の機会のあいだに二人は数通の手紙をやり取りしているが、それらはこのドラマの背景をかたどっているとともに、主役たちの直接的な証言に代わって、おそらくはその内実を引き渡してもいるだろう。文通による最初の衝突は直接的に言語に関するものであった。ローゼンツヴァイクは典礼に関するテクストを翻訳していたが、ショーレムは彼が一貫して「〈教会〉の用語[443]」を使用していたことを批判していた。その数年前に、彼自身いくつかの讃歌の翻訳を行っていただけに、ショーレムは、客観性と象徴主義とが混ざり合う「領域」を復元することの困難を知っていた。耳に快く、隠喩的ではないローゼンツヴァイクの仕事は、このような可能性がドイツ語においても存在することを証明していた。しかしそれは、ヘブライ語を特徴づける「ユートピア的な正確さと貞節さ」を犠牲にした、ヘブライ語の「単純さと謙虚さ」を持たないルターのドイツ語においてである(444)。そもそもローゼンツヴァイクはこの点を認めていた。ルターとヘルダーリンとともにドイツ語はキリスト教的なものとなったのであり、それゆえこの刻印を取り除きながら翻訳したいと望んでも無駄なのである(445)。宿命的な出会いの少しまえ、ショーレムとローゼンツヴァイクはシオニズムに関しても同様に対立していた。ローゼンツヴァイクはこの意見交換の争点を、〈離散《ディアスポラ》〉についてのショーレムの言葉のうちに要約している。「ユダヤ教は医学的な死の状態にあり、ユダヤ教が生を再び見出すのはただ「かの地」においてのみである(446)」。

　断絶の夜の際に――それについてショーレムは省略的なままなのだが――彼はおそらく、反抗的な青年期の最も激しい感情――ヘブライ語のための口論好きな熱狂と、シオニズムに対する叙情的な熱情――を大胆に明らかにしたのだと思われる。当時彼はローゼンツヴァイクの病状の重さを知らなかった。これがすさまじい悔恨の対象となる。関係を修復する、とまではいかないものの、少なくとも彼が関係を断ち切った人物の方へ戻る機会は与えられていたように思われる。一九二六年、マルティン・ブーバーとエルンスト・ジーモンはショーレムに対し、四〇歳を記念してローゼンツヴァイクに贈る論文集に参加するように提案する(447)。ショーレムはこの機会を捉え、「われわれの言語について　告白　フランツ・ローゼンツヴァイクのために　一九二六年一二月二六日の折に(448)」という短いテクストを書いている。ここには様々な寓意が埋め込まれ、幻滅が絶望と境を接し、さらには内省が、彼の夢の最も内密なところで捉えられた一つの世代の総括に対する譲歩なき検討へと姿を変えている。およそ二〇年後の、ユダヤ研究に関する一九四四年の講演のなかでも同様のことがなされるのだが、ショーレムは、復興者たちの企図と、その実現が約束された国での事態の現実とのあいだに広がる深淵を示している。彼らは「この言語の奇跡的な力に対して、狂信的とも言える盲目的な信」を有していたが、エルサレムの通りのあちこちで話されているのは「幻影的なボラピュク語」だという。ヘブライ語を復活させることを望んだ者たちの勇気は、ア・ポステリオリに、「悪魔的な」ものとして現れているのである。今日、彼らの後継者たちは「魔法にかけられた者のように、いかなる音も立ち上ってこない深淵の上を」進んでいる。この贈り物は、それを差し出す者たちが慎重さを欠いているために、あるいはおそらくその本性上、毒を盛られたものであることが明らかになったのである。自らの主題を提示するためにショーレムが用いているのは、ヴァルター・ベンヤミンとのあいだでなされたばかりの議論がこだましている用語――それはのちに、長く構想されたこの主題の神秘的次元に関する研究の用語ともなる――である。すなわち「言語とは名です」というのがそれである。しかし、あらゆる言語に関して真であるものも、〈啓典〉の言語に関するかぎり、特異な様相を呈することになる。それは、この言語を貫通しそれに「黙示録的な切っ先」を与えるのが〈名〉であることに由来する。ひとが再発見しようと望んでいたヘブライ語は、長い記憶を持ち、一つの伝統をはらみ、〈声〉を聴かせるものであった。現代化されたヘブライ語には、目下の要請に適合するための新語が彫り込まれており、このヘブライ語は、日常の狭い闘技場における「初歩的な」「ほとんど幽霊的な」ものである。エルサレムへの到着からたかだか三年後に、ショーレムはこう預言している。「いつか、この言語を語る者たちに対し言語が立ち向かってくるような日が訪れるでしょう」。

ここで輪郭が描かれている爆発は、俗なるものと化した聖なる言語の弁証法に由来している。ヘブライ語がなければ自分たちの社会は魂なき身体になるだろうと確信していたシオニストたちは、ヘブライ語を世俗化し、そこから宗教的な含意を消し去り、築くべき世界のために寄与するようなほとんど新しいものとすることを望んでいたとされる。シオニストたちの冒険が成し遂げられる国で語られているヘブライ語はその異質さを失い、神秘的な陰影を消失し、ヌミノーゼ的な力を眠らせてしまった。「価値を貶められ、亡霊的なものとなった」この言語のなかで、しばしば一つの語が、一つの定式が、一つの効果がそれらを、慰めの祈りとして、古き習慣の残滓として、あるいは単なる遊びの産物として目覚めさせる。しかし、このように不注意によって解放された力は、すぐさま「非表現的な言語空間」のなかで失われてしまう。この点に関するショーレムの関心は、文法的なものでも美学的なものでもない。ショーレムは言語のなかに伝達の領域よりも深遠な領域を認め、ここでは言語が無遠慮さに対する反抗の縁にあるのだと想像し、そして、無頓着のなかで準備された婚礼の代価を子どもたちが支払わなければならないことを危惧している。「過渡的段階の世代」である彼の世代は、この弁証法的過程の中心にいる。天使なのか悪魔なのかも知らずに亡霊たちに生命を与える恐れがあるというのに、この世代は、次世代に古き書物を伝えるためにその言語を掘り起こすことを望んでいるのだろうか。しかし、この世代は、語の平板化がこの言語の俗化に似てしまうときに開かれる深淵をまえにして、夢遊病者のように歩き続けることができるだろうか。つい先日のベルリンでは、ヘブライ語のための闘いは同化の破壊的力に対する反抗を表しており、一つの国民を建設する企図に伴っていたのであり、さらには、過去と未来との一致を保証する最も確実な方法と縁続きであった。今日のエルサレムでは、現在によって幻滅が生じている。この言語は日常のルーチンのなかで枯渇し、その最も強い諸形態は偶然によってでしか生じることがなく、時間がこの言語をどこに連れていくのかを誰も知らないのである。この観点においても、シオニストたちは自らの勝利の報いを知らないまま、勝利を収めているように思われる。ショーレムにとって、その理由はつねに、シオニストたちが〈伝統〉のうちからなにを伝達したいのかを本当には一度も決断していなかった、という点にある。事態が変わる可能性はあるのだろうか。この問いは、イスラエルの世俗化というより広い次元の上に書き込まれている。

学者としてのショーレムは、より公然と形而上学者として振る舞う者たちをしばしば悩ませるような、次のような問いを明確に提起している。「われわれが生きる世界が、〈救済〉を肯定的与件としてみなすことをもはや受けつけないということによって特徴づけられているとすれば、それ以後われわれはユダヤ教の清算へと向かうのではないだろうか(449)」。この問いはまず第一に、シオニストたちの誤りに関わる。シオニストたちにとって、諸世代の連続性を守らなければならないことはほとんど疑う余地がなかったのだが、しかし彼らは、この連続性によって様々な義務が課されることは拒否していたからである。〈伝統〉に対する彼らの不確かな関係、彼らが伝達することを望んでいた〈伝統〉の内実の曖昧さ、そしてこの点に関する彼らの分裂は、このことに由来していた。イスラエル国家が一つの現実と化したとき、このような未解決性はとりわけ重々しいものとなった。ショーレムは、再び現代化された「他の諸国民と同じような国民となる」というかつての要求をはねつける。ユダヤ民族が自らの国、自らの言語のうちに住まうために帰ってきたとき、この要求の適用は、ユダヤ民族の経験の平板化より以上に、その実存の清算をもたらしかねないのである。これが、メシアニズムの代価を定式化していたものと同じくらい現在的であると言ってよいライトモティーフである。「私はつねに、世俗化を経由することは必要で、避けられないことだと考えてきました。しかし、シオニズムの世俗的なヴィジョンが究極的なヴィジョンであり、この問題の最後の言葉であるとは考えておりません(450)」。この命題は、それが定式化されている時代の政治的諸力の関係からすれば、左翼および極左の諸潮流に対してまさしく挑発的なものとして現れかねないだろう。これらの潮流は、〈伝統〉との根本的な断絶、国民の定義からの一切の宗教的参照の排除、そして完全に世俗的な市民権の概念といったものを称揚しているからである。イスラエル社会の大部分にとって、今や世俗化の過程にすべてを譲るべきときであり、ハラハーへの一切の忠誠の撤廃がその象徴である。ショーレムにとって、ハラハーが提起する問いは、その現在性ともその含意とも関係がない。むしろ、ハラハーは依然として「恐れと不確実さの精神のなかで[451]」考えられなければならないにもかかわらず、ハラハーが亡霊のように徘徊し、諸力の関係に応じたしかたでしかそこに存在せず、そして様々な妥協しか統御していないように見えることが問題なのである。少なくともこの案件は、イデオロギー的でないような視点から検討されるに値するものであろう。

必要ではあるが不可能な世俗化——この弁証法は、それと結びついている様々な政治的考察よりも先まで進む。一般的に言って、地上の諸民族はメタ歴史を必要としない。諸民族の占める場所は過去によって描かれ、彼らの自己同一性《アイデンティティ》は政治的に構成されているので、彼らは自らを定義するために神学なしで済ますことができるのである。それに対してユダヤ人にとっては、事態は危険なものである。明らかに、進行しているかぎりでの世界は、自らの権利を行使する。「歴史のうちへの私たちの登場は世俗化を経由するという歴史の弁証法的教訓から、私は自由になることができません」「歴史的に言えば、伝統的ユダヤ教への直接的な、弁証法的でない回帰は不可能です[452]」。しかし、ユダヤ的経験の現実は——つねにそうであったように——相変わらず強制力を持ち続ける。「イスラエルの完全な世俗化は問題外であると私は考えている」「もしユダヤ人が、ただ歴史の次元においてのみ自分自身を説明しようと努めたとすれば、彼らは自分たちの消失と全面的な破壊という観念に対して心構えをしなければならないでしょう[453]」。このような逆説を定式化するときのショーレムは、完全に異端である。まず、シオニズムの古典的な視点から見て異端である。というのもシオニズムは、これまで未解決のまま残されてきた問い、すなわち、ユダヤ教は〈律法〉の伝統的意味への一切の参照を越えて生きのびることができるのだろうかという問いを明るみに出しているからである。しかしまたショーレムは、宗教的なシオニストにとっても異端である。それはショーレムが、現代世界において〈伝統〉を擁護したからといって、それによって彼らの理論を採用することが強いられるわけではないとみなしているかぎりにおいてであり、さらには、彼がしばしば自分を「無政府主義者」であると宣言することで自分の足跡をかき消してしまうからである。その理由は、彼がこの二つの立場に対して、次の同一の信念を対置しているということにある。「私は、いわゆる「ユダヤ人問題」には一つの「解決」が存在すると信じている者たちには与しておりません[454]」。この信念を動機づける原理はと言うと、ショーレムはそれを非常に早い時期から打ち立てていた。「ユダヤ民族にとっての救い——私はそれがシオニズム的な救いであると願っているのだが——は、いかなるしかたであれ、私が来るべき世界のために望んでいる宗教的救済と同一のものではない[455]」。この命題は、それが定式化された当時には、幾人かのシオニストたちのネオ・メシアニズム的誘惑に対立していたものであった。彼らは政治的概念と宗教的概念をないまぜにし、ユートピアの次元にとどまるべき黙示録と終末論の図式を行動の領域のなかに持ち込み、さらには、サバタイ主義がかつてもたらした破局を再び生みだしてしまう危険を冒していたのであった。この命題は、イスラエルの未来を想像することが問題となるときも、依然として状況を照らし出すことができるものである。政治的運命と本質的に結びついたシオニズムの中心的潮流は、〈伝統〉が様々な義務を作り出すことを認めるのを拒み、自らを歴史の次元の上にのみ位置づけることを望んでいる。それに対して、遺産へのいかなる批判的眼差しとも異質な正統派は、メタ歴史のなかで自らをあまりにも高い位置に書き込もうとするのである。この二つの世界のあいだで、一つの開かれた空間がなければならないことになるだろう。それは、ユダヤの過去への弁証法的関係や、宗教の役割のア・プリオリなき検討、そして、自己同一性《アイデンティティ》の——教義的ではないような——定義が可能となるような空間である。ショーレムにとって、ユダヤ教の未来は直接的にこの可能性に依っているのである。

　ショーレムにとって、過去との関係、過去の真の内実、そして過去の伝達といった問いへの穏やかなアプローチは、三つの逆説にぶつかる。第一の逆説の根はすでに〈啓蒙〉の発端に見出される。宗教からの解放というモティーフに基づいて、記憶の民は自らの記憶を否認する、というのがそれである。奇妙なことに、近代の諸国民の大部分は、宗教的過去との根本的断絶の上に構築されたにもかかわらず、自らの遺産における宗教の地位に関する平穏なヴィジョンへと至った。それに対してイスラエルは、この点に関する両義性と不快感においてしか自らを築くことができないものであり続けているように思われる。ショーレムはすでに一九四六年に、青年組織の代表者たちをまえにして——この日付もこの聴衆も無垢なものではないのだが——「歴史に関するユダヤの記憶は一つの宗教的記憶である[456]」と主張している。このとき、この歴史家に固有の逆説が現れる。すなわち、彼が自らの学知の真理を守ろうとするしかたが、彼が伝達しようとする過去の本来性を変質させてしまうのである。ここで問題となっているのは、かつての年代記作者たちに対するショーレムの軽蔑である。彼らが様々な出来事を無差別に収集していたのに対して、ショーレムは階層化を行っている。彼らが諸事実の無秩序に囚われ続けていたのに対し、ショーレムは組織化を行っている。そして、彼らが漠然とした直観しか有していなかったのに対し、歴史的意識が少しずつ構築されたのである。この点について、ショーレムはヴァルター・ベンヤミンから考えを借り受けている。すなわち、歴史記述は偉大さしか知らず、勝利を愛し、未開拓のままのものを取り上げることがない。それに対して、古き物語は小さきものたちに結びつくすべを知っており、敗者たちのヴィジョンを書き留め、ユートピアについての証言を行う、というのである[457]。最後に、最も直近でありかつ最も悲劇的な過去に対する逆説的な態度がある。すなわち、ヨーロッパで虐殺された数百万人の記憶を――どのようにそうすべきかを知らないままに――崇めようと願うことである。スペインのユダヤ人が〈追放〉についての正確なイメージを抱き始め、最終的に〈追放〉がサフェドのカバラーが練り上げた象徴のなかに形を取るためには、少なくとも二世代が必要だったことをショーレムはしばしば思い起こしている[458]。したがって、ショアーがユダヤ民族の意識のうちに真の意味で場所を見出すためには、まだ時間が足りないことは確実である。しかしショーレムは同時代人たちに対して、彼らが隠蔽しようとする次の問いのまえで顔を覆うことがないように提案している。それは、なぜ犠牲者たちの多くが「〈御名〉を聖別する」[459]ことを宣言していたのか、という問いである。ユダヤ的経験における超越の意味という問題は、この点において頂点を極める。しかしショーレムは、この問題はそれでも世俗化の問題を貫いていることを確信している。

　メシアニズム、シオニズム、世俗化――ショーレムはユダヤの歴史の本質的次元を、矛盾に満ちた諸現象――それらは、ときには無視された源泉に由来するものであり、しばしば予測されていなかった諸効果を生み出すものである――を通して描写する。しかしショーレムは、この手続きに関して重要な説明をもたらしている。すなわち、彼の言う弁証法の観念はヘーゲルやマルクス主義者たちから学んだものではなく、イスラエルの地《エレッツ・イスラエル》への上昇や新しい社会の建設、そして「俗なる言語の再生」[460]といった諸経験において学ばれたのだというのがそれである。われわれはこれに次のことを付け加えることができる。すなわち、ショーレムにとって現実が様々な衝突――肯定的なものと否定的なもの、建設と破壊、連続性と断絶といったもののあいだの衝突――によって貫かれているのだとすれば、この運動はいかなる弛緩も知らず、予見可能な終わりを持たないままであり続け、さらには一つの解決を想像することを禁じるものである、ということである。この信念は、長いあいだ軽蔑されてきた対象に関する彼の仕事に当てはめられたとき、この仕事の――お望みであれば――秘教的側面をあらわにする。「私がカバラーを歴史の単なる一章としてではなく、弁証法的な距離化から出発して――言いかえれば、カバラーを私のものとしつつも、同時にそこから距離を取りながら――取り扱ったのは、間違いなく、私が感じていた次のような事柄に起因しています。すなわち、カバラーには生き生きとした中心があるということ、そして、カバラーはそれぞれの時代の精神を表しており、おそらくはさらに別の事柄を、別の形態のもとで、別の時代に対して言うことができるのだ、ということです。この種の秘められた動機が、様々な仮面や変身、そして私の得意な言葉遊びを越えて私を駆り立てたことは間違いありません」[461]。ショーレムの想像界のなかでカフカが占めている場所は、ショーレムが非常に早い時期からカフカのうちにカバラーの一種のぼやけた残響を――カバラーはすでに消え去ったものであり、ユダヤ教の多くの珍品の倉庫にしまい込まれ、決定的なしかたで口をつぐんでしまったと思われていたのだが――発見していたことに由来している。交差する形で行われたヴァルター・ベンヤミンとの読解の時期には、ショーレムはカフカの失敗という考えをはねつけ、〈伝統〉の不可避的衰退についての決定的な証拠をカフカのうちに見ることを拒み、さらには、カフカの著書のうちに、彼に提案されたもの――「本当のことについてのうわさ話（こきおろされ、古びてしまったことを取り扱う一種の神学的日記）」[462]――以上のものを聴き取ることを望んでいた。すでに、カバラーは「宗教とニヒリズムのあいだの極限に」位置していたとする直観を惹起しながら、『審判』および『城』の著者は、厳密な意味でのカバラーの歴史よりもその「形而上学」に専念するように誘っていた[463]。のちになると一種の「正典性」を刻印されたカフカのテクストは、つねに知的使命の土台として提示されることになるだろう[464]。

カフカの作品のうちに発見される「神秘的衝動」によって、ショーレムの仕事の公の意図と彼のより内密な動機とのあいだの繋がりが織り成されている。ショーレムの仕事は、神、人間、世界についてのユダヤ的経験の知性をカバラーがどのように生みだしているのかを描写することに専心する。ショーレムの仕事は、古典的神学の言語を表すとともにそれを拡大し、さらにそれを変形させるようなカバラーの言語の解読を目指す。最後に、ショーレムの仕事は、カバラーがいかなる形態のもとでユダヤ的生のなかに植えつけられたのか、カバラーがどのように様々な歴史的過程を生みだしたのか、そして、これらの過程が霊的自由と同時に政治的災厄へと導くことがありえたのはなぜかを理解しようとする。しかし、一つの叡智についてのこの知は、その内実やそれが提起する問題、それが開く地平に対して無関心ではない。カバラー主義者たちにとって神の言葉は無限である。それゆえ、彼らの問題は非常に早い時期に、彼らのうちの一人によって次のように定式化されている。すなわちトーラーはいくつもの部屋を持つ広大な家のようなものである。そして「それぞれの部屋のまえには一本の鍵が置かれているのだが、どれも正しい鍵ではない。すべての部屋の鍵は入れ替えられており、それゆえ（巨大かつ困難な課題であるが）部屋を開けることのできる正しい鍵を探さなければならない」[465]。もしこの寓話がオリゲネスによって書き留められたものでなかったとしたら、ひとはこの寓話がカフカに由来するものだと思ってしまうかもしれない。この寓話からショーレムは、いかにして弁証法が、カバラーを十分に自分のものとしつつもカバラーを理解しようとするための批判的距離を保つことを可能にするのか——このことは、知的活動が死体の防腐処置と混同されないために必要である——を説明する命題を取り出している。「鍵は失われてしまうことがありうるが、鍵を探そうとする無限の欲望はつねに残っている」。学究生活の総括の折に再び見出されたカバラー主義者たちの教訓は光輝いている。カバラー主義者たちは、「世界は一個の謎である」という根底的な感覚を有していたのであり、彼らは「自分たちに固有の状況を一つの世界の状況として表現することを目指す象徴を鍛え上げる」[466]ことができたのである。この歴史家にとっては、このことによって彼の主要な発見の一つが説明される。追放という神に放棄された状態に一つの言語を与え、イスラエルの放浪を宇宙的ドラマのなかに書き込み、さらには〈救済〉の過程をラビたちよりも敏感なしかたで描写することができたために、カバラーは、かつてそうであった以上にメシア的期待を輝かしいものとしたのであり、カバラーによってメシア的期待は、この上なく暗鬱な時期にあったゲットーの世界を照らしだし、思いもかけないような自由の地平を描くことができた。しかしながら、カバラー主義者たちが鍛え上げた象徴は、歴史のなかに入るにあたってメシアニズムが様々な破局を生み出すことを妨げなかった。そしてこのことが、ユダヤ研究の家を再建しにやってきた学者たちの世代の幻滅を育てたのである。彼らが目にしたのは、伝統を伝達することにつまずくシオニズムや、俗なるものと化して破損した言語、そして危険な世俗化——ユダヤ民族にとって世俗化は、他の民族にとって以上に危険なものである——の勝利であった。それゆえショーレムにとって、残るのは次の脆弱な信念しかない。「世界は一個の謎であるという感覚を人類が失わなければならないとすれば、私たちは終わってしまうでしょう。しかし、私たちがそこに至るとは私は考えておりません」[467]。

壮大な構造を描くとともにそれらを細密画で満たし、垣間見られたことのない諸起源を暴くとともに十分に感知されていない出口を捉え、さらには歴史に一つの論理を課すことなく弁証法を実践するすべを心得ている点に、ショーレムの著作の力は起因している。学者的な衝動と形而上学的な直観とが交互に入れ替わり、肩を並べて様々な問いを提起し、それらの解決を目指す仕事に際しては身を引き離し、そして結論のときには再び連携する、そのようなしかたからショーレムの著作の魅力は生じている。このように歴史を書く技法は困難なものである。というのもこの技法は、決定のみが必要であると考えてよいような場面で一つの着想を要求し、妄想だとか不明瞭だとかいった矛盾に満ちた批判に身をさらし、さらには、説得しようとしているように見えるにもかかわらず、とりわけ解読の情熱を表現しているからである。ショーレムをカバラーの神秘的世界へと惹きつけた最も深遠な予感によって、古代人と現代人とが結びつけられる。「ユダヤ教が維持されているというただその事実だけでも、一個の謎である」(468)。とりわけ、もはや自らを伝達するすべを知らない伝統、沈黙の縁にある〈啓示〉の言語、そして解読不可能な象徴といったものが時間によって消し去られたように見えていただけに、当時この謎は間違いなく深いものとなっていた。言語のうちに住まうべく回帰し、国を再建し、学知に新しい衣服を与えることが、ショーレムの青年時代における喜びであった。しかし、歴史は残酷であった。歴史は、そこから彼がやってきた世界を破壊し、シオニズムの冒険を途方に暮れさせ、さらには、ヘブライ語の運命の上に疑いを漂わせることさえしたのである。われわれはしばしばショーレムのうちに、皮肉が上手く隠せていない一種の絶望や、ときにユーモアを装った不安、学者としての高度な技量が飼い慣らすことのできない懸念といったものが芽を出しているのを感じる。しかし、このような暗い感覚は、すべては終わってしまうだろうとか、決定的に遅すぎるだとか、間もなくわれわれは廃墟しか見つめることがないだろうといったような確信に、完全には決して導いていない。ユダヤ人世界はショーレムにとって、神秘的歴史と、自らの不安定さを意識した学知とでできた半濃淡なものとして映っている。ショーレムはこの教訓を最も有名な著書の最後の頁で提示している。当然のことながらそれは、一人の醒めたカバラー主義者――楽観的な一人のカフカかもしれない――から借りてこられた寓話によってである。この寓話は、幻滅と希望、〈伝統〉の衰退のヴィジョンと〈伝統〉の存続の痕跡、自分の学知と知の自負に対する歴史家の嫌疑、語りの力、伝達の好機といったものを同時に含むことのできるものである。バアル・シェムは成し遂げるべき困難な課題があると、森のなかの決まった場所に行って、なにかの儀式に則って火を灯し、特別な祈りを口ずさんだものだった――そうすると彼が望んでいたとおりのことが起こったのである。

一世代後、メセリッツのマッギードが同じ問題にぶつかったとき、彼はもう火を灯すやり方は知らなかったが、同じ場所へ行って祈りを口ずさんだ――すると彼の願いは叶えられた。さらに一世代後、火の技術も祈りの言葉も忘れてしまったサッソフのラビ・モーシェ・レイーブは、ただ森を訪れただけだった――それで十分だった。最後に、次の世代のリシーンのラビ・イスラエルが同じ驚異を実現するように促されたとき、彼は自分の城の椅子に座ったままただこう言った。「われわれはもはや火を灯すこともできず、もはや祈りも知らず、もはやあの場所さえも知らない。しかし、われわれはまだその歴史を物語るすべは知っている」(469)。

（1）　Gershom Scholem, *De Berlin à Jérusalem. Souvenir de jeunesse*, trad. S. Bollack, avant-propos Arnaldo Momigliano, Paris, Albin Michel, 1984, p.244. これはショーレムの自叙伝の初版（一九七七年）の仏語訳だが、その後、新たな増補版がまずヘブライ語で、次いでドイツ語で公刊された（*Mi-Berlin l-Irushalayim. Sichronoth ne'urim*, Verlag Am Oved, Tel-Aviv, 1982; *Von Berlin nach Jerusalem. Jugenderinnerungen*, Erweiterte Fassung, Jüdischer Verlag, Francfort-sur-le-Main, 1994）。ショーレムは初版の記述を補う草稿をヘブライ語で書いており、この増補版には、その草稿に基づく未公刊だった箇所が多く見られる。これらの個所は、しばしば初版の論の展開を明瞭にすると同時に、修正も施している。ショーレムの書誌目録としては、一九七七年までに公刊されたテクストを網羅する以下のものがある（*Bibliography of the Writings of Gershom G. Scholem*, Jerusalem, Magnes Press, 1977）。

（2）　以下の記述は、基本的にショーレムの自叙伝の増補版に基づく。*Von Berlin nach Jerusalem, op. cit.*, p.202–237. これらの頁はエルサレムへの旅路、定着、初期の生活に関わるものである。とはいえ、フランス語版にもこのいくつかの要素は見られる。

（3）　*De Berlin à Jérusalem, op. cit.*, p.235.

（4）　一九三七年一〇月二九日のザルマン・ショッケン宛の六〇才の誕生日の書簡（«Exposé des motifs véritables qui m'incitèrent à étudier la Kabbale», lettre à Zalman Schocken à l'occasion de son soixantième anniversaire, 29 octobre 1937, in Gershom Scholem, *Briefe*, I, *1914–1947*, Munich, C. H. Beck, 1994, p.471–472）。仏訳は以下の著作の序文に見られる。Gershom Scholem, *Le Nom et les symboles de Dieu dans la mystique juive*, trad. M.-R. Hayoun, Paris, Cerf, 1988, p.7.

（5）　*De Berlin à Jérusalem, op. cit.*, p.238.

（6）　Gershom Scholem, *Walter Benjamin. Histoire d'une amitié*（1975）, trad. P. Kessler, Paris, Calmann-Lévy, 1981.

（7）　綿密に編集され、注の付された三巻にわたる以下のショーレム書簡集を参照。Gershom Scholem, *Briefe*, I, *1914–1947*, *op. cit.*; *Briefe*, II, *1948–1970*, Munich, C. H. Beck, 1995; *Briefe*, III, *1971–1982*, Munich, C. H. Beck, 1999.

（8）　それぞれ以下を参照。Walter Benjamin/Gershom Scholem, *Briefwechsel*, Herausgegeben von Gershom Scholem, Francfort-sur-le-Main, Suhrkamp, 1980; Betty Scholem/Gershom Scholem, *Mutter und Sohn im Briefwechsel, 1917–1946*, Munich, C. H. Beck, 1989. まずショーレムとベンヤミンの書簡集は一九三三年から一九四〇年のあいだにやりとりされた書簡のすべてを載せている。ショーレムは、その資料が一九四〇年にパリでゲシュタポによって押収された資料全体と

ともに消失したと考えていたが、ポツダムにあるドイツ民主共和国の文書館でその消息を得ることとなる。その全体がショーレムの手に渡るのは——一九六六年に約束されていたものの——一九七七年を待たねばならなかったが、それでも一九八〇年には公刊できることとなった。したがって、そこにはベンヤミン書簡集で公刊されていないベンヤミンの書簡およびショーレムの書簡のすべてが含まれることになるが、一九三三年以前の書簡のほとんどは、ベルリンでゲシュタポの手に落ち、そこに残されていたベンヤミンの書類の残りとともに失われた。

(9) Gershom Scholem, *Tagebücher, 1913–1917*, Francfort-sur-le-Main, Jüdischer Verlag, 1995; *Tagebücher, 1917–1923*, Francfort-sur-le-Main, 2000. これら二巻のうち第一巻は、若きショーレムの世界を掘り下げて再構成するのに実に適している。第二巻では日記そのものの頁数はそれほど多くないが、逆に一九二三年までに公刊されたショーレムのテクストがすべて載せられている。そこにはビアリクやアグノンの重要なテクストのショーレムによる翻訳も含まれているが、とりわけ、ショーレムが関心を抱いていた政治、文学、学問についての非常に多くの注記がある。

(10) それぞれ *De Berlin à Jérusalem, op. cit.*, p.24; *Von Berlin nach Jerusalem, op. cit.*, p.9 を参照。

(11) ヴァルター・ベンヤミンが幼年時代およびそこから浮かび上がるベルリンのイメージについて書いている二つのテクストに関しては、本書第一巻第三章二七四—二七五頁参照。

(12) 一九二五年二月九日のベティ・ショーレムからゲルショム・ショーレム宛の書簡を参照(Betty Scholem/Gershom Scholem, *Mutter und Sohn im Briefwechsel, op. cit.*, p.118)。ショーレムは、父親については、この手紙にも、続く手紙にも答えていない。

(13) *Tagebücher, 1913–1917, op. cit.*, p.437(一九一六年一一月二五日)。

(14) *De Berlin à Jérusalem, op. cit.*, p.59.

(15) «Entretien avec Gershom Scholem»(1975), in *Fidélité et utopie. Essais sur le judaïsme contemporain*, trad. M. Delmotte et B. Dupuy, Paris, Calmann-Lévy, 1978, p.27. ショーレムはすぐさま、当時「ユダヤ性」という語を父はシオニズムと混同していたと付け加えている。このムキ・ツアーとの対話は、以下のジャン・ボラックとピエール・ブルデューによって行われ「ユダヤ的自己同一性(アイデンティティ)」という題で公刊された対談とともに、ショーレムの伝記についての資料リストに付け加えられるものであることを指摘しておこう(«Identité juive», dans *les Actes de la recherche en sciences sociales*, n.35, novembre 1980, p.3–19)。

(16) *De Berlin à Jérusalem, op. cit.*, p.71.

(17) それぞれ、*Tagebücher, 1913–1917, op. cit.*, p.408(一九一六年一〇月一六日)、*Tagebücher, 1917–1923, op. cit.*, p.379–380(一九一八年八月から一九一九年八月のノート群)を参照。

(18) *Tagebücher, 1913–1917, op. cit.*, p.11(一九一三年二月一八日)。

(19) *Ibid.*, p.25(一九一四年六月一四日)、p.64(一九一四年一一月二六日)。一九〇九年から一九一一年にかけて発表された『ユダヤ教についての三講演』は、ほかの五つの講話と合わせて一九二三年に『ユダヤ教講演集』として公刊されることになる。これはプラハやウィーンからベルリンにいたるまで瞬く間にブーバーを有名にしたもので、ショーレムをしてこの講話は若きシオニストの目印の一つであると言わしめた。これらのテクストおよび翻訳に関しては、本書第五章原注24を参照。『ラビ・ナフマンの物語』は一九〇六年の公刊。

(20) *Ibid.*, p.15(一九一三年二月二四日)〔正しくは、*Ibid.*, p.16(一九一三年二月二五日)〕。

(21) *Ibid.*, p.41(一九一四年一一月一五日)および p.46.

(22) *Ibid.*, p.20(一九一三年三月一一日)。*Gittin*, 10b も参照。

（23）*Ibid.*, p.65（一九一四年一一月二七日）。
（24）*De Berlin à Jérusalem, op. cit.*, p.86 および *Von Berlin nach Jerusalem, op. cit.*, p.54.
（25）たとえば、一九一三年二月二七日の日記を参照（*Tagebücher, 1913–1917, op. cit.*, p.17）。そこでショーレムは子音を「見る」必要性を強調している。ドイツ語の場合と違い、子音は語の意味を見出すのに先立って、その根を形成しているのである。
（26）*De Berlin à Jérusalem, op. cit.*, p.85.
（27）*Tagebücher, 1913–1917, op. cit.*, p.249（一九一六年一月二五日）。ショーレムは後年、自らの修業時代を特徴づけるこの呪物的な——東方ユダヤ人の語彙に由来する——語についてまさに何を理解すべきかについて説明している。「学び（*lernen*）という語は、その明確な用語法において、膨大な意味を有している。それは単に「学ぶこと」のみを意味するのではなく、〈律法〉の博士たちの知的伝統全体を完全に修めることを含意している。かようなことが言われうる者は、その世代の師にほかならない」（«Trois types de piété juive»（1969）, in *De la création du monde jusqu'à Varsovie*, trad. M.-R. Hayoun, Paris, Cerf, 1990, p.249）。
（28）*Tagebücher, 1913–1917, op. cit.*, p.21–22. 以降ショーレムは、聖書の節やタルムードの諸篇などの固有名詞や、彼がそれらから抜き出す文句をすべてヘブライ語の角文字で書くようになる。
（29）*De Berlin à Jérusalem, op. cit.*, p.85.
（30）*Ibid.*, p.84–85.
（31）«Entretien avec Gershom Scholem», *loc. cit.*, p.26. ショーレムは、自叙伝の第二版において、彼の『ゾハール』についての演習にイーザク・ブライヒローデが現れたことに言及している（*Von Berlin nach Jerusalem, op. cit.*, p.53）。
（32）*Tagebücher, 1913–1917, op. cit.*, p.48（一九一四年一一月一六日）。
（33）*Ibid.*, p.328.
（34）*Ibid.*, p.429（一九一六年一一月二一日）。ショーレムは実際にアラビア語を学ぶが、真に習得するということはなかった。一九一六年の書簡によれば、ショーレムの日々のユダヤ研究は、数学に捧げられた研究時間にもかかわらず、一九一三年の春以降リズムを変えることはなかった。彼はそこでザムゾン・ラファエル・ヒルシュへの賞賛がますます強まっていたことを書き記しているが、とりわけ、イーザク・ブライヒローデとともにタルムード研究を行っていた時期の自らの熱狂と、カバラーに最初にアプローチしていくなかで彼に生じてくる熱狂との平行関係についても強調している。この点については、一九一六年一〇月二六日のエドガー・ブルム宛の書簡および一一月一二日のハリー・ハイマン宛の書簡を参照（*Briefe, I, 1914–1947, op. cit.*, p.52–60）。
（35）*Tagebücher, 1917–1923, op. cit.*, p.235–238（一九一八年六月一七日）。
（36）Hermann Cohen, *La religion dans les limites de la philosophie* (1915), trad. M. de Launay et C. Prompsy, Paris, Cerf, 1990, p.37–38.
（37）同じ指摘は翻訳に関しても行うことができる。ヴァルター・ベンヤミンは「翻訳者の使命」を一九二三年に書いていた。ショーレムは、一九一九年の夏以降、ノートに翻訳の問題の分析を発展させていったが、そこにはベンヤミンに見出されるのと同じ問題系がある。「真の翻訳の理念とは、〈救済〉である」。「ある言語の沈黙した領域を方法論的に復元する可能性が存在するのは、聖書の翻訳を通じてである。聖書の翻訳は、諸言語の贖罪なのだ」（*Tagebücher, 1917–1923, op. cit.*, p.345–346. 一九一八年夏—一九一九年夏という日付のあるテクスト群の最後）。
（38）*Tagebücher, 1913–1917, op. cit.*, p.10（一九一三年二月一〇日〔正しくは一七日〕）。
（39）*Ibid.*, p.76（一九一四年一二月九日）。自叙伝でショーレムは、社会民主労働者青年組織のメンバーだった兄ヴェルナーが、いかに彼を社会主義に改宗させようとし、部屋で仮想の聴衆に向けた演説会を催したかを語っている。*De Berlin à Jérusalem, op. cit.*, p.77. ショーレムはヴェルナーが一九四〇年六月にブーヘンヴァルトで死んだことを九月二七日の母からの手紙で知ることになるが（*Mutter und Sohn im Briefwechsel, op. cit.*, p.491–492）、他方、同年の一一月には、ヴァルター・ベンヤミンがスペイン国境で自殺したことを一〇月二一日付のハンナ・アーレントからの手紙で知る。自叙伝には以下の献呈がある。「一八九五年一二月にベルリンで生を享け、一九四〇年六月にブーヘンヴァルトで命を奪われた、わが兄ヴェルナーの追憶に」。

（40）*Ibid.*, p.81（一九一五年一月二〇日）。ショーレムが後者の観点において喚起する参照先は、推測される通り、マルティン・ブーバーとグスタフ・ランダウアーである。

（41）*De Berlin à Jérusalem, op. cit.*, p.94–98.

（42）*Ibid.*, p.93.

（43）*Tagebücher, 1913–1917, op. cit.*, p.79（一九一五年一月四日〔正しくは二〇日〕）。ショーレムの省察は、神の死についてのニーチェの主張に触発されたものであるが、さらにマックス・シュティルナー、アンリ・ベルクソン、シュテファン・ゲオルゲからも糧を得ている。

（44）*Ibid.*, p.434（一九一六年一一月二四日）。

（45）*Tagebücher, 1917–1923, op. cit.*, p.92（一九一七年一二月五日）。

（46）一九一七年には、ショーレムは「エレミヤの哀歌」全体を訳し、さらにユダヤ文学における哀歌の言語、形式、形而上学についての長い注釈を書く（翻訳については*ibid.*, p.112–127、注釈についてはp.128–133）。少し後には、パリでのタルムードの焚書についてローテンブルクのラビ・メイールが一二四〇年に書いた中世の哀歌を『ユダヤ人』誌に訳すことになる（*Der Jude*, no.4, 1919–1920; *Tagebücher, 1917–1923, op. cit.*, p.607–611）。

（47）*Tagebücher, 1913–1917, op. cit.*, p.223（一九一六年一月一日）。

（48）*Ibid.*, p.195（一九一五年一二月一一日）。

（49）*Ibid.*, p.307–315. 一九一六年六月から八月に書かれたテクスト群。この「ベラホート篇」七Bの文句はもっと早い時期から引用されている。*Ibid.*, p.99–100（一九一五年四月二日）。

（50）*Tagebücher, 1917–1923, op. cit.*, p.365. 一九一八年八月から一九一九年八月に書かれたノート群。ショーレムはイシューヴ（*yichouv*）とテシュヴァー（*teshouvah*）、定住と回帰――悔悛というニュアンスもある――の語根で掛け言葉をしている。ショーレムが引用しているヘルツルもドイツ語の帰郷（*Heimkehr*）と回帰（*Rückkehr*）の二つを結びつけているが、これらの語がヘブライ語において持つ深みは見ていない。

（51）*Von Berlin nach Jerusalem, op. cit.*, p.65.

（52）*De Berlin à Jérusalem, op. cit.*, p.101–102.

（53）*Ibid.*, p.102. ショーレムはこの手紙の下書きを日記に複写し書き留めていた（*Tagebücher, 1913–1917, op. cit.*, p.89–90）。この手紙には兄ヴェルナーや、ハリー・ハイマンやハリー・ヘラーのような友人らも署名している。

（54）この出来事は自叙伝において語られている（*De Berlin à Jérusalem, op. cit.*, p.102–103; *Von Berlin nach Jerusalem, op. cit.*, p.66–67）。だが、ショーレムはこの話を翌年マルティン・ブーバーに語ってもいる。一九一六年七月一〇日の書簡（ショーレム書簡集には未収録）（*The Letters of Martin Buber. A Life of Dialogue*, Nahum Glatzer and Paul Mendes-Flohr (ed.), New York, Schocken Books, 1991, p.194–196）を参照。

（55）『青白眼鏡』（*Die Blau-Weisse Brille*）に書かれたショーレムの短く、風刺的なテクストを見よ（*Tagebücher, 1913–1917, op. cit.*, p.291–301）。この雑誌の表題は、一九一二年にドイツで創設された

「青白」同盟という青年組織の名を風刺するものである。この組織の活動は基本的にスポーツ活動や祭りの刷新に向けられていた。一九二二年以降、この運動は本来的なシオニズムへと向かい、パレスチナへの定着を説くようになる。ショーレムは一九一七年八月に、この組織の雑誌『青白草紙』(*Blau-Weiss Brätter*)誌にこの運動の指針に対する批判を載せている(*Tagebücher, 1917–1923, op. cit.*, p.101–106)。

(56) ブーバーに対する風刺の書かれた『青白眼鏡』創刊号の第二頁の複写は以下にある。*Briefe*, I, *1914–1947, op. cit.*, p.18.

(57) *Tagebücher, 1913–1917, op. cit.*, p.201–203.

(58) エルサレムに出発するまでにショーレムが『ユダヤ人』誌に書いたものは以下である。「ユダヤ青年運動」(«Jüdische Jugendbewegung», no.1, 1916–1917; *Tagebücher, 1913–1917, op. cit.*, p.513–517)。ハイーム・ナフマン・ビアリクの長いテクストの翻訳(«Halacha und Aggada», no. 4, 1919–1920)。同じ号には中世の哀歌の翻訳も載せている(*Tagebücher, 1913–1917, op. cit.*, p.559–580, 607–611)。シュムエル・ヨセフ・アグノンの小説の翻訳(«Die Geschichte von Rabbi Gadiel dem Kinde», no.5, 1920–1921; *Tagebücher, 1917–1923, op. cit.*, p.627–631. 仏訳は以下。G. Scholem, *Aux origines religieuses du judaïsme laïque. De la mystique aux Lumières*, Paris, Calmann-Lévy, 2000, p.75–80. ここにはこの小説についてのショーレムの後年の研究も収められている)。『ゾハール』の選集についてのノート(*ibid.*; *Tagebücher, 1917–1923, op. cit.*, p.639–654)。彼の最初の学術論文である「カバラーの抒情詩?」(«Lyric der Kabbaka ?», no.6, 1921–1922; *Tagebücher, 1917–1923, op. cit.*, p.657–684)。ユダ・ハレヴィの二つの詩の翻訳(no.7, 1923; *Tagebücher, 1917–1923, op. cit.*, p.714–716)。一九二四年には、同誌第八巻は出発以後のショーレムのテクストを載せており、なかでもアグノンの二つの小説の翻訳がある。

(59) 一九一六年九月二二日のフランツ・カフカからフェリーツェ・バウアー宛の書簡(*Œuvres complètes*, IV, trad. M. Robert, A. Vialatte et Cl. David, Paris, Gallimard, 1989, p.760)。ショーレムの提案とは、ヘブライ語を身につけるのはパレスチナにユダヤ人の住処を建てるためだというものである。カフカはさらに一言付け足しているが、その控え目な皮肉はショーレムを同じくらい喜ばせたにちがいあるまい。「きみがそこの娘たちと仲良くし、彼女たちと親しくなる希望がもてるということで、ぼくは大変うれしいのです」。ちなみにカフカの書簡集のドイツ語初版は当然ショーレムの怒りをかうだろう。そこではこの手紙につけられた注でショーレム・アレイヘムと混同されているのだ。ジークフリート・レーマンとの討論を参照(*Tagebücher, 1913–1917, op. cit.*, p.396–399(一九一六年九月一〇日))。この討論に続いてレーマンとショーレムとの手紙のやり取りがあり、そこでショーレムは、ブーバーの弟子たちが主張する「生きられたもの」や人民ホームで観察される「審美的法悦」に対する批判を展開している。*Briefe*, I, *1914–1947, op. cit.*, p.43–46(一九一六年一〇月四日の書簡)およびp.46–52(一〇月九日の書簡)を見よ。そこにつけられた注ではレーマンの書簡の最も重要なパッセージを読むことができる(*Ibid.*, p.352–353)。

(60) パンシオーン・シュトルックでの経験については、以下の三つの典拠に基づく。*De Berlin à Jérusalem, op. cit.*, p.131s; *Von Berlin nach Jerusalem, op. cit.*, p.92s; «Jours de jeunesse avec Zalman Rubashov»(1963), in *Fidélité et utopie, op. cit.*, p.73–77.

(61) ショーレムは、この出来事に対してもドイツでの革命に対しても概して疎遠のままであった。すぐさま、ショーレムはボルシェヴィズムに対する決定的な不信を掲げ、ハポエル・ハツァイルのような運動からは距離をとることになる。一九一九年の注記「ボルシェヴィズム」を見よ(*Tagebücher, 1917–1923, op. cit.*, p.556–558)。ショーレムはそこで、ボルシェヴィズムは「メシアの国は貧民独裁によってのみ到来することができる」と断定すると記しつつ、これに対してユダヤ教は革命などは知らず、メシアニズムは〈律法〉からは切り離しえないのだと付け加えている。一九一九年六月二九日、ショーレムは日記に、もし社会主義が〈救済〉をもたらそうとしても、このシステムにおいては「知識人は精神異常者の地位しか持ちえないだろう」と記していた（*Ibid.*, p.464）。

(62) ショーレムが最初にザルマン・ルバショフの演説を聞いたのは、一九一六年三月三日、「若きユダヤ」の夜の会合で彼が詩人のイツハク・レーブ・ペレツについて語っているときであった。さらにベルリンの「シオニスト同盟」や『ユダヤ展望』の集まりなどで彼に出会っていた。*Tagebücher, 1913–1917, op. cit.*, p.283–284 および p.443s（一九一六年一一月三日）を見よ。

(63) *De Berlin à Jérusalem, op. cit.*, p.135.

(64) «Jours de jeunesse avec Zalman Rubashov», *loc. cit.*, p.77.

(65) *De Berlin à Jérusalem, op. cit.*, p.138.

(66) *Ibid.*, p.142.

(67) Gershom Scholem, «Samuel-Joseph Agnon: le dernier classique hébraïque ?», in *Fidélité et utopie, op. cit.*, p.211. この長いテクストで、ショーレムは、アグノンのエクリチュールおよびそのインスピレーションの源泉について見事に分析すると同時に、ヘブライ語の運命について不安げに省察している。アグノンは、その近代における預言者であると同時に、最後の本来的な代表者なのである。さらに、アグノンのノーベル賞受賞の機会に行われたショーレムの一九六六年一一月一六日の講演も見よ（«Agnon in Germany: recollections», in Gershom Scholem, *On Jews and Judaism in Crisis. Selected Essays*, New York, Schocken Books, 1976, p.117–125）。

(68) Gershom Scholem, «Les sources de *L'histoire de Rabbi Gadiel le Petit* dans la littérature kabbalistique», in *Aux origines religieuses du judaïsme laïque, op. cit.*, p.81–99. この仏訳書の先立つ数頁にはアグノンの小説の翻訳が見られる（本章原注58を見よ）。

(69) 「若きユダヤ」内の派閥争いの一つは以下で語られている。*Tagebücher, 1913–1917, op. cit.*, p.143–144（一九一五年八月四日）。

(70) *Tagebücher, 1917–1923, op. cit.*, p.350.

(71) *Ibid.*, p.499–500（一九一九年七月二八日）。書簡集には、ハイマンが戦地へ出発してから一月後の一九一六年四月から一九一八年三月のあいだのショーレムの一五通の手紙、および注でハイマンの手紙が抜粋で収められている。

(72) *De Berlin à Jérusalem, op. cit.*, p.109.

(73) アハロン・ヘラー、ヴェルナー・クラフトおよびハリー・ハイマン宛の書簡を見よ（*Briefe*, I, *1914–1947, op. cit.*, p.124s）。

(74) 一九六八年八月三一日のカール・レーヴィット宛の書簡（*Briefe*, II, *1948–1970, op. cit.*, p.213–214）。ショーレムはここで、家から追い出された日に父に向って何と言ったかを語っている。「お父さんと家族皆は嘘のなかで、嘘によって生活しているんだ」。さらにショーレムは、コーエンがこうした混同を最も道徳的に高次の形態で代表していたが、彼の世代のシオニストたちが自らの態度を決めるのは、政治についてというよりは、こうした現象に対してだったと付記している。

(75) *De Berlin à Jérusalem, op. cit.*, p.111–112; Gershom Scholem, «Franz Rosenzweig et son livre *L'étoile de la Rédemption*», in *Les Cahiers de la Nuit surveillée*, n°1, Franz Rosenzweig, 1982, p.19 を見よ。コーエンの言葉および彼のシオニズムに対する関係については、本書第一巻第一章九〇—九一頁を参照。

(76) 本書第一巻第三章を参照。

(77) *Tagebücher, 1917–1923, op. cit.*, p.166–167.

(78) «Dem Andenken Hermann Cohens», *ibid.*, p.190. 末尾で引用されている文句は「サムエル記上」第二五章第二九節に基づくものであり、たいてい墓碑銘の最後に書かれている。

（79）一九一八年四月八日の書簡（Gershom Scholem, *Briefe an Werner Kraft*, Frankfurt am Main, Suhrkamp, 1986, p.80）。ショーレムはここで、「いかにコーエンがユダヤ人であったか」を理解したのが、最後の冬になってからだったことを後悔している。こうした親密な書簡においてのみ表明されているとはいえ、ショーレムのヘルマン・コーエンに対する敬愛は、のちにレオ・シュトラウスが公にする敬愛と比べることができるだろう（本書第一巻第一章二二頁、一〇二―一〇三頁、および本書第三巻第七章を参照）。

（80）*De Berlin à Jérusalem, op. cit.*, p.146–147.

（81）ショーレムは、自叙伝において、しばしばこのミュンヘン時代の重要性について強調している。ショーレムは、ミュンヘンに惹きつけられたのはそこにある王立図書館の手稿部門のためだとしつつも、そこで哲学者のクレーメンス・ボイムカーのもとでカバラーの言語理論についての博士論文を書こうとしていたが、さらにいっそう学ぶべきものが膨大にあることに気づいたと語っている。哲学の博士号のためには心理学の研究も必要ということを聞かされたものの、この分野には嫌悪感を持っており、さらにフッサールの弟子の一人が神の存在を現象学の方法論で論証すると豪語したために現象学も耐えがたくなったため、この博士論文に携わることは諦めることになる。*De Berlin à Jérusalem, op. cit.*, p.175–176; «My Way to Kabbalah» (1974), in Gershom Scholem, *On the Possibility of Jewish Mysticism in Our Time & Other Essays*, Philadelphia/Jerusalem, The Jewish Publication Society, 1997, p.21 を参照。

（82）*De Berlin à Jérusalem, op. cit.*, p.177s を参照。さらにとりわけこの時期の研究計画を記した以下の二つの書簡を見よ。一九二〇年七月一日のメタ・ヤール宛の書簡、および同年一二月一四日のエーリヒ・ブラウアー宛の書簡（*Briefe*, I, *1914–1947*, *op. cit.*, p.208–214）。

（83）*De Berlin à Jérusalem, op. cit.*, p.167–168. 日記からより正確な日付が分かる。一九一九年五月一五日、ショーレムは次のように書いている。「私の目標は本当は数学ではなく、ユダヤ学者（*jüdischer Gelerter*）になることだ」（*Tagebücher, 1917–1923, op. cit.*, p.444）。のちに、バイエルン学術賞を受賞した際、ショーレムはミュンヘンでの日々の意義を認めている。それは、「ユダヤ教の歴史と精神の隠れた一章」を見出し、ドイツ語とヘブライ語との決定的な緊張関係に身を置いた日々、王立図書館の「平和な手稿群」とそこにあることが判明したものが持つ爆発的な力とのコントラストが生じた日々である。«My Way to Kabbalah», *loc. cit.*, p.20–24 を参照。

（84）*De Berlin à Jérusalem, op. cit.*, p.148s; *Von Berlin nach Jerusalem, op. cit.*, p.112s.

（85）*Ibid.*, p.117–118.

（86）*Ibid.*, p.149–150.

（87）*Ibid.*, p.182–183.

（88）*Von Berlin nach Jerusalem, op. cit.*, p.121. この点については、日記での打ち明け話はないが、一九一八年三月以降開始される文通においてショーレムがエシャに宛てた手紙を読むことができる（三月二四日の書簡を参照（*Briefe*, I, *1914–1947*, *op. cit.*, p.146–148）。これらの長い手紙で、ショーレムは自分が読んだ本、発見したこと、旅の印象、出会った人などを記している。一九一八年一一月二三日以降、彼らは「きみ」で呼び合うようになる。

（89）*De Berlin à Jérusalem, op. cit*, p.180s.

（90）*Ibid.*, p.153–155. ショーレムのヴェルナー・クラフト宛の書簡については独立した版があるが（本章原注79を見よ）、クラフトの書簡の抜粋については、ショーレムの書簡集で探す必要がある。たとえば、二人が出合った時期ヴェルナー・クラフトが絶望を漏らしているやりとりについては、一九一七年七月一六日のクラフトからショーレム宛の書簡、さらに同月一九日のショーレムの返信（*Briefe*, I, *op. cit.*, p. 364, p.99–102）を参照。

(91) *Tagebücher, 1917–1923, op. cit.*, p.53（一九一七年一〇月一五日。ドイツ的魂とユダヤ精神についての論争について）、p.76（一九一七年一一月六日）および p.138（一九一八年二月二二日。二人の友人を比較し、結局「わたしはベンヤミンのほうが好きだ」としてベンヤミンを選ぶ点について）。

(92) 本書第一巻第三章二六九—二七二頁を見よ。

(93) 一九一七年一二月三日のヴァルター・ベンヤミンからゲルショム・ショーレム宛の書簡（Walter Benjamin, *Correspondance*, I, *1910–1928*, trad. G. Petitdemange, Paris, Aubier, 1979, p.145）。この手紙でベンヤミンは、ドストエフスキーの『白痴』についての手稿を読んでくれたことに関してショーレムに感謝してもいる。一九一七年一一月二五日の日記において、ショーレムは、このベンヤミンのテクストは、戦争初期に自殺した彼の友人フリードリヒ・ハインレの死についての省察として読まねばならないと記していた（*Tagebücher, 1917–1923, op. cit.*, p.81–82）。

(94) *95 Thesen über Judentum und Zionismus*, in *Tagebücher, 1917–1923, op. cit.*, p.300–306. 一五一七年にルターがヴィッテンベルク城の教会の扉に掲げた「九五カ条の論題」をもじったこのショーレムの論題が書かれたのは一九一八年七月である。いくつかの論題や表現はより以前から現れている。すなわち、一九一七—一九一八年冬の日付がある「ユダヤ教についての短い注記」や、「ヴァルター」の考えや指摘を多く含んだ一九一八年夏の日記（*Ibid.*, p.235s）などである。『わが友ヴァルター・ベンヤミン』（*op. cit.*, p.88）では、ショーレムは結局これらの論題をベンヤミンに渡さなかったと語っている。

(95) 論題二三および六（*Tagebücher, 1917–1923, op. cit.*, p.300–301〔正しくは p.300–302〕）。

(96) 論題三三（*ibid.*, p.303）.

(97) 論題七五（*ibid.*, p.304–305）. 論題五〇は「生きられた経験とトーラーとは絶対的に相反する」としている。ブーバーにおける「生きられたもの」というテーマは、ショーレムとベンヤミンのあいだでつねにからかいの対象となる。

(98) 論題七六（*ibid.*, p.305）.

(99) 論題二二および二四（*ibid.*, p.302）.

(100) 論題七三および七八（*ibid.*, p.304–305）. これらの論題は、カバラーの諸概念やその言語理論についてのショーレムののちの主要著作を先取りするものである。

(101) 論題九三（*ibid.*, p.305）. ここでベンヤミンが死ぬ直前に書いた「歴史の概念について」のテーゼのことが考えられる。特に第三テーゼ、「人類は解放されてはじめて、その過去を完全なかたちで手にすることになる」である（Walter Benjamin, *Œuvres III*, *op. cit.*, p.429. 本書第一巻第三章三二三—三三六頁を参照）。言語理論や翻訳の問題についてと同様（本章二一一—二一二頁を参照）、この点に関しても、ショーレムが書き記す表現がベンヤミンとの議論の痕跡と絡み合っているだけに、どちらが最初にメシア的歴史についての直観を得たのかは分からない。ショーレムはさらにこう書いている。「メシアの国という考えには、歴史（*Geschichte*）の最も大きなイメージを見出すことができるだろう。[…]「メシアの国はつねにそこにある」[この表現はベンヤミンのものと思われる]。時間の永遠の極としての〈啓示〉とメシアの国とが、教えによって統一を保たれているユダヤ的な歴史観の根本である」（*Tagebücher, 1917–1923, op. cit.*, p.203）。

(102) *De Berlin à Jérusalem, op. cit.*, p.220 および p.35.

(103) *De Berlin à Jérusalem, op. cit.*, p.56〔ブーレッツはここで「何か無意識的なもの（inconscient）」としているが、原文では「意識的なもの」であり、誤記と思われるが、ここでは文脈の都合上そのままにしてある〕。

(104) ショーレムはこうしたユダヤ的ユーモアの非本来的形態に対し

て非常に早くから機知（*Witz*）の本質を対置していた。「ユダヤ的機知とは、預言主義の限界概念である」。「それは、その純粋な形態においては、メシア的中心なきトーラーである」（*Tagebücher, 1917–1923, op. cit.*, p.326）。

(105)　フランツ・カフカ『ミレナへの手紙』（*Œuvres complètes IV, op. cit.*, p.1107）。ゲルショム・ショーレムとヴァルター・ベンヤミンとの長い文通については、本書第一巻第三章二六九―二九二頁を参照。

(106)　フランツ・カフカ「父への手紙」（*Ibid.*, p.862）。

(107)　*De Berlin à Jérusalem, op. cit.*, p.34. ドイツ語版は〔この「痕跡（trace）」という語に〕「遺産（Relikte）」というより強い語を用いており、ヘブライ語版は、「イスラエルの残りの者」というときの伝統的な意味での「残りの者（Reste）」について一段落を付加している。*Von Berlin nach Jerusalem, op. cit.*, p.16 を参照。

(108)　Gershom Scholem, «A propos de la psychologie sociale des Juifs d'Allemagne entre 1900 et 1930» (1976), in *De la création du monde jusqu'à Varsovie, op. cit.*, p.231. 〔「煙草の実を創造されたお方」とは、通常安息日の夜の、ぶどう酒の聖別（キドゥッシュ）における、「ブドウの実を創造されたお方」という言葉をもじっている〕。

(109)　*Ibid.*, p.239.

(110)　一九二一年六月のフランツ・カフカからマックス・ブロート宛の書簡（*Œuvres complètes III*, trad. M. Robert, Cl. David et J.-P. Danès, Paris, Gallimard, 1984, p.1087）。

(111)　«Understanding the Internal Processes» (1977), in *On the Possibility of Jewish Mysticism in Our Time, op. cit.*, p.45–48.

(112)　«Brief an Ch. N. Bialik» (12 juillet 1925), in Gershom Scholem, *Judaica, 6. Die Wissenschaft vom Judentum*, Frankfurt am Main, Suhrkamp, 1997, p.55–67.

(113)　«Exposé des motifs véritables qui m'incitèrent à étudier la Kabbale», *loc. cit.*; Gershom Scholem, «Dix propositions non historiques sur la Kabbale», *Aux origines religieuses du judaïsme laïque, op. cit.*, p.249–256.

(114)　«Dix propositions non historiques sur la Kabbale», *loc. cit.*, p.249.

(115)　«Exposé des motifs véritables qui m'incitèrent à étudier la Kabbale», *loc. cit.*, p.8.

(116)　フランツ・ヨーゼフ・モリトールの二巻本は、より正確には『歴史の哲学あるいは伝統について』（*Philosophie der Geschichte oder über die Tradition*）と題され、それぞれ一八二七年、一八三四年に公刊された。ショーレムは一九一六年一〇月にそれを発見し、読み始める（*Tagebücher, 1913–1917, op. cit.*, p. 404, p.421 を参照）。

(117)　ショッケンの求めに応じ、ショーレムはカフカの小説をヘブライ語に翻訳する可能性について検討している。この企ては一九三六年一一月二九日の書簡で報告されている（*Briefe*, I, *1914–1947, op. cit.*, p.260–262）。ベンヤミンとの長い文通に加え（本書第三章参照）、『審判』における〈掟〉の寓話についての短い遺稿ノートは、ショーレムがカフカの著作に一種の隠れたカバラー主義を見ていたことを証言している。«On Kafka's *The Trial* (1926)», in *On the Possibility of Jewish Mysticism in Our Time, op. cit.*, p.193.

(118)　«Réflexions sur les études juives. Préface pour un discours anniversaire qui n'a pas été prononcé». ヘブライ語からかなり部分的に仏訳されたものが、ベルナール・デュピュイの解説とともに以下にある（in *Pardès*, no.5, 1987, p.105–116）。このテクストの完全版はヘブライ語からドイツ語に訳され、『ユダイカ』最終巻に収められている（«Überlegungen zur Wissenschaft vom Judentum–Vorwort für eine Jubiläumsrede die nicht gehalten wird», *Judaica*, 6, *op. cit.*, p.7–52）。

(119)　«L'identité juive», entretien avec Jean Bollack et Pierre Bourdieu, *loc. cit.*, p.4. 「ロンドンのレオ・ベック研究所の俗物たち」用のヴァ

ージョンとは以下である。«La science du judaïsme, hier et aujourd'hui»(1959), in *Le messianisme juif. Essai sur la spiritualité du judaïsme contemporain*, trad. B. Dupuy, Paris, Calmann-Lévy, 1974, p.427–440. ショーレムは、前者のテクストの暴力性を悔いているというよりは、後者にこの暴力性が残ってしまっていて、一九世紀の学者へのヴェールに包まれた批判も、彼らの著作がそれにもかかわらず惹起する尊敬の念も聴衆が理解できなくなってしまうことを悔いているように思われる。

(120) «Réflexions sur les études juives. Préface pour un discours anniversaire qui n'a pas été prononcé», *loc. cit.*, p.110.

(121) ショーレムは、ゴットホルト・ヴェイユが伝えるこのシュタインシュナイダーの言葉をしばしば引いている。たとえば、«La science du judaïsme, hier et aujourd'hui», *loc. cit.*, p.431 を参照。

(122) «Réflexions sur les études juives. Préface pour un discours anniversaire qui n'a pas été prononcé», *loc. cit.*, p.109.; «La science du judaïsme, hier et aujourd'hui», *loc. cit.*, p.430–431.

(123) «Überlegungen zur Wissenschaft vom Judentum», *loc. cit.*, p.34, 38. 仏語訳には、ユダヤ教学を総決算する分析にあてられた長い段落が欠けている。

(124) «Réflexions sur les études juives. Préface pour un discours anniversaire qui n'a pas été prononcé», *loc. cit.*, p.111–112.

(125) *Ibid.*, p.105. この箇所でショーレムは、「イザヤ書」第四九章第二一節の「私は迷い、追放された」という表現を用いている。

(126) 「列王記上」第六章第七節の「神殿の建設のためには、無傷の石しか用いなかった」への示唆。

(127) 有名なグノーシスの物語「真珠の歌」への言及。Hans Jonas, *La religion gnostique*, trad. L. Evrard, Paris, Flammarion, 1978, p.152–173 の古典的な分析を参照（本書第三巻第八章も見よ）。

(128) 「ヨエル書」第三章第一節の「あなたたちの息子や娘は預言し、老人は夢を見る」への示唆。

(129) アル・ガザーリ『哲学者たちの非一貫性』への反論であるアヴェロエスの『矛盾の矛盾』（*Tahafut at-tahafut*）への言及。第二の引用は、ヘブライ語の nequdat ha-mifne と nequdot ha-mivne の掛け言葉である。

(130) «Réflexions sur les études juives. Préface pour un discours anniversaire qui n'a pas été prononcé», *loc. cit.*, p.115.

(131) 「建立者らが捨てた石」（Even Ma'asu ha-Bonim）。ショーレムはこれを一九六二年のロスチャイルド賞受賞の際の講演の表題にするだろう。

(132) 「〈神殿〉の破壊以降、〈聖なる方〉――彼はほむべきかな――の世界にはハラハーの四クデ四方しか残らなかった」（*Berakhoth*, 8a）という有名なタルムードの文句への示唆。

(133) «Überlegungen zur Wissenschaft vom Judentum», *loc. cit.*, p.28–29. この箇所でショーレムはユダヤ教学の創設者らの「教皇面」（*päpstlich*）のブルジョワ自由主義を皮肉っている。

(134) «Réflexions sur les études juives. Préface pour un discours anniversaire qui n'a pas été prononcé», *loc. cit.*, p.114. この箇所でショーレムはルーリアのカバラーのカテゴリーを用いて、シトラ・アハラ、すなわち「もう一つの側」という観念を展開している（本章九八―九九頁参照）。独語版はこの分析を発展させ、とりわけメドゥーサの頭のイメージを喚起している。«Überlegungen zur Wissenschaft vom Judentum», *loc. cit.*, p. 26, p.36 を参照。

(135) Gershom Scholem, «*Vae victis* ou la mort du professorat», in *Aux origines religieuses du judaïsme laïque*, *op. cit.*, p.206.

(136) «Réflexions sur les études juives. Préface pour un discours anniversaire qui n'a pas été prononcé», *loc. cit.*, p.115. 「イザヤ書」第一〇章第二一―二二節の「イスラエルの残りの者」への示唆。

(137) *Ibid.*, p.111.

(138)　ショーレムがここで言及しているのはカバラーの最も古くからある概念の一つ、シウール・コーマである。これは、「エゼキエル書」の天の山車の幻視における神の大きさないし身体の寸法という、二つの根本的な「トーラーの秘密」のうちの一つである（本章六六—六九頁を参照）。

(139)　«Réflexions sur les études juives. Préface pour un discours anniversaire qui n'a pas été prononcé», *loc. cit.*, p.115.

(140)　«Dix propositions non historiques sur la Kabbale», *loc. cit.*, p.249.

(141)　Hans Jonas, «La science comme vécu personnel» (1986), trad. R. Brisart, *Études phénoménologiques*, No.8, 1988, p.9–32、および本書第三巻第八章参照。

(142)　«Réflexions sur les études juives. Préface pour un discours anniversaire qui n'a pas été prononcé», *loc. cit.*, p.114.

(143)　*Ibid.*, p.106.

(144)　Gershom Scholem, «Le Nom de Dieu ou la théorie du langage dans la Kabbale. Mystique du langage» (1970), in *Le Nom et les symboles de Dieu dans la mystique juive*, *op. cit.*, p.55–99. ショーレムは一九二〇年からこの問題を検討することを計画していたが、その後それが不可能であると悟るようになる（*De Berlin à Jérusalem*, *op. cit.*, p.168–169 を見よ）。引用されているのは、一七八五年のヨハン・ゲオルク・ハーマンからヤコービ宛の書簡である。

(145)　«Le Nom de Dieu ou la théorie du langage dans la Kabbale», *loc. cit.*, p.99.

(146)　Gershom Scholem, *Les grands courants de la mystique juive*, trad. M.-M. Davy, Paris, Payot, 1950, p.27.

(147)　«Le Nom de Dieu ou la théorie du langage dans la Kabbale», *loc. cit.*, p.56. 若かりし頃のベンヤミンとの議論および彼の言語についての諸々のテクストに加え、ショーレムはおそらく一九二八年の『ドイツ悲劇の根源』で展開された象徴論を念頭に置いているだろう。本書第一巻第三章三〇一—三〇二頁を見よ。

(148)　*Ibid.*, p.61 においてショーレムは、一九二四年のコーエンの以下のテクストを引用している。«Die religiösen Bewegung der Gegenwart», in *Jüdische Schriften*, II, *Ethische und religiöse Grundfragen*, Berlin, C. A. Schwetschke & Sohn, 1924, p.63. こうした考えは、『理性の宗教』における〈御名〉についての分析においても見られる。

(149)　神人同型論を一掃するためにトーラーの両義的な語を寓意として解釈することが、『迷える者への手引き』前半のほとんど全体にわたる対象となっている。この問題およびマイモニデスにおける言語の慣例主義的な理論については、本書第八章原注193を見よ。マイモニデスの合理主義がトーラーの寓意的解釈に基づく一方で、神秘主義がその言語論において象徴を用いるという点は、哲学とカバラーとのあいだの全体的対立関係——ちなみにこれはショーレムがこうした二つの修辞的文彩の対立に基づいて提案するものである——を強固にしてくれる。本章五九—六四頁を見よ。

(150)　*Eruvim*, 13a; *Midrash Tehillim*, 3, 2. この問題については、Ephraïm E. Urbach, *Les Sages d'Israël. Conceptions et croyances des maîtres du Talmud*, trad. M.-J. Jolivet, Paris, Cerf/Verdier, 1996, chap. VII を参照。

(151)　«Le Nom de Dieu ou la théorie du langage dans la Kabbale», *loc. cit.*, p.65s に加え、*Les origines de la Kabbale* (1962), trad. J. Loewenson, Paris, Aubier-Montaigne, 1966, p.33s を見よ。この書の成立年代は一般に一世紀から六世紀のあいだとされているが、ショーレムはそれを二世紀と三世紀のあいだと提案する。

(152)　こうした思弁は、ヘブライ語を二つの子音しか含まない語根に基づいた言語とみなす考えに基づいている。三子音構造についての叙述はより後の中世になってからしか——とりわけ一〇世紀のドゥナシュ・ベン・ラブラートにおいて——現れないためである。この点については以下を参照。A. S. Halkin, «The medieval Jewish attitude toward Hebrew», in *Biblical and Other Studies*, Alexander Altmann (ed.), Cambridge, Mass., Harvard University Press, 1963, p.233–248; Salo W. Baron, *A Social and Religious History of the Jews*, vol. VII, *Hebrew Language and Letters*, New York and London, Columbia University Press; Philadelphia, The Jewish Publication Society of America, 1958, p.41s.

(153) *Zohar*, III, 36a. およびこれに対応するテクスト（II, 87b; III, 83b, 176a）。Gershom Scholem, *Zohar. Le Livre de la Splendeur*, trad. E. Ochs, Paris, Seuil, 1980 の序文および選集を参照することができよう。ただし、より仔細な分析が、ショーレム大全といえる『カバラー　導入、起源、テーマおよび伝記』(Gershom Scholem, *La Kabbale. Une introduction, origines, thèmes et biographies*, trad. Paris, Cerf, 1998, p.333–375）の「ゾハール」の項にある。このテクストは『エンチュクロペディア・ユダイカ』（*Encyclopedia Judaica*, Jerusalem, Keter, New York, Macmillan, 1972, 16 vol）へのショーレムの投稿を再録するものである。『ゾハール』一般、さらにとりわけ目下の問いに関しては、ショーレムに近いパースペクティヴからの以下のものを参照。Isaiah Tishby, *The Wisdom of the Zohar. An Anthology of Texts*, trad. D. Goldstein, London, Washington, The Littman Library of Jewish Civilization, 1994, 3 vol. アルファベットの文字の意味に関する『ゾハール』のテクストについては、同第二巻、p.561–567、著者による紹介と解釈は p.549–560 を見よ。

(154) Gershom Scholem, «La signification de la Loi dans la mystique juive»(1956), in *Le Nom et les symboles de Dieu dans la mystique juive, op. cit.*, p.120; Gershom Scholem, *La Kabbale et sa symbolique* (1960), trad. J. Boesse, Paris, Payot, 1966, p.70 を見よ。注解が施されているタルムードの一節（*Haguiga*, 14b）では、ラビ・アキバ、ベン・ゾマ、ベン・アッサイ、アシェールが楽園へ入ったことが語られている。ただし彼らがそこから出てくるときには、「一人は見て死んだ、もう一人は見て狂った、三人目は若い草木を荒らした、アキバのみが入ったときと同じように平穏に出てきた」。

(155) *La Kabbale, op. cit.*, p.277 を見よ。

(156) *Les origines de la Kabbale, op. cit.*, p.293. 一三世紀の盲人イーザクに関しては、«Le Nom de Dieu ou la théorie du langage dans la Kabbale», *loc. cit.*, p.75.

(157) «Le Nom de Dieu ou la théorie du langage dans la Kabbale», *loc. cit.*, p.74. *Les origines de la Kabbale, op. cit.*, p.276–306 には盲人イーザクの思想のより詳しい紹介がある。

(158) «Le Nom de Dieu ou la théorie du langage dans la Kabbale», *loc. cit.*, p.77–78. ショーレムは別のところでは、ヨッドについて別の象徴表現を引用する。すなわち、ヨセフ・ギガティラにおける、無からの創造（création *ex nihilo*）という象徴表現である。«La création à partir du néant et l'autocontraction de Dieu»(1977), *De la création du monde jusqu'à Varsovie, op. cit.*, p.52–53 を参照。

(159) Moshe Idel, *L'expérience mystique d'Abraham Aboulafia*, trad. S. Tovel-Abitbol, préface de Shlomo Pinès, Paris, Cerf, 1989. アブラフィアの生涯と著作については p.12–17、神の名および言語の理論については第一章を見よ。また、Elliot R. Wolfson, *Abraham Aboulafia, cabbaliste et prophète. Herméneutique, théosophie et théurgie*, trad. J.-F. Sené, Paris, Éditions de l'Éclat, 1999 も参照。マイモニデスとカバラーとの関係についての論争の的になる問題に関しては、Alexander Altmann, «Das Verhältnis Maimunis zur jüdische Mystik», *Monatsschrift für die Geschichte und Wissenschaft des Judentums*, 80, 1936, p.305–330. 英訳は以下。«Maimonides' attitude toward Jewish mysticism», in *Studies in Jewish Thought, An Anthology of German Jewish Scholarship*, Alfred Jospe (ed.), Detroit, Wayne State University Press, 1981, p.200–219. 問題の現況に関しては、Moshe Idel, *Maimonide et la mystique juive*, trad. Ch. Mopsik, Paris, Cerf,

1991を参照。

(160) とりわけ『迷える者への手引き』第三巻第三一―三九章、*Mishneh Torah*, I, *Madda*, I, *Yesode ha Torah*, VII を参照。この問いに関しては、レオ・シュトラウスの『哲学と法』の最終部「哲学に基づいた律法　マイモニデスにおける預言理論とその諸源泉」を参照することができる（Leo Strauss, *Maïmonide*, trad. R. Brague, Paris, PUF, 1988, p.101–142）。本書第三巻第七章も見よ。

(161) «Le Nom de Dieu ou la théorie du langage dans la Kabbale», *loc. cit.*, p.91.

(162) 『迷える者への手引き』第二巻第三六章を見よ。そこでマイモニデスは預言を以下のように定義している。「能動知性を媒介にして、まずは理性的能力へ、さらに想像的能力へと伝播する神の流出。これは人間の最も高次のものであり、人間という種が達しうる完成の極地である」。アブラフィアが考えていた預言の経験については、Moshe Idel, *L'expérience mystique d'Abraham Aboulafia*, *op. cit.*, chap. III を見よ。アブラフィアのマイモニデスの知性論に対する関係については、Elliot R. Wolfson, *Abraham Aboulafia, cabbaliste et prophète*, *op. cit.*, p.124s を見よ。

(163) *Ibid.*, p.68 に引用。「全イスラエルの目の前で」については、ウォルフソンが引用したテクストにおける参照先を訂正し、「申命記」第三四章第一二節としなければならない。この三語は同書の、したがってモーセのトーラーの最後の語である。

(164) «Le Nom de Dieu ou la théorie du langage dans la Kabbale», *loc. cit.*, p.91 に引用。

(165) Moshe Idel, *L'expérience mystique d'Abraham Aboulafia*, *op. cit.*, p.33 に引用。イデルは組み合わせ表の例として、アレフと聖四文字の各々の文字との考えられる組み合わせすべてに関わる表を挙げている。

(166) *Ibid.*, p.31.

(167) 「文字の組み合わせの学」とその類似物に関しては、*Les grands courants de la mystique juive*, *op. cit.*, p.148–150 を見よ。

(168) *L'expérience mystique d'Abraham Aboulafia*, *op. cit.*, p.62 に引用。

(169) Elliot R. Wolfson, *Abraham Aboulafia, cabbaliste et prophète*, *op. cit.*, p.59–60.

(170) «Entretien avec Gershom Scholem», *loc. cit.*, p.71.

(171) *La Kabbale et sa symbolique*, *op. cit.*, p.19.

(172) «Le Nom de Dieu ou la théorie du langage dans la Kabbale», *loc. cit.*, p.99.

(173) *La Kabbale et sa symbolique*, *op. cit.*, p.20.

(174) «L'identité juive», *loc. cit.*, p.8.

(175) Stéphane Mosès, *L'ange de l'histoire, Rosenzweig, Benjamin, Scholem*, Paris, Seuil, 1992, p.243 を見よ。

(176) *La Kabbale et sa symbolique*, *op. cit.*, p.7.

(177) «L'identité juive», *loc. cit.*, p.8.

(178) ショーレムは、タルムードのヘブライ語において、カバラーという語は口伝の〈律法〉一般という意味での〈伝統〉を指し、ときにはモーセ以降のテクストの総体も指すという点にしばしば言及している。暦はニサンの月から数えなければならないということについて「ロシュ・ハシャナー篇」七Aは「われわれはそのことをモーセの〈律法〉からではなく、カバラーから知っている」と言う。あるいはまた「ハギガー篇」一〇Bは「カバラーという語は、トーラーという語と同等の権威をもつ」と言っている。この意味で、「伝統の連鎖」においては神秘主義的ニュアンスを帯びたテクストを差別化するための区別は長いあいだ設けられないのである。

(179) Gershom Scholem, «La crise de la Tradition dans le messianisme», in *Le messianisme juif*, *op. cit.*, p.105.

(180) «La signification de la Loi dans la mystique juive», *loc. cit.*, p.101.

（181） Gershom Scholem, «L'étude de la Kabbale depuis Reuchlin jusqu'à nos jours» (1969), in *Le Nom et les symboles de Dieu dans la mystique juive, op. cit.*, p.203.

（182） «Mysticisme et société: un paradoxe créateur», in *Aux origines religieuses du judaïsme laïque, op. cit.*, p.257–284.

（183） *Ibid.*, p.273.

（184） *La Kabbale et sa symbolique, op. cit.*, p.11.

（185） Gershom Scholem, «Trois types de piété juive», *loc. cit.* および «*Devekout* ou la communion avec Dieu», in *Le messianisme juif, op. cit.*, p.303–331 を見よ。別の文脈で、ショーレムはもう一つの形態論を提示している。これによれば賢者（タルミッド・ハハム）にはハルーツ（開拓者）が対置される。自叙伝においてショーレムが賢者（タルミッド・ハハム）の形象に対する魅惑を鮮明にし、自らの世代を開拓者（ハルツィーム）の世代として語っていたことを思い出すことができる。

（186） «Mysticisme et société : un paradoxe créateur», *loc. cit.*, p.279.

（187） Gershom Scholem, *Sabbataï Tsevi. Le messie mystique*, trad. M.-J. Jolivet et A. Nouss, Paris, Verdier, 1983, p.37. これは一九五七年にテルアビブにおいてヘブライ語で公刊され、一九七三年にはプリンストンにおいて、ショーレムの友人でエルサレム・ヘブライ大学の比較宗教学教授であるR・J・ツヴィ・ヴェルブロウスキーによって英語に翻訳された増補改訂版が出る。ただしショーレムはこの公刊の際に多くの留保をつけていた。この著作の決定版の準備にあたり、ショーレムは初版以降に発見された重要な資料コレクションの情報を組み込んでいる。それはサバタイ・ツヴィの信徒であり、彼と同様にイスラム教へと改宗したテサロニケのドンメ派についての資料である。この発掘の経緯だけをとっても、サバタイ主義を長いあいだ取り巻いてきた神秘を示すものである。一九一七年の大火災の後、この資料はもう失われてしまったと思われていたが、当時ギリシアを離れトルコに移っていたドンメ派の一グループがかなりの資料をあるラビに託し、このラビがこれをほかの学者らの目から隠すかたちで保存することを決めたのだった。ナチス占領下のアテネで秘密裏に隠されていたこれらの資料は、このラビの息子によって救出・回収されイスラエルに運ばれ、そこで最終的に保管されることになる。仏訳されたものは、ショーレムのこの大著の増補改訂版であり、一九七一年に著者がアメリカ版のために著した序文も含まれている。ちなみにショーレムは、未公刊の資料が出る発端となった運動の常軌を逸した経緯について長い研究を書いている。«La secte crypto-juive des Dunmeh de Turquie» (1960), in *Le messianisme juif, op. cit.*, p.219–250.

（188） *La Kabbale et sa symbolique, op. cit.*, p.8.

（189） *Ibid.*, p.9.

（190） «Pour comprendre le messianisme juif», in *Le messianisme juif, op. cit.*, p.23.

（191） «La crise de la tradition dans le messianisme juif», *loc. cit.*, p.105.

（192） 一九一八年夏から一九一九年夏のあいだの書類群末尾のメシアニズムについてのノート（*Tagebücher, 1917–1923, op. cit.*, p.380）。

（193） «Pour comprendre le messianisme juif», *loc. cit.*, p.25s.

（194） *Sabbataï Tsevi, op. cit.*, p.25–26.

（195） *Midrash Tehillim*, Psaume 43, 3; *Sota*, 49b（*Sanhédrin*, 97a に対応する節）。ラビ派文学における黙示録のテーマについてはEphraïm E. Urbach, *Les Sages d'Israël, op. cit.*, chap. 17 を参照。ショーレムもまた、サアディア・ガオンのようなラビ派の権威もこうした提案を受け入れることができたという点を強調する（*Sabbataï Tsevi, op. cit.*, p.29）。とりわけ *Livre des croyances et des opinions*, traité VIII, 3 を参照。そこでサアディアは、「ダニエル書」の黙示録的な説とそこにおける算術法についての解釈を提示している。ショーレムはしばしばユダヤ教における黙示録的潮流の正確な地位については躊躇しているように思われ、この潮流がラビ派文学においては周縁的なものであったことを強調したり（«Pour comprendre le messianisme juif», *loc. cit.*, p.29s）、あるいは〈伝統〉の連続性のなかにそれを再導入したりしているということは注記しておこう（*Sabbataï Tsevi*, *op. cit.*, p.26. ここでショーレムはこうしたパースペクティヴを隠蔽したことをユダヤ教学による「ユダヤの歴史の近代的歪曲」の一つとしている）。

（196）«Pour comprendre le messianisme juif», *loc. cit.*, p.41.

（197）*Ibid.*, p.35.

（198）*Sabbataï Tsevi*, *op. cit.*, p.31.

（199）*Sanhédrin*, 97a.

（200）*Commentaire de la Michna*, *Sanhédrin*, chap. x（*Heleq*）（原理一三）。マイモニデスについては、本書第一巻第一章原注132、および本書第三巻第七章原注145を参照。

（201）*Mishneh Torah*, Livre XIV, *Sofetim*（士師記）5, *Melakim*（列王記）12.

（202）*Sabbataï Tsevi*, *op. cit.*, p.31.

（203）*La Kabbale et sa symbolique*, *op. cit.*, p.106.

（204）Gershom Scholem, «Considérations sur la théologie juive»（1973）, in *Fidélité et utopie*, *op. cit.*, p. 257 et p.255–256.

（205）*Ibid.*, p.254–255. ショーレムはヘルマン・コーエン『ユダヤ教の源泉から引き出された理性の宗教』（Hermann Cohen, *Religion de la raison tirée des sources du judaïsme*, trad. M. B. Launay et A. Lagny, Paris, PUF, 1994, p.352）を引用している。この表現の正確な意味およびコーエンが擁護するメシアニズムの教説については、本書第一巻第一章七六頁を参照。

（206）*Ibid.*, p.240–241（ショーレムは*Religion de la raison*, *op. cit.*, p.123を引用している）。ショーレムが、必要に応じて神秘主義を利用しつつも基本的にこれに対して論争的な態度を、コーエンと同じくらいローゼンツヴァイクとブーバーにも帰していることは注記しておこう。

（207）マルティン・ブーバーが、コーエンの神は「観念」であるという主張をいかに批判するかについては、本書第五章二六四—二六五頁を参照。こうした領域においてブーバーは、ユダヤ教は、厳密に合理主義的で一神教的な大義を賞賛しながら孤立していくラビ派の伝統とは逆に、危機的な歴史状況に直面することができる力をしばしば神話から汲み取っているという考えを擁護する。とりわけ、Martin Buber, «Le mythe dans le judaïsme», trad. M.-J. Jolivet, Paris, Gallimard, 1982, p.79–89を参照。ショーレムが近づくのはこうした考えであるが、ちなみに、だからこそユングが組織したエラノス会議には定期的に参加しているにもかかわらず、その元型論に着想は得てないと否定するのである。一九七九年一〇月二五日のノーマン・ポドレッツ宛の書簡（*Briefe*, III, *1971–1982*, *op. cit.*, p.199）を見よ。この指摘は、ショーレムが、自らに関するデイヴィッド・ビアールの著作（David Biale, *Gershom Scholem, Kabbalah and Counter-History*, Cambridge, Mass., et Londres, 1979）に対して行う批判の一つである。

（208）Gershom Scholem, «*Shi'ur Qoma*, la forme mystique de la divinité», in *La mystique juive. Les thèmes fondamentaux*（*Von der mystischen Gestalt der Gottheit. Studien zu Grundbegriffen der Kabbala*, 1962）, trad. M.-R. Hayoun, Paris, Cerf, 1985, p.37–72）を見よ。

（209）『手引き』第一部第一章。シュトラウスが「語彙集」と呼んだこの書物の最初の四九の章は、神の身体性を示唆する用語を体系的に検討し、それらが同義語であるか多義語であるかを示し、これらは隠喩的ないし寓意的意味で理解されなければならないとした後で、いずれにせよこれらの語は神の神人同型論的な表象をもたらすものではないとする（とりわけ、顔（パニム）という語に関する第一部

第三七章を参照）。『手引き』の全体構造におけるこれらの章の役割については、本書第三巻第七章原注172−174を参照。また、ヘルマン・コーエンが神人同型論の反駁に与える反神話学的な意味については、本書第一巻第一章四四―四五頁を参照。

（210）《*Shi'ur Qoma*, la forme mystique de la divinité》, *loc. cit.*, p.37. 三つの一神教における神人同型論の逆説的な役割についてのよく似た記述がアンリ・コルバンにおいても見ることができるだろう。Henri Corbin, *Le paradoxe du monothéisme*, Paris, L'Herne, 1981 を参照。両者はエラノス会議で出会っており、ショーレムは、一九七七年にテヘランで公刊されたコルバン記念論集に、観想についてのカバラーの一節に関する小論を書いている（一九七三年四月五日のアンリ・コルバン宛の書簡（*Briefe*, III, *1971–1982*, *op. cit.*, p.65）を参照）。

（211）*Les grands courants de la mystique juive*, *op. cit.*, p.37.

（212）*Ibid.*, p.39. ここで注記しておくべきなのは、ショーレムがマイモニデスの哲学を反カバラーの原型として手短に提示する際に採用している観点が、マイモニデスの著作を最も徹底的に解釈する観点と合流するということである。こうした解釈は、おそらくはコーエンよりももっと先を行く近代合理主義のものであるが、これは同時に、『手引き』のような著作が当時告発され〈律法〉に敵対的な哲学的異端とみなされた際に援用されていた解釈でもある。

（213）*Ibid.*, p.40.

（214）*Ibid.*, p.42.

（215）*Ibid.*, p.45.

（216）Leo Strauss, 《Pour commencer à étudier la philosophie médiévale》, in *La renaissance du rationalisme politique classique*, trad. P. Guglielmina, présentation de Th. Pangle, Paris, Gallimard, 1993, p.288–290. および本書第三巻第七章を見よ。

（217）*Les grands courants de la mystique juive*, *op. cit.*, p.49. ショーレムはカバラーにおける悪の教説について、その中心的な概念である「もう一つの側」（*sitra ahara*）をめぐって長い研究を書いている（《*Sitra ahara*, le bien et le mal dans la Kabbale》, in *La mystique juive. Les thèmes fondamentaux*, *op. cit.*, p.73–101）。とはいえ、忘れてはならないのはマイモニデスも悪の問題に『手引き』の三章分をあてていることである（第三部第一〇―一二章）。これらの章は、神の摂理についての章（第三部第一七章、第二三章、第五一章）に結びついているだけにいっそう難しいものであり、それをどう解釈するかは別にしても、マイモニデスが悪の経験を飼い慣らそうとしているという点についてはショーレムの言う通りである。すなわちマイモニデスにおいては、悪は善と同様に世界にそれほど現れるものではなく、それを神に帰すことはできず、本質的に人間における学知の欠如に由来するとされるのである。

（218）「エゼキエル書」の次のような諸々のモティーフを挿入することで、その後代への影響と、この点に関する思弁を説明できるだろう。そこではまずは〈山車〉の幻視そのもの（第一章）があり、さらに終わりが近づいているという知らせ（第七章）、イスラエルや（第七章、第二〇章）、エルサレムや（第八章、第一一章）、偽預言者（第一三章）、君侯たち（第一九章）、偶像崇拝に走ったユダヤの民（第一四章）の過ちについて繰り返し述べられている。また、罰についても述べられているが（第九章）、同時に追放された者たちが再び集まること（第一一章第一七節以下）、新たな〈契約〉（第一一章第一九節）、諸国民の支配からのイスラエルの解放（第二八章）、骨の復活（第三七章）、新たな〈神殿〉の建立（第四〇章―第四八章）についても告げられ、最後に聖なる天が描かれる。

（219）『手引き』第一部第三五章において、マイモニデスも同様に、属性についての教説、預言、摂理、神の学知と神の諸々の名をトーラーの秘密とみなしている（本書第三巻第七章を参照）。別の個所では、そのリストを縮小し、マアッセ・ベレシット、マアッセ・メルカバー、預言の不明瞭さ、神の認識を挙げる（第二部二章）。さらに別のところでは、物理学と同じものとされるマアッセ・ベレシットと、形而上学に対応するマアッセ・メルカバーのみが挙げられている（序論）。〈賢者〉らにとっての〈御名〉の秘められた性格は、「キドゥシム篇」七一Aによって示されている。「賢者らは、七年に一度、あるいは別の人曰く七年に二度、聖四文字を弟子たちに語らなければならない。N・ナフマン・ベン・イサークはこう言う。七年に一度が理にかなっている。というのもこう書かれているからである。「これこそ永遠に（*le'olam*）私の名」（「出エジプト記」第三章第一五節）――これは、「秘密の」（*le'älem*）と読まねばならない」。とはいえ、マイモニデスはこの節を一度も引用していない。

(220)「ハギガー篇」一一Bの節は、『手引き』序文、さらに第一部第三三章において引用されている。マイモニデスが、秘密を開示することを可能にすると同時にその伝播に関する禁止を侵さないような書き方を生み出すしかたは、この節によってすでに準備されているということをレオ・シュトラウスは示そうとしている。本書第三巻第七章を参照。

(221) とりわけ *Les origines de la Kabbale*, *op. cit.*, p.29 を参照。

(222) *Les grands courants de la mystique juive*, *op. cit.*, p.79 に引用。これはタルムード文学のなかでも神秘主義的感性の主要な代表者とみなされているラビ・アキバのものとされている。

(223) «*Shi'ur Qoma*, la forme mystique de la divinité», *loc. cit.*, p.44–45 を見よ。同種の計算は「詩編」第一四七章第五節に基づくものもある。「私たちの主は大いなる力、御力は強く」が意味するのは、その大きさが（文字の数価の神秘主義的組み合わせによると）二億三千六百万パラサングだということである。

(224) *Les grands courants de la mystique juive*, *op. cit.*, p.77 に引用。この宣言はここでもまたラビ・アキバのものとされている。

(225) *Kuzari*, IV, 3, *in fine*.

(226) ルナンはナルボンヌのモーゼスの「高さの寸法についての神秘主義的な手紙」に触れ、これはその著者によって意味深くも「雅歌」の注釈とみなされているとする。Ernest Renan, *Les écrivains juifs français du XIVe siècle*, Paris, Imprimerie nationale, 1843, p.325 を参照。

(227) *Commentaire de la Michnah*, *Sanhédrin*, chap. X, Introduction（*Heleq*）（原理七）。

(228) *Reponsa* de Maimonide, éd. J. Blau, vol. I, 1957, §117. «*Shi'ur Qoma*, la forme mystique de la divinité», *loc. cit.*, p.57 に引用。シウール・コーマに対するマイモニデスの態度については、Moshe Idel, *Maïmonide et la mystique juive*, *op. cit.*, p.100–104 を参照。

(229) *Les origines de la Kabbale*, *op. cit.*, p.30.

(230) «*Shi'ur Qoma*, la forme mystique de la divinité», *loc. cit.*, p.5 に引用。この問いに関しては、とりわけ Gershom Scholem, *Jewish Gnosticism, Merkabah Mysticism and Talmudic Tradition*, New York, The Jewish Theological Seminary of America, 1965, p.38. したがって、オリゲネスは、マアッセ・ベレシットとマアッセ・メルカバーというトーラーの二つの根本的な秘密についての聖書のテクストの参照先を知っていたということを示唆しておこう。

(231) 例証として、「メギラー篇」七Aに「エステル書」に関するこの種の議論を読むことができる。そこでは「雅歌」についての問いも提起されている。このテクストに関しては、Emmanuel Lévinas, «Pour une place dans la Bible», in *À l'heure des nations*, Paris, Minuit, 1988, p.872–873 を参照。

(232) *Midrash Shir ha-Shirim*（*Aggadat hazita*）, I, 1, §11. 対応する節をタルムードの「ヤダイーム篇」七三Aに見ることができる。これら二つのテクストにおいて、ラビ・アキバは、疑念が残るのは「伝道の書」についてだけだと付け加えている。

(233) *Les grands courants de la mystique juive*, *op. cit.*, p.65–66; *Jewish*

Mysticism, op. cit., chap. III を参照。この議論は、ラビ・アキバが、「滑らかな石の前にきたとき、「水を、水を」と言ってはならない、「偽って語る者を私の目の前には立たせません」（『詩編』第一〇一章第七節）とあるからだ」（*Haguiga*, 14b）という注意を発したため、〈楽園〉にほかの三人の男と入っていってただ一人無事に出てきたというタルムードの有名な節の解釈に基づいている。この話が、モーゼス・デ・レオンの言語論においても登場することについては、本章原注154を参照。

（234） *Ibid.*, p.78. ここで注記すべきことは、ショーレムが自らの立論のためにグノーシス的な表現をしばしば用いるにせよ、彼は原典からの証明を目指すのではなく——原典については、ショーレムが熟知しているハンス・ヨナスの仕事のなかでとりわけ見出せる——、世界や宗教的教説に直面した際の特徴的な振る舞いがあることを示そうとしているということである。ショーレムは、一九七七年一一月一四日の書簡においてこれについての自分の考えをハンス・ヨナスに対して説明している。「私にとってグノーシスとは宗教思想のなかでつねに自動的に再生される構造ですが、あなたにとっては唯一かつ定義可能な哲学的で歴史的な現象なのです」（*Briefe*, III, *1971–1982*, *op. cit.*, p.160）。逆に、ショーレムは、宗教とニヒリズムとのあいだの矛盾した関係という、ヨナスにふさわしい問題を自ら論じるときには彼に直接依拠している。«Le nihilisme, phénomène religieux»（1974）, *De la création du monde jusqu'à Varsovie*, *op. cit.*, p.61–98. および本書第三巻第八章を参照。

（235） *Ibid.*, p.86.

（236） Yitzhak F. Baer, *Galut. L'imaginaire de l'exil dans le judaïsme*, trad. M. de Launay, préface de Yosef Hayim Yerushalmi, Paris, Calmann-Lévy, 2000, p.211.

（237） «La neutralisation du messianisme dans le hassidisme primitif»（1969）, in *Le messianisme juif*, *op. cit.*, p.270 に引用。

（238） *Ibid.*, p.272.

（239） 『ユダヤ神秘主義　その主潮流』の「中世におけるドイツのハシディズム」についての章（*Les grands courants de la mystique juive*, *op. cit.*, p.94–133）を参照されたい。

（240） *Ibid.*, p.102 に引用。

（241） *Commentaire des Pirqué Avot*, 5, 7.

（242） «Trois types de piété juive», *loc. cit.*, p.253.

（243） «La neutralisation du messianisme dans le hassidisme primitif», *loc. cit.*, p.280. および «*Devekout* ou la communion avec Dieu», *loc. cit.*, p.304–306 も参照。

（244） *Ibid.*, p.301 に引用されたヒレル・ツァイトリンの言葉。

（245） *Les origines de la Kabbale*, *op. cit.*, p.236–237 を参照。

（246） 一九二二年、ミュンヘンでショーレムは『『バーヒル書』翻刻、翻訳と注釈』という博士論文を執筆する。この翻訳は翌年ベルリンで公刊される。『カバラーの諸起源』の主要な部分（*Les origines de la Kabbale*, *op. cit.*, p.59–211）もこれにあてられている。

（247） *Ibid.*, p.78.

（248） *La Kabbale*, *op. cit.*, p.475. *Les origines de la Kabbale*, *op. cit.*, p.68 も参照。

（249） *Les origines de la Kabbale*, *op. cit.*, p.211 を参照。

（250） Isadore Twersky, *Rabad of Posquières. A Twelfth-Century Talmudist*, Philadelphie, The Jewish Publication Society of America, 1980.

（251） *Les origines de la Kabbale*, *op. cit.*, p.226 に引用。

（252） *Ibid.*, p.220.

（253） ポスキエールのラバドがこうした前例なき権威を要求しつつもマイモニデスに近づいていると指摘することもできる（『手引き』第三部序論を参照）。しかし後者は神の啓示を享けたとは言わないということも同時に指摘しておこう。

（254） *Ibid.*, p.280s. *La Kabbale*, *op. cit.*, p.164–169 も参照。

(255) *Ibid.*, p.304–306. *La Kabbale et sa symbolique*, *op. cit.*, p.61–63も参照。

(256) *Les origines de la Kabbale*, *op. cit.*, p.277に引用されたユダ・ベン・バルジライの言葉。「高みにおられるお方」への言及は「ハギガー篇」一一Bにある「トーラーの秘密」と、その流布に関する諸々の禁止を規定している節に向けられている。この節はマイモニデスが一貫して強調するものでもある。

(257) *Les origines de la Kabbale*, *op. cit.*, p.416–417に引用。

(258) *Haguiga*, 13a.「秘密」が書かれることによって漏洩することを証明しようとするマイモニデスの議論については、『手引き』第一部第七一章、および本書第三巻第七章を参照。『手引き』序論において、マイモニデスはその時代を指し示すために「捕囚の時」についても語っている。

(259) *Les origines de la Kabbale*, *op. cit.*, p.421–422に引用。

(260) *La Kabbale*, *op. cit.*, p.284–289. *Les origines de la Kabbale*, *op. cit.*, p.442sも参照。

(261) *Ibid.*, p.424–425に引用。

(262) この論争の校訂本が一七世紀末にキリスト教の側から論戦的に出版され、一八六〇年にはシュタインシュナイダーの改訂版がでる。後者の翻訳である、Nahmanide, *La dispute de Barcelone*, suivie du *Commentaire sur Isaïe 52–53*, trad. E. Smilévitch, Paris, Verdier, 1984を参照。バルセロナの論争については、Yitzhak Baer, *A History of the Jews in Christian Spain*, Philadelphie et Jerusalem, The Jewish Publication Society, 1966, vol. 1, p.151sを参照。

(263) *Les origines de la Kabbale*, *op. cit.*, p.411.

(264) Georges Vajda, édition, traduction et présentation, *Commentaire d'Ezra de Gérone sur le Cantique des cantiques*, Paris, Aubier-Montaigne, 1969を参照。

(265) アブラフィアの言語論についての分析に加え（本章四九—五一頁を参照）、ショーレムは『ユダヤ神秘主義　その主潮流』の長い章（第四章）を彼に捧げている。アブラフィアについての文献は、本章原注159を参照。

(266) *Les origines de la Kabbale*, *op. cit.*, p.240–241に引用。

(267) *Ibid.*, p.399–401に引用。ヤコブ・ベン・シェシェトとサムエル・イブン・ティボンとの論争（前者の *Meshib debarim nekohim* による、後者の *Ma'amar yiqqawu ha-mayim* の反駁）については、Georges Vajda, *Recherches sur la philosophie et la Kabbale dans la pensée juive médiévale*, Paris, La Haye, Mouton, 1962を参照。

(268) *Ibid.*, p.429–434. マイモニデス論争に関する学術文献については、本書第三巻第七章原注215を参照。とりわけイツハク・ベアーにおいて（*A History of the Jews in Christian Spain*, *op. cit.*, vol.1, p.105s）、ナフマニデスが担った役割と、この荒々しい論争の社会的文脈についての詳しい分析が見られる。

(269) *Ibid.*, p.429に引用されたヨセフ・アブラフィアの言葉。

(270) *Ibid.*, p.435.

(271) Gershom Scholem, *Die Geheimnis der Schöpfung. Ein Kapitel aus dem Sohar*, Berlin, Schocken Verlag, 1935. 一九二七年以降、ショーレムは『ゾハール』の原典や注釈の網羅的な調査を含んだカバラーの長い書誌目録を作成していた。『ユダヤ神秘主義　その主潮流』には『ゾハール』について、第五章「書物とその著者」および第六章「ゾハールの神智論的教説」の二章がある。さらに *La Kabbale*, *op. cit.*, p.333–375および『エンチュクロペディア・ユダイカ』の「ゾハール」の項を参照。

(272) *Les grands courants de la mystique juive*, *op. cit.*, p.172.

(273) *Ibid.*, p.179s; *La Kabbale*, *op. cit.*, p.351. ショーレムはすでに一九二五年七月のビアリク宛の書簡において『ゾハール』の言語分析の重要性を強調し、その語彙集に取り掛かり、この作業はかなりの程度進められていることを告げている（これは結局未完の草稿のままになるが)。«Brief an Ch. N. Bialik», *Judaica*, 6, *op. cit.*, p.66 を参照。

(274) *Ibid.*, p.175–179; *La Kabbale, op. cit.*, p.334–342.

(275) *Ibid.*, p.203; *La Kabbale, op. cit.*, p.359–360.

(276) *Ibid.*, p.210; *Die Geheimnis der Schöpfung, op. cit.*, p.17.

(277) *Ibid.*, p.218 に引用。

(278) ヨセフ・ギカティラについては、*La Kabbale, op. cit.*, p.615–618 を参照。

(279) *Ibid.*, p.222.

(280) *Ibid.*, p.23.

(281) *Ibid.*, p.224.

(282) *Ibid.*, p.225.

(283) *Ibid.*, p.228–229 における、一〇のセフィロトのリストおよびこれらを象徴化する樹の古典的図式を参照。

(284) *Ibid.*, p.250.

(285) *Ibid.*, p.221.

(286) Yitzhak Baer, *A History of the Jews in Christian Spain, op. cit.*, vol.2, p.433–439 を参照。

(287) 特に «La science du judaïsme, hier et aujourd'hui», *loc. cit.*, p.436 および «Reflexions on the Possibility of Jewish Mysticism in Our Time»(1963), in *On the Possibility of Jewish Mysticism in Our Time & Other Essays, loc. cit.*, p.9–11 を参照。ショーレムはしばしばこの潜伏期の長さを強調しているが、それはショアー以後の潜伏期も同様であろうと確信しているからである。

(288) 〈追放〉に関するショーレムの最も完成されたテクストは、ショッケン出版社の一九三三―一九三四年号の年報に出版された初期のテクストである。«Après l'expulsion d'Espagne», trad. Marc de Launay, in *Aux origines religieuses du judaïsme laïque, op. cit.*, p.65–74. また *Les grands courants de la mystique juive, op. cit.*, p.260–264 および *La Kabbale, op. cit.*, p.136s も参照。

(289) イサーク・アブラバネルと、彼のメシアニズム理論およびメシア到来の日付の計算方法に関しては、Benzion Netanyahu, *Don Isaac Abravanel. Statesman & Philosopher*, Philadelphie, The Jewish Publication Society of America, 1968 の第二部第四章を参照。

(290) *Sabbataï Tsevi, op. cit.*, p.38 に引用。

(291) サフェドのカバラーの文脈およびその主要な著者たちの紹介に関しては、この主題に割かれたアンソロジーの導入部に見ることができる。*Safed Spirituality. Rules of Mystical Piety. The Beginning of Wisdom*, trad. et introduction Lawrence Fine, preface de Louis Jacobs, New York, Paulis Press, 1984.

(292) *Les grands courants de la mystique juive, op. cit.*, p.266s.

(293) Gershom Scholem, «*Gilgul*. Migration et sympathie des âmes», in *La mystique juive, op. cit.*, p.203–254 を参照。

(294) サフェドのカバラーの主要な立役者たちの伝記に関しては、*La Kabbale, op. cit.*, p.603–607(モーゼス・コルドヴェロ)および p.629–640(イサーク・ルーリアおよびハイーム・ヴィタル)を参照。

(295) *Sabbataï Tsevi, op. cit.*, p.43.

(296) «La création à partir du néant», *loc. cit.*, p.32s および Hermann Cohen, *Religion de la raison tirée des sources du judaïsme, op. cit.*, p.102 を参照。

(297) 『手引き』第二部第一三―一五章、第一七―一八章(これらは〈創造〉に関する様々な意見を紹介し、アリストテレスの誤りを提示して世界の永遠性のための議論に反駁している)および、第二部第一六節、第一九節(これらは、無カラノ創造が厳密な証明によっては立証されえないことを認めているが、いくつかの直接的な証拠を提供している)を参照。第二部第二五節のなかでマイモニデスは、〈創造〉に関する聖句は、それらの解釈を困難にするようないくつかの曖昧さを持っていることを認めている。第二部第三〇節は「創世記」の最初の諸聖句を分析し、マアッセ・ベレシートに関する数語を説明している。

(298) Joseph Albo, *Sefer 'Iqqarim*, I, 2, *Book of Principles*, trad. by I. Usik, Philadelphie, The Jewish Publication Society of America, 1946, vol.1, p.49s を参照。

(299) «La création à partir du néant», *loc. cit.*, p.42.

(300) *Sabbataï Tsevi*, *op. cit.*, p.44.

(301) «La création à partir du néant», *loc. cit.*, p.51.

(302) *Les grands courants de la mystique juive*, *op. cit.*, p.277–278 を参照。

(303) «L'idée de Rédemption dans la Kabbale» (1955), in *Le messianisme juif*, *op. cit.*, p.92.

(304) «La création à partir du néant», *loc. cit.*, p.57 および «L'idée de Rédemption dans la Kabbale», *loc. cit.*, p.93.

(305) *Sabbataï Tsevi*, *op. cit.*, p.49.

(306) *Les grands courants de la mystique juive*, *op. cit.*, p.283.

(307) «*Sitra ahara*. Le bien et le mal dans la Kabbale», *loc. cit.*, p.96s を参照。ルーリアは、「容器の破損」および「もう一つの側」の形成の理論を、「神はこの世界を創造するまえに多くの世界を創造し、それらを破壊した」と主張するあるミドラッシュに依拠させているように思われる。「コヘレト書」第三章第一一節に関する *Bereshith Rabbah*, IX, 2 を参照。

(308) *Sabbataï Tsevi*, *op. cit.*, p.50 を参照。

(309) «L'idée de Rédemption dans la Kabbale», *loc. cit.*, p.95.

(310) *Les grands courants de la mystique juive*, *op. cit.*, p.279.

(311) *La Kabbale*, *op. cit.*, p.236 を参照。

(312) *Les grands courants de la mystique juive*, *op. cit.*, p.288.

(313) *Sabbataï Tsevi*, *op. cit.*, p.53.

(314) このイメージは、楽園（パルデス）に入った四人の賢者についてのタルムードの物語（*Haguiga*, 14b）から借用されている。本章原注154を参照。

(315) *Ibid.*, p.55–56.

(316) «*Gilgul*. Migration et sympathie des âmes», *loc. cit.*, p.234–245 を参照。とはいえ、そこでショーレムは、この心理学の技術的な詳細は「非常に晦渋である」と告白している。

(317) *Sabbataï Tsevi*, *op. cit.*, p.282 を参照。

(318) *Ibid.*, p.57.

(319) *Ibid.*, p.61.

(320) ハイーム・ヴィタル（*Ibid.*, p.60 に引用）。

(321) *Ibid.*, p.61. ショーレムは今度はハイームの息子であるサムエル・ヴィタルを引用している。

(322) *Ibid.*, p.73 を参照。

(323) *Ibid.*, p.72 に引用。

(324) *Ibid.*, p.65 を参照。

(325) *Ibid.*, p.74 を参照。

(326) Gershom Scholem, «Abraham Cardoso et la théologie du sabbatianisme»（一九二八年に『ユダヤ人』誌に発表された）, in *Aux origines religieuses du judaïsme laïque*, *op. cit.*, p.103–124 および «La Rédemption par le péché» (1937), in *Le messianisme juif*, *op. cit.*, p.139–217 を参照。『クネセト』（*Knesset*）誌第二号にヘブライ語で発表されたこの試論が、サバタイ主義に関するショーレムの夥しい著作目録に先鞭をつけるものである。すなわち、一九四一年における既存書誌の書評、一〇ほどの原典資料の校訂、この問題の様々な側面に割かれた諸論文、そして『ユダヤ神秘主義　その主潮流』（第八章）および『エンチュクロペディア・ユダイカ』——この運動の歴史およびガザのナータン、アブラハム・カルドーソ、ネヘミヤ・ハイヨンの伝記（*La Kabbale*, *op. cit.*, p.377–435, 649–656, 595–

601, 619–624 を参照）――のために執筆された総論である。『サバタイ・ツヴィ』の諸版については本章原注137を参照。ヴァルター・ベンヤミンについての著書のなかでショーレムは、大英博物館およびオックスフォードのボドリアン図書館の写本のなかに異端を弁護するカルドーソのテクストを発見したあとで、サバタイ主義についての最初の印象を、一九二七年夏のパリでベンヤミンに知らせたことを語っている。*Walter Benjamin. Histoire d'une amitié*, *op. cit.*, p.159–160 を参照。

（327）*Sabbataï Tsevi*, *op. cit.*, p.25.

（328）*Ibid.*, p.36.

（329）サバタイ・ツヴィの背教のあとで自分に向けられた攻撃から身を守るためにガザのナータンが一六七三年に執筆した手紙。*Sabbataï Tsevi*, *op. cit.*, p.213–214 に引用。ナータンが示唆しているのは、かつての預言が完全に明確なものだったことをマイモニデスが強調している『ミシュネー・トーラー』の一節である（Livre I, *Madda*, I, *Yesode ba-Torah*, VII, 3）。

（330）*Ibid.*, p.223 および p.245 に引用。

（331）*Les grands courants de la mystique juive*, *op. cit.*, p.313–314.

（332）*Sabbataï Tsevi*, *op. cit.*, p.220–221 を参照。メシアは「しるし」ないし奇跡を成し遂げる必要はないという考えは古典的なものであり、マイモニデスによって法典化されている。特に『ミシュネー・トーラー』（Livre I, *Madda*, I, *Yesode ba-Torah*, VIII, 1）を参照。「しるしの証言に頼ることは、しるしが魔法使いや魔術師によって行われたのではないかという疑いを入れる余地を心のなかに残すことである」。

（333）*Ibid.*, p.254 に引用。

（334）*Ibid.*, p.274 に引用。続く頁（p.279–282）にショーレムによるこの一節の注釈が見られる。

（335）*Ibid.*, p.275–276. 伝説の言うところによれば、サンバチオン川の彼方には失われた〈十部族〉がいるとされる。運動のあいだ、しばしばキリスト教の至福千年主義者たちによって増長された多くの伝説的な風聞は、ペルシアや〈十部族〉の再発見に関わることになる。*Ibid.*, p.331–350 を参照。

（336）*Ibid.*, p.282.

（337）イエメンの事例は特に教えるところが多い。迫害を受けて悲惨な他のあらゆる共同体よりも、この共同体は次の二つの特徴を呈している。第一に、カバラーとマイモニデスの理論の混合――ありそうもない混合――によって培われていること、そして第二に、マイモニデスが注意をしていたメシア的騒擾に慣れ親しんでいるという点である。非常に意外であると思われるかもしれないが、知らせは早くもエジプトから、およそ二ヶ月のうちに「鷲の羽に乗って」到着した。一六六六年夏にサヌアで書かれ一九四九年に発見された作者未詳の黙示録は、イエメンの環境の特殊性と、出来事への応答の特殊性を証拠だてている。それを証拠だてているのは、出来事に関する独創的なカバラー的解釈や特殊なメシア的計算、そして、復讐と代償の欲望を示すようなメシアの好戦的側面を強調するしかたである。*Sabbataï Tsevi*, *op. cit.*, p.630–636 を参照。

（338）«Abraham Cardoso et la théologie du sabbatianisme», *loc. cit.* に加えて、*La Kabbale*, *op. cit.*, p.595–601 でアブラハム・カルドーソに割かれた略述を参照。ヨセフ・ハイーム・イェルシャルミ『スペインの宮廷からイタリアのゲットーへ　イサーク・カルドーソと一七世紀マラーノ主義』（Yosef Hayim Yerushalmi, *De la cour d'Espagne au ghetto italien, Isaac Cardoso et le marranisme au XVIIe siècle*, trad. A. Nouss, Paris, Fayard, 1987）による彼の兄の伝記を付け加えなければならない。この著書の第七章（「アブラハム、イサーク、メシア」）は、ヴェニスでのサバタイ主義の衝撃、サバタイ・ツヴィの思想の宣伝者（アブラハム）と『ユダヤ人の秀逸さ』（*Las Excelencias de los Hebreos*）の著者（イサーク）のあいだの衝突、そして背教の影響について語っている。ヘンリー・オルデンバーグの手紙を介してサバタイ・ツヴィの冒険がスピノザの耳に届いた際の状況に関しては、*Sabbataï Tsevi, op. cit.*, p.526–527 を参照。オルデンバーグの手紙に対するスピノザの返信は遺失してしまっているため、ショーレムは、スピノザがユダヤ人はいつか自分たちの国家を再建することができると信じていると述べている『神学政治論』の指摘を、この情報に起因するものとしている。スピノザのこのテクストに関しては、本書第一巻第一章三八頁および第七章を参照。

(339) *Sabbataï Tsevi, op. cit.*, p.453–457 を参照。

(340) *Ibid.*, p.457.

(341) *Ibid.*, p.309 に引用。

(342) *Ibid.*, p.311.

(343) *Ibid.*, p.637s.

(344) *Ibid.*, p.657s.

(345) *Ibid.*, p.670.

(346) *Ibid.*, p.670–671.

(347) *Ibid.*, p.769s.

(348) *Ibid.*, p.772–773. サバタイ主義とキリスト教至福千年主義とのあいだの比較の糸はこの著作の全体を貫いているが、ショーレムは、論争の的であるこの主題に関して決定的な説を引き渡そうとはしていない。とりわけ *Ibid.*, p.105–113および p.772–776（ここでは、パウロの反律法主義がグノーシスのそれに引き寄せられている）を参照。その理由はおそらく次の信念のうちにあるだろう。「ユダヤ教の危機は内側から訪れるのであり、仮にキリスト教の影響がなかったとしても、この危機はほとんど異なるようには進まなかっただろう」（*Les grands courants de la mystique juive, op. cit.*, p.325）。

(349) «La Rédemption par le péché», *loc. cit.*, p.146.

(350) *Ibid.*, p.150.

(351) *Ibid.*, p.160.

(352) *Ibid.*, p.161 に引用。

(353) *Ibid.*, p.162 に引用。

(354) *Ibid.*, p.171.

(355) *Sabbataï Tsevi, op. cit.*, p.322 を参照。

(356) «La Rédemption par le péché», *loc. cit.*, p.175.

(357) *Ibid.*, p.176.

(358) *Ibid.*, p.178–180. この問題に関する別の報告を、«La crise de la tradition dans le messianisme juif», *loc. cit.*, p.136–138 に見ることができる。

(359) ショーレムが *Sabbataï Tsevi, op. cit.*, p.317–325 で示しているところによれば、ガザのナータンはこの観念の一形態を背教以前に展開しており、この観念は、再検討されたサフェドのカバラーからニヒリズムへの移行を引き起こすおそれのあるような地点に非常に正確に位置づけられていた。カルドーソにとってと同様に、ナータンにとってトーラーは本質的に非物質的なものであり、それゆえ、事物が修復（ティクン）の成就によって原初の霊性のうちに復元されるときには、戒律の「物質的」適用は終わることになる。『竜に関する論文』はすでに、反律法主義と境を接するような終末論の方向に力点をずらしていた。すなわち、メシア的現代性によって、トーラーの最も隠された秘密を発見するための「自由な」研究という視角が開かれるのだという。しかしナータンはこの言説を、読者の大部分には難解なカバラー的定式でもって覆っていた。言わばこの観念は、背教者であるメシアという計り知れないほどに恐ろしい謎への説明を提供できることを待っていたのである。とはいえそのときには、運動の「急進派」とは反対に、ナータン自身はこの観念を用いるのを拒むことになるのだが。

(360) «La Rédemption par le péché», *loc. cit.*, p.187 et 190.

(361) *Ibid.*, p.176. ショーレムはマラーノたちへのサバタイ主義の衝撃に数頁を割いている（*Ibid.*, p.529–532）。反対に、サバタイ主義に対するマラーノ主義の影響をショーレムは *Les grands courants de la mystique juive*, *op. cit.*, p.327–328 で扱っている。

(362) *Sabbataï Tsevi*, *op. cit.*, p.901.

(363) *Ibid.*, p.771.

(364) *Ibid.*, p.775.

(365) *Ibid.*, p.14.

(366) «Pour comprendre le messianisme juif», *loc. cit.*, p.65.

(367) *La Kabbale et sa symbolique*, *op. cit.*, p.8.

(368) «Le mouvement sabbatéen en Pologne»(1953), trad. G. Vajda, in *Aux origines religieuses du judaïsme laïque*, *op. cit.*, p.197.

(369) «La Rédemption par le péché», *loc. cit.*, p.197 および «La métamorphose du messianisme hérétique des sabbatéens en nihilisme religieux au XVIIIe siècle»(1963), in *Aux origines religieuses du judaïsme laïque*, *op. cit.*, p.233.

(370) «Le mouvement sabbatéen en Pologne», *loc. cit.*, p.179s.

(371) «La Rédemption par le péché», *loc. cit.*, p.198 および «Le mouvement sabbatéen en Pologne», *loc. cit.*, p.212.

(372) «La métamorphose du messianisme hérétique des sabbatéens en nihilisme religieux au XVIIIe siècle», *loc. cit.*, p.234.

(373) «La Rédemption par le péché», *loc. cit.*, p.198.

(374) «Le mouvement sabbatéen en Pologne», *loc. cit.*, p.215.

(375) *Ibid.*, p.213.

(376) *Ibid.*, p.151. このテクストでショーレムは、この潮流を主としてサバタイ主義の後裔のうちに分類しているが、『ユダヤ神秘主義その主潮流』(*op. cit.*, p.351s) ではむしろこれをハシディズムの系譜のなかに書き込んでいる。〈シェール・ツォーレーフに関しては、*La Kabbale*, *op. cit.*, p.675–677 も参照。

(377) «Le mouvement sabbatéen en Pologne», *loc. cit.*, p.171s および *La Kabbale*, *op. cit.*, p.641–643.

(378) «Le mouvement sabbatéen en Pologne», *loc. cit.*, p.181.

(379) *Ibid.*, p.197.

(380) 主としてフランク主義の歴史の二つの物語を *La Kabbale*, *op. cit.*, p.437–468 および «Le mouvement sabbatéen en Pologne», *loc. cit.*, p.195–228 に見ることができる。

(381) *La Kabbale*, *op. cit.*, p.454 に引用。

(382) «Le mouvement sabbatéen en Pologne», *loc. cit.*, p.228.

(383) «La métamorphose du messianisme hérétique des sabbatéens en nihilisme religieux au XVIIIe siècle», *loc. cit.*, p.236.

(384) «La Rédemption par le péché», *loc. cit.*, p.204 に引用。数多くの資料の注釈に培われたフランク主義の理論の最も綿密な分析が見られるのはこのテクストである。また «Le nihilisme, phénomène religieux», *loc. cit.*, p.87s も参照。

(385) «Le mouvement sabbatéen en Pologne», *loc. cit.*, p.218.

(386) «La métamorphose du messianisme hérétique des sabbatéens en nihilisme religieux au XVIIIe siècle», *loc. cit.*, p.238.

(387) «La Rédemption par le péché», *loc. cit.*, p.216.

(388) Karl Marx, *Le 18 brumaire de Napoléon Bonaparte*, trad. M. Rubel, in *Les Luttes de classes en France*, Paris, Gallimard, Folio histoire, 2002, p.175.(角括弧内はマルクスの手稿の異文)

(389) «La Rédemption par le péché», *loc. cit.*, p.146.

(390) *Ibid.*, p.147.

(391) 最後の点については «La secte cryptojuive des Dunmeh de Turquie», *loc. cit.*, p.247 を参照。この一派の古文書が救われた話については、本章原注187を参照。

(392) Gershom Scholem, «Un testament sabbatéen venu de New York»(1948), in *Le messianisme juif*, *op. cit.*, p.251–265.

(393) *Ibid.*, p.262 に引用されたゴットリープ・ヴェーレの遺言書(ゾハリスト(*Sobariten*)を『ゾハール』の信奉者と読む)。

(394) *Ibid.*, p.261.

(395) 遺言書のなかに引用されている著者未詳の文書（*Ibid.*, p.263）。

(396) Gershom Scholem, *Du frankisme au jacobinisme. La vie de Moses Dobruska alias Franz Thomas von Schönfeld alias Junius Frey*, trad. N. Deutsch, Paris, Seuil, 1981. この本は一九七九年五月二三日に社会科学高等研究院で行われた最初のマルク・ブロック講演会（Conférences Marc Bloch）から生まれている。

(397) ショーレムと『歴史の哲学あるいは伝統について』との出会いに関しては本章原注116を参照。

(398) *Ibid.*, p.59 に引用。

(399) *Ibid.*, p.93.

(400) «La métamorphose du messianisme hérétique des sabbatéens en nihilisme religieux au XVIIIe siècle», *loc. cit.*, p.241 を参照。ショーレムは一九一四年末に三巻からなるフリッツ・マウトナーの言語理論（Fritz Mauthner, *Beiträge zu einer Kritik der Sprache*, Stuttgart/Berlin, 1906–1913）を発見した。*Tagebücher, 1913–1917, op. cit.*, p.52（一一月一七日）を参照。彼は一九一五年七月二八日にベンヤミンがこの理論に敵意を持っていることを記し、その翌日には、大部分がマウトナーの懐疑主義に割かれた覚書を書いている（*Ibid.*, p.136–140）。日記が証立てているところによれば、ショーレムはそのあともこの著者を継続的に読んでおり、それはこの読解と、同主題に関するグスタフ・ランダウアーの著書『懐疑と神秘主義　マウトナーの言語批判にならって』（Gustav Landauer, *Skepsis und Mystic. Versuche im Anschluss an Mauthners Sprachkritik*, Berlin, 1903）の読解とを交差させている一九一九年七月一三日の二頁の日記にまでいたる。*Tagebücher, 1917–1923, op. cit.*, p.482–484 を参照。

(401) «La métamorphose du messianisme hérétique des sabbatéens en nihilisme religieux au XVIIIe siècle», *loc. cit.*, p.242.

(402) «Le nihilisme, phénomène religieux», *loc. cit.*, p.98.

(403) «La Rédemption par le péché», *loc. cit.*, p.153.

(404) «Dix propositions non historiques sur la Kabbale», *loc. cit.*, p.254.

(405) *Sabbataï Tsevi, op. cit.*, p.14.

(406) «Entretien avec Gershom Scholem», *loc. cit.*, p.53 を参照。一九六八年に『モラド』誌（*Molad*, 68, 1）に発表された、ショーレムに関するエフライーム・E・ウルバッハの論文への言及がなされている。論じられている一節は同書のp.776（仏訳から引用）に見ることができる。

(407) 最終的に『サバタイ・ツヴィ』の英訳者となるまえに（本章原注187を参照）、ツヴィ・ヴェルブロウスキーはこの著作に対する厳しい書評を発表していた（*Molad*, 15, novembre 1957）。多かれ少なかれ公然となっている、ショーレムの学識的作業と政治的立場とのあいだの繋がりという考えは——この政治的立場と、ニヒリズムに近い世俗的シオニズムとの同化とまったく同様に——バルフ・クルツヴァイルにも見出される。彼もまたサバタイ・ツヴィに関する著書に対していくつもの批判的論文を書いており、ショーレムは、彼に宛てた一九五九年一二月四日の手紙の冒頭で彼のことを「尊敬する私の論敵」と呼んでいる。この問題については、デイヴィッド・ビアール『カバラーと反歴史』（David Biale, *Gershom Scholem. Cabale et contre-histoire*, trad. J.-M. Mandosio, Nîmes, Éditions de l'Éclat, 2001, p.129–130 および p.156–159 を参照。彼の仕事のうちにあるかもしれない矛盾、歴史記述をめぐる彼の意図、あるいはサバタイ主義に対する彼の「教条主義的な」立場といったこれらの批判に対するショーレムのいらだった長文の応答（「私は冷静さを失うことを危惧しています［…］」）を、ツヴィ・ヴェルブロウスキーへの手紙のなかに見ることができる。一九五八年一月一三日の書簡（*Briefe*, II, *1948–1970, op. cit.*, p.38–45）を参照。

(408) «Entretien avec Gershom Scholem», *loc. cit.*, p.45 et 54.

(409) Moshe Idel, «Mystique juive et histoire juive», trad. A. Marienburg,

in *Annales HSS*, septembre-octobre 1994, n°5, p.1224. この論文は、ポスト・ショーレム的文献の記念碑を提供している同著者の著作『カバラー　新しい展望』（*La Cabale: nouvelles perspectives*, trad. Ch. Mopsik, Paris, Cerf, 1998）を予示している。注意すべきことに、この著作は言わば『ユダヤ神秘主義　その主潮流』に取って代わるべきものとして提示されており、しばしば模倣にまでいたるほどその形態を模写している。とりわけ同著の最後の数頁を参照。この最後の数頁は、ショーレムが自著を締めくくる際と同一の資料に基づいているが、ショーレムの解釈に異議を申し立てる解釈によって組み立てられているのである。この批判に関するより発展的な分析として、Pierre Bouretz, «Entre réparation et destruction: trois regards sur la tradition juive», in *Jüdisches Denken in einer Welt ohne Gott*, Festschrift für Stéphane Mosès, Herausgeben von Jens Mattern, Gabriel Motzkin und Shimon Sandbank, Berlin, Verlag Vorwerk, 2000, p.33–34 を参照されたい。いかにしてショーレムが、彼の対象の魔法を解き「学者としての死」をもたらしうるような学知の考えを展開しているのかがそこでは示されている（本章四〇頁を参照）。

（410）*Ibid.*, p.1234.

（411）*Ibid.*, p.1229.

（412）«L'identité juive», entretien avec Jean Bollack et Pierre Bourdieu, *loc. cit.*, p. 4. この定式は «Le judaïsme dans la pensée de Martin Buber» (1966), in *Fidélité et utopie*, *op. cit.*, p.179 のなかでより直接的にブーバーに割り当てられている。

（413）ここで問題となっているのはとりわけショーレムの三つの研究である。すなわち «Révélation et tradition comme catégories religieuses dans le judaïsme» (1962), in *Le messianisme juif*, *op. cit.*, p.397–426 および «Considérations sur la théologie juive» (1973), *loc. cit.* そして «Pour comprendre le messianisme juif», *loc. cit.* である。

（414）本章原注17および第五章一九九―二〇〇頁を参照。

（415）«Pour comprendre le messianisme juif», *loc. cit.*, p.49.

（416）*Sabbatai Tsevi*, *op. cit.*, p.27.

（417）*Ibid.*, p.14.

（418）«Pour comprendre le messianisme juif», *loc. cit.*, p.65.

（419）*Ibid.*, p.65–66.

（420）«Zionism–Dialectic of Continuity and Rebellion», entretien avec Gershom G. Scholem (avril et juin 1970), in Ehud ben Ezer, *Unease in Zion*, New York, Quadrangle Books & Jerusalem Academic Press, 1974, p.263.

（421）*Ibid.*, p.277. しかしながら、奇妙なことにイェシャヤフ・レイボヴィッツは、彼がショーレムの世俗的ユダヤ教および国民主義的シオニズムとみなしていたもののうちに、カナーン主義者の立場を同定していた（*Ibid.*, p.290–291）。«Israel and the Diaspora» (1969), in *On Jews and Judaism in Crisis*, *op. cit.*, p.244–260 および «Exile Today Is Devoid of the Seeds of Redemption» (1963), in *On the Possibility of Jewish Mysticism in Our Time & Other Essays*, *op. cit.*, p.30–34 も参照。

（422）Hannah Arendt, «Réexamen du sionisme», *Menorah Journal*, octobre 1945, in *Auschwitz et Jérusalem*, trad. S. Courtine-Denamy, Paris, Tierce, 1991, p.129 を参照（この版には一九四四年との年号が記されているが、誤りである）。このテクストに関しては本書第五章を参照。

（423）一九四六年一月二八日のハンナ・アーレント宛の書簡（*Briefe*, I, *1914–1947*, *op. cit.*, p.310）。この版の注（*Ibid.*, p.450–454）には、アーレントのテクストの余白にショーレムのいくつかの叫び声を見ることができる。

（424）*Ibid.*, p.313.

（425）«A Lecture About Israel» (1967), in *On the Possibility of Jewish Mysticism in Our Time & Other Essays*, *op. cit.*, p.34.

(426) このことを証言しているのは、一九三〇年六月二三日の詩「シオンとの出会いと世界（衰退）」（«Rencontre avec Sion et le monde (le déclin)», in *Aux origines religieuses du judaïsme laïque*, *op. cit.*, p.303）である。「われわれはかつて移住した／古き源はあまりに空ろだった／われわれには一つの願いしかなかった／道のりはそれほど厳しいものではなかった／［…］なぜなら神が立っておられたように思われたからだ／このとても長い道のりの上に／この道は祝福されている／早くわれわれ自身に会いに行こう／［…］しかし日の光がわれわれを汚した／成長するものは夜を必要とする／われわれは力に委ねられた／われわれには思いもかけない力に／白熱した歴史が／われわれをその炎のうちに投げ入れた／廃れてしまった、秘められた光輝が／市場に供された、当時あまりにも明白なものだった市場に／［…］内的だったものが／変形して、外部へと過ぎ去った／夢は暴力に変形した／われわれはふたたび外にいる／そしてシオンには形がない」。

(427)「平和同盟」については、本書第五章二五四―二五五頁を参照。

(428) 一九三一年八月一日のヴァルター・ベンヤミン宛の書簡（*Walter Benjamin. Histoire d'une amitié*, *op. cit.*, p.195 に再録）。他方でこの書簡は、カフカに関するショーレムの重要な指摘を含んでいる（この側面については、本書第一巻第三章二七八頁を参照）。

(429) «La politique de la mystique: *Le nouveau Kuzari* d'Isaac Breuer» (1934), in *Le messianisme juif*, *op. cit.*, p.469.

(430) «Al sheloshah peshaei berith shalom», *Davar*, 12 décembre 1929. «Entretien avec Gershom Scholem», *loc. cit.*, p.67–68 に引用。

(431) *Ibid.*, p.68. ショーレムは一九六七年に再び、シオニズムとメシアニズムの混同に対する批判を動員していた。その際ショーレムは、他の知識人とともに、イスラエルが六日戦争の際に征服した領土を占領しないことを求める請願書に署名し、ヨルダン川西岸の植民地化を批判し、最後にグーシュ・エムニームの運動〔ヨルダン川西岸への入植を肯定する運動〕をネオ・サバタイ主義として告発している。

(432) «Pour comprendre le messianisme juif», *loc. cit.*, p.66.

(433) «Zionism–Dialectic of Continuity and Rebellion», *loc. cit.*, p.269 を参照。

(434) *Ibid.*, p.273. シオニズム内部での連続性と反抗とのこの弁証法に関する別の描写を、«Israel and the Diaspora», *loc. cit.*, p.247–249 に見ることができる。

(435) *Ibid.*, p.269.

(436) «Entretien avec Gershom Scholem», *loc. cit.*, p.65.

(437) «Considérations sur la théologie juive», *loc. cit.*, p.263 を参照。

(438) *Ibid.*, p.264.

(439) «Entretien avec Gershom Scholem», *loc. cit.*, p.65; «Zionism–Dialectic of Continuity and Rebellion», *loc. cit.*, p.278; «Entretien avec Gershom Scholem», *loc. cit.*, p.69.

(440) «Considérations sur la théologie juive», *loc. cit.*, p.263.

(441) *Von Berlin nach Jerusalem*, *op. cit.*, p.171–172 を参照。

(442) *Ibid.*, p.173–174. フランス語版の文章は完全ではない。*De Berlin à Jérusalem*, *op. cit.*, p.200.

(443) 一九二一年三月七日のショーレムからローゼンツヴァイク宛の書簡（*Briefe*, I, *1914–1947*, *op. cit.*, p.215）。ここでショーレムが疑義を差し挟んでいるのは、ローゼンツヴァイクがその近辺に出版した食後の感謝の祈り（*Birkat ha-mazon*）の翻訳である（*Der Tischdank*, *Jüdische Bücherei*, vol. XXII, Berlin, 1920）。

(444) *Ibid.*

(445) 一九二一年三月一〇日のローゼンツヴァイクからショーレム宛の書簡（Franz Rozenzweig, *Der Mensch und sein Werk. Gesammelte Schriften*, I, *Briefe und Tagebücher*, II, *1918–1929*, La Haye, Martinus Nijhoff, 1979, p.698–700）。ローゼンツヴァイクが一九二四

年にユダ・ハレヴィの讃歌の翻訳を出版した際、ショーレムは、「歴史哲学から霊感を受けた様々なイデオロギーに覆われた、ヘブライ語詩を殺そうとする反シオニズム的展望を明るみに出す」ための「(論争的) 覚書」を『ユダヤ人』誌に発表する意図があることをベンヤミンに対し書き送っている。一九二四年五月一〇日のショーレムからベンヤミン宛の書簡（Walter Benjamin, *Correspondance*, t. I, *1910–1928*, *op. cit.*, p.316）。翻訳者としてのローゼンツヴァイクに関しては本書第二章を参照。

(446) この定式は、ローゼンツヴァイクがショーレムに宛てた一九二二年一月六日の書簡のなかで、ショーレムに帰しているものである（*Briefe und Tagebücher*, II, *op. cit.*, p.741）。ここでローゼンツヴァイクはショーレムの書簡に返信しているのだが、こちらはショーレムの書簡集には現れていない。ローゼンツヴァイクの反シオニズムに関しては本書第二章を参照。

(447) ローゼンツヴァイクに贈られたこの論集はまったく出版されることがなく、ニューヨークのレオ・ベック・インスティテュートの史料館に保管されている（Franz Rosenzweig, *Briefe und Tagebücher*, II, *op. cit.*, p.1118 を参照）。ショーレムのテクストと、温かい献辞を受け取ったローゼンツヴァイクはブーバーにこう書き送っている。「彼は私に対する良心の呵責を私に投影し、私が彼を恨んでいると想像しています」（一九二六年五月の書簡（*ibid.*, p.1094））。しかし、このテクストは強い印象を与えるだろう。ショーレムとローゼンツヴァイクは、「心が張り裂けんばかりの忘れがたい瞬間」（*De Berlin à Jérusalem*, *op. cit.*, p.200）に再会することになる。ローゼンツヴァイクの死後、ショーレムはエディット〔・ローゼンツヴァイク〕に何通もの長文の手紙を書き送っている（一九三〇年二月二〇日、一九三一年一〇月二九日、一九三五年五月二九日）。

(448) ショーレムの書類のなかにこのテクストの写しを発見したステファン・モーゼスは、これを翻訳して *Archives de sciences sociales des religions*, n°60–61, 1985, p.83–84 に発表した。このテクストは *L'ange de l'histoire*, *op. cit.*, p.239–241 に完全な形で再録されている。

(449) «Considérations sur la théologie juive», *loc. cit.*, p.261.

(450) «Entretien avec Gershom Scholem», *loc. cit.*, p.54.

(451) «Considérations sur la théologie juive», *loc. cit.*, p.264.

(452) «Entretien avec Gershom Scholem», *loc. cit.*, p.54.

(453) «Considérations sur la théologie juive», *loc. cit.*, p.266 および«Entretien avec Gershom Scholem», *loc. cit.*, p.54–55.

(454) «Zionism–Dialectic of Continuity and Rebellion», *loc. cit.*, p.267.

(455) «Entretien avec Gershom Scholem», *loc. cit.*, p.67 に引用された一九二九年の論文（本章原注430を参照）。

(456) «Memory and Utopia in Jewish History», in *On the Possibility of Jewish Mysticism in Our Time & Other Essays*, *op. cit.*, p.159.（一九四六年三月六日にエルサレムで、青年組織の指導者たちの集まりをまえにして行われた講演）

(457) ヴァルター・ベンヤミンの「歴史の概念について」の諸テーゼにおけるこの問題系に関しては、本書第一巻第三章三二三―三三六頁を参照。

(458) とりわけ «On the Possibility of Jewish Mysticism in Our Time», *loc. cit.*, p.10–11および «La science du judaïsme hier et aujourd'hui», *loc. cit.*, p.436–437 を参照。しかしショーレムは正確を期して、ルーリアのカバラーの象徴に似た象徴の出現を期待していなかったことを記しており、この不可能性の原因を二つの関連した現象に帰している。すなわち、象徴を受け入れさせることができるような宗教的権威――すべてのユダヤ人に共通の権威――の不在、および、トーラーの神的起源への信仰の衰退である。«Secularism and Its Dialectical Transformation»(1976), in *On the Possibility of Jewish Mysticism in Our Time & Other Essays*, *op. cit.*, p.100–101 を参照。

(459) «Memory and Utopia in Jewish History», *loc. cit.*, p.162. ここには、

『エルサレムのアイヒマン』をめぐる論争のなかでショーレムとハンナ・アーレントを対立させている衝突の広がり全体が感知される。Pierre Bouretz, introduction à *Eichmann à Jérusalem*, in Hannah Arendt, *Les origines du totalitarismes et Eichmann à Jérusalem*, Paris, Gallimard, 2002, p.998–1001を参照。

(460) «Entretien avec Gershom Scholem», *loc. cit.*, p.57.

(461) *Ibid.*, p.69–70.

(462) 一九三八年六月一二日のヴァルター・ベンヤミンのショーレム宛の書簡（*Correspondance*, t. II, *1929–1940*, trad. G. Petitdemange, Paris, Aubier, 1979, p.251）。

(463) «Exposé des motifs véritables qui m'incitèrent à étudier la Kabbale», *loc. cit.*, p.8.（一九三七年のザルマン・ショッケン宛の書簡）

(464) «My Way to Kabbalah», *loc. cit.*, p.23を参照。

(465) オリゲネスがその「詩編」注釈のなかで伝えている無名のユダヤ神秘主義者の寓話。*La Kabbale et sa symbolique*, *op. cit.*, p.20に引用。

(466) «Entretien avec Gershom Scholem», *loc. cit.*, p.71.

(467) *Ibid.*, p.72.

(468) *Ibid.*, p.65.

(469) *Les grands courants de la mystique juive*, *op. cit.*, p.368に引用。

第5章　マルティン・ブーバー——神の死の時代におけるヒューマニズム

一九一五年一一月、フランツ・カフカは、プラハからマルティン・ブーバーに手紙を書いた。『ユダヤ人』誌に協力してくれという誘いを断るためであった。そこで彼はほぼ二年前のベルリンでの自分たちの出会いに言及している。「あらゆる点で、この出会いは、私のベルリンの思い出のなかでも最も純粋なものです。そして、この思い出は私にとってしばしば心の拠り所のようなものとなってくれたのです[1]」。実際のところ、カフカは一九一四年二月にブーバーを訪問していたのだが、この出来事は彼の『日記』に記されてはいない。とはいえ、彼は曖昧な言葉でではあるが、一九一三年一月一八日の最初の出会いについてフェリーツェ・バウアーにこう語っていた。「昨日、ぼくもブーバーと話をしました。彼自身は、活発で気さくで目立つし、煮え切らない彼の著作と共通するところは全然ないように見えました[2]」。その二日前、ユダヤの神話に関するブーバーの講演を聞いた後に、彼はすでに次のような批判を同じフェリーツェに対して記していた。「彼にはぞっとします。彼の発言のすべてにおいて何かが欠けているのです[3]」。さらに、それから何日かして彼はフェリーツェがブーバーの著作を手にしていたことに驚き、自身の苛立ちの原因を問い、「耐え難い伝説に関する彼の書物を私に再び手にとらせる、横暴な心変わり[4]」に言及することになる。

カフカとブーバーの短い出会いのこれら若干の痕跡は、ただそれだけでも、ブーバーがいかなる人物であったか、さらに中央ヨーロッパと東ヨーロッパの知的世界に対して彼が早くからどのような威光を示していたのかを雄弁に物語っている。実際、一九一四年にブーバーはまだ若冠三六歳だったが、おそらくカフカは、少なくともすでに出版されていたハシディズムの世界についてのブーバーの二冊の著作を知っていたと思われる。すなわち、それぞれ一九〇六年と一九〇八年に出版された『彼自身が語るラビ・ナフマンの物語』と『バアル・シェムの伝説』である[5]。ちなみに、プラハは「バル・コクバ協会」での彼の活動の中心地の一つとなった。この協会で彼のユダヤ教についての考えが錬成され、またマックス・

ブロート、ハンス・コーン、そしてザムエル・フーゴー・ベルクマン、あるいはロベルトとフェリックス・ヴェルチュとの変わることのない友情の繋がりが作り上げられることになる(6)。カフカ自身に関して言えば、彼はこの同じサークルを前にイディッシュ語についての講演を行い、ハシディズム世界に対する一貫した関心を示した。これは、カフカの多くの愛読書、ガリツィアの奇蹟のラビ、次いでラビ・ベルツへの幾多の訪問が示すところである(7)。しかし、カフカにこの世界をとりなす仲介者はいつも、マルティン・ブーバーではなくイジー・ランガーである。この人物はラビ・ベルツの傍で生き、後にハシディズムの物語を集めた選集、さらに『カバラーのエロチシズム』を出版し、カフカにヘブライ語を教えることになる人物である。

カフカがマルティン・ブーバーに感じた共感と、彼の講演を聴いたりその初期のテクストを読んだりしたときに抱いた失望との隔たりは、何年か後にベンヤミン、ゲルショム・ショーレムといった者たちにおいて繰り返される現象の徴候を示している。すなわち、ブーバーのもとで、ユダヤ教の忘れられた世界の復活に参与しようという感情が抱かれるとしても、そのためには、この世界の多様な輪郭およびその潜勢力をロマン主義的に平坦にするという代償を払わざるをえなくなるという現象である。他方で、おそらく『父への手紙』の著者による証言は、同化に反旗を翻す同世代の東方ユダヤ人(*Ostjudentum*)に当てはまるものだろう。自らの親の世代の階層を、西洋社会と融合したいというあまりにも強い欲望に追随したものとみなしていたこの世代は、カフカが見事に描写した次のような状況を耐え忍んでいる。すなわち「すべてを、つまり現在や未来だけではなく、過去すらも、どんな人間でも生まれながらに持っているものすらも自分で獲得」しなければならないという状況である(8)。それゆえ、この世代の多くの代表者たちがブーバーのもとでこれまで自分たちに隠されていた遺産の一部を発見するにせよ、そのうちの何名かは、ヴァルター・ベンヤミンが皮肉をもって「女性的な思考様態」と名づけることになるものによって(9)、この遺産のイメージが実に曖昧で、悲しみと同情のあいだを揺れ動いているとすぐに考えるようになるのである。

これらの印象は、分散したものであるとはいえ、マルティン・ブーバーの伝記や彼の生涯の逆説に関わるより一般的な考察に通じうるものだ。この世紀を生き抜きながらも、この世紀の暴力からあまり影響を被らないでいられる立場を早くから作り上げたという感じをもたらす彼の生涯の逆説である。長く生きたがゆえに、ブーバーは、自分の同時代人たちのなかで、世界史およびユダヤ人世界を区切る次の三つの大きな時期を成人として、そして特権的な証人として体験したただ一人の者である。すなわち、第一次世界大戦と帝国の解体、第二次世界大戦とヨーロッパのユダヤ人の根絶、イスラエル国家の創設を。しかし、奇妙なことに、政治社会運動に絶えず関わったこの当事者は、歴史の外部にとどまる、ほとんど過去の人というイメージを呈している。彼は闘争に参加するにはすでに年を取りすぎていたが、当然第一次大戦に無関心ではいられなかった。とはいえ、ローゼンツヴァイクが概念化し、ショーレムとベンヤミンが描き出したような転覆を受けることはなかったのだ。ナチズム台頭期のドイツにおけるユダヤ人世界の中心的人物であったブーバーは、できるだけ長くベルリンにとどまって精神的抵抗を組織しようと努めたが、ショアーのあとにあまりにも早くそこに戻ったということで非難されることになる。まるでショアーがあっても彼の生と思考の流れはまったく乱されなかったのではないかと言わんばかりに非難されたのである。[10] 最後に、若いときからシオニストだったブーバーは、深い留保をもってイスラエルの誕生に付き添うことになる。この留保は、ユダヤ人の生の一種の世俗化に対する懸念と同時に、アラブの民との共棲は不可能なのかという恐れを表すものである。

ヴァルター・ベンヤミンにおける反抗の暴力とは対照的に、あるいはまた、倦むことなく出来事に引きつけられながら自らの思考の流れをそれに合わせて絶えず更新していくハンナ・アーレントの才とも対照的に、マルティン・ブーバーの仕事のリズムは時代の痙攣と無縁なものと映ることがしばしばであった。別の側面から述べると、ショーレムが、自分自身が用いる意味で異端的な弁証法の人であるのに対して、ブーバーの方は、まっすぐな道――実に早くから固められた理想に結びつけられ、通常の歴史が惹起する様々な要請を拒絶するようも見えるまっすぐな道――を歩く人物の典型である。おそらく彼の仕事についての非常にまちまちな判断はここに由来するのだろう。ショーレムに言わせれば、ブーバーの仕事は霊感を得たもの――とはいえショーレムはブーバーに対して歴史的感性の欠如を非難するが――、レオ・シュトラウスのような人物にとっては、実存主義的なもの――シュトラウスは〈律法〉の意味の厳格さと対立する「生きられたもの」の強迫観念を見抜く――、最後に、エマニュエル・レヴィナスの目には精妙なもの――他者との出会いの諸様態が問題になるときには――といった判断である。ただし、公平を期すためには次のことを付け加えておかなければならない。すなわち、これらの評価は、一見したところそう見えるよりもはるかに野心的かつ一筋縄ではいかない歩みを入念に分析した後でしか生まれることはないということである。とはいえ、少なくともこれらの評価は、マルティン・ブーバーの個性に密着した神秘がいかなるかたちを有するのかを描き出し、すでにカフカの目に映っていたようなブーバーの肖像画の輪郭を定めてくれるものである。すなわち、ユダヤ世界の秘密の領域への彼の粘り強い探索と、ユダヤ教それ自体について彼が有していた観念を支配している不安定さとの対照である。

ツェーレンドルフの義人《ツァディク》

マルティン・ブーバーは、いわゆる自伝を書くことは決してなかったのだが、それでもいくつかの断章を残しており、これらの断章では、彼がハシディズムの伝統の師たちについて想像していたような伝説とまではいかなくても、少なくとも、彼にとって貴重であった出来事から出発して自身の生涯がいかなるものであったかの大枠が描かれている。一九五八年、一八九九年に出会った妻パウラを亡くしたばかりのときであったが、彼はそれらの断章を慎ましやかにそっと発表した。「ここで重要なのは私の私的な人生の出来事を物語ることではなく、もっぱら、私の思考の形式と方向に決定的な影響を及ぼしたいくつかのエピソードに目を向けることだ」(11)。しかしながら、すぐに目に止まるのは、幼年時代の最初期に住んでいたウィーンの家庭が崩壊して姿を消した母に対する悲痛な思い出である。この思い出は、将来の哲学者のカテゴリーにもその痕跡を残すものであろう。というのも、出会い(*Begegnung*)という自らの中心的概念の反意語となる「出会い損ね」(*Vergegnung*)という語は、母にはもう二度と会うことができないと残酷にも告げられたことで引き起こされた効果に呼応するかたちで作り上げたものだとブーバー自身が指摘しているからだ。記憶とは、ブーバーの思考がやがてそうするように、相対立する諸要素をめぐって構築されるものであるが、こうした母との真の出会いの不可能性は、ガリツィアの祖父母の避難所ですごした数年の実り豊かさに対立する。父のイメージに関しては、それは母の喪失という暴力と新たな家庭のイメージとのあいだで消えかかっているように見える。まるでこの父カール・ブーバー自身のものとされる「私は単に自分の父の息子であり、自分の息子の父だった」という言葉を裏づけているかのようである。

一八七八年に生まれたマルティン・ブーバーは三歳のとき、ウィーンを離れてリヴィウ(Lvov)に住み、そこで「古い時代」のユダヤ世界を発見することになる。土地持ちで、燐鉱所有者で卸売商であった彼の祖父は共同体や経済生活の指導的グループに属していたが、妻のアデルのおかげで仕事の束縛から十分に解放されていた。というのも、彼女はトーラーの学びに必要な時間を彼のためにとろうと気を配ることが常であったからだ。ただし、この祖父ソロモン・ブーバーはとりわけ卓越した文献学者であり、いくつかの重要なミドラッシュの最初の、しかも今日でもまだ権威のある校訂版は、彼によるものなのだ。[12]「言葉の愛人」であった彼は、孫にテクストへの敬意を教え込み、この子供は祖父母から言語への決して変わらぬ情熱を受け取る。この情熱が最も気高く現れるのは、フランツ・ローゼンツヴァイクと企画し、その死後にブーバーが一人で仕上げた聖書の翻訳においてであろう。ブーバーは、「言語の知識に基づいたヒューマニズムこそが教育の王道である」という考えのもとで教育を受けたせいで、諸言語の多元性を感嘆をもって発見し、実に多くの言語を見事に操るようになる。ブーバーが自分の子供のころの自慢話として語るには、ヘブライ語へ転記された古フランス語の単語を見つけ出すことで、ラシにおいて見出されるある問題の解決策を祖父に示すことができたほどだったのである。

しかしながら、マルティン・ブーバーは一四歳のとき、彼自身ウィーンを離れていた父の家に戻ることになる。ブーバーはルテニアで学校に通うが、その雰囲気は後から考えてみると「歴史の余白に」あるもののように思えた。諸々の共同体が相互理解することなく共存していたオーストリア・ハンガリー帝国のこの地域においては、学校の言語はポーランド語であったが、ブーバーは、教師と多くの生徒が十字を切り三位一体の祈りを口にするあいだいつも目を伏せて起立していなければならなかったのが最も苦痛であったと語っている。「異なった信仰の表明でざわつく部屋」の思い出は不寛容さの表明よりも辛いものであったと告白しながら、ブーバーはこの思い出を、自分に「非ユダヤ人のなかでのユダヤ教の伝道」を説得しようとしたローゼンツヴァイクの失敗に結びつけている。[13]その後、すぐさま大学生活が訪れるが、これに先立って思想とはじめて接触する時期があった。ブーバーはこの経験を当時の問題と結びつけているが、それは、カントに帰せられる「哲学的自由」という贈り物と、捨て去るまでに長い時間がかかることになるニーチェの悪影響とを対立させるという問題であった。一九世紀の最後の数年間の、ウィーンからライプツィヒへ、次いでチューリヒやベルリンへという旅路のあいだ、ブーバーは哲学、芸術史、文学史、そればかりでなくさらに心理学、物理学、経済学を学び、ベルリンではゲオルク・ジンメルのゼミナールにまで出席していた。

この点についてショーレムは、ジンメルに対する無礼で悪意のある批判をしたということで、ある日自分がいかにブーバーから叱責を受けたかを語っている。[14]ただし、ジンメルがブーバーの『ラビ・ナフマンの物語』を読んで、しかも「それでも、われわれは非常に異なる民族なのだ」という簡潔な表現によってはじめてユダヤ教に自らを同一化したということをブーバー自身が気づいた際の驚きを、ショーレムは詳しく述べてもいる(15)。

世紀の転換点で、マルティン・ブーバーの活動はすでにかなりの程度シオニスト運動とその内部闘争に捧げられていた。早くも一八九九年、つまり彼が弱冠二一歳だったときから、ブーバーはバーゼルの第三回シオニスト会議の代表を務めることになる。その会議でブーバーは、シオニズムは一つの政治運動である以上に、ユダヤ民族の精神および文化を変革するためにその総体を捉える世界観を表すものであるという問いをめぐって、そのライトモティーフの一つとなるようなテーマの素案を書いている。ブーバーは、テオドール・ヘルツルのカリスマ性を賞賛し、それに魅せられていたが、まもなくヘルツルからこの運動の雑誌『世界』の編集長を任されることになる。しかし二年後、彼は第五回会議でヘルツルへの反旗を翻す「民主主義部会」の指導者となる。そこで彼は、ケニヤにユダヤ人共同体を建設するという計画を拒否し、それに対してパレスチナへの定住のために即座に行動するよう主張したのである。それ以後、彼はアハド・ハアムの文化的シオニズムに近づき、ベルトルト・ファイヴェルとハイム・ヴァイツマンとともにユダヤ人の大学計画を書く。この計画は、様々な言語で翻訳されて、三〇年後のエルサレムのヘブライ大学の創設に着想を与えることになるだろう(16)。一九〇三年、マックス・ノルダウがヘルツルの要求に応えて、アハド・ハアムとその運動への辛辣な攻撃を行って以降、ヘルツルとの断絶は完全なものとなった。ブーバーは、その翌年に死ぬことになるこのシオニズムの創設者との最後の出会いを「悲劇の舞台」への最初の闖入として語っている。ブーバーは、母が見つめるなかせわしなく歩きまわるヘルツルという人物を描きながら、ウェーバーの用語でもって、大義と人格とがそこでどのようなかたちで対立していたのか再現している。すなわち、歴史のなかで行動する人間は、絶望することも諦めることもないがゆえに、失敗か成功かという問題で心が動かされることはないというのだ。「しかし、こうした問題がその人の頭をかすめる瞬間、そのときこそが、真に生の宗教的瞬間なのである(17)」。

マルティン・ブーバーは、自分はおそらく——厳密な意味では——歴史を直接作る者ではないということをすでに確信していたので、シオニズム闘争の最前線からは距離をとることになる。しかし、彼は晩年まで、様々な公的な介入を通じてシオニズム闘争の運命に影響を与えようとした。二〇年代からすでにユダヤ・アラブ問題に懸念を抱いていた彼は、とりわけ、一九二五年の第一四回会議を前にした彼の友人ロベルト・ヴェルチュの表現によれば「いつも二つの民族を宿した」一つのパレスチナという考えをつねに擁護することになる(18)。それでも、シオニズムに賛同する彼の活動が、これ以降、イスラエル国家が創設されるときには再び政治的なものになるとはいえ、主として哲学的なものであることにかわりはない。その点について、最も重要な介入がヘルマン・コーエンとのやりとりのなかに見られる。そこにおいて、彼は年長の指導者を前にして、ユダヤ教はユダヤ民族＝国家《ナシオン》の歴史的な現実化なしには実現しないという考えを擁護している。[19] コーエンならびにリベラルなユダヤ教徒が、四散、根無し、追放を〈救済〉の条件として賞揚することでメシアニズムを誤って解釈していると異議を唱えることで、ブーバーはユダヤ人だけでなく全人類にも宛てられた超‐国家としてのパレスチナという大義を擁護するのである。そのときコーエンは彼に答えて、「ミカ書」第五章第七節に言及し（「ヤコブの残りの者は諸国民のあいだ、多くの民のただなかにいる」）、〈離散《ディアスポラ》〉の誇るべきイメージをユダヤ民族の「歴史弁神論」に結びつけようとした。だがブーバーは、歴史の教えは逆であると主張し、四散はユダヤ教の実現と両立しないことを示すのである。『ユダヤ民族の現代史』においてこの論争をまとめたシモン・ドゥブノフによれば、こうして「古いメシアニズムのチャンピョンと新たな精神的メシアニズムを予告する者」との、後代にとって決定的となる衝突が展開されることになる。[20]

　この世紀の最初の数年間から、マルティン・ブーバーの関心の核心部はすでに、彼の生涯の仕事となっていくものに向かっていた。すなわち、ハシディズムの世界の復権と、この伝統から着想を得たユダヤ教の精神的イメージの再構成という仕事である。自身の証言によれば、ブーバーとハシディズムとの最初の出会いは、幼少期のブコビナでの休暇に遡る。そこで、彼の父はよく彼を、義人《ツァディク》たちの最後の家系のうちの一つの中心地たるサダゴラへ連れていった。発見できるものは消失の途上にある世界の最後の破片だけであることを意識しながら、彼は「汚れた小さな町」を横切る「暗い集団」を描写しているが、ただ、この機会に、「世界の存在理由は完全な人間であり、完全な人間とは真の救い主以外の誰でもない」ということを子供なりに理解したと言い足している。[21] とはいえ、その後ある講演の終わりでなされた奇妙な会話の教訓は強い印象を残すこととなる。それは、ある人物が彼に近づきこう尋ねたときのことである。「先生、私には娘がおります……、彼女には若い男性もいます……この男は法律家なのですが、良い成績で試験を通りました……、彼は信用のおける人物でしょうか[22]」。この質問者――もっとも彼は件の男について口で言うより以上によく知っているのだが――に対してもちろんのこと返答を与えることのできなかったブーバーは、この苦い経験から、その代償を払って、完全な人間の観念とは何であるかということを学ぶ。「私は、もちろん義人《ツァディク》ではありませんし、神のもとで安定した人間でもないのです。反対に、つねに神の前で危機に瀕した人間なのです。[……] 私はありふれた質問にありふれた答えをしました。この時期にはじめて真の義人《ツァディク》とは何かということを自分自身理解したのです。つまりある啓示を期待して問う者、啓示を与える者として答える者であると」。

フランツ・ローゼンツヴァイクにとっての「ヘッペンハイムのマルティン師」、ベルリンでの友人たちにとっての「ツェーレンドルフの義人《ツァディク》」たるマルティン・ブーバーは、すでに戦時中のユダヤ人の知的世界における中心人物であった。一九一六年から彼は『ユダヤ人』の編集長に就いていた。一九〇三年にハイム・ヴァイツマンとベルトルト・ファイヴェル、シモン・ドゥブノフ、エルンスト・ジーモン、グスタフ・ランダウアー、フランツ・ローゼンツヴァイク、そして最後にカフカとともに作ろうと試みた雑誌である。コーエンとの論争の後には、彼はシュテファン・ツヴァイクにも応答する。ツヴァイクは、「〈離散《ディアスポラ》〉という痛ましい観念を愛する」こと、そして、シオニズムが挫折することはユダヤ教の生命を「内部から堕落させる」ものよりも好ましいかもしれないと言ってきたのだ。(23) だが何よりもブーバーは、それぞれ『ユダヤ教についての三講演』(一九一一年)、次いで『ユダヤ教の精神について』(一九一六年)と題され、一九〇九年からプラハで行われたいくつかの演説を集めた二つの著作の著者であった。この二冊についてショーレムは、これらの書物は当時の若きシオニストの指標を成していたとのちに述べるだろう。(24) まさにこの文脈において、八歳年下のローゼンツヴァイクなる人との出会いが生じることになる。彼は、シオニズムをめぐる根源的な対立にもかかわらず、ブーバーの知性の真正さとユダヤの源泉についての深い知識に魅惑されたと告げている。ローゼンツヴァイクが一九一八年から一九一九年の冬のあいだの数ヶ月で『救済の星』を書いたとき、ブーバーは『我と汝』の最初の草稿を書いていた——ただし、ローゼンツヴァイクはこの草稿の一部を推敲不十分と判断したのだが。その後、ブーバーは読書をしない精神的禁欲と自分で名づけた時期を経由して、一九二二年二月、ローゼンツヴァイクが創設し、指導していたフランクフルトの「自由ユダヤ学舎」(*Frei Judische Lehrhaus*) において自らの著作の計画を提示することになる。(25)

こうして、五年のあいだで、現代のユダヤ思想にとって決定的なものとなる、たがいに響き合った三冊の書物が立て続けに出版されるのである。すなわち、ヘルマン・コーエンの『ユダヤ教の源泉から引き出された理性の宗教』(一九一八年)、ローゼンツヴァイクの『救済の星』(一九二一年)、そしてブーバーの『我と汝』(一九二三年)である。ブーバーは先の二冊については自分の著作が完成した後ではじめて知ったと述べている。ブーバーとローゼンツヴァイクのあいだには、政治的な次元についても、〈律法〉との関係という視点についても、根深い差異がある。それは、とりわけ、ブーバーが自分に直接語りかけてくるものだけを戒律《ミツヴォート》から受け取るのだと断言するときに顕著である。(26) マルティン・ブーバーが新たな宗教を打ち立てようと企てるのに対して、フランツ・ローゼンツヴァイクはハラハーの尊重のうちに平和を見出すというナフム・グラッツァーの提言に賛同するにせよしないにせよ、いずれにしても否定できないのは、その源泉についても方向性についてもまったく相異なる二つのユダヤ教をこの二人の人物が構想しそれを生きたということである。とはいえ、一九二四年、ランバート・シュナイダーからヘブライ語の旧約聖書をドイツ語に新たに翻訳するという要請があったとき、ブーバーは、この翻訳をローゼンツヴァイクと一緒に行うという条件においてのみ、この要請を受諾するのだ。こうして、この仕事はローゼンツヴァイクを蝕んでいたひどい病の具合に応じて進められていくことになる。マルティン・ブーバーはルター版の単なる訂正という企ては早々と放棄し、平日のあいだ翻訳を行い水曜日にはフランクフルトに赴いた。午前中は大学で講義を行い、午後はフランツ・ローゼンツヴァイクとともに過ごし、彼に自分が作成した訳文を読み聞かせ、注釈上の論争と最近書かれた文献とを知らせ、それから一緒にテクストを直していくのだ。

とはいえ、ゲルショム・ショーレムの視点から見るなら、二〇年代の後半とは、ブーバーと若きシオニストたちとの出会いがそこなわれた時代である。(27) すでにドイツでは彼らへのブーバーの影響はその絶頂にあったとはいえ、パレスチナへの入植を弁護しながらも当の本人はそこに合流するのが遅かったのではないかと感じる者たちにはブーバーは失望を与えていたように思われる。おそらくこう言う必要があるだろう。すなわち、一九二七年、ブーバーをヘブライ大学へ招聘しようとするショーレムとマグネスの主導した計画が正統派の反対によって頓挫したのは、〈伝統〉の教えがこの宗教的「アナーキスト」に託されてしまうという考えに彼ら正統派が衝撃を受けたからである、と。しかし、時が経って、ショーレムはここにブーバーの存在の「悲劇的」な次元の源を見出す。それは、ユダヤ世界の外部での彼の評判とユダヤ世界の内部での彼の影響とのあいだの隔たりがますます広がっていくということである。そこには、神秘主義が与える意味での「実現」について倦むことなく語ってきた人間が、自らが以前から雄弁に「弱さ、欠陥、隷属」があると語ってきた当の追放（exil）を打破することができなかったという逆説があった。この矛盾が特に顕著になるのは一九三三年から、ブーバーが一九三九年にエルサレムへと最終的に出発するときまでである。一九三三年からナフム・グラッツァーは自分が頭に描くのは単にユダヤ人をゲットーへともう一度囲い込むことだけでなく、まさに破壊なのだとブーバーに書いていたが、ブーバーはベルリンに残り、大学を辞職するとはいえ、追放されるとまでは予想していなかった。やがて公的発言も禁止されることになるが、彼は自分にも可能だと見えた抵抗をただ二つだけ組織する。その一つはユダヤ教とキリスト教の対話であり[28]、もう一つはドイツのユダヤ人の教育である。「トーラー」の巻き物が燃やされ、「緩慢かつ迅速な絶滅」が強制収容所で課せられているときに、ユダヤ人が被った暴力が歴史上の茶飯事なものだと語り、殉教者の徳を弁論するガンジーのような人物に、ブーバーは平和主義や犠牲を求める場合ではないと応答する。しかしあまりに遅きに失していた[29]。

エルサレムに居を構えて以降、アブラハム・ヘッシェルとともに現代ヘブライ語を学んでいたブーバーは、ヘブライ大学で社会学を教えるのだが、そのブーバーについては、彼が新たな言語を物にしたことの証拠は、ドイツにおけるのと同じようにそこでも彼の話が難解になったことだと言われるようになる。ポーランドのユダヤ人の大虐殺について最初の情報が届けられてもそれを信じることができず、彼は『ゴグとマゴグ』の執筆に全精力を傾け、同時にイルグンの活動家の急進化に対抗し、そしてユダヤ・アラブ問題に対してまず二国主義、次いで連邦制といった解決法を求めて戦っていく。その一方で、イスラエル国家の創設は、シオニスト運動の最初期からこれに身を投じてきた者にとっても驚くべきものだったこと、さらにこの人物が、ベン・グリオンに対して、それより四〇年も前にヘルツルに対して展開しようとしたいわば「忠誠心からの」反対を再び展開しようとしたことも同様に知られている。ユダヤ教は〈預言者たち〉と〈王たち〉との永続的な緊張を生きていると確信していたブーバーは、ヨーロッパ中から浴びせられる称賛に対して——たとえば、ヘルマン・ヘッセは一九四九年からノーベル平和賞の候補者として彼を推薦している——、このイスラエル創設の英雄と論争したのだ。マルティン・ブーバーは全世界の〈賢者〉の普遍的な形象であるが、その一方で、彼が六日間戦争直前没するまで唱え続けた平和主義ゆえに異端的な立場に立ったことで、イスラエルではその影響力は弱くなっていった。この点を確認するなら、この長寿の人物の結局は悲劇的な側面をめぐるショーレムの指摘は容易に正当化されるだろう。しかし、前もってショーレムに反駁するかのように、ブーバーは一九五五年からこう書いていた。「私は自分がここエルサレムで「孤立している」とはまったく感じていません。私には友達も学生も十分います。確かに私は人気がない、しかし、私は若い頃からそうであったし、さらには全生涯にわたってそうであり続けるように、周縁的な者にとっては別様な生き方は難しいでしょう(30)」。

マルティン・ブーバーのユダヤ教
亡命の下に架かる橋

どんなユダヤ人も――ショーレムの表現によれば――自分自身の「私的な神学」を展開しようとするというのが正しいのだとすれば、現代のユダヤ教の思想家はそれぞれ、〈伝統〉の歴史とその多様な形態から自分に決定的に思われる諸特徴を取り出し、ユダヤ教についての個人的なイメージをもたらすことになろう。マルティン・ブーバーのユダヤ教の最も驚くべき側面は、聖書世界とハシディズム晩期という時代的には極端に隔たった二つの場所に――あたかも追放の時代をまたぐ一種の橋を構築するためであるかのように――それが根をおろしているという点である。ブーバーの読者のなかでも、ショーレムとレヴィナスという最も精緻な批判的読者たちはこの特異性を見逃すことはなかったのだが、それはすでに、世紀のはじめにプラハで行われた初期の講演から姿を見せており、その最後の著作まで形を変えながらも存続することになる(31)。この特異性は結果的には、ラビ派の伝統、中世哲学、さらにはカバラーのように、他の者たちがユダヤ的生の最も生き生きとした表現を見出す世界全体を日陰に取り残すことになった。とはいえ、この特異性は、歴史的解釈を内的経験の復権と結びつけようとすることによって、注釈を哲学的思弁から切り離すことを拒否する思想の核心を照らし出してもいるのだ。

ユダヤ教の諸世界におけるマルティン・ブーバーの数々の探求の主調は、プラハでの最初の講演で発せられた冒頭の質問の一つによって示されている。「この時にもかかわらず、とりわけ私たちが今生きているこの時にかかわらず、ユダヤ人として生きながらえるという私たちの欲望は何を意味しているのでしょうか(32)」。その探求を導く意図に関して言えば、それは、「反抗によって」、あるいは、反ユダヤ主義への反動としての自己同一性《アイデンティティ》を惹起するような「民族の指令」への応答としてユダヤ人であることに対する拒否であると言える。それゆえ、当時すでに省察を司っていた考えには、のちに「実現」という中心的概念となるものが含まれていたのだ。すなわち、それぞれのユダヤ人にとって、「自らの民の過去は自分個人の記憶の宝庫である」のに対して、この民の未来は「自分個人の責務」とならなければならないのである(33)。このような考え方からすれば、ブーバーにとって〈伝統〉とは、〈律法〉を解釈しながら伝達していく諸世代の連続性では決してなく、慣習となる危険をつねに有した自由であることが即座に分かるだろう。それは、「精神の単純な頑なさと怠惰によって遺産を受け取る者にとっては最も悲惨な隷属」なのだ(34)。時が経つにつれ、また他領域にわたるその仕事にともなって、こうした見地はブーバーの著作のなかで幾分かは変化したとショーレムとともに考えることができるだろう。それでも、この見地が一貫して彼のユダヤ教の三つの面を構造化していることにかわりはない。すなわち、追放に対する深い憎悪、〈律法〉を宗教経験の中心的な審級と考えることの拒否、そしてハシディズムの経験に由来するユダヤ人の生の隠された潮流への愛着である。

まず、マルティン・ブーバーを憤慨させたのは、追放という状況それ自体よりも、そのなかでのユダヤ教の変質であった。彼に言わせれば、ユダヤ民族の創世期と、「大地の母なる統一」が人類に唯一神の観念を供することで各自に自らの存在の分割を克服することを可能にした始源的な時とが混同されているのだ。こうした二重性を贖う努力は、聖書の時代において白熱し、エッセネ派の時代に復活したのだが、離郷それ自体によって、さらには後続の世代がそれに立ち向かう仕方によっても打ち砕かれてしまった。それゆえブーバーの次のような表現は、追放とその神学的あるいは哲学的産物を特徴づけるには十分に厳しすぎるものではない。「生や統一への現実の熱望からかけ離れた不毛な知性が、注釈に次ぐ注釈を通して書物から得ただけの表現に没頭し、思想が見捨てた夢想の空気のなかに虚弱で悲惨で衰えたまま残存した時代(35)」と言うのである。ここでは、世界に対する空しい闘いのなかで人間の内的統一性を得るためにかつての闘争を再利用することで、あたかもユダヤ教は己を失ってしまったかのようになってしまう。精神的生のあらゆる新しさを組み込もうとして、力の核心部が枯渇してしまうのである。ブーバーが、かつて生気論的比喩を通して大地と血さえも賛美していたときにこのテーマに与えていたロマン主義的な色合いをその後徐々に放棄するようになったとしても、彼は、初期キリスト教と真正なユダヤ教を近づけてそれらをラビや哲学者の不毛な伝統と対立させるという後年の関心にいたるまで、このテーマの形式をつねに保持することになるだろう。

ショーレムが見事に看取したように、こうして追放の時代をすべて飛び越えることを奨励することは、ミハ・ヨセフ・ベルディチェフスキーの影響と無関係ではなかった。碩学のタルムード学者にして、敬虔な者《ハシッド》の弟子であり、ニーチェを読んだ後に〈伝統〉の知性主義に反抗した人物である(36)。現代ヨーロッパ思想の反律法主義的潮流とユダヤ的生の伝統的形式との電撃的出会いの雰囲気のなか、追放の経験を跨ぎ越そうとする関心は、ブーバーにおいては、ハラハーの厳格さの即座の棄却を経由しもするのだが、この棄却は、〈律法〉に与えられた場所に対する異議にまで及ぶことになった。初期の一連のテクストでは、こうした観点は次のように付随的に展開されている。ブーバーは「ラビ派と合理主義がそれでユダヤ教を覆い隠していた残骸」から、当のユダヤ教を解き放とうとしていたのだ。彼が示すのは、ユダヤ教の本質は「決断」に存するのであって、保守主義者によって押しつけられたり、ヘルマン・コーエンのような人文主義者によって道徳的意味で再解釈を施された〈律法〉の規定的次元に存するのではないということである[37]。後に、この観点は、教義の分析の面でも、また同様にブーバーの哲学の内容においても、よりいっそう確固とした表現を見出すことになる。その例証として指摘しておけば、ブーバーは、「トーラー」という言葉の真なる意味は、パウロが普及させたギリシア語の誤った翻訳によって考えられているのとはちがって、「〈律法〉」ではなく「戒律、道の指示、教訓、指令、教え」であるということを示そうとしているのだ[38]。それでもやはり、こうした考え方の最も強力な表明が、『我と汝』がもたらした思弁的転換の過程——このときまさにブーバーは神という「永遠の〈汝〉」を出現させようとする——でなされることにかわりはない。「意味それ自体が万人にとって妥当で受け入れられる教義として伝えられもしなければ、言い表されもしないのと同様に、意味の試練は妥当な義務として言い表されることはありえない。それは規定に服従することもなければ、あらゆる指導者を超えて立てられうる律法の板のようなものに書き留められるわけでもない。それぞれの者が自ら受け取ったこの意味を明らかにできるのは、ただ自らの存在という唯一の性質によって、そして自らの生という唯一の特徴においてのみなのだ[39]」。

〈律法〉の萌芽的な特徴に対する異議と、追放の時代に由来するあらゆる宗教的行為と実践の拒絶のあいだで、ブーバーは、まったく不毛な「公式のユダヤ教」と「隠れたユダヤ教」の生産性とのあいだにあるように見える衝突を徹底化させているということは理解されるだろう[40]。この対立が結晶化する契機は、〈伝統〉の解釈者の大部分がユダヤの歴史における決定的な蝶番だとする時代にあるように見える。それは、〈聖典〉が確立し、「徐々に法規化され［…］国家宗教の最終的な表現」として定義される時代である[41]。トーラーのまわりに垣根を巡らせることを促していた『ピルケー・アボット』の表現を暗示的に覆しつつ、ブーバーは、「異質な、あるいは危険な要素をすべて寄せつけないために、〈律法〉のまわりの垣根を高くした」まさにそのとき、〈書物〉が生を圧倒し始めたと考える[42]。そうなると、聖書の物語の語りの構造に結びついていたが、聖職者や編纂者による規範化のために根底的に変質させられてしまった「原初のユダヤ教」をブーバーがどのように突きとめているかについてはより明確に把握される。リベラルな合理主義の最も壮大な表現は後期のヘルマン・コーエンに見出されるが、ブーバーはそれに対して、神話に抗して一神教としての本質を獲得し凝固させるユダヤ教という考えを辛辣に拒絶するのである。「実際、ユダヤ教の発展の歴史は、神話的、一神教的国家宗教の自然構造とラビ的、理性的、一神教的宗教の知性構造との戦いの歴史なのである[43]」。ここでもまたブーバーの言説は、自然主義的で反主知主義的な含意を帯びたこのロマン主義を徐々に放棄していくことになる。ただ、ユダヤ教における神話的要素のブーバーによる賞賛は、その後も旧約聖書の原典の読解と同じくハシディズム的文学への接近をも組織しつづけるだろう。

ショーレムがブーバーの「対照法《アンチテーゼ》」と名づけた二項構造が実際に設定されることになるのは、一種の神話の再興を通じてである。ユダヤ教がいかなる姿で現れるかという点では、この構造は、聖職者を預言者に、ラビを異端者に、そしてすべてを無力化する〈律法〉の厳しさを民衆のハガダーの生き生きした多産性に対立させる。しかし、そうした二項構造はブーバー固有の地理学と歴史学をも描いている。これらによってブーバーは、ユダヤ的生の真正さがどこに存するのか、そして「供犠的な崇拝の硬直化、〈聖典〉や伝統の石化」に対してそれがどのように現れるかをもっぱら示そうとするのである[44]。宗教的感情が「世界という生地に〈無制約者〉を書き込むことを欲する」「行為」であるというのが本当なら、エルサレム神殿とその崩壊の時代の〈賢者〉の傍にも、中世あるいは現代の哲学者のもとにも宗教的感情を探す必要はない。そうではなくて、「事態と妥協する」ことを拒絶する〈預言者たち〉のうちに、「決断」の精神を再び賭けるエッセネ派のキリスト教の運動のうちに、そして最終的には、公的なユダヤ教によって誹謗される神秘主義的潮流が個人に自ら一つのトーラーとなるように促すあらゆる場合のうちに、宗教的感情を探すべきなのだ[45]。このとき神秘主義的諸潮流については、それらがブーバーの注意を引くのは諸々の状況や学問的理由からではなく、それらだけがイスラエルの歴史を人間的人格の歴史に結びつける真の「追放の神的顕現」に同伴しえるように見えるからだ、と言えるだろう。そこでは周知のように、「ここでまさに生き、われわれとともに追放され、われわれの期待を共有する、臨在《シェキナー》がわれわれのあいだに自らの住まいを築き上げた」のである[46]。

それゆえ、マルティン・ブーバーと聖書の物語との関係は、やがて宗教的感情と宗教との大きな矛盾として要約的に表されるこれらの対立の形式によって大きく構造化されることになる。まず方法の観点から見て、ブーバーは〈聖典〉を脱神話化しようとする同時代の歩みに抗して前進するのだが、その目的は、文献学的、歴史学的批判の規則に合致した証言としての価値を確立することであり、聖書の内容から普遍的倫理の根本原理を抽出することであった[47]。彼にとって、聖書のテクストは複数の原典の融合の結果ではなく、多数の改変を被った原核から何世代ものあいだ漸進的に錬成されてきたものなのだ。精神すらも変形させてしまう絶えざる加筆の下での埋没の危険に実に早くから脅かされてきた原初ユダヤ教という観念を確証するためといってよいだろうが、そのとき重要になるのは、「改変された伝統からできるだけ遠く離れ、口伝の伝統へと」遡ることである[48]。「還元」というこの方法はかくして、「言葉と言い回しや内容や流派によって認識できる、重層的な付加を剝いでいく」ことを目指す。その目的は、「信仰の歴史」への聖書の真正な貢献をなしうる唯一の究極的で理解可能な構成へと至ることである。この意味で、〈伝統〉批判の課題は、ランケ以来の歴史記述が行ってきたような、出来事が本当に起こったその様子を再現する関心と混同されることはない。出発点として、聖書のテクストが属する文学カテゴリーは伝説のカテゴリーであることを認めながら、これは、「一民族とそれを支配する歴史的大事件」との出会いの形式に近づくことのみを目的としているのである。これは、テクストの生きられた意義を歪める学問的批判に抗して当のテクストへの回帰を奨励するがゆえに、特権的な媒介として翻訳の実践を見出す。それは、フランツ・ローゼンツヴァイクと共同で行われ、彼の死後三〇年にたった一人で完成させることになった〈聖典〉の翻訳という実践である。しかしそれはまた、復活という観点から見ると、〈聖典〉の意味をあらためて訳し直す実践でもあった。つまりは、ユダヤ教の原典に対するマルティン・ブーバー固有の貢献を示す企てでもあったのだ。

〈聖典〉を翻訳すること

ユダヤ教の歴史と伝統に照らしてみると、聖書の翻訳すべてに関わる問題提起的特徴の淵源は、それら翻訳のうちの最初のものに見出される[49]。〈七〇人訳〉の起草が、ユダヤ人が自らの〈律法〉をよりよく実践するために、当時の言語において自らの〈律法〉のテクストを所有したいとの欲望と合致するものであったとしても、その起草はただちにその正当性、可能性、そして結果について次のような問いを惹起しただろう。〈伝統〉自体の言葉に従って言えば、翻訳されたトーラーは「手を不純にする」能力を維持しているのだろうか。別の言い方をすれば、ヘブライ語とは別の言語で書かれた一節は異邦の世界の響きを聞かせる危険を犯してはいないだろうか。より正確に言えば、ギリシア語はそれ固有の特性へと一神教を引き寄せ、それゆえ、本来の宗教的価値を損なわせてしまわないだろうか。そのとき、これらの問いとまったく同じほど範例的なものとして、翻訳の企ての正当化の問題が現れる。すなわち、神聖な言語への親近性の喪失から生じうる忘却を妨げるというのがそれである。この正当化は、エズラの時代にすでに元来口伝のものであったトーラーの起草の動機となっていたものであり、同様に、ブーバーとローゼンツヴァイクも自らの翻訳原理たらしめるためにそれを絶えず想起させることになる。次いで、この正当化はさらに、口伝〈律法〉を書き留めることをのちに許容することになる。すなわち、タルムードにおける〈賢者〉らの立法的で物語風な発言の集成である。最後に、この正当化によってマイモニデスはずっと後にこれらの前例を参照としながら、多大な慎重さをもって秘かにしか伝えられるべきではない「トーラーの秘密」を文書に起こすことを自らに許すのである。たとえ、彼が秘教的筆記《エクリチュール》の保護という禁忌の侵犯にも似たこの身振りを包み隠しているとしてもである(50)。

それでもやはり、〈聖典〉の翻訳のあらゆる企てを多かれ少なかれ直接的に統御してきたこうした正当化が、それによって惹起される問いを論じ尽くすにはいたらなかったということにかわりはない。エマニュエル・レヴィナスが強調したように、その理由は、〈七〇人訳〉という創設的な経験によって〈聖典〉の翻訳不可能性と翻訳可能性との二律背反のもとに隠れてしまいかねない次のような展望が明るみに出されるということにある。すなわち、翻訳と、すでに一種の同化とも言うべきものとのあいだの繋がりである。この繋がりは、〈西洋〉との出会いに開かれたユダヤ教の関心を、諸国家のただなかでのユダヤ教の消滅——言うならば追放ないし四散の究極の形——へと導くかすかな推移のなかで結ばれる(51)。タルムードはこの主題についての〈賢者〉たちの幾多の議論を記載しているが、他方で、その反対意見も提示してもいる。そうした箇所の一つでは、こう言われている。「自分の息子にギリシアの知恵を教えた者は呪われよ」。あたかも「西洋のモデル」が、言語の転用と文化の融合によって退廃の脅威の最大の形式を供するかのようにである(52)。しかし、別のテクストにおいては、議論の対立の論理そのものを通して、この問題のよりいっそう弁証法的なヴィジョンが提示されている。たとえば、あるミシュナーを注解するテクストでは、諸書はあらゆる言語に書き換えられうるが、テフィリン〔聖句を入れる箱〕とメズーゾート〔門柱などに付けられた羊皮紙に書かれた戒律〕だけはどうあっても原初の言語で書かれなければならないとされているのである(53)。

図式的に言って、この問題に対しては三つの命題が提示される。第一の命題はいわば最も普遍主義的なものであり、次のような意見を良しとする。つまり、ユダヤ人にとって書物が有する神聖な性質が翻訳によって何も奪われることはないが、唯一の制限が、言語の「本体」を保存しなければならない崇拝の諸対象に対して課せられるという意見である。第二の命題は、ギリシア語への翻訳の可能性を保持しながら、この種の自由主義を部分的に修正するものである。ただし、ここでギリシア語に与えられた特権は、同化を制限しようとする先取り的な配慮によって枠をはめられている。ここでは、ギリシア語翻訳はモーセ五書にだけ適するもので、それに対してタルムードは、原テクストと翻訳によって得られたテクストのあいだに数々の異本《ヴァリアント》を書き留めるとされるのである。しかしながら、ミシュナーに由来するこれら二つの説のそばで、より根本的な命題が生じる。これは、バライタ〔ミシュナーに含まれなかった口伝の外伝〕のさらに古い原典に関わる命題である。すなわち、アラム語とヘブライ語のあいだでさえも、あらゆる翻訳は〈聖典〉の卓越を損なうという命題である。確かに、討議を通じて、この議論とそれに先行する議論とのあいだの仲裁や妥協のいくつかの試みが現れてはきた。しかし、それにもかかわらず、矛盾は完全な翻訳可能性と根本的な翻訳不可能性という両極端にまで行き着きうるのだ。

それゆえここからは、この対立の解決の方策以上に、次のような二つの教えを引き留めなければならない。まず何よりも、諸国民のなかへの四散と〈離散《ディアスポラ》〉に全面的に結びつけられたドラマを示した唯一の人物たるエステルの巻を翻訳することの不可能性については、合致が可能であるように見えるということである。この点については、エマニュエル・レヴィナスが、迫害や反ユダヤ主義が問題となるときには、原初の言語だけが理解できるということを提案している。次いで二つ目の教えは、これらの議論を通して、翻訳についてのあらゆる省察の形而上学モデルが定義されるという考えである。そうした省察は、〈西洋〉との出会いの諸条件、それとの約束とそれによる挑戦に関する決定的選択と不可分だろう。

一見するとこうした母型から遠いところで、フランツ・ローゼンツヴァイクとマルティン・ブーバーの計画は示されているように見える[54]。聖書原典からの翻訳に先立つ彼らの省察の枠組みは、歴史上かつてないほど制限されていたために、そうした企図の可能性の条件を見積り、先行例を評価し、そのいわば技術的な要計を決定することに向けられていた。彼らの意図についても同様に、それは比較的限定された展望を定めている。すなわち、当時のドイツに固有の知的空気を遡って、〈解放〉のユダヤ教の内的対立へ向かい、〈聖典〉とドイツ語の出会いの様相を明らかにしようというのだ。より具体的に述べれば、これら三つの要素は次々に様々な問題と名前と結びつくことになる。即時的には、もちろん聖書をキリスト教化しかつドイツ風にしようとする共同の試みが問題となる。この現象は、最も明白なものとしては一九世紀末に遡り、異なる表現のもとで二人の象徴的人物と結びつくことになる。一人は、パウル・デ・ラガルデである。彼は、ユダヤ人から旧約聖書を横領しようという意志を示す民族主義的で反ユダヤ主義的なやり方を提示した。もう一人は、カール・バルトである。彼の方は、プロテスタント内での革新を具現し、新約聖書における旧約聖書の成就を主題化するために、パウロの形象に中心的位置を与える。現代のユダヤ教の内部分裂に照らしてみれば、問題になっているのは、おそらくこの場合、部分的に未然に防がれた正統派と自由主義の中心的対立であるよりもむしろ、モーゼス・メンデルスゾーン、ザムゾン・ラファエル・ヒルシュ、あるいはレオポルト・ツンツとの一種の時代を隔てた議論において着手される具体的な事例を通じて問われる、翻訳の意味そのものをめぐる問いなのだ。最後に残るのはおそらくこの企図の元来の意図にして究極の展望である。すなわち、ルターが〈聖典〉の言語とドイツ語をその翻訳のなかで永遠に結びつけたかに見えるその壮大なやり方に異を唱えることである。この問題は、彼との体と体、語と語をぶつけ合っての戦闘の形式をまとうことになるだろう。

相対的に言っていかに控え目なものと見えるとしても、同時代のドイツの文脈がローゼンツヴァイクとブーバーの仕事に伴う膨大な資料に及ぼす影響はやはり決定的である。その影響は特にブーバーが書いたものにおいて表現されているが、それに対して、ローゼンツヴァイクはおそらく、ユダヤ教・キリスト教の関係についての『救済の星』の熟考に由来する留保を維持しているように思われる[55]。この主題についてのマルティン・ブーバーの最も明瞭なテクストは、最も遅く書かれたもので、それは、共訳を実現する方法とその意図を一九三八年に纏めたものである。この企図に身を投じる二人の著者各々の理由を提示したあとで、ブーバーはパウル・デ・ラガルデからナチスにおける彼のエピゴーネンたちへと通ずる運動を描写する。この運動の目的は、「ドイツの神」や「ドイツのキリスト」という形象によって、つまり、旧約聖書を根本から攻撃することを通じて形成される形象によって「キリスト教をドイツ風にする」ことにある[56]。しばしそうした運動において見出される動機に従って、ブーバーはこの見地の起源をマルキオン主義の復活のうちに、すなわち、マルキオンのグノーシスがユダヤ人の神の二つの属性を分離しそれらを対立させたやり方の実現のうちに見てとっている。その一方の属性は、悪の自律的原理としての罰を与える正義であり、もう一方の属性は、キリストにおいて受肉される善の力としての恩寵である。パウロの権威を介することで、教会はもちろん旧約と新約の二つの聖書を保持しているが、しかし、旧約の立法的性格をかなり無効にしてしまったので、旧約の否認を望むであろう新マルキオン主義へのあらゆる逸脱が可能になったのである。[57]

その反面、キリスト教的ドイツの文脈のなかにこの〔翻訳の〕企図を挿入することは、これほど論争的ではない表現を見出す。神学的な観点から、ブーバーが明確に述べているのは、翻訳の背景の一つには、宗教的経験の次の三つの中心的カテゴリーがどう結びつくかという問題がまさにあるということだ。つまり、旧約聖書は〈創造〉を〈啓示〉ならびに〈救済〉に結びつける系列を通じて展開されるのだが、それに対して、キリスト教は〈啓示〉と〈救済〉に集中するのである。[58]たとえ、キリスト教の最初の数世紀での〈創造〉の失墜がまたしてもマルキオンに帰せられるとしても、ここで最も重要な点は、時代が要請する諸条件のなかで、体系全体への新たな順応を可能にしようとする関心と結びついている。言い換えれば、ブーバーは、キリストによる〈救済〉に集中するがゆえにキリスト教は「終わりによって始まる」という考えをローゼンツヴァイクからいわば取り戻すのだが、その一方で、彼はニーチェが〈啓示〉という事実に異議を唱えたやり方に立ち向かうことを提案する。その目的は一神教の完全性の生きられた経験を再び見出すことにあるが、この完全性という現象にこそ、翻訳の実現は貢献しなければならないのだ。[59]とすれば最後に残るのは、ローゼンツヴァイクが引き受けているように見えるこの問いの一種の限界点であろう。

この限界点において、この問いは学知と宗教の関係に触れるのである。あたかも学（*Wissenschaft*）が暗にその本性からしてまさにドイツ起源のものであるかのようである。ここにいう学が諸テクストの精神に対立しながらなされるテクスト批判と解されようが、物語に取って代わる知の歴史と解されようが、あるいは文のリズムや語の響きへの注意を妨げかねない文献学と解されようが、このことに変わりはない。[60]しかしながら、これらの点のすべてについて、ローゼンツヴァイクは比較的慎重でありつづけた。彼は、「カントの最悪のもの」と「バルトの最悪のもの」から派生する「最後の叫び」たる学の過激化に異議を唱えながらも、穏やかにこの学の有効性を認めているが、こうした立場は、彼自身のテクストのなかで幾度も繰り返されている。[61]しかしそれでも、問題のたった今指摘したような諸次元がおそらく、決定的でよりいっそう複雑な問いのなかに生じてきたことにかわりはない。ちなみにこの問いは、揺らぎながらも徐々に狭まっていくブーバーとローゼンツヴァイクの不一致、すなわち、ドイツ語の精髄とも言うべきものに対する関係をめぐる不一致に依存したものである。

ブーバーとローゼンツヴァイクは、自分たちの企図が〈解放〉のユダヤ教を貫く諸対立を避けることはできないということを自覚していたので、問題をはらむこの次元を言わば中和しようとする。新訳の必要性そのものに関わるほとんど逸話的な形式のもとで、この問題は、一八三〇年代からおよそ一〇数回の再版を経験したレオポルト・ツンツによる翻訳の存在に関わる。実際、ブーバーはこの問題を個人的経験の物語によってア・ポステリオリに解決している。幼少時代から祖父のもとで聖書をヘブライ語で読んでいたブーバーは、ツンツの翻訳を発見したとき、このテクストそのものに対して一種の怒りでいっぱいになった。あたかも、慣れ親しんだ物語が、計り知れない暗雲で現実を覆い隠す魔法使いの話のように、よく分からないものになったかのようだったのだ[62]。自由主義と正統派との隔たりを按配しようとした短い手紙を見ると、問題に真っ向から取り組んでいるのはローゼンツヴァイクである。このような見地では、確かに基準とみなされるのは正統派の方だが、それは、正統派が〈伝統〉の連続性を保持することで、情勢による感染を避けるように見える限りでのことである。それゆえ、トーラーの天啓としての特質がテクストの文献としての起源やその文献学的価値への取り組みに対する指示を与えていることを急進的正統派は理解していないという点で、自らの企図が急進的正統派と袂を分かつということを踏まえた上で、ザムゾン・ラファエル・ヒルシュによって具現された新正統派に対して、批判的忠実さという関係を鮮明にしなければならなくなる。この意味で、ヒルシュの先駆者たちよりもむしろヒルシュとの近さは「表面的な」理由を得るがこの理由は、学〔ユダヤ教学〕との距離をおいた関係の諸々の理由を思い起こさせる。それはすなわち、テクストの確立を、文献学的基礎にそれと同等の強さの「文献学的不安」でもって結びつけようとする関心であるが、この態度は、〈書物〉の神聖さという特質とそれを純粋に歴史的文献として扱うことの矛盾から脱することをある意味で可能にしてくれるはずのものだった[63]。

しかし、ザムゾン・ラファエル・ヒルシュを特権的に参照することの深い理由は、ブーバーとローゼンツヴァイクの翻訳原理の一つとなるものに関わっている。その原理とは、トーラーを唯一の精神に由来する唯一の書物と考えることである。この精神は、ローゼンツヴァイクが、一般に大文字のRで指示される「編者」という専門用語を用いるよりも、ヘブライ語で「われわれの師」（*rabbenu*）と呼ぶことを好んだものである。例証として挙げられるのは、たとえ歴史批判が当然のこととして、「創世記」の二つの物語に対して著者が二人いることを擁護するのが正しいにしても、それでもやはり、ローゼンツヴァイクの目には、宇宙論的な解釈と人間学的な解釈とがテクストの物質性のなかでそれぞれ照らし合っているということに変わりはないということだ。さらにこれに付記すべきは、書かれたトーラーと口伝のトーラーが同じ源から汲まれるという伝統的考えをヒルシュが繰り返すことで、翻訳にしばしば助けの手が差し延べられているということである。それは特に、ある語句をめぐるハガダーの議論によって、一つの語のその文脈における意味についての推測が、別の場所でのその使い方を参照することで確証されるとき顕著になる。このようにザムゾン・ラファエル・ヒルシュの航跡のうちに決然と身を置くことによって、またしても翻訳のいくつかの規則が決定されることになるだろう。それら規則のうち何よりもまず挙げられるのは、翻訳に際して類音反復、頭韻法、半諧音といった力を解放することによって、その本来の口承性を唯一遵守することのできる、マソラ本文のテクストを一貫して選択することである。さらに挙げられるのは、ある語を語根から復元させる要素や、そこから近かったり遠かったりする別の箇所でその語の派生物が提示している指示を汲み取る技術である。最後は、〈伝統〉に由来する諸々の注解に対する相対的な自由である。ブーバーとローゼンツヴァイクは、強勢法やテクストの分割の選択にあたって、これらの注解に頼ることがしばしばあった。しかし、彼らはまたそれらから解放されることを自らに認めてもいた。まさにこれは、ラシその人が「創世記」冒頭の句の翻訳からすでにこのような大胆さをもって振る舞ったように、彼ら自らが正当化した態度なのである。[64]

しかし、たとえこれらの選択によって同時代のユダヤ教内部の論争に対する免疫が形成できたとしても、レオポルト・ツンツの闇よりもある意味では厄介で、ユダヤ教にとって啓蒙期以後のヘブライ語聖書のドイツ語翻訳――たとえば、モーゼス・メンデルスゾーンの翻訳――のすべてにつきまとう闇をすぐに消し去ることは依然としてできない。この恐るべき問いに立ち向かうことになるのはフランツ・ローゼンツヴァイクであるが、彼は最も困難であるが、また最も直接的な道、すなわち、〈御名〉の翻訳という道を通じてそれに立ち向かうことを決めたのだった。この哲学者が最終的に為した決断に従って、熟考の末「永遠者」と題されたテクストにおいて、彼はまず、現代ユダヤ人の意識にとって、メンデルスゾーン問題と呼ばれうるものを再現することから始める。それは、メンデルスゾーンがキリスト教の名称を再び用いたという問題である。[65] 実際、神の名をめぐる翻訳の歴史においては、「永遠者」(l'Éternel)という言葉をはじめて顕したのはカルヴァンである。それはカルヴァンの一五八八年の翻訳版以来のことであり、それ以前の一五五〇年代には、彼は旧約聖書の注解において「主」（le Seigneur）という古語を用いていた。この名詞は、改革派のなかで急速に認められ、ヨーロッパ文学を席巻することとなったが、対して、ユダヤ人はと言えば、ザムゾン・ラファエル・ヒルシュがメンデルスゾーンの選択への批判の末尾であらためて望んだように、「神」（Dieu）という言葉を用い続けていた。[66] それがために、メンデルスゾーンは限られた、その上疑わしい功績しか受けることがなかったのだろう。この現象は、メンデルスゾーンの翻訳が、そう見えているよりもはるかに議論の余地のないものであったにもかかわらず、そのほとんどが忘れられていく運命にあったがゆえにより逆説的なものと化す。

そのとき、あたかも、ローゼンツヴァイクが、今度はメンデルスゾーン自身が出会っていた問題を検討することで、やはり逆説的な形式のもとでこの哲学者の仕事をいわば復権しようとしているかのように見える。最初に、こう言ってよければ、メンデルスゾーンには自らの選択に際して否定的で付随的な理由があった。すなわち、「主」という呼称は、さらによりいっそうキリスト教への参照を含意しているために、これを再び用いることはできなかったのである。しかしながら、ローゼンツヴァイクの目には、本質的なものは別のところにある。つまり、「創世記」第二章第四節において〈御名〉がはじめて登場する際の問いを扱うのではなく、翻訳の観点から見て最も困難な節のうちの一つに取り組むという、メンデルスゾーンの勇気ある決断こそが問題なのである。その節とは、「出エジプト記」第三章第一四節であるが、これはまさに〈御名〉の啓示に対応する箇所なのである。それゆえ、ローゼンツヴァイクは、自分自身の選択に合致し、ヘブライ語原典の二重の未来形を尊重しようとする次のような翻訳を提示することから始める。「神はモーセに、「私はある。あるだろうと言うものだろう」と言われ、また、「イスラエルの人々にこう言うがよい。「私はある」という方が私をあなたたちに遣わされたのだと」」[67]。さらに彼は、これと、「壮大なパラフレーズ」と呼ぶメンデルスゾーンの翻訳とを突き合わせる。「神はモーセに言われた。私は永遠である〈存在〉である。なぜなら神はこう言われたからだ。イスラエルの人々にこう言いなさい。「私は永遠である」と名乗る永遠の〈存在〉が私をあなたたちに遣わされたのだ」と」[68]。そのときメンデルスゾーンの『聖書注釈』（*Biur*）、つまり、復興と批判とに対し等しく距離をとった現代の研究の典型として示されるその「申命記」注釈から、ローゼンツヴァイクはこの作者の正当化を引き出している。そうするために、彼はメンデルスゾーンが思い描いた問題の一種の形式構造を再構成し、その解決の論理を明らかにしようとするのだ。

この注釈のなかで、メンデルスゾーンはある一つの「ミドラッシュ」と、「出エジプト記」第三章第一四節の異なる二つの解釈に触れているが、これがその後たがいに矛盾する二つの伝統を創始することになる。[69] 第一の命題は永遠性の次元を前面に押し出すように見える。「〈聖なるお方〉がモーセにこう言われた。彼らにこう言いなさい。「私はかつてあったもので、今も同じくあり、未来においても同じくあるだろう」と」[70]。この命題こそ、サアディア・ガオンが再び取り上げるものであり、それに対し「起こらなかったし、過ぎ去りもしない。なぜなら、それが〈最初〉であり〈最後〉だからだ」という説明を展開するのである。しかし、すぐに同じテクストにおいて、神慮という観点が強調されるように見える。これが、ラビ・ヤコブ・ベン・アビナが「私は、彼らが悲嘆にあるとき彼らとともにあり、他の民族のなかで彼らが隷属しているときに彼らとともにあるだろう」と理解しなければならないと断言するときのものである。[71] そのような観点は、今度は、オンケロスの観点に合致するように見えてくる。その『タルグーム』にはこう書かれてある。「私は私であろうものとともにあろう」。これは次のように理解されなければならない。「私は私が好意を持つものに好意を持ち、私が憐れみを持つものに憐れみを持つ」。とすると、メンデルスゾーンの言外の問いは、これら二つの説は本当に対立するのかどうか、あるいは反対に、それらの説が出現させた三つの属性——遍時間性、存在の必然性、神慮——を融合させることで二つの説を結合させる必要がないのかどうかというものである。ところが、アラム語でのオンケロスの場合にせよ、アラビア語でのサアディア・ガオンの場合にせよ、彼の偉大な先駆者たちの誰も自らの言語でこれを為すにはいたらなかったのだ。これと同じ言語〔アラビア語〕を用いたマイモニデスも、より多くの成功を為すことはできなかっただろう。というのも、一見したところ、『迷える者への手引き』の説明がこの三つの次元を組み入れることを試みているように見えたとしても、それが実際に狙っているのは主として神的存在の必然性を強調することだからである。[72] 最後に付記すべきは、ドイツ語においては、望まれた結合を可能にする語はいささかも存在しないということである。したがって、メンデルスゾーンの最終的な正当化は以下のように示されることになる。〈御名〉に「神慮に則った必然的な永遠存在」の真正な次元を取り戻すためには、他の二つの属性がそこから派生することをその本質的な特徴とする「永遠者」という言葉によって翻訳しなければならないのである。[73]

　現代のユダヤ教に対して大きな帰結をはらむこの決断を論じるに際して、フランツ・ローゼンツヴァイクはまず、それが不安定な状態にあったことを指摘している。別の言い方をすれば、その決断は、メンデルスゾーンが解放されるにいたらなかった言語の強制のもとで、欠陥によって得られたかのように、課せられたものに見えるということである。とすると、この冒険の逆説と教訓とはその後も残り続けるだろう。ローゼンツヴァイクにとって、合理主義的な神学の計画に組み込まれる「抽象的で哲学的」な〈御名〉を選ぶことで、メンデルスゾーンは明らかに一つの誤りを犯したように見える。それは、アリストテレスから影響を受けたマイモニデスのような人の誤りを再現するものであっても、〈解放〉のユダヤ教に災いをもたらすことになる誤りである。しかしながら、この過ちには、〈御名〉の復元とその啓示との関係という、未来のあらゆる翻訳に残された一つの問いが提起されたという甚大な利点があるのである。そのような発見は、メンデルスゾーンが大胆にも〈燃える柴〉のエピソードから〈御名〉の問題に取り組んだということに由来する。ローゼンツヴァイクにとって、そうした発見によって、いくつかの翻訳上の指針を提示することが可能になる。その例証として指摘すると、アドナイという名称に固有の祈願という次元をいかに転換すべきかが問題となるとき、この発見からは次のような二つの意図が生じるのである。一つは、まず何よりも、〈伝統〉において写本者に課せられた〈御名〉を転写する前に中断しなければならないという義務に相当するものを見出そうとする意図である。次いで、つねに文のなかに休止を刻むかのように、典礼において読者が〈御名〉をどのように口頭で発音するかを示そうとする意図である。(74) 付記すれば、〈御名〉の復元とその啓示との関連の発見を通じてメンデルスゾーンがいずれにせよもたらした明瞭化によって、特に現代の文脈において時宜を得た究極の展望が開かれる。それは、〈書物〉の統一性と〈一なる神〉の統一性とを結び直そうとする関心である。この最後の点に関して、ローゼンツヴァイクにとって問題になるのは、一神教の真正な意味を再び見つけることができるかどうかである。というのも、「人格」神との近さという次元が、異教において、あるいはまたキリスト教に固有の三位一体の教義によって忘却されることで、この一神教は、アリストテレスにおいてよりもいっそう脅かされているように見えるのである。(75)

さらに、マルティン・ブーバーとフランツ・ローゼンツヴァイクの企図が組み込まれている文脈の最後の次元について検討すべきだろう。それは、とりわけルターの翻訳によって代表される先行する翻訳との対決の諸条件に関わる次元である。彼らの冒険の運命そのものを言わば規定しうるこの計画に関して、この二人の著者は役割分担をしていたように思われる。ローゼンツヴァイクは問題が書き込まれる枠組みの画定を担い、対して、ブーバーは最終的に真の戦いと言うべきものになる具体的な次元を確保するという具合である。意義深くも、次のような趣きの異なる二つのテクストにおいて、前者は自らの役割を実質的に引き受けている。なぜなら、一方はルターと〈聖典〉との関係という問いに直接立ち向かい、他方はゲーテという人格のなかにドイツ文学のもう一つの記念碑を探ろうとするからである。何にもまして、ルターの翻訳の影響はこの翻訳の指針となる二つの原理に照らして再現されなければならない。これら二つの原理は矛盾しているように見えうる。というのもそれは、容易に理解できる言語で書かれたテクストを提示し、大多数の人々の心をつかむと同時に、ドイツ語の読者を異邦の原典へ導くというものだからだ。そこから、輝かしい未来のためには十分歓迎すべき次のような解釈の規則が帰結する。つまり、「ある場合には必要最低限として語るだけでよしとし、ある場合には意味だけを翻訳する」という規則である。(76)したがって、これこそがルター訳聖書における近代ドイツ語の真の誕生と言うべきものの根本理由である。この現象によって、ドイツ語は、特に英語が被ることになる皮肉な運命、つまり「諸ロマンス語間の一つの混血言語」でしかないという運命を逃れることができるだろう。(77)

したがって、この最後の観点から、ローゼンツヴァイクは躊躇わずに「われわれのドイツ語」について母語のように、つまりその力がルターに由来しあらゆる文化に波及する言語のように語る。そのように敬意を抱く動機の一つは、もちろん、この偉大な翻訳者がドイツ語のなかに、そこには見られないヘブライ語の言いまわしを伝えたということにある。ルターは、受容する側の言語において、このヘブライ語のための「余地を残す」という見地からそうしたのであった。この点では、ルターの聖書とは別の媒介、とりわけゲーテのような媒介が存在するとしても、本質的にはルターの聖書こそが、そのような言語的な営為を実現したのである。(78)さらに正確に述べるなら、これに加えて、ローゼンツヴァイクの目に決定的なこととして映るのは、まさに〈書物〉とドイツ語そのものの出会いの現実性である。すなわち、ルターのテクストは、偉大な翻訳に特有の「不死の時」を、つまり翻訳が二つの言語の「聖なる結婚」を祝うにいたる時を告げ知らせるのである。(79)ルターの聖書はまどろんでいた言語を目覚めさせ、同時に一つの民族《ナシオン》をも創設し、こうして、一六世紀末のプロテスタントの賛歌から「バッハの情熱の絶頂」、あるいはゲーテのファウストに固有の激動にいたるまで、その文化を肥沃にしたのであり、こうしたことを後悔したりそれに異議を唱えたりする必要はないのである。(80)新たな翻訳に着手しようとするあらゆる心積もりを挫くような翻訳に対して謝辞すら表すことに関して、ローゼンツヴァイクがそこからいかにして新たな翻訳を決意し、そうした変転を正当化するのかは問うべきだろう。援用される理由のなかで第一のものは、ほとんど月並みなものであるように見える。すなわち、ルターがヘブライ語の痕跡を自らの聖書のテクストに残し、次いで、こうした拘束に従ったドイツ語すらをも拡大することができたにせよ、このテクストに対してより深い敬意を抱く時が到来したのだ[81]。

ルターの翻訳を乗り越えるという希望はもちろんよりしっかりとした動機を伴うものであるが、フランツ・ローゼンツヴァイクが示すのはその図式だけであって、その図式を共同で応用できるようにそれを洗練させる作業は共訳者に任せていた。以後彼自身の土俵でルターに対する抗議を準備することになるのは、人類全体には「唯一の言語」しか帰属しないという考えである。この現象は、語の表面にとどまるかぎり予感することしかできないが、しかし、それらの語の語根へと遡ることができるとき明らかになる[82]。根の深さについて検討することができるならば、ヘブライ語こそがローゼンツヴァイクが地質学者の歩みになぞらえるこの歩みに見事に適する。この根は、単に語の意味を出現させるだけでなく、それらの語のあいだで翻訳を方向づけることのできるひそかな分岐を描き出しもするのである。ところで、まさしくこれこそが、その努力にもかかわらず真に「ヘブライ語で思考すること」ができなかったゆえに、ルターが為しえなかったことなのである。すべてを考慮すると、ルターの翻訳はつねに他の多くの翻訳よりも好ましいものであり続けるだろう。他の翻訳は「翻訳に関して学術的野心を持たず」、たとえばカウチュにおけるように、「小さな都市の公報」のようなドイツ語を用いる「学問」に基づいているからである[83]。しかし、いくつかの例が十分示すことができるように、彼の翻訳はしばしば「ウルガタの方法によって道を誤って」おり、いずれにせよ、セム語系の言語に固有の強度と語の力を復元することができないのである[84]。そのとき、この翻訳を覆すために、ルターとの言語学的であると同時に神学的でもある一種の塹壕戦においてその無力を説明すること、この仕事が主としてマルティン・ブーバーに任されることになる。この仕事によって、同時に、ルターの指導的原理と主要な例証もまた規定されるのである。

ドイツ語においてはルターの翻訳を原型とし、また、他の諸言語においては多かれ少なかれ七〇人訳やウルガタやさらに多くの企てに由来するあらゆる翻訳をも考慮に入れつつ、マルティン・ブーバーが次のような表現で喚起するものとは、テクストがいかに埋没するかである。「時間が真に聖書を羊皮紙《パランプセスト》に変化させた[85]」。この現象が強力なのは、それが単に諸々の翻訳の結果を通じて現れるだけではなく、同様に、へブライ語聖書に対する現代的関係においても目に見えるようになるからである。今やヘブライ語聖書は、たとえヘブライ語の原文において読まれる場合であっても、あたかも翻訳されたものであるかのように読まれるのである。言い換えれば、聖なるテクストに対してまだ示されている敬意と親密さの混ざった感情が「擬似‐聖書」にしか関わらなくなるということである。この「擬似‐聖書」とは、生きた現実を欠いた神の概念以上のものをこの時代が知らないという点に呼応するものである。そのような状況の説明は、本来の口承性に結びついた統一体としての聖書の意義が喪失したことのうちに求められるだろう。この現象について、ローゼンツヴァイクの方はいわば存在論的な記述を提示している。ローゼンツヴァイクは、保存し伝承する方法としての書記形式への移行が、〈書物〉に関しても、結局この形式に固有の法則を課すにいたるということを示すのである。この意味で、そして西洋文化に固有の逆説とも言いうる逆説に則り、〈言葉〉に仕える〈書記《エクリチュール》〉を受け持つものとみなされた〈書物〉が、「文学」の対象に姿を変え、そのテクストに「時間的にも空間的にも無国籍な生」を課すことになるのである[86]。それゆえ、問わねばならないのは、〈言葉〉とテクストの本来的融合を再び見出すことでこの運命は乗り越えられることができるかどうかということである。ローゼンツヴァイクが最も大きく強調した逆説を言わば逆転させながら、ブーバーはもう一つの逆説を提示する。それは、聖書批判において執拗に主張されていたように、意味と音との融合を復元することは、理論的に不可能であるにせよ、翻訳者が聖書の生きた統一体を目指すかぎりにおいて、実践においては可能であるという逆説である。この観点から言うなら、彼の仕事の主導的な考察の一つは、預言者の言語が、単に象徴と寓話に富んでいるだけではなく、とりわけ古へブライ語の精緻さ――語根の豊かさ、文の構成、あるいはリズムの力といった――を用いる具体的な感性に基づいているという点を認め、これを説明することに存しているのである[87]。

ローゼンツヴァイクと企てられた翻訳が、いかにして、元々の状態を再び見出すために、伝えられたテクストの表面の下へと降りて行き、「羊皮紙《パランプセスト》を照らし出」そうとするのかを表すために、ブーバーは別の比喩を提示する。それは、聖書がそれ自体一種のミドラッシュのように構成されている、つまり、そのなかである物語の意味が別の物語によって明らかにされたり、ある比喩の意味が別の比喩によって明らかにされたりするような文学形式として構成されていると考え、一方、ある語句の機能はその語の繰り返しやその語根からの変転のうちに現れうると考えてみるということである[88]。当然のことながら、そのような考えは、〈聖典〉に特有の統一性の要請と不可分であるが、この要請は、学問的批判のあらゆる分析に抵抗するものなのである。ここで、この考えは、二人の翻訳者の第二の原理、すなわち、聖書本来の口承性を復元するという原理と合流するのである。そうした繋がりの理由は、まさに次のような点にある。すなわち、自分自身に対して注釈をつけるテクストの統一性を再構成するためには、誤った諸々の解釈が伝える言外の解釈からなる重層的な地層からそれを解放するだけではなく、それを元来の言語で読む者にとってすら、テクストは書き言葉のもとで歪曲させられるということを明らかにしなければならないのである。聖書は本来記憶によって保たれていたという歴史的事実から、ブーバーが示すのは、暗唱こそが、現にわれわれが知るような書かれたものによる伝達への決定的な媒介となったということである。しかし最も重要な点は、こうした移行において、読むことの真の地平がさらに「呼び出し」という地平に結びつくという点にある。この「呼び出し」とは、祝賀という観点において、口承性や集合性といった観念を含む観念である(89)。こうした召喚という考えが、読解を組織化していくために徐々に考案されていく諸々の指標――強勢や聖句の構造化など――に対する翻訳者の関係を規制していくことになるのだが、この点に加えて、この考えによって、翻訳者は次のことにも意識せざるをえなくなる。すなわち、読むことは、それに先行する言語的な形式に仕える一つの手段にすぎなかったのであり、この形式こそ究極的には復元しなければならないということである。

おそらく、翻訳の規則を引き出すためには、暗唱から読むことを通じ書かれたものへといたる歩みを再構成する必要があろう。翻訳とは、言ってみればこの歩みを逆向きの辿り直すものでもあるからである。元来、トーラーが暗唱されていた時代には記憶技術という手段のみがその伝達を可能にしていた。そこではこういった手段は、言語に固有の以下のような源泉からのみ汲み取ることができるものだった。すなわち、様々な語を生み出す動詞の語根から言語を構造化することであったり、半諧音や頭韻法の可能性であったり、あるいは諸々の語や名詞の形成ばかりではなくたがいに類似する母音単位とは区別される意味論的集合の形成すら可能にする類音反復という方法である。読むことへ移行する際、母音だけでなく、唱法(cantilation)の記号と詩法の基本形態も付け加えられる。あたかも一方が発話の旋律を指し示すのに対して、他方がそのリズムを刻むかのようにである。それゆえ、この運動からしてすでに、「これに何一つ加えたり、減らすことがあってはならない」(「申命記」第一三章第一節)としていた命令に対する違反が生じているのである。ただし、この規則は、トーラーの巻き物を書いて転写するために用いられるような、厳密に子音的なマソラ本文においてしかもはや遵守されないものである。[90] しかしながら、この態度はすでにエズラやネヘミエの時代から認められていた。その時代の関心は、追放からの帰還後の忘却に脅かされたトーラーを、次のような要請でもって、いかに伝達しその意味を保存するかというものであった。「そして、彼らは神の〈律法〉の書を明瞭に読み取り、その書が理解されるようにその意味を告げる」。[91] しかし、本来の口承性の形態を確定するというこうした展望シナゴーグにおける読解の原型になったとしても、これはまだ、厳密に言うと書き言葉の段階に相当するものではなかった。この段階は、口承の発話と、これを保護するというかたちでの唱法の原則とを書き記すという関心とともにしか始まらないからである。こうした意図を実現することは、彼ら自身「伝達の師」と呼ばれていたマソラ編者たちの仕事に本質的に関連しており、すでに諸々の注釈に伴う聖書の章句の区切り方や強勢法を特権的な手段とすることになるだろう。

ブーバーとローゼンツヴァイクの翻訳原理の形成を導く逆向きの経路における最後の段階においては、一定数の問題しか生じないように見えるが、そうした問題はおそらく、彼ら二人にそれぞれ固有の諸観点のあいだの微妙な差異を指し示すことにもなる。ここで提起される最も重要な問いは、参照すべきヘブライ語の版のどれを選択するかというものである。マルティン・ブーバーにとって、マソラ本文に頼ることは、大きな困難を示すようには思えない。たとえ、依然としてそしてつねにそのテクストの背後に遡り、読むことに結びついた口承性に向かうことを自らの目的としなければならないとしても、最も安定し最も恣意的な加筆で覆われていない読み方を提供するためである。[92] 逆に、フランツ・ローゼンツヴァイクにおいては、このテクストに賛同することを決めるに先立って、これに対する不信があった。聖書の章句における強勢配置法や句読法や展開の仕方は、いかに本質的なものであれ、言わば聖書の自然な呼吸法に対する制約を定めているためである。この意味で、ローゼンツヴァイクにとっては、彼がブーバーのものとする〈伝統〉それ自体によって伝えられた諸々の指標からの解放という運動に従って、「目によってこそ、言語の鎖を外さなければならない」のである。ちなみに、そのことはさらに次のような二重の比較に曝されている。一つは、タルムードの学びにおいて読まれる節のほとんど音楽的な「調整」との比較であり、もう一つは、ヘルマン・コーエンがプラトンやカントの難解な文章を読みそれらに「照準を定める」そのやり方との比較である。[93] しかし、原典テクストをめぐるこうした問いを越えて、ブーバーとローゼンツヴァイクはこのテクストの統一性、本来の口承性を指示するその価値、そしてとりわけそのメッセージという性質については根本的に意見が一致していることにはかわりはない。この次元こそ、ブーバーは「メッセージ」（*Botschaft*）という概念によって指し示し、発話と教えとの繫がりという見地において形式と内容との対立を越え出るものを説明しようとするのである(94)。

それゆえ、この翻訳の企図の本質的な次元が口承性と読むことの連関に関わっていくことが見てとれる。しかし、その主要な困難は次の点にある。すなわち、翻訳が何よりも伝統的読解の諸規則によって伝えられた指示をもとに元来の口承性を見出すことに努めなければならないとしても、こうした翻訳は、また受け入れる側の言語において口頭の言葉の復元を物質化してしまう形式において現れなければならない、という点である。この問題に、それが目指していた結果から取り組むとすれば、これは、次のような二つの展望に従って展開されることになる。これら展望のうち最初のものが関わるのは、翻訳の構成それ自体のうちに、言説のリズム、その明白な抑揚、その意図を示すことができるかである。この問題を解決する技法の考案者であることを自任するマルティン・ブーバーは、「コロメトリー」（colométrie）という考えを用いている。これは、翻訳の読解がうまくなされるために、もともと話されていた言語にとって自然な言語単位が、翻訳の言語においても容易に感じ取られるように版を組むことを示している(95)。もっと正確に述べれば、詩の韻律構成の原理ではなく、古来からの暗唱によって遵守されてきたような、人間の息づかいの法則に属する原理に従って、意味やリズムの単位に対応するかたちで、必然的に書き言葉であるテクストを印字するというものである(96)。それこそ、息の吸い方と吐き方との関係を描きながら、今度はローゼンツヴァイクが明らかにすることである。つまり、語り手が自らの発話を分節化するために息を継がなければならないとすれば、テクストに強勢法によって示される沈黙の箇所がどのように割り振られるかは、論理諸原理ではなく、それ自体で魂の諸々の表現を表す、話し言葉の強度や時間の展開を転写しようとする配慮に従うべきなのである(97)。しかしながら、彼の目には、句読法と同様に、コロメトリーへの依拠は決して確かな推測を与えないように思え、それゆえ翻訳の諸問題に対する大半の解決策と同じように、つねに試行段階にあるように思われた。確かに、「最良の場合においてさえも、真実味のある強勢法を置くのは、いずれの場合でも可能な強勢法のためだけである」ということを規則としなければならない。それは、組み版を通じて発話の呼吸を具現化することが求められなければならないのと同様である。しかし、もともと崇拝の掟によって保証されていた呼び出しとしてのミクラー〔朗唱する、読むもの。聖書そのものも指す〕の口承性を復元しようとする欲望は、

言わば無限の責務にふさわしいものなのである。(98)

そのとき、受け入れる側の言語において原典の言語の語や形式やリズムを転記することが提起する問題の第二の次元が現れることになる。全体的な観点からは、ここで問うべきなのは、一方の口承性を見出す意志と他方における理解可能性の必要性とを両立させるためには、どこまでそしていかなる手段によって、原典の言語を、受け入れる側の言語の構造へと滑り込ませることができるのかということである。本質的にドイツ語に関わると同時に、ヘブライ語の「ドイツ語化」がどれくらい可能か、あるいはどれくらい必要かという問いに関わるこの次元において、ローゼンツヴァイクとブーバーのそれぞれの立場は変化し、後者が決闘という隠喩によって暗示的に喚起した一種のすれ違いを描いているように思われる。(99) 実際、ブーバーが幾度も語るのは、自分が「創世記」の冒頭の翻訳の一番最初の草稿をローゼンツヴァイクに届けたとき、彼は次のような意義深い冗談でそれを受け入れたということである。「見事なドイツ語です。比べてルターはほとんどイディッシュ語のようですね。しかし、ことによるとこれはあまりにドイツ語的すぎはしませんか」(100)。とはいえ、この面において、ローゼンツヴァイクは迅速に方向転換したように見える。実際、文書を手元になされたこの最初の対話のほんの数ヶ月前には、彼は依然として「ドイツのユダヤ人のための聖書の新しい公式翻訳は、単に不可能であるばかりではなく、禁じられてもいるのだ」と考えており、ただ「ルター訳聖書をユダヤ的な修正だけが可能であり、許されている」ということもすぐに付け加えていたのだ。(101) ちなみに、こうした視点は、彼がそれ以前にユダ・ハレヴィの詩の翻訳の序文において示していた視点と合致するものであった。このテクストは、「その異邦な調子をその異邦性において表現しようとする」欲望と、ルターがヘブライ語の復元という問題に立ち向かった勇敢さとを対比しているのである。(102)

フランツ・ローゼンツヴァイクが翻訳の初期の試みにおける自らの立場を見直し始め、やがてヘブライ語への尊重に気を配るようになるのに対して、マルティン・ブーバーは以後自らがこの配慮の真の守護者であろうとし、〈聖典〉の「ドイツ語化」に対して様々なかたちで疑念を表明しようとするようになる。この意味で、彼が語の選択に関する仕事にア・ポステリオリに着手し直すとき、ドイツ語の聴覚的構造がヘブライ語のそうした構造を再現することはできず、したがって、それらに対応するものを見つけるほかはないという点に起因する困難を隠そうとはしていない。すなわち、いわば弱い意味での「ドイツ語化」と言いうるようなものを経由するほかはなくなるのだ。(103) しかし、彼がすぐに思い起こさせるのは、いずれにせよ、こうした翻訳は、「呼び出し」という明確な次元に従って、暗唱の形式の復元という観点から方向づけられなければならないということである。さらにまた、翻訳の賭け金が、元来の語句の響きや意味を再び見出すためには、受け入れる側の言語の制約から解放される必要があるという点に直接関連していることを説明するために、彼は最も複雑で神学的含意を最も多く含んだ事例のうちの一つをあえて選んでいる。それは、供犠の祭礼という事例である。ここでの問いは、ヘブライ語のコルバン（*qorban*）という語をどう翻訳するかということである。[104] これは、特に「レビ記」のなかで最も頻繁に現れる語である。ルター訳聖書においては――もっともカウチュの学術的な版においてもそうだが――、ラテン語の「与える」（*offere*）に由来し、断念や放棄という観念も喚起する語である「犠牲」（*Opfer*）が用いられている。ところが、ヘブライ語の言葉は、こうした側面を表現しているのではなく、その語根（*qarab*）を通じて、たがいに近きものとなる二人の人物の関係という側面を表現しているのだ。これは、ドイツ語ではダーナーフンク（*Darnahung*）という語によって再現されるべき語であろう。そうすると、異なった種類の捧げものを表す次の二つの語句に対しても、同様の論証が提起されることになる。一般的に「焼き尽くされた捧げもの」と訳される、「オラー」（*'olah*）は焼き尽くすこととは何の関わりもなく、その語根は昇ることを指示しており、次いで「ミンハー」（*minhah*）という語に関しては、それが喚起するのは「肉の捧げもの」というよりも、むしろ供物が向かう方向なのである。[105]

ヘブライ語の「ドイツ語化」がどの程度認められるかについての、ブーバーとローゼンツヴァイクの観点の変化は、当然の如くそれに付随するある現象に対する注意を惹くことになる。すなわち、あたかも両者による翻訳の初版がこの仕事の諸々の困難を解決するための彼らの思索のすべての成果や考案された諸々の技法の恩恵にまだ与っていなかったかのように、二つの版のあいだで翻訳それ自体が進展していくというものである。一九二五年に出版された「創世記」の初版は、二人の訳者の主要な関心事の痕跡を残しており、すでにいくつかの本質的な選択の存在を明らかにしている。すなわち、〈御名〉を復元することへの特別の注意であったり、コロメトリーの原理に合致するような組み版の体裁であったり、あるいはさらに、語と語根の反復があれば、翻訳を導くことのできる「ライトヴォルト」〔導きとなる言葉〕としてそれらを扱ってもよいというブーバーの考えの適用などである。しかし、この最初の翻訳はまだ、ロッジ版（*Logenausgabe*）と言われる版に向けた実験の最初の姿しか示していないようにも見える。この版は、ブナイ・ブリス〔各国のユダヤ人の相互扶助組織〕のベルリン支部《ロッジ》のために取り組まれ、ローゼンツヴアイクの死後、一九三〇年に出版されたものである。実際、この二つの日付のあいだでこそ、ブーバーとローゼンツヴァイクは自分たちの理論的テクストの大部分――一方は四つ、他方は五つであり、さらにこれに加えて最初のいくつかの反論に対する共通の回答が二つある――を生み出していくのである。一般に、これら二つの版を比較してみると、次のような点が現れてくる。すなわち、一九二五年の版ではまだ、先行する諸々の翻訳と必ずしも異ならないドイツ語の固有語法を用いているのに対して、最終版はヘブライ語とその語根に対する忠実さをまさに探求しているという点である。そのような探求によって、必要であれば、読者をまさに聖書の言語的世界のただなかへと導くという配慮によって、その文体の一部や直接的な理解可能性さえも犠牲にすることになったとしてもである[106]。

テクストの統一性とその口承性を尊重しながら、〈聖典〉の翻訳を方向づける一般的な原則を思い起こすなら、これらに達しようとする本質的な技法は、具体的な仕事においては、ブーバーがライトヴォルトという観念をめぐって思い描き、理論化した技法である。この技法のおかげでコロメトリーによる体裁――これは、もともとの言説のリズムを、組み版における物質化に先立って、復元することを目指す――が、翻訳プロセスの最終段階で決定されるのだが、それに加えて、ヘブライ語の特殊な構造の正確な分析とドイツ語の言葉の可能なかぎりよりよい選択との連関を導くことができるようになる。ライトヴォルトという形象によって、ブーバーは聖書のヘブライ語に固有の現象を指し示している。すなわち、単語が直接反復されたり、あるいはその語根を通じて反復されたりするといった現象、さらには幹母音単位が多かれ少なかれ長い間隔をおいてテクストを横断しているという現象である[107]。こうした手法の起源は、ここでもまた、定着し伝達されるための記憶術を当然要求したはずの古来の口承言説の必要性に関連したものである。こうした記憶術は語根を備えた言語の特性に基づき、単純な繰り返しや半諧音や頭韻法、より一般的には類音反復をめぐって具現化されることになる。聖書の物語を記憶に刻むための反復の直接的な事例は、「創世記」の次の章句によって与えられるだろう。「ここに(*hennah*)戻って来るのは、四代目の者たちである。それまでは(*'ad hennah*)、アモリ人の罪が極みに達しないからである[108]」(第一五章第一六節)。こうした手法の広範なかたちは、「創世記」第一一章で示されるバベルの塔の逸話のような、いっそう長い物語において見出される。この逸話は、人間の行為(第一―四節)と神の応答(第五―九節)という一見すると対立するように見えるが、しかし実は、結局両者のあいだに一つの紐帯を形成する七つのライトヴォルトの反復のおかげでたがいに照らし合っているという複合的構造によって構成されているのである。その七つとは、「全地」、「言語」、「さあ！」という感嘆、「作る」、「町と塔」、「〈御名〉」、「散り散りにする」である。[109]

類音反復は、ライトヴォルトを練り上げる際の特権的な方法を表しているが、それにはいくつかの様態があり、一つの構文のなかでの類似した諸々の聴覚単位を反復するといったような狭い形式もあれば、距離をおいて現れることもあり、概して頭韻法や半諧音を用いることで、テクストの非常に離れた節に及ぶこともありうる。厳密な意味での類音反復のとりわけ明晰な事例は、「出エジプト記」第三二章第一二節のモーセの嘆願において見られるだろう。「どうかあなたの激しい怒り（*'appekha*）をやめ、あなたの民（*'ammekha*）に下そうとされるこの災いを思い直してください」[110]。ここにおいて、まさに記憶術の手法が現れてくる。これら二つの言葉は、それらが口頭で発せられたときに頭韻法を示し、発話にリズムを刻み込むことでそれを記憶に定着させることができるために、諸々の同義語のなかから選択されているのである。この事例は、これに後続する次の二つの章句が、神の約束を思い出させるためにモーセが発した文句を閉じる言葉（「永久にそれを継がせる」（*ve-nahalu le'olam*）と、そのすぐ後にくる語り手の語りの最初の言葉（「主は思い直された」（*va-yinnahem*））とのあいだで反響している半諧音を通じて、類音反復のもう一つのかたちを示しているだけにますます貴重なのである。

比較的限定されているが、それでもドイツ語で復元できなければならない類音反復の手法の重要性についてのブーバーのこだわりは、彼がその一方で、たとえば、ドイツ語において、語根が異なったヘブライ語の言葉を語源的に近い語によって翻訳するといったときには、こうした手法を濫用することは拒んでいるだけに、よりいっそう意義あるものとなる。その理由はおそらく、最初は発話の本来の口承性を取り戻すことが問題であったとするなら、次の場合は、諸々の語彙の意味およびそれらが派生して広がる範囲という、どんな翻訳にとっても第一義的な意味論的問いが扱われるということにある。その例証として指摘しておけば、ツェデク（*Tzedeq*）とミシュパット（*Mishpat*）を「正義」（justice）と「法理」（jurisprudence）といった似通った二つの言葉によって翻訳したい気持ちになったとしても、そうしないように気をつけなければならないのである。実際、ミシュパットは、その語根（*shpt*）からして、裁く行為や法や合法性といった領域に及んでいる一方、ツェデクをこうした観点から翻訳すれば、その意味を縮減させることになろう。この語が持つ裁きの結果という価値——これは真理や正義といった観念によって含意されている——は、同じ語根（*tzdk*）から派生した諸々の言葉の周辺から明らかにされるのだ。すなわち、人間の行動と現実との合致を指すツェダカー（*Tzedaqah*）、そのような合致を生きることができる人間を指すツァディク（*Tzaddiq*）、最後に、自らの人格と行為の真正さを証明することができる者という形象と結ばれたハーツェデク（*Hatzdek*）である。(111)

マルティン・ブーバーが、〈聖典〉の翻訳を構造化するライトヴォルトの基盤として明白にしようとする現象のなかで最も目を見張るものは、おそらく、距離をおいた類音反復である。これは、きわめて複雑ないくつかの物語の場面をとりまとめ、非常に遠く離れた箇所にあるいくつかの意味論的単位のあいだに対応関係を打ち立てることとすらするのである。(112)こうした形象のうちの第一のものについては、その非常に印象的な例証が、「民数記」第一六―一七章のコラの反逆の逸話をどのように分析するかという点に見出されるだろう。ここでいわばライトヴォルトの形成を生じさせる核は、唯一の語根ヤアド（*ya'ad*）から、二つの名詞、すなわち、エダー（*'edah*）、モアド（*mo'ed*）、および一つの動詞形ノアディーム（*no'adim*）が生じているという点にある。モアドという語は二つの意味で用いられる。第一の意味は、稀な場合にではあるが共同体の集会を指し示すものであり、それに対して第二の意味は、オヘル・モアド（*ohel mo'ed*）という複合語を通じて、〈会見〉の幕屋を指す。最も頻繁に用いられるエダーという語は、一方では、「共同体の指導者」（第一六章第二節）と呼ばれたコラの仲間の物語の冒頭に結びついて、共同体そのものを指すこともあれば、コラのエダー〔共同体〕がイスラエルの共同体と対立する際には（第一六章第一六節以降）、分離の演算子ともなる。より正確に述べるなら、モーセとアーロンに対するコラの反逆の始まりのさいには、コラは「共同体全体」（この第一六章第三節のエダーは、カハール（*qahal*）〔会衆〕という語との結びつきによってより強められている）に対して聖性を要求したのに対し、この逸話の終わりでは、コラの共同体は最終的に神の命令によってイスラエルの共同体から分離され、そのあとに根絶されてしまうのである（第一六章第二〇―三五節）。ここで強調しなければならないのは、この物語の二つの極のあいだで、モーセが言わば自らの究極の決意を提示するとき、ヤアドという様々な語を組織する語根に基づいて構築された動詞を用いているという点である。「あなたとあなたの仲間（*adatecha*）はすべて、主に逆らって集結した（*no'adim*）のか」。この中間にある章句（第一六章第一一節）におけるモーセのこうした非難――これはコラの人々と神の民との断絶の確証を記すものである――は、「民数記」第一七章へと続く長い一節にいたるまで、その効果を波及させることができる。そこでは、民が自らと神の関係のうちに最終的に見出した一体性が、最初の二つのライトヴォルトがもう一度回帰してくることによって表現されているのである。すなわち、〈会見〉の幕屋（*obel mo'ed*）への参照を通じて最も数多く出現するモアドと、以後はもはや和解したイスラエルの共同体しか指し示すことはないエダーである。(113)

マルティン・ブーバーとともに最後に示すことができるのは、上で述べたいくつかのライトヴォルトにもう一つのライトヴォルトをいわば嵌め込むという効果に気づくことができれば、これら三つの言葉で形成された母型をめぐって一つの物語をこうして練り上げることは、さらに、その境界を押し広げられるということである。実際、ここまで検討された諸々の章句の中心には、ヤアドという語根から生まれた構造と、カラブ（*qarab*）という語根からの派生語に関わる構造との対立関係が描かれていたのである。コラの反逆の物語における第二のライトヴォルトとは、すなわち、「〜に近づく（自らを近づける）」ないし「近くする」を意味する、カラブの他動詞的なヒフィル形〔使役形〕（*hikrii*）に基づくものである。ここでもまた、この形態は、反逆者たちの要求に対するモーセの最初の回答のもとに隠れて物語冒頭に現れている（第一六章第五節）。そこでモーセは、レビ人であるコラがほかの祭司たちと対等であるとは、すなわち彼らと同じように捧げものの実践を通じて神に近づくことができるということを否認しているのである。そのとき、決定的な要素はこうである。すなわち、「捧げものをする」にあたる最も広い言葉――ここからコルバン（*qorban*）という名詞それ自体も生じる――は、同時に、近さという観念の様々なニュアンスに従って、「近づく」や「近くにもたらす」ということをも表しているのである。その証拠に、エルサレムの〈神殿〉における祭司やレビ人たちの奉献に関して、この組み合わせが用いられていることが挙げられる。アーロンとその息子たちは神に仕えるために〈神殿〉に「近よった」（「出エジプト記」第二九章第四節、第八節および第四〇章第一二節、第一四節。「レビ記」第七章第三五節、第八章第六節、第一三節および第二四節）。レビ人たちは神に「与えられ」（「民数記」第八章第一六節、第一八章第六節）、〈会見〉の幕屋へと「導かれ」るのである（「民数記」第八章第九節以下）。それゆえ、コラの反逆が最も深い意味で表しているのは破局の言語によって言い表された一つの危機である。すなわち、〈律法〉の言語への回帰でもって解決するに先立って（「民数記」第一八章第一―七節）、神によって〈神殿〉での努めに割り当てられた厳密な境界が（「民数記」第一八章第三節）、人間の要求によって脅かされているという事態なのである。

こうして看取されるように、コラの冒険全体は、二つの意味での「接近」がもたらす雰囲気に包まれ、その中心的な核は上流（第一五章全体）と下流（第一七章第一節から第一八章

第七節まで）へと広がっていくことが可能になるのである。この意味で、ほとんどもっぱら捧げものの規定に関する最初の節の冒頭においては、次のような類音反復が見られる。「捧げる者は捧げものを捧げる」（*Vehikriv hamakriv korbano*）（第一五章第四節）。ここからさらに、カラブを語源とする捧げるという意味の動詞のヒフィル形が第一五章で七度も見出され、次いで第一六章から第一八章にわたってその別の動詞形が九度現れることになるのである。ここで、この動詞の文脈に、死ぬことを指す語根（*muth*）が何度も介入することによって、ライトヴォルトに固有の口述のスタイルに慣れ親しんだ読者には、このエピソードの賭け金のとりわけ劇的な意味が伝えられることになる。ここから生まれる効果は、教訓的な言説から生まれるような効果よりもはるかに強大である[114]。実際それ以降、そこを振り返ってみることで、ドラマが織り成された正確な地点、その諸要素の絡み合い、そしてその進展の意義が見出されることになる。コラの反逆に対するモーセの最初の回答は接近という観念の反復によって厳密に構成されていたが、これは神に実際に向けられたこうした反逆が行き過ぎたものであること、危機を乗り切るためにはこれを阻止しなければならないことを示すためだったのである。「主は明日の朝、主に属する者、聖とされる者を示して、その人を御自身のもとに近づけられる（*vehikriv*）。すなわち、主のお選びになる者を御自身のもとに近づけられる（*yakriv*）」（第一六章第五節）。「イスラエルの神はあなたたちをイスラエルの共同体（*me'adat*）から取り分けられた者として御自身のそばに近づけ（*lehakriv*）、主の幕屋の仕事をし、共同体（*ha'edah*）の前に立って彼らに仕えさせられる。あなたたちはそれを不足とするのか。主は、あなたとあなたの兄弟であるレビの子らをすべて御自身のそばに近づけられ（*vaiyakrev*）たのだ。その上、あなたたちは祭司職をも要求するのか」（第一六章第九―一〇節）。最後に、モーセがこれら二つの動機のあいだで、破局の兆しを示し、またそこからの唯一可能な出口がいかなるかたちかをすでに明らかにするはずの一つの経験を指し示しているということを付け加えるならば（「香炉を用意し、［…］それに炭火を入れ、［…］。そのとき主のお選びになる者が聖なる者なのだ。レビの子らよ、分を越えているのはあなたたちだ」（第六―七節））、この物語は、類音反復によって体系的に構成された諸々の対立からなる強大な構造にその絶頂を見出すことになる。すなわち、「あなたたちは分を越えている」（第三節）とコラの側の人たちは叫んだ。対して、モーセはこの挑発の文句を反復しながら、自分自身の挑戦を投げかける。それによれば、香炉をあえて試してみるとは「あなたがたこそ、分を越えている」と言うのである（第七節）。さらに反逆者たちが「共同体全体」のために行動すると主張したのに対して（第三節）、モーセは彼らを「あなたとあなたの仲間」と呼び、彼らが代表しているのは偽のエダーでしかないことを示すのである（第一一節）。「全員が聖なる者である」（*kullam kedoshim*）というのがコラのライトモティーフであったが（第三節）、モーセが思い起こさせるのは、ただ神だけが「御自身にとって誰が聖とされる者か」（*asher low bakkadowsh*）（第五節）を知らしめるということなのである。

マルティン・ブーバーとフランツ・ローゼンツヴァイクは、これらの技法に加え、主としてルターの翻訳との対決において鍛えられたいくつかの原理を備えることで、自分たちの仕事に対してなされた、しばしば暴力的な諸々の反論に対抗することができるようになる。こうした歩みの最良の例証は、彼らがジークフリート・クラカウアーの批判を退けるために共同で書いた長い返答に見出される。以下、この返答のなかから最も意義深い事例を選んでみよう[115]。その最初のものは最も単純な事例の一つであるが、これは次のようなものである。すなわち、ルターは「創世記」第九章第一四節でのバンニ・アナン」（*banni anan*）を翻訳するために「ヴォルケン・フューレン」（*Wolken führen*）（雲をもたらす）という表現を用いているが、これではブーバーとローゼンツヴァイクが「ヴォルケン・ヴェルケン」（*Wolken wölken*）という表現によって回復させる名詞と動詞のあいだの類音反復が取り除かれてしまうのである。同様の観点から、「創世記」第四三章第一六節について、ルターがタヴォアハ・テヴァハ（*tawoach tewach*）を「シュラハテン」（*schlachten*）（動物を屠殺する）と訳しているのに対して、ブーバーとローゼンツヴァイクは「シュラハトフィー・シュラハテン」（*Schlachtvieh schlachten*）（屠畜用の動物を屠殺する）を提示するのだが、これは、同じ語根を備えた名詞と動詞の存在から導かれるニュアンスを尊重するためなのである。さらに長いシークエンスもあるが、これによって二人の翻訳者の実験の他の本質的な原理を擁護することが可能となる。「創世記」第三七章第八節で、原典において「ハマロホ・ティムロホ・アレヌイム・マシュロル・ティムシュロル・バヌ」（*ha-maloch ti-mloch alenu/im mashlol ti-mschol banu*）とされる箇所について、ルターは次のように書いている。「あなたは私たちの王になるのか。あなたは私たちを支配するのか」（*Solltest du unser König werden und über uns herrschen?*）。これに対して、ブーバーとローゼンツヴァイクは次のような表現を選ぶ。「あなたは王になる、私たちによって王になるつもりなのか／あるいは治める、私たちを治めるつもりなのか」（*Willst du König werden, König du bei uns,/oder Walter du, Walter über uns?*）。ここでは、コロメトリーの形式を適用し、組版では息継ぎのリズムに応じて二行に分けて印刷しているということに加え、翻訳者たちが、「支配する」という極端な言葉よりも「治める」という言葉を選び、また再びヘブライ語の半諧音と反復にこだわりながら、ルターによって隠された誇張的効果を強調しようとしているということが見てとられるだろう。

もう一つ、他の事例のなかでも、最も古典的であるが、最も厄介でもある事例がある。それは、「創世紀」第一章第二節のルーアハ（*ruach*）という語句をどう翻訳するかというものである。この点について、ルターは二つの選択のあいだでためらっていた。すなわち、「精神」（*Geist*）――これは「神の精神は水の上に漂っている」という命題に対するものである――、あるいはこれに比べてさほど形而上学的ではない言い方で「風」（*Wind*）かである。ブーバーとローゼンツヴァイクにとって、この語句の翻訳は、聖書におけるその様々な意味をあらかじめ分析することを通じてなされなければならないものである。それは精神と風に関わるだけではなく、さらに息（「ハウホ」（*Hauch*）ないし「アテム」（*Atem*））にも関わるのである。問題の章句におけるこの語句の用法について言うなら、その特殊性は以下の点に存する。すなわち、この語句は、そのもともとの形態においては、ギリシア語のプネウマやラテン語のスピリトゥス以上の豊かさを有しており、以上のすべての意味を含み込んでいるという点である。とすると、この語の翻訳の試練は、たとえルターの時代には問題の表現の肉体的次元がまだ理解されていたとしても、現代の耳にはこれが感じられなくなってしまったという点にある。別の言い方をすれば、是が非でも言葉を「ドイツ語化」しようとする必要があるとき、「風」（*Wind*）ではあまりにも弱く、「精神」（*Geist*）はあまりにも両義的に見えるために、唯一新しい造語のみが、三つの意味を引き受けるかたちで問題を解決できるように思われるのである。それゆえにこそ、ブーバーとローゼンツヴァイクは、今やどの言語も知らないこれら三つの意味の統一性を、「神のざわめく息」（*Gottes brausender Atemzug*）という訳語によって救おうとするのだ。ここで見て取られるのは、暗黙裡ではあるが重大な意義を有する帰結を生むことになるあまりに多くの選択を言わば詰め込んだ領域で、二人の翻訳者がなした熟慮と決断は、ここでは語根への回帰というよりも、その意味論的領野の探求に足がかりを有しているということなのである。最終的に彼らの論証は、このルーアハという名詞に結びつけられている動詞（*merachefet*）の最良の復元は何かという議論によって結ばれることになる。そこで、彼らの二つの翻訳をそれぞれ補強する選択に適した指針が与えられる。なぜなら、この選択は、「ざわめく息」（*brausender Atemzug*）と「くすぶる」（*brüten*）と結びつけることによって、ヘブライ語の半諧音をドイツ語で再現するものだからである。[116]

様々な伝統に対してしばしば挑発的な翻訳の執拗な擁護ということ以上に、この壮大な企図の長期的な受容はどのようなものとなりうるだろうか。フランツ・ローゼンツヴァイクの最後の日々まで続けられたこの翻訳は、もともとこれを要請したランバート・シュナイダーの新しい出版社から威信のあるショッケン出版へと移ることになる。その完成は一九六〇年まで、一人残ったマルティン・ブーバーによってなされるのを待たなければならないだろう。この翻訳の衝撃とその逆説的な痕跡を特徴付けるためには、おそらく、ゲルショム・ショーレムのただ一つの証言で十分であろう。最終的な公刊の直後に、ショーレムはエルサレムのブーバーの家で歓迎の談話と賛辞を送ったが、これは、奇妙なほどの正確さでその本質を語るものである。(117)一九二六年以来、ショーレムは「創世記」の初版についての自らの意見を知らせるために、ブーバーに宛てて手紙を書いていた。彼は当時、この翻訳の明晰さと原文に対する責任感に敬服すると述べてはいるが、それがヘブライ語の旋律《ニグン》をどのように尊重しているかについては自分は懐疑的であると言い、この韻律があまりにも悲痛に復元されているのではないかと考えていると書いていたのである。(118)最終版を解説するとき、ショーレムはこの問題について修正された方策によって得心したと述べ、これ以後は「独特の都会性」を備えたテクストに沿って「聖書のテクストをまったく落ちついて読むことができる」と明言するのである。(119)まさにそれこそが賛辞である。この敬意は、翻訳者たちが提案した選択の大部分や革新に対する敬意を込めた考察へと姿を変えていくであろう。彼らは「芸術家の緊張や文献学者の精密さを超えるもの」を達成しえたと言うのである。

明らかに、ローゼンツヴァイクとブーバーは自分たちの賭けに本質的な部分で勝ったのである。その賭けとは、発話の生硬さを消し去ることを拒絶する字義的解釈の限界まで読者を導く翻訳を通して、この読者に自らの思索をテクストの難解な箇所へと向けさせることであり、また、実際に読者にヘブライ語を学ぶように誘い、その人自身が〈書物〉の「生硬な品位」に立ち向かうようにすることなのだ。さらに、聖書の言葉の口承性と叙唱の特徴を再び見出すことを目指す諸々の手法が成功しているということについても付記しておこう。それらの手法とは特に、コロメトリーを用いて翻訳の書かれたテクストを息継ぎのまとまりに従って切り分け、テクストをその原文と同じように口頭で読ませるというものである。ショーレムの最も貴重な賛辞について言えば、それは、ブーバーとローゼンツヴァイクの作品がその簡潔さにもかかわらず注釈でもあるという点と結びついている。今後、聖書の難しい一節を前にした際には、各自がラシに相談しながら行うのと同じように、ブーバーがそれについて何を述べるのか尋ねるべきことになるだろう。

とはいえ、たとえショーレムがマルティン・ブーバーとフランツ・ローゼンツヴァイクの決断の大部分を、しかも代名詞に置き換えられた神の名が決して現れないという大胆さにいたるまで称賛するとしても、彼はそこに、危惧すべきものと見えるこの仕事の歴史的文脈についての考察を滑り込ませてもいる。ショーレムの目には、この翻訳の計画のもともとの特異性の一つは、それがシオニストと反シオニストを繋げることに存していたが、一方で、この計画は次のような多かれ少なかれ公然の展望のうちに書き込まれていたということがア・ポステリオリに明らかになるのである。すなわち、国を去る前のユダヤ人の側からの、ドイツ人への歓待（*Gastgeschenk*）の贈り物を捧げようとしたのだ[120]。おそらく、こうした振る舞いのうちには、ルターとゲーテの言語の豊穣化に自らも参与しようとすることのできたドイツ・ユダヤ教がなおも存在していた時代にとっての希望という側面があったのだろう。しかし、それ以後ゲルショム・ショーレムにとって問うべきは、そのような象徴の願望について何を考えるべきか、そこには何が存続しうるかという点である。実際、いずれにせよこの象徴は決定的に崩壊したと考えるしかない。したがって、望もうと望むまいと、この翻訳は「壮絶な大惨事において根絶させられた関係の墓石」となってしまうのである。さらに、今度は言葉を濁しているということを付記しておこう。ショーレムが次のように仄めかしているとはいえ、ショーレムが次のように仄めかしていることを付記しておこう。すなわち、そのような出来事の後にもブーバーがこの企図を継続したことによって、おそらく最初からこの企図に課されていたこと、すなわちこの企図を忘却へと至らせかねない相互浸透の幻想への依存が明白になるがゆえに、事態はさらに悪化するかもしれないのである。

言語の次元においてこの翻訳を彩る数多くの「掘り出し物」にとりわけ敏感だったエマニュエル・レヴィナスが示す判断は、ショーレムほどは厳しくないもののように思える。一見すると奇妙な比較が彼の頭に浮かぶ。フランツ・ローゼンツヴァイクとマルティン・ブーバーは、読者に自らの言語で「ヘブライ語のテクストの古風な分節化」を理解させるためにその耳を「そばだたせ」ようとすることによって、前ソクラテス期の哲学者たちの断片に関して「テクストの原初的な言うこと」を復元することを目指すハイデガーの身振りと似た身振りを思い描いていたというのである[121]。この点で彼らは、規定された分節化を有さず、強制的な統語論の支配から切り離され、意味の多元性へと戻された言葉の始原的な力を取り戻すために、表現の原初段階として自らを提示することをやめない言語の大義を申し分ない仕方で擁護した。言い換えれば、「地平線のない風景」を目の前にしたかのように聖書に対面したヨーロッパにおいて、彼らは古典的な翻訳に慣れ親しんだ読者たちに「新たな戦慄」をもたらしたのである。これまでの翻訳はつねに、「古の語の神秘的な引き波」を塞き止め、「諸々の文のなかでの隣り合う語と語の意味をあまりにもはやく固定してしまう」傾向にあったのだ。

しかしながら、まずもって言語的な次元にこだわるローゼンツヴァイクとブーバーの計画は、その前提事項の一つについて犠牲を払うものであることが明らかとなる。ブーバーが好んで述べたように彼らの翻訳は「ポスト批判的」であろうとしたために、実際、伝統的に〈聖典〉を縁取っていた注釈から解放されて、聖書の基盤を保存しその展望を保護しようとしている。こうした観点からはしかし、彼らの翻訳は、その指針を裏切ってしまう一つの暗黙の釈義に基づいているのである。つまり、聖なるテクストの他性と超越性の次元を消し去り、現代人の渇望により合致する近さをこれに割り当てようとしたのだ。逆説的なことに、この計画を実現するなかで、ブーバーとローゼンツヴァイクはすでにラビの聖書釈義を放棄していたスピノザのような人のもとに戻ってくる。ブーバーとローゼンツヴァイクは最終的にトーラーを各々の個人の宗教的経験に結びつけるように思われる。エマニュエル・レヴィナスとともに「ブーバーはあたかも自分だけが〈聖霊〉のすべてを有しているかのように聖書を読んでいる」と考えられるかどうかは一つの問題であるが、このことは、「出会い」と「対話」というブーバーに固有の哲学と無関係ではない。しかし、そのような作業が彼の翻訳の読者たちのうちに、それだけにより統御困難となる諸効果と、最終的には、あらゆる神秘ゆえにその永続性が保つテクストから当の神秘をすべて奪い去る脱神聖化とを生み出すのではないかと危惧することはできるだろう。

おそらく、これこそが言語の次元に本質的な関心を抱く翻訳のうちに隠された究極の論理であろう。聖書釈義の主要な流れのうちの一つが聖書の諸観念を「象徴《サンボル》」へと変えようとしていた時代、ブーバーとローゼンツヴァイクはそれらの観念を個人の経験の諸条件に近づけることを願ったのだ。これらの企図のうち最初のものは、神話から聖書を引き離し、生きられた世界へとこれを引き寄せようとするプロテスタントの精神と符合するのだが、それに対して第二の企図は、人間と神の関係の個人化という観念に魅せられた同時代のユダヤ教の傾向を強化するものだった。この計画を執拗に中傷したレオ・シュトラウスは、メンデルスゾーンまで遡ってその起源を求め、そのいくつかの前提を明るみに出した。それは、超越性に対する関係の「実存的」な再定式化、およびトーラーの諸概念の「内面化」という前提である。[122] そうなると、いかにしてブーバーとローゼンツヴァイクの選択がこれら諸々の意図と合致するにいたったのか、またいかにしてそれらの意図の危険に耐えねばならなかったかが分かる。〈御名〉の翻訳において代名詞を範列的に用いることで、「出会い」の文法が素描されたが、おそらくそれに伴って〈御名〉を「文法の亡霊」に変えてしまう運動が生じることになる。[123] 聖書のもともとの音の響きへ回帰することは、聖書の言語を、それを受け入れる国の言語で現実化することにほかならず、それゆえ、翻訳の限界を示せば示すほど翻訳をより良きものにするという、あらゆる翻訳がかかえる逆説、すなわち、読者に対し、自分自身で原典へと回帰するよう仕向けるという逆説を引き寄せるのである。

別の言い方をすれば、二人の翻訳者が求める真正さにはおそらく、その原理や解決策からみて矛盾する側面があったのだ。諸々の語やリズムや形態へとつねに敬意を払ったがゆえに、この翻訳は聖書と〈ギリシア人〉との関係についての考察をある意味では回避した。すなわち、言語の歓待という問題を超えて〈啓示〉と理性との抗争に触れる関係についての考察を。この意味では、ブーバーとローゼンツヴァイクの翻訳は、聖書の諸概念の外在性を反転させ、各自が自らの日常的な経験に合致した諸様式に従ってこれらの概念を受け入れることができるようにするという知的指針と不可分である。かくしてこの翻訳は、レオ・シュトラウスが次のような帰結とともに「トーラーの意識的かつ根源的な歴史化」と名づけたものを前提にしているのである。「聖なる〈律法〉、これはかつては一つの現実であり、公的な神殿であると言うこともできたのだが、今や実現のための潜勢態、つまり各人が自分用の避難所を作るために必要な原料を探しに来る採石場や倉庫になってしまった」[124]。この観点から見るなら、マルティン・ブーバーとフランツ・ローゼンツヴァイクはおそらく申し分なくこの時代の人間であった。すなわち、彼らは、〈律法〉の内面化を求める時代の同時代人であり、いつの日か〈聖典〉を物語や詩といった純粋なテクスト性という観点において考察しようとする運動の先駆者でさえあったのだ。ユダヤ教とヨーロッパとの現代の同盟を確固たるものにすると思われたドイツ語に対する信頼が損なわれたという問題に加えて、〈律法〉よりも字句に光を当てるような翻訳が有する実直さによって、忠実さの二つの意味が汲み尽くされるかどうか、それは定かではない。

自分がいる場所――ハシディズムの道

〈聖典〉を翻訳しているとき、マルティン・ブーバーとフランツ・ローゼンツヴァイクはトーラーのことを念頭に置いていたのだろうだろうか。字句に忠実であった彼らは〈律法〉にも忠実であったのだろうか。本質的に意味論的な真正さを追及しながら、彼らは規範的な意図を保つことができたのだろうか。これらの問いの一つ一つに対して否定的な答えが出されるのだが、これは偶然でも過ちでもなく、一つの選択による。この古いテクストに若さを取り戻させることに関心を寄せていた彼らは、新たな目と無垢な耳を持とうとした。それによって、自分たちがあたかも最初の人間であるかのようにこのテクストを読み、その起源の純粋性においてこれを理解させるために。しかしながら、こうした謙虚さが大きな思い上がりになり、彼らが避けたいと思っていたものが強化され、彼らがその流れを逆転させようと試みた運動が加速してしまうということもありえる。〈伝統〉という想像界とその歴史の現実においては、トーラーは注釈の四クデの真中で伝えられ保護されてきた。諸々の言語の世界へと字句を移し替えること以上に、〈御名〉への忠誠における〈律法〉の保護こそ、〈賢者〉たちとその後継者たちが追及していたものである。批判的方法を創始したスピノザは、周囲を囲む諸々の注釈の小さな字句から解放されたテクストの第一質料性といったものに回帰しなければならないということを完璧に知っていた。テクストの様々な脆さ、諸矛盾、あるいは素朴さのようなもの、つまり〈啓示〉の真理を疑わしくさせる諸現象を示すためである。ポスト批判的であることを明確に自覚しながらも、ブーバーとローゼンツヴァイクの方法はおそらくそう望まずにこうしたスピノザの手順を徹底化したのであり、彼らもまた意味の不確実性によりも語の退廃にこだわっていったのだ。確かに、彼らの意図はスピノザの意図と対立する。というのも、彼らは文献学を防具とし、聖なる言語の詩的形態のなかに、この言語を信者の忘却や学者の軽視から救い出す方法を探究しているからである。しかし、多少なりとも好意的な〈聖典〉の軽蔑者たちの知や忠実さに対して、彼らはいかなる知や忠実さを立てようとするのだろうか。それは、普遍言語への直観が混じった、言葉の完全な認識という知であり、各自の実存における言葉《パロール》の内的感情という忠実さである。代名詞の文法と掟の内面性によっておそらく、かつての遠きものを近きものにすることができる。〈言葉〉との「出会い」のこれらの様相は、彼らの目に不気味な外在性のように映っていたものから〈律法〉を救い出すことを目指していたのである。おそらく、そうした様相ははからずも、〈律法〉を「くびき」として維持することに一役買い、これを伝達不可能なものとする運動を加速させることになったのかもしれないのだが。

マルティン・ブーバーが多大なエネルギーと人生の大半をこの仕事に捧げたのは、彼にとって言語的な意味で〈聖典〉

を翻訳することが、ハシディズムから継承した諸カテゴリーでそれを新たに翻訳し直し、その後に「出会い」という自分自身の思想の座標体系のうちにそれを書き込むことを意味していたからである。エマニュエル・レヴィナスとゲルショム・ショーレムはそれぞれ自分なりにこうした方向性を見て取っていた。すなわち、一方は字句の内面化への誘いの代償を示唆し、他方は、そのようなフィルターは結局実際はもっぱら教父学を介したキリスト教のイメージと類似するユダヤ教のイメージを供することになるということを示している。

これらの考察は、マルティン・ブーバーにおける〈聖典〉へのアプローチの相関物、つまりハシディズムについての彼の全体的ヴィジョンがどのような観点から導入されているかを検討することで確認されるだろう。第一に、ブーバーがより歴史的な次元の仕事へと自らの聖書釈義の諸構成要素を置き入れ直すのは、聖書それ自体の起源とは別の起源の妥当性を否定するためであり、とりわけ、抽象的な哲学的指針に従った聖書の解釈を忌避するためである。この意味で、〈聖典〉のなかに一神教の精髄を見出そうとしたヘルマン・コーエンが体現する方法に抗して、ブーバーは挑発を込めつつ、神話の純粋な表現として聖書を捉える必要性を主張するのだ(125)。ブーバーは、「歴史の神話化」という観念を、哲学的合理主義にも批判的方法論にも帰される「神話の歴史化」という観念に対置することによって、モーセ五書を、トーラーの贈与や〈律法〉の構成という観点からというよりもむしろ、一つの共同体が——法の制定、時間との構造的関係、政治制度といったものとの関係において——形成されていく物語という観点から読み直すことができるのである(126)。すぐに個人の経験と結びつけられてしまいがちな経験の共同体的な枠組を強調することで、ブーバーが提案したユダヤ教観を組織する三つの大きなカテゴリーを見分けることができる。これは、ユダヤ教の伝統的な諸概念の批判に主に立脚するアプローチに従って、また聖書の起源とハシディズムの経験を媒介する諸要素のすべてを破棄しようとする意志の名において、さらに、キリスト教徒との比較という見地からなされるものである。

これらのカテゴリーの最初のものは、ヘブライ語で信頼や忠誠といった観念を結びつけるカテゴリーとともに、何よりもブーバーが把握しようとするのは、これは「われわれは為し、聞くだろう」という「出エジプト記」第二四章第七節の約束に対する関係に宿るとされたユダヤ教の本質である。キリスト教では信仰とは真とみなされた教義を信奉することであると考えられているのに対して、ユダヤ人にとってこの章句が含意しているのは、ユダヤの民は信頼の「受動的」かつ「能動的な」側面に関して自らを指導するものに身を任せるという次元である。[127] ブーバーはこのような観念を定義するために、語の最も本来的な形態に回帰するのだが、それは、この観念がその真正にして実践的な表現を見出すのはハシディズムにおいてだけである、と考えてのことである。そこにおいて、この観念は実存的経験と結びつき、個人的かつ共同体的な存在の全体へ広がっていくのである。[128] この観点からすると、またしてもラビ派と哲学的伝統が批判の対象となる。追放の諸条件への同化とも言える〈律法〉の客体化が上述の観念を変質してしまうことを示さなければならないのである。ブーバーにとっては、それこそがマイモニデスの事例である。というのも、マイモニデスが信仰の原理を一つの法典として定式化することで、この原理は「どんなキリスト教の教会の方式にも劣らずに窮屈な方式」[129] のなかにユダヤ人の信仰を加え入れるものとなったからである。しかし、ユダヤ教史においてすでに出会われていた考え方に即して、ブーバーの目には、そのような逸脱の原因を見抜くためには、〈伝統〉をよりいっそう遡らなければならないと映った。とりわけ「来るべき世界」のメシア的時代から排除される者たちの形象を構築することによって、タルムードが信仰の諸条件を枠づけしようとする瞬間まで。[130]

ブーバーの目には倒錯したものと見えたエムナーのこの意味を変形させて、信頼が有する聖書的起源へと回帰するために、彼は「実現」（*Verwirklichung*）という中心的な観念を立ち上げることになる。この観念が最初に定式化された際には、それはまたしても明確にヘルマン・コーエンの観念論と哲学的合理主義一般に対立させられていた。この場合、「根本的で現前的な本質」としての神の表象、つまり神の概念の観照よりも神的なものとの生きた出会いの直接性の神秘の表現の隠された遺産を見出すことが問題となる。[131] 次いで、西洋に浸透したギリシアの世界観との対立において、この観念の内容が明確化される。西洋とは反対に、ユダヤ教は、真理が刻まれるのは哲学の諸定理や芸術作品のうちではなく、「真なる共同体」を構築する諸行為の集積のうちであると考えるのである。[132] それゆえ、のちにキリスト教が行う業の神聖さと恩寵の神聖さとの分離をつねに拒絶してきたユダヤ教は、神に仕える方法を一つしか知らない。その方法とは、神を彼岸に押しとどめるのではなく、生に招き入れることである。「対立や敵意にもかかわらず、そしてたとえ自らの崩壊をそこで見出すことになっても神の痕跡を、人間たちの生の、民族の生の硬い布地に刻むこと」である。[133] この危険に関しては、ブーバーはすぐ、ユダヤ教はそれを次のような逆説にいたるまで生き抜いたと付け加えている。すなわち、ユダヤ教は、「うなじの堅い」民として、神の実現のために為される行為と「その道具となるよう定められた素材の自然な抵抗」とを対立させる悲劇的緊張を人類全体のために引き受けるという逆説である(134)。

もう一つ残っている観念は、その精神と歴史的位置を通じたユダヤ教の解釈の多様な構成要素を集約するテシュヴァーという観念である。この語の多くの含意によってユダヤ教の神学と思考が構築されているのだが、これについてブーバーは例外的にラビ派的な意味を考慮に入れている。しかし彼は、この意味が指し示す回帰と悔悛という観点を「至上の強度」に達したときの個人の決断へと結びつける(135)。こうして、罪による人間の堕落という二重性の深淵から統一性へといたる道に戻ることができる人間の能力を対象とするとき、ブーバーは一時《いっとき》次のようなタルムード文学に頼ることができる。「回帰した者たちがいる場所には、完璧な義人はいることができない」。「この世界への回帰の唯一の時は、来るべき世界の生のすべてよりも優れている(136)」。しかしすぐに、マイモニデスがテシュヴァーを、それを通じて個人が〈律法〉に回帰することでその忘却を乗り越えうる悔悛の表現として構想しているのに対して、ブーバーはここでもまた、いわば「決まりきった生の表面が破裂してしまう」実存的体制の破壊的な次元を強調する。あたかも、〈創造〉それ自体が、目を覚まし自らの世界的な運命を実現する者の行為において刷新されるかのようである(137)。とすると、イスラエルを構成する諸個人全体の自己実現を要求するテシュヴァーを擁護しながら、彼が最後にもう一度見出すのは、メシアニズムという展望からの哲学的合理化よりも神秘体験の生きられた真正さを好むユダヤ教というイメージである。この意味で、そしてショーレムが示したように、ブーバーの「改宗」についての考えはつねに「回答」についてのものである。それによって「世界に釘付けにされ、世界へと追放されたユダヤ人は〈我〉と〈汝〉の直接性において神の正面に大胆にも身を置く」ことになる(138)。

これら三つの観念が形成する体系に、ブーバーが、これらの観念を、ユダヤ人が追放の初期から閉じ込められてきた状況の批判的解釈という観点からどのように捉えているのかを付け加えるとすれば、おそらく彼が早い時期から成功した理由に気づくことができるだろう。第一には、その成功は明らかに、ブーバー自身もそこに含まれる次のような敵対関係を提示する寓意《アレゴリー》の強さによるものである。すなわち、彼の同時代人のものとされる「背教者」の態度と、ユダヤ教の歴史状況の問題に対して提示された主要な諸「解決法」に抗してユダヤ教の奮起を呼び求める新たな「砂漠の世代」の見地との敵対関係である(139)。問題とされるのは、もちろん同化という解決法であるが、モーリッツ・ラーツァルスのような人物が擁護する漸進的変質でもある。これらは、「私は新しい天と新しい地を創造する」という「イザヤ書」第六五章第一七節のメシアニズムの黙示録の切っ先を担うことが根本的にできなくなった時代との妥協を示す方策なのである。(140) しかし、問題の解決法はまたヘルマン・コーエンの名に付随する人道《ユマニタ》主義《リズム》、すなわち、「別の諸国民によって築かれた基礎に」あまりにもしっかりと据えられたユダヤ民族の使命というヴィジョンでもある。(141) とはいえ、ブーバーがヘルツルと決別してからも、アハド・ハアムによって促進された文化的シオニズムの諸理念の本質的な部分、とりわけパレスチナへの即座の定着という考えを共有していたのは、こうした計画でさえも、「あらゆる生に影響を及ぼす」ユダヤ教の方向転換と変革を必要とするると彼がつねに考えているからである。(142) 隠喩的な言葉で述べれば、彼のヴィジョンは依然として、継承者として振る舞い「旧来の金貨を輝く新たな紙幣で交換する」ことを望むナショナリストと、自らに援助の手を差し伸べてくれる〈お方〉を待ちわびながら地平線に目を凝らす物乞いという永遠のカテゴリーとの対立に要約される。(143) より明瞭に述べれば、ブーバーのヴィジョンが示すのは、シオンを通って、次のような確証に従って人類全体の変革へと至る道であるということだ。すなわち、「メシアニズムの夢と追放（*Galut*）の噴火の炎のなかで、国家的なものと人間、解放のノスタルジーと〈救済〉への熱望、祖国のための戦いと真の共同体の到来のための戦い、これらがつねに緊密に交じり合っていた」のである。(144)

「子供のころ、ユダヤの古い物語を読む機会があったが、私はその意味を理解できなかった。それが語っていたのは、まさに次のようなことだ。「ローマの門に、らい病の物乞いが座っている。彼は待っている。メシアを」。そのとき、私は老人を探しに行き、「この人は何を待っているのか」と尋ねた。そうすると、この老人は答えてくれたが、私がそれを理解できるようになったのは、ずっとのちになってからにすぎない。彼はこう言ったのだ。「この物乞いが待っているのは、君なのだ(145)」」。プラハでの諸々の講演のうち最初の講演をこうした自伝的な断章で締めくくることで、マルティン・ブーバーが強調したいと思っていたのは、ユダヤ教は自らの為すべきことを成就したとはとても言えず、またそのメッセージの最も神秘的な部分を歴史に刻まなければならないということであった。この逸話が現実であろうと想像のものであろうと、そこには伝統的な物語のあらゆる要素が含まれている。質問と回答という間接的な方法で、諸世代間の伝承は行われるが、謎の言葉を真に受け入れるためには遅延が伴っているのである。とはいえ、この逸話でもって、ブーバーはおそらく、自分自身についての、とりわけ彼のユダヤ教に対する関係がいかなる形をまとっているかについてのいくつかの指標をもたらしている。もちろん、この指標の一つは原典に対するブーバーの自由さに関わる。こうした自由さゆえに彼はしばしば非難されてきた。彼の言及する「ユダヤの古い物語」がまさにメシアニズムの文学の最も有名なもので、現代まで多様な注釈の対象となってきたがゆえに。[146] しかし、他方の指標は、特に彼がこの教訓譚から何を銘記しているかに関わる。タルムードはこの教訓譚の意義として、人間が依然として忠誠であるかぎりでの〈救済〉の切迫性を強調する。というのも、メシアは「今日、もしあなたが彼の声を聴くならば」（『詩編』第九五章第七節）やって来るとタルムードは理解しているからである。ブーバーは彼の立場から、瞬間の問いではなく人格の問いを強調しながら、ハシディズムのテクストを読解することでのちに彼が示すことになるものを仄めかしている。〈救済〉の萌芽は、世界に投げ入れられた各々の人間の生のうちにあり、ただ神聖な営為の最後の収穫物だけが神に属するのである。

今日、マルティン・ブーバーがハシディズムの認識にもたらした貢献を評価することは難しい。とりわけシモン・ドゥブノフと同様に、ブーバーはこのハシディズムという現象を再発見し、西洋ユダヤ教と初期のユダヤ教学が向けていた軽蔑――これはハシディズムの最後の現れとの直接の接触のなかですでに活発だった――から、ハシディズムを解放させようと望んだ世代に属している。明らかにブーバーは、この世界の探求が文献学、社会学、歴史学の諸規則を厳密に遵守することでなされなければならないものであるとは考えてはいなかった。それゆえ、ショーレムは学問的伝統によってブーバーに向けられることになる批判を容易に開始することができたのである。そこでショーレムが述べるのは、ブーバーがハシディズムについて書いたものは、「権威ある（*ex cathedra*）言明でできており、いささかも読者に原典を用いたり、自分自身の方法でそれら原典を確かめたりする気にさせない」ということである。[147] しかしながら、同じショーレムはブーバーのうちに見ることと聴くことのこの上なく貴重な能力を認めてもいた。この一種の「隠された羅針盤」のおかげで、[148] ブーバーは歴史の美術館では価値が認められない様々な宝石を発見することができたと言うのである。言い換えれば、彼がその後代の出現形態しか研究しなかった運動の起源についての分析も、印象派の小さなタッチによって描かれた社会世界の正確な再構成も、さらには、しばしば異端のものとして捉えられながらもユダヤ的な生の中心の地位が与えられる潮流に固有の教説の総合さえも、ブーバーの作品のうちに探すべきではないのである。[149]

ショーレムはこれについて次のように報告している。彼はある日ブーバーを訪ねて、なぜハシディズムの神学についての説明を書こうとしないのかと尋ねた。ブーバーは、この年下の者に皮肉をこめながらも好意的に次のように答えた。「私はそうするつもりですよ。ただし、あなたがカバラーについての書物を書き終えてからですが」。一〇年後、ショーレムはその著作を携えてブーバーを再訪し、ブーバーがいまだ自身の著作を書いていないことを確認してから、彼に対して学問的な反論を述べることに踏み切った。しかし、この年老いた師は、次のような文句でその反論をすぐに遮ったが、これにショーレムは声を失うのである。「あなたが今述べていることが本当だとすれば［…］、ハシディズムというものは私には何の重要性もないものになるでしょう(150)」。ここから理解されるのは、たとえユダヤ人の歴史におけるハシディズムの意義や宗教現象のより大きな枠組みにおけるハシディズムの位置に関わる諸説をブーバーのうちに見出そうとするとしても、それらの説は、距離をとった観察者ではなく、つねに当事者に関わる事柄であるかに見えるということである。ブーバーがハシディズムの伝統の師たちを正当に評価できる語りの様式を創り出すことを自らの第一の願望と定めているように見えるかぎりで、彼自身がそのことを認めている。「神との関係ならびに、人間たちが求め、望み、そこで生きようとする世界」を再構成しようと努めつつ(151)。

ブーバーが一九〇九年にはじめてバアル・シェムの生涯について発表したとき、彼はまだ、「ある民族の夢とノスタルジー」を蘇らせるためには、言わば伝説を追いかけるだけで十分であると考えていたように思える。狭い路地と不衛生な家で生まれ、「不安な耳にたどたどしい口で囁かれ」、世代から世代へ呟きのように伝達されてきたこの伝説は、今でも散乱した頁の上やそれを聞いてきた者たちの記憶のなかに生き続けているのだが、ブーバーは単に「もう一度その古い物語」をする者でありたいと考えているのだ(152)。しかし、四〇年後、彼が『ハシディズムの物語』を書いたとき、彼は別の種類の計画を提示している。その伝説は文献との関係が完備された時代における神話の後代の表現であるという点を強調しながら、彼が確認するのは、義人《ツァディキム》たちの伝説は〈離散《ディアスポラ》〉において口伝の伝統が一貫して存続してきたことの恩恵を受けているということである。しかし、彼はすぐにこう付け加えている。すなわち、ハシディズムの内的な炎はあまりにも激しすぎて、慣れ親しんだ表現に収まることはなく、また、ハシディズムの物語はあまりにも多くの意味を担っているため、「民衆の物語の穏やかでかなり控え目な主張では満足できなかった」のである。こうして、伝説はそこに溶け込みうる形式を決して見出さなかったと主張しながら、彼はそれ以後、「ここまで欠落していた叙事詩の純粋な系列を即興で作る」ことを自らの任務とするのである(153)。

マルティン・ブーバーこそが、ハシディズムの世界のイメージを与え、その精神を伝えることのできる語り方の形式を創り出したとすれば、この形式が展開されるのは、人間たちの肖像やその道程を復元することを通じてではなく、神秘の光暈に取り囲まれた彼らの行為の物語においてである。これらの物語は、断片の形で残され連続性を欠いてはいるけれども、それらのあいだには諸々の照合関係が織り成されている。たとえば、二つの世代にわたる教えについて、その見事な解決策と響き合うように見える突発的な状況について、しかしまた、最終的に共通の源を見出す教義上の諸特徴についての照合関係である。この断片的な手続き――『ハシディズムの物語』ではその創始者の子孫たちの年譜を尊重することだけが義務として課せられている――によって、ブーバーが望んだのは、自らのテクストの構造のなかにまで、ハシディズムを理解するために本質的なものと映った諸要素を刻みこむことだった。それらの要素のうちまず何よりも最初に挙げられるのは、日常性の次元である。そこでは、最も些細な身振りでさえ、一般の人々には計り知れないほどの射程を有することになる。あたかも、歴史の奥深さがその身振りの無意味な風采と反比例するかのように。次に、力を持つ者と弱き者との偶然に見える出会いの重要性という要素が挙げられる。しかし、この出会いにおいては、匿名の者が王に打ち勝ち、物乞いは富める者が自らの足元にひざまづいているのを目にし、浮浪者が兵士より優位に立つのだ。最後に挙げられるのが、呪術と神秘主義の中間領域を探求する方法である。そうした領域は、公的な諸々の神学には知られていない世界だが、ここでは、事物の状態を変化させるには〈律法〉による神聖化すら必要なく、一つの文句で十分なのだ。

　ハシディズムの物語のいくつかによって、各人が、それを通じて「神とうまく協調して生きる」ことができるようにならねばならない世界との関係の大きな枠組が据えられる[154]。〈創造〉の未来は最も単純な存在の肩にかかっており、バアル・シェムが「〈神殿〉を支え、〈到来〉のときまで支えることになる真の隅石」を毎朝〈祈りの家〉へ赴き働きながら詩編を暗唱する身分の低い製造業者の形象のうちに認めるやり方を熟考するだけで十分であるということを、人々は納得するだろうか[155]。逆に、忠誠の多様な道の例証を探すのであれば、そのとき必要不可欠となるのは、絶対的な道について問い質すラドシッツのラビ・ベアーに対してルブリンの見者［ヤーコプ・イツハク・ホロヴィッツ］が行った返答のなかの何度も引用されてきた話である。「ここに神に仕える道がある。それは〈律法〉の学びである。ここに神に仕える道がある。それは祈りである。ここに神に仕える道がある。それは断食である。また、ここにもう一つの道がある。それはまさによく食べることである」[156]。熱意によって弱者のもとにやってくる執拗さおよび力という徳に関して言えば、これはイェケルの息子、ラビ・エイシクの物語に見出される。ある日、彼は夢のなかでプラハに赴き王宮の前にある橋の近くで宝物を探せという命令を受けた。そこで、その場所の周辺をずっと回っていたら、警備の者に目をつけられた。この警備の者は、エイシクが夢を信じているのを皮肉り、クラクフに隠されている宝物について、ある日自分も夢を見たことがあると語った……それはイェケルの息子エイシクとかいう者のかまどの下に隠されているという夢だったのだ[157]! 最後に、行為による聖化の進展を説明するための最も単純な比喩、チェッカーの規則の比喩がある。「第一に、同時に二歩進むことはできない。第二に、前にしか行けず決して後退しない。しかし、第三に、上にまで達すれば、行きたいところにはどこでも行ってよい権利を得る[158]」。

別の領域では、伝統的な同じ原典の様々な解釈を再現することがときとして、ハシディズムの知恵の諸様態を最もよく示すことがある。それゆえ、『ハシディズムの物語』は三度繰り返して「ニッダー篇」三〇Aから三〇Bに言及するのである。そこで、バビロニアのタルムードは、子供は母のお腹のなかにいるときはトーラーのすべてを知っているが、生まれてくるとき天使が子供の口をたたき、これを忘れさせると語っている。最初の言及で前面に出されるのは単に忘却の必要性である。なぜなら、忘却がなければ、人間は自らの死しか考えることがなく、自らの家を立てようとする力も持たなければ、何であれ何かに着手しようとする勇気も持たなくなるだろうからだ[159]。第二の言及では、論証はより弁証法的になり、次のような奇妙な主張の二つの次元にこだわるようになる。子供がトーラーの知識を有していたのは〈善〉とは何かを知るためであり、神に仕えることが可能となるためである。しかし、悪が存在するためには、忘却が同様に必要となる。なぜなら、〈善〉が悪に打ち勝つためには悪が必要であるからだ[160]。最後の言及では、ブーバーが考えるようなハシディズムの精神が、賞賛すべき簡明さをもった要約で表される。すなわち、子供がその生誕のときに知っていることを忘れるのは、「その子が大きくなり、自分自身の尺度を有したからだ」というのである[161]。とすると、原典へと迅速に回帰することで、ブーバーがタルムードの物語とハシディズムの物語との差異について何を示していたのかを確認することができる。ハシディズムの物語においては、「問いが述べられた面とは別の面において答えが与えられる」のである[162]。

こうして、いくつかの主題と概念が浮かび上がってくる。その形式は、ブーバーがかつて『バアル・シェムの伝説』において抽出したものだが、それらの主題や概念は、物語すべてを貫き、ハシディズムの精神的世界を描いている。それらのうちまず挙げられるのは、熱意（*Hithlahabuth*）であるが、これはある義人《ツァディク》にこう言わせたものである。「誰かが真に語り、誰かが真に受け取るならば、世界全体を築き、世界全体を贖うためには、たった一つの言葉で足りる」[163]。これには二つの異文が存在しているが、これらによって敬虔な人間の類型論が素描される。第一の異文は、徐々に無限へと上っていきながら、永遠の瞬間へと狭まっていく時間を生き、「あらゆる過去とあらゆる未来が現在においてひしめき合う」恍惚の状態にいたる者たちが通る上昇の道に相当する。第二の異文は、逆に、孤独な者たちに属している。彼らは「「追放」の身となり、追放を「臨在《シェキナー》」とともに担う」。彼らは神の仲間であり、神の四散した輝きを追い求め、〈救済〉の時を待つのである。次に問題になるのは、「アヴォダー（*Avoda*）」という観念である。これは、恩寵の神秘は解き明かされることができないという意識とともに、時間と空間において神へ奉仕するという観念である。この観念の起源には、「創造された世界と自らの行為によって」、神は二重性へと分裂したという神秘主義的な考えがある。一方は、「神的存在、神性《エロフト》（*Elohut*）であり、被造物から切り離された存在である。他方は、神の現前、臨在《シェキナー》であり、これは事物のうちにあって放浪し四散する」[164]。とすると、この観念によってこそ、神を愛する二つのやり方が明らかになる。一方は、教え、祈り、あるいは戒律の遂行であり、これらは沈黙のうちで達成されるものである。他方は愛であり、言葉と聴取を通じて、存在者との交わりにおいて作用するものである。そこから最後に問題になるのは、無駄な祈りへの、つまり口先だけで言われた言葉へのバアル・シェムの挑発的な敵意である。こうした言葉は、同情を欠き翼を持たぬがゆえに天へと昇ることがないのだ[165]。

「カバナー（*Kavanah*）」（意図）という観念は、おそらくブーバーにとって、ハシディズムの教説の源を表すものである。この観念は、「目的へと向かう魂の神秘」と結びつけられ、「すべての人間のなかにある神の栄光の光線」として考えられており、〈救済〉という人間が究極的に向かうものを指し示している[166]。この観念でもって、他のどこにおけるよりもよりよく、ハシディズムが解釈する神秘主義の活動的次元が浮かび上がる。実際この観念は、人間は到来する〈お方〉を待ち、これを目で探さなければならないだけでなく、世界の修復のためにも働かなければならないことを示しているのである。周知のようにカバラーにとって、原初の魂は〈創造〉の後に破損し、破裂し火花を放って四散していった[167]。この観点からすると、宇宙全体はさまよえる魂たちの場所となる。そうした魂たちにとって、あらゆる形式は独房であるがゆえに、たがいに結びつくことで最初の統一の完全さを取り戻すために混乱から脱出することを切望する。それゆえ、各人は空間においても時間においても境界づけられた〈存在〉の一領域に帰属するのだが、この領域は、それを贖うために行為する責任とともに各人に託されるのである。しかし、臨在《シェキナー》をその隠れ家から引き出す助けをすることで、人間が〈救済〉の業に貢献しなければならないとしても、それができるのはただ堕落した世界への帰属という限界においてだけである。その結果、依然として人間は謙虚〈*Shiflut*〉という最後の徳を尊重しなければならないのである。この徳は、メシアが不完全性ゆえに遅れてやって来るという事実の喚起と結びついているが、すぐさま、自分だけが統一の道を見つけると思っている者の傲慢に対する盾となるために、正義の行為に次のような真の指針を与えることになる。すなわち、「哀れみによってではなく、つまり、人が避けたがる焼けるような束の間の痛みによってではなく、愛によって、つまり他者との生によって助けること」[168]というのがそれである。

そうすると、マルティン・ブーバーにおけるハシディズムの想像界の構成要素は、ブーバーがこれらの構成要素を『人間の道』においていかに要約しているかという点から捉え直すことができるだろう。ショーレムによれば、「文学の宝石」と「宗教的人間学の常軌を逸した教え」と言われるこの短い論文が狙いとしているのは、いくつかの格率のかたちで敬虔《ハシ》な者たち《ディーム》の「霊感」の本質的な部分を提示することである[169]。つねに自らに回帰することができること、これがそれらの格率の最初のものである。この格率は、サンクトペテルブルクで投獄されていたラビ・シュネウル・ザルマンによって何度も語られた物語に基づいている。彼は、「創世記」（第三章第九節）のある章句において「お前はどこにいるのか」と尋ねたとき、神はアダムの場所を知らなかったのではないかと仄めかしながら神の全知に異議を唱える、学識豊かではあるが懐疑的な士官に直面する。ここでこのラビは、いかにして神が絶えず次のような言葉で各人に呼びかけるのかを説明した後で、この敵対者に自分の年齢を告げることでこれを屈服させるのである。「お前の世界のなかでお前はどこにいるのか。お前に割り当てられたもののなかで、何と多くの年月が過ぎ去ったか、そのあいだにお前の世界のなかでお前はどこまで来たのか」[170]。しかし、本質的なことは、今度はブーバーがこの教訓に与えた解釈のうちにある。アダムと同様に、各人は自己の無罪を証明しなくてもよいように、そして、自らの生の責任から逃れられるように身を隠すのであり、いわば「存在が隠すべき機械へと変わってしまうのである」。しかしながら、いかなる存在も神の視線と神の問い――これはある日「息に似た沈黙の声」を通じて到来する――を逃れることはできない[171]。そのとき、真に人間の道が始まる。まさに、アダムと同様に人間が自らの埋没を認め、自己への回帰に、つまり「テシュヴァー」に取りくむようになるその瞬間にである。

あらゆる人間が神に接近できるがその道は各人によって異なるということ、これがこの最初の格率から生じるものである。より正確には、この格言は次のような考えを前面に出している。すなわち、各個人の誕生は世界に何か自発的で特異なものをもたらし、その結果、各人が神に近づく道が「示されうるのは、自分自身の存在についての認識、自己の性質や自己の本質的な傾向についての認識によってにほかならない」という考えである。[172] そこから生じるのが「自己自身から始める」という欲求である。あたかも、人間同士の衝突の原因は、彼らの違いが現に存在しているからということではなく、各人が自らの場所から世界を動かし自分自身も変化していくアルキメデスの点を見つけ出すことを拒絶するからであるかのように。しかし、この原理はすぐに、あらゆる人間が自らの出発点に位置しているとしても、その目的は自己に対する配慮を超えたものであるという対重を課せられる。とすると、回帰の真の意味とは、単に悔悛や償いにあるばかりではなく、エゴイズムのカオスを記憶することでもあり、行為を個人の魂の救済ではなく神の国へ向けようとする決断でもあるのだ。ブーバーの目には、この動機がユダヤ教とキリスト教の違いの本質を定めるものであると映ったとしても、さらに、ユダヤ教を他のあらゆる宗教のなかでよりいっそう同定する次元が一つ残っている。この次元はハシディズムにおいてその最も明確な表現を見出す。すなわち、「聖性において一人の人間が今ここで為すことは、来るべき世界の生に劣らずに重要であり真である」という観念である。[173] 日常のほんの些細な行為にいたるまで現世の存在を評価するというハシディズムの精神はこうして、神の住まいについての次の問いへの回答においてその最も凝縮した形式を見出す。神はまさに人が神を入らせる場所におられるが、しかし、人が神を入らせるのは「自分がいる場所」をおいてほかにないのである。[174]

より広い解釈の次元に身を置くなら、ブーバーのもとで最後には何らかの歴史的な命題の素描が見出されるだろう。この命題は、彼のハシディズムの諸々の物語に収束点を与え、それらの物語の分析を彼のユダヤ教全体についての考えに繋ぎ合わせる。第一にブーバーは、神話という土壌およびラビ派の伝統がこれに抗して始めた戦いの枠組みのうちにハシディズムの世界を打ち立てている。ユダヤ教が古くから神秘的なものを産み出してきたことを思い起こさせながら、彼はこれに、タルムードの博士たちがいかにして「巨大な企図のもとで宗教法規を体系化することで、民族の情熱に抗するための永遠の堤防を立てた」のかを対置する。[175] この意味で、ブーバーは神秘主義のなかに、〈預言者〉たちに生気を与えたりエッセネ派のもとで蘇ったエネルギーの復活を見ているのであり、「知性の支配に直面して現れる偶然の反応」を見ているのではないのだ。[176] こうして彼の目には、およそ二千年のユダヤの歴史は次のような広大な三段論法に要約されうると映るのである。すなわち、追放が長く続けば続くほど、〈律法〉の維持が民族の存続にとって必要に思われてくるのであり、その結果、神話はカバラーと民間伝承のうちに逃れていくことになる。しかし、カバラーはそれ自体で〈律法〉より優れていると自任する知識を求めているとしても、民族の生には根本的に無縁のもののままである。それゆえ、ハシディズムこそが神話をその仕切りから引き離し、その旋律を聞かせ、ユダヤの世界をその「光の波動」で満たさなければならないのである。

ショーレムがしばしば強調したように、マルティン・ブーバーはこの知的神秘主義とハシディズムの関係に対して、より明快な言いまわしを与えていた。「エートスとなったカバラー」、あるいは「神秘的なものの脱図式化」を保証する教義であるハシディズムは、ブーバーにとっては、生の世界と共同体のただなかで展開する神との出会いの運動に応じて、人間の宇宙的力という古き原理を日常的な責任へと移しかえるものであった。[177] とりわけ、彼が大マッギード（一七〇四―一七七二年）〔メゼリッチのドヴベール〕の教えを描写する際、こうした考えの例証が見出される。「教育の経験の効果において、カバラーの本質的な観念、つまり〈創造〉は神との〈収縮〉から生まれるという観念は、宇宙論的な平面から人間学的な概念の領域へと進んでいく[178]」。では、この道をブーバーに従って進んでいき、彼とともに、ハシディズムがカバラーの精神を保存しながらもその実行の場をずらすのだと考えるべきだろうか。ショーレムは長いあいだそのように考えていたようだ。というのも、『ユダヤ神秘主義の主潮流』における説明は、本質的にブーバーの論点を辿るものであったからだ。彼がそこで示したのは、ハシディズムの貢献は、教義上の革新にではなく、秘教的な命題を「自己認識に役立つ心理分析の道具」へと転換したことにあるということだった。[179] しかし、ショーレムによる後年の諸解説は、ハシディームの教育とカバラーの教育の違いを強調する方向で、最近の資料編纂によって大きく誇張されたこの解釈の再読解を始動させるだろう。[180]

後期ハシディズムの理解に対するブーバーの決定的な貢献として最も一般的に認められている主張は、サバタイ主義によって課せられた危機に続くメシアニズムの逸脱への反応として、ハシディズムを説明しようとするものである。サバタイ・ツヴィと彼の弟子たち、そしてヤコブ・フランクは彼らの反律法主義によってイスラエルの共同体を破壊する危険を冒したが、それに対して、ハシディズムの偉大な功績は神の現実を保護し、「人間存在に神的属性を帰属させるよう信者を促すあらゆるもの」を遠ざけることだった[181]。その結果、あたかもメシアニズムの解放がそのメタ歴史的な次元とその民族的意味を捨て、内的な存在の領域へと降りていったかのようである。「日常における〈救済〉（*Erlösung des Alltags*）によってしか、〈救済〉の大いなる日（*All-Tag des Erlösung*）が到来しない[182]」ところへ。この意味で、ラビの文学やカバラーさえもが根本的に来るべき世界をこの世界から引き離すのに対して、ハシディズムの教説は、現実の目に見える外見と秘められた生というかたちで、それら二つの世界を同じ一つの現実の二つの層たらしめるために、一方を他方に折り重ねるのである[183]。もう一歩踏み込むことで、ショーレムは、ハシディズムは結局メシアニズムの真の「中和化」をもたらすと述べるまでになる[184]。しかし、こうした現象がいかにして――ブーバー自身がそうしたように「ユダヤ教から黙示録的な切っ先を根絶させる」ことに一役買ったのかを強調しつつ、ショーレムが同様に示しているのは、メシアニズムの観念を寓意化して個的な生に適用することがユダヤ人の意識に対していかなる代償を払ったかである。つまり、ハシディズムは「内面性の領域を獲得したが、メシアニズムの領域を失った」のだ[185]。

　マルティン・ブーバーの思考とハシディズムの教えの一種の共生関係を強調することによって、ショーレムからブーバーへ発せられた諸々の批判に接近する道が得られる。ショーレムはこのハシディズムという現象の解釈の変遷を指摘しているとはいえ、とりわけいくつかの特徴が繰り返し現れていることも示している。まず形式的な面では、もちろんブーバーの知的スタイルが問題となる。それは、「しばしば魅惑的で、つねに霊感を受けていて活力に満ちた作家」のスタイルだが、この作家は、決して自らが典拠するものを提示せずに、とりわけ自分の物の見方に含まれないものはすべて遠ざけるのである[186]。ショーレムは同様に次のような点をよりはっきりと明らかにしている。すなわち、ブーバーは自らの伝説を豊かにするようなハシディズムの諸々の物語にしか打ち込んでおらず、したがって、一つの教義を示したり、ユダヤの歴史におけるその位置をよりよく分析することを可能にしてくれる理論的な文書を隠してしまうのである。とすると、デベクート（神との合一）という観念、その観念が借用しながらも変形してしまう神秘主義の源泉、ブーバーが前面に出した統一（*Yihud*）という観念とそれとの差異、あるいは、ハシディズムの敬虔の理解とラビのユダヤ教の敬虔との比較にとってこの観念が有する重要性についての検討は、ショーレムその人において求めなければならないだろう[187]。

　そのような観点から見ると、たとえブーバーが現代の文化のために一つの生をハシディズムに取り戻させることができたとしても、彼が供しているのは個人的解釈にすぎないということが判明する。シモン・ドゥブノフの厳しい断言に反して、ブーバーが展開するハシディズム観は、おそらく単に「観照を促進させる」ことを可能にするだけではないのであって、だからこそショーレムは「私たちはどのようなかたちであれ彼の弟子である」と付け加えるのである[188]。ブーバーのハシディズム観が批判的な再評価を受け、その曖昧さや確証なき直観を疑問視する学問的知見に屈することになるのは確かである。しかし、彼のハシディズム観は、ブーバーの方法全体の評価という文脈においてそれが持つ諸々の判決理由やその帰結に関わる議論を要請するものでもある。この点で、ショーレムが、伝説と「生」のあいだに提起された諸々の結びつきの多くの場合虚構的な特徴、この「生」という観念それ自体の両義的な形式、さらにまた「ハシディズムの「世界への愛」はまさにほとんどブーバーの世界への愛と同一視される」という点を指摘するとき、ここでもまた彼に従うことができるのである[189]。とはいえ、なおも問わなければならないのは、戒律に取って代わって、決断や神的なものの受容体となった日常性の一種の昇華が重視されるように見えるこの関係の世界の賞揚が結局どこに向かうかである。今のところは、ショーレムの次のような回答をとりあげておこう。この回答がブーバーだけに当てはまるのか、ブーバーとともにハシディズムそれ自体をも含むものなのかはまだ分からないのだが、ショーレムはこう言っている。それが向かう先は「宗教的アナーキズム」に相当する何かである[190]、と。

出会いの〈汝〉あるいは対話における生

エマニュエル・レヴィナスが喚起したように、おそらく、二〇世紀の数々の試練によってこそ、有意味なものや精神的なものといった諸観念が、早い時期から、「対話の哲学」と呼ぶにふさわしいものの方へと導かれることとなった[191]。自分自身がこうした転換の継承者でもあるレヴィナスは、これをフランツ・ローゼンツヴァイク、マルティン・ブーバー、それからガブリエル・マルセルの名に結びつけるのだが、ある程度まではそこにヘルマン・コーエンの名も加えることができるだろう。対話の哲学に関しては、それが創始されるのは、第一次世界大戦中、より正確に言えばその終末期においてである。このとき、思考の建造物全体を再び建築中の状態へと連れ戻す動揺の感情が現れてきたのである。西洋の意識が「絶対精神」という形式のもとで理性と生との再会を生きると信じていたヘーゲルとゲーテの時代を識別するために「一八〇〇」年といった契機の存在を示唆するローゼンツヴァイクに言及するのであれば、この幻想が破れて超えられようとする時代を一九一八年という契機として示さなければならないだろう。『理性の宗教』や、とりわけ『救済の星』、『我と汝』あるいはガブリエル・マルセルの『形而上学日記』（一九二七年）から始まる時代である。この断絶およびそれがもたらすものを特徴づけるために、次のような二つの表現を用いることができる。一つは、ローゼンツヴァイクの挑発に従って、「イオニアからイエナまでの哲学者たちの名誉ある兄弟団」に決闘を申し込むことである。いま一つは、レヴィナスが「われわれに伝えられた哲学」と名づける、「西洋の精神の諸潮流がすべてそこで合流する」ヘーゲルの著作においてその絶頂に至るものを担うことである[192]。別の言い方をすれば、この断絶は、対話において捉えられた人と人のあいだの関係という考え方と、技術の関与や世界の掌握にさえ先立って思考とは所有すること、つまり「あらゆる他性を打ち負かす」活動に夢中になるものだという考え方とを対立させるような断絶なのだ[193]。

　明白なことだが、対話の思考者たちは暴力を克服するための言語という観念を発明したわけではない。結局のところ、哲学は、プラトンからヘーゲルまで、同質的国家というヘーゲル的体制へといたる運動のなかで、言葉によって各人の暴力が普遍的なものにまで高められるという命題を展開したにすぎない。しかし、プラトン以来同時に展開されたのは、「知を完成しさえすればよかった対話からの暴力の終わりを期待する者たち」が出くわす困難についての意識である[194]。いかにして、対話に招き入れさせるような対話を打ち立てることができるのか。それこそが、現代の哲学が解決しようとする問いである。このとき哲学は、言語において開かれるもう一つの意味の次元としての本来的な社交性に着目するのである。マルティン・ブーバーの発見がローゼンツヴァイクやコーエンの発見に類似しているにせよ、あるいは、一つの影響力を形成するであろう想起にすでに浸透されていたりするにせよ、ハイデガーの発見の本質はまさに彼らが分かち合う次のような身振りのうちにある。すなわち、「志向性を言語へ送り返すこと」のうちに[195]。そのとき、ブーバー自身により特徴的であるように見えるのは、「コギト」の省察を放棄しようとする確固たる配慮である。それは、最初の語から、あらゆる言語の開けを条件づける根本的な語から、純粋な認識の最初の根源語（*Grundwort*）、つまり〈我‐汝〉から始めるための配慮なのだ。

　マルティン・ブーバーの厳密に哲学的な書物の最初の数頁から引かれる直線的な道を通ってこの問題群のなかに入っていく前に、この問題群が哲学史とどのような関連にあるかを示し、また、何によって絶対者の認識における普遍的なものの優位に対して異議を唱えているのかを強調できるだろう。エマニュエル・レヴィナスが記したように、ブーバーが中世の普遍論争に言及するとき、彼はすでに唯名論を選択し、アリストテレス以来の社会的なものと政治的なものの混成に抗している。[196] しかし、論争がより決定的となるのは、それがホッブズによって構想された近代国家を対象とし、西洋世界が全体主義をもって知ることになるもののほかにはその完成形態に見合うものはない、ということを示唆するときである。[197] 友人のグスタフ・ランダウアーとともに、人類の共同体にいたる「道のあらゆる図式的設計図」に抗弁し、革命的ユートピア主義者が思い描く「社会のモザイク状の領域のなかの偉大で神聖なる事物」とは何かを示し、社会形態の安定の必要性すらも忌避しながら、マルティン・ブーバーが異議を唱えるのは、まさに抽象的な普遍国家という幻想なのである。[198] しかし、さらに付け加えなければならないのは、ブーバーは、カール・シュミットにおけるように政治神学的なものであっても、また、ゴーガルテンのような実存主義的なものであっても、抗争を本質主義化する諸教説に対しても同じくらいのエネルギーでもって戦ったということである。同時に彼は、政治的なものを友・敵という対立関係へと解消させることも、倫理を政治的問題に還元することも拒否しながら、人間の生来の悪意という偽の明証を解消させ、目的なしに渦巻く力を表す悪と、「我が家へと回帰する方向へと伸びる」善の運動という人間存在の両義性を解放しようとするのである。[199]

しかしながら、『我と汝』に固有の概念化においてこそ、政治の普遍性に対する対話の先行性と、「人類の前提となる友愛」が存在するという考えに関するマルティン・ブーバーの主張は真に構築される。[200] これらの主張を把握するためには、〈我‐汝〉と〈我‐それ〉という二つの「根源語」からなる二組の対に基づく、諸カテゴリーの体系の出発点に遡行しなければならない。[201] 〈我‐それ〉は、他動詞に繋がるものであり、事物を対象とする活動を示す。すなわち、すべてが経験であり有用性である世界において、「過去形で作られた」諸対象のためになされる活動を示すのである。因果性が支配する宇宙たる〈それ〉の世界は、「時間的にも空間的にも首尾一貫」(二九頁)している。ただし、「〈我‐それ〉という根源語は全存在によっては決して発せられない」(七頁)。しかしながら、すぐに分かるのは、この「「秩序立てられた」世界は世界の秩序ではない」(二七頁)ということ、そして「〈汝〉の支配」は事物の客観的体系への閉じ込めとは別の根拠を持つということである。「〈汝〉と言うこと、それが対象としては何も有さないことである」(八頁)のは、つまり、経験としての世界に「関係の世界」が対立するからだ。これは、自然、人間そして「精神の本質」（九頁）という三つの領域において打ち立てられる世界である。現在形および諸々の自動詞の連関において活用されるこの関係の世界はまさに人間の世界にふさわしい世界である。人間の世界においては、私が他人に〈汝〉と言いながら話しかけるとき、私は他人を経験的な知識を有した「諸事物のなかの事物」としてではなく、私が応じる呼びかけの審級として指し示す（一一頁）。それは時間においても空間においても一貫性を持たない世界なのだが、そこにおいては「〈我－汝〉という根源語は存在全体によってしか発せられない」（七頁）のである。

　より子細な分析に従えば、関係の世界とは出会いの世界である。出会いとは、いかなる規定や客観化にも還元不可能で、人間の生の真正さの徴しとなる活動なのだ。ここで、この出会いを実現させる具体的な形態は、「いかなる概念の作用も介入しない」〈我〉と〈汝〉を結びつける媒体としての言語である（一三頁）。最初のアプローチは、言葉を他者に発するときに何が起こっているかを記述することである。人は自然が指し示す「身体の運動」によって他者へと向かうのだが、この運動は、「自らの注意を他者へ向ける」かぎりで「魂の運動」でもある。[202] 次に、より正確に述べれば、会話において突如として出現する「音声の出来事」は意味を担うようになる。これは相手との対面ならびに、聞き次に話す準備をするという交替に解消されるのではなく、「二人のあいだ」という特殊な空間において充実を見出すことである。[203] 最後に、この対話というなんともありふれた現象は、人間関係の領域がまさに「対面」の領域である仕方を明らかにすることになる。これは、「選ばれることと選ぶこと」（一三頁）との直接的連関性において始まる出会いによって展開される様態なのである。この意味で、エマニュエル・レヴィナスとともに次のように強調することができる。すなわち、マルティン・ブーバーにとって、言葉は「優れた意味での二人のあいだ」を表すのであり、[204] こうした社交性の考え方においては、対話は単なる隠喩ではないのだ。語の力に対するこうした執着はおそらく、ローゼンツヴァイクと企てた聖書の翻訳の諸特徴と繋がりがないわけではないということも付け加えておこう。

　しかしながら、出会いが純粋な行為であり、また、その背後にいかなる基礎付け原理も持たない関係として現れる〈汝〉という形式での呼びかけによって主題化される行為であるなら、出会いは「相互関係《ミュチュアリテ》」（一六頁）として展開することになるだろう。「われわれの弟子がわれわれを形成し、われわれの行為がわれわれを築き上げる」とマルティン・ブーバーは書いている。あたかも、最も長いが決定的な道を伝えるためであるかのように。その道とは、〈永遠の汝〉へといたる道であるが、この道では、〈永遠の汝〉にいたるまでに「汝

〈きみ〉が何に近づこうとも、汝はいつも〈存在〉に達する」ことを途中で発見する。この道においては、もちろん、まず何よりも責任《レスポンサビリテ》の領域が記述されることになる。ここにおいて問題となるのは、「空気のなかで自由に漂う「義務」」しか知らない「自律的倫理」の領域ではなく、「答えの真の可能性」に関わるところのものである。すなわち、問題となるのは、起こるもの、苦しめるもの、すなわち、注意を目覚めさせ、先行する諸規則なしの解読を求める世界の出来事である[205]。しかしながら、言葉に反応しない責任が「道徳の隠喩」であるのと同様に、この関係の真正な形式は、ブーバーが「呼びかけ《アポストロフ》」と名づけたものに格変化していくほかない。「呼びかけ」とは、各人にその「伝記的で歴史的な時間」において呼びかけてくる神の問いである[206]。とすると、驚くべきことに、ハシディズムの読解をこのように想起することを通じて、ブーバーは、関係の無秩序な秩序として以前に描いたものから、内在性にとどまる神との出会いという次元へと直接的に移っていくように見えるのである。「例外、孤立、権利放棄、脱自」でしかなかった「宗教的なもの」を断念すると繰り返し主張するにもかかわらず[207]。

ブーバーが断言したような、死すべき生の各時間によって供せられる「充満した要求と責任」の宗教的なものへの高揚であれ、あるいはまた、レヴィナスが書いたように「超越の倫理的解釈」であれ、〈啓示〉の表現と日常世界における真正の出会いの表現との相似は、実際ほとんど完璧である[208]。〈啓示〉を時間と空間における現前という現象と定義するだけでそのことを証明するには十分だろう。「出会いの瞬間は「内的経験」ではない。そうした経験は、受容性の状態にある魂のなかで目覚め、満足してそこで大きくなるが、これに対して人間は出会いの瞬間に行為を被るのだ。それは、あるときは自らに触れる息のようであり、あるときは自らが参入する戦いのようなものだが、それはさして問題ではない。それは一つの事実なのである」(八一頁)。しかし、とすると、ショーレムに続いてこう言うことができるだろう。すなわち、ブーバーが自らの若い頃のテクストを導いていた経験や生きられたものに対する崇拝をこのように放棄しようとしているとしても、おそらく彼はこれらの観念の中身を出会いという観念に移し替えているのであって、その際、術語を変化させても、しばしば一つの宇宙論の様相を呈するものを根本的に変えてしまうことはない[209]。

このことは、ブーバーが「私は私があるだろうとおりにあるだろう」(八三頁)と翻訳し直された〈啓示〉の言葉を、「世界の根源的でメタ宇宙的な二つの運動」の交差として記述される〈創造〉の過程から真には切り離さないその仕方のうちに明白に現れるだろう。それら二つの運動とは、「固有の存在への拡大と連関の状態への急転である」（八六頁）。実際ここにおいて、〈御名〉の顕現は、「存在はそこにあり、それ以上の何ものでもない」（八三頁）という現前の言明によってその永遠の未来を修正するように思われる。人間と神秘の関係に関しては、この関係が完全に成就されるのは個人が「世界において神を実現する」（八五頁）ときのみであり、そのとき、この関係はまさに生の素材そのものにおいて汲み尽くされるように見える。このことはさらに、時間の方向性についての次のような考え方で言い表されるが、この考え方は、黙示録的メシアニズムという観点が日常性へと解消されて削り取られてしまうというショーレムの指摘を裏づけるものであろう。「歴史とは不可思議な接近である。道のそれぞれの渦がわれわれを、より深い破滅と同時により根源的な急転へと導く。しかし、世界から見れば急転であるものは、神から見れば〈救済〉と呼ばれるのである」（八九頁）。

共通の知的環境において、共通であるにもかかわらずマルティン・ブーバーとヘルマン・コーエン、フランツ・ローゼンツヴァイクとを深く分け隔てるものは何かがこのとき理解される。コーエンが、人間と人間の出会いの世界と人間と神の出会いの世界とを結びつけ、これらを主題化したとき、その目的は、人間と神の連関は人間と人間を結びつける連関において経験されるということを示すことだった。もっとも、コーエンは、後にブーバーが異議を唱えることになる表現でもって「神への愛は道徳的理念への愛である」ことを認めているとはいえ、そこで強調されていたのは、とりわけ〈我〉と〈汝〉とのあいだの倫理的関係は、「存在の彼方」に据えられた〈善〉へといたるのでなければ、不完全なものにとどまるとの誹《そし》りを免れないということであった[210]。そのような観点から見ると、人間と神との結びつきについてのブーバーの言葉は、隣人との関係の移し替えでしかないとの印象を与えるかもしれない。同様に、ローゼンツヴァイクにとって、神と世界の、神と人間の、そして人間と世界の結合がまさに〈創造〉、〈啓示〉、〈救済〉を示しているとしても、これらの結合は一種の現在の脱自において結集するのではなく、反対に、時間の複数性へと開かれたままである。この意味で『救済の星』が、同胞に対する人間の愛は、〈啓示〉において現れる「神が人間にささげる愛への応答」であると提示するとき、すぐに示されるのは、「〈救済〉が成就されるためには——時間が〈永遠〉と結ばれるためには——、〈愛〉は個人のなすがままにはならない」ということである[211]。こう言い直すこともできる。すなわち、時間および生に固有の秩序のこうした変形に直面すると、ブーバーの思考の歩みは世界の賞賛へと易々と埋もれていくように見えると。

エマニュエル・レヴィナスにおいて展開されたマルティ

ン・ブーバーの批判を取り上げるに際して、一切の曖昧さを避けるために、レヴィナスとともに明示しておかなければならないことは、神との関係を隣人との関係から派生させようとする『我と汝』の傾向は、決して、ハイデガーにおけるような神的なものを聖なるものから規定することには行き着かない、ということである。たとえ、ブーバーが時として聖書の言語のうちに、われわれが用いる言語によっては消化不可能で、ハイデガーがソクラテス以前の哲学者たちの断片に聴きとっていた根源的な言葉の形式を発見しているように見えても、彼が聖なるものへと向かうのはつねに対話からであって、その逆ではないのだ。この意味で、レヴィナスが指摘しているように、「ブーバーは確固たる一神教論者であり、彼の言葉はいかなる世界にも、いかなる風景にも、誰かが話す前に語るようないかなる言語にも依存していないのだ[212]」。問題はむしろ、関係の創始的特徴、つまり、「言葉の二人のあいだ」において成就する、出会いの直接的本質という考え――言語とすでに距離をとっていないものは何も把握されないという考え――が、まさに何を示そうとしているのかということである。より正確に述べれば、こう問うことができる。つまり、ブーバーの思考の歩みが、「内在性へ還元できない超越」のごときものとして考えられた対話関係という見地において絶頂に達するとき、それは一つの逆説に逢着しはしないのだろうか。すなわち、存在に対する主知主義的ないし客観主義的なあらゆる接近方法への根本的異議から出発した後に、ブーバーは存在論の数々の形式を再び見出すのではないか。

マルティン・ブーバーは、ハシディズムの物語の解釈において、一種の存在論的ノスタルジーを強調しているかの印象を与えることがよくあった。原初の統一性に対する哀惜と、日常の直接性においてそれを再構成するために為される労苦が描き出されているのである。すべてを考慮すれば、彼自身の思考のなかにこうした形象の何かが見出されると想像せざるをえない。ここで、徴候的なのは、彼が『我と汝』のなかで、『ハシディズムの物語』において何度も見られる「ニッダー篇」の一節を敷衍していることである。そこでは、子供は母のお腹のなかにいるときにトーラーをすべて覚えているが、生まれた後にそれを忘れてしまうことが言われていた。「生成する存在の生きた地平はすべて、それを担う存在の内部に刻み込まれているように見えるが、しかしまた、そこに刻み込まれていないようにも見える」（一三頁）。したがって、たとえブーバーが、〈汝〉は「存在の一様態」（一一頁）ではないと依然として書くことができたとしても、彼の記述は存在論的な語彙にしばしば依拠しているのである。その例証として、「あらゆる現実的生は出会いである」（一三頁）という萌芽的な命題において何を理解すべきだろうか。おそらく、第一のアプローチにおいては、次のことを理解するべきだろう。すなわち、あたかも私が選ばれたかのように私にとって〈汝〉として現れる他者の現前から私は逃れられないがゆえに、倫理的責任は、存在の全体性の認識によって確証しようとする自由に先立つ第一のものなのだ。しかしすぐに、現前の特権的様態としての呼びかけをこのように解釈することによって、当の呼びかけは存在様態にまったく類似したものとなってしまう。エマニュエル・レヴィナスのカテゴリーで言えば、「内存在性の我執からの超脱」や「自己に回帰することのない跳躍の実直さ」であり続ける地点まで到達していないがために、ブーバーが本来的な社交性において描いた「存在の外の根こぎ」は、存在論へと再び陥ることを免れていないのだ[213]。

エマニュエル・レヴィナスが考えているように、マルティン・ブーバーの哲学が、最終的に存在の外や存在の彼方に位置するのが困難なのは、おそらく、それが、「不明瞭にすぎる唯心論を有した少々ロマン主義的な形式主義」を完全に脱するにはいたらなかったためだろう[214]。ある意味ではブーバーはもちろん自らの出会いという概念を、ハイデガーにとって他者への接近を表す「顧慮」(*Fürsorge*)と対立させることができる。ブーバーは、この単純な「顧慮」によって、人間は「本質的に自己自身のうちにとどまる」ということを示している[215]。こうして、ハイデガーの〈自己〉が「閉じられたシステム」にとどまることを非難しながら、ブーバーは、同情と相互性を支える他者への本来的な開けとを隔てる差異を描くのである。しかしながら、すぐにレヴィナスとともにこう問えるだろう。すなわち、「裸の者たちに服を着せても、空腹の者たちに食事を与えても、それは、ブーバーの〈出会い〉が時として身を置くエーテルと同じく隣人に近づくことにはならない」のではないかと[216]。ブーバーにおいて、〈我‐汝〉の関係は結局、単純な対面として、つまり、相互性の保証のもとに共有された世界における調和的な共‐現前の形式として描かれるのだ。この観点から見ると、「イスラエルのあらゆる者は各人が各人を前にして責任を有している」というタルムードの定式を思い起こさせる責任としての間主観性という考え方について、レヴィナスはブーバーの正しさを認めている[217]。にもかかわらず、「自由で、開かれた、不確定な生」という繰り返される諸主題と切り離されていないため、責任という言葉は、ブーバーの書いたもののなかには真に書き込まれていないということをレヴィナスは忘れずに強調していた[218]。

ショーレムがブーバーの諸々の二元論とその体系性に対して表した不信感のごときものを繰り返しつつレヴィナスが示

すのは、おそらく対面の平穏を攪乱するためには三者構造を導入しなければならないということである。第一に、他者に対する責任を「天使のエーテルのような社交性」と混同したくないならば、隣人との関係こそが第三者の到来を要請する(219)。最も狭い次元では、「与えること」それ自体の前提として「手ぶら」では行かないということがあるかぎり、まずは諸事物がこの役割のために供される。しかし、正義の観念を満たそうとするこの関心は、より遠くへ進むことをさらに要求し、政治的なものに対するブーバーの根本的なとまどいを逆向きに辿るのである。レヴィナスにとって、間主観的な空間が展開されるのは、ブーバーが思い描く諸個人の直接的共同責任を通じてというよりも、自己と他者との非対称を通じてである。諸人格間の平等が創設されるのは彼らが国家における市民になったときでしかないのだ。別の観点から見ると、神は〈汝〉と言われる人格であるという考えについてエマニュエル・レヴィナスが放つ批判を方向づけるのもまた、第三者の形象である。他者との関係の諸様態から派生した〈永遠の汝〉という概念は、「〈無限〉や神の超越」について語ろうとするとき、実際欠陥があるようにレヴィナスには映る(220)。かかる〈無限〉や超越について彼性《イレイテ》という概念でアプローチしようとするレヴィナスは、神の他性が他なる人への責任に送り返されるのは、出会いの平和主義においてではなく、命令と恐れの相乗効果のもとであることを示している。とはいえ、ブーバーへの賛辞およびその哲学に対する恩義を深く感じているこうした批判は、最終的に、ショーレムがブーバーのハシディズムの物語の読解を解説する際に「宗教的アナーキズム」と名づけたものをやはり見出すことになるように思われる。

この時代遅れのシオニズム

マルティン・ブーバーの思考を「宗教的アナーキズム」と呼ぶことに反対する者がいるとしても、シオニズム運動におけるブーバーの存在が、政治的アナーキストのものとして経験されていたということは否定できないように見える。ブーバーはシオニズムの組織が誕生するのとほとんど同時にこの組織へ参加し、その創設者にすぐさま認められるようになっていたが、彼はつねにその指導者たちとは距離をとり、彼一人で、あるいは、プラハとベルリンのあいだで結成された彼の友人たちの小さなグループでもって、自らの原則に忠実で主義主張については妥協しない少数派を代表していた。ヘルツルとの決別の時代以来目立つようになってきたこの対立は、一九四八年にシオニストの夢が実現してようやく明瞭なものとなった。そのとき、一人の証人が次のように言うことになろう。「イスラエルには二人のBがいる。ブーバーとベン・グリオンである。しかし、私たちの望みは、前者が哲学に復帰してくれること、後者が政治に復帰してくれることである」[221]。親しみを込めて「老獅子」と呼ばれる者と、古き智慧の言葉を引き合いに出すすでに敬うべき存在となっていた思想家とのあいだで、実際に対立があったのは、情勢についてではなく、歴史における〈救済〉の道具と化した国家という観念と、自らの限界を超えているのではと絶えず疑われる政治という観念とのあいだの緊張関係についてである。ブーバーにとっては、あたかも土地への回帰は、ただ土地からの別離に先立つ状況を再び実現することだけであるかのように、ユダヤ教における〈預言者〉と〈王〉との永遠の衝突が依然として問題であった。しかし、彼のなかで何かがこう考えているようだった。すなわち、地上への回帰というこの出来事はあまりに遅すぎたため、もともとの約束の高みにいたることはできず、その結果として、勝利した現代のシオニズムは不可避的にそれが若き日々に有していた輝きを失ってしまったのではないかと。

　シオニズムについてのブーバーの考えの核は、その政治観や宗教観に密接に結びついており、非常に早くから、つまり、彼がニーチェから着想を得て血とユダヤ人の自己同一性《アイデンティティ》を結びつけていた短い時期のあとにはすでにできあがっていた。一九〇九年から、彼はこの「人格の類型と骨組みとを規定する暗く濃い層」を前面に押し出すことをやめ、民族《ナシオン》について、つまり、記憶や歴史への参照によって規定される実体そのものについて語るようになる[222]。より正確に述べれば、一九二一年のカールスバートでの第一二回シオニスト会議で、非マルクス主義のシオニストたちからなるヒスタドルトを代表して、急いでこの問いについての演説を起草したとき、彼は、シオニズム運動のナショナリズム的偏流に対する決定的な批判の主調を示したのである[223]。しかし、本質的なことはすでに、民《ナシ》族《オン》という観念とナショナリズムとをいかに分離するかにあった。ブーバーは、ユダヤ民族の政治的な特殊性を、その「宗教構造」、エジプト脱出時におけるその形成、そして、「王は神の代理」とされる「神聖な王位」という概念がもたらした変化へと結びつける[224]。ユダヤナショナリストたちに対して、こうした特殊性の忘却や、イスラエルを他の諸民族と同様の民族にしたいという陳腐な誘惑を非難しながら、彼は次のような「アモス書」第九章第七節から生じる務めとしての選びという解釈を彼らに対置する。「アモス書」によれば、神は、エジプトから「イスラエルの子らを、そして、カフトルからペリシテ人を、そしてキルからのアラム人たちを」同時に脱出させたのである[225]。

それゆえ、ブーバーのシオニズムは一貫して、他の諸民族と同じような政治的存在でありたいという欲望と、放棄すれば死を招いてしまう特殊性の感情とのあいだでユダヤ人の意識を切り裂く二律背反に、つまり、以前からずっと「サムエル記上」（第八章第二〇節）と「民数記」（第二三章第九節）とのあいだで繰りひろげられてきた抗争にとり憑かれているように見える。すなわち、「われわれもまた他の諸国民のようになり」と「自分を諸国民のうちに数えない」との抗争である。ヘルマン・コーエンとフランツ・ローゼンツヴァイクが徹底的にこれらの命題のうち第二の方に固執したのに対して、マルティン・ブーバーはこの対立に直面しようとするのだと言わねばならない。ブーバーは、民族《ナシオン》と国家《エタ》を対立させるのだが、これは宗教性と宗教のあいだで彼がつねに保つ区分と関わりがないわけではない。彼にとって、ユダヤ民族に与えられる唯一の展望は、権利上「メシア的政治」を構想することが不可能であることと、それでも政治の領野が「成聖全般から除外される」ことはできないということとのあいだで描かれる狭い道なのである[226]。こうした見方についての最も明白な表現は、ブーバーにおいて「通常化」に対立する「刷新」という主題や、ユダヤ人の存在の平板化の危険の代替となるものとして主張される「再生」という主題が繰り返されし現れている箇所に見出される[227]。確かに、こうした問題群は、ブーバーの哲学のうちに残存する一種の生気論から糧を得ており、その表現の仕方はしばしば素朴なものに映るだろうし、イスラエルがショアーの生き残りを迎えざるをえないことについて一種の後悔の念を抱くにいたるとき、それは衝撃的にさえ映るであろう。しかし、こうした問題群は、良きにつけ悪しきにつけ、ユダヤ教の精神についての自らの考えに忠実であり続けようとしたシオニズムの軸を表しているのである。

こうした対立が最初に結晶化するのは、いまだシオニズムの初期に属する時代においてであるが、ブーバーはこれをすでに「時代遅れ」と見ていた。ファイサル－ヴァイツマン合意の挫折（一九一九年一月）、一九二〇年四月四日、五日のエルサレムでのポグロムは、ユダヤナショナリズムとアラブナショナリズムの対称的な痙攣を引き起こす危険があった[228]。ブーバーは、一九二一年の第一二回シオニスト会議以来のアラブ人問題に対する解決策の起草を任されていたが、この解決策が最終的に凡庸な妥協に思えるものへ行き着いてしまうことに気を悪くし、やがて「平和同盟」（*Berit Shalom*）という団体の創設に関わることになっていく。この団体は、彼が「現実のシオニズム」と好んで呼んだものの土壌で、ナショナリストたちと戦うべく創設されたものである。そのときブーバーの側には、彼の友人であるザムエル・フーゴー・ベルクマン、ハンス・コーン、エルンスト・ジーモン、そしてロベルト・ヴェルチュがいた。入植から最も古い支持者の一人であるアルトゥル・ルッピン、さらにはゲルショム・ショーレムもいた。しかしまた、そこには「ハポエル・ハツァイル（若き労働者たち）」やリベラルなシオニズムの代表者たち、さらには「ミズラヒ」のような宗教運動の代表者たちさえいたのである。彼らはみな、ショーレムが後に次のように要約する確信を分かち合っていた。「イスラエル国家は二つの民族に属する。これらの民族は、共に生きるための道を見つけなければならないし［…］共通の未来のために働かなければならない」[229]。しかし、彼らの大部分はおそらく、一九二九年に同じショーレムによって述べられた次のようなよりいっそう明確な見地をも自分たちのものとするだろう。「私がシオニストとして願うユダヤ民族の救済は、私が来るべき世界のために望む宗教的〈救済〉とはいかなる点でも同じものではない。シオニストとして、私は、黙示録や終末論といった、非政治的で、純粋に宗教的な領域に基づく政治的な要求や熱望に応えるつもりはない」[230]。

ウラディーミル・ゼエヴ・ジャボチンスキーの修正主義運動に対抗する戦いの張本人たるブーバーは、そこで、自らが預言的政治にふさわしいものたらしめたいと願ったものの諸原理に実質を与えることに専心している。一方で、彼がたゆまずパレスチナでの民族的な住処のために思い起こさせるのは、「いまここで」行動せよという預言者たちの命令や、あるいは、すでにレオ・ピンスカーによる『自力解放』の銘句に置かれていた「もし今でなければ、いつなのか」という『ピルケー・アボット』の有名な寸言である。[231]他方では、彼は同等の精力をもって、この領土に対する歴史的権利という考えを忌避し、「人間（アダム）と土地（アダマ）という偉大な結合」と、砂漠を肥沃にする者たちが土地とのあいだに結ぶ諸々の繋がりを好んで語ったのである。[232]パレスチナにおける将来の定住の具体的な諸条件という面においては、彼の目には、これこそが、ある日アラブ人の存在を発見しシオニズムは彼らに損害を与えるものではないかと恐れたマックス・ノルダウの素朴さを避ける唯一のやり方であるように映った。定在するということは、その最も基礎的な組織形態においても、何らかの損害をもたらすものである。しかし、同じ国を分かち合う諸々の共同体の利益にための連帯というものを考えることは可能だというのである。明らかなことに、両極にあるナショナリストたちの衝突が激化すればするほど、これらの議論は、聖書の諸形象に言及しながら暴力によって暴力と戦っていた者たちの企図を阻むには十分なものでなくなっていった。しかしこの土壌において、ブーバーは道を誤ることがなかった。彼はたゆまず真理と正義に対する忠誠という二重の義務を思い起こさせ、イルグンの「擬似サムソン主

義」を依然として非難するのである。(233)

ここで、ユダヤナショナリズムに対する戦いが国家という見地の批判へと移行するという、興味深い現象が現れる。この批判は、この哲学者の思考においても、ユダヤ−アラブの協調という考えから出発する彼のシオニズムの方向性のうちにもすでに萌芽的に存在していたが、それが明確になるのは一九四二年五月のビルトモアの会議で、主権を有する政治体を創設する可能性が肯定されたときからである。第一に、ブーバーが目にすることになるのは、この時期にベン・グリオンによって施された術策と思《おぼ》しきものである。これは、ヨーロッパの破局に直面してパレスチナにおけるユダヤ人を「できるだけ多く」受け入れるようにとのスローガンを、この土地ではユダヤ人が「多数派」であるべきだという要求に変えてしまうものであった。政治と道徳の衝突という次元での問いを提起することで、ブーバーは、その平和神学ゆえに侮蔑的に「スコプス山の傍観者」と呼ばれていたヘブライ大学の教師たちに対するイルグンの辛辣な攻撃に立ち向かう。(234) 二民族国家か、連邦制か、はたまた国家連合か——ブーバーは他の者たちとともに、分割を避け、生と政治との「病的関係」の勝利と言うべきものを避けるためのあらゆる方策を探すのである。(235) しかし、この論理をイスラエル国家の誕生に対する根本的な不信にまで推し進めていくのは唯一ブーバーだけであろう。イスラエル国家の誕生がヨーロッパで終わったばかりの悲劇の結果によって強いられるように見えるものを前にして、一種の苛立ちを帯びた不信である。

一九四六年マルティン・ブーバーがユダー・マグネスとモシェ・スミランスキーとともに、英米委員会を前にして、二民族国家についてのイフードの立場を提示する任を担ったとき、彼はあらためて「再生」について語り、シオニストの組織の大多数の意見と戦おうとした。「国外亡命者」の受け入れ問題とイギリスの委任統治の代替案をめぐる主張を聴取することになっていた一二人の委員を前にして、彼は、ここでもまた、シオニズムは反ユダヤ主義への反動から生まれたのではなく、〈預言者〉たちの遺産やなかでもメシアニズムという豊かな観念に対する忠誠心から生まれたということを示そうとしている。(236) しかし、彼の懸念はすでにこうした原理がいかなる結果をもたらすかである。つまり、「われわれの自律は他の者たちを犠牲にして勝ちとられてはならない」のである。その二年後、ベン・グリオンが独立を宣言してからほんの二週間後、対立は白日のもとにさらされる。勝利をおさめた者たちは、シオニズムにおいて、率直に「通常化」を望み、その途中で「他の諸民族と同じ」ようになるという旧来の欲望の実現を「ぞっとする」形で保証するという潮流を代表するようになる。(237) それ以後、彼は「バアル化」について話すときでさえ、陳腐な征服心のために祖先のメッセージを犠牲にするユダヤ民族の内的な硬化を見るにつけ、彼は若い頃からの夢が破れていったと告白するようになった。

目の前で展開する歴史に関して、それ以後マルティン・ブーバーの心を苛むことになるのは単なる疑い以上のものである。ブーバーは、一九四七年にはまだ、アラブ人もユダヤ人も自らの自治を実践するためには主権的な政治体を必要としていないと指摘するのみであったが、やがて彼は「近代国家」の創設による独立の奪還において、ユダヤ教が「その歴史における最大の危機」を迎えているとみなすようになる[238]。実際、しばらくのあいだ、彼は彼の目には新しい政治が不当に手に入れた神話と見えたものを非難し、「追放の身にあった者たちの集結」という観念の用い方に異議を唱え、ベルナドットが暗殺された後には次のようなイザヤの警句（第一章第二一節）によって、イスラエルを問いただすのだ。「どうして遊女になってしまったのか。忠実であった町が。そこには公平が満ち、正義が宿っていたのに、今では人殺しばかりだ！」[239]。それから何年か経って、ニューヨークに集まったイフードの支持者の聴衆を前にして、ブーバーは深く失望した目で、その最も古い企図を逆説的にも引き裂いてしまった一連の出来事を眺めている。実際ブーバーにとって、シオニズムの理想はパレスチナに「西洋世界の飛び地」を移し入れることではなく、共同体と連帯の公準に基づいた、諸民族間の真正の協定を開拓者たちに呼び起こすことであった。「アドルフ・ヒトラーによる何百万人ものユダヤ人の根絶」が「選択的で有機的な進化原理」を一変させたときも事態は同様であった。その結果、「迫害され、追いつめられた大衆はパレスチナへ殺到したのだが、ユダヤ人の再生の国を建設するための開拓者として来たのではない――その建設のための犠牲はどんなものでも大きすぎるということはない――。そうではなく、――メシアの約束という伝統が彼らのなかでなお生きていたとはいえ――救済と安全の国へと殺到した」のである[240]。

おそらく、以上の要約の粗暴さは、ゲルショム・ショーレムがアイヒマン裁判の折にハンナ・アーレントに対して「ユダヤ人への愛」（*Ahavat Israel*）に背いているといって非難した粗暴さを喚起させなくはないと言うことも可能だろう[241]。ちなみに興味深いことに、ブーバーは新たな偶像との論争において、アーレントがショーレムへの返答で用いることになる議論を提示することもあった。「愛は個人の存在という次元においてしか実現されえないし、これまでも決して実現されたことはなかった。正義が実現されるのは、一つの民族の内部や、諸々の民族のあいだにおいてでしかない」[242]。もっと歩を進めると、イスラエルの誕生の周辺の何年かにおけるブーバーとアーレントの奇妙な親近性が確認されもするだろう。

ブーバーは、一見するところヨーロッパでの出来事と距離をとり、アーレントとは異なり犠牲者の救助や亡命者との連帯を組織することにあまり関心を抱いていないように見えるし、おそらく、彼は長いあいだハンナ・アーレントの言う「社会主義的シオニスト」というカテゴリーに属していた。アーレント曰く、「世界の悪意を逃れるために」月へと逃れるようにしてパレスチナに居を構えたシオニストなのである(243)。しかし、一九四六年以降、とりわけ一九四八年以降、ビルトモア会議に由来する計画に対する共通の批判から、イスラエルの状況に対する妥協なき問いただしにいたるまで、彼らの立場は合流することとなる。それはおそらく、二人がユダヤ民族の未来について思考する際に依拠してきた諸原理に自らの法則を対立させる歴史が突如として運命に似たものと化すなどと考えなければならないとは両者とも思わなかったからだろう。しかし、ショーレムがアーレントに言ったように、新たなイスラエル社会に対する彼らの眼差しは、ドイツ・ユダヤ教に出自を持つ一定数の知識人に特徴的な軽蔑のニュアンスを帯びた無理解から解放されるにはいたらなかったのではないかとの感情を捨て去るわけにはいかない。

それでもやはり、マルティン・ブーバーにおいて事態の見かけ上の不可避性に対する反抗はときとしてより奇妙な様相を呈することがある。実際見てとられるのは、彼が開拓者の時代と、現代において珍しく成功した社会的実験のうちの一つと彼が考えるものをとことん惜しんでいるということである。それは、シオニズムの真正なる営為と彼の目に映った象徴たるクヴツァ〔集団自営農村〕であって、この土地の共同開拓モデルは、共同体の生活様式態をアラブの隣人たちとの友愛に結びつけるはずだった(244)。しかし、ヒトラーによって引き起こされた爆発の主な結果として、「この国とも、件の営為とも何の関係もない多くの人たちをこの国へ迎え入れる」義務が生じたと彼が無遠慮に仄めかしたことをいかにして理解したらよいだろうか(245)。同様に、イスラエルの正義への使命という名のもとでの平和と相互承認とを求める戦いにおいて、ブーバーの姿勢が一貫したものであったことは称えられるべきものであるにせよ、国家理性という偽の智慧とともに「大いなる亡命が始まった」とする考えは行き過ぎであると判断することはできないだろうか(246)。明らかにマルティン・ブーバーは、現代政治の時代的要請につねに抗う聖書的な価値を絶えず思い起こさせることでは抜きん出ていたし、晩年は〈王〉にその諸行為の正しさをめぐって問いただす〈預言者〉の位置に座していた。マイケル・ウォルツァーが、ブーバーは「ホロコーストの経験によって完全に仕立てられた政治の病理学的側面」を意識した最初の者のうちの一人であった、と強調するのはおそらくもっともなことである。[247] しかし、彼がやって来たとき、彼はあいかわらずそれ以前に練り上げられた諸観念でもってアプローチしようとしていたため、この混乱の世紀の痙攣について熟考する手がかりを失っていたのだと考えることもできるだろう。

マルティン・ブーバーが本当にショアーを見たのかどうかという乱暴な問いをもう一度立てねばなるまい。彼はおそらく、歴史の現実に激しく衝突したユダヤ教のための計画に対してあまりにも失望感に捉われていたのかもしれない。エマニュエル・レヴィナスはブーバーとの哲学議論の余白で、ブーバーの自伝の一節を熟考してみると、ブーバーはこの任務を怠ったのかもしれないと示唆している。そこでブーバーは正統派のユダヤ人との会談について語っており、その人に彼は、神が本当にサムエルにアガグ王を殺し「天の下からアマレクの記憶をぬぐい去る」ように要求したとは信じないと語っている。ここで、ブーバーはこの話し相手に、自分はいつも「サムエルが神を理解していなかった」と考えていると断言しているのだ。[248] これに対するエマニュエル・レヴィナスの指摘は、簡潔なものとはいえ、ブーバーに対して次のような批判を向けるものである。すなわち、ブーバーは、神の意志について、自分の良心の方が書物のなかの〈書物〉よりいっそう自分に教えるものであると考えていたと批判するのである。レヴィナスは一言でこう結論づけている。「ブーバーはそこでアウシュヴィッツを考えていなかった」。[249] 次のことを加えよう。すなわち、ブーバーがアウシュヴィッツについて考えることがあっても、それは、ユダヤ民族の内的再生の夢にとって不都合な足枷しかこの出来事において捉えていないのではないかとの感情をときとして与えるのである。アウシュヴィッツ後のユダヤ的生の諸条件を問うというよりもむしろ、彼は単に、「アウシュヴィッツが生み出した時代において、いかにして神とともにある生というものがいまだ可能なのか」[250] という問題を立て直すことに甘んじたのである。しかし、「ガス室のヨブ」に「神へ感謝する」ことを求めることはできないことを認めつつも、彼はもはや、エルンスト・ブロッホが探求する諸々の反抗も、エマニュエル・レヴィナスやハンス・ヨナスが構想しようとしたような応答という観点も進んで探求しようとはしない。おそらく、そのような出来事への正当な視点を見つけるために必要な潜伏期を彼は得られなかったのだ、と抗弁すべきかもしれない。しかし、彼はここで決定的な意味を持つタルムードの次のような格言が要請する蝶番を探求することもなかったということ、これだけは少なくとも言える。「喪に服さないこと、われわれはそうすることはできない。〔…〕喪に服しすぎること、われわれはそうすることもできない」[251]。

神の栄光と宗教の精神

ショアーの記憶によって一九四五年以降のマルティン・ブーバーの精神に残された痕跡をどう見積もるかという道を分別をもってこれ以上進むことは、誰にもできないだろう。彼の思考の公的な諸表明に関しては、この時期以後それらは、現代世界にあっても神的なもののために残されている地位をめぐる問いへ向かい、神の「死」という主張とたえず対立する「神の蝕」という主張を通して表明される。しかし重要なことは、こうした主張は、諸々の懐疑論との対決や、ブーバーにおいてアブラハムの神と哲学者たちの神、あるいは、宗教心と宗教を対立させる旧来の二元論の新たな練成を通してよりいっそう展開されたのであって、時代やその悲劇に直接焦点が当てられた思索から展開されたのではないということである。明らかに、晩年の数年間、ブーバーは世界の非宗教化に心を苛まれており、「汝」と言われる神との出会いに人間がどう備えるかという問いにとり憑かれてすらいた。しかし、この点に対する自らの信頼を説明する彼の議論は、大きく言って三〇年前に用いていた議論と同じであった。あたかも、どのような事柄も何よりもまず信仰の真正さの定義という面においてすべてが決まってくるかのようである。このことは、彼が特権的な地位を与えた二つの議論が証言している。

マルティン・ブーバーは二度二つの対話について語っていた。これらの対話は、彼が「神のための、概念のための、〈御名〉のための戦い」と提示したものだが、それらが行われたのは二〇年代初頭より後ということはありえない(252)。最初の対話は、おそらく、完全に「出会い損ね」の次元にあったというわけではないが、ブーバーが倦むことなく探求しようとしていた道を申し分ないほどに示すある誤解を示している。この最初の対話が登場させるブーバーは、ドイツのとある工業都市の市民講座で「現実としての宗教」という主題を扱った際、思索にふけったある労働者の眼差しに出くわす。この中年の労働者は昔のフランドルの画家が描く〈礼拝〉の羊飼いのうちの一人のような顔を呈していた。講演のあとに続く会議で、この話し相手は最後に発言し、ブーバーの言説に、ナポレオンと謁見した際のラプラスのものとされている有名な言葉を重々しくぶつけた。「私は、世界のなかで自分がどこにいるかを分かるために、「神」という仮説を必要としない経験をしました」。そのときブーバーは、こうした科学者的なものの見方によって発せられた挑戦に刺激され、自らの言葉に深刻で厳しい調子を加えて「真の回答」を試みた。彼は、「朱色や草色、ハ長調やロ短調、りんごやヴェルモット酒の味」を見出せると信じられている「感覚的世界」の見かけの確かさとその心休まると思われている特徴を問いただしたのである。しかし、この説明の終わりで、ブーバーが、結局彼の正しさを認める対話相手に勝ったと思ったにせよ、彼はすぐさま、この相手をそもそも引きよせようと思っていた場所よりもはるか遠くへと導いてしまったということに気づいた。その場所とは、パスカルが「哲学者たちの神」として描いたものが堂々と玉座に坐している部屋の敷居であって、「他者、パスカルがアブラハム、イサク、ヤコブの神と名づけたもの、〈汝〉と呼ばれるもの」のもとではなかったのだ。

第二の対話はそれから幾らか経ってから、ある老人とのあいだで行われたものである。これは、ヘルマン・コーエンと並んでマールブルクの新カント派の創始者であるパウル・ナトルプにほかならない。ブーバーは教育についての議論の際にナトルプと会っていたので、地元の神学者たちから預言についてて語るよう誘いを受けた際に、彼のところに滞在するよう招かれたのだ。ブーバーは、自分の本の一つの序文の校正刷りを手直しするために、あてがわれた書斎に降りていったとき、その序文をナトルプに読み聞かせることを受け入れた。しかし、読み終わるとすぐ、ブーバーはこの哲学者の抗議と向かい合うことになった。「どうして、いつまでも「神」という言葉を使っておられるのでしょう。読者が、あなたが理解してほしいと思っている意味でこの語を理解するなどと期待しているのでしょうか。あなたがそれによって理解しているものは、あらゆる人間の理解と悟性を超えています［…］。これまで、人間の言語のうちで、「神」という言葉よりも不当に用いられてきた言葉があるでしょうか。これと同じくらい汚され、冒瀆されてきた言葉があるでしょうか。神という名のもとに流された無垢な血はすべて、その輝きを失わせてしまったのだ。神という言葉が覆い隠すはずだったあらゆる不正は、当の言葉からその重みを奪い去ってしまいました。私が至高の存在が「神」と呼ばれるのを耳にすると、私の耳には冒瀆の言葉のように響くのです」。ブーバーの答えは、不確かな記憶と物語に固有の美化で再現されているのだが、おそらくそれは彼の信念の最も内的な形式を要約し、いつもの宣伝的な表現をなぞるものである。まず、「神」という言葉ほど引き裂かれてきた言葉はないということ、実際この言葉は人間の血に染まった指跡をとどめていること、不安に駆られた存在の重みでもって連れてこられた塵の上で横たわっているということを譲歩して認めながらも、彼はその言葉を放棄することができないと言う。その理由はまさに、「哲学の宝物の秘密の部屋から引き出された」最も純粋で明晰な概念はどれも、ただ「一貫性がなく地に足を着けていない思考のイメージ」だけしか把捉できないというものである。次に彼は、人間が自らの狂気を正当化するために神の名でもって署名するグロテスクな形象に対して、もはや「彼」とは言わず、信じられない自らの生と死の戸口でただ「汝」と囁くだけの者たちの孤独な姿勢を対置する。最後に彼は、自らの探求のすべてを導く次のような問いを発する。「「神」という言葉、呼びかけの言葉であり〈御名〉となった叫び、これはあらゆる時代に、すべての人間の言葉のなかで聖なるものとなったのではないでしょうか」。この逸話は次のような二つの、省略の多い論評によって閉じられる。一つは、ナトルプの「私たちは君で呼び合いましょう」というものだ。次いで、ブーバー自身の論評であり、この出会いを寓話化するものである。「二人の人物が本当に共にあるところでは、彼らは神の名においてそうなのだ[253]」。

これら二つの物語を、現代世界における信仰の試練についての晩年のエセーの最初の数頁に据えることで、マルティン・ブーバーが見事に強調しているのは、彼がそのエセーにどのような方向性を与えたいと願っているかである。その方向性とは、哲学者たちがあらゆる現実から神の観念を奪い去ったことに反駁することであり、恐るべき数年間における神の沈黙についての熟考ではない。この企図の核心では、「神の死」というニーチェの予言が主に問題にされていた。しかし、ブーバーがその予言に、ハイデガーがそれに対して与えた次のような解釈を通して接近しているというのは暗示的である。「人間は根本的に自らと無関係の現実を捉えることができなくなり、その現実との関係を維持することができなくなるだろう[254]」。それゆえブーバーの歩みの展望がこうした命題に反論することであるとしても、彼の戦略は斜めのものであり、ハイデガーのうちにニーチェの言葉の真理を見抜いた上で、すぐさまハイデガーの試みが行き着く袋小路を通してその命題に異議を唱えることにその本質があるように思える。第一に、ハイデガーのおかげで既得のものとなったのは、ニーチェの意図は、単に神と決別する願いにとどまるだけでなく、宗教そのものにとどまらない形而上学全体との断絶という枠組みにおいて、あらゆる形態の〈絶対者〉に関わるものだということである。そうしたことに付け加えられるのは、神の死において実存的な純粋な自由のための無神論への誘いしか聴きとらないサルトルの姿勢と異なり、こうした現象に直面するハイデガーの姿勢は、真に存在論的な思考へ向けられる哲学的努力の利点を示しているということである。とすると、こうした方向での突破口をブーバーは議論しているのであり、いずれにせよそれらの突破口が「傾聴すること」（九四頁）を強いるものであることを認めなかったわけはないのである。

『神の蝕』の中心となる一節において、マルティン・ブーバーが強調するのは、真理についての省察と、預言が体現している、真理を表明する旧来の諸様式の批判から神を再生することが可能であるというハイデガーの断言の仕方である。ハイデガーは、諸宗教の衰退にいまだ不確かな聖なるものの星の出現を対立させ、「神や神々の新たな出現」を受け入れることができるであろうその背景布を、〈存在〉についての自らの考えから描き出す。さらに、彼にはときとして、神々に見捨てられた現代が、二重の欲求不満のなかで唯一神の到来を待ち受けているように思えた。二重の欲求不満とは、神々の喪失と、唯一神の切迫である。しかし、歴史のなかで間欠的に生じる存在との親近性を生きることが神の欠如の時代にふさわしいのは、ユダヤ・キリスト教の伝統の諸形式を忘れているからである。「これらの宗教の預言者たちは聖なるものの代弁者であるだけでは満足しない。彼らはまず、天上の至福のただなかで救済を保証する神について語るのである」[255]。預言の意味についてのこうした無理解を皮肉りながら、これにブーバーが対置するのは、「被造物たる人間に人間的完成を要求するゆえに、誰も望まない神」（七五頁）の名において、いかに預言があらゆる安寧を罵倒しているかである。次いで、ハイデガーが「神の自発性と人間の自発性」との出会いに触れたことでヘルダーリンから最初に聴きとったものをよりいっそう推し進めなかったことを嘆きながら、ブーバーはハイデガーが歴史のなかで賞賛される聖なるものの復活という見地によって道に迷ってしまったと非難する。それゆえ、ヘーゲルの哲学よりもさらに時代の虜となっていたハイデガーの哲学は、「われわれには破ることが不可能に思える網を持った時代の犠牲」となり、威厳ある「蜂起」に対する大学総長の賛辞のなかに沈んでいくことになろう。

　イスラエルの神がその信者たちを維持する不安定さを想起することを通じてなされる預言に対するハイデガーの批判を逆転させ、次いで、歴史における決断の時を告げる聖なるものの魅惑に対して、「つねに、どんなときも、誰かが自ら人間の方に進んでいき、動転させ、その心を奪う」という事実を対置しさえすれば、神の場所を奪うことはないにせよ「異なる存在における存在者を、異なる仕方で基礎づける異なる領域」（七八頁）を示す「超人」という観点に反抗するのに十分だろうか[256]。レオ・シュトラウスが疑ったのはこれである。彼は「最小限の安全と最大限の恐怖を与える者が勝者となるレースに容易に堕しうる」論争に皮肉を述べていたのだ[257]。明らかにブーバーは、この問いについてニーチェに連なるハイデガーの主張の結節点をよく見ていた。しかし、シュトラウスによれば、ブーバーが忘れていたのは、預言者たちは真理と正義の最終的な勝利というメシア的な未来を告げてもいたということである。これこそ、ハイデガーが「安全も、幸福な終末も、神の牧者も」いないがゆえに永遠の欲望とは復讐の精神の産物にすぎないと申し立てながら、明白に異議を唱えていた観点である。とするとレオ・シュトラウスに提起される「まじめな」問いは、神の約束に関して人間が持ちうる確実性をめぐる問いである。とはいえ、ニーチェによって発せられ、ハイデガーにおいて強められた挑戦に直面したとき、人間が神の無言の呼びかけに対して差し出す答えのイメージを聖書のなかに見出したり、とりわけ、永遠の〈汝〉との出会いの経験としての〈絶対者〉の経験を聴取したりすることで満足できるかどうかは確かではないのである。

レオ・シュトラウスはいつもの厳格さをもって、おそらく神の蝕についてのマルティン・ブーバーの主張は、超感覚的な世界についてのあらゆる展望の実効性が失われたという現代の主張の厳しさに直面したとき、固有の脆さを示すということを明らかにしたのだ。直接この問いに捧げられた著作にあっては、この脆さは、ブーバーが神の死の言説の一種の系譜学を構築しつつも、ニーチェやハイデガーの視点からの主張と、ヘルマン・コーエンにいたるカント的伝統における「神の脱現実化」（二一頁）の過程として彼が描くもののあいだにいかなる重要な区別もつけないように見えるという点に存する。この観点は、ヘーゲルやニーチェやハイデガーのような反カント派の偉大な哲学を、「道徳原則への神の還元」に抗して「絶対者の概念を再び取り戻そう」とする諸々の試みとして提示することができるという逆説的なものだが、この観点においては、ヘルマン・コーエンこそが特権的な批判の対象となる。生ける存在としての神という表象を忌避し、それを観念とし、知の体系に組み込もうとするカントの弟子たちの原型たるコーエンは、ブーバーの目には、自分を圧伏しようと旧来の遺産からやって来る信仰に対する理性の悲壮な戦いの象徴を示すように映る。こうした経験に抗してコーエンは「哲学者たちの神のための住まいを建てる」（五六頁）のだ。ここで、神の愛は人間が道徳的に対して抱く愛にほかならないという『理性の宗教』について、ブーバーはコーエンに対してその体系の完全な一貫性を譲歩して認めている。しかしブーバーは、コーエンの哲学がその神とアブラハム、イサク、ヤコブの神とを同一視できると考えるとき、「失敗せざるをえない」（六四頁）とするのである。

意義深いことであるが、ヘルマン・コーエンがスピノザの展開したユダヤ教批判にカント哲学の精神から立ち向かうのに対して、また、レオ・シュトラウスがその批判にマイモニデスの前近代的な啓蒙への回帰を対立させるのに対して、マルティン・ブーバーの方は、まさにスピノザその人自身のうちに、神的なものの観念的な脱現実化に対する解毒剤を探している。[258] それゆえ、『神学政治論』のうちにブーバーは、実体という概念を通じて表現された神の存在を超えた、神の「われわれとの具体的な関係」の痕跡を次のような必然性に従って発見するのだ。「神の概念の抽象度が高くなればなるほど、この抽象はそれと結びついた生きた経験の証言によって補われなければならないが、それは単に思考の体系においてだけではなく、思考それ自体の奥底においてもそうなのだ」（一七頁）。そのようにして、カントが『遺稿』で述べた対立で言えば、「外的実体」の観点を「われわれのうちでの道徳的関係」の観点に抗して決断と選びとるとき、ブーバーはおそらく、ヘルマン・コーエンの最後の哲学が、神的原理を形式化せざるをえないことを人間間の道徳的経験の諸内容によって何とか補完しようとする努力に負っているものをすべて無視している。コーエンは「神と人間の相関関係は、それが人間と人間の相関関係に自ら介入することなくして実現されない」とまで言うのである。[259] しかし、ここで本質的なことは、ブーバーはおそらく神の脱現実化をめぐるその系譜学において標的を間違えており、その跳ね返りによるかのようにこの運動に対する抵抗という自分の戦略を弱めてしまっているということである。

マルティン・ブーバーの系譜学的探求のこうした逸脱は、とりわけ『神の蝕』の最終章において際立っている。そこでは、現代の危機の起源についての解釈が凝縮されており、「思考によって遺棄された」（一一五頁）神という観点を、ハイデガーが最も根源的に構築したものに相応するであろう図式に従って、哲学がその始まり以来有している運動それ自体に帰してしまうほどなのである。もともとは「絶望や忘我の叫びにおいて」、この叫びと異ならない名でもって呼び求めていた神についての『モーセ』の諸分析を思い起こさせながら、ブーバーはここで、哲学的行為のはじまりが、まだ単なる「何か」でしかないものを悟性によって把握できる思考対象へ変えようとする関心にあるとみなしている。[260] この対象が言説（ロゴス）として示されるにせよ、〈無限〉という形象によって示されるにせよ、哲学的行為は、神の自由な表象をもはや「真理の素朴で雑然とした形式」としてしか許容しなくなるのである。こうして、絶対者を人間の精神それ自体と同一視するにいたる知的過程が開始され「われわれが直面するもの、われわれに到来するもの、われわれに近づくもの、相方《パートナー》の存在、これらはみなそれへの繋がりを断ち切り漂流する主体性へと溶解していく」（一一五頁）までにいたるのである。この道の果てで、人間の精神は自らが作りあげたものに対する支配権を手中にし、世界を腕先で支えて、自分だけが「生の盤台の上に様々な価値」を刻み込むことができるのだと思うようになる。しかしそうしつつも、人間の精神は、〈絶対者〉の絶対性を損なうことで、自分自身の独立性を破壊してしまったということ、さらに、臨終の際に失うと信じているものが長いあいだすでに奪われていたということを理解してはいなかったのである。

哲学の軌道上での神の「忘却」と言いうるこうした観点は、逆説的にも、宗教の歴史のなかで同じ効果を生み出す観点によって裏打ちされている。ブーバーは、彼の多くの分析を導いている、宗教と宗教性との対立をそれとなく動員しながら、あらためてこの観点から信仰が次の二つの現象に脅かされているのを見ている。最初の現象は儀式である。これは、呪術を引き継ぎ、直接人間に訴えかける「〈汝〉」の実質的な現前の感情を、彼岸の力を統御する能力に変えようとするものである。しかし、とりわけ〈啓示〉それ自体という現象もある。それによって人間は「明白なものと隠されたものを分け隔てるベールを剝ぎ取ろう」（一一六頁）とするのだ。注解によって「つねにベールをかけられていたものを明らかにする」ことを主張する諸神学に触れながら、ここでブーバーが見抜くのは、「少しずつ宗教的生を捕らえ」、これを危機にまでいたらしめる信仰行為の「主観化」である。ブーバーにおけるラビや法典編纂者や哲学者のユダヤ教に対する旧来の敵意を思い起こすのなら、ここである一つの常なる主題系が対話の哲学のカテゴリーのうちに、単に翻訳し直されていることが分かるだろう。それは、「〈我－汝〉という関係が〈我－それ〉という関係に取って代わられた」という主題系である。これとともに、人間は「自らに直面する存在者上から遣わされた存在である」という考えが、「傍にいる存在者たちの各人と同じ平面上の世界のなかに」（一一八頁）人間を見出すという考えに取って代わられる。こうして、時代は〈我－それ〉という関係の勝利によって特徴づけられる。この関係は、諸々の神学や宗教を救おうとする宗教哲学の深奥でも誅せられるのだ。

こうして描かれた危機の見地からすれば、マルティン・ブーバー自身における救済の企図は、近代の黄昏を語る思考における、あらためて「運命的」（destinal）と言いうるようなモティーフを忌避して、蝕と死のあいだに刻まれる差異を穿つことに存する。明らかに、彼の目には、現代という時代は、〈それ〉との関係に完全に没頭し神を認識することができなくなった主体性の支配の時代と映っている。しかし、彼がそうした時代に対立させようとしているのは、地平の転倒の可能性を示す、次のような単純な転回点である。「ある時代の特徴が次の時代にとって運命の役目を果たすと信じるのは一種の現代の迷信である」（一二〇頁）。ブーバーは若いときに受けた何がしかのニーチェからの霊感によって、再生を予示する諸々の創造行為を調べる気になったのだが、おそらくこれを思い出しながら彼が仄めかすのは、歴史のなかで密かに具現化し、誰もまだ見抜くことができないような諸展望を開く可能性である。そのようにして描かれるのが、伝記作家によれば、マルティン・ブーバーがその上を歩こうと望んだ狭い嶺、すなわち「蝕の意識と信頼の肯定のあいだ」なのである。(261) 歴史的、政治的な面では、おそらくそのような立ち位置によってこそ、彼は平和賞を受けるために一九五三年以来ドイツに来ることを受け入れたのだろう。すなわち、新しい世代に対して信頼しつつも、ユダヤ人根絶に関わったドイツ人とは形式的にしか人間性を共有しないと言うのである。いずれにせよ、イスラエルにおいて強硬に非難された彼のこうした行為を正当化するために、「誰も前もって天使が何に似ているのかは分からない」という彼の祖母の格言を喚起するだけで、とりわけ、当のドイツ人に関する次のような困惑した言明に言及するだけで十分なのかは問わねばなるまい。「彼らは根本的に怪物的な非人間性の領域に身をおいていた。そこは、私のうちに生じる考えからは、憎しみや、憎しみを超えることによってすら決して接近することができない領域である。ここで「赦す」と思えるなんて私にはできない！」(262)。

『神の蝕』と『信仰の二類型』が一体となって、マルティン・ブーバーが信頼の復活を宗教の危機の強調のうちに見抜くための弁証法を構築しているのは、これら二著がそれぞれ、交差するしかたで、神的なものについての諸概念が長く生きてきたことを通して時代を解読しようとしているからである。それは、パウロによって変えられてしまった本来のキリスト教の諸真理と、ラビ派の伝統のうちに埋もれてしまった真正なユダヤ教の諸真理を近づけ、歴史のパウロ的契期という文脈において現代における神の蝕を考察し、ユダヤ－キリスト教の対照という形式のもとで、二つの宗教のそれぞれの起源へと回帰することを通じてその超克を見て取る、という戦略である。ブーバーにとって、人間の経験の諸々の矛盾があまりにも深刻になり、それらが意識のうちで運命という形をとるようになった時代こそ、神の光が決定的に翳ってしまうパウロ的時代なのである。そうした時代のただなかで、人間はパウロと同じように自らの存在を生きる。その際に抱かれるのは、「避けて通ることのできない支配力の手に委ねられ」た世界、それを贖おうとするあらゆる意志が奪われた世界に自分が属しているとの感情である。ところで、まさにそれこそが現代という時代なのである。すなわち、恩寵の安定した場が排除され、「贖われていない人間のパウロ的」な世界である。(263) それゆえ、カフカの作品のなかにこの暗い時代を超えるものの逆説的な空間を発見するのに先立って、ブーバーはまず信仰の諸様式の類型論を導入し、信仰が歴史にどのように書き込まれているか、その主たるものを記述し、そして、現代の文脈においるて信仰がどのように現れるかをはっきり見定めることから始めなければならないのである。

ゲルショム・ショーレムが指摘するように、ブーバーは、図式的にユダヤ教のエムナー（*Emunah*）とキリスト教のピスティス（*pistis*）という信仰の二つの様式の対立を構築するとき、人間に直接差し向けられる出来事としての戒律と、「呼びかけが客観化され、すでに損なわれ、〈それ〉の世界に消え去っていく〈律法〉」との区別という、彼にとっては規範的な区別を再び用いている。[264] 信仰という現象は「その本性上「理性」に基づかない」関係であるという定義に基づいて、ブーバーの類型論は次の二つの態度を区別する。すなわち、「私は誰かを信じている」と「私は事実を真実であると認める」（二九頁）という態度である。最初の態度においては、個人は自らの全存在と自分が信を置いている者との「接触」という状況を生き、即座に自分が信仰という関係に浸って「いる」ことになる。反対に第二の態度によって、個人は、それを信仰の対象に変える受け入れという行為を通して生じる「認知」という連関に入っていくことになる。とすると、第一の信仰のあり方の古典的な説明はイスラエルの「原初の時代」から与えられる。つまり、個人が「導き契約する神」とともに依然として接触および粘り強い信頼に生きていた時代である。第二の形式に関して言うなら、これにふさわしいものは「キリスト教の古い時代」に見られるだろう。それは、偉大なイスラエルの息子の死とその復活への信仰によって、「退廃した諸民族を神の共同体に取り代えてしまおう」という野望が生じた時代である。しかし、ブーバーにとって本質的なことは、おそらく、これら二つのモデルの純粋さを記述しようとすることにあるのではなく、それらが歴史にどう書き込まれてきたか、その変遷を強調する点にある。そうした変遷こそが、起源の忘却――それぞれ教会の誕生とラビ派のユダヤ教の誕生と同一視される――を通じて現代の状況の一種の系譜学をあらためて示すのである。

ユダヤ教の精神を要約するトーラーという言葉の意義は「戒律」であって「〈律法〉」ではない、という点をブーバーが強調するとき、彼の目論見は、キリスト教が生まれた時代には、この概念を静的で客観的な所与にしてしまった過程がすでに完遂されていたということを示すことにある。言い換えれば、宗教性から宗教への移行を示す「〈聴くこと〉」の活力を削ぐ、信仰のこの「硬直化」をユダヤ教がすでに経験していただけでなく、キリストの音信が、「トーラーを客体化する」（七二頁）傾向に対する数々の反抗の一つとして理解されていたということである。より正確に述べれば、ブーバーは供犠の儀式に対する預言者たちの糾弾のうちに、また、偽の内面性に抗するパリサイ人たちの熱意のうちに、さらにある日には、熱情に与するハシディズムの弁論のうちに、イスラエルの歴史に内属する、〈律法〉の自律化に抗する戦いを区切る三つの段階を認めるのだ。そして、彼はこの戦いでのパリサイ人の段階をイエスの教えと関連づけるのである。そこで、神学の観点からも史跡や年代記の見地からも大胆な解釈を思い切って示しながら、ブーバーがあえて示そうとするのは、山上の垂訓のイエスは、パリサイ人たちに対するその批判にもかかわらず、よく理解されたパリサイ主義との「諸要素の結びつき」を指し示しているということである。ブーバーは、イエスはトーラーを廃棄するためではなくそれを成就するために到来したのだと明言しながら、「心の方向づけ」に与するパリサイ人と同じ言説を展開する。すなわち、人間の心はその方向づけを精神からではなく、ただ神の意志において生きられた生からのみ受け入れることができるだけであり、ただ信頼、すなわちエムナーにおいてのみ真正な堅忍があるとするのである。このエムナーこそ、タルムードに、「神の大義に対する愛のためになされた罪は、神の大義に対する愛に関わりなく完遂される戒律よりも重大である」と言わしめたのである。[265]

とするると、これら二つの宗教の対照がその十全な意味を見出すのは、イエスとパウロのあいだに描かれる対立に関してである。前者がトーラーを成就したいと断言していたのに対して、後者は逆に、実際イエスこそが、「ローマの信徒への手紙」の表現に従えば「〈律法〉の呪縛」（第七章第六節）から人間を解放したと考える。それゆえブーバーは、「創世記」と「出エジプト記」の同じ一節が、ヘブライ語原典と、パウロ自身が読んだギリシア語版と、彼の解釈のあいだでいかに変わっていくかという点において、パウロのキリスト論がいかに生まれたかを辿ろうとするのだが、そのとき一つの「神秘主義」が「対話の状況の」（六四頁）代わりに用いられるという点を強調している。しかし、決定的なのは次の点である。すなわち、パウロはキリストの神秘に身を委ねるがゆえに、イエスが依然として身を置いていた信仰の領域から離れていくのである。言い換えれば、イエスの世界はいつも旧約の世界である。すなわち、「愛の戒律がまさに、人間の有するまだ手つかずの自発性へ向けられる」（一三五頁）世界であり、〈創造〉の神秘を指し示すために「すべては天の手のうちにある、天の畏れを除いては」（「ベラホート篇」三三B）ということが認められる世界である。反対に、パウロにおいては神への人間の愛の痕跡がなく、この関係に「神による人間の疎外」に相当するものが取って代わる。神の怒りの形式そのものにいたるまですべてが根本的に変質するのである。もはや神とその被造物の直接的な関係の場所は残っていないという点についての補足的例証として、その怒りが反抗する息子に対する父の怒りではなくなるという点を指摘しておこう。「世界の流れがそれ自体のうちに悪循環、つまり客観的な「怒り」を作り出し、神が〈息子〉を通じて自ら選んだ者たちをこうした機関室から脱出させるほどまでに、人間を打ち砕いてしまうのである」（一三九頁）。

これ以後よりよく理解できるのは、いかにしてブーバーが神の蝕の時代をパウロ的時代として特徴づけ、それぞれの時代の系譜を重ね合わせるかということである。パウロ自身においては、かたくなにすることについての教説が問題とされる。このときパウロは、「私は恵もうとする者を恵み、あわれもうとする者をあわれむ」という「出エジプト記」第三三章第一九節の文章のうちに、かたくなにすることは「人間の思考にとって計り知れない」（九四頁）ものであるということを聴き取っている。同様にパウロは、神に直面する人間の自由について預言するエゼキエルを、あわれみのための道具としての不服従へと人間を閉じ込めることを旨とする神の計画を予兆する者としている。ここにおいてパウロは、神はその民を冷酷にするには「よくない」戒律も与えるというまさに部分的な仮説を必然へと変えてしまい、個別的で一つの世代にしか当てはまらない一個の戒律を、世界観へと、さらには歴史過程へと組み込むのである。ここでブーバーが言っているのは、イエスの神をパウロの神のなかに認めず、いわんや、新約の預言と黙示録の希望を結びつけるブルトマンの主張のなかにも認めない、ということである。イエスにとって、神の好意はとりわけ各々の個別的人間の魂へと赴くのであり、あらゆる魂はさまようことがあっても回帰する権利を有していた。反対に、パウロが神について抱くイメージにおいては、こうした特徴は別の特徴によって抑えられてしまうのだが、ブーバーはこの別の特徴に対して、名を与えたくもないと断言している。しかし、ブーバーはすぐにこれに名を与え、自らの分析の糸を結び直していく。「まさに現代において、ヘーゲルのような哲学者が、自らの栄養の土台であった信仰の現実からパウロ的概念を切り離し、体系へと移植した。この体系にあっては、以降、哲学者たちの神たる〈理性〉が、その「狡知」によって、歴史的諸力を拘束し、それらを知らぬうちに完成へと誘ったのである」（九七頁）。

それゆえ、マルティン・ブーバーによれば、パウロ主義的な時代の精髄とは次のようなものである。すなわち、それは、「贖われたキリスト教徒の魂が、いまだ人間の世界は贖われていない」（一六〇頁）と感じ取り、神の怒りの暗雲という不穏な見地に頼って、矛盾の不可知の中核についての自らの知性を確証する時代なのだ。しかし、そうした時代は、現代の哲学の歴史主義と共謀する一方で、より恐ろしい見地、ここではマルキオンのグノーシスに似た見地を現在化するものであることも見て取れるだろう。しかもこれは、旧約聖書と新約聖書、〈創造〉と〈救済〉、〈創造主〉と〈救済主〉の分離を伴ったものである。ハドリアヌスがバル・コクバを撃破し、ユダヤ教をローマの植民地へと変え、第二神殿の跡地にローマの神ユピテルの祭壇を建てた時代、マルキオンは自らの福音、自らの「異邦の」神と、失墜した経験世界の価値転換をもたらした。別の場所でブーバーが述べているように、教会がマルキオンに従わなかったこと、さらに、宗教改革もその時代においてマルキオンに従わなかったことの計り知れない代償については周知のことである。しかし、一世紀から現代のあいだに、「マルキオンからハドリアヌスへの贈り物が別の手に渡ってしまった」と想像することもできる(266)。ブーバーが仄めかしていたように、それはヒトラーの手に渡ったのだろうか。この問いへの答え以上に、彼の目に本質的なことと映ったのは、「マルキオンに打ち勝つことができるとしても、それはパウロとともにではない」ということである(一六一頁)。とはいえブーバーがこのグノーシス主義に対抗させようと思っている者の不意の出現が、かなり予想外の深い驚きをもたらすものであることにかわりはない。その者とは、すなわちフランツ・カフカであり、彼は新たな地平に向かって開かれる「門」の形而上学のシンボルとして現れるのだ(267)。

マルティン・ブーバーが、神の蝕についての最後の考察において、ハシディズムの世界のなかでいまだ残存していたものの縁でかつて彼がすれ違ったことがある者、すなわちカフカへと回帰するのは示唆に富んでいる。しかし、より奇異なことは、彼がカフカのうちに、この世界が破壊されたあとに見出される信頼の秘められた源を発見しようとすることである。まるで、カフカの物語の暗さがそのうちに、「暗闇のなかにかくまわれている」(一六一頁)というユダヤ人の条件の本性そのものを隠しているかのようにである。実際ブーバーがカフカに抱くヴィジョンはここにある。すなわち、「最も曝されている」がゆえに最も安全な場所におり、「すべてが彼に到来するが、何ものも彼に到来することはできない」ようなユダヤ人の形象である。ブーバーは、ベンヤミンとショーレムというカフカの偉大な読者が根本的に異議を唱えた弁証法が、カフカにおいて現れていることを示唆しながら、カフカの散文のうちでひそかに作用しているように見えるものを要約し、「前景の地獄のパウロ主義的描き手の心に由来する反パウロ主義」(一六二頁)について語っている。次いでブーバーは、それについてカフカの他の多くの解釈からすれば逆説的な対象を提示する。「天国は依然としてあそこにあるが、われわれのために奉仕する」と言うのである。こうした見地からすれば、門の形象は、二度にわたってカフカの作品を方向づける比喩となる。すなわち、『審判』のなかでの時間の次元がその一つであり、次いで、『城』については空間の次元である。第一に、門の形象が表現するのは「魂が服従し、自発的に服従することになる裁き」(一五九頁)である。たとえこの正義の行使を疑う訴訟手続きの迷宮において、過失が決して表明されなくてもである。第二は、この同じ比喩が、至高の官僚制度に引き渡され、冷酷な中間的存在者たちが棲みつき、不可解な支配の不条理にたえずぶつかる世界に人間が召喚される事態を描いている。しかし、カフカがわれわれに日常の世界を、「前面を満たす悪魔のような倒錯した力」に満ちた世界の流れとして描いているのは、こうした前景がわれわれに力を及ぼさなかったことを示すためである、とブーバーは見ている。「なぜなら、暗い光線は彼岸から、つまり天の闇から到来し、直接性の外観なしに、君の心を打ちその効果を生み出すからである」(一六二頁)。

カフカについてのこうした解釈は、いかに特異なものと見えるとしても、それは新奇なものではなく、カフカの作品を彼の意志に背いてでも救った者におそらくは直接由来している。すなわち、ブーバーの友人でもあるマックス・ブロート、さらに言えば、ベンヤミンとショーレムが彼らのあいだでカフカの「神学的読解」と名づけたものに由来するのである。ブーバーがカフカに対して抱いた考えは、単に素描されただけであるにせよ、実際のところ、マックス・ブロートの概念に見紛うほどに似ている。たとえば、彼はこう書いている。「カフカはヨブがかつてそうしたように神と議論を戦わせている。原罪について、楽園からの追放について議論しているのだ」[268]。もっとはっきりと述べれば、ブロートはカフカのうちに「危機の神学」を見て取っているが、これはブーバーもまた引用するキルケゴールの神学に似かよったものである。そこには、「神と人間の越えがたき深淵」という見地があるばかりでなく、「信仰の諸前提」は、それらが「最後の試練によって浄化される」ほどの正当性と力をもたらす「根本的懐疑主義」において獲得される、という点も含まれているのだ[269]。マックス・ブロート自身においては、こうした解釈は、一九二〇年二月二八日のカフカとの会話を中心に形成されている。ここで、カフカは「私たちは、神の頭脳にまで上るニヒリストの思考を有しています」と述べている。これに答えてブロートは、そのような考えはデミウルゴスの教説や、悪を生み出す創造者の原理、そして神の罪として考えられた世界についての教説と類似している、と返答する。われわれがグノーシスの諸々のカテゴリーをそのうちに認めるものを退けながら、カフカはブロートに反論する。神の失墜というブロートのヴィジョンはそれほど絶対的なものではないし、われわれは単に「神の気まぐれの一つであり、悪い一日」にすぎないのだ、と。多様な解説の源が生まれることとなった最後の対話はここから来るものである。「「それなら、おそらく私たちの世界の外に希望はありうるのでしょうか」。彼は微笑んで、「たくさんの希望が――神にとっては――ありますよ。無限の希望が。でも、私たちのための希望ではないですが[270]」」。

こうした希望についてはマルティン・ブーバーがマックス・ブロートより以上に遠くへ進んでいくように見えるという点に加えて、ヴァルター・ベンヤミンとゲルショム・ショーレムがこの種の読解を拒絶していたということは周知のとおりである。たとえば、ベンヤミンはこれを「プラハから来た軽率で皮相な［…］神学的解釈」と言っている[271]。とはいえ、これら二人の友自身は、カフカの作品の神学的次元を入念に検討し、この問いをめぐって長いあいだたがいに対立していたが、少なくとも、カフカの想像界は直接的にも、また何らかの弁証法を通じても、信頼の形象へと収斂させられることができないと認める点では一致している。ショーレムはマックス・ブロートに対してベンヤミンほど厳しくはなかったとしても、それでも彼は、「カフカの世界は〈啓示〉の世界であるが、だが〈啓示〉を無に帰着させるような展望において示されている〈啓示〉の世界である」と考えている[272]。希望の本性に関する会話の一節に気づかなかったはずのないヴァルター・ベンヤミンに関して言えば、彼の結論は、「いまだ熟していないものと熟し過ぎたものが混じった臭気によって」汚染された村として描かれた世界のなかで、カフカは占い師にも「宗教の創設者」にもなれなかったというものである[273]。対してブーバーが擁護する逆説は以下のようなものだ。すなわち、その物語の呼吸困難な空気にもかかわらず、カフカの世界はそれでもなお、神の蝕の時代において「エムナーは現実を否認することなしに神に固執する」ということを証言しているという逆説である[274]。さらにまた、神が隠れているという事実がほとんど、諸々の矛盾における存在を通じて到来する、〈救い主〉としての神の現前を強固にしているのである。この存在こそが「われわれにとって神の公現となる」のだ。カフカとともに、ユダヤ人がもはや「あなたの翼を避けどころとして」（「詩編」第六一章第五節）逃れることができないとしても、ユダヤ人にとって別の仕方で実り多き展望が開かれるとブーバーの目には映っているように思われる。すなわち、「諸宗教の流謫」を脱し、「神の国」へ向かう人類の結集という道の上でなされる、ユダヤ教とキリスト教という相対立する信仰同士の歩み寄りという展望である[275]。

それゆえ、これこそがマルティン・ブーバーの究極の音信ということになろう。その音信は、イスラエルとキリスト教が「たがいに支え合う助け」となる和解の道と、神の蝕に直面した飛翔にある。この飛翔はここでもまた、諸宗教のただなかにおける神の流謫に抗して、真の宗教性の源泉への回帰として主題化される。こうした見地から見れば、まさに『人間の道』が立てた宗教人間学の教訓こそが、ブーバーが構想していたような信頼の意味を執拗に示すものである。そしてそこには、「神はわれわれが神を入らせる場所におられる」というハシディズムに由来する彼の中心的な命題と、次のような彼の翻訳とともにあった。「われわれに委ねられた小さな世界との神聖な関係を保持するならば、われわれが生きる創造の領域において、神聖な精神的実体がその完成へ至ることに力を貸すなら、そのとき、われわれは神に地上の住まいを準備していることになり、神を入らせることになるのである」(276)。逆に、この主題が常に存続していることから推測されるのは、同様にハシディズムの様々な寓話を通じてブーバーはもはや躊躇することなくカフカの寓話に解釈を施したということである。あたかも、『城』の真理が、コツクのラビ・メンデルのものとされた『古城の主』と題された物語のうちにあるかのようにである。炎に包まれ、その火を消す者が誰もいない城館が目に入った男についてのミドラッシュの寓話の注釈であるこの短い断章において、突然この現場の主人が窓から現れてこう言うのだ。「私はこの館の主である」。ラビ・メンデルが物語を語りながらこの表現を発した瞬間、彼の弟子たちは、その意味を理解したために、みな震えた。この意味をこそ、マルティン・ブーバーが今度は世界観の次元に打ち立てるように思われる。「館は燃え、実際、城館は炎に包まれるが、主は生きているのである」(277)。

それゆえ、一方の城から他方の城へマルティン・ブーバーは自らの立ち位置の表現として、彼がカフカのものとする表現を用いる。「明言されてはいないが、つねに現存している彼の主題は、裁判官は遠くに隠れていること、城主は遠くに隠れていること、物事は隠され混乱し、闇であることである。だからこそ次のように書くのだ。「信じる者は奇蹟を見ることができない。日中は、星は見られないのだ」(278)」。カフカの寓話のあえて謎に満ちた外観をこのように単純化する読解は、おそらく、これらの寓話が提起する二つの主要な問題についての袋小路を作り出すだろう。そうした問題は、これらの寓話と〈律法〉という形象との関係と、黙示録の観点がこれらの寓話に及ぼす影響力から生じるものである。ショーレムを信じるなら、カフカにおいて不確かであったことが、ブーバーの思考の盲点を明確に記している。すなわち、「〈律法〉が彼にとってつねに意義を欠いている」ということであり、ブーバーは「ユダヤ教から黙示録の棘を抜こうと望んだ」潮流に属している、ということである(279)。現代の宗教意識は〈律法〉を参照することなく、聖書の言葉との出会いをただ期待することだけに立ち帰ることができるだろうか。アウシュヴィッツ以降のユダヤ教は、そのメシアニズムから、現行の世界史へのあらゆる信頼を感じられないものにする黙示録の切っ先を取り除けるだろうか。そのような問いから、ゲルショム・ショーレム、レオ・シュトラウス、あるいはエマニュエル・レヴィナスはマルティン・ブーバーを問い質す。そのとき、彼らの批判の本質に関係するのは、彼の仕事の不確かな歴史記述のスタイルというよりもむしろ、同意を引き起こすことなく恍惚をもたらす霊感の内容それ自体なのだ。アブラハム、イサク、ヤコブの神を近づける彼の努力の誠実さと根気にもかかわらず、おそらくマルティン・ブーバーは哲学者たちの神の反論を消し去ることはなかったのかもしれない。ただし、その問いがこれらの言葉で完全には提起されず、神の死の時代におけるヒューマニズムの諸条件をよりいっそう掘り下げる必要があるのだとすれば別であるが。

（1）一九一五年一一月二九日のフランツ・カフカからマルティン・ブーバー宛の書簡（in Franz Kafka, *Œuvres complètes III*, trad. M. Robert, Cl. David et J.-P. Danès, Paris, Gallimard, Bibliothèque de la Pléiade, 1984, p. 744）。

（2）一九一三年一月一九日のフランツ・カフカからフェリーツェ・バウアー宛の書簡（in Franz Kafka, *Œuvres complètes IV*, trad. M. Robert, A. Vialatte et Cl. David, Paris, Gallimard, Bibliothèque de la Pléiade, 1989, p. 241）。マックス・ブロートもまた彼自身の日記の注でこの最初の出会いについて記しているが、そこでは、この出会いがカフカがこの時期に沈黙していたシオニズムに関わるものであったと明記されている（Max Brod, *Franz Kafka. Souvenirs et documents*, trad. H. Zylberberg, Paris, Gallimard, 1972, p. 153）。

（3）一九一三年一月一六日のフランツ・カフカからフェリーツェ・バウアー宛の書簡（*ibid.*, p. 234）。問題となっているのは、一九一三年プラハで行われた「ユダヤ教における神話」と題されたブーバーの講演である。これは一九一六年ライプツィヒにおいてはじめて公刊され、『ユダヤ教の精神』（*Vom Geist des Judentums*）と題された選集に収められた。仏訳は以下。Martin Buber, *Judaïsme*, trad. M.-J. Jolivet, Paris, Verdier, 1982, Gallimard, Tel, 1986, p.79-89. この著作については、下記の原注24を参照のこと。カフカは一九〇九年以降プラハで行われたブーバーの初期のいくつかの講演に出席していたと考えざるをえない。実際、ブーバーは、一九〇九年から一九一三年までに、ユダヤ人の学生サークル「バル・コクバ」（Bar Kochba）の前で三度講演を行っている。これらはすべて、一九一一年以降、『ユダヤ教についての三講演』（*Drei Reden über das Judentum*）という表題でフランクフルトで公刊されている。

（4）一九一三年一月二〇日と二一日のフランツ・カフカからフェリーツェ・バウアー宛の書簡（*ibid.*, p.244）。

（5）Martin Buber, *Les contes de Rabbi Nahman*, trad. F. Lévy et L. Marcou, Paris, Stock, 1981; *La légende du Baal-Shem*, trad. H. Hildenbrand, Monaco, Éditions du Rocher, 1984 を参照。

（6）マックス・ブロートがカフカの伝記作家となろうとしていたとき、ハンス・コーンはブーバーの最初の伝記を書いていた（Hans Kohn, *Martin Buber. Sein Werk und seine Zeit*, Hellerau, 1930, Cologne, 1961）。ザムエル・フーゴー・ベルクマンの日記には、その時期と場所に関する非常に貴重な証言が見られる（Shmuel Hugo Bergman, *Tagebücher & Briefe*, vol.1, *1901–1948*, Koenigstein, Jüdischer Verlag bei Athenaeum, 1985）。彼のカフカ宛の書簡のなかでも、とりわけ、一九〇二年のシオニズムについてのもの（p.9）、一九〇八年のバル・コクバ協会の活動プログラムについてのもの（p.18–20）、一九一〇年の彼のパレスチナへのはじめての旅行の話（p.27–40）、あるいはシオニズムの様々な派閥とブーバーの影響に関するいくつかの注記（p.46s）などを参照。

（7） フランツ・カフカ「イディッシュ語についての講演」（Franz Kafka, «Discours sur la langue yiddish», trad. M. Robert, in *Œuvres complètes IV, op. cit.*, p.1141–1145）、および一九一二年二月二五日の『日記』に見られるこの講演の草稿を復元したもの（in *Œuvres complètes III, op. cit.*, p.232–233）を参照。カフカは同じ時期、いくつかのシオニストの会議に参加したこと（p.234. このとき、彼は世界シオニスト会議の書記であったクルト・ブルーメンフェルトの講演を聴いている）、ドイツ・ユダヤ文学やイディッシュ文学を読んだこと（p.224–227. ここでは、ユダヤ的啓蒙《ハスカラー》の後継者たるいっそう合理的なユダヤ教を好む啓蒙主義者《マスキリーム》と民衆のハシディズムとの対立が書き留められている）、さらには、一九一五年一〇月には、イジー・ランガーが語るハシディズムの歴史を前にして感じた印象について注意深く記している（p.404–406）。彼は一九一五年九月一四日の同じ『日記』で（*ibid.*, p.395–396）、奇蹟のラビのもとを訪れたこと、そして一九一六年七月のマックス・ブロート宛の手紙で、ラビ・ベルツのもとを訪れたことを語っている（p.752–757）。

（8） Franz Kafka, *Lettres à Milena*, in *Œuvres complètes IV, op. cit.*, p.1107.

（9） ゲルショム・ショーレムが語るところによる（Gershom Scholem, *Walter Benjamin. Histoire d'une amitié*, trad. P. Kessler, Paris, Calmann-Lévy, 1981, p.42）。ショーレムはここで、ベンヤミンがどのように、もし自分がある日マルティン・ブーバーに出会ったら、ブーバーに「涙用の水がめ」を渡してやらなければならないと語っていたかを描いている。

（10） こうした批判は、ブーバーがゲーテ賞および平和賞をそれぞれ一九五二年、一九五三年に受賞するためにドイツに戻ることを受諾して以降、イスラエルにおいてなされたものである。この批判の調子は、マイケル・ウォルツァーの以下の研究において見られる（Michaël Walzer, «La recherche de Sion chez Martin Buber», in *La critique sociale au XXe siècle. Solitude et solidarité*, S. McEvoy, Paris, Métailié, 1996, p.78–93）。ウォルツァーはとりわけ、ナチズムが決定的だった時期にブーバーが書いたテクストにおいては「ナチズムの恐怖が大きく欠けている」と書き（p.85）、ブーバーは、強制収容所の経験に対してとるべき距離を過剰に評価している、と示唆している（p.88）。

（11） Martin Buber, *Fragments autobiographiques*, trad. R. Dumont, introduction Dominique Bourel, Paris, Stock, 1985, p.37. これは、『生きている哲学者叢書』（Library of Living Philosophers）の編者からの、この叢書の伝統に合わせるようにとの求めに応じて書かれたもので、さらにブーバー自身によってドイツ語版の『出会い』（*Begegnung*）というタイトルで公刊された。伝記については、上記の三〇年代に出たハンス・コーンによるものに加え、今後参照すべきものはモーリス・フリードマンによる以下の三巻本である（Maurice Friedman, *Martin Buber's Life and Work: The Early Years, 1878–1923; The Middle Years, 1923–1945; The Later Years, 1945–1965*, New York, E. P. Dutton, 1982, 1983, 1984）。この伝記の注を削った簡略版としては次を参照（Maurice Friedman, *Encounter on the Narrow Ridge, A Life of Martin Buber*, New York, Paragon House, 1991）。

（12） ソロモン・ブーバーが編纂した一七のミドラッシュのうち、最も重要なのはおそらく以下である。すなわちモーセ五書についてのタンフーマとミドラッシュ・アガダー、「詩編」についての三つのミドラッシュ・テヒリーム、および「エステル記」についての三つのミドラッシュである（シュテムベルガーが改訂した以下のシュトラックによる古典的著作を参照。H. L. Strack, G. Stemberger, *Introduction au Talmud et au Midrash*, trad. M.-R. Hayoun, Paris, Cerf, 1986）。

（13） *Fragments autobiographiques*, *op. cit.*, p.50. フランツ・ローゼンツヴァイクにおけるこの問題については、本書第二章を参照。

（14） Gershom Scholem, *De Berlin à Jérusalem. Souvenirs de jeunesse*, trad. S. Bollack, Paris, Albin Michel, 1984, p.119. こうした指摘がショーレムが当時ジンメルに対して抱いていた見解そのものだということを無視するにせよ、ショーレムがジンメルのことをドイツ・ユダヤ人が有していた幻想の象徴だとつねにみなしていたということは明らかである。ショーレムは、一九六二年に、「ユダヤ・ドイツの対話」の展望をすべて拒否しつつ、以下のように書いている。「ユダヤ教の実態がその完全なる疎外化という天底においてこそいっそうはっきりと現れるという怪奇を彼は実現する者なのである」(Gershom Scholem, «Contre le mythe du dialogue judéo-allemand», in *Fidélité et utopie. Essais sur le judaïsme contemporain*, trad. M. Delmotte et B. Dupuy, Paris, Calmann-Lévy, 1978, p.104)。

（15） *Ibid.*, p.111.

（16） この点については、本書第四章一一—一三頁を参照。

（17） *Fragments autobiographiques*, *op. cit.*, p.74. ブーバーは、一九二一年の第一二回シオニスト会議において、自分が起草することになっていたアラブ問題についての動議に関して裏取引があったのを見た後、「真実と現実」との選択を必然的に迫られる「政治的人間の役割」を引き受けるのをやめることにしたと、ユダー・レオン・マグネスに語ってもいる。以下に収められたマグネスに宛てた書簡を参照。Martin Buber, *Une terre et deux peuples. La question judéo-arabe*, textes réunis et présentés par Paul Mendes-Flohr, trad. D. Miermont et B. Vergne, Paris, Lieu commun, 1985, p.92.

（18） Robert Weltsch, «À propos du XIVe Congrès sioniste, l'enjeu», in *Jüdische Rundschau*, 30, 64/65, 14 août 1925. 以下に引用。Paul Mendes-Flohr, introduction à Martin Buber, *Une terre et deux peuples*, *op. cit.*, p.26.

（19） ヘルマン・コーエンは一九一六年六月に『ＫＣブレッター』誌において「宗教とシオニズム」と題されたシオニズム批判を掲載した（Hermann Cohen, *Jüdische Schriften*, II, Berlin, C. A. Schwetschke & Sohn, 1924, p.319-327）。対してブーバーは、コーエンに対して公開書簡を送り、これが『ユダヤ人』誌に七月に掲載される（«Begriffe und Wirklichkeit, Brief an Herrn Geh. Regierungsrat Prof. Dr. Hermann Cohen», in *Der Jude*, Juli 1916）。さらに論争は、コーエンの返答「マルティン・ブーバー氏のヘルマン・コーエンへの公開書簡への回答」において（«Antwort auf das offene Schreiben des Herrn Dr. Martin Buber an Hermann Cohen», in *K.-C. Blätter*, Juli-August 1916; *Jüdische Schriften*, II, *op. cit.*, p.328-340）、次いでブーバーの最後の介入である「シオン、国家そして人類」（«Zion, der Staat und die Menschheit», in *Der Jude*, September 1916）において継続する。このやり取りの抜粋が以下に見られる（Paul Mendes-Flohr and Jehuda Reinharz, *The Jew in the Modern World, A documentary History*, 2nd ed., New York, Oxford, Oxford University Press, 1995, p.571-577）。ヘルマン・コーエンの伝記におけるこうした側面については、本書第一巻第一章二九頁を参照。

（20） Simon Doubnow, *Histoire moderne du peuple juif*, 1789-1938, trad. S. Jankélévitch, préface Pierre Vidal-Naquet, Paris, Cerf, 1994, p.1546.

（21） *Fragments autobiographiques*, *op. cit.*, p.76.

（22） *Ibid.*, p.78.

（23） 一九一八年のシュテファン・ツヴァイクとマルティン・ブーバーの書簡のやり取りを参照（*Une terre et deux peuples*, *op. cit.*, p.52-

54)。

(24) Gershom Scholem, *Walter Benjamin. Histoire d'une amitié*, *op. cit.*, p.16 を参照。この二つの選集に収められたテクストはすべて以下で読むことができる。*Judaïsme*, *op. cit.*, p.9–89. すなわちこの著作は、『ユダヤ教についての三講演』(*Drei Reden über das Judentum*)に収められた三つの講演(「ユダヤ教とユダヤ人」「ユダヤ教と人類」「ユダヤ教の刷新」)、次いで『ユダヤ教の精神について』(*Vom Geist des Judentums*)で付加された講演(「東方の精神とユダヤ教」「ユダヤ的宗教性」「ユダヤ教における神話」)を収めている。これに、一九二三年にフランクフルトで公刊された第三巻目の『ユダヤ教講演集』(*Reden über das Judentum*)に収められた二つの講演(「聖なる道　ユダヤ人と諸国民へのことば」「ヘルート　青年層と宗教に関する講演」)が加わる。さらに、一九三九年から一九五一年にかけて発表された四つの講演が、ブーバー自身によって、そのユダヤ教についてのテクストを集めた決定版(*Der Jude und sein Judentum*, Cologne, 1963)に付加される。その講演とは「イスラエルの精神と今日の世界」「ユダヤ教と文明」「秘められた問い」「天と地との対話」である。

(25) ローゼンツヴァイクとブーバーの出会いの諸条件、および『我と汝』の最初の草稿についてのローゼンツヴァイクの反応については、本書第一巻第二章一六四頁を参照。

(26) 一九二三年の夏、ローゼンツヴァイクは「建てる者たち　法について」(«Die Bauleute. Über das Gesetz»)と題されたテクストを執筆していたが、これは一九二四年八月に『ユダヤ人』誌に、次いで一九二五年に仮綴版で公刊された。このテクストは、ブーバーがユダヤ教についての試論において展開していた主張のいくつかについて論じるものであったが、両者のあいだには長い手紙の公刊があった。これはナフム・グラッツァーによって英語版で公刊されている。Franz Rosenzweig, *On Jewish Learning*, New York, Schocken Books, 1955, p.109–118 を参照。本書第一巻第二章二三〇—二三二頁も参照。この選集はローゼンツヴァイクのいくつかのテクストも含んでいるが、編者のナフム・グラッツァーは、その序文において、ローゼンツヴァイクとブーバーとの対話がいかなる精神を有していたか、また両者のあいだの不一致がいかなる根を持つのかを次のように要約している。すなわち、彼によれば、ブーバーは信仰の条件を根本的に一新しようとしたのに対して、ローゼンツヴァイクは戒律《ミツヴォート》の尊重を保持し、それに対する熱狂を日常的生へと移入しようとしたのである。

(27) Gershom Scholem, «Le judaïsme dans la pensée de Buber» (1967), in *Fidélité et utopie*, *op. cit.*, p.138–139.

(28) 一九三三年四月二七日のナフム・グラッツァーからロンドンのブーバー宛の書簡、および五月四日のブーバーの返信を参照(*The Letters of Martin Buber. A Life of Dialogue*, Nahum N. Glatzer et Paul Mendes-Flohr (ed.), trad. R. et Cl. Winston et H. Zohn, New York, Schocken, 1991, p.399–400 et 401)。

(29) ガンジーとブーバーの手紙のやり取りを参照(*Une terre et deux peuples*, *op. cit.*, p.144–150(一九三八年のガンジーの書簡)、p.152–170(一九三九年五月のブーバーの返答))。

(30) 一九五五年一月一九日のマルティン・ブーバーからハンス・ブリューアー宛の書簡を参照。以下に引用。Paul Mendes-Flohr, avant-propos à Martin Buber, *Une terre et deux peuples*, *op. cit.*, p.9.

(31) Emmanuel Lévinas, «La pensée de Martin Buber et le judaïsme contemporain», in *Hors sujet*, Paris, Fata Morgana, p.26–27; Gershom Scholem, «Le judaïsme dans la pensée de Buber», *loc. cit.*, p.146–147 を参照。

(32) Martin Buber, «Le judaïsme et les juifs» (1909), in *Judaïsme*, *op. cit.*, p.9.

(33) *Ibid.*, p.13.

（34） *Ibid.*, p.9.

（35） «Le judaïsme et l'humanité»（1910）, *ibid.*, p.24.

（36） Gershom Scholem, «Le judaïsme dans la pensée de Buber», *loc. cit.*, p.147 を参照。シモン・ドゥブノフは同様にベルディチェフスキーの思想の輪郭を描き、ブーバーの世代に対するその影響を示している（*Histoire moderne du peuple juif*, *op. cit.*, p.1438）。ブーバーの思想におけるニーチェの影響についてのより広範な分析としては以下を参照。Dominique Bourel, «De Lemberg à Jérusalem: Nietzsche et Buber», in Dominique Bourel et Jacques Le Rider, *De Sils-Maria à Jérusalem*, Paris, Cerf, 1991, p.121–130.

（37） «La religiosité juive»（1913）, in *Judaïsme*, *op. cit.*, p.67–69 を参照。

（38） Martin Buber, *Deux types de foi. Foi juive et foi chrétienne*, trad. B. Delattre, présentation R. J. Tsvi Werblowsky, Paris, Cerf, 1991, p.71.

（39） Martin Buber, *Je et Tu*（1923）, in *La vie en dialogue*, trad. J. Loewenson-Lavi, Paris, Aubier, 1959, p.82–83.

（40） «Le judaïsme et l'humanité», *loc. cit.*, p.25. ショーレムは、「本質を裏切る構造に基づくとされる「公式のユダヤ教」と、ささやくだけで真の源泉が聞こえてくるとされる「隠れたユダヤ教」とのあいだの区別がいかに素朴なものか」を示しつつ、若きブーバーの思想においてこれが中心的な位置を占めていたこと、およびこれが彼の初期著作の衝撃という観点できわめて重要であったことを強調している（«Le judaïsme dans la pensée de Buber», *loc. cit.*, p.150–151）。

（41） «La religiosité juive», *loc. cit.*, p.74.

（42） *Ibid.*, p.75.『ピルケー・アボット』第一部第一章の表現、「思慮深くなりなさい、多くの弟子を持ちなさい。トーラーのまわりに垣根を巡らせなさい」を想起しよう。

（43） «Le mythe dans le judaïsme», *loc. cit.*, p.83. 神話に対する一神教の戦いという観点については、本書第一巻第一章六二―六三頁を参照。

（44） «La religiosité juive», *loc. cit.*, p.77.

（45） «La voie sainte»（1918）, in *Judaïsme*, *op. cit.*, p.98; «La religiosité juive», *loc. cit.*, p.76.

（46） Martin Buber, «Préface à l'édition de 1923» des *Reden über das Judentum*, *op. cit.*, p.xii. ブーバーがここで自らのテクストの「不鮮明な点」や「不正確な点」を修正しつつ、本質的には、自らの概念や考えが徐々にはっきりしていく過程を強調しているということを指摘しておこう。

（47） 当時のドイツの文脈においては、こうした二つの方向性はそれぞれユリウス・ヴェルハウゼンに由来する批判的注釈とヘルマン・コーエンの『ユダヤ教の源泉から引き出された理性の宗教』によって代表されていた。逆に〈聖典〉の精神への回帰のために、解釈規則から解放されたいという欲望は、ユダヤ世界においては『救済の星』の衝撃に結びついており、プロテスタント世界においてはカール・バルトの『ローマ書注解』の一九一八年の公刊、およびいっそうはっきりとした態度を示す序文を付した一九二一年の第二版が引き起こした衝撃に結びついている（Karl Barth, *L'épître aux Romains*, trad. P. Jundt, Genève, Labor et Fides, 1972）。だがローゼンツヴァイクとブーバーは、神学的な理由からカール・バルトに信頼を置いていないことが確認されるだろう。この点に関してはレオ・シュトラウスの以下の貴重な証言を参照されたい。Leo Strauss, «A Giving of Accounts»（1970）, in *Jewish Philosophy and the Crisis of Modernity. Essays and Lectures in Modern Jewish Thought*, Albany, State University of New York Press, 1997, p.460.

（48） Martin Buber, *Moïse*（1952）, trad. A. Kohn, Paris, PUF, 1957, p.3. ブーバーはこの著作において、一九三六年の『神の王国』（*Königtum Gottes*）および一九四二年の『預言者の信仰』（*Der Glaube der Propheten*）という先行する二つの著作の多くの要素を再び組み込んでいる。だが彼は、とりわけ一九二〇年代の後半に〈聖典〉翻訳に関してフランツ・ローゼンツヴァイクとともに練り上げた理論的営為の本質的な部分をそこに取り込んでいる。

(49) 以下の拙論において、マルティン・ブーバーとフランツ・ローゼンツヴァイクの翻訳を、この哲学者たちと聖書との関係という観点に置き直すという分析を行ったが、それを参照されたい。Pierre Bouretz, «L'Écriture entre la lettre et la Loi», *Revue de métaphysique et de morale*, octobre-décembre 2000, no.4, p.481–515.

(50) この点については、本書第三巻第七章を参照。

(51) Emmanuel Lévinas, «La traduction de l'Écriture» in *À l'heure des nations*, Paris, Minuit, 1988, p.43–65 を参照。

(52) *Sota*, 49b. Emmanuel Lévinas, «Modèle de l'Occident», in *L'au-delà du verset*, Paris, Minuit, 1982, p.43–44 を参照。

(53) *Meguillah*, 8b, 9a–9b. この節についてのエマニュエル・レヴィナスの注釈をあらためて参照。Emmanuel Lévinas, «La traduction de l'Écriture», *loc. cit.*, p.49s.

(54) 一九二五年の春、若い編集者ランバート・シュナイダーがマルティン・ブーバーにヘブライ語の原本からの新たなドイツ語訳聖書の翻訳の依頼があった。ブーバーは、フランツ・ローゼンツヴァイクとともにこの仕事にあたることができるのであればという条件付きでのみこれを引き受けた。一九二九年一二月一〇日のローゼンツヴァイクの死去の際には、実現していたのはこの計画の一部のみであった。日程表には以下のようにある。一九二五年九月、「創世記」。一九二六年六月、「出エジプト記」。一九二六年一一月、「レビ記」および「民数記」。一九二七年春、「申命記」。一九二七年秋、「ヨシュア記」および「士師記」。一九二八年六月、「サムエル記」。一九二九年二月、「列王記」。一九二九年一一月、「イザヤ書」。一九三二年の初頭、シュナイダーはショッケン出版の創設に関わることになるが、この出版社で問題の翻訳は一九六〇年にその完全版が出版されるのである。

(55) フランツ・ローゼンツヴァイクとマルティン・ブーバーの翻訳の共同作業から生まれた資料の重要な部分は、ブーバーによって一九三六年にベルリンで公刊された『聖書とそのドイツ語化』(*Die Schrift und ihre Verdeutschung*) に収められている。意義深いことに、ブーバーはここで、いわゆる翻訳や弱い意味での復元を意味する Übersetzung や Übertragung といった術語よりも、Verdeutschung (ドイツ語化) という用語を用いるのを好んでいる。後に見るように、こうした「ドイツ語化」という見地が招く危険とそれを引き受けるという態度こそが、二人の著者のあいだの討議、いくつかのドイツ語を選択する際の共通の正当化などを通じて、そこに収められたテクストの多くを貫いている。今日最も利用しやすくまた最も貴重な資料は、この選集の英語版である (*Scripture and Translation*, trad. L. Rosenwald et E. Fox, Bloomington et Indianapolis, Indiana University Press, 1994)。この英語版の選集の付録には、ドイツ語版の資料の全体とそれに対する中身の濃い紹介文に加えて、いくつかの未公刊のテクストが付録として収められている。とりわけ、一九三八年にブーバーがこの計画の経緯、意図および形態について振り返った重要な論文「われわれの聖書翻訳の如何にと何故」(«The How and Why of Our Bible Translation», p.205–219) である。ローゼンツヴァイクが書いたものの大部分、および類似のテーマについてのいくつかのものについては、フランス語訳が以下に収められているが、この仏訳はその難解なテクストをつねに分かりやすいものにしているわけではない (Franz Rosenzweig, *L'Écriture, le verbe et autres essais*, trad. J.-L. Evard, Paris, PUF, 1998)。今後これらのテクストからの引用はこの二つの版から行うが、修正を加えたところもある。

(56) Martin Buber, «The How and Why of Our Bible Translation» (1938), in *Scripture and Translation*, *op. cit.*, p.209–210. ブーバーは

ここで当時に特徴的な、より個人的な体験を報告してもいる。それによると、戦前ユダヤ人とドイツ人とが集う友好サークルに属していたブーバーは、ユダヤ人たちがルター訳を通じてしか『聖書』を参照しておらず、そのためキリスト教神学が完全に染みついてしまい、原テクストに疎遠になっていることを見て取っていた。

（57）パウル・デ・ラガルデのイデオロギー的な企図とカール・バルトの注解作業とはもちろん混同することはできないが、『ローマ書注解』が、その公刊の際に、一種の近代版マルキオン主義を示すものとしてしばしば受け取られていたという点は指摘しておくべきであろう。Karl Barth, *L'épître aux Romains, op. cit.*, p.20（第二版への序文）を参照。マルキオンのグノーシスがどのようにして「ローマ人への手紙」の重要な箇所（第一節―一一節）から着想を得ているかについては検討すべきだろう。ヤーコプ・タウベスの『パウロの政治神学』が奇妙な賛辞を通じてこうした連関を強調しているのは、些細な興味関心からではない。Jacob Taubes, *La théologie politique de Paul. Schmitt, Benjamin, Nietzsche et Freud*, trad. M. Köller et D. Séglard, Paris, Seuil, 1999, p.87s を参照。

（58）Martin Buber, «People Today and the Jewish Bible»（nov. 1926）, in *Scripture and Translation, op. cit.*, p.9s を参照。ドイツ語版のタイトルは、「今日の人間」（«Der Mensch von heute»）とより強くまたより広い語句を用いていることを注記すべきだろう。

（59）より控え目だが、しかしよりはっきりしたかたちで、ローゼンツヴァイクは、〈御名〉の翻訳についての本質的なテクストにおいてこの問いを想起してもいる。«L'Éternel», in *L'Écriture, le verbe et autres essais, op. cit.*, p.113–130. このテクストについてはすでにもう一つ仏訳があることを記しておこう（trad. J.-Ch. Colinet, *Le Nouveau Commerce*, n.94/95, printemps-été 1995, p.105–120）。この訳はローゼンツヴァイクによる原注を省いているとはいえ、前者よりもしばしば明瞭なため、以降はこの訳から引用する。とはいえ、ドイツ語の原本も参照されたい（in Franz Rosenzweig, *Der Mensch und sein Werk, Gesammelte Schriften*, III, *Zweistromland. Kleinere Schriften zu Glauben und Denken*, Dordrecht, Martinus Nijhoff, 1984, p.801–815）。ローゼンツヴァイクはここで（p.115）、「ユダヤ教の本質」は、ということはある意味では「キリスト教の本質」もまた、「三位一体という教義」によって、すなわち「前ユダヤ的、外ユダヤ的分裂に陥る危険」によって揺るがされていると言い、こう付け加える。こういった危険の現代性は、カール・バルトないしゴーガルテンにおけるプロテスタント神学の最近の進展が、旧約聖書の神を「イエス・キリストの〈父〉」とみなしつつ、アリストテレスの神に回帰してしまう可能性を有しているという点にあると。

（60）ローゼンツヴァイクが、聖書物語の叙述形式と、歴史を専門的営為としたランケの学問的企図とをいかに対立させているかを参照（Franz Rosenzweig, «La forme des récits bibliques et leur secret», in *L'Écriture, le verbe et autres essais, op. cit.*, p.135）。ちなみに、ローゼンツヴァイクは、聖書の諸々の物語の層の多様さ、その著者の数の多さに関して、翻訳に際して、学（*Wissenschaft*）の探求に対してある種の自由を保つことの必要性に何度も触れ、自らの意図を次のようにまとめている。「同様に原理的な文献学的不安によって中和化されてはいるが、テクストを文献学的基盤に立脚させせようという〔原理的な〕意志」（Franz Rosenzweig, «The Unity of the Bible: a Position Paper vis-à-vis Orthodoxy and Liberalism». 一九二八年一〇月の『モルゲン』（*Der Morgen*）誌に掲載された、一九二七年四月二一日のローゼンハイム宛の書簡（*Scripture and Translation, op. cit.*, p.23））。

（61）*Ibid.*, p.25–26. 学（*Wissenschaft*）との妥協の必要性について、あるいは言うなれば〈聖典〉への批判的アプローチに対する一種の批判的関係について、ローゼンツヴァイクの主張がおそらく最もはっきりと出ているテクストの一つは、精緻な問いの装いのもとに、翻訳の問題の最も豊かな主題化を提示している以下のテクストである。«L'écriture de Luther»(1926), in *L'Écriture, le verbe et autres essais, op. cit.*, p.55–82. 実際、ローゼンツヴァイクはここで、カウチュにおけるような文献学的校訂の企図は、〈聖典〉の聖性に異議を唱えるという「論証の誤り」は冒さなかったとしている（p.70–71）。だが彼が同時に示すのは、こうした企図は、シュライアーマッハーの言う逆説からまったく解放されているわけではないということである。すなわち、その逆説とは、プラトンの最善の翻訳があるとすれば、その最も徹底的な批判版（トイプナー版）か、あるいは『純粋理性批判』か、そのいずれかだというものである……（p.56）。こうして、この二律背反の拘束から解放されるという関心から、彼は「翻訳することとは、二人の師に同時に仕えることだ」という点に直面しようとするのである。この見地こそ、彼の聖書批判に対する関係を決定づけるようになるものである。

(62) Martin Buber, «The How and Why of Our Bible Translation», *loc. cit.*, p.207–208 を参照。

(63) Franz Rosenzweig, «The Unity of the Bible: a Position Paper vis-à-vis Orthodoxy and Liberalism», *loc. cit.*, p.22–23 を参照。

(64) この点に関しては、次の本質的なテクストにおける、一見すると取るに足らないように見えるローゼンツヴァイクの指摘を参照。「ラシが、民間伝承に根ざした比類のない子供のような平静さでもって、彼にしかない慧眼をテクストに投げかけたとき、彼は、〈伝統〉が伝える句読法とは別のしかたで聖書を最初の行から解釈したが、これが彼の後に来たるすべての注釈者にとっての指針と原型を示すものなのである」(«L'Écriture et le verbe»(1925), in *L'Écriture, le verbe et autres essais, op. cit.*, p.92. 翻訳は修正した）。

(65) «L'Éternel», *loc. cit.*, p.106s を参照。

(66) ザムゾン・ラファエル・ヒルシュの「創世記」第二章第四節の注釈、および「われわれを無関心にさせる」永遠性という観念に対する体系的な反駁を参照。

(67) «Gott sprach zu Mosche:/Ich werde dasein, als der ich dasein werde./Und er sprach:/So sollst du zu den Söhnen Jisraels sprechen:/ICH BIN DA schickt mich zu euch.» 問題はエヒエー・アシェル・エヒエーをいかに訳すかということである。「私は、私があるだろうようにあるだろう」(Ich werde dasein, als der ich dasein werde)（この表現もフランス語に訳すのは難しい。字義通りには、以下のようになろう。«Je serai là, comme le je qui sera là»）と書くことで、ローゼンツヴァイクは、これまでの翻訳がつねに覆い隠してきたヘブライ語の二重の未来形を復元している。これまでの翻訳は現在形を使うことで〈存在〉の表現を指してきたのである。この点については、以下を参照。Stéphane Mosès, «"Je serai qui je serai". La Révélation des Noms dans le récit biblique», *Archivo di filosofia*, LXII, 1994, no.1–3, p.565–576. 以下に再録。Stéphane Mosès, *L'éros et la Loi. Lectures bibliques*, Paris, Seuil, 1999, p.65–76. 未来形を用いることを提案したのはローゼンツヴァイクが最初ではないことを指摘しておこう。同時代人らと同じように彼もつねに参照していたと思われるゲゼニウスの『ヘブライ語・ドイツ語辞典』は、聖四文字（テトラグラム）の項目において、「私は私があるところのものだろう」(Je serai ce que je suis) と、「出エジプト記」第三章第一四節の言わば折衷訳を提示しているからである。

(68) メンデルスゾーンは、エヒエー・アシェル・エヒエーを「私は永遠である〈存在〉」(Ich bin das Wesen, welches ewig ist) と訳すことで存在の次元を特権化している。この次元はやがて遍時間性の次元へと結合されるだろうが、こうした選択は、ヘルマン・コーエンが「私は私はあるという者である」(Ich bin der Ich bin) を採用するとき、彼によって言わば反復されているものである。ただしもちろん「出エジプト記」第三章第一四節に基づくこのコーエンの選択は、ヘブライ語の語根の意味と〈御名〉の多義性について詳論することで和らげられてもいる（*Religion de la raison tirée des sources du judaïsme*, trad. M. B. de Launay et A. Lagny, Paris, PUF, 1994, p.65-67 を参照）。この問いについては、以下を参照することができるだろう。Roland Goetschel, «Exode 3, 14, dans la pensée juive allemande de la première partie du XXe siècle», in *Celui qui est. Interprétations juives et chrétiennes d'Exode 3, 14*, Alain de Libera et Emile Zum Brunn (éd.), Paris, Cerf, 1986, p.265-276.

（69）この節の読解は、メンデルスゾーンが出典を明記しておらず、またその言いまわしにも曖昧さがあるために困難なものとなっている。第一の参照項は実際には「シェモート・ラッバ」（*Chemot Rabba*）三・六である。実際、「出エジプト記」についてのこのミドラッシュのみが、問題になっている二つの命題を提示しているからである（ローゼンツヴァイクのドイツ語版および英語版がどちらも指示する「ベラホート篇」九Bはそうではない）。この点を明らかにすることなしには、なぜメンデルスゾーンが続けて「第二のミドラッシュ」について語るのかが分からないだろう。彼がここで実際に指示している「ベラホート篇」九Bは、二つ目の命題しか提示していないのである。

（70）ここではまさに「シェモート・ラッバ」三・六が問題である。そこでは、この命題がラビ・イサークのものとされているが、彼は、エヒエーという語句が三度書かれているのはなぜかを理解させてくれるのはこの解釈のみであると付け加えている。

（71）「ベラホート篇」九Bにも同様に現れているのは、この命題だけである。ただし、この命題こそが、矛盾なく、〈賢者〉たちに共有されているものであるように思われる。ラシが「出エジプト記」第三章第一四節を翻訳する際に依拠しているのもこの命題である（ad loc.）。そこでラシが実質的に明らかにしようとしているのは、聖句の後半において、この節の主語としてはエヒエーしか反復されず、発せられたエヒエー・アシェル・エヒエーがそのままのかたちで反復されないのはなぜかということである。「ベラホート篇」九Bと「シェモート・ラッバ」三・六に共通の表現に対するこうした参照こそ、未来形で翻訳することを最終的に擁護することになるだろう。

（72）『手引き』第一部第六三章における「出エジプト記」第三章第一四節の解説を参照。そこでマイモニデスは実際に存在から出発し、これが存在の必然性および非存在の不可能性へと派生することを示している（これが永遠性の観念となるわけである）。

（73）メンデルスゾーンの翻訳に取って代わる、ヘブライ語に合致した翻訳を提示することでこの議論を終えたいということであれば、それは以下のようになるだろう。「私は私はあるだろうという者だろう、[…]「私はあるだろう」という方が私をあなたたちに遣わされたのだ」（Je serai qui je serai (...), "Je serai" m'a envoyé vers vous...）（ステファン・モーゼス）。アンリ・メショニックは、この節の「謎めいた」構成を尊重する異なる解釈を提示し、最初に現れる動詞と代名詞とのあいだにスペースを残している「私は私はあるだろうというものだろう」（Je serai　que je serai）（Henry Meschonnic, *Poétique du traduire*, Paris, Verdier, 1999, p.432-434）。サミュエル・カーエンはエヒエーを〈御名〉の諸々のかたちのうちの一つであろうと考え、これを翻訳せず、その文字を転記するだけである。アシェルのほうは、関係代名詞のあらゆる価値を持つ代名詞であり、「～する者」（qui）、「～するもの」（ce qui）、「～ということ」（que）のいずれでも訳せてしまうということを指摘しておこう。とはいえ、非常に奇妙なことに、ブーバーとローゼンツヴァイクは後者が提案した翻訳を最終的に採用することになるわけだが、その後ブーバーは、決定的な点はアシェルを「～ように」（als der）とするところにあると主張するのである（一九三二年七月一日のブーバーからゲルショム・ショーレム宛の書簡（in *The Letters of Martin Buber. A life of Dialogue, op. cit.*, p.387)）。

（74）ブーバーとローゼンツヴァイクが採用した解決は、「創世記」第一五章第二節で最初に現れているように、アドナイとヤハウェを切り離し「わが主、汝」と翻訳することである。「アブラムは言った。わが主、汝よ、私に何を下さるというのですか」（Abram sprach: Mein Herr, DU, was magst du mir geben）。

（75）この観点から、呼称の問題をそれ自体として解決するために、フランツ・ローゼンツヴァイクとマルティン・ブーバーは〈彼〉〈私〉〈汝〉という代名詞に依拠することを決断するだろう。この選択は繰り返し説明され、また正当化されている。「永遠者」（«L'Éternel», *loc. cit.*, p.112）において、ローゼンツヴァイクは代名詞の交替のみが、〈書物〉の統一性を保証しつつ、「〈御名〉が、その啓示と緊密に結びついて、復元される」のを可能にするということを示そうとしている。「彼らに現前し、彼らのとなりにいる者、〈彼〉。私に現前し、私のとなりにいる者、〈汝〉。きみに現前に、きみのとなりにいるもの、〈私〉」。同様の提示が、この論証を言わば凝縮するテクストである一九二七年六月二三日の短い「マルティン・ゴルトナー宛の書簡」に見られる（in *L'Écriture, le verbe et autres essais, op. cit.*, p.147–151）。さらに以下も参照せよ。Martin Buber, «On Word Choice in Translating the Bible. *In Memoriam* Franz Rosenzweig»(1930), in *Scripture and Translation, op. cit.*, p.87–88.

（76）Franz Rosenzweig, «L'Écriture et Luther», in *L'Écriture, le verbe et autres essais, op. cit.*, p.57 を参照。

（77）Franz Rosenzweig, «Comment la Bible hébraïque a directement influencé la langue de Goethe»(1927), *ibid.*, p.83.

（78）ヘブライ語に残すべき「余地」についてのルターの言いまわしをローゼンツヴァイクは何度か引用している（特に «L'Écriture et Luther», *loc. cit.*, p.59 を参照）。ルター訳聖書による直接的な媒介なしにドイツ語に伝えられたヘブライ語特有の表現については、グリムの事典の「精神」の項でいくつか挙げられている。そこではゲーテが「ただよう」（schweben）よりも「くすぶる」（brüten）という語を用いているという例が何度か挙げられているが、このことは幼少期にヘブライ語を学んでいたこの作家がルーアハという語句を知っていたばかりではなく、この語にその感覚的な含意を含んだ真の意味を与え直しているということを示すものなのである。

（79）«L'Écriture et Luther», *loc. cit.*, p.63.

（80）*Ibid.*, p.67.

（81）*Ibid.*, p.69.

（82）*Ibid.*, p.79.

（83）*Ibid.*, p.72–73.

（84）ブーバーとローゼンツヴァイクが最も頻繁に用いる例の一つは、オヘル・モアド（*ohel mo'ed*）〔会見の幕屋〕という表現におけるモアドという語句である。オヘルという語の方ははっきりと「テント」を指すのに対して、モアドの方は非常に異なった意味で多くのしかたで訳される。七〇人訳では「証言」、ウルガタでは「契約」、ルター訳では「礎」、カウチュのような近代の学術的な翻訳においては「啓示」という場合すらある。消去法でいけば、この最後の翻訳は問題がある。啓示という観念は、ガーラー（*galah*）という語根（ニファル態の再帰型）に由来するものであるが、モアドの方はヤアド（*ya'ad*）の動詞から派生している。この動詞が有する指し示すとか設定するという考えからすると、オヘル・モアドの最もふさわしい訳は、結局「会見の幕屋」ということになろう。ブーバーとローゼンツヴァイクは、前者が好む「出会い」という観念にのっとり、「出会いの幕屋」（*Zelt der Begegnung*）としている。この点に関しては、ブーバーにおいては、«On Word Choice in Translating the Bible», *loc. cit.*, p.80–82、より技術的な観点からは、«*Leitwort* Style in Pentateuch Narrative»(1927), in *Scripture and Translaiton, op. cit.*, p.117–120、ローゼンツヴァイクにおいては、«L'Écriture et Luther», *loc. cit.*, p.79–80 を参照。

（85） Martin Buber, «On Word Choice in Translating the Bible. *In Memoriam* Franz Rosenzweig», *loc. cit.*, p.73.

（86） Franz Rosenzweig, «L'Écriture et le verbe», *loc. cit.*, p.87–88. ローゼンツヴァイクはここで次の三つのドイツ語の術語をかけている。まずは〈聖典〉を示すシュリフト（*Schrift*）、また書かれたものについての最もありふれた意味を表すシュリフトゥンク（*Schriftung*）、さらに口語性あるいは動詞の表現機能からは決定的に引き離されてしまった教養書の総体を示すリテラトゥーア（*Literatur*）である。

（87） «On Word Choice in Translating the Bible. *In Memoriam* Franz Rosenzweig», *loc. cit.*, p.74–75.

（88） こうした考えをブーバーは何度も展開している。これは最も単純なかたちでは、聖書教育についての短い推奨文に見出される（«A suggestion for Bible Courses»(1936), in *Scripture and Translation, op. cit.*, p.174–175）。より明快な表現は、後述するコラの反逆（「民数記」第一六章）の逸話が例証する、テクストそのものにおける一種のミドラッシュの発見というかたちで見出される（Martin Buber, «*Leitwort* Style in Pentateuch Narrative», *loc. cit.*, p.120）。ブーバーはここで、こうした発見に最初に結びついていた驚きと疑念、そしてこの発見を結局言い表すにいたった理由について報告している。指摘しておくべきは、ブーバーがミドラッシュというメタファーを用いているのは厳密に言語学的な次元においてであって、トーラーとは周知のように実際には以下のようなかたちで構想されているということであろう。すなわち、特に「申命記」のような書は、「出エジプト記」の物語の枠内で現れる言表や、「詩編」に固有の賛辞の言説がもう一度繰りかえすことになるような言表などについて、規範的な表現を与えるためにこうした言表を取り上げているというかたちである。

（89） Martin Buber, «On Word Choice in Translating the Bible. *In Memoriam* Franz Rosenzweig», *loc. cit.*, p.76 を参照。ブーバーは、〈聖典〉自体を指す前に、トーラーを読むことを表すミクラー（*Miqra*）というヘブライ語の語句にいわば注釈を加えている。「申命記」第三一章第一〇—一二節において、読むこと、聞くことに加え、呼び出すこと、教えることといった諸々の観念が一つの語句において結合する形態の母型を見出すことができるだろう。「あなたはこのトーラーを全イスラエルの前で読み聞かせ（*tiqra*）ねばならない。民を、男も女も子供も、町のうちに寄留する者も集めなさい。彼らが聞いて学び、あなたたちの神、主を畏れ、このトーラーの言葉をすべて忠実に守るためである」。ブーバーとローゼンツヴァイクが探索し、自分たちの翻訳の原理を引き出す逆説がいかなるものかこうして見てとることができる。すなわち、テクストとは実際には語られたものの痕跡であって、古ヘブライ語がミクラーという語でもって言い表していたもの、すなわちトーラーの、根本的に口承の、公的な朗唱への呼び出しを、西洋世界は〈書かれたもの＝聖書〉という語を用いることで隠蔽してしまうという逆説である。

（90） 周知のように、この命令を記憶し、これへの違反を制限するという配慮によって、子音に付けられる発音表記記号は、補助的な文字として現れるのではなく、子音の上や下に書きこまれることになったのである。

（91） 「ネヘミヤ記」第八章第八節。ユダ・ハレヴィは実際に母音化と強勢化は、「忘却のおそれから」エズラと大会衆の成員たちの時代にすでにあったとする（*Kuzari*, III, 30–31）。彼以前には、〈伝統〉は単にこうした態度を許容していただけでなく、エズラをトーラーの真の復興者とみなしていたため（「イスラエルがトーラーを忘れたとき、エズラがバビロニアからやって来てそれを立て直した」（*Soukka*, 20a））、彼の著作が第二の〈啓示〉に準えられるほどであった。「もしモーセが彼に先立ってなかったら、エズラはトーラーを受け取りそれをイスラエルに与えるにふさわしいものだっただろう」（*Sanhédrin*, 21b）。「モーセについてはこう言われている。「モーセは神もとへと登った（'*ala*）」（「創世記」第一九章第三節）。エズラについてはこう言われている。「エズラはバビロニアから登ってきた（'*ala*）」（「エズラ記」第七章第六節）」。

（92） Martin Buber, «On Translating the Praisings» (1935), in *Scripture and Translation, op. cit.*, p.90を参照。

（93） «L'Écriture et le verbe», *loc. cit.*, p.90–91.

（94） Martin Buber, «The Language of the *Botschaft*» (1926), in *Scripture and Translation, op. cit.*, p.27–28を参照。

（95） Martin Buber, «From the Biginnings of Our Bible Translation» (fév. 1930), *ibid.*, p.179を参照。このブーバーの提案に対するローゼンツヴァイクの反応については、一九二五年九月二九日の書簡を参照（Franz Rosenzweig, *Der Mensch und sein Werk, Gesammelte Schriften*, I, *Briefe und Tagebücher*, II, *1918–1929*, La Haye, Martinus Nijhoff, 1979, p.1055）。一般的には、この書簡集から二人の翻訳者の仕事の進展を再構成することはしばしば可能である。そこにはブーバーの技術的な示唆に対するローゼンツヴァイクの返答、その提案に対する反応やさらに各々の節についての訳の初稿に対して加えられた指摘などが見られるからである。今喚起された現象の最も古典的な事例は「箴言」と「詩編」に見られる。そこでは、各章句が、しばしば同義語に結びつけられる、同じ母音単位によって終っているのである。

（96） Martin Buber, «A Translation of the Bible» (1927), *ibid.*, p.170を参照。

（97） Franz Rosenzweig, «L'Écriture et le verbe», *loc. cit.*, p.90–91. ローゼンツヴァイクは、論理的な句読法が言いまわしを復元し損ねている事例として、カインの次のような返答を挙げている。「知りません：私は弟の番人でしょうか?」(Je ne sais; suis-je le gardien de mon frère?)（「創世記」第四章第九節。ラビナ版）。ここで実際、セミコロンによって転記された、見かけ上論理的な分割は、この発言の粗暴さを和らげてしまっている。これに対し、この言説の口語性を再現し、そのもともとの「残忍さ」を取り戻すことができるのは、二つのシークエンスを圧縮することによってのみである。この見地から、ブーバーとローゼンツヴァイクは、同じ節について次のように書くことになる。「知りません。私は弟の番人でしょうか?」(Ich weiss nicht. Bin ich meines Bruders Hüter?)。逆に、別の場合であれば、読点は、言説に「落ち着いたヴィブラート」をもたらすことで、その分割の論理的機能を調整すべきものである。

（98） こうした口語性の復元方法のうちで最も雄弁な事例の一つがシェマー・イスラエルの冒頭に見られるだろう。

「聞け、イスラエルよ。
〈彼〉はわれらの神、〈彼〉は唯一である！
愛しなさい
〈彼〉、あなたの神を
あなたは心を尽くし、魂を尽くし、力を尽くして」

«Höre Jisrael:
ER unser Gott, ER Einer!
Liebe denn
IHN, deinen Gott
mit all deinem Herzen, mit all deiner Seele, mit all deiner Macht»

（99） Martin Buber, «From the Beginnings of Our Bible Translation», *loc. cit.*, p.181を参照。

（100） ブーバーがこの表現を引用している以下の二つの話を参照。«The How and Why of Our Bible Translation», *loc. cit.*, p.217; «From the Beginnings of Our Bible Translation», *loc. cit.*, p.180. この引用は、もともとのかたちでは一九二五年六月一九日のローゼンツヴァイクからブーバー宛の書簡に見られる（*Briefe und Tagebücher*, II, *op. cit.*, p.1044）。これら二つのテクストのうちの後者においては（一九二五年五月初旬の日付の書簡（*ibid.*, p.1035））、もう少し前の時期の、とはいえ同じくらい両義的に見えるローゼンツヴァイクの言い回しが引用されている。「さびが無くなった。しかし、これは新しいもののように光っている。これもまた重要なのだ」。

(101) 一九二五年一月二五日のブーバー宛の書簡を参照（*Briefe und Tagebücher*, II, *op. cit.*, p.1021）。ブーバーは、この古い話題を以下で再び思い起こすだろう。«The How and Why of Our Bible Translation», *loc. cit.*, p.213.

(102) Franz Rosenzweig, *Der Mensch und sein Werk. Gesammelte Schriften, 4, Sprachdenken im Übersetzen, I, Hymnen und Gedichte des Juda Halevi*, La Haye, Martinus Nijhoff, 1983, p.2 et 4. ローゼンツヴァイクによるユダ・ハレヴィの詩の翻訳は、ショーレムとベンヤミンの激しい反発を引き起こし、こうした翻訳がヘブライ語の「ドイツ語化」として受け取られるということを言わば確証することとなった。一九二四年五月一〇日のショーレムからベンヤミン宛の書簡を参照。ここでショーレムは、「歴史哲学から霊感を受けた様々なイデオロギーに覆われた、ヘブライ語詩を殺そうとする反シオニズム的パースペクティヴ」を明るみに出すための「覚書」を『ユダヤ人』誌に送りたいと語っている（in Walter Benjamin, *Correspondance, I, 1910–1928*, trad. G. Petitdemange, Paris, Aubier, 1979, p.316）。ショーレムにとって、このエピソードは、彼の手紙のうちの一つに対するローゼンツヴァイクの次のような挑発的な返事によって言わば準備されていた。ローゼンツヴァイクは「ドイツ語への翻訳を行う者は誰であれ、ある程度までは、キリスト教の言語への翻訳を行わなければならない」と言っていたのである（一九二一年三月一〇日のローゼンツヴァイクからショーレム宛の手紙（in *Briefe und Tagebücher*, *op. cit.*, p.699）。この事件について、およびショーレムとローゼンツヴァイクとの関係におけるその劇的な帰結については本書第四章一四七―一五〇頁を参照。

(103) Martin Buber, «On Word Choice in Translating the Bible», *loc. cit.*, p.75 を参照。

(104) *Ibid.*, p.77. ブーバーは別のところでこの語句の分析をもう一度行い、ライトヴォルトの技術によってそのいくつかの側面を明らかにしている（«*Leitwort* Style in Pentateuch Narrative», *loc. cit.*, p.118–119 を参照）。このテクストにおいて、この語句がより豊かなかたちで再び用いられているのが確認できるだろう。

(105) とはいえ、ブーバーはこの語源は不確かなものであると明示している。彼はここでもゲゼニウスの指示に従っている。ブーバーとローゼンツヴァイクは、結局コルバンを Nahung、オラーを Darhöhung、ミンハーを Spende と訳すことになる。

(106) こうした進展は、「創世記」からとられた二つの事例によって説明されるだろう。一九二五年の版では、ブーバーとローゼンツヴァイクは「創世記」第一章第三一節で神が自らの為したことを形容する語句トーブ（*tov*）を、単に「よい」（bon）という観念を意味する fein で訳していたが、一九三〇年の版になると、より喉音で、また「善」（bien）なるものという意味を保つ gut とするようになる。より洗練されている事例は以下である。「創世記」第三章第四節が、蛇が女に言った言葉のなかで「ロー・ムート・テムトゥン」（*lo mut temutun*）というとき、彼ら翻訳者はその初版において一種のパラフレーズをし、「あなたは死を死ぬことはない」（*Nicht wedert ihr Todes sterben*）としている。第二版は逆に、実詞と動詞双方に同じ語根（*mut*）が繰り返されているという点に基づく類音反復を、死ぬ（*sterben*）という動詞の反復によって転記しようとしている。「あなたは死ぬことは、死ぬことはない」（*Sterben, sterben werdet ihr nicht*）。

(107) ライトヴォルトという語は、ブーバー自身がライトモティーフという音楽の概念から作り上げたものであるだけに、いっそう翻訳しにくいものである。その最も明快な定義および、最も単純とは言わずとも最も多くの事例は以下に挙げられている。«*Leitwort* Style

in Pentateuch Narrative», *loc. cit.*, p.114s. この現象を例証するために、しばらく後に、こうした事例のうちの一つ、すなわち、コラの反逆の物語の構造化という事例を取り上げたい。

(108) この事例は、«The Language of the *Botschaft*», *loc. cit.*, p.29 に見られる。ここで、ある単語を反復することで一つの物語のシークエンスを構造化する形式の一般的なかたちを見ることができる。目下の場合に反復されているのは、空間的および時間的という二つのニュアンスを含んだ副詞（*hennah*）である。この現象に対応しているのが、動詞の不定法にその活用形が併置されるという非常に頻繁に見られる意味論的構造である。この手法は、物語のスタイルの強度を増すということに加え、命令ないし規定を強めるという効果を有したものである。これについては、不定法に続いて命令法ないし強意の未来形がくる事例が見られる（たとえば「申命記」第七章第一八節）。

(109) この事例の分析は、«*Leitwort* Style in Pentateuch Narrative», *loc. cit.*, p.116s に見られる。そこでブーバーは、これらの繰り返される語句の分析を展開し、これらが、一方の章句を他方の章句と対立させたり接近させたりすることで、どのように物語を理解させてくれるのかを示している。同様の、さほど複雑ではない現象は、「創世記」におけるシナイでの契約に先立つたがいに呼応した二つの契約の物語において、タミン（*tamin*）およびヒトハレク（*hit'hallekh*）という語の結びつきが反復されているという点に見出すことができるだろう。すなわち、第六章第九節のノアとの契約（「その世代のなかで、ノアは神に従う無垢な（*tamin*）人であった。ノアは神とともに歩んだ（*hit'hallekh*）」）と、第一七章第一節のアブラハムの契約である（「私に従って歩み（*hit'hallekh*）、全き（*tamin*）者となりなさい」）。*Ibid.*, p.124 を参照。

(110) «*Leitwort* and Discourse Type: An Example» (1935), in *Scripture and Translation*, *op. cit.*, p.144 を参照。ここで問題になっている類音反復は、純粋に母音に関わるもので、語根が同じではない二つの語句が、同じ所有の接尾辞があることによって強められた半諧音の働きによって反復されたものである。

(111) ブーバーはこの分析を何度も展開している。最も明白なものとしては以下を参照。«On Word Choice in Translating the Bible», *loc. cit.*, p.83-84.

(112) その範例的な事例が、«*Leitwort* Style in Pentateuch Narrative», *loc. cit.*, p.116s で展開されているのを見ることができよう。以下この事例の扱いについては、ブーバーがローゼンツヴァイクとともになした決定に従って採用した選択をもとに引用された章句を訳すよう努めたが、フランス語においても、類音反復のようなライトヴォルトの手法に関連した手法を復元しようとした。サミュエル・カーエンによる聖書の仏訳は、ヘブライ語の用語およびその構文にできるかぎり近づこうとかなり配慮しており、こうした観点ではしばしば最良の指示を提供してくれる。加えて、問題になっている手法を例証するためにも、これらの意義深い章句の語句ないし言いまわしをしばしばイタリック体〔傍点〕で強調することも有益なことだろう。

(113) ここで、こうした核から出発した、ライトヴォルトの構成のよりいっそう広い展開を示す指摘をすることができる。エダーという語句とこの意味を強めるそのほぼ同義語のカハールという語句とのあいだの結びつきは、この物語のなかに三回現れるものの（第一六章第三節、第三三節、第四七節）、モーセ五書においては稀にしか見られない。だが、この結びつきが別の挿話において再び現れるときには、やはり同時に反逆という形象を前面に出しているのである。民がツィンの荒れ野において水がないことに抗議する「民数記」第二〇章第八―九節や、ベニヤミンの人々に対する戦いの最中がそうである（「士師記」第二〇章第一―二節）。

(114) ブーバーはここで（«*Leitwort* Style in Pentateuch Narrative»,

loc. cit., p.119)、コラが滅び去った後の、この挿話を閉じることになる章句（第一七章第二五—二八節）のことを考えている。この場合、カラブという語根に由来する接近および捧げものという観念をめぐってこの物語を構造化していたライトヴォルトは、死ぬという動詞の様々なかたちでの反復に結びつけられている。「そうすれば、私に対する不平がやみ、彼らが死ぬことはない（*velo yamutu*）［…］。人々はモーセに言った［…］近づく者は皆（*kol hakkarev*）、主の幕屋に近づく（*hakkarev*）者は死ぬ（*ya·mut*）のであれば、私たちは絶え果てるではありませんか」。とはいえ、この章句の末尾には、絶え果てるということを表現するために、ムート（*mut*）の（稀な）同義語であるガヴァ（*gava*）が用いられていることを指摘しておこう。

(115) «La Bible en allemand», in *L'Écriture et le verbe*, *op. cit.*, p.101–112（多くの誤りがあるため翻訳は修正した）。クラカウアーの批判は一九二六年四月二七日、二八日の『フランクフルター・ツァイトゥンク』（*Frankfurter Zeitung*）誌に載り、自らが最終的に擁護するルターの翻訳が「ワーグナー化」されてしまっていると告発している。ブーバーとローゼンツヴァイクの返答は、この著者の論点に対して同じ事例を用いることで反論するものだが、数日後同じ新聞にその簡略版が掲載されることになる。ブーバーはその完全版をドイツ語版に再録している。後者は*Scripture and Translation*, *op. cit.*, p.151–160 にも見られる。最後に、当時の議論は翻訳の初版に関わるものだったことを思い起こそう。ちなみに、他にも、さほど厳しいものではない批判、およびそれに対するより短い返答もあった。ローゼンツヴァイクの友人かつ医者であったリヒャルト・コッホへの返答においては（*L'Écriture et le verbe*, *op. cit.*, p.95–100; *Scripture and Translation*, *op. cit.*, p.161–165）、ブーバーとローゼンツヴァイクは「どうやってそれをテクストに対する責任だけで乗り切ることができるのか」というどんな翻訳にとっても第一義的と言える問いを発している。一九二七年のエマニュエル・ビン・ゴリオンに対するブーバー単独の返答においては（*Scripture and Translation*, *op. cit.*, p.166–171）、半諧音や頭韻法の音響的な形態やさらには朗唱のリズムの復元を目指す技法がまとめて説明されている。

(116) ブーバーとローゼンツヴァイクはここでルーアハとラッへとのあいだの純粋に音声的な響きの一致に賭けている。ゲーテおよび聖書の言語についてのテクストにおいて、ローゼンツヴァイクはすでに「くすぶる」（brüten）という動詞を使うことを擁護し、ラシがはじめてフランス語の「くすぶる」（couver）を提案した者であることを喚起している。«Comment la Bible hébraïque a directement influencé la langue de Goethe», *loc. cit.*, p.85 を見よ。

(117) Gershom Scholem, «L'achèvement de la traduction de la Bible par Martin Buber» (1961), in *Le messianisme juif*, trad. B. Dupuy, Paris, Calmann-Lévy, 1974, p.441–447.

(118) この一九二六年四月二七日のマルティン・ブーバー宛の書簡はショーレムの書簡集には見られないが、以下に収められている。*The Letters of Martin Buber. A Life of Dialogue*, *op. cit.*, p.338. ショーレムはさらに、預言者を指すのにKünder（「宣言する者」という意味）を用いることについての批判を付け加えている。ブーバーはある丁重な手紙で（特に五月二四日（*ibid.*, p.341–342））、クラカウアーへの返答の抜粋をショーレムに書き送ることになる。

(119) «L'achèvement de la traduction de la Bible par Martin Buber», *loc. cit.*, p.444.

(120) この点について、ブーバーとローゼンツヴァイクの企図を、『救済の星』の「永遠の民」の経験についての考察と突き合わせることができるだろう。聖なる土地があらゆる領土から離れていることと、聖なる〈律法〉が歴史の浮き沈みに対して非時間的にとどまることを示した後、ローゼンツヴァイクは次のように書いている。「永遠の民は自らに固有の言語を失ったのであり、どこでも、自分の行き着いた外部の言語を、つまり自分が賓客（*Gaste*）として滞在しているところの民の言語を話す」（Franz Rosenzweig, *L'étoile de la Rédemption*, trad. A. Derczanski et J.-L. Schlegel, Paris, Seuil, 1982, p.256）。歓待の意味をひっくり返そうとするこうした手法は、翻訳の計画を司っていた意図の一つであろう。この仮説はローゼンツヴァイクの自書についてのある打ち明け話において確証されるだろう。「いつか『救済の星』は、正当な権利とともに、ドイツ精神がそのユダヤの飛び地に負っている一つの贈り物とみなされることでしょう」（一九二三年一月末のルドルフ・ハロ宛の書簡（in *Briefe und Tagebücher*, II, *op. cit.*, 887）。この告白の意味については、本書第一巻第二章二二三―二二四頁を参照）。こうした逆説が、翻訳の企図の運命をはじめから規定していたというのもありえないことではない。

（121）Emmanuel Lévinas, «La pensée de Martin Buber et le judaïsme contemporain», *loc. cit.*, in *Hors sujet*, *op. cit.*, p.24.

（122）レオ・シュトラウスの『哲学と法』（*Philosophie und Gesetz*）（一九三五年）の序文と第一章（「ユダヤ教の哲学における古代人と近代人の論争」）のことを考える向きもあろう。そこでレオ・シュトラウスはこれらの形象を際立たせ、その系譜を描こうとしている。Leo Strauss, *La philosophie et la loi*, in *Maïmonide*, trad. R. Brague, Paris, PUF, 1988, p.11–77 を参照。また、本書第三巻第七章も参照。

（123）この表現はスタイナーの以下の個所から借用した。George Steiner, *Réelles présences*, trad. M. R. de Pauw, Paris, Gallimard, 1991, p.21.

（124）Leo Strauss, «Avant-propos à la traduction anglaise de *La critique de la religion de Spinoza*», in *Le testament de Spinoza*, trad. G. Almaleh, A. Baraquin et M. Depadt-Eichenbaum, Paris, Cerf, 1991, p.282. この点に関しては再度触れる。本書第三巻第七章を参照。

（125）これが『モーセ』第一章（*Moïse*, *op. cit.*, chap.1）の歩みである。逆に、コーエンが自らの聖書読解を、まさに神話からの漸進的解放という考えのもとに構築し、これを一神教の真正さおよびその倫理的意味とするしかたについては、本書第一巻第一章六二―六四頁を参照。

（126）ブーバーがいかにして律法の書かれた〈板〉の地位や〈十戒〉の意味を解釈するのかを参照（*ibid.*, chap.XV）。ブーバーは、まず共同体の成立を（p.163）、次いで民の生活にとっての時間構成の重要性を強調し（p.165s）、最後に「出エジプト記」第一九章の「鷲の言葉」がいかにして、「あなたたちは、私にとって祭司の王国、聖なる民となる」という声明において捺印を受けた「王との契約」という次元を打ち立てるのかを強調している（*ibid.*, chap. XIII）。

（127）*Deux types de foi*, *op. cit.*, p.44–47. ブーバーは、共通の語源（しっかりする、しっかり立つを意味するアマン）を持つ二つの語句をかけている。そのうちの一方（エムナー）は、その意味を信頼から忠実さへと拡大するのに対し、もう一方（エメト）は逆向きの運動を示す。

（128）いくつか参照項はあるが、なかでも以下を参照。Martin Buber, *Les récits hassidiques* (1949), trad. A. Guerne, Monaco, Éditions du Rocher, 1978, p.674.

（129）*Deux types de foi*, *op. cit.*, p.52. ブーバーがここで暗黙裡に標的にしているのは、マイモニデスが『ミシュネー・トーラー』を通じて実現した法典化と、より明白にはメシアニズムについての「サンヘドリン篇」の最終章（ヘレク）の解釈の導入のために起草された「一三の原理」である（Maïmonide, *Épîtres*, trad. J. de Hulster, Paris, Gallimard, 1993, p.182–195 を参照）。

（130）*Ibid.*, p.59. ブーバーはここで「サンヘドリン篇」が来るべき世界から、大きく次の三つのカテゴリーを排除していることを示唆している。その三つとは、復活を否定する者、トーラーが神的起源を有することを否定する者、快楽主義者である。『ミシュナー』一一および「サンヘドリン篇」九九A—一〇〇Bについてのその注釈を参照。

(131)　«La voie sainte», *loc. cit.*, p.91.

(132)　*Ibid.*, p.94. ブーバーは一九一二年の講演において、ギリシア的世界とユダヤ教的世界との比較をよりはっきりと展開していた(«L'esprit de l'Orient et le judaïsme», *loc. cit.*, p.54)。

(133)　«La voie sainte», *loc. cit.*, p.93.

(134)　*Ibid.*, p.95.

(135)　«L'esprit de l'Orient et le judaïsme», *loc. cit.*, p.55.

(136)　«La religiosité juive», *loc. cit.*, p.68. ブーバーがここで引用しているのはそれぞれ以下である。*Sanhédrin* 99a; *Pirqé Avot*, IV, 17.

(137)　«L'esprit de l'Orient et le judaïsme», *loc. cit.*, p.55 を参照。暗黙のうちに、ブーバーはあらためてマイモニデスの哲学的合理主義に対峙している。とりわけ問題は、『ミシュネー・トーラー』の、認識原理に関する第一部におけるテシュヴァーの分析展開である(Maimonide, *Mishneh Torah*, Livre I, *Madda'* (connaissance), section V)。

(138)　«Préface à l'édition de 1923» des *Reden über das Judentum*, *loc. cit.*, p.xv. ブーバーにおけるテシュヴァーの観念に固有の「返答」という次元についてはショーレムがこれを強調している。«Le judaïsme dans la pensée de Martin Buber», *loc. cit.*, p.173 を参照。

(139)　これら二つの表現はそれぞれ以下からとったものである。«La voie sainte», *loc. cit.*, p.90; «Le renouvellement du judaïsme», *loc. cit.*, p.36.

(140)　*Ibid.*, p.29–31. ブーバーはここで、ラーツァルスが称揚する「預言者的ユダヤ教の復活」という展望は、「信仰を合理化し、教義を単純化し、儀礼に関する戒律の厳格さをゆるめ」てしまうものであって、ルターのキリスト教の再興のためのプログラムと似たような一種のプログラムにしか行き着かないと明記している。

(141)　«La voie sainte», *loc. cit.*, p.110.

(142)　«Le renouvellement du judaïsme», *loc. cit.*, p.32.

(143)　«La voie sainte», *loc. cit.*, p.113. ブーバーはここでナショナリズムを拒否することを明示しているが(p.111)、これは後にイスラエルの誕生に際して支配的となる諸々のイデオロギーに対して行うことになる批判を言わば蓄えておくといった見地におけるものである。「われわれに異国の地において真の神に仕えさせようとする者たちが同化主義者なのではなく、あなた方、ユダヤ的な名前をもっていればどんな偶像でもよいからそれに仕えることに賛同する者たちがそうなのだ！　あなた方はこの時代を支配している教義(ドグマ)、つまり諸国家の主権という冒瀆的な教義に同化しているのだ」。

(144)　*Ibid.*, p.115.

(145)　«Le judaïsme et les Juifs», *loc. cit.*, p.17.

(146)　問題になっているのは、「サンヘドリン篇」九五Bである。そこでは、メシアの到来の期日およびそれを見ることになる世代はどのような世代かについての長い議論のただなかで、預言者エリアが、ラビ・ヨシュア・ベン・レビをメシアに出会わせるためにローマの門へと連れて行くということが語られている。それによれば、このメシアはらい病人たちのなかにあり、遅れずに出発できるようにとの理由から包帯をたゆまず解いては巻きしているために見分けられるとされている。この節の重要性については、Ephraïm Urbach, *Les sages d'Israël. Conceptions et croyances des maîtres du Talmud*, trad. M.-J. Jolivet, Paris, Cerf, Verdier, 1996, p.702–703 を参照。またとりわけ Emmanuel Lévinas, «Textes messianiques», in *Difficile liberté*, Paris, Albin Michel, 1976, p.105s においてその現代的な注釈を見ることができる。

(147)　Gershom Scholem, «Le judaïsme dans la pensée de Martin Buber», *loc. cit.*, p.179.

(148)　*Ibid.*, p.154,

(149) こうした欠落を補うためには、ブーバーの読解は以下の文献によって補完されるだろう。Gershom Scholem, *Les grands courants de la mystique juive*, trad. M. Davy, Paris, Payot, 1994, chap. III et IX; «La neutralisation du messianisme dans le hassidisme primitif», «La *Devekut* ou la communication avec Dieu», in *Le messianisme juif*, *op. cit.*, p.267–301 et 303–331（本書第四章七〇—七五頁を参照）。また、Yoram Jacobson, *La pensée hassidique*, trad. C. Chalier, Paris, Cerf, 1989. これはハシディズムの精神世界へのよい導入となるものである。別様の、人類学的観点からのものとしては以下を参照。Jacques Gutwirth, *Vie juive traditionnelle. Ethnologie d'une communauté hassidique*, préface André Leroi-Gourhan, Paris, Minuit, 1970. この点についての最新の最も網羅的なものは以下である。Moshe Idel, *Hasidism: Between Ecstasy and Magic*, Albany, State University of New York Press, 1995.

(150) «Le judaïsme dans la pensée de Martin Buber», *loc. cit.*, p.180. 問題になっているショーレムの著作とは、一九四一年に公刊された『ユダヤ神秘主義　その主潮流』にほかならない。ハシディズムの最終局面に関するその最後の章はブーバーの仕事に立脚しており、その後に展開することになる批判はまだここでは見られない。

(151) *La légende du Baal-Schem*, *op. cit.*, p.7.

(152) *Ibid.*, p.8.

(153) *Les récits hassidiques*, *op. cit.*, p.5.

(154) これは、ブーバーがバアル・シェムおよびその弟子たちの格言を集めた、彼の初期の選集のうちの一つに付けたタイトルである。Baal-Shem-Tov, *Vivre en bonne avec Dieu*, trad. W. Heumann, Paris, Seuil, 1995 を見よ。

(155) *Les récits hassidiques*, *op. cit.*, p.123.

(156) *Ibid.*, p.418. 同じ話題が以下でも語られている。*Le chemin de l'homme d'après la doctrine hassidique*, trad. W. Heumann, Monaco, Éditions du Rocher, 1989, p.17.

(157) *Les récits hassidiques*, *op. cit.*, p.641. 同じ話は以下のテクストにも見られるが、ここでは寓意化されている。*Le chemin de l'homme*, *op. cit.*, p.49–50

(158) *Les récits hassidiques*, *op. cit.*, p.456.

(159) *Ibid.*, p.156.

(160) *Ibid.*, p.217.『ハシディズムの物語』においては悪の必要性についての言及が頻繁にあることに気がつくだろう。とりわけ、「ベラホート篇」（54a, 60a）の、善に対してと同様悪に対しても神に感謝すべきだとする主張が参照されている（*Ibid.*, p.329, p.425）。エマニュエル・レヴィナスもまた、よりタルムードの伝統に近しい見地からとはいえ、この問題系について同じ個所についての分析を行っている。«Du langage religieux et de la crainte de Dieu», in *L'au-delà du verset*, Paris, Minuit, 1982, p.112s を参照。

(161) *Les récits hassidiques*, *op. cit.*, p.361–362.

(162) *Le chemin de l'homme*, *op. cit.*, p.11.

(163) *La légende du Baal-Schem*, *op. cit.*, p.16.

(164) *Ibid.*, p.23.

(165) *Ibid.*, p.24–25; *Les récits hassidiques*, *op. cit.*, p.128.

(166) *Ibid.*, p.29.

(167) この問題については、本書第四章九五—一〇一頁を参照。

(168) *Les récits hassidiques*, *op. cit.*, p.43.

(169) Gershom Scholem, «Martin Buber et son interprétation du hassidisme», in *Le messianisme juif*, *op. cit.*, p.337.

(170) *Le chemin de l'homme*, *op. cit.*, p.10. ブーバーは、ここで行っているように自ら解釈を施すことはないが、同じ話を以下でも語っている。*Les récits hassidiques*, *op. cit.*, p.365. ちなみに、フランツ・ローゼンツヴァイクが、「お前はどこにいるのか」という問いに、卓越した「〈汝〉の問い」を見ていることを強調しておこう。*L'étoile*

de la Rédemption, op. cit, p.208.

（171）«die Stimme eines verschwebenden Schweigens», *ibid.*, p.14. ブーバーはここで「列王記上」第一九章第一二節の表現をほとんど字義通りに翻訳している。

（172）*Ibid.*, p.21.

（173）*Ibid.*, p.54. ブーバーはここでもまた先に引用した『ピルケー・アボット』（IV, 17）の表現を念頭においている。

（174）*Ibid.*, p.56.

（175）*La légende du Baal-Shem, op. cit.*, p.9. 神話についての講演においても、対立関係をより徹底化するかたちで同じ考えが展開されている。「一六世紀にはヨセフ・カロではなく、イサーク・ルーリアが、そして一八世紀にはヴィルナのガオンでなくバアル・シェムが、ユダヤ教を真に確固たるものとしたのである」（«Le mythe dans le judaïsme», *loc. cit.*, p.83）。ブーバーはここで、神秘主義一般、わけてもハシディズムに対して哲学的合理主義およびユダヤ教学が有している嫌悪をただ単に反転させながら、神秘主義の出現とタルムードに記載されている議論とのあいだには一致する点があるということを認めている。この問題は、現代の歴史記述においても最も議論の分かれる問いの一つである。図式的に言えば、ショーレムおよびその学派によれば、（たとえタルムードが〈賢者〉らが抵抗する秘教的な要素の存在を証言しているにせよ）カバラーそのものは、一二世紀ころ、グノーシスに由来するいくつかの考えがユダヤ教のなかに導入されるという経路を通じて現れたものとされるが、モッシェ・イデルは、ユダヤ教に固有の神秘主義はそれよりも前に存在していたという点を再評価しようとしている。とりわけ、ショーレムについては『カバラーの諸起源』第一部（*Les origines de la Kabbale*, trad. J. Loewenson, Paris, Aubier-Montaigne, 1966）、またこれに対して Moshe Idel, *La Kabbale, nouvelles perspectives*, trad. Ch. Mopsik, Paris, Cerf, 1998, p.72s を参照。

（176）『ラビ・ナフマンの物語』の初版（一九〇六年）の序文を参照。後の版で修正されたものが以下で引用されている。Gershom Scholem, «Le judaïsme dans la pensée de Martin Buber», *loc. cit.*, p.158. ショーレムもまた、ユダヤ神秘主義は、ハインリヒ・グレーツがとりわけその『ユダヤ人の歴史』で想定しているような啓蒙の哲学に対する反動だったわけではないという考えを擁護していると指摘することができる（*Les grands courants de la mystique juive, op. cit.*, p.37）。ショーレムは逆に、ブーバーがハシディズムについて行っている以上に、神秘主義の諸潮流の形成およびその教義に対して歴史的な出来事の影響があったことを強調している。特に、同書におけるイサーク・ルーリアのカバラーの起源およびそれとスペイン〈追放〉との関連について言及されている箇所を参照（*ibid.*, p.260s）。また、本書第四章八九—九〇頁を参照。

（177）ブーバーのこれら二つの表現を、ショーレムは度々引用している。とりわけ以下を参照。«Le judaïsme dans la pensée de Martin Buber», *loc. cit.*, p.183. また、以下のより議論が展開された節も参照。«Martin Buber et son interprétation du hassidisme», *loc. cit.*, p.344.

（178）*Les récits hassidiques, op. cit.*, p.15. 神は〈創造〉を確かなものとするために自ら退いたとする収縮（ツィムツム）という考えは、実際にカバラーの中心にあるものであるということを喚起しておこう。この考えは無カラノ創造という観念を説明してくれるばかりでなく、そのまわりにユダヤ神秘主義の概念的連関の中核が織り成されるものでもあるのである。この問題がショーレムにおいてどのように展開されるかについては、本書第四章九五—九七頁を参照。

（179）Gershom Scholem, *Les grands courants de la mystique juive, op. cit.*, p.359.

（180）すでに引用したショーレムの論文に加え、とりわけ以下を参照。Yoram Jacobson, *La pensée hassidique, op. cit.*, chap. v; Moshe Idel, *Hasidism: Between Ecstasy and Magic, op. cit.*, part.I.

(181) *Les récits hassidiques*, *op. cit.*, p.40.

(182) Gershom Scholem, «Le judaïsme dans la pensée de Martin Buber», *loc. cit.*, p.176 に引用されたマルティン・ブーバーの言葉。

(183) この点に関しては Yoram Jacobson, *La pensée hassidique*, *op. cit.*, p.87 を参照。

(184) ショーレムはしばしば、ハシディズムによるメシアニズムの「中和化」という主張を展開していた。この現象はおそらく彼がハシディズムにほとんど関心を示さないことを大局的に説明してくれるものであろう。*Les grands courants de la mystique juive*, *op. cit.*, p.347–348; «La neutralisation du messianisme dans le hassidisme primitif», *loc. cit.*, p.267–301. また本書第四章七三―七五頁も参照。ショーレムが別の目的のために何度も言及する、ハシディズムは内的および個人的救済を推奨しメシアニズムの歴史的〈救済〉からその棘を抜くというブーバーの主張については、モッシェ・イデルがこれを問い直した最初の者のうちの一人であることを指摘しておこう。Moshe Idel, *Messianisme et mystique*, trad. C. Chalier, Paris, Cerf, 1994, p.106s.

(185) それぞれ以下を参照。«Le judaïsme dans la pensée de Martin Buber», *loc. cit.*, p.176; «La neutralisation du messianisme dans le hassidisme primitif», *loc. cit.*, p.301. ショーレムにとっては、ルーリアのカバラーはこういったメシアニズムの寓意化を実践しないようにするものだったということを付記しておこう。

(186) Gershom Scholem, «Martin Buber et son interprétation du hassidisme», *loc. cit.*, p.334–336.

(187) Gershom Scholem, «La *Devekut* ou la communication avec Dieu», *loc. cit.*, p.303-331; «Trois types de piété juive»(1969), in *De la création du monde jusqu'à Varsovie*, trad. M.-R. Hayoun, Paris, Cerf, 1990, p.245–259 を参照されたい。このテクストが提示している分析については、本書第四章五三―五四頁も見よ。モッシェ・イデルは、神との神秘的合一はユダヤ教とは異質だとする考えを――彼自身がこの問題の解釈するときの冒頭において――ショーレムのものとしているが、これら二つの論文は言及されていない（*La Kabbale, nouvelles perspectives*, *op. cit.*, p.127s）。この点に関しては Yoram Jacobson, *La pensée hassidique*, *op. cit.*, chap.V et VI も参照。

(188) «Martin Buber et son interprétation du hassidisme», *loc. cit.*, 335. シモン・ドゥブノフ自身は、ハシディズムの記念碑的な歴史書の著者である。*Toldot ha-hassidut bi-tqufat tsmihatah ve-giddulah*, Tel-Aviv, 1930–1931; *Geschichte des Hassidismus*, Berlin, 1931. この点に関しては以下の彼の自伝を参照。Simon Doubnov, *Le livre de ma vie. Souvenirs et réflexions. Matériaux pour l'histoire de mon temps*, trad. et annotation B. Berheimer, préface Henri Minczeles, Paris, Cerf, 2001, chap. 23, 24 et 74.

(189) «Le judaïsme dans la pensée de Martin Buber», *loc. cit.*, p.183.

(190) «Martin Buber et son interprétation du hassidisme», *loc. cit.*, p.352.

(191) Emmanuel Lévinas, «Le dialogue. Conscience de soi et proximité du prochain», in *De Dieu qui vient à l'idée*, Paris, Vrin, 1992, p.211.

(192) それぞれ Franz Rosenzweig, *L'étoile de la Rédemption*, *op. cit.*, p.21; «Le dialogue. Conscience de soi et proximité du prochain», *loc. cit.*, p.214 を参照。

(193) «Le dialogue. Conscience de soi et proximité du prochain», *loc. cit.*, p.214.

(194) *Ibid.*, p.217.

(195) Emmanuel Lévinas, «À propos de Buber : quelques notes», in *Hors sujet*, *op. cit.*, p.61.

(196) Emmanuel Lévinas, «Martin Buber, Gabriel Marcel et la philosophie», in *Hors sujet*, *op. cit.*, p.39. レヴィナスの念頭にあるテクストはおそらく、ブーバーの『ユートピアと社会主義』であろう（Martin Buber, *Utopie et socialisme*, trad. P. Corset et F. Girard, préface

Emmanuel Lévinas, Paris, Aubier-Montaigne, 1977, p.246–247）。

（197）*Ibid.*, p.249.

（198）*Ibid.*, p.89 et 99.

（199）*La question qui se pose à l'individu*（1936）, in *La vie en dialogue*, *op. cit.*, p.193. シュミットとゴーガルテンの批判は以下で展開されている（p.187–194）。

（200）Emmanuel Lévinas, «La pensée de Martin Buber et le judaïsme contemporain», *loc. cit.*, p.30.

（201）*Je et Tu*, *loc. cit.*, p.7s を参照。『我と汝』にはフランス語版がもう一つあることを喚起しておこう（*Je et Tu*, trad. G. Bianquis, préface Georges Bachelard, Paris, Aubier, 1969）。ただし断りのないかぎり、『我と汝』への四つの小品を収めた前述の版（*La vie en dialogue*）から引用を行う。以降では、この著書への参照は本文の地の部分に括弧内で指示する。

（202）Martin Buber, *Dialogue*（1930）, in *La vie en dialogue*, *op. cit.*, p.128.

（203）Martin Buber, *Éléments de l'interhumain*, *ibid.*, p.204.

（204）Emmanuel Lévinas, «Martin Buber, Gabriel Marcel et la philosophie», *loc. cit.*, p.39 を参照。

（205）*Dialogue*, *loc. cit.*, p.121.

（206）*La question qui se pose à l'individu*, *loc. cit.*, p.178.

（207）*Dialogue*, *loc. cit.*, p.119. この告白は、以下でも同じ表現でもって行われている。*Fragments autobiographiques*, *op. cit.*, p.89.

（208）それぞれ Martin Buber, *Dialogue*, *loc. cit.*, p.119; Emmanuel Lévinas, «Martin Buber, Gabriel Marcel et la philosophie», *loc. cit.*, p.52 を参照。

（209）この点については «Le judaïsme dans la pensée de Martin Buber», *loc. cit.*, p.164 を見よ。

（210）それぞれ Hermann Cohen, *Religion de la raison tirée des sources du judaïsme*, *op. cit.*, p.231 et 407 を参照。以下に見るように、マルティン・ブーバーは、神への愛は観念への愛であるとするコーエンの主張を批判している（Martin Buber, *Éclipse de Dieu*（1953）, trad. E. Thézé, Paris, Nouvelle Cité, 1987, p.55–65）。このヘルマン・コーエンの主張そのものについては、本書第一巻第一章四〇―四三頁を参照。

（211）ローゼンツヴァイクの見地を綜合するこうした表現はエマニュエル・レヴィナスの以下のテクストから借り受けた。Emmanuel Lévinas, «Franz Rosenzweig. Une pensée juive moderne», in *Hors sujet*, *op. cit.*, p.84 et 86.

（212）Emmanuel Lévinas, «La pensée de Martin Buber et le judaïsme contemporain», *loc. cit.*, p.32. この明確化がその意味を十全に発揮するのは、レヴィナスが別のところでハイデガーおよびハイデガー主義者らの試みに対して与える偶像崇拝を超えた「パガニズム〔異教、多神教的土俗信仰〕の永遠の誘惑」という規定との関連においてにほかならない。「世界を再び見出すこと、それは〈場所〉において神秘的に体を丸めた幼年期、［…］世界を通じて浸み込んでくる聖なるものを再び見出すことである」（Emmanuel Lévinas, «Heidegger, Gagarine et nous», in *Difficile liberté*, *op. cit.*, p.324–325. 本書第三巻第九章も参照）。

（213）Emmanuel Lévinas, «Martin Buber, Gabriel Marcel et la philosophie», *loc. cit.*, p.53. ハシディズム解釈とブーバーの哲学との関係という点については、ショーレムも結局のところ言っていることは異ならない。ブーバーが嵌まり込んでしまった罠は「彼の思想における「生」の概念の曖昧さ」であるとショーレムが強調するときにはとりわけそうである。«Martin Buber et son interprétation du hassidisme», *loc. cit.*, p.340 を見よ。

（214）Emmanuel Lévinas, «La pensée de Martin Buber et le judaïsme contemporain», *loc. cit.*, p.32.

（215） Martin Buber, *Le problème de l'homme*, trad. J. Loewenson-Lavi, Paris, Aubier, 1980, p.74.
（216） «La pensée de Martin Buber et le judaïsme contemporain», *loc. cit.*, p.33.
（217） «Martin Buber, Gabriel Marcel et la philosophie», *loc. cit.*, p.51. レヴィナスがここで引用しているのは *Shevouoth*, 39a である。
（218） «La pensée de Martin Buber et le judaïsme contemporain», *loc. cit.*, p.31.
（219） «À propos de Buber : quelques notes», *loc. cit.*, p.68. 政治の必要性を創始する、自己と他者のあいだの対面関係への闖入としての第三者の闖入という見方が、レヴィナス自身の思想においてどのような意義を有しているかについては、本書第三巻第九章を参照。
（220） *Idem*. この批判が «Le dialogue. Conscience de soi et proximité de prochain», *loc. cit.*, 229–230 においても繰り返されていることを指摘しておこう。さらに、『全体性と無限』はブーバーを「修正する」つもりはないとはいえ、そこでなされているブーバーの思想についての短い要約は、こうした意図とあながち無縁なものには見えないと付け加えることもできるだろう（Emmanuel Lévinas, *Totalité et infini*, La Haye, Martinus Nijhoff, 1984, p.40–41 を参照）。
（221） この逸話は以下に見られる。Maurice Friedman, *Encounter on the Narrow Ridge. A Life of Martin Buber*, *op. cit.*, p.420.
（222） «Le judaïsme et les Juifs», *loc. cit.*, p.14.
（223） Martin Buber, *Une terre et deux peuples*, *op. cit.*, p.70–83 のこの演説を参照。ヒスタドルト〔イスラエル労働総同盟〕は、戦後のこの最初のシオニスト会議で開かれた展望のなかで、パレスチナで設立された「若き労働者」（ハポエル・ハツァイル）と、〈離散〉に由来するツェイレ・ツィオン（シオンの若者たち）との合併によって誕生した。
（224） *Ibid.*, p.79.
（225） *Ibid.*, p.81. 引用はマルティン・ブーバー。
（226） Martin Buber, «Gandhi, la politique et nous»(1930). 以下に引用。Paul Mendes-Flohr, introduction à Martin Buber, *Une terre et deux peuples*, *op. cit.*, p.29.
（227） とりわけ以下を参照。«*Hérouth*. Une conférence sur la jeunesse et la religion»(1919), in *Judaïsme*, *op. cit.*, p.122–144; «Deux sortes de sionisme», *Béayot Hazman*, 27 mai 1948, in *Une terre et deux peuples*, *op. cit.*, p.287–291. さらに一九五〇年頃にイフードの集会で行われたブーバーの演説の未公刊のテクスト「政治的敗北の後で」も参照（«Après la défaite politique», *ibid.*, p.317–326）。
（228） «En cette heure tardive»(1920), *ibid.*, p.63–68.
（229） 一九七二年に収録された「平和同盟」（*Berit Shalom*）についての対談の草稿。ポール・メンデス＝フロアによって以下に引用されている。*Une terre et deux peuples*, *op. cit.*, p.101.「平和同盟」の地位についても同じ著作を参照（p.103–104）。
（230） Gershom Scholem, «*Al sheloshah peshaei berith shalom*», *Davar*, 12 décembre 1929. *Fidélité et utopie*, *op. cit.*, p.66 に引用。
（231） とりわけ、一九二九年一〇月三一日にベルリンの「平和同盟」のサークルで行った演説（*Une terre et deux peuples*, *op. cit.*, p.111–124）、さらに一九三三年七月にアントウェルペンに集まったユダヤ人の青年組織の代表者たちに向けた演説（*ibid.*, p.137–143）を参照。『ピルケー・アボット』の完全な表現は以下である。「もし私が自分のことを気にかけないのなら、誰が私のことを気にかけるのか。だが私が自分のことを気にかけないとき、私とは誰なのか。そしてもしそれが今でなければ、いつなのか」。興味深いことに、レオ・シュトラウスは、自らの知的自叙伝においてこの同じ参照項を用いるだろう。しかも彼が当時所属していた「政治的シオニズム」の特徴を述べるためにである。だが、この運動は、上の問いのうちの第二の問いを曖昧なままにしていたと同時に明記している。Leo

Strauss, «Avant-propos à la traduction anglaise de *La critique de la religion de Spinoza*», in *Le testament de Spinoza*, trad. G. Almaleh, A. Baraquin et M. Depadt-Ejchenbaum, Paris, Cerf, 1991, p.266–267 を参照。また、本書第三巻第七章も参照。

(232) あらためて一九二九年一〇月三一日の演説（*loc. cit.*, p.114–115）、および一九三八年のガンジー宛の書簡（*ibid.*, p.165）を参照。

(233) «Contre l'infidélité», *Palestine Post*, 18 juillet 1938, *ibid.*, p.171–175; «Pseudo-samsonism», *Davar*, 5 juin 1939, *ibid.*, p.177–182. 指摘しておけば、ショーレムがその後批判するように、ブーバーはこのときからすでにパレスチナに居を構えていた……。

(234) イルグンの地下新聞『ヘルート（自由）』誌の一九四五年七月号の匿名記事を参照（*ibid.*, p.231–233）。この著者は、ハル・ハツォフィーム（ヘブライ大学がある、「見張り番」ないし「観察者」の山）とツォフィーム（傍観者）というヘブライ語をかけている。この論文は、一九四五年に『ベアヨト』誌に掲載されたブーバーの「「政治と道徳」の問題について」という論文（*ibid.*, p.225–230）に呼応するものである。

(235) とりわけ一九四六年五月のイフードの大会における演説「悲劇的な衝突」（«Conflit tragique», in *ibid.*, p.249）を参照。イフード（連合）は、ユダヤ・アラブの和合を促進するため、ユダー・L・マグネスの主導のもと一九四二年八月にエルサレムで設立された。マルティン・ブーバーとエルンスト・ジーモンが編集する『ベアヨト・ハズマン』（*Béayot Hazman*）という月刊誌を有していた。ブーバー、マグネスおよびロベルト・ヴェルチュが起草したそのプログラムについては、*Une terre et deux peuples*, *op. cit.*, p.198–199 を参照。マグネスとはしばしば対立していたハンナ・アーレントも、ビルトモア綱領の条件を拒否し、イフードと近い立場を擁護するようになったことも指摘しておこう。

(236) 一九四六年三月一五日の英米委員会の前での声明である「われわれにとってシオニズムは何を代表しているか？」を参照（«Que représente pour nous le sionisme?», in *Une terre et deux peuples*, *op. cit.*, p.240–245）。

(237) «Deux sortes de sionisme», *Béayot Hazman*, 27 mai 1948, *ibid.*, p.287–291.

(238) «Les fils d'Amos», *Ner*, avril 1949, *ibid.*, p.327.

(239) «Après la défaite politique», *loc. cit.*, p.323; «Après l'assassinat de Bernadotte»(1948), *ibid.*, p.309 をそれぞれ参照。

(240) «Israël et l'impératif de l'esprit», *ibid.*, p.369.

(241) 一九六三年六月二三日のショーレムからアーレント宛の書簡を参照（Hannah Arendt, *Les origines du totalitarisme et Eichmann à Jérusalem*, *op. cit.*, p.1344）。

(242) «Les fils d'Amos», *loc. cit.*, p.330. ハンナ・アーレントが、どのようにしてショーレムに答えたかを参照されたい。次のように言われている。「私は自分の人生においていかなる民族も「愛した」ことはありません［…］。私が愛するのは「唯一」友人たちだけですし、私が知り、また信じている愛とは唯一、人に対する愛なのです」（一九六三年七月二四日のショーレム宛の書簡。Hannah Arendt, *Les origines du totalitarisme et Eichmann à Jérusalem*, *op. cit.*, p.1354）。

(243) Hannah Arendt, «Réexamen du sionisme»(1944), in *Auschwitz et Jérusalem*, trad. S. Courtine-Denamy, Paris, Deuxtemps Tierce, 1991, p.104. この指摘は、とりわけブーバーを名指ししているわけではないが、おそらく彼の戦中の態度を説明することができるだろう。意義深いことに、彼は一九四四年に公刊される著作に結実する知的活動に一貫して身を捧げているのである。この著作は、聖書のいくつかのモティーフや、追放の時期のいくつかの古典的著作の分析を行い、次いで、シオニズムおよび現代のユダヤ思想の何名かの主要な人物――モーゼス・ヘス、テオドール・ヘルツル、アハド・ハアム、ラビ・クック、A・D・ゴルドンら――の肖像を描くものである。

Martin Buber, *On Zion. The History of an Idea*, trad. S. Godman, avant-propos de Nahum N. Glatzer, Syracuse, Syracuse University Press, 1997 を参照。

（244） *Utopie et socialisme, op. cit.*, p.209–224. 世紀初頭のクヴツァの経験、およびブーバーが「共同体的な生活形式のもとでのたゆまぬ暗中模索」と名づけているものについては、以下を参照。Walter Laqueur, *Histoire du sionisme*, trad. M. Carrière, Paris, Calmann-Lévy, 1973, p.317–325.

（245） «Après la défaite politique», *loc. cit.*, p.322.

（246） «Les fils d'Amos», *loc. cit.*, p.329.

（247） Michaël Walzer, «La recherche de Sion chez Martin Buber», *loc. cit.*, p.88.

（248） *Fragments autobiographiques, op. cit.*, p.100.「サムエル記上」第一五章に関する議論。

（249） Emmanuel Lévinas, «Entretiens», in François Poirié, *Emmanuel Lévinas: Essais et entretiens*, Paris, Babel, 1996, p.152.

（250） «Le dialogue entre le ciel et la terre»(1951), in *Judaïsme, op. cit.*, p.185.

（251） *Baba Bathra*, 60b. この節についてのこうした見地からの注釈として、ヨセフ・ハイーム・イェルシャルミを参照。Josef Hayim Yerushalmi, «Un champ à Anathoth: vers une histoire de l'espoir juif», in *Mémoire et histoire*, actes du XXVᵉ Colloque des intellectuels juifs de langue française, J. Halpérin et G. Lévitte (dir.), Paris, Denoël, p.91–107.

（252） それぞれ *Fragments autobiographiques, op. cit.*, p.91–98; *Éclipse de Dieu, op. cit.*, p.7–14 を参照。この二つの話が、前者の数年前のものである後者の著作の序文となっていることを指摘しておこう。ここで引用された節は後者『神の蝕』からのものである。

（253） *Ibid.*, p.14.『自叙伝的断章』の方では、ブーバーはこの二つの表現をナトルプのものだとしていることを指摘しておこう。

（254） *Ibid.*, p.16. ブーバーはもちろんのこと、神は死んだ、われわれが殺したのだとニーチェが主張する『悦ばしき知識』（第一二五章その他）および『ツァラトゥストラはこう言った』（第四部「優れた人間について」）の数節のことを考えている。だが直接的にはハイデガーの注釈を通じてそうしているのである（Heidegger, «Le mot de Nietzsche "Dieu est mort"», in *Chemins qui ne mènent nulle part*, trad. W. Brokmeier, Paris, Gallimard, 1962, p.253–322）。そこでハイデガーは、「神は死んだ」とは「超感性的世界が実効的な力を欠く」ことを意味すると言って自らの解釈を要約している。ちなみにブーバーはもう少し先でこの注釈に直接言及している（p.73）。以下の数段落では、『神の蝕』への参照は本文で直接行う。

（255） Martin Heidegger, *Approche de Hölderlin*, trad. H. Corbin, M. Deguy, F. Fédier et J. Launay, Paris, Gallimard, 1973, p.145–146. ブーバーが行っている引用（p.75）は大雑把なものである。正確な引用は以下である。「これらの宗教の「預言者たち」は、〈聖なるもの〉の原初的なことばを予言するだけにはとどまらない、彼らは、すぐさま神について告げるのであり、われわれは地上を超えた至福における救済の確実な保証があるかのようにこれを当てにするのである」。

（256） Martin Heidegger, «Le mot de Nietzsche "Dieu est mort"», *loc. cit.*, p.308.『神の蝕』（p.94）に引用（引用が大雑把なところは元のテクストから補った）。

（257） Leo Strauss, «Avant-propos à la traduction anglaise de *La critique de la religion de Spinoza*», *loc. cit.*, p.276. 自らの最初の著作の翻訳に対するこの晩年の序文は、レオ・シュトラウスに一種の哲学的自叙伝を書く機会を与えるものであった。本書第三巻第七章を参照。

（258） 世紀初頭のドイツにおけるスピノザ再読解と、ヘルマン・コーエンに対するシュトラウスの批判の意義については、あらためて本書第三巻第七章を参照。

(259) Hermann Cohen, *Religion de la raison tirée des sources du judaïsme, op. cit.*, p.165. 本書第一巻第一章四八—四九頁も参照。

(260) ブーバーはここで（p.114）、自らの『モーセ』（*Moïse, op. cit.*, chap.IV）での分析に立脚している。

(261) Maurice Friedman, «Confiance existentiale et éclipse de Dieu», *Archives de philosophie*, t.51, cahier 4, octobre-décembre 1988, p.556. 同じ号には、ブーバーが一九三六にポンティニーで行った講演「悪は独立した力か」およびその討議が収められている。

(262) 最初の表現は、ブーバー自身によって一九五九年にドイツに対する態度についての討論の際に用いられたものである。Maurice Friedman, *Encounter on the Narrow Ridge, A life of Martin Buber, op. cit.*, p.328. 二番目の表現は、以下に引用された平和賞受賞演説からのものである。Maurice Friedman, «Confiance existentiale et éclipse de Dieu», *loc. cit.*, p.557.

(263) *Deux types de foi, op. cit.*, p.157. 以下の段落においては、この著作への参照は本文の地の文に組み込む。

(264) Gershom Scholem, «Le judaïsme dans la pensée de Martin Buber», *loc. cit.*, p.178. ショーレムがここで『信仰の二類型』に対して厳しい批判を行っていることを指摘しておこう。ショーレムはこの著作をブーバーのなかでも「最も弱い」ものとみなし、ブーバーにおいて繰り返し見られる〈律法〉への敵意を強調している。

(265) *Nasir*, 23b. *Deux types de foi, op. cit.*, p.77 に引用。奇妙なことに、ブーバーは、周知の理由でタルムードの文献にはめったに依拠しないのだが、この章では何度も参照を行っており、時系列を逆転させてしまうことも覚悟の上で、それを前パウロ的なキリスト教と結びつけている。

(266) «Esprit d'Israël et monde d'aujourd'hui», *loc. cit.*, p.155.

(267) ブーバーが、『信仰の二類型』に見られるような「パウロ主義的な」カフカ読解を以下でより長く展開していることを指摘しておこう（«Schuld und Schuldgefühle», *Merkur*, 1957, p.705–729）。

(268) Marx Brod, *Franz Kafka, op. cit.*, p.232.

(269) *Ibid.*, p.231–232.

(270) *Ibid.*, p.107.

(271) 一九三四年八月一一日のヴァルター・ベンヤミンからゲルショム・ショーレム宛の書簡（in *Correspondance II, 1929–1940*, trad. G. Petitdemange, Paris, Aubier, 1979, p.125）。この点に関するベンヤミンとショーレムとの議論については、本書第一巻第三章二七八—二八三頁を参照。

(272) 一九三四年七月一七日のゲルショム・ショーレムからヴァルター・ベンヤミン宛の書簡（trad. M. Vallois, *Revue d'esthétique*, no.1, 1981, p.33）。

(273) Walter Benjamin, «Franz Kafka», in *Œuvres II, loc. cit.*, p.433. カフカとマックス・ブロートとの会話はもうさらに前の方に引用されている（*ibid.*, p.68–69）。

(274) *Deux types de foi, op. cit.*, p.162.

(275) *Ibid.*, p.165.

(276) *Le chemin de l'homme, op. cit.*, p.56.

(277) *Les récits hasidiques, op. cit.*, p.678. ラビ・メンデルがここで注釈を付けているのは *Bereshith Rabba*, XXXIX, 1 である。

(278) *Deux types de foi, op. cit.*, p.161.

(279) Gershom Scholem, «Le judaïsme dans la pensée de Martin Buber», *loc. cit.* それぞれ p.178, 176.

第6章　エルンスト・ブロッホ――期待の解釈学

ほとんどいつも流浪の身にあり、長いあいだ孤独で、誤解されることが多かったエルンスト・ブロッホは、一人の亡命者としてこの世紀を生き抜いた。彼は、カフカやヴァルター・ベンヤミンにとって貴重な、真の生き残りという形象を提供することができるだろう。一八八五年、プファルツ地方に生まれ、一九〇八年にようやくベルリンに上り、二三歳でリッカートと認識論の問題についての学位論文で華々しく口述審査を受けたあと、ブロッホはゲオルク・ジンメルのゼミナールに出席する。だが彼は一九一二年以降この都市を離れることになる。ユダヤとドイツの共生を実感できると言われたこの環境に魅惑されたというよりも、プロイセンのナショナリズムに脅威を感じたからである。しばらくのあいだハイデルベルクに身を置き、ジェルジ・ルカーチとともにマックス・ウェーバーのサークルに足繁く通い、そこでカール・ヤスパースと交わる。さらに彼は、一九一七年初頭に一度目のスイス亡命を経験する。ドイツ軍の徴兵を逃れるためであった。彼はローザ・ルクセンブルクに共鳴し、少しのあいだベルリンに戻るが、スパルタクス団員の鎮圧直後にまたベルリンを離れ、ミュンヘンに移り住むことになる。一九一三年に結婚したエルゼの死に心が引き裂かれたブロッホは、一九二一年に最終的にベルリンに戻り、そこで最初の友人たちとの不安定な人間関係を織り上げる。すなわち、ヴァルター・ベンヤミン、ベルトルト・ブレヒト、そしてまだアドルノと名乗る前のテオドール・ヴィーゼングルント、ジークフリート・クラカウアー、クルト・ヴァイル、ハンス・アイスラー、オーケストラ指揮者のオットー・クレンペラーといった友人たちである。しかし、迫害と出発の時がやってくる。一九三三年三月一四日、エルンスト・ブロッホは、ヴァルター・ベンヤミンと同様にドイツを去り、二度目のスイスへ、トーマス・マンの美しい表現によれば、この「ドイツの詩人たちが亡命し、終の棲家とする国」へ赴く。しかし、すぐにそこから追い出され、オーストリアへ向かう。一九三五年六月にパリに在留し、文化擁護のための国際作家会議に参加する。さらに彼は、ハインリヒ・マンとブレヒトも滞在していたプラハにやって来るが、チェコスロバキア侵攻の直前、アメリカに向かうためこの都市を去るのである。

ほとんど『希望の原理』全三巻の執筆のために費やされる一〇年間の生活が始まるのは、この時期、アメリカにおいてであるが、彼はそこで、ハンナ・アーレントやレオ・シュトラウスが同じ時期に見出したような避難場所を自分が手にしたとは感じてはいなかった。他の亡命者たちが大学からの承認のおかげでプリンストンやニューヨークやシカゴやロサンゼルスに身を落ち着けることができたのに対して、こうした承認を得なかった彼は、妻のカローラの仕事のおかげで生活することができた。彼女はレストランの給仕と建築家の仕事を交互にかけもっていたのだ……。彼はアメリカ文化を意に介することはほとんどなかったが、アメリカ文化のヨリヨキ生活ノ夢には一理あることは認めており、移民の「反ユートピア的効果」とパウル・ティリッヒが呼ぶことになるものに対して見事な反駁を行っている。一九四八年にヨーロッパに戻ると、彼はライプツィヒ大学の哲学研究所を主導するという依頼を受諾した。おそらく、社会主義と民主主義とを結びつけることで、ドイツ再建にしばらくのあいだ貢献することができると想像してのことだった。しかし、エルンスト・ブロッホはブダペストの蜂起の際に体制と関係を絶つ。友人たちが捕まり、有罪判決を受け投獄されるのを目の当たりにしながら、彼もまた「修正主義」ということで告発され、一九五七年から講義を禁止されることになるのである。ヴィーラント・ワグナーの招きで一九六一年の夏にバイロイトに滞在していたとき、彼はドイツ民主共和国に戻ることをはっきりと拒絶し、テュービンゲンに身を落ち着ける。これが最後の亡命、ないし最後の帰還であり、これ以降、ヘルダーリン、シェリング、そしてヘーゲルが学生時代を過ごした学舎の近くでその人生の最後の数十年間を過ごし、死の間際になり遅れ馳せながらの評価を得ることになるのだった。時代の迫害に次から次へと苦しめられなければならなかったこの永遠の亡命者が求めていたのは、自らの作品に対して、場合によっては回顧的であったり熱狂的であったりする倍音を響かせることで——この倍音のためにこの作品は学者には疎遠のものとなり、審美家の目には止まらないものとなったのだが——、最悪の時代にあっても人間の最良の夢を保つことであったと考えることができるだろうか。ユルゲン・ハーバーマスが、彼の作品に「脱出《エクソダス》の精神によって書かれた精神の遍歴《オデュッセイア》」を見出しつつ示唆しているのはこのことである。[1] エマニュエル・レヴィナスはと言えば、彼は、ブロッホという思想家の作品には、「人類の文明の価値ある様式——哲学、芸術そして宗教」を取り戻すに先立って「普遍的文化が共感によってそこで振動し始める」ような記念碑があるとしている。[2]

ヴァルター・ベンヤミンに関して援用できる証言と同じように、エルンスト・ブロッホの知的な青春期についての様々な証言は、彼の印象的かつ早熟で、とりわけ、形而上学について特異な能力が顕著なその性格について証言する点で一致している。マックス・ウェーバーは、ハイデルベルクの自宅で日曜の午後に主催していたサークルにブロッホの出席を認めていたが、ブロッホがルカーチと共有し、シュテファン・ゲオルゲのスタイルとは正反対のように見える終末論的な調子にしばし魅惑されたかのようだった。世界を通じた解放を追い求めるよりむしろ、世界から解放されることを可能にする救済の究極な地平を擁護すること、これこそがメシア的言説の土台であったのだが、この言説は、ジンメルの印象主義的な哲学、その見かけの鷹揚さとそのユダヤ教への無関心に対して戦ってもいた。エルンスト・ブロッホはもっと後になって、「博識の王子たちとして過ごした、ルカーチとの独身生活」について語りながらハイデルベルク時代について語ることになる。彼は、自らすすんで黙示録的ないしは預言者的な歩みを見せる二人のうちの一人とみなされていたのである。ブロッホが非常に早くからユダヤ神秘思想の諸見地や諸概念に触れていたことは知られている。同化の世界によってブロッホはここから遠ざけられていたとはいえ、しかしこうした見地や概念は彼の初期のテクストに限らず、その著作全体に着想を与えている。しかし、すぐにマックス・ヴェーバーは、まさに同じ年齢のこの二人のうちどちらかを選ぶことになるだろう。彼の目にはルカーチこそ真に理論に適する者であると写った。これに対してウェーバーは、その言葉ではブロッホの「悪い教育」に苛立ちをおぼえ、彼を直感的な形而上学者としか見なかったのだ。「彼は自分の神にとりつかれているが、私は科学者である」[3]。こうした印象は、一九一八年に『ユートピアの精神』が出版されるに及んで確たるものになる。ウェーバーはこの著作の公刊の手助けはしたが、しかし、これを不明瞭で構成もあまりにひどい代物と断じたのである。

マックス・ウェーバーは、自らの晩年のテクストにおいて賞賛をもって引用するルカーチのような人物をエルンスト・ブロッホの影響から遠ざけようとしていたのだが、他方でまた別のサークルのなかからも同じような人物像が生まれ始める。マックス・シェーラーは若きブロッホの哲学を「神への、「錯乱した」暴走」として記述したのに対して、レオ・レーヴェンタールはと言えば、『ユートピアの精神』をあまりにも想起させるといってやがてクラカウアーに非難されることになるだろう[4]。ブロッホより一八歳年下であったアドルノは、ずっと後になってから、この書物は、「まさにノストラダムスの手によって」書かれ、定理と魔法の文句とを隔てるわずかな境目に位置しており、自分には中世の古い魔術書のような印象を与えたと語っている。(5) フランクフルト学派の起源という新たな文脈では、ルカーチとブロッホが選んだ道は分岐し始め、後にブダペストやライプツィヒで二人がともに共産主義の冒険に身を投じるときにも、もはや交わることはないだろう。エルンスト・ブロッホは、一九二三年に出版された『歴史と階級意識』は内面性の形而上学に別れを告げるものであると述べていたが、とはいえそこに「一時的で弁証法的な不可知論」を見出すことができるのではないかとの望みは捨てていなかった。(6) ルカーチの方は、その著書が観念的かつ神秘主義的であると告発され、共産主義インターナショナルから激しい非難を受けていた。二〇年代の終わりから、ヴィクトル・セルジュの巧みな言葉によれば「おおむね体制的に」モスクワに居を構えたルカーチは、物書きとして生き残るために、文学や歴史思想の分野で忠誠の証を示さねばならないだろう。

　この時期、スイスに亡命する前にしばらくのあいだドイツにとどまっていたエルンスト・ブロッホは、ルカーチに抗して表現主義を擁護し続けていたが、フランクフルトで打ち立てられ始めた批判理論の規範、すなわち三〇年代初頭からホルクハイマーが所長を務めることになる社会研究所に加入することは拒絶する。ホルクハイマーとアドルノは、ベンヤミン、マルクーゼあるいはレオ・レーヴェンタールらに対するブロッホの影響を今一度食い止めようとして、アメリカに出発したあとブロッホと一種の取引を試みることになる。その取引とは、自分たちの仕事を参照することと引き換えに、マルクス主義についての原稿の一部を彼らの雑誌に掲載するというものだった。だが、テクストを受け取ると、アドルノは一九三五年にチューリヒで出版され、ベンヤミンと近い観点にとどまっていた『この時代の遺産』を読んだときに惹起された不信感を確証することになる。ホルクハイマーへの手紙で、彼はブロッホには「哲学的即興におけるある種の無責任さ」があるとするのである。(7) これ以降、両者の関係は実質的には絶たれることになってしまう。社会研究所はブロッホのテクストを出版することも、彼の著作の書評を出版することもないだろう。四〇年代のはじめ、研究所は、ヴァルター・ベンヤミンに対してそうしたように、ブロッホにもいくらかの援助金を出すことになる。しかし、孤独であまりにも独立していたこの二人の人物のどちらも、フランクフルトの亡命者のグループに合流するよう誘われることはあるまい。アドルノは、一九四九年にドイツに戻ろうと考えたとき、「根本的な理由から旧友のエルンスト・ブロッホと実に長いあいだ距離をとっていた」と述べている。(8) さらに後になって、ある一人の証言者は、フランクフルトとテュービンゲンとのあいだに再び構築された諸環境のイメージを要約して、こう言っている。「ホルクハイマーは企業家であったが、ブロッホは預言者であり政治的語り手であった。アドルノは頑固な時計職人であった」(9)。彼らのあいだに、ユルゲン・ハーバーマスの世代は自分たちの目印を見出すことになるだろう。だが、亡命と戦争の前にかすかに垣間見られていた諸々の繫がりが再び結び直されることはないのである。

ヴァルター・ベンヤミンの生き残りの兄弟?

合衆国へ逃れたエルンスト・ブロッホと、ゲシュタポが自分を捕まえに向かっていると考え、宿命的な瞬間に自死を遂げたヴァルター・ベンヤミン。ハンナ・アーレントがその死の前日に不可能なものとして描き、その翌日にはありえないものとして描いた破局を彼が生き延びたとすれば、後者は容易に前者と同じ顔つきを示したかもしれない。アメリカ、東ドイツ、それから西側への回帰は、もちろん、生き残ったヴァルター・ベンヤミンとでも言える人物に至るまでの仮説的な道程を示すのみである。彼が新大陸に愛着を抱いたかどうか、彼の歩みが再びヨーロッパへと向かうことがあるかどうか、そしてそれはどのヨーロッパか、またゲルショム・ショーレムが依然として期待していたように彼がエルサレムへの道を辿ったかどうかについては、誰にも分からない。また、悲劇の渦中にある世界、あるいはその後の世界においてこの人物の思考や行動をいかなる分割線が貫いていたのかを知ることはいっそう不可能である。しかし、少なくともわれわれが一瞬思い描くことができるのは、エルンスト・ブロッホが自らの亡命の日々を希望についての百科全書《エンチュクロペディー》を書くために費やしていたのに少しばかり似て、避難場所を見つけ自分の『パサージュ論』の仕上げをしているベンヤミンの姿であろう。さらには、彼らが二人とも、自らすすんで神秘主義に糧を求める思弁と、ほとんど正統的ではないマルクス主義との和解という古くからの夢を追い求め、こうした和解は社会民主主義によってこそ守られ、かつてドイツ観念論に故郷を与えていた場所の近辺で遅れ馳せながらの平穏を見つけ出すことになるとすら考えていたのだと想定するのも馬鹿げたことではないだろう。いずれにせよ、ブロッホとベンヤミンの肖像《プロフィール》と思考は、三〇年代末には十分に近しく、また深く交差していたがために、一方の存在は、他方が生き延びることができた場合のありうる姿を反-運命(anti-destin)として提示できるほどなのである。

だが認めなければならないのは、この二人の男たちの関係は、たえず友愛と敬意を帯びるものであったとはいえ、決して容易なものでなかったということである。彼らの出会いの物語を語るためには、ここでもまたその諸々の冒険についての大いなる証人を召喚することができるだろう。ゲルショム・ショーレムは、『わが友ベンヤミン』のなかでこの出会いを辿り直し、ヴァルター・ベンヤミンの書簡集ではそのいくつかの痕跡を拾い集めている。彼らが最初に出会った日付については、ブロッホとショーレムの記憶はそれぞれ異なっている。一方は一九一八年の冬であるとし、他方はもう少し遅い一九一九年の春としているのだ。ショーレムの方を信じるべきであるかもしれないが、いずれにせよ次の二つのことは確かである。まず、その出会いの地は、ベンヤミンが「ドイツ・ロマン主義における芸術批評の概念」についての学位論文の口述審査を受けに来ていたベルンであったこと、さらに七歳年上のエルンスト・ブロッホが『ユートピアの精神』を刊行したときにも二人は出会っていたということである。ヴァルター・ベンヤミンはブロッホから強い印象を受けたが、まだその著作を読んでいなかった。だが、ベンヤミンは、この書物——出版社が怖気づいて圧力をかけることがなかったら『音楽と黙示録』という書名になっていたはずの書物——の著者は、いずれにせよ「理論的メシアニズムの体系」を準備していたのだとショーレムに語ることになるだろう。その後ブロッホと親しくなったベンヤミンは、ショーレムとともにインターラーケンへの訪問を企画する。自分の記憶と手帳に従って、ショーレムは夜の六時から朝の三時半までユダヤ教について議論したことを語っている。そこでショーレムは、一八世紀初頭のドイツの反ユダヤ主義の大著がブロッホの書斎に置いてあるのに驚き、この種の書物はその意図に逆らって読むかぎりで貴重な事柄を含むものだということを発見した。エルンスト・ブロッホは、いくつか深い見解の相違があったにもかかわらず、ベンヤミンの意見を高く評価しているように思われるが、その友人ショーレムについてはあまり魅力を感じなかったようで、やがて彼を愚か者扱いすることにもなる……。[10]

『ユートピアの精神』を読んだベンヤミンの反応は、一九一九年秋および冬のあいだの書簡の大部分に書かれている。そのとき彼はこの書物についての論文を準備していたのだが、この草稿は最終的に失われてしまうだろう。ショーレムへの手紙で、彼ははじめて賞賛と苛立ちが混じった感情を表し、『ゾハール』のものとされる次のような引用に衝撃を受けたことを告げている。「どんな世界に対しても二つの眼差しがあることを知りなさい。そのうちの一方は外部を見る。すなわち、諸々の世界の普遍的法則をその外的形式に従って見る。他方は世界の内的本質、すなわち、人間の魂の中身を見る[11]」。その四日後、今度はエルンスト・シェーンに宛てて、ベンヤミンは同じようなかたちで賛辞と不満のバランスを保つよう配慮している。すなわち、この著作にはいくつかの「大きな欠陥」が見られるが、しかしその著者は、哲学的問いに対して「個人的責任の場に」身を置いた稀有な同時代人のうちの一人であると述べるのである。[12] それから数ヶ月熟考を重ねたあとに、ベンヤミンは今一度ショーレムに自分の批判の内容がどのようなものかを思い起こさせている。ベンヤミンは、自分がブロッホの著作よりその人物自身を高く評価しているということをあらためて認めつつ、その「論外なキリスト論」に異議を唱えたいと告げ、最後に、ブロッホ特有の「哲学的思考方法」と自分の方法には何の関係もないと記すのである。[13] 若きベンヤミンが、その執拗な大胆さにもかかわらず、自らの判断に含みをもたせようと気配っていたことが確認できる。その後、「われわれが最も愛した人物」と呼ぶことになるこの人物の妻の死去に触れて以降は『ユートピアの精神』への言及はなくなる。比較のために、ベンヤミンが同じ時代にドゥンス・スコトゥスに関するハイデガーの著作を読んでどのように語っているのかを引用しておこう。「こんな仕事で教授資格を取れるとは信じられない。それを書くためには、多大な勤勉さとスコラ派のラテン語の熟達とのほかには何も要らないからだ。哲学的な粉飾はされているが、翻訳家の上手な仕事に過ぎない。リッカートやフッサールに対する著者の下劣なへつらいは、読んでいて快適ではない[14]」。

年長者に対するヴァルター・ベンヤミンのいつもの無礼さと、最終的にエルンスト・ブロッホに示すことになる敬意との対照は、つねに曖昧なままであるとはいえ次第に確たるものになっていく二人の親近性の徴候である。ブロッホの妻への喪を長きにわたって尊重したあとで、ベンヤミンは彼と再び連絡をとるのだが、両者の関係については、この一〇年のあいだのショーレムとの書簡が定期的に知らせてくれる。カプリ島で、パリで、あるいはベルリンで一緒に滞在したこと、互いのテクストの交換、離婚の知らせ、三度目の結婚——このときの相手はカローラである——の知らせなど。一九二六年春、パリに滞在していたベンヤミンは、エルンスト・ブロッホと同席したことに言及し、「彼は桁はずれで、僕に畏敬の念を起こさせる」と言っている。[15] 奇妙なことに、『痕跡』は、おそらくベンヤミン自身の文学スタイルとマルクス主義に対する新たな誘惑に関わるはずのものだが——このことをゲルショム・ショーレムは見逃さなかった[16]——、一九三〇年のその公刊についてベンヤミンはたった一度言及するのみである。したがって、ベンヤミンがブロッホおよびその著作について真の宝探しを行うには、『この時代の遺産』の刊行を待たねばなるまい。一九三四年の暮れ、彼はアルフレート・コーンに、公刊されたばかりのこの著作に関しては噂が先行しているが、その主題には「耐えがたい、陰険な論議」が含まれているようだと記している。さらにその数日後、ベンヤミンはショーレムに、ブロッホによる「侮辱」から自分を守ろうとしてくれた友人たちの興奮を知らせている。一九三五年一月のはじめ、送られるはずの一冊が紛失されてしまうが、ヴァルター・ベンヤミンはこうした数々の先入観の対象となっている当のものを早く受け取りたいと待ち望んでおり、文通相手たちにこの本を読んだかどうか尋ねている。ついにこの書物が到着したとき、ベンヤミンは、ここでもまたアルフレート・コーンを名宛て人として自分の判断を告げている。もはや個人的なわだかまりはすべて遠のいているように思われるが、この待ちわびた読者は知的不一致を明るみに出すのである。「この著作は［…］それが出版された状況とどうあっても対応せず、地震で壊滅した地域を視察に訪れた大領主と同じくらい場違いな登場のしかたをしている。この領主が何よりもまず急いでするのは、自分が持ってきたペルシア絨毯――すでにあちこちが虫にくわれている――を自分の家来に広げさせ、金銀でできた壺――すでにあちこちで剝げている――を並べさせ、すでにあちこち色褪せたダマスク風の織物を広げさせることなのだから[17]」。

ユルゲン・ハーバーマスは、エルンスト・ブロッホの著作全体を導いている意図の一つと思われるものを示しながら、見事に『この時代の遺産』の目的を要約してみせた。その目的とは、「伝統の批判でもって生きる社会主義のために、批判されたものの伝統を維持すること」である[18]。折衷主義的とも言えるこの書物は、音楽と文学についての諸考察を、解体過程にある世界の黄昏の記述へと融合させるに至るのだが、その文体たるや、ショーレムをして、ブロッホは特筆すべき「語り手」であり、「哲学における言語中毒」の特異な事例を示す者であると言わしめたほどなのである[19]。とはいえ、こうした環境のなかで、ブロッホ自身は「偽の意識のなかから真の意識を救い出す」配慮と呼ぶことのできる弁証法の輪郭を構築しているのである[20]。当然のことながら、この著作の書名が言うところの時代とは、ナチズムをその一つの兆候とする、ブルジョワ世界の崩壊の時代である。つまり、ブロッホは一九三〇年代から、現代社会に対する失望を表明するための占有権を革命的右派のせいで左派が失ったというこの時代の悲劇的な逆説を看取していたのである。だが彼は、衰退の一途を辿るこの世界には救い出すに値する遺産がそれでも存在するということもまた示そうとしていた。この世界は、未来の再構築のための素材を秘めている限りで救うに値するのである。「気晴らし」や「陶酔」といったものが、自分自身の世界の崩壊に直面したブルジョワジーの態度を描くのだとしても、こうした立場の出現は、ファシズム出現の要素へとそれを還元することはできない。この点で最も意義深い事例は、表現主義である。ナチの側でのゴットフリート・ベンの結末が「範例的である」という考えがモスクワからやって来ても、ブロッホはルカーチに抗してこの運動をなんとしても擁護しようとする。デカダンスの精神と古典的な遺産とのあいだの二律背反は、クレー、ココシュカ、カンディンスキー、シャガール、あるいはトラークル、ハイム、ヴェルヘル、あるいはさらに同時代ではシェーンベルクといった者たちの作品の意味と射程を論じ尽くすには十分でないと言うのである。[21]

つまり、より一般的に言えば、『この時代の遺産』の企図とは、その序言に示されているように、「イデオロギー的仮象の仮面を剝ぎ取ることだけでなく、ありうべき遺物を吟味すること」にあるのだ。[22]古きものの崩壊のもとで新しきものの兆しを仄めかすこうした形象は、まずは犠牲者たちに属している。すなわち、欺かれてしまうときですらこの形象を携えている者たちに。それでもやはり、没落するブルジョワこそが新たな世界の構築のための要素を供するのであり、それが不合理の陶酔から引き離されるべきであることにかわりはない。ブロッホは、この種の企てがどのような軽蔑を引き起こすかを完全に意識していたし、ほとんど共有されていない自らのマルクス主義がどのような反論を被るかを予期しようとしてもいた。その危険が、敵を過小評価してはならない軍事遠征のさなか「戦利品をもたらす」ために「魔術師と交際」することであるのは間違いない。だが、「邪悪でけばけばしいものの寄せ集め」を検討し選定することによってこそ、「悪魔に小指」を差し出すことから身を守ることができるのである。だからこそ、敵対者に対面した社会民主主義者やトロツキストらの精彩を失った告発を予感しながら、エルンスト・ブロッホは自分を守ってくれるルカーチやブレヒトからこの時期にはもう自分を隔てていた一線――「党がヒトラーの勝利の前にやったことはまったく正しく、党がやらなかったことのみが誤っている」――に固執するのである。[23]言い換えれば、こうした解体と暴力の時代は、他の数々の戦いのために用いうる遺産を含んでおり、それゆえこの遺産の「救出」を試みなければならないのである。ヴァルター・ベンヤミンの歩みから借用されたものが介入するのはまさにここにおいてである――ベンヤミンはこうした感謝の念に困惑するかもしれないが。

より仔細に見てみると、ブロッホの著作には、ベンヤミンを不安がらせた噂の元となった悪意なるものが含まれていないのみならず、ブロッホは、ベンヤミンの「モンタージュ」を、自分自身の歩みを構造化するための知的道具たらしめてもいる。過ぎ去ったかに見えるが未聞の新たな展望を開くものごとの只中に「パサージュ」を穿つためにベンヤミン哲学が用いる「横断的試掘」に言及しながら、ブロッホは、「横断的試掘」は、諸現象の混沌のなかでの新しいものの予見、ブルジョワ世界の衰退後にも残り続ける文化の様々な内容の開示、もはや「閉じた全体性」とはならないものにおけるこれらの内容の再開に相応しいものだと言っている(24)。このモティーフを拡大しつつ、エルンスト・ブロッホは次のような二重の親近性に基づいて自分自身の方法を作り上げる。すなわち、ベンヤミンのエクリチュールとシュールレアリズムとの親近性、次いで、このようなスタイルと「レヴュー」スタイル、すなわち体系を逃れ夢幻に触れる経験の諸断片を示すために、旧来の舞台構成を脱組織化する上演スタイルとの親近性である。ここで召喚されるベンヤミンは、『一方通行路』のベンヤミンである。ここでベンヤミンは、いかに「大いなる形式がやんだ」か、そして今や廃虚のなかで掘り当てられた諸対象が「実質的な修正」なしにいかに救出されうるようになったのかを「遅れ馳せの恩恵」とともに強調している(25)。先行する人々の時代さえもが亡霊のように下りてくるこの黄昏の時代において、「ベンヤミンのそれのような哲学的な手」は、一〇年前なら分別のある人間には考えもつかなかったものを付随的なものや陳腐なもののなかから汲み取ってくる(26)。大聖堂を「永遠行きの寝台列車」のミサに際して人々の集う「宗教駅」として描き、街路や商店の光景のなかに見られる夢想をかき集めながら、ベンヤミンは見捨てられた場所のように遺棄された自我という形象の解体に寄り添っている。もしこの万華鏡が、真理を脱臼させ、それを「この時代の空洞」を特徴づける諸イメージへと四散させるのだとしても、それは、廃虚から救出された意味を思考から奪うことなどない。「数々の一方通行路もまた一つの目標を有している」のだ(27)。

自分に敬意を表し、現代の悲劇の萌芽を一九世紀に組み込むために素描された方法をそれなりの仕方で取り上げ直す書物に対して、ヴァルター・ベンヤミンが抱いた苛立ちはどこから到来するのだろうか。『一方通行路』の著者の最初の反応は、自分自身の歩みのうちに一種の不意の反時代性といったものを強調することであるように思われる。あたかも、自分が情熱をもって収集していた過去の宝飾品や錦織が今やあまりにも露骨に古めかしくなり、準備されつつある破局を理解する助けとならなくなったかのようなのだ。『カフカ』と『物語作家』を書きながら、昨日には世界でのシュールレアリズムの存在に相応しかったものが、今日の状況とその緊急性に直面するとつまらぬ美学的道楽のようになってしまったとベンヤミンは言おうとしているのだとすべきだろうか。いずれにしても、ベンヤミンの否定的判断のなかには、むしろ剽窃があるかもしれないという感情からくる別のいくつかの考慮が介入していると考えざるをえない。この感情は、アルフレート・コーンへの別の手紙に現れている。そこでベンヤミンは、ブロッホとの関係がここ数年危機的な状態にあることを記し、ブロッホの大いなる誠実さに出会ったと言いつつも、自分がパリでの仕事の企図を秘密にしているのは、それに対してなされるかもしれない損害、「盗みすらその最悪のものではない」ような損害ゆえであると告白している。[28]「一九世紀の象形文字」と題された『この時代の遺産』の一つの章にはっきりと言及しながら、ベンヤミンは、次のような命題のうちに、ブロッホの観点と自分自身の観点とが最も明白に重なる点があることを示している。「今や前世紀は、以前よりもはっきりと謎として聞き取られる。たとえ、その謎がよりいっそう亡霊的であるとしても。それを聴く主体は、まず大人のなかにいる当時の子供である。その反応は戦慄であり、奥底に響き渡る反響に富んだ動揺でさえあるのだ[29]」。

三〇年代中葉においてエルンスト・ブロッホとヴァルター・ベンヤミンとを隔てていた明白な誤解にもかかわらず、それでもなお、ベンヤミンが『パサージュ論』で練り上げた断片的かつ弁証法的な歩みに対して、ブロッホは哲学的で政治的な出口を与えようとしていたと考えることは可能である。夢と神話、黎明と黄昏、デカダンスと勃発などのカテゴリーを掘り下げながら、二人とも、ブレヒト、アドルノ、あるいはホルクハイマーが当時思い描いていたようなイデオロギーの戦いの境界線をずらし、これらの人々のうちに同じような警戒心を呼び起こさせていたのである。せいぜいこれに付け加えるべきことがあるとすれば、ベンヤミンが救済という自らの企図の出口を絶望をもって検討するようになっていたのに対して、ブロッホは、依然として、「どの時代においても満たされなかった」人間と生のユートピア的な要素を看取していたということである。たとえブロッホが、シェリングを経由してフィオーレのヨアキムにまで遡る〈第三の国〉という古い神学的形象の、第三帝国による暴露についての目まいのするような分析のもとでそうしていたのだとしても。[30]いずれにせよ、ヴァルター・ベンヤミンが自らの評価を訂正するには遅すぎた。なぜなら、彼にはもはやエルンスト・ブロッホの他の著作を読む機会はなかったからだ。およそ三〇年後、テュービンゲンで書かれた同著の後記の感動的な数頁において、ブロッホは、野蛮の世界に対する抵抗について書かれたこの書物がどのような観念によって方向づけられていたのかを語っているが、彼は、隠された遺産という見方をあくまでも擁護し、これが二重の形で裏切られてしまったことを示そうとしている。すなわち「西側においては、その驚くべき繁栄と多様な退屈によって、東側においては、まったく同様に驚くべき非繁栄と一枚岩の退屈によって」裏切られるのだ。[31]その亡命の途の終局に至るまで自らに忠実だったブロッホは、西洋世界における想像力の欠如とはつねに無縁でありつつ、まったく同じ「セクト主義の偏狭さ」と「紛い物の」リアリズムをもって「人間の顔」を全体主義の顔と交換した社会主義を忌避する。そのとき想像できるのは、彼とともに一九六二年頃に次のように宣言する生き残ったヴァルター・ベンヤミンであろう。「欠けているのは、かつての躍動、求められた目標の自由の響き、一七八九年の遺産であり、それは、もはや取り消されることなき第九交響曲を伴っている」。

マルクスとともに、マルクスに抗して弁証法を人間的なものにすること

「未来の証人」の仲間たちのなかで、エルンスト・ブロッホはマルクスの著作と絶えず対話を行った唯一の人物である。人間的希望の思想家たちのなかにマルクスの占めるべき場所を認めつつ、ブロッホはおそらく、マルクス主義亡き後そこから何が救われうるかを素描しているのだ。この点に関して再び晩年のベンヤミンに近づくブロッホは、おそらくベンヤミンが決して得る機会に恵まれなかった確信を持って、ある計画を進めていく。マルクスの著作のなかに計画《プログラム》というよりもむしろ問題を把握することで、カントとヘーゲルが交差する系統に書き込まれた数々の哲学的動機をそこに取り戻し、あるいはまた、人類の実現について伝統から受け継がれたいくつかの形象との深い類縁性をそれに与えようとしたのである。この意味でゲルショム・ショーレムは、ブロッホとベンヤミンとが共有する同一の計画に敬意を表していた。しかしながら、ショーレムには、この計画は頓挫するよう運命づけられているように見えた。この試みは、「神秘主義的経験をマルクス主義の体系の座標に重ね写して書き込む」ものだったからだ(32)。エマニュエル・レヴィナスはといえば、彼はまさに何度もマルクス主義に対するこの独特の態度に言及し、そこに、ブロッホの「実に注目すべき知的な振る舞い」と、ブロッホの歩みの真の意図を復元してくれる姿勢を認めている(33)。死を存在論の一契機とみなす解釈から離れて、時間性を無の不安から切り離そうとする願望に根ざしつつ、それはある「思考」を目指すだろう。そこでは、「意味は確かにまだ世界に繋がれているとはいえ、世界の意味はというと深く他の人間たちに結びつけられている」(34)のだ。言い換えれば、非‐存在の経験としての時間の本質的な失望と永遠の観念とを対立させた西洋哲学とは異なり、さらにハイデガーにおいては「暗殺者になるのではないかという恐れが死ぬことへの恐れを凌駕するに至ることがない」のとも異なって、エルンスト・ブロッホは、死における個人の無化を否定することこそ

ないとはいえ、あらゆる意味とあらゆる無‐意味の源を死のなかに見ることは拒むのである(35)。

こうしたことはブロッホの思想のなかで最も目につく次元ではないし、また、これを、マルクスの思想の哲学的捉え直しにとって最も便利な要素と結びつけることもそれと同じく困難であると言われるかもしれない。しかしながら、ブロッホが『希望の原理』の最後の数頁で、ユートピアという徴しのもとに置かれたこの作品全体を内部から照らし出している反復的動機を、人間の解放という大いなる世俗的主題化とのその問題含みの関係と同一のものとしている点では、レヴィナスに従わなければなるまい。ブロッホはこう言っている。「正しく推し進められ、悪しき隣人たちからはできるだけ解放され、自由になったマルクス主義は最初から活動する人間性、実現しつつある人間の顔なのだ(36)」。それゆえ、「存在が人間という我が家へと立ち戻る故郷（Heimat）」への人間の歩みを描きながら、ブロッホのマルクスは、有限性の嘆きよりも貧窮の光景でこそ現れる存在の本質と、人間の合目的性の本来的な表現とを共に結び合わせようとするだろう(37)。この意味において、エルンスト・ブロッホは、マルクスによって杜撰に扱われることの多かった人間主義にその尊厳を取り戻させたのだが、その際ブロッホは特殊マルクス的な哲学への貢献を取り出している。その貢献とは、労働をカテゴリーへと高め、精神の作用の結果のもとでではなく、行為によって可能的なものが規定される領域としたことにある。弁証法は行為についての科学という客観主義的強迫観念のなかに閉じ込められているかぎりでは唯物的であるが、それは次のような仕方で人間的なものとなる。すなわち、暗闇のなかにいるとしても、また、非人間的な物質が存在する限りでその事実性の領分に対立するとしても、人間は「時間を純粋な希望」たらしめる完成の展望のなかで生きてもいるということを示すことによって(38)。

すでにお分かりのように、ブロッホの著作がマルクスの思考に対する哲学的な借りをどのようなかたちで表明しているかを強調しつつも、エマニュエル・レヴィナスは、ブロッホがいかにしてそこから解放されるのかをも示している。この点で『希望の原理』のために書かれた序文はとりわけ重要である。この序文は、哲学的次元におけるマルクスの戦略的活用と、実践面におけるマルクス主義の諸戦略に対するほとんど腹蔵なき批判とを同時に示しているからである。この第一の観点からすると、この序文は、未来の思想家としてのマルクスをヘーゲルの巨大な思弁的懐古に対立させ、次いで「未来の不在」の思考――そこにハイデガーを認める者もあろう――に対立させるという構図を作り出している。「最終的に「複数の円からなる円」と同じものとなるヘーゲルの弁証法が、想起《アナムネーシス》の亡霊に妨げられ、古代世界へと追放される」のに対して、マルクスこそが思考を観想から引き離すのだ。到来せざる未来を過去において目に見えるものにし、未来のために使われる遺産を過去の只中でかき集めるためにである(39)。その際、かかる能力はいま一度この遺産を動員する。ただし、今度は明らかに、人間的不安という実存的アプローチに抗して。「死者は死者をして葬らしめよ。というのも、いま生まれつつある一日は、引き延ばされた夜が強いる時間稼ぎにあってすら、虚無に捧げられ窒息するまで抑圧されたニヒリストの世界を弔う連禱とは別のものに聞き耳を立てているからだ(40)」。こうした前線が設定されるや、ある計画《プログラム》を表明することが可能になる。それは、依然としてマルクスへの敬意であるとはいえ、すでに、ブロッホがマルクスを超えてそこに赴こうとする地平の徴し《シーニュ》でもある。「哲学は明日を意識し、未来の側に立ち、希望を知るものだろう。さもなければ、哲学はもはやいかなるものも知ることはないだろう(41)」。他でもない『希望の原理』の本文で論じられるだろう諸理念へ向けての弁証法のこのような新たな方向付けが、独断的マルクス主義のみならず、人間は自ら解決しうる問いのみに専念するとするマルクスの本質的部分との繋留ロープを断ち切るということは、いずれにしても見ないわけにはいかないだろう。それこそが、ブロッホが夢の場所で「仲間たち」との想像的対話を通して提示することなのだ。この実践が持つ控え目なアイロニーは、レオ・シュトラウスが描き出す迫害という文脈において、この哲学者が行間に何を書き込んでいたのかを思い起こさせるだろう。

弁証法を人間的なものにするために脱形式化するというこの仕方もまた同様に、アドルノが――たとえ結局のところこの点についてエルンスト・ブロッホを非難するように見えても――『痕跡』のなかに認めたものである。アドルノにとって、ブロッホの問いは「行為すべきか、思考すべきか」というものである。その答えはどうかというと、それは一種の挑発のようだ。すなわち、「森から狼を出すのは哲学を使ってではない。しかし、ヘーゲルが述べるように、それはもはや哲学の問題でもないのだ。したがって、哲学はこうした使命がなくても存続しうる。しかし、哲学がなければこの使命はないのである。思考こそが何よりもまず世界を創り出し、そこにおいて人は単に手っ取り早く片づけるのではなく、変化させることができるのである(42)」。アドルノが確証するところでは、「他のどこでも思考が行為の下女として抑えつけられている時に、当の思考に正義を取り戻させる」具体的人間主義による以外は、俗流マルクス主義がしかるべき場所に戻されることはない(43)。しかし、ベンヤミンならばなしえたであろうことに倣って、アドルノが、「到来の希望が目も眩むほどの懐疑論と結びつく」ような地点にありながらも依然として熱烈さを保った思考をそのような人間主義のうちに発見するとしても、彼の分析がエマニュエル・レヴィナスを魅了したブロッホの形而上学的形象に対してある種の居心地の悪さを示していることにかわりはない。アドルノがよく理解しているのは、ブロッホの弁証法のなかに物質的要素が存続していて、この要素が人間を先史時代——そこでは人間は真に主体ではなく交換や諸価値法則の対象である——を留めておくということである。しかし、アドルノはまた、この構成要素があらゆる解消を根本的に逃れる神秘的次元との緊張関係に置かれていることも知っている。経験的自我とは区別された自己の観念のもとに目指されることで、この形象は「救済の観念と関わる唯一の秘密の名前」を指し示し、ブロッホにおけるその類似物を「人が内部から自己自身を見出してもはや疎外されることのない家」のうちに見出すのである。[44]

エルンスト・ブロッホに対するエマニュエル・レヴィナスの賛辞とアドルノの不信感はまさに同じ動機から発せられているという点がこうして理解される。すなわち、アドルノが示すところによれば、「ユートピアが同一性の鎖を振り切る」のである。[45] 実際、ブロッホはヘーゲルのあまりによい読者であったため、弁証法が同一性のテーゼに依存していることを知らないわけがない。内在と超越、有限と無限、現象的なものと叡知的なもののあいだの境界を「異端的に」否定するような、仮象への働きかけによって、ブロッホはこの同一性という形式を断ち切ろうとするのである。その限りで、歴史的に規定される「ここ〔現世〕」においてメシア的終末の輝きとしての「そこ〔彼岸〕」の痕跡を捉えるブロッホの仕方は、〈啓示〉の核心に異議を唱えるところまで行くと、神秘主義の典型的な二元性に属することになる。このように自らが「非同一性」と名づけるものの二つの側面を分けることで、ブロッホは「弁証法をその中心点で切断するために、神学的な力の一撃に身を委ね」る寸前にまで至る。アドルノの曇った眼差しのもとでは、こうした姿勢は、ブロッホの企てをおそらく、些細なものや見かけは無意味なものに彼と同じくらい共感を覚えていたベンヤミンの企て以上に大胆なものたらしめるだろう。しかるにこの姿勢は〔アドルノによると〕、ブロッホの企てを、シェリングによっても共有されたある二律背反へと向かわせることにもなる。「こうした姿勢は終末を世界の基底として思考し、終末がテロスとしてその一部をなしている存在者を活気づける。それは終末を開始たらしめるのである」[46]。反対に、エマニュエル・レヴィナスの謝意は、平和の終末論と戦争の存在論を対立させる道筋が『全体性と無限』で展開されているという点で確証されるだろう。この道筋は、全体性の原理の断絶によって開かれ、人間存在のカテゴリーとしての労働と住居の練り上げを経て、最終的には、ローゼンツヴァイクにおけるのと同じように、時間のなかで無限を捉えるに至る(47)。

その軽蔑的な解釈にもかかわらず、アドルノは、とりわけブロッホのうちに「想像的なものの現象学としての形而上学」を構築する関心を見てとるときには(48)、シェリングとブロッホに共通の意図を見事に捉えている。この意味で、『ユートピアの精神』から『希望の原理』まで、エルンスト・ブロッホはおそらく、ニーチェが、戸口に立つ「あらゆる客のなかでも最も不安を抱かせる客」として描いたもの、すなわち神の死のうちに超感性的世界の実効性の終焉を聞き取る近代ニヒリズムとの対決を推し進めているのである(49)。現代の実存主義と、ハンス・ヨナスがその形式を描写した古代グノーシスの運動との共謀をおそらく看取することで、ブロッホはニヒリズムという現象の起源の解釈を、カントとヘーゲルのあいだで、思考と世界との関係について生じた転倒にまで遡らせる。ブロッホは、精神の諸形象を集結させようとするヘーゲルの努力を称揚しつつもその雄大な企図を放棄するためにはどのような動機がありうるかを粘り強く練り上げていく一方で、カントにあって道徳の抽象性という批判に抵抗するものは何かを強調し、そうすることで、ポール・リクールが「ポスト・ヘーゲル的カント主義」と名づけることになる哲学史を前にした一つの立場を素描している(50)。それは、行為と反省との矛盾した世界を記述したということについてヘーゲルへ感謝を示す一つの仕方であると同時に、諸対立が最後の止揚において突然解消されてしまうという見方を拒絶することでもある。言い換えれば、カントにおいて〈至高善〉の領域を示す「希望に従う自由」を保とうとする願いであるとともに、人類の経験の生きられた時間のうちに、それが現れる様々な様態を捉えようとする企図なのである。

ヘーゲルによる世界との時期尚早の和解

フランツ・ローゼンツヴァイクが「イオニアからイエナ」という並筋に、西洋哲学が全体性の重荷でもって存在と世界とを圧倒する過程を認めていたのに対して、エルンスト・ブロッホはというと、そこに、想起《アナムネーシス》のための覆いを見出している。回顧的視点に閉じ込もり、古きものに対する永遠の観想によって新たなものと断絶し、「まだ到来せざるもの」の諸形象に対して人間を開かれたままにさせてくれるものを覆い隠すことで、思考は後ずさりしていく。しかし、ニーチェが雷鳴の如く告げるのに先んじて、まさしくヘーゲルの体系こそが——ミネルヴァの梟が自らの夜の使命を告白し、世界が決定的に老いていくなかで思考にただ灰色に灰色を重ねて描くという展望しか残らなくなるまさにそのときに——超感性的世界を立ち去らせているのである。ヘーゲルの途方もない企図を、その起源、展開、完成について綿密に辿り直す我慢強く実直な数章の終わりで、ブロッホは現代のニヒリズムを告げるイメージに正面から取り組み、同じ身振りでもってそれがどのような思弁的な法外さを持つのか、そしてそれが実際の現実の不吉な甘受について何を含み持っているのかを見定めている。最後には「ヘーゲルの慎重な天分」と彼の究極的話題に特有な「滑稽な」様子との隔たりを確認することになるとしても、それを覚悟のうえでブロッホは、自分が眠りにつくやいなや世界が消えてしまうと信じる「独我論者の譫妄」とも言うべきものがヘーゲルにおいて見られると強調している。「ヘーゲルは自分が言わんとしていたことに決着をつけただけでなく、自らの書物において、あらゆるものが終結したとみなした[51]」。とすると、そのような態度の動機を理解することは、この態度が引き起こす損害から思考を守ろうとする配慮と同じものとなろう。ただし、こうした企図によって課せられるのは、反省的な努力が、世界を前にして平静でいようとする意志に屈するまさにその場所へと遡ることなのである。

はじめに、おそらくヘーゲルの逆説として記すべきものがある。すなわち、自らの限界への事物の無関心、および人間による世界という障害の超克について思考していた者が、いかにして突然、憎悪の対象としての当為についての、そしてまた、もはや名づけるに値する彼岸などないような世界についての思想家になったのかという逆説である。もちろん、その答えとして、ヘーゲルは皆と同様、「われわれ以後」という観点をいやいやながら検討したのだと言うこともできよう。それに加えて、哲学史におけるヘーゲルに固有の役割とは、デカルトが創始した時代——「尊大で忍従的な」意識が経験の諸形式を刈り取り集めていた時代——を再び閉じたことにある。さらに、知の内容を「かつてあったもの」の形象に結びつける方法の諸効果をしっかり銘記するなら、おそらくヘーゲルの主張の源泉は、「世界の結び目を完全に解きほぐした」と主張する彼以前の形而上学の主張の徹底化として捉えられる[52]。しかし、いくつかの考察によって、精神の諸形式のうちで世界が展開するあらゆる形象を追求し、また思考がどの地点で自分自身の充足のうちに諸事物の完成を見てとるのかを見極めたにせよ、こうした考察は、それ以降一切創造性も奪われることになる人間世界に対するその突然の敵意の理由を論じ尽くすものではない。言い換えれば、ヘーゲルの企図の危険な性質をその哲学の最後の表現のはるか背後で見抜かなければならない。すなわち、かつてカントが現代の意識に残しておいた無限という次元を現実的なものの合理性のもとに解消するヘーゲルのやり方のうちで。

観念論に反対するヘーゲルの数々の議論を整理しようとしながら、エルンスト・ブロッホは、ヘルマン・コーエンからエマニュエル・レヴィナスへと流れる論議の核心を正確に見極めている。かかる論議の対象とは、人間の意識と経験の只中における希望の地位にほかならない。カントにとって、意志と道徳法則との完全な適合は、感性的世界のいかなる理性的存在にとっても可能ではないような完全さである。実践理性によって要請されるが、諸行為の次元の射程の外にとどまる存在と義務との一致は、無限の進歩の対象である。すなわち、世界との実際の和解のおかげで同一性が再び自らを閉ざしうるような円環の閉域とは無縁の運動に即したものなのだ。その結果、ブロッホが当為の「憂鬱な名誉」と名づけるものがカントにおいて生じることになる。意図の純粋な形式主義とも言える、「ほんのわずかでも内容があれば汚されてしまう」永遠の不在が(53)。まさにこの際限なき進歩に内在する二重性に抗してこそ、ヘーゲルは媒介をもって戦うのだが、同様に彼はまた、「無限への飢えに苦しむ」様々な形態――妄想へと逃れる感傷的形式、あるいは道徳の厳格主義と一致するより精緻な形式――を倦むことなく追い求めもする。具体的なものの哲学者として、ヘーゲルは、飢えが要求する無限の希望に、それを和らげる糧を対置し、空虚とも見えうる道徳の天空に「諸規定の丸天蓋を」作ろうとする。媒介の思想家として、ヘーゲルは、理念があまりに遠くに示すことを嫌悪し、絶えず延期されることを拒絶する充足の現在的諸形式を記述することを好むのである。

とすると問いは、世界の合理性にあまりにも早く譲歩することで、ヘーゲルは、自らが接近しようとしていた地平を結局断ち切っているのではないかとなる。カントの当為に対するヘーゲルによる批判は、哲学的には、たえず再生され、決して停止されるに至らない「悪無限」という形式をとっている。しかし、こうした形式での批判は、到達可能であるということを自ら否認する一つの理念に直面して諸媒介を求める配慮の指し示すものよりも大きないらだちを隠し持っているのかもしれない。カントにあって意志の完全な対象が表している海岸なき大地を目前にして、ヘーゲルは「古代風に、すなわち無際限なものを軽蔑することで対応する」(54)。そのとき、ヘーゲルは「郷土の愛国者」、文化や共同的生の洗練された諸形式の擁護者となるのだ。「意図が目的を伴わず、希望が錨を欠いたままであれば、道徳的意図を持つというのは純粋な不合理であり、人間の希望を育もうというのは純粋な脆弱さである」。それでもやはり、ブロッホの目にカントの悪無限に対するヘーゲルの批判の有効な仕掛けと映るものが、まさにここで、ヘーゲル自身によって阻止されるということにかわりはない。ヘーゲルは、当為の有限的表出を捉えようとあまりに欲したがために、これらの表出を、実際に存在する倫理的ないし法的な諸形式と留保なく同一視するに至る。この瞬間、すなわち、哲学を完遂させたという非現実的な栄光を称揚する直前、彼は、無限であることをやめた当為を捉えようとする意志に、あまりにも高い報酬を支払ったのだ。こうして、自らの「安息日」を発見したとき、この過程と弁証法の男はあらゆる未来への道を閉ざし、「偽の無限の前に偽の絶対をたてた」のである。かつての天空の絶対よりもはるかに厳しい絶対を。理念の地平は確かに地上に戻って来た。しかし、そこに見られるのはもはや国家が体現するところの倫理的世界でしかない。すなわち、「現在という十字架に嵌められた理性のバラ」でしかないのだ[55]。

　こうしてエルンスト・ブロッホは、ヘーゲルをそのキリスト教的隠喩という罠で捕らえ、その初期の歩みを導いていた一つのイメージを改めて定式化することで、その最終的な体系の偏狭な面を描きつつ、慎重に自らの批判の核心に辿り着くのである。ここで、「ひとが哲学し始めるとき、スピノザ主義者でしかいられない」というヘーゲルの言葉を思い出しながらブロッホが着目しているのは、まさにヘーゲルがスピノザ自身になる、「すでにあらゆる偶然を逃れるものとみなされた運命の、最も毅然とした愛人」になることである[56]。したがって、これこそが悪無限に打ち勝つために払わねばならなかったあまりにも高い代償なのである。すなわち、実体の展開に断絶を挿入ができるかもしれない当為をすべて排除すること、超感覚的世界に対してあらゆる実効性を否定する地平で、自己の認識と世界の把握とを完全に重ね合わせることである。ヘーゲルに対する最も鋭い棘ある言葉が、ヴァルター・ベンヤミンの言葉遣いのなかで研ぎ澄まされうるように思えるのは興味深い。「危機的過程とは、果てのない傾向の、それゆえ希望なき傾向の無定形なざわめきを含んでいるだけではなく、最終状態の何ものかも含んでいる。最終項として、この要素は衰退にもなりうる。なぜなら、危機というカテゴリーは、過程たるものすべてに本質的に属しているからだ[57]」。世界のなかで物事はヘーゲルが考えたほどしかるべき位置に存してはいないかもしれないが、この世界における完成という――つねに危機に瀕した――輝きに希望の根拠を再び見出すとき、エルンスト・ブロッホは神秘神学のある古い動機を発見している。こうして彼は、『ユートピアの精神』の最も強度のある数頁と再び結ばれることになる。そのとき彼はすでに回顧の哲学から身を離す方向に向かっていたのだ。

　この書物のなかで「構築不可能な問い」と名づけられているものに関する章で、エルンスト・ブロッホは、ヘーゲルを断念しようとする願いにはいかなる理由があるかを見事なまでの簡潔さで示していた。ヘーゲルは、内面的なものを外面化し、人間の不安気な主体性を歴史のうちに客観化しつつ、カントが開いたものをすべて閉じてしまったというのだ。それは、完全に完成した体系のためになされたものであったが、恐るべき、個人的かつ哲学的な諦めという代償を支払うものでもあった。すなわち「自らが善くある代わりに、彼は万事が善であると考え、自らが善くあることを免れようとする」(58)。鈍感な人間、枢密顧問官、ヘルダーリンの憧憬に駆られた友人、あるいは、「完全な〈今〉をもはや現世的ないかなる現在と考えなくともよい」ような「度外れでゴシック的な」精神の現象学者といった複数の顔に隠された、ヘーゲルの真の内的な立場を規定するのはいささか難しいかもしれない(59)。しかし、たとえヘーゲルがわれわれに関与するのは絶えず人間的完成の不確定さに対するいらだちという側面からだとしても、本質的なことはやはり、ヘーゲルが動員し結局その帰結にまで至らせた理解形式、すなわち「問いとしての人間に、その唯一の答えとしての世界を負わせる」という理解形式についでは、われわれはこれを拒絶できるということなのだ(60)。実際ヘーゲルにあっては、人間の主体のうちに宿る心配や絶望、夢や不安といったものはすべて、すでに理性的である現実の断片となってしまい、過度に媒介された知的過程のために消失してしまう。そこにおいて、各々の自由への期待は「意識に到達するための機会にすぎず、しかも冷えきったまま」である。ここから、めったに看取されることのないある逆説がヘーゲルにおいて生じることとなる。現実世界のうちに、無限の方へと引き寄せられた主体性の運動を捉えようとしても、ある意味では、この世界がヘーゲルの体系のうちで占める場はあまりにも小さい。しかし、別の観点から見ると、この同じ世界はあまりにも大きな場を占めているとも言える。「あまりにも多くの事物が積み上げられ、当為の現実、その満足、更にはこのうえもなく偽の実現として提示される。すでに調整済みの諸事実についてのあまりにも多くの真理があり、世界の状態は論理的にあまりにも完成されている」(61)。

ヘーゲル的誘惑に対する抵抗が組織される二つの次元がここで明確に見てとれるだろう。一方は意識の諸形式の記述に関する次元であり、他方は歴史の次元である。第一の次元に関しては、ブロッホは、もちろん待望という情動への彼固有の注目に則してではあるが、カントにあって有限性についての考察と義務の無限の地平とを結びつけていた批判の執拗さをヘーゲルが削り取っていると非難する。ヘーゲルとともに、世界に刺さった棘は冷たい概念のうちで取り除かれる。これらの概念は、存在者の客観的側面を発見してくれるが、「ひとは苦しむこと、意志することをやめ、人間であることをやめてしまう」[62]。この角度から見ると、ヘーゲルになされる非難は、諸事実を捻じ曲げたということに対してではなく、それらを修正して、理性的なものが実際に現実的なものであるかのように見えるようにしたという点にある。すなわち、あたかも、生それ自体が一足七里の長靴を履いたことによって、人間が自分自身について思考できるようになったかのようなのだ。その結果、もはや反省のためにとっておかれる余地は少しも残らないし、それればかりか、「かくも多大な平和を前にして、国家ならびに現存在するものに利するための良心のルター的解雇を前にして充足されざる要求」はいかなる形であれ残らないのである[63]。現実的なものと理性的なものとを無理やり合致させるこうした構造が歴史の次元で再生産されることで、ヘーゲルの決定的な姿勢は確固たるものとなる。すなわち、終末から捉えられ、「思考対象から、対象そのものへと授けられた」全体性に対する眼差しである。あたかも、地上に残った最後の人間が、経験的なものと精神的なものとの交差による進化のなかで成就された諸形式を思い出すかのようである。終末を知っていることを誇る高みから、精神は世俗的歴史が聖なる歴史へと変転することをすでに見ているのだ。それればかりか、ヘーゲルにおいてはすべてが、「天空のカードは、あたかももともと地上にも属し、ずっと前からすでにそこにあったかのように、地上のゲームに混ぜられてしまう」という秘められた原理に従っているかのように進行するのである[64]。

こうして、歴史に吸収された精神の哲学に対する批判の中心的動機が浮かび上がってくる。「理性的なものはすでに現実的であるというヘーゲルの教説は、世界との全面的かつ時期尚早の和解」を成立させるというのがそれである[65]。こうした表現のもとに、ヘーゲルに対する現代の多くの批判を見出すことができよう。全体性の支配を逃れる〈救済〉という観点からのローゼンツヴァイクの批判、敗者の歴史や「メシアニズムの弱き力」の名のもとでなされるヴァルター・ベンヤミンの批判、さらにまた、戦争の存在論と平和の終末論との対置という見地からのエマニュエル・レヴィナスの批判などである。これとともに、エルンスト・ブロッホは、ヘーゲルの計画のなかで最も巧妙に守られてきた秘密を明るみに出している。すなわち、人間の経験において度々悪が生じることに対して一種の慰みを押しつけ、意識からその思弁的苦悩をとり除こうとする意志を。ブロッホとともに、こうした意図がヘーゲルの歩みのすべてをその内部から組織化していると考えることはできるが、これがより鮮明に現れるのは『歴史哲学講義』の冒頭をおいて他にはない。「世界における悪は理解されなければならないし、思考する精神はこの悪と和解しなければならない。実際、世界史以上にそのような和解の認識に至るものは何もないのである」[66]。ヘーゲルは、こうした省察がまさに弁神論であることを明確に述べながら、自らの方向性を確固たるものにしている。暴力と不正義は人間の諸行為を超えた意図に参与していること、これを認めることが重要なのである。さらにヘーゲルは、こうした知のあり方は、その付随的な利点として、かつてライプニッツが形而上学的でかつ不明確な仕方で試みた神の正当化に確実性という地位を与えることができるのだと付け加えているが、ここでこそ、ブロッホが全精力を注いで対抗しようとする動機が全面的に展開される。そこでは、人間の苦しみ、世界の不完全さに対する人間の異議申し立て、経験の無媒介的形式を乗り越えようとする人間の希求などが集うどんな場所も失われてしまうのである。

したがって、問いとしての人間にその唯一の答えとして世界の現実を強いること、無限に対する意識の渇望に諸事物の合理性を対立させること、悪の経験に直面した道徳的主体の不満を歴史の慰安的観想で鎮めること、これらが、道を逆行するよう促すヘーゲル的姿勢の構成要素であり、また人間精神のより真正な形式をカントの側で見つけ出すための要素なのである。だがカントに向かう前に、哲学の完成たりえようとしていたものを放棄する理由を最後にもう一度確認しておこう。「ヘーゲルにおいては、思考は学校教師か、あるいはヘーゲルの依頼主である存在がいい加減に選んだ弁護士と化す。そして世界の夜は無教養の主体のなかへ後戻りする。こうして、書斎には快適な暖かみが広がる。生におけるありとあらゆる辛いもの、耐えがたきもの、不正なもの、絶えずそれらに立ち向かわなければならない必然性、自然の自己破壊、理念の大いなる〈受難〉の全体、それらが取るに足りないものとして展開されうるように。それらはたえず到来しながらも決して到来せず、それらについての厳密な分析は黒板にしか存在しないか、あるいは単なる儀礼かのどちらかでしかない」[67]。もしかすると、ヘーゲルをこのようにして退去させることによって、ヘーゲルをして遙かに見続けさせているものが結果的に隠されてしまうかもしれない。すなわち、体系を描くために分析を行いながら多くの対象を把握するその力、その媒介についての老練な技法、あるいはその「過去のなかに未来を発見する」卓越した適性などである[68]。だが少なくとも、こうしてヘーゲルを退去させることの利点は、ブロッホの読解をして、歴史の重大さのうちに彼が隠しているもの、あるいはお望みなら、歴史において抑圧されたものを新たに考慮するよう仕向けることにある。つまり、考慮すべきは、「自己は自らに到来したものを遙かに超えて行為する」との観念なのである[69]。

カントとともに——構築不可能な問いの形式

　あらゆる点から見て、『ユートピアの精神』が出版された時代にあっても今日にあっても、エルンスト・ブロッホが擁護するカントという形象は、彼が忌避するヘーゲルという形象と同じくらい異端的なものであると考えざるをえない。自分にとって重要なのは「ヘーゲルのおかげでカントを燃え立たせる」ことであると告白しつつ、ブロッホは「魂《プシケー》が息《プネウマ》を超えるのと同じくらい確かに」カントがヘーゲルを超えるのはなぜなのか、その理由を記している。「自己が牧羊神に、倫理が世界の百科全書《エンチュクロペディー》に勝り、終末の道徳的唯名論が、ヘーゲルの世界観の依然として半ば宇宙論的な実在論に勝る」のである[70]。言い換えれば、ヘーゲルが消えカントが再び現れるとき、われわれは「人間の条件を離れようとしている」思想家を捨て、「最初にして最後の者であり、最も自由な者である人間」の形象、あるいはさらに「メシアを受け入れ、その待機をせきたてるわれわれ」という形象を是《ぜ》とする思想家を再び見出すのである[71]。ヘーゲルが経験世界の最小の要素にさえ論理的地位を与え、「青い軽騎兵たち」の戦いの勃発のうちに和解を予感するにいたるのに対して、カントは「唯一このユートピア的平和を築くことができるいわばメシア的な主体」を名指すことは拒否しないように見える[72]。問いの対象が認識であるときには有限性の思想家となるカントは、義務の動機や待望の地平を同様に探ろうとするときにはすぐに希望へと開かれていく。そのとき、人間とは何かを問うことで、彼は存在の厳密な了解という観点を超え、思考のうちに、存在の叙事詩には還元不能な様々な意味を喚起するのである[73]。

　したがって、エマニュエル・レヴィナスが後にそうするように、ブロッホはメシアニズム的終末論という観点からヘーゲル的論理の解体を企て、人間的希望が世界の客観性のなかに解消されないような道の途上でカントを再び見出すのである。カントのうちに「神の疎遠化と同時的な、倫理的主体の雄大で実直な形而上学」を認めつつ、ブロッホはカントから次の二つのカテゴリーを借り受けるのだが、これらは、超感性的世界の諸力の封印と定義しうるニヒリズムに対するブロッホ自身の抵抗を構造化している。第一に、道徳的対象それ自体による触発という点から法則への尊敬を特徴づけようとするカントの手法を考慮に入れることが重要となる。因果性の世界を逃れることをその本質的特徴としたこの形象のもとに、人間に固有なものと最も近しいものが存している。「純粋に理論的な観点からは、絶対者の観念を抱くことによってひとは深く狼狽する」のである[74]。カント的思考の最も生産的な逆説によれば、われわれを知の次元に「まずは機械的に制限する」機能こそが、それ自身へと、さらに倫理的自我へと引き戻されることで、現象の国より高次の王国へとわれわれが帰属することを保障するのである。そのとき、「触発される」ことが意味するのは、未来の希望によって世界の拡大を受け入れることができるようになるということである。しかし、こうした予見は、その決定的な特質としては、至高善という観念のもとでは、決して道徳的対象の完成という展望から切り離されることがない。この点についてのカントの天才は、理性が自らに対して行う働きかけのうちで、有限性の探求を無限への諸観念の開けへと結びつけ、「世界という迷宮と心という楽園がそれぞれ別々に可視化される」空間を解き放ったことにあるのである。

ヘーゲルの企図の壮大さが、世界の諸形象と精神の諸形象とを互いに織り込もうとするプロメテウス的な努力に由来するのに対して、エルンスト・ブロッホは、カントがそれら二つの形象を別々のものとして維持したというまさにその理由で、人間的主体性の最も本来的な次元を守るために彼の方に回帰することを選択する。この限りで本質的なのは、カントにおいて思考は地上のものに制限されるのではなく、「その希望の対象にも同様に必死にしがみついている」という点にある。(75) その道徳的唯名論の中心が世俗的なものへの一切の結びつきを失っていくという、カントが被った思弁的危機を取り上げつつ、エルンスト・ブロッホは、こうした危機はそれでも乗り越えられたとみなす。〔思考と世俗的なものとの〕統一点が一つ残っているからだが、この場合それは「神秘的」と規定される。道徳的厳格主義がそこでは人間の行き先についてのメシアニズム的な取り組みに場所を譲るように見える展望のもとに、ここでカントの奇妙な顔が素描されているとの反論がおそらくなされるだろう。経験世界のヘーゲル的基体化に抵抗することが再び問題となる領野でこのように論点をずらしたのはブロッホだけではないという点はさておき、ここで認めなければならないのは大いなる豊穣さの形象である。とりわけ、ブロッホが「道徳の「あたかも〜のように」はここで、いずれにせよ本質的には神学的な「いまだない」として現れる」と断言するときにはそうだ。(76) カントの体系の解釈という点では、このような命題は、実践哲学ならびに歴史の思考、そしてポール・リクールが「希望による自由」と名づけるものに関連した宗教との一貫した繋がりを完璧な仕方で描いている。(77) 次に、より広い次元においては、この命題は、道徳の「あたかも〜のように」という立場からブロッホが練り上げた「構築不可能な問い」の重要性を見極めることを可能にする。

普遍的な百科全書《エンチュクロペディー》に勝る倫理的主体の形而上学というこ

の第二の次元によって、エルンスト・ブロッホは、神の死のお告げの後も生き延びうる超感性的世界によって触発された存在の諸様態を展開させようと試みる。厳密に言えば、カテゴリーは、カントが実践理性の命法をその行程の次の二つの極で形式化した仕方に由来する。一方の極は、「汝の行為の格律が、汝の意志によって、自然の普遍法則として立てられなければならないかのように行為せよ」である。他方の極は、「おそらく存在しないであろうものが存在しなければならないかのように行為すること」である。(78) カテゴリーによって人間主体は、意志の完成の表象を、与えられるものではなく期待されるものとして、要請ではなく希望の対象として保ちながら行為できる。カテゴリーはまた、世界との時期尚早の和解とその不完全さに直面した絶望という対称的な危険を回避することで、人間主体にそれを許容しもする。とはいえ、ブロッホがそこに看取するのは、彼が内面性の領域として描くものとのさらに緊密な関係である。この領域は、対象が経験的存在でない限り認識されえないが意志と反省の最も深い形式を表すような限界概念を通じて、無制約なものと結びついた思考の次元である。それゆえ、カントの最後の教えは、ヘーゲルが感づき、そして乗り越えようとしたもののうちに存していたと言えるかもしれない。すなわち、「最大の謎」に対する一つの論理的解決への要請として、最初に統一性を措定することの拒絶であり、「神は最後に現れる」という観念を保存しようとする願いである。(79) シェリングが再び手をつけた神話の言語と同じような言葉でもって、ブロッホはこうした発見から次のような本質的な帰結を引き出している。「したがって、道程を通じてずっと終末の火花を携えてゆくのはわれわれだけである［…］。われわれがそのなかで働く歴史の時間は、われわれの生それ自身が現れ、われわれが自らの作品を樹立する地上の空間を貫通している。［…］われわれはそこにおいて、諸価値を予感し、見つけ出し、実現する権利と可能性を、そしてまた、ア・プリオリに可能な諸々の形象を現出させ、最終的には、たとえこれが世界と時間の外部に置かれることになろうとも、それでも時間と世界を通じて、時間と世界に抗してこの最後の形象を現出させる権利と可能性とを有しているのである」。

最後に、「永遠に直面しても」弱まることのない諸要請を肯定しながらカント哲学が「暗部に深く入り込んでいく」という点に鑑みると、単に理解したいというヘーゲル的な欲望と、その「現実的なものとして提示される全体的弁証法」とは、結局のところ「確実性の大陸周辺での純粋な体系化の沿岸航行」に似たものになるだろう。(80) それでもやはり、実在するのではなく実在するはずの世界に利する行為を貫徹するために、現にあるもの、かつてあったものをただ再現することを嫌悪するような知について、その代償を明らかにしなければならないということにかわりはない。黒板に書かれた諸概念の連なりが悪の経験と和解させることで意識をなだめている教室の甘美な無気力に反して、カントにあっては、思考は「この世界の夜を焼きつくす孤独な光」なのである[81]。しかし、苦しみを純粋な儀式に変えてしまうことに対するこうしたカントの拒絶が、人間の希望、無限への渇望、絶対的なもの、直接的経験の諸条件の超克、これらすべてを開けたままにする手段でもあるということをいかにして見ないでいられるだろうか。有限性の意識がそこで完成へ向かう発意に転じていくカント的世界についての燃え上がる《フランボワイヤン》ような描写がここから生じる。「われわれは孤独であり、目的へと果てしなく接近しながら漸進線を描くにとどまっている闇のなかにいる。遠い星は、非常に不確かで、ほとんど知覚できず、空で何も明るくはしない光を発するのみである。しかし、純粋理論的理性批判がまとう普遍的諸形式において完全には消えてしまわないすべてのもの、すなわち特異なもの、文化に参入せんとする諸個人の決断としての自然の特殊化、これらすべては、道徳法則の優位に従い、それに即して秩序づけられなければならないのである[82]」。

　何年も経った後エルンスト・ブロッホは、ヘーゲルについての講義の最後で、近代哲学のこれら二人の中心人物の対立に戻りながら、メシアニズムの見地から捉えられたカントを自分が擁護する要素とはいかなるものかを確証することになろう。それ以降は、深さの概念の分析が、絶対知にも、かつて存在したものの想起のうちにも解消されない、人間の自己の内面性の領分と規定される「残滓」の解釈を方向づけることになる。古代への嗜好および想起の弁証法ゆえにヘーゲルは「主体的要因」の要請に難色を示していたのだが、「主体的要因」のための反撃の時を告げる鐘が響いたと言うとき、ブロッホが示そうとしているのは、ヘーゲルの次のような雄大な文句が告げる沈黙に抗して、当為の領域をさらに測量すべきだということである。「世界がいかにあるべきかを教えようとすることについてなお一言述べるなら、哲学はもともと、つねにあまりにも遅れてやって来るのである[83]」。カントにはこの要請を徹底的に思考する願望があるとして、ブロッホは、彼の眼に真正なる啓蒙哲学を特徴づけると映るものを掘り起こす。すなわち「人間に対する独特の関心、人間的自由、人間が自由な存在であることの可能性の根拠についての問いかけ[84]」を。こうしてポスト・ヘーゲル的省察へと戻されたカントはもちろん、新カント派のカントでも、形式主義者や物自体に直面した「永遠の不可知論者」としてのカントでもない。再び取り上げられた内面性の形象に関して言うなら、これもまたヘーゲルが嘲笑した、自己へと閉じ籠もり、他者との一切の交流に無縁となった人間のための墓に比されるような、まさに非人間的な深さの表れではない。主体の内面性の残余があるとすれば、それはヘーゲル的な知の経験的生成には吸収されえないもののうちにある。つまり、カント特有の「より良きもの」についてのヴィジョンのうちにであるが、このヴィジョンは現にある世界のなかに見出されるのではなく、「人間の意志が、それに異質なものによってはもはや動かされないところ」(85)にある。

カントによって深さの領域として示されたこの領域はやがて、ブロッホにおいて綿密な概念的分析を施されることになる。というのも、期待と希望の形式についてのブロッホ自身の考察の観点から見て、そうした領域は決定的な位置を占めているからだ。現出もせず、その内容によって輪郭を定められているわけでもない何ものかの場所を探索するに際して、直観は遙かな背景を自らに表象する。すなわち、「地平的〔水平的〕に移され、地平へと移された可視的なものの深淵」に相当するものを(86)。しかし、深さがいまだ世界の延長による媒介を経ていない限りでは、カントがこの深さを位置づける次元は垂直的なもので、そこでは深さは、自己の深淵への下降ないし「流れる碧空の深淵」への上昇として動くのである。最初の運動が、「私における道徳法則」を指し示すために中心に置かれるのに対して、第二の運動の方は天頂に位置づけられ「私の上にある星空」によって象られる。だが、本質的なことは、これら二つの経路は合流し、人間の特徴的な形象を示すことができるという点にある。「星空はわれわれをわれわれの無から抜け出させてくれる。道徳法則はわれわれをわれわれ自身の意義でもって満たしてくれる」。最後に付記すべきは、まずは空間という比喩へと変換させられた地平的〔水平的〕展望が時間の秩序へと戻されているということである。実際、自己に与えられた自律の深みを提示したあとでカントは、それがどのような道筋で完成の諸世界へ向かって進展するかを付け加えている。歴史的世界においては、すべてが、すでに目に見える諸現象の総体によっては汲み尽くされることなきものの深淵へとこのように運び去られ、「時間はまさに、地平の延長が消え去る同じ終末に向かって流れるように見える」のである。

エルンスト・ブロッホは、カントが絶対的なものへのその歩みにおいて針路を決して変えなかったことに感謝する点にまで至ると、今度はその方法の二つの不都合な点に立ち戻っている。道徳的無世界主義と「時間の無限な誇張」の二点である(87)。第一の点では、意志の完成とみなされた同一性のための諸媒介の不在が改めて強調される。だが、ブロッホは結局、こうしたことはおそらくユートピア的な意味での開けを維持することの代償なのだということを認めることになる。この視角から彼は、実践理性の諸観念――何よりもまず自由――は、「経験的なものを超えて幽霊のように媒介なしに漂うという報いを受け入れる」という点でカントに同意する。すなわち、これらの観念は人間に対して異質な目論見に従って実現されるのではなく、人間の内面性の深みから汲み出されるのだ。世界の過程とその歴史的延長の一方向性のなかに「深さ」を閉じ込めることを拒否するために、至高善への漸近的な道程が必要であるように見える限りで、第二の動機の執拗さを問いただすことができる。ここにおいて、ブロッホはカントの相矛盾する二つの批判のあいだで揺れ動いているような感情を語っている。一方の批判は、悪無限についてのヘーゲルのテーゼに帰着するもので、つねに近似にとどまる絶対的なものへの運動を問題にするだろう。そこで人間は、自らの期待の充足のために具体的な諸空間を必要とするだろう。しかし、ブロッホは、世界の不完全さについて人間の魂を慰める全体性への跳躍が持つ様々な危険をあまりにも強調したために、もう一つの観点を見ないわけにはいかなかった。別の観点というのは、宇宙的時間が真に「満ち足りた時間」になることを可能にするメシア的闖入を考慮しなかったという、カントに対する非難である。

音楽と超感性的世界の力

おそらく、この種の躊躇を明るみに出すことによってこそ、エルンスト・ブロッホが文化的作品、なかでも、卓越した期待の言語である限りでの音楽に与えた重要性を捉えることができるだろう。願望の地平から悪無限への逃亡を避けるよう注意しながら、彼は作品の世界のうちに、人間の夢の様々な表現――絶対知にはなりえないほど多様で開かれ、また十分に媒介されているため人の住むことのできる世界を表すことのできる表現――の集積所を見ている。ハンナ・アーレントもまた、「可死的な者たちの不可死の祖国」と語るような何かを[88]。しかし、アーレントにあって、作品がこうした能力を得るのは、それが卓越した永続性および、それを「世界で最も強く確実な対象」とする持続性という性質を有しているからであるのに対して、ブロッホにおいては逆に、こうした世界の安定性の転覆を表すことができるという能力によってこそ、作品は有限性を脱した領域を描き出すのである。作品があるからこそ、死へと向けられた人間的時間は、自らが依然として囚われている暗闇と事実性からの主体の救済という予兆によって短絡させせられる。エマニュエル・レヴィナスが示すように、作品の領野はこのとき、「あたかも世界が完成したかのように人を世界に存在させる」予見の次元によって、歴史に必要な希望の領野と隣接するのである。エルンスト・ブロッホにとって文化とは、この希望に形を与えることでわれわれの実存にそれを書き込もうとする、まさに「未完成という劫罰を逃れる存在の契機」にほかならないのである。[89]

エルンスト・ブロッホが、「これまで現れた偉大な文化はどれも、〈完成〉の予兆である」と断言するとき、彼は大胆な立場を打ち立て、しかるのちに、それが受けることになる二つの主要な異議に対してこの立場を擁護している。[90] そのうち最も厳しい異議によれば、マルクス主義は、この思弁に対して、芸術は科学や哲学とまったく同様に社会がそれ自体に対して抱く虚偽意識を証言するものでしかないと反論することになろう。これに対してブロッホは、文化的作品が「より善き生という夢」と関係がある限り、それらの作品は、その時代のそれぞれの状況に結びついたイデオロギーの痕跡を消し去る余剰分を含み持っているのだと断固として反論する。「反映」論に対して、ブロッホは、われわれの意志が向かう「本質的なもの」と「至上のもの」をめぐるユートピア的な機能の次元において作品を捉えることにこだわる。カントとともに練り上げられたカテゴリーに従って、芸術において「上と前へと導かれる」特殊な形の深みを保たねばならないのである。しかし、世界の経験を拡大させる作品についてのこうした考え方は、より仔細な批判を受けることにもなる。この批判の動機は、より善き生についての芸術的表象が有する見せかけの性質に由来する。啓蒙主義に直接起因するこの批判は、作品はそれが感じさせる快楽よりも長く存続できるかどうか、作品は人間が同意しうる富を供することができるかどうかを疑うに存する。かかる困難に立ち向かうためにブロッホは、近代の合理主義的美学がその対象に対して一種の軽蔑を表していることに言及しつつ、次のような——ヴァルター・ベンヤミンの関心事や概念とここでもまた交わり合うものかもしれない——問いを発することで論点をそらせている。「美の最後のアウラ、虚構的なもののみが花開くこの成熟を含むものとは、率直なところいかなるものなのか」。[91]

この問いに対する返答は、ブロッホの企図にとって決定的なもので、『希望の原理』全三巻のうち「願望の風景」を扱ったちょうど中間部で与えられる。[92] 意味深長なことに、この返答は、画家たちにおける日曜日の残存や文学における伝説の国についての考察を経たのちに音楽へと至り、そこにおいて解決の一つの形式が現れることになる。前者の考察を通して、自らの形式に閉じ込められた作品に固有の見せかけというテーゼが現出する。絵画、文学、彫刻と関連づけられることで、美の理論はここで希望より観想を好むことになるだろう。それも、芸術全体を「呼びかけではなく鎮静剤」にするほどまでに。[93] しかし、カント自身のうちに、「対象の単なる表象形式が引き起こす公平無私な満足」から始まる観想の美学が存在するとしても、肝要なのは、問題はそこにとどまらないということである。諸感官のあらゆる規範を凌ぐ魂の能力を示すものとして崇高という概念を打ち立てながら、カントは実際、美的経験は形式主義を超えて、ほかならぬ「われわれの未来の生の直観」たる無限を想起させると示唆している。[94] つまり、エルンスト・ブロッホは、カント的崇高のうちに「観想の「あたかも〜のように」」を発見することで、自らの意欲の対象全体に向けられた実践理性をすでにして方向づけていた願望に相応しいカテゴリーを再び見出している。音楽に自らの特権的な対象を見る美学によって修正されることで、このカテゴリー〔崇高〕は、芸術が最終的に与えてくれるはずのものを保つことができるのである。すなわち「大文字で書かれた人間の、半開きのままでありながらも依然として謎にとどまる純粋な奥底」を。[95]

こうして、エルンスト・ブロッホが音楽に特殊な力を与える理由はより明らかになる。表象に対する宗教的な不信感と相俟って、見せかけという美学的な主題系は、芸術をつねに仮象の領域にとどまるものとして非難していた。これは、ヘーゲルが、美とは観念の感性的顕現にすぎないと言って要約していたものである。こうした障壁は経験と意識の直接的諸形式を乗り越える可能性と改めて結びつけられるのだが、この見地から見ると、『ユートピアの精神』の白熱した草案から『希望の原理』の百科全書的な練り上げに至るまで、一つの問いがブロッホの問いかけを組織している。すなわち、芸術作品は、「諸事物を黙示録のうちで終止させることなく、それらを完成へともたらす」能力を有しているのか。[96] 絵画、彫刻、文学に関しては、芸術における見せかけは「予兆」が現れるおかげで部分的には消え去るにいたると言うことができるとしても、それでもやはり、この予兆とは、形式に囚われ「像によって覆われた意味」でしかないのではないかとの嫌疑をかけることができる。[97] この限りで、芸術が超感性的なものへの開けを生み出すとする弁証法は部分的に妨げられ、「芸術は〈所与〉の周辺を沿岸航行する」との感情をわれわれは抱く。それゆえ、唯一音楽だけが開かれた空間で直接的に動くことができるのである。そこにおいて、崇高なるものは、像の見かけから解放され、「われわれに未来の自由を垣間見させる」。最も遠くにある本質が生の世界へと闖入するような領域を見出すことで、音楽は「本格的な聖像破壊」の純粋形式と等しいものとなるのである。[98]

こうした挑発的な言いまわしには、後に見るようにおそらくはシェーンベルクの天才的直観に通じるものがあるが、それをもって、エルンスト・ブロッホは音楽を、世界に巻き込まれた人間がそこから自らの希望の対象を捉え、自分に適合した住処を打ち立てることができるような頂たらしめる。すべてはあたかも、音楽を自分たちの哲学的関心の中核に受け入れた二人の思想家が、音楽の理解にとって対立するが補完し合う寄与をもたらしたかのようである。ここで二人の思想家と言うのは、音楽の歴史的反時代性を強調するニーチェと、存在を聴きとる比類ない能力を示すショーペンハウアーである。ニーチェにとって音楽は、あらゆる文化形式のうちで最後に到来し、各々の時代に対して、それに先行し消えていった時代の言葉をもたらす。ヘンデルはルターの最良の部分を響かせ、モーツァルトはルイ一四世の時代の黄金を輝かせ、ベートーヴェンは「曖昧な熱狂、打ち砕かれた理想、束の間の幸福の」一八世紀を外化するといった具合に。ニーチェの眼には、これらはすべて、音楽が「あまりにも遅くやって来」て、過ぎ去った世界に密かに含まれていたものを解放することの指標と映った[99]。ショーペンハウアーの方は、いわば逆の観点から、音楽を歴史の繋留から解き放つ。これは、音楽のうちに感情と情念の精髄を見出すためであるが、他の芸術形式が間接的に、漠然と、そして外部から見たかたちでしか意志を再現しないのに対して、音楽こそ意志を体現できる芸術形式なのである。ショーペンハウアーは、諸事物の最も内奥にある本質を明らかにする音楽の能力を引き出すことで、音楽のうちには「最終的に世界が全体としてその歌詞となるメロディー」があると考える[100]。そうなると、たとえこの世界が消滅することになろうとも、音楽は存続しえるほどなのだ。

　ただしブロッホは、これら二つの音楽の対照的な二極を起点として、自分が音楽に与えようとする明確な領域を切り出す。ショーペンハウアーに対しては音楽を存在の聴取に限定された枠組みのなかに閉じ込めてしまったと非難しながら、ブロッホは、音楽を隠されたものの予感の芸術として特徴づける。この芸術は、「世界の背後、世界という道の次の曲がり角にある宝物を、われわれの相続人を発見すること」に捧げられている[101]。この意味で、地上においてすべてが押し黙っても音楽こそが実際に立ち上がることができるのなら、その目的地は思考が何とかして構築しようとしてきた物自体そのものとなる。音楽とともに、自分自身の上に立ち止まる生きられた瞬間が共鳴するとき、数々の時間はすべて過ぎ去ったものとなり、音楽は「神の形象《イメージ》の最初の製作を、見失われ、また見つけることもできない神の名のまったく異なる発音」を供するのだ[102]。真に形而上学的なこうした力を、ニーチェの主張の乗り越えのうちで確証することができるかもしれない。歴史に対してあまりにも大きな持ち分を与えることで、ニーチェの主張はもっぱら音楽を過去の方へと向かわせ、音楽が

「未来から来る光を投影する」仕方を覆い隠してしまう。(103) ただしニーチェは、音楽は文化の最終形態として開花するとしつつも、エルンスト・ブロッホにおいて変容される一つの主題をすでに素描してもいた。すなわち、音楽は、本質の把握により適した聴覚の柔軟性をそれが視覚の疲労に対立させうる瞬間に内属しているのだ。この意味で、音楽にふさわしい形態とは、ある時代がそれに続く時代において存続するかどうかにはなく、目に見えるものの芸術によって練り上げられてきた諸形象《イメージ》からなる古き王国の場に、世界を乗り越えるための前代未聞の機会を唱導することにあるのである。

したがって、これこそが、「予感とユートピアの形而上学」として考えられた音楽についてのエルンスト・ブロッホの主張の核ということになる。(104) ここにおいて決定的なのは、音楽が可視性の後継者として、また地上世界から追放された内面性の避難所として現れるということである。「というのも、音楽が開花したのは、視覚、見ること、目に見える世界、さらにまた目に見える世界における神の痕跡すらもが崩壊したときだからである」。音楽は、「すべての問いのうちでまったく近くにある最後の問い」と背中合わせとなっているため、根源的な秘密を口に出そうとする努力の究極の保有者となる。音楽はこの立場を、哲学の黄昏の告知というヘーゲル的な考えに対抗するためにエルンスト・ブロッホが構想したような哲学と共有している。「千里眼はとっくに消え失せているが、千里耳とでも言うべきもの、つまり内的な新たな視覚が途中で現れてはこないだろうか。今や目に見える世界が精神を維持するにはあまりにも弱まってしまったなか、耳に聞こえる世界を、光に残された道を、旧来の目の優越にとってかわるための内的な輝きの優越を知らせる新たな視覚が途中で現れてはこないだろうか。万が一、語る時が音楽のうちに到来したのだとすれば」。(105) このような展望のもとでは、エルンスト・ブロッホは音楽のうちに自らの哲学の本質的構成要素を、そしてまた、彼のユダヤ教への関係の本質的な部分――これは見る眼に対する聴く耳の優位への暗示によって控え目に喚起されている――を住まわせているのではないかと問うこともできよう。言い換えれば、ヴァルター・ベンヤミンが陥った神学的・美学的ジレンマをブロッホが解決するに至るということもありえるだろう。イメージの幻惑から解放され、メシアニズム的期待の諸形式を保つのに適した超感性的世界の真の経験を、音楽に見出すことによってである。(106)

このような仮説の厳密に哲学的な側面については、絵画において作り上げられた世界の現前の諸形象に対して現代の現象学が示すこだわりと、エルンスト・ブロッホが音楽を起点にして明示しようとする期待の情念の解釈学の諸カテゴリーとの対照は驚くべきものだろう。モーリス・メルロ＝ポンティにおいて、絵画が倦むことなく可視性の謎を称えているという文脈で、セザンヌの意図が見事に分析されているのを見ることができる。実際、あたかもカオスと秩序を截然と分かつかのように、感覚と思考とのいずれかを選ばねばならないというジレンマ――これは印象派のジレンマでもあった――から抜け出ることでないとしたら、セザンヌは何を望んでいたのか。こうした二者択一と関係を断つことで、彼は根源的な自然を捉えるという希望のもと、原初的世界を復元しようとしているのである。現出する事物と、それらの捉えがたい現れ方とを引き離すことへの拒否がそこから生じるのだが、それは、「形をなしつつある素材を、自然発生的組織化によって生まれつつある秩序を描く」ためなのだ(107)。現象学も同様にして探求している見えるものと見えないものとの境界線へと近づくことで、彼は日常的な事物にかこまれた生の自明性を砕き、構成された人間性の手前に位置する世界を、つまり「何の親しみもない、何の心地よさもない、人間的なものが発露することをすべて禁じる世界」を示すのである(108)。とはいえ、本質的なことは、そうした徹底さによって、セザンヌは同時に画家仲間のうちで特異な位置を占め、自らの企図の信憑性について疑惑に苛まれるようになるという点にあるのだが。

言うまでもなく、メルロ＝ポンティにとって、セザンヌの勝利は、表象の地位を転倒したその仕方に由来する。そのとき、像《イメージ》でしかない彼の絵は、世界が自然に有しているよりも大きな持続性を世界に与えるように思われる。これこそ、おそらくは見えるものの芸術の究極の偉大さを説明してくれるだろう次の命題をもってメルロ＝ポンティが要約していることである。「セザンヌが描こうとしていた「世界の瞬間」、これは長きにわたって過ぎ去ったままだが、彼の画布はわれわれにその瞬間を投げかけ続けている。そして、彼のサント・ヴィクトワール山は、エクスに聳える固い岩稜とは別様に、だがそれに劣らず力強く、世界のどこででも、作られてはまた作り直される」(109)。それでもやはり、セザンヌの疑惑――といっても彼の心理構造から来るのではなく、その作品の意図自体に由来する不安と孤独――について与えられる説がまったく特異なものであることに変わりはない。文化をその始まりから引き受けるセザンヌは、バルザックのように、卓越した意味での芸術家を体現していた。つまり、最初の人間のように語り、それ以前には誰もしたことがないように描き、そもそも意味を持たない諸事物や表現されないままの生のなかには見出されない一つの意味を解放したのだ。そこから彼の困難が生じることになる。理念の探求、さらには「無限の〈ロゴス〉」という企図と結びついた困難が。モーリス・メルロ＝ポンティがここに「原初的言葉《パロール》」の危険を認めるときには彼に容易に従うことができるとしても、しかし、彼がセザンヌに関して次のことを付け加えるときには、その問いかけの流れをずらしたくなるかもしれない。彼はこう言うのである。「彼は自分が無力であると思ったが、それは、自分が全能ではなく、神でもなく、にもかかわらず、世界を描き、世界を全的に眺め《スペクタクル》に変え、世界がいかにわれわれに触れているかを見させたいと望んだからである[110]」。

神ではないが、しかし世界を全面的に表象できると言い張ること。これこそがおそらく、ヴァルター・ベンヤミンを反神学と反美学とのあいだの不安定な境界にすでに位置づけていた芸術の幻想の形である。芸術家が〈言葉《ヴェルヴ》〉の顕現の領域で宗教に異議を唱えること、これはメルロ＝ポンティが見事に示したことであるが、ベンヤミンが「遠くのもの――どれほど近くにあれ――の唯一の現れ」と述べたこの「アウラ」を、セザンヌ以上にうまく解き放つに至った者はいない。しかしながら、と同時に、そうした企図の虚しさ、更には世界がわれわれに触れる仕方を見させたいという配慮の、空虚への埋没を、セザンヌその人と同じほどの強度をもって感じ取った者もいない。エルンスト・ブロッホに戻って、このような挫折の形をなおも問うべきだろう。すなわち、それは、芸術の企図一般につきまとう幻想なのか、それとも、世界ならびに、世界を目に見えるものにしようとする願いと絵画との繋がりに由来する袋小路なのか。彼の分析に照らすと、ここにおいて実質的に標的になっているのは、視線の美学およびおそらくはそれとも連合した現象学の限界のみであると考えることができる。事物の現前に繋ぎとめられ、世界の記述へ向かうこれらの美学は、諸事物の永続性の保証ならびに、自然が授ける以上に真正な恒久性の企図をその地平としている。だが、メルロ＝ポンティ自身がセザンヌの疑惑に関する考察の結論で述べるように、「われわれは、観念や自由を、決して正面から向き合って見ることはないのである[111]」。これに対して、エルンスト・ブロッホは多分、たとえわれわれがそれらを見ることが不可能だとしても、われわれがそれらを聴き取れないということが決まっているわけではない、と答えるだろう。

おそらくこれこそが、音楽を「正しく理解された偶像破壊」として定義することの究極の意味であろう。セザンヌが体験し、ベンヤミンが感じ取り、メルロ＝ポンティが描いた絵画に固有の袋小路は、絵画がイメージの幻想から、そしてまた、諸事物に顔を与える性向――エマニュエル・レヴィナスはそこに芸術の偉大さと同時に欺瞞とを見出した――から絵画が解放されえないことに由来するのだろう[112]。それゆえ、見えるものの芸術が望む完成の形式は、世界に安定性の保証を与えるという形をとると言えるかもしれない。それによって、死すべき存在の脆さを保護してくれる住処を人間が自らのために建てることが可能になる。しかし、こうした時間の脆さから逃れようとすることがいかにして、諸事物の牢獄に囚われることへと変化しうるということはすぐ分かる。とりわけ、ハンナ・アーレントが表明しているように、世界の諸対象の只中で最も強く生きることへの配慮が、世界の只中への根づきやその諸形象への従属を確証する場合がそうである。エルンスト・ブロッホが敢然と取り組んだ方策は、音楽というまったく異なる企図である。音楽で目指されているのは、世界における存在を記述することではなく、世界の物質性およびその限界から解放された領域を探索するために、世界を超過する能力を表現することなのである。だからこそ、音楽は、ヘーゲル現象学の安堵させる視線のもとで現れるような概念と対象との和解の後も生きのびる超感性的世界の次元の表現をもたらすことができるのだ。世界の永続性を保証する代わりにそれを覆すからこそ、音楽作品の美しさは、最善のものの予兆および願いの表明という観点から、誠実さを最も多く含んだものを提示するように思われるのである。

それゆえ、エルンスト・ブロッホにおいて見出されるのは、表象の禁止として一貫して保たれてきたものの必然の帰結たる、聴く能力に対するユダヤ教の古来の信頼である。「主が火のなかから語られた日、あなたたちは何の像《イメージ》も見なかった」(「申命記」第四章第一五節)。これこそがまさに、聴取の過程とみなされた〈啓示〉を起点として、シナゴーグの教えと〈伝統〉の継承が組織化される始原的構造である。[113] このように肯定することによってなされた周辺の諸自然宗教との断絶の力については周知のことだろうし、また偶像と彫像の排斥は、世界史における革新の只中に〈律法〉を認めるために必要とされた人間の想像力自体の屈曲の条件であったと考えることができる。加えて、像《イメージ》なき神に対する崇拝を命じることの厳格さもまたよく知られている。この厳格さは、空想を欠いているとしばしば判断される理性、超越的命令の抽象性や隔たりに捧げられた理性が支払う代価である。この厳格さを軽減しようとして、神秘主義はしばしば色彩や形態を救い出そうと試みてきた。ショーレムの強調するところによれば、神秘主義にとってトーラーとは、像《イメージ》の世界を完全に排除することを主張しているのではなく、そうした世界の中心や隠れ家の場所をずらすものなのである。[114] 同様にして、ヴァルター・ベンヤミンが言語の思想を構築し、寓意《アレゴリー》が体現する形象的表現の重要性を見積もる際のやり方は、言葉の要請に対して忠実さでありたいという気持ちと、言葉が顕現する物質的状況やその存続の痕跡をなんとしても見出したいという待ち切れなさとを調停する努力とに結びついているように思われる。それでもやはり、こうした企図は、ユダヤ的経験の最も秘められた基盤、すなわち世界の可視性に対する根底的な異議申し立てに比べて後退しているのではないかとの感情がエルンスト・ブロッホの大いなる直観に宿っているということはありうる。

シェーンベルク、モーセ、そして表現しえぬものの輪郭

目に見える世界の衰退とその世界の只中における神の痕跡とを足場にして遅ればせながら立ち上がってくる音楽が、そこに〈御名〉の称揚が避難し、そこで人間が再び自らの希望の究極の表明を練り上げるに至る最後の領域とされるのは、理由のないことではない。こうした観点から見れば、エルンスト・ブロッホが音楽を「卓越したユートピア的解放の芸術」として描写するやり方と、『モーセとアーロン』を通して展開されるシェーンベルクの企ての解釈〔演奏〕とのあいだに一つの繋がりを打ち立てる必要があるだろう[115]。ブロッホに関しては、音楽の位置は、超感性的世界が汲みつくされてしまうことに対する抵抗という文脈で直接的に指し示されている。希望すべきものが大いに残されているからこそ、音楽は美学と形而上学とともに「切迫せる究極的潜在性の闖入と予兆」を表現するのである[116]。ちなみに、ここから音楽をその究極の可能性にまで至らしめる者たちが被る危険が生じるのだが、この危険は、彼岸の旅から無傷で帰ることのできないトリスタンを、不可視のもの、真なるもののなかへと踏み入った三人のラビの一種の兄弟たらしめる。そのうちの一人は何も見ず、一人は狂い、ラビ・アキバは自分自身以外とは誰とも出会わなかった[117]。同様に、音楽がわれわれを無傷のままにはしておかないという点もそこから生じる。あたかも音があまりにも存在論的価値を保持しており、形式や計画《プログラム》のなかに完全に閉じ込められるということがないかのようである。最後に、おそらくそこにおいて、音楽がわれわれの実存のうちに突然出現する諸様態と、エマニュエル・レヴィナスによって、「いまだないもの、決して十分に未来たりえない、可能な限り遠い未来から」発せられる人間の顔の暗い透過光と結びつけられた諸様態とのあいだで奇妙な類縁関係が結ばれるのだろう[118]。

ここで決定的なのは時間の次元であって、そこで音楽は、経験を超越の領域の付近まで拡大させる自らの真の能力を発揮する。フッサールが『内的時間意識の現象学』講義において世界の客観的時間と人間的主観性の生きられた時間とのあいだに立てた境界を絶えず撹乱しながら、音楽は時の刻みを越えて進み、最終的に、不可能に思えるもの、すなわち「現

在的なものにおける先行するものの存続」を確かなものとするのだ。[119] 音楽は記憶と予期とに同時に訴えかけるものであるため、たとえば遺産と創設、流れと淀み、準備と積み重ねのように、通常別々にあるものを結びつけ、かくして、形象化の労苦から解放された充溢に至ることができる。このようにして、たとえ音楽的言説のもとで「聴取が希望であるような新たな〈自我〉」が提示されるとしても、概念で説明されるより以上のものを、聴覚が対位法によって、聴くということは起こりうる。[120] ベートーヴェンのソナタにおいては、あらゆるものが、しかるべくあることとの論証的必然性、この瞬間における自己の位相、その重み、その尊厳、適切な形而上学的遅れを伴ってのその正確な表れ方を有しているのだが、だからこそわれわれは、なぜ音楽の時間において「より深い生が活動していることをはっきりと感じる」ことができるのかを発見することになる。[121] だが、われわれが音に同伴しなければ、また音楽がその究極の秘密を明かすなら、音はどこへも赴かないということ、われわれはその理由をもっとはっきり見るべきだろう。すなわち、音楽とは、期待の諸情念についての一つの解釈学へ至る、最も確実な通路を表しているのだ。音楽の「目的は、〈人間〉がその真の顔に出会う〈本質的なもの〉を歌い、呼び出すこと」なのだから。[122]

　和声の強制からの解放を音楽空間の根本的転覆という方向ではなく時間を新たに改編するという関心から解釈する地点でエルンスト・ブロッホがシェーンベルクを再び見出したというのは暗示的である。[123] ここで、伝統から受け継いできた規則の権威に対する反抗という部分を相対化しながら、ブロッホは何よりもまず、すでに過去の偉大な作曲家たちが抱いていた企図、対象となる音が形式によって覆い隠されるのを阻止せんとする企図が反復されていることを看取した。この意味で、たとえシェーンベルクが主題提示部の問題への解決として間欠的な主音関係を理論化したというのが確かであるとしても、それでもやはり、彼にあっては、和声的なものが容易に対位法へと急変することに変わりはない。おそらく本質的なことは、変動したり停止したりする調性によって、新たな地平、少なくともヨハン・ゼバスティアン・バッハ以来音楽に固有のものと化した世界経験を拡大する力につねにより適したものになりつつある新たな地平が解放されるということである。[124] 根音、持続声ないし延音記号《フェルマータ》がかつて中心をなしていたのに対して、今や意味は途上に現れ、到達することなく進んでいく。つまり歌が「新たなもの、無限なるもの、未完のもの」で終わるように進んでいくのだ。[125] 要するに、和声物理学の「自然的」体系において目指される象徴的合致を侵犯する、聞きなれない和音や新奇な音をシェーンベルクが擁護するとき、彼を導いているのは、慣習に異議を唱えたいという熱烈な欲望というよりもむしろ、独創的な音の連合によって情念の新たな世界を喚起したいという願いなのである。

　ブロッホがシェーンベルクの構想を音楽と表現しえぬものとの対立についての考察のなかに書き込む仕方と、アドルノが前衛芸術の理論という文脈で採っているアプローチとの対照は驚くべきものである。もちろん、ブロッホとアドルノの音楽哲学には共通する源が存在する。芸術において「真理の展開」を主題化するヘーゲル美学に対して、両者とも冷ややかだが魅了されてもいるのである。とはいえ、ヘーゲルの乗り越え方という点で、ブロッホに比べて限りなくヘーゲルに近いアドルノは、芸術が——しばしば犠牲を払いながら——関わっている啓蒙の弁証法の過程のなかに「新たな音楽」を位置づけるのだ。この弁証法において芸術は、かつてそれが有していた直接的な自己確信と、議論の余地なく受け入れられてきた形式や質料に対する信頼を失うこととなった。これは、ヘーゲルがすでに「苦悩の意識」と名づけていたもので、現代世界はそれを増幅している。すなわち、主体自身に痕跡を残し、また啓蒙が当てにしていた平穏を奪い去る際限なき苦しみが襲いかかってくるのを人類は目の当たりにしているのである。しかしながら、芸術は残滓もなく枯渇してしまうわけではない。「こうした芸術は暗闇から貢献を受け取った。それは、完成した啓蒙をエピソードのようにして中断するのではなく、自らの影でもって啓蒙の最終局面を覆い隠し、その実際の力によって、当然のことのように、像《イメージ》による表象をほとんど排除したのである」[126]。ここから、美学の世界およびその存続様態に関するブロッホの主張と結局交差することになる一つの主張が生じる。すなわち、もし芸術が依然として、世界の偽りの明晰さに対して立ち上がることができ、また立ち上がらなければならないとすれば、それは実際には「像《イメージ》による表象」を排除するというかたちにおいてであるという主張である。

　しかし、いわばこの否定的ヘーゲル主義によって、新たな音楽の出現と、ブロッホが擁護するヴィジョンとは程遠いシェーンベルクのヴィジョンとのあいだにすぐさま厳しい分裂が生じることとなる。同時代の音楽を評価するに際して、しばしばアドルノは微妙なニュアンスをなおざりにするのだが、彼は、反動的なアプローチの暗闇のなかで汲々としているストラヴィンスキーと改革の旗振り役のシェーンベルクとを対立させている。しかしより重要なのは、後者の作品が、前世紀の作曲家たちにおける思考や感情の欠如に抗する反抗と、「より高い次元の一種の空虚さ」の告知という二重の枠内で特徴づけられているということである。シェーンベルクは音楽史全体において表現要素が素材へと変貌しているということを強調しているが、アドルノにとってこのことは、シェーンベルク自身の歩みのなかで表現の可能性が根本的に問いに付されていることを表明するためだった。神の死の同時代人であったと言ってもよいシェーンベルクは、アドルノにとっては、ベートーヴェンの世界、すなわち、「「より善き世界」という観念、そしてまた人間性という観念も」が依然として生きていた世界を放棄したのである[127]。その帰結は、シェーンベルクの最後の諸作品とほとんど背反するものではない。そこでシェーンベルクは「内容」の問題を取り上げ直そうとするのである。シェーンベルクを起点として、「前衛音楽は、「人間的なもの」にいささかも譲歩せず、自らの硬化に固執するほかなくなる。この「人間的なもの」はあいかわらずその魅力を行使し続けているが、前衛音楽の方はこれを非人間性の仮面とみなすのである[128]」。

　こうして、シェーンベルク自身の意図をめぐるアドルノとエルンスト・ブロッホの解釈が最終的に背反していく様を見てとることができる。人間主義という幻想とストラヴィンスキーによる秩序への回帰の誘いとに対する激しい戦いにおいて体験された進歩を具現化するか、それとも、音楽が〈本質的なもの〉に接近しようと試みる際につねに用いてきた言語と諸形式を一新するか、おそらく、これこそが衝突の構造であるが、この構造は、人間の世界への関係や同時代という歴史的契機の意義に関する哲学的対立に基づいている。だとすると、ブロッホからその議論の本質的な部分を借用することでアドルノの独断論を修正しつつも、その一方で、ブロッホが時に過小評価しているシェーンベルクにおける真の反抗の次元をアドルノから引き受けなければならないということもありうるだろう。『ユートピアの精神』のブロッホはそれを知らなかったとはいえ、『モーセとアーロン』の計画こそがそうした展望に適したものだろう。この作品をめぐる、ゲルショム・ショーレムに捧げられたアドルノの数頁は、『新音楽の哲学』で時として見られる重みと厳格さにしばしば対立するかのように見える。アドルノは、シェーンベルクの聖書に関するオペラのなかに「聖なる断章」を見出しながら、忠実さと待ち切れなさとを指示する一つの営為があるのを認めている。これは、絶対者が自分たちの前から姿を消すことを目にした有限なる者たちの条件であって、有限なる者たちは、義務ゆえにこの絶対者を名づけようとしても裏切られるということを知っているが、しかし、沈黙を守るとしても、絶対者の名を語れという同じく絶対的な命令に背くことになるということも分かっている。さらに、シェーンベルクの『モーセとアーロン』と、『ヤコブの梯子』のようなそれ以前の諸作品や『詩篇曲』との繋がりを確証しながら、アドルノは「あらゆる反対を押し切って自らの時代から引き離された宗教芸術」というシェーンベルクの関心を突き止めるのである[129]。

アドルノは、シェーンベルクの計画についての自らの分析の輪郭線を著しくずらしながらも、その解釈を導く指針を確証している。何がこの作曲家の意図に属するのか、あるいは何が彼の作品の運命と時代状況との一致から由来するのかを完全に捉えることはできなくても、『モーセとアーロン』は、まず何よりも「作品の不可能性」を示しているのである。(130) シェーンベルクは、無限的なものと有限的なものの還元不能な衝突を展開したがゆえに、必然的に次のようなアポリアに突き当たることになった。すなわち、「作品の超主観的性質、トーラーに結びついたその超越的必然性は、この作品が自由な美的創造であることによって打ち消される」というアポリアである。(131) その帰結として、この革命的作曲家の宗教オペラを「救い出す」ことを可能にするものは、ある逆説に従属するほかない。一面では、「奇妙なほどに伝統的な」様相を呈する『モーセとアーロン』は、「主要作品」という観念に結びついた欠陥に苦しんでいる。この観念は個人の形而上学的変貌という典型的にブルジョワ的な表象に繋がれているのだ。だとすると、作品の未完成のみが作曲家の妙技の指標ということになる。これは、意図と作品との完全な融合という文脈において完成というものが幻想であることを証するものである。より一般的に言えば、シェーンベルクの特異な勝利によって明るみに出されるのは、例えばブルックナーや『ミサ・ソレムニス』のベートーヴェンから彼らが夢見た土地への経路を奪うという形で、これまで聖なる作品を蝕んできたのは何かということである。すなわち、聖なる作品を自ら求めることがすでに「その概念を傷つけることである」(132) 限り、聖なる作品とは「望まれた」ものではありえないのだ。シェーンベルクがそれをどれほど望んでいたかは最終的に明確にできないにしても、アドルノの描くシェーンベルクはこのように、模倣の方へと歩んでいった音楽に貢ぐことになったのかもしれない。彼のオペラは、像《イメージ》の禁止を喚起させつつ表現性に抗して立ち上がり、ヨーロッパ芸術の形象的性格に異議を申し立てる。しかし、モーセが語ったとしても、アーロンは依然として歌わなければならなかったのであり、不可能な終わりの瞬間に「言葉」そのものが欠けることになるのだ。(133)

しかしながら、シェーンベルクが最後の力を振り絞って、自らのメッセージの基底を提示したこの大作について、少しばかり歪んでいるが最終的には和協を目ざすこうした解釈に完全には満足しないでいることもできる。アドルノは、媒介の拒絶にもかかわらずシェーンベルクのうちに存続する表現への欲求が、いかにして「〈御名〉の啓示としての〈啓示〉にその秘められた典型を見出している」かをはっきり見ていた。(134) しかし、あたかもシェーンベルクがその痕跡を消し去りたかったかのようにすべては進行している。シェーンベルクは宗教音楽を作曲するときでさえ最も厳密なものの「リアリズム」や「機能主義」にこだわっているとする考えに、アドルノは絶えず立ち戻っている。ただし、この点に関するシェーンベルクの計画は、音楽から主観的要素を除こうとする「限定的否定」の技法というよりもむしろ、モーセの最初の言葉に従えば「根源的で、永遠で、遍在し、見ることも思い描くこともできないもの」を見分けようとする真の関心に基づくと考えることができる。このことについて格別な証言を与えてくれるのは、シェーンベルクがある論文に対して示した苛立ちである。この論文は、『モーセとアーロン』のなかでシェーンベルクという芸術家自身の葛藤が演じられていると見るのだが、シェーンベルクは、それは一九世紀の問題であって、自分の問題ではないと答え、すぐにこう付け加えている。「主題とその取扱いは純粋に宗教的かつ哲学的なものである」[135]。確かに、アドルノのように、『モーセとアーロン』は、あらゆる崇拝の外側にある文化的な音楽の可能性についてカント的な問いを提起していると言うことは可能だろう。しかし、こうした問いからその「存在論的ラディカリズム」を奪い去ることはいっそう困難である。それよりもむしろ、おそらく、シェーンベルクの直接的に形而上学的な意図をあるがままに受け入れた方がよいだろう。たとえ、後になって、この意図の実現を前にした震えの理由を探ることになるとしても。

シェーンベルクを伝統への永遠の反抗者としておきたい弟子や注釈者の幾人かが維持してきた頑固な伝説を消し去ろうと、シェーンベルク自身は、晩年、過去の巨匠たちがその先駆者に抱いていた敬意を自分はつねに崇拝してきたし、美と芸術の可能性こそがこれらの可能性を表現する様式よりも重要であるとの感性を先駆者たちと共に抱くようになったと語っている。無調音楽へと自らを誘った動きを運命のようにして生きたと告白しつつ、さらに彼はこう付言している。「なぜなら、〈全能者〉が私にもう一つのより苦しい道を課したからです」[136]。ここで、シェーンベルクが、『モーセとアーロン』の音楽と鍵とを賭した革命にいかなる意義を与えていたのかをどうして見ないでいることができようか。この作品は、こうした課題の厳密さを、それを引き受けることができないのではないかというまったく人間的な恐れとともに呈示したものなのである。このうちの第一の観点から見るなら、シェーンベルクの企図が、前衛のモデルによって完全に照らし出されるものではないということ認めなければならないだろう。新たな言語の発明といっても、それは美についての美学的基準を転覆させることを狙うのではなく、見捨てられてきた企図へと回帰するよう誘うことを目指すものだからである。この意味で、音楽の言説が表現性をあまりに求めて形象化していく偏向にシェーンベルクが反抗するのは、音楽元来の目的地を取り戻すためである。すなわち、音楽は、偶像を観照したり世界を描いたりすることをやめ、〈理念〉の顕現に身を捧げなければならないのだ。したがって、これこそが、純粋な形式主義と見えるものの地平なのだが、これは、隠れた真理の探究のために、音楽の慰めの力を忘却するよう誘うことに由来するものなのかもしれない。そのとき用いるべきは、モーセ自身が言い表した次のような呼びかけである。すなわち、われわれは「一つの像《イメージ》のなかに無限を閉じ込める」（第一幕第二場）ことはできないのである。

シェーンベルクの企図の形而上学的深み、さらにどんなマニフェストよりもうまくこの深みを開陳する『モーセとアーロン』の作法をひとたび引き出したとしても、なおも把握しなければならないのは、この〔モーセとアーロンという〕二人の兄弟を対立させる諍いはどのような性質のものなのか、また、この諍いよって作曲家の内的資質について何が明らかになるかという点である。柴の茂みの瞬間、「告げよ」（第一幕第一場）という命令が響くとき、シェーンベルク自身が〈啓示〉を受け入れたいと望むモーセと化しているということは疑いない。民の不信とアーロンの性急さ、金の子牛の誘惑と長老たちの甘美な言葉に対抗する道程で、シェーンベルクはつねにモーセの口から自らの言葉を表しているのだ。その言葉とは、「見えないものを知るために、考えられないものを考えるために選ばれた民よ」（第一幕第二場）であり、また、「汝はいま言葉と像で〈理念〉の全能者を予感しているのか」（第一幕第五場）というものである。これらの瞬間において、シェーンベルクは確信をもって〈律法〉を言明することを旨とする秘められた戒律を有した新たな音楽の預言者となっている。しかし、同様に彼がアーロンの顔においても現れるということをどうして考えないでいられようか。つまり、まずは仲裁人、次いで証人として、まずは自信に満ちた表情で、次いでひどくおびえた表情で現れるということを。目に見える神々に忠誠を誓い、おそれと罰、愛と褒賞との直接的な相関関係を望む一つの民の声を前に、自分の弟の代弁者となろうとしていたアーロン（第一幕第四場）。だが、モーセの失踪後の四〇日、つまり「法規も戒律もなき」四〇日のあいだ皆が見捨てられたと感じているとき、同じように疑いを抱いたアーロン（第二幕第一場）。そこで諦め、イスラエルに対して、約束もなく、「近しい、現在の、日常的な」信仰を奪われた奴隷の身に苦しむよりは、古来の神へ回帰することを仄めかすアーロン。逆に、戒律は厳格であっても「希望をもたらす」、つまり、ひとは形と〈理念〉とを同時に期待するという究極の妥協を提示するアーロン（第二幕第一場）。要するに、揺らめく熱情と、〈言葉〉が逃げ去るときにモーセ自身をも一瞬捉えた混乱とのあいだで揺れ動くより人間的なアーロンである。

「ああ〈言葉〉、〈言葉〉よ、それが私に欠けている」。『モーセとアーロン』が未完であることと、それがシェーンベルクの作曲した楽章の最後の言葉であることとの符合を前にすると、今でも呆然としてしまう。最も偉大な作品とは究極の目標を設定し、それに到達することを望みながらも頓挫するものだと示唆するとき、アドルノは、自らの解釈の動機を保ちつつも、当初から設定された不可能性についての例証をこの最終的な沈黙のうちに見出している。しかしながら、こうしてシェーンベルクの自らの主題に対する一種の理論的統御が保たれるとしても、彼の企てに深みを与えている形而上学的憂慮の相異なる諸形式がおそらく欠けている。この憂慮は、もちろん、まさに音楽のエクリチュールが中断してしまい、その追求を確かなものにするはずだった理念しかもはや知りえなくなるという瞬間において、言葉が欠けるという点に起因している。あたかも、シェーンベルクが最後にもう一度、〈律法〉を告げ知らせるためになおも形象を用いてしまったことに気づき、板を砕き燃える柴の時に体験した不安を思い出すモーセと化したかのようである。「私は考えることができるが、話すことはできない」（第一幕第一場）。だがこの憂慮とはまた、聖書についてのオペラの計画の表明（一九二八年）からシェーンベルクの死（一九五一年）に至る期間に起因するものでもある。忘れられてはならないのは、彼が一九三三年に正式にイスラエルの共同体に帰還し、その後、亡命者の援助や国家創設のための運動に自らの時間の一部を充てたことである。最後につけ加えるべきは、直接的にアーロンの顔によって示される憂慮である。すなわち、この時代の人類の兄弟であり、偶像の幻惑に意識的なアーロン。しかしまた同時に、〈救済〉の瞬間を生きることに待ち切れず、到達不可能なものが現前するのを見ようと気をもむアーロンである。

驚きと待機　いかなる目も見たことがない世界

おそらく、モーセに欠けている〈言葉〉と「ひとはつねに回帰する」というシェーンベルクの発言とのあいだで、偶像に見入ることよりも〈御名〉に祈願しようとする作品の真理と同時に、その作品が期待という観点で音楽の特異な力を内側から明らかにし、さらに倦むことなく未来の地平へ向かうエルンスト・ブロッホの思考との親近性の核を有しているということが発見されるだろう。ヨーロッパが暗闇で覆われたとき父祖たちが有していた信仰を再発見したシェーンベルクは、苦しみのなかで発せられるこうした忠誠が、自らの音楽の企てをすでに長いあいだ支えてきた土壌のごときものになっていることを見てもいたのである。しかし、つねに調性へと回帰する気になっていたのだと最終的に穏やかに告白することから、シェーンベルクは、ブロッホが「〈天〉の存在論的確実性の衰退をかなりの程度分かち合う」と言うことで特徴づけた状況下の音楽の二つの道を探求し続けたと考えたくなるかもしれない(137)。この状況はもちろん、こうした確実性を再び見つけさせてくれるような形式言語を構想することに存している。形象の禁止に背くことなく――ここに超越に対する真の尊敬が認められる――、〈理念〉を提示することでそうするのだ。だが、この状況はまた、ブロッホが希求を表すものと述べた表現性、願いによって導かれ、「極端に人間化された遠き世界」の接近に向けられた表現性を許容するものでもある。この意味で――そしておそらくアーロンの側から――、シェーンベルクは徹頭徹尾グスタフ・マーラーの兄弟、ブロッホによれば、苦しみについても熱情についても音楽において真にユダヤ教を体現する者たるマーラーの兄弟なのである。いかにして「永遠者を前にして、内的な原初の深い光を前にして、いつも心が砕かれる」のかを示すマーラー。とはいえ、空虚かつ陰鬱で懐疑的な時代において、「音楽の最後の秘密を世界と墓場で惜しげもなく与える者」に近いマーラーである(138)。この最後の秘密が人間の経験の究極の至宝と緊密に結びついているとすれば、エルンスト・ブロッホが我慢強く確証した、音楽と哲学と全体性の魅惑から目を覚ました歴史の思考とのあいだの連合の形が理解されるだろう。「動きつつある時間」と未知なるものへ向かうその運動についての同じ意識が、フーガの対位法の展開を突き動かし、各々の時代の閉域を超える歴史の跳躍についての知覚を確かなものとし、最後に「内面性の倫理」の歩みを方向づけるのである(139)。それゆえ音楽とは、哲学と同様に、根源的かつ最後に到来する問いを言い表すことを求めるものだとも言わねばなるまい。しかしながら、他の諸芸術と異なって、音楽が〈至高善〉を喚起する仕方は、この音楽を世界に閉じ込めずに、安心と不安とを交互に与える暗中模索――ここに人間に固有のものが現れる――を尊重するものである。欠けたものへの呼びかけとして発せられた音楽は、それを表象しようとする企てから離れ、それを聞くことのできる待機状態を単に展開しようとする。これによって音楽は、正確な意味で「盲者たちの幸福」となるのである(140)。シェーンベルクが個人的にそうした現象の深さと苦難とを感じていたということは、彼の企てを偉大なものとするだろう。すなわち、音楽は〈天〉の存在論的確実性の衰退にもかかわらず存続し、空白のまま残された場所に、新たにそれに受け入れることができる音響的領域を整備する。音楽は、見えるものの芸術の枯渇後も生き延びるだけではなくて、可視性そのものに異議を唱えることで、語りえないものへと接近しようとするその本来の関心を取り戻しながら、人間の希望のために証言しもするのである。エルンスト・ブロッホ自身に関して言えば、彼は音楽のうちに次のような一つの美学の素材を見出すことになるだろう。この美学とは、神学に抗するのではなく、むしろ、道徳の「あたかも〜のように」がまさしくすでに神学の「いまだ〜ない」であったかのような領域を測量するものなのである。

　何度もアプローチが試みられてきたとはいえ、この領域については、ユートピアという展望にあえて身を置く思想の只中でそれがいかなる意義を有しているかを見るために、更にそれを入念に探求することを避けて通ることはできない。思い起こすと、当初これは、頑として全体性には吸収されない「残滓」という形で現れたのだったが、今や、これこそが音楽を通じて、悪無限——ヘーゲルにあってはここで超感性的世界の地平は失われてしまうことになる——を短絡させうるのだということが分かる。エルンスト・ブロッホがかつて『痕跡』において次のように仄めかすことで喚起していたのもこのことである。「見えないもの、あるいはむしろ、いまだ見えないものに対する今日の多大な無信仰は、本当に天があるとする多大な信仰と同じくらい狂ったものである」[141]。次いで、ブロッホは自らの最後の著作に至るまでこの領域を測量しなければならなかった。「いまだないもの」の存在論に類似したもののために、未来から到来する光が暗き存在のうちに突如として出現することについての諸カテゴリーを練成を続けることによって[142]。「死よ、汝の勝利はどこにあるのか」。エマニュエル・レヴィナスはエルンスト・ブロッホに関してこのように問い、ブロッホの著作の特異な大胆さを、この問いが決して打ち消されずに存続していることのうちに認めている。したがって、このようなものが、世界の不完全さがもたらす不満や他者の悲惨にまつわる騒乱を起点として、存在についての考察の目覚めを考える思考の究極的一貫性である。事実性に囚われた主体の不確定性のなかに希望が組み込まれる諸契機を探るよう導かれるに先立って、この思考はかかる出発点をとるのだ。このようなものがまた、彼の思考の真の射程、その時代にあって特異なもので、哲学そのもののなかでも稀な射程なのである。レヴィナスが言うには、「未完成の世界において理解された場合対立関係にあった倫理と存在論とが——他方を支える一方の筆記《エクリチュール》がどのようなものかについては何も語られずに——重ね写しになるような表層が、諸理念の一集合体によって示されたことはかつて一度もなかった」[143]のである。

　したがって、エルンスト・ブロッホの営為に固有の運動における倫理の筆記《エクリチュール》と存在論の筆記《エクリチュール》との縺れ合いによってこそ、その営為を支える地平とは何か、つまり伝統において明示的にメシアニズムに結びつけられてきた次元を引き受ける地平とは何かを見分けることができるようになる。このメシアニズムの刻印がつねに見出されるというのは驚くべきことだが、ただしブロッホの思想においてこの刻印は多様な様相で現れる。そのうちで最も奇妙なのは、『ユートピアの精神』の終盤において、依然として「終末論」と名づけられた「自己との普遍的な出会いの諸形式」に関わる考察という装いのもとに展開されたものである。この箇所は、率直に言って黙示録的でキリスト教的な形象に浸透されていて、それがこれを読んだヴァルター・ベンヤミンを悩ませたのだが、そこでブロッホは、〈悪魔〉の統治と言うべき時代にあって、〈御国〉の期待を悪の勝利のヴィジョンと結び合わせているように思われる。「世界とのいかなる和解も結ばない」このように書物の終わりでエルンスト・ブロッホは、自己の牢獄としての物理的自然、「失望し、死に絶え、腐敗し、迷い、過ぎ去ってしまった生が積み重なる瓦礫の山」に言及している。(144) 次いで彼が目にするのは、「巻かれた羊皮紙のように天空が消えてしまう」瞬間が、黙示録においては、世界のあらゆる時間と顔が消滅した後に完成する歴史の深夜として描かれていることである。終末に先立つ破局という終末論的な捉え方を喚起するいくつかの形象は随所で認められるだろう。ショーレムによれば、メシアニズムの源泉の一つ、および近代の政治的ユートピアにおけるメシアニズムの世俗化を支えるものがこれらの形象にはある。メシアは「犬の頭の時代」に到来するだろう。また「あなたたちが最も低く倒れたときに、私はあなたたちを贖いにやってくるだろう」というのがそれである。(145) しかし、半世紀後には、革命的であると同時に神学的でもある自らの対象を捉えようと苦労する一種のグノーシス主義のなかで、これら全てが時として薄まっていくということを、この著者自身とともに認めざるをえないだろう。

メシアニズムの様々な観点に対する言及はこれとはまったく別である。ベンヤミンが、ショーレムによって提案された解釈から離れ、その最後のテクストでは、歴史の終末論へと赴くのに対して、エルンスト・ブロッホは〈伝統〉により近い考え方の水脈を徐々に捉え直していくように思われる。エマニュエル・レヴィナスが注記しているように、これらの新たな捉え直しのいくつかが、ラビ派の思想から比較的遠くにある東ヨーロッパ的なユダヤ教の雰囲気によって特徴づけられているというのが本当だとしても、それが単に民間伝承的なものであるかどうかは定かではない。その例証として、『痕跡』において次のような「幸福な手」の物語を語るとき、ブロッホは、「幽霊がいるのではないかと疑うのではなく、幽霊に対して、人間や神の目の前に魔法なしで現れる権利を認めない」特殊ユダヤ教的な啓蒙の形式を立て直そうとしているのである。(146)前世紀に、マインツのショッテン師は旅立ちに際して、奇跡の人として通っているミヒェルシュタットのラビに相談する習慣があった。ある日、彼は大きな危険の予感に苦しむ悪夢を見たと告白したところ、バアル・シェムは、食器が下げられたテーブルに放置されている消えた蠟燭の残りを彼に与えた。ザンクト・ガレンに到達したショッテン師は、いつもの宿に泊まることができなかったので、友人のバッハラッハがすでに行っていた宿屋へ向かうことになった。しかし、部屋に身を落ち着けるとすぐ、彼は自分が囚われたことに気づく。ドアは下男によって閉められ、窓は湿気で動かなくなっていたからだ。夢で見たのに似た死臭に襲われて、彼はいまにも消え入りそうな揺らめく蠟燭の光で死体を探す。まさにそのとき、彼はあのラビの蠟燭を思い出し、それに火をつけてみると、六体ほどの死体があるのを発見した。そのうちの一つは友人のものだった。彼はその死体を抱き起こし、ベッドに寝かし、あたかもそれが眠っているように上掛けをかけてやり、自分はというと、殺された者たちが横たわっている長持のなかに代わりに入った。まもなく、ドアが開き男たちが入ってきて、バッハラッハ師の頭をもう一度殴った。朝になって、ショッテン師は雑踏へと紛れ込み、別の友人に聖なる言語で訴えかけその人をこの宿に来させないようにすることができたため、犯人たちはすぐに困惑した。後になってミヒェルシュタットのラビに会った際に、彼はこの話を語った。そのときラビは造作なくその蠟燭を燭台に戻し、簡潔に次のように言った。「蠟燭は聖なる言語と同じようにあなたを助けたのです。しかし、この蠟燭は今でも単なる蠟燭です」。エルンスト・ブロッホは、この物語に注釈を施し、ただ次のようにつけ加えている。「だからわれわれは次のように言うのである。すなわち、おそらくある日すべてはより善くなっていく。外でも、まったくの外でも同様に」。

『痕跡』はこうした類の物語で織り成されるのだが、ブロッホはそのうちの一つについてこう書いている。「あらゆるものが徴しだが、徴しは間違いなく最も些細なものにおいてしか実現されない」(147)。こうした表現は明らかに、ゲルショム・ショーレムとヴァルター・ベンヤミンとを結ぶ連結符をなしていた、アビ・ヴァールブルクの「親愛なる神は細部に宿り給う」との格言に呼応するものである。ブロッホのこの表現はまた、その著作へのメシアニズムの浸透の第二の形式がどのようなものなのかを理解させてくれる。教訓的な思い出や束の間の印象を生の凡庸さと交錯させる小さな断章がいくつか続くなかで、ブロッホは、神秘的な物語や体験のなかで喚起される片鱗を頼りに、見えないものの世界へと接近していくのである。このように、この著作は、「われわれが今いる現在の世界は依然として暗いままである」ことに結びつけられた実存の悲哀の表現と、日常性を貫く光への脆い開かれとの対照効果に基づいているのである。前者の表現に関しては、驚くべきことに、ブロッホは、宰相ポチョムキンとその署名を得たと信じた官吏について、ベンヤミンがカフカに関するエセーの冒頭で語っているのと同じ話を伝えている[148]。彼にとっては憂鬱に関する最も不可解な文書の一つとも言えるものを通じて、カフカ的世界の予兆が、「完成の悲しみ」の奥底で現れるのである。とはいえ、解体された存在の断片や屑の集積は、あの蠟燭の教訓話とその解釈のための余地を残している。しかも、またしても、カフカについてショーレムと対話を重ねるベンヤミンに合流する展望において。「平和の治世を確立するためには、まったく新たな世界のための場所を空けるためにあらゆるものを壊す必要はない。大切なのはただ、このカップ、この喬木、あるいはこの石等々とあらゆるものをほんの少し移動させるだけでよいのだ。しかし、このほんの少しは実現することが非常に難しく、それがどれくらいかを見出すことは実に困難なので、人間たちは世界が要求することをなしえず、それゆえに、メシアが到来すべきなのだ[149]」。

幸福な手の物語に加え、軽蔑された貧しい老人の姿で知られる祈りの師の物語、金曜日の夜に仕事をしていたラビの冒険、さらに死の天使と雁の物語とともに、われわれはブロッホのメシアニズムの初期の練成に見られた天変地異的な世界から遠ざかることになる。ブロッホは、終末を早めることよりもそれを待つことを説くハシディズムの伝統によって受け継がれてきた信頼をめぐる想像世界にしばしのあいだ身を置きつつ、その限界を、あやうく幻覚になりかねない素朴な忠誠のうちに見て取っている。「創造的思考の王道となるにはあまりにも滑稽で、ゲットーの匂いのする小さな逃げ道」にすぎないと言うのだ[150]。しかし、その形式については、ブロッホは、世界の可能な変化の徴しに対して驚く能力という自身のその後の哲学の中心的カテゴリーとなるものを通じて、これを引き受けている[151]。これは、「おそらく自分自身の目にさえ」隠されている義人の様々な現れと結びついている。しかし、あたかも、イディッシュ文学や同時代のシュムエル・ヨセフ・アグノンの短編作品に多く見られる義人の形象に対するこの歓喜の時は、二〇年代の末にはもう存続することができなかったかのようなのである。メシアニズムの展望がブロッホにおいて三度目にして最後に取り上げられるのは、破局およびこれに続く日々においてであり、『希望の原理』やその後のテクストの膨大な構築物のなかにそれは位置づけられることになる。ここで重要なのは、世界における義人の目に見えない活動という考え方と同時に、とりわけ、悪魔的な世界という考え方も消えてしまうことである。後者については、その闇の濃さは、〈救済〉が近いことを告げ知らせる光の濃さと釣り合うものとされている。(152)

『ユートピアの精神』の究極の展望を導いていたこの主題を放棄することで、エルンスト・ブロッホは、時代が実現する絶対悪という根源的な謎から出発してメシアニズムの問いを取り上げなおし、自らが「ヘブライのプロメテウス」として描く人物、すなわちヨブについての省察を通してこの問いを再構築しようとしている。(153)ここでは、議論は意図的に注釈的なものとなっている。ブロッホが動員する注釈技法は、彼にあっては思いがけない類のものだった。司祭たちの伝統が書物の暴力性を「忍耐の限界」で覆い隠してきたことを示すためにそうした技法を動員するのである。ブロッホの目にはユダヤ教のものであれキリスト教のものであれ、宗教制度は、神を非難する者に向けて、その叫び声を押さえつけ抗議を押し隠そうとするその友の態度を倦むことなく繰り返してきたと映った。これに対してブロッホは、「ヨブ記」を呼び覚まし、それを公的読解から引き離し、これまで難解な注釈が課されてきたこのテクストの鈍い輝きを見出そうとする。このテクストはそのユートピア的力が実現されることを待望しているのだ。彼の解釈の大胆さが最もはっきり現れるのは、『キリスト教の中の無神論』の中心部をおいて他にないのだが、そこで彼の解釈は、とりわけ「ヨブ記」の秘密の中心になるべき一節、すなわちその第一九章第二五―二七節を巡って展開される。エルンスト・ブロッホはまず、神の正義を告発するこの言説の構成を復元している。次いで、彼はその現代的な争点を提起し、ヨブの問いが、「神は何をするのか」という、今でも絶えず聞かれている問いであることを喚起している。(154)ヨブの反抗がその仲間たちの答えに対していかに動じないままであるか、また彼らの答えがエリファズにあっては「柔らかな重々しさ」、ビルダドでは「簡素な言葉」、ツォファルでは「荒っぽさ」という形をまとうことは知られている。あらゆる慰めと、眠くなるような阿片の美徳を仄めかす甘い言葉とを頑なに拒絶しながら、ヨブは、不意にエジプトに似てくるようにも見えるカナンにおいて、過ちと贖い、正義と救済との相関関係が消失してしまうことを飽くことなく強調している。ここにおいて、彼の絶望の表現は、詩編のなかでも最も暗い数頁と合流し、人間の苦悩を証言するものとなる。「墓のなかであなたの慈しみが、滅びの国であなたのまことが語られたりするでしょうか。闇のなかで驚くべき御業が、忘却の地で恵みの御業が告げ知らされたりするでしょうか」（「詩編」第八八章第一二―一三節）。しかし、同様に思い起こされるのは、預言者たちから受け継いだ道徳的意識の名において、ヨブが思い切って自らを〈創造主〉自身およびその臆病な代理人たちを裁く者であると自任し、友人との対話を神自身に対する尋問以外の何ものでもないものに変えていくやり方である。「どうか、私の言うことを聞いてください。見よ、私はここに署名する。全能者よ、答えてください」（「ヨブ記」第三一章第三五節）。さらに、自らの問いに対する答えとして、「私が大地を据えたとき、お前はどこにいたのか」（第三八章第四節）という別の問いを得るとき、彼の反抗は絶頂に達し、彼は自らの不満をあくまで主張し、苛立ちを確認することになる。

　ここにブロッホの解釈の第一のモティーフが明確に姿を現してくるのを見て取ることができる。ヨブは、司祭たちが練り上げた摂理の神学に抗して、預言者らに由来する道徳の宗教が有する一切の深みを願い求めるからこそ、その友たちの提起する偽の慰めに抵抗することができ、神自身に向き直ることができるのである。さらにヨブは、この深みのおかげで、次のような根本的な布置を打ち立てるにいたる。すなわち、「一人の人間がここにおいて自らの神を超え」、その結果、「宗教の領域の内部でのユートピア的可能性の発見」を確証するのである[155]。その最も解き難い謎を封印してしまう誤解はここから生じる。すなわち、神は自然を、自然の不条理とその怪物たち、つまりビヒモスとリヴァイアサンを想起させ、ヨブの方は道徳の言語を用いているという誤解である。これに対してブロッホの主張の核心はこうだ。根本的に、ヨブと神は同じ言語を話してはいない。忍耐の限界に来たとき、一方は古い約束の名のもと、〈契約〉の神を約束違反の廉で問い質そうとする。しかし、彼に答えるのは〈創造〉の神であり、この神は自然の諸形象を道徳的問いに対立させ、「その従者の有限な悟性を、自らの窺い知れない智慧の宇宙的広大さで痛打する」のである[156]。この自然それ自体に関しては、これはもはや「創世記」の自然ではない。そうした自然であれば、少なくとも、人間の生成の舞台がもたらされただろう。これ以降、自然はあらゆる目的論的な次元を失い、どんなものであれ救済の展望を欠き、「神性に固有の崇高さの暗号めいた像《イメージ》」となるように思われる。とすれば、「まだ人のいなかった大地に、無人であった荒れ野に雨が降る」（第三八章第二六節）ことを告げ知らせる神とは何であろうか。それが、人間の意図や目的に応じて世界を導く神ではないのは確かである。聖書におけるきわめて異例なこの神の顕現を通じて、つまり一種の「悪魔的汎神論」において現れるのは、別の神とも言うべきものである。そうした神はイシスや「自然神バアル」に似ているとさえ言えるだろう[157]。要するにこの神は、とりわけその反神学的特徴によって、スピノザの神を喚起させるものなのである。

したがって問うべきは、この神を前にしたヨブの最後の言葉がどのようなものであるかということである。この言葉を外見上の最終的な同意のうちに見出し、一つの伝統全体において賢明な忍従の証拠とされてきた「私はこの口に手を置きます」（第四〇章第四節）との言葉を強調するべきだろうか。ブロッホの意図は、逆に、ヨブの最後の言葉は別のところにあるのを示すことである。すなわち、このような心を和げる言葉――ブロッホは「ヨブ記」の執筆者が急進的なヨブの態度やその回復の射程を覆い隠すために付け加えたと想像する――とはまったくかけ離れたところに。ブロッホは、「イスラエルの子たちの不平不満」がわれわれの時代に至るまで「司祭的テクスト」を貫いているということを示すために、あえてこの書物を秘教的な文書として扱っている。何世紀にも渡り、ヨブについての書のほとんど異端的な様相は覆い隠され、その真理は前掲の章句のうちにあるとされてきた。ブロッホは、これを重ね書きされたものとして読み、それとは別の次のような一節を選び、その翻訳を磨き上げようとするのである。「私は知っている。私を守る方（*goël*）は生きておられ、遂には塵の上に立たれるだろう。この皮膚が損なわれようとも、この身をもって私は神を仰ぎ見るであろう。この私が仰ぎ見る。ほかならぬこの目で見ると、神は見知らぬものではなくなるだろう」（第一九章第二五―二七節）。このゴエール（*goël*）とは誰か。これを「贖う者」と訳す者は、「キリスト教的な温和さ」の影響を過度に被っている。ブロッホは、この語句がその原語で有していた厳しさを和らげることを拒否しつつ、その語源的な意味を捉え、ヨブが請い求めるのは、殺害された者の復讐をする近親者やその後継ぎといった形象、つまり「民数記」や「サムエル記」の語る「血の復讐者」の形象であるということを示そうとする。[158] 一見すると、ヨブが祈る相手は神自身ではありえないように見える。なぜなら、まさに神に抗して神は要請されるからだ。しかし、神があらゆる生の主であるということ、そしてまた、暴力の脅威のあるところならどこでも神の関心が問題となるということをヨブは実によく心得ていたので、神的形象を請い求めないということはない。つまり、これこそが彼の秘密なのである。「彼は神に厳かに呼びかける［…］神に抗して」[159]。

こうした反逆によって「メシアニズムはわれわれに与えられた世界に抗して全力で立ち現れる」と付け加えるとき、エルンスト・ブロッホは何を言おうとしているのか[160]。まず、文献学が神権政治の伝統を退けているということである。「血の復讐者」が見出すのは、「アウシュヴィッツの恐怖以降」かつてないほど的外れなものとなった歪曲や慰めとなる調和化に屈強に抵抗する「別の聖書」なのである[161]。だが、ヨブが人間の意識に投げかけた恐るべき謎を決定的に解くために、ブロッホは、彼にとって聖書の根本的な問題系と映るもの、すなわち〈脱出〉の問題系へと立ち戻るよう促している。彼はそれにまつわる三つの形象を区別することを提案している。われわれはエジプトからのイスラエルの民の脱出、イスラエルからの神の脱出については知っているが、三番目の脱出についても考えなければならない。すなわち、「ヤハウェからのヨブの脱出」である。[162]この意味で、ヨブの反抗がメシアニズムの真の力を明るみに出すのは、それが「無責任の弁神論」と言いうる一切のものを拒絶するからなのである。[163]この表現によってブロッホが言い表しているのは、悪の経験を説明するために練り上げられてきた諸形象の多様性である。つまり、「アダムの過失を用いて悪しき創造の弁明」を行うという教理にまで高められた堕罪、存在の頽落に対する身代わりの山羊となった悪魔という形象、さらには、こういったより後代の構想物以前に預言者たちが抱いた、人間に対する怒りゆえに、もはやどうでもよいものとなった運命へと人間を見捨て世界を遺棄する神といった形象である。ヨブは、「全き善」の神の欠陥や「全能」の神の疎遠化といった形象のすべてに抗して容赦のない問いを発することで、「あらゆる弁神論は背信的であることが明らかになる」と断言するのである。

しかしながら、こうした極端なまでに徹底した悪の意識は、エルンスト・ブロッホにとって、反転の可能性を示唆するものである。一方で、人間の苦しみに完全に無感覚となった自然を目にし、次のように驚くべき仕方で人間の不安の根底を描きながら正義の神からの脱出を正当化するとき、ヨブは明らかに無神論の境界に達している。「私は何を望むことができようか。私は陰府に自分のための家を求めその暗黒に寝床を整えた。墓穴に向かって「あなたは私の父」と言い蛆虫に向かって「私の母、姉妹」と言う。どこになお、私の希望があるのか。誰が私に希望を見せてくれるのか。それはことごとく陰府に落ちた。私たちはみな塵の上に横たわっている」（第一七章第一三—一六節）。しかし、ここでもまた、ヨブの問いは、現代人の言語にたゆまず翻訳されうるものにとどまる。「かくも長いあいだわれわれに圧しかかる必然性の王国はどこからやってくるのか」。「いかにして、これほどその時が遅れていることを正当化するのか」。[164]ヨブの問いはこのようにしてこそ現代的なものと化すのであり、しかも、無神論にはまったく吸収されず、もちろんニヒリズムによっても吸収されない形式のもとでそうなのである。「凍りつかせるほどの雷雨」や「世界の大いなる沈黙」を前にして、ヨブの問いかけは神からの脱出に決定的な答えを見出すわけではない。新たな脱出の可能性が依然として、そしてつねに残っている。反抗する者は、こうした可能性の展望を、あらゆる解放の範例たるエジプト脱出の神に対してとにもかくにも抱いている信頼に基礎づけることになるだろう。

ここで、『キリスト教の中の無神論』で展開された釈義と、『希望の原理』におけるより簡潔な提示とについて、一方を他方によってそれぞれ明らかにすることができる。後者のテクストにおいて、エルンスト・ブロッホはより明確に三つの脱出のモデルを提出している。第一に、モーセの脱出は苦しみと憤慨を、自由に至る行程へと変える土台である。それがなければ、預言者たちは自らの普遍主義的な道徳を根づかせたり、異教徒の宗教における既成化した目的に、約束されてはいるがこれから獲得すべき目標を代置したりすることはできなかっただろう。「目に見える自然の神に代わって、目に見えぬ正義の神、正義の国の神が現れたのである」[165]。第二の脱出に関しては、これは依然としてモーセの神の形象に託されているように見えるが、ここではこの神は、「出エジプト記」第三章第一四節におけるエヒエー・アシェル・エヒエーの神である。ブロッホはその形式をカバラーに従って把握することを提案している。実際、イサーク・ルーリアとともに、そして神的光《シェキナー》の観念でもって、ブロッホは追放の意味を創造の内部に見出す。すなわち、「私はあるだろう者であるだろう」と語る神、世界を解放する収縮によって人間との約束を表明し、その世界において自らの民の苦難を最後まで共有する神において見出すのである。おそらく、そこに「初めに《ベレシット》」(*bereshith*)という言葉の根底的な修正があるのだろう。これはかつて聖書冒頭における創造の始まりであったものだが、ここで問題になっている始まりとは、捕囚の始まりなのである。だが少なくとも、〈脱出〉の精神が〈御名〉の啓示においても息吹いていると言うことはできる。さらにまたブロッホは、神の収縮《ツィムツム》(*Tsimtsum*)から生まれた世界という観念のうちに、メシアへの信仰よりも古いメシアニズムの兆候を看取しているのである。「アルファ、すなわち創造の朝の壮麗さに代わって、こうして終末あるいは解放の日の希求的空間が現れる」と言うのである[166]。

このときヨブは、このユートピアへの愛によって、また、このユートピアの実現を見ることとの待ち切れなさのために、「私は初めからすでに、まだ成らないことを告げている」(「イザヤ書」第四六章第一〇節)と語る神から顔を背けるのである。その友人たちによる伝統的な協調に逆らい、〈権能者〉の命令や嵐の雷鳴にすら逆らうとき、ヨブの反抗は形式の上でも前代未聞のものであるが、それは方向性においても未聞のものである。それはもはやファラオやバアルやベリアルを相手とするのではなく、見せかけのものとなった正義の神を対象とするのである。それゆえ、ある意味で、反抗とはまさに、モーセの信仰の否定であり、義人たちの運命に関心をなくしたかに見えるこの神の外部へのヨブの脱出である。しかしながら、ブロッホにとって、ヨブの反抗は旧約聖書のなかで最も深く最も生き生きした真正さに属するように映る。それはやはり「全き反モーセの形をまとった真のモーセ」なのである。その上、ヨブの反抗は、「いかなる宗教においても、その神の昇華、更にはユートピア化のかくも多くの地層を突き抜けたものはない」という決定的な現象の証をもたらしてくれる。(167) こうした挑発的な読解を理解するためには、その核心に立ち戻るほかない。それは、エヒエー・アシェル・エヒエーをいかに翻訳するかという、復元することが即座に一つの解釈になってしまう神の様々な〈御名〉をめぐる問題である。(168) エルンスト・ブロッホは、「私はあるだろうという者だろう」という表現を選ぶことで、ヨブの書についての自らの注釈の土台を打ち立て、自らのメシアニズム観をユートピア的展望に嵌め込む。二重の未来形へと立ち戻ることで、カルヴァンが創始し、メンデルスゾーンが引き継いだ伝統と手を切るのである。メンデルスゾーンは、「永遠者」という語による聖四文字《テトラグラム》の転記に合致する仕方で、「私は永遠である〈存在〉である」と翻訳していた。〈御名〉の二つの形式を結ぶこのような翻訳は、一種の合理的な存在神学を表明しようとするものだった。すなわち永遠性が、つねにそれ自体と同一の実体の属性として神を形容するのである。だが、こうした翻訳は、未来形が反復されているということを認識しておらず、神的存在の絶対的静止という観念を想定しており、そこにはエルンスト・ブロッホが強調しようとするものが欠如している。すなわち、将来の予見不可能性に基づいた、神と人間の時間経験との結びつきが欠如しているのである。(169)

エルンスト・ブロッホは、ヨブについての自らの考察の核心に、しかるべき生成様態に注目することで取り戻される「息をのむ定義」を据え、時間の収縮という神秘主義的観念を喚起し、これと関連づけることで、いかにして「エヒエー・アシェル・エヒエーは、ヤハウェが登場するときからすでに、その存在の深き自然としての未来形を有した時の終末の神を置く」のかを示そうとしている。(170) したがって、このような神においてこそ、ヨブは「告発のための言語」と「自らの反抗的な希望をはぐくむ光」とを同時に見出すのである。しかし同時に、ヨブの反抗は、それ自体としては、聖書の想像世界において最も古く、最も真正な行為に属していることを示す必要があるだろう。この意味では、ブロッホの目には、まさにモーセその人が、約束された理想を尺度にして神を推し量ろうとするあらゆる「不満分子」たちの予兆と映る。すなわち、神に異議を唱えたことでイスラエルの子らとともに罰せられたメリバの水のモーセ（『民数記』第二〇章第一三節）。ファラオの束縛からの解放の遅れに対し抗議したモーセ（『出エジプト記」第五章第二三節)。さらにまた、エジプトからの脱出のために神の現前を要求するモーセである(「出エジプト記」第三二章第一五節)。メシアニズムが後にいかなる形式をとろうとも、それはその歴史に糧を与えている源泉から汲み出されることになる。崇拝の掟という甲皮のもとにメシアニズムを覆い隠そうとする司祭らの努力と、「解放のユートピア」としてのメシアニズムのたゆまぬ現勢化とに挟まれた源泉から。[171]ファラオやエジプトやエドム国に対し、カナンの名がこのユートピアの象徴となり、かくして、メシアニズムがイザヤの言う新しい天と新しい地とついに混じり合うのである(第六五章第一七節)。メシアニズムがいかにして期待と希望の民族の心に棘を植えつけたのかを証明する最たるものは、〈律法〉についての最大の合理主義者にして理論家たる者(マイモニデス)が、こう断言している点に見出されるだろう。「メシアニズムを否認する者はトーラー全体を否認するものである[172]」。

悪と同時的な謎について思索するために、その哲学的・歴史的なラディカリズムを〈伝統〉の権威へと結びつけようとするとき、こうしたメシアニズム観は、ハンス・ヨナスやエマニュエル・レヴィナスが『アウシュヴィッツ以後の神の概念』を問う仕方と交差することになる。この題名を持つ短い試論においてヨナスが、人間の責任に委ねられた創造のなかで彷徨う神という観念を、人間の常軌を逸した――と彼の目に映る――企てを助長するメシアニズムの観念に取って代わるものたらしめようとしているのは意味深い[173]。こうした出会いは、ヨナスが控え目ながらブロッホと同じ源泉から着想を得ているにもかかわらず、希望という問題系に対して責任という問題系を取り上げているだけによりいっそう逆説的である。実際、ヨナスも同じく神の収縮というモデルを動員し、人間に委ねられた世界における非力な神という観念のために、歴史の〈主〉という観念を放棄すべきであることを示そうとする。しかしながら、ヨナスにあっては、このモデルにふさわしい世界の修復《ティクン》という究極の地平は消え去って、保護を求める生物という現象のなかで倦むことなく充当される〈創造〉という観点が現れなければならない。したがって、ヨナスとブロッホの対立は、責任と希望という問題系の対立にさえ先立って、メシアニズムの地平で照らされた自然と道徳との衝突という語彙で理解されうるだろう。ブロッホにおいては、道徳的観念はつねに自然の観念よりも前に押し出されているが、これは、解放の約束をもたらすモーセの神と〈創造〉の神とのあいだの緊張関係に立脚したカント的な着想の構造に基づくものである。逆にヨナスは、〈善〉という抽象的観念を喚起する道徳に対して自然を求め、人間がその目的に合わせて世界を造ることができるようにするのである。

ハンス・ヨナスとエルンスト・ブロッホとの衝突をこのように言い表すことで逆に、後者が〈伝統〉のなかに根づかせようとして提示するメシアニズムの観念を更に掘り下げることが可能となる。思い起こすと、ブロッホにとっては、目が見ることのできないものを耳が聴きとることができるということが、とりわけ音楽に予期という力を授ける。ヨナスは逆に、大きく言えば現象学と形而上学との対置という図式でもって、聴覚に対する視覚の優位という考えを擁護する。この点では、エマニュエル・レヴィナスのうちにこそ、メシアニズムの様々な展望と、ブロッホの省察を延長しうる可視性の限界との連結を看取できるだろう。ブロッホの省察は、次のような聖書の章句およびこれに関するタルムードの大胆な解釈に基づいていた。「古からこの御方、あなたのほか、神を待ち望む者にこのようなことを行われた神を、人間の目は見たことがない」（「イザヤ書」第六四章第三節）。「すべての預言者は例外なくメシアの時代のためだけに預言を行った。来るべき世界に何があるのか、あなたを待つ者のために働きかけるあなた、あなたの外ではいかなる目もそれを見ることはなかった」（「サンヘドリン篇」九九A）。この節に注解を施しながらエマニュエル・レヴィナスは、いかにして〈賢者〉たちの議論が、西洋の思考の常なる衝突を明らかにしうるメシアニズム的展望の基本的な二律背反を設定し、さらにこれを探求しているかを示している[174]。ただし、メシアの時代それ自体と「来るべき世界」との区別を強調することで、タルムードのしばしば異様なこれら数頁をめぐるレヴィナスの読解がたゆむことなく思い起こさせるのは、人間の経験は、自らに関わる諸々の約束の地平から解放されることも、生ける世界に対する責任ないし自然の観想といった観念に解消されることもできないということなのである。

実際、タルムードのこれらの頁は、メシアニズム的展望に結びつくことになるすべての二者択一を開陳している。すなわち、メシアニズムが呼び起こす熱狂とそれが要請する忍耐、メシアニズムは悔悛や善行に依存しうるのか、それとも神的な力の闖入に依存しうるのか、さらに、この闖入は世界の自然な流れの中断と同一のものとされるのか、あるいはもっと単純に、〈律法〉の尊重や知恵の探求を妨げる政治的抑圧の終焉と同一のものとされるのかといった二者択一である。したがって、ここにおいて認められるのは、哲学を引き裂く、次のような二つの論理の対立の予期せぬ母型である。一方の論理は、見事な全体性において実現されうる世界での理性の歩みを描くものだが、犠牲にされた自由に対する無関心を代償にしている。もう一方の論理は反対に、あらゆる表象にとって異質な〈至高善〉を追い求める漸近線を描いている。明らかに、ブロッホの思考はこうした緊張関係の只中にある。

一方で終末論に魅せられつつも、他方でカントの意志の究極の対象に慰められる。一方で精神の遍歴《オデュッセイア》の壮大な様相へ惹きつけられるが、他方で万物の救済の小さな形式にも心をそそられる。全く同時に、歴史の停止という黙示録的見地からも、道徳性の無限の努力という観念からも糧を得ているのである。おそらくブロッホはこれらの矛盾の解決点を定めようとは欲していなかっただろうが、彼がヨブの抗議に基づいて描くようなメシアニズムの地平がその代わりとなるだろう。「最後の、真の、見知らぬ神、あらゆる他の神々を超えた神、われわれの覆いをすべて取り去る神は、たとえ「玉座について」おらず、また客体化されていないとしても、今でもすでに「生きている」。メシアについて、彼が何をするのかを尋ねられた何人かのラビが語ったように、彼は「泣く」。「現れる」ことも「救う」こともできずに泣くのである。彼こそは、われわれ自身の最も深いところで、「私はあるだろう者である」と言うのである[175]」。メシアの時間と、いかなる目も見たことのない来るべき世界との補足的な区別に関してはどうかというと、おそらくそれは彼の思考の中心的カテゴリー、すなわち驚きというカテゴリーを明るみに出すものなのである。

　エルンスト・ブロッホは、カントのおかげでこの驚きというカテゴリーを歴史の終わりという視座から哲学的に解放したのちに、「予期する意識」の様々な軸のもとで描かれもする、出来事への待機能力の諸様態を通してこのカテゴリーを構築している。この驚きの様態は、晩年のベンヤミンにおいて練り上げられる覚醒の諸形式とも近しく、「まだ意識されないものと接するあの印象深い境界」を踏み越える夢や創造的仕事をめぐって組織される[176]。次いでこの様態は、どのような恐怖、イメージ、感情などによっても完全に見分けることも囲いこむこともできないより善きものの予感に関わる。すなわち、「稲妻のなかからではなく、われわれの客として温かく身近に現れるメシア」のような何かに関わるのである[177]。しかし、こうした驚きの諸様態がその真の性向を見出すのは、この希望が現在の不明瞭さと衝突することで、真の希望を解き放つ瞬間だけである。「われわれに侵入する驚きに反響しながら、生きられた瞬間の暗さが目覚める」とき、震えがわれわれを捉えるのだ[178]。この動機こそ、『希望の原理』が、この瞬間に向けて発せられたファウストの「時よ止まれ。お前は実に美しい」という表現を掘り下げつつ、再び働きかけるものなのである。ファウストの「普遍的かつ弁証法的な旅程」と唯一比較できるのは『精神現象学』が再現する旅程だけだというのが確かだとしても、完成の欲望が満たされないままなので「安らぎが与えられる瞬間はどこにも見出されない」ことを知っているために、前者の方がもしかすると優れたものかもしれない[179]。最終的に純粋に人間的な目的を実現することを選びとることで、ファウストはカントに合流する。それも、神と他界とが哲学の唯一の目的であるにせよ、それらは道徳に結びついている限りでしか意味を持たないと言うときのカントに。(180)

ファウストの命令は、ブロッホが「構築不可能な問い」と名づけるものに決定的な形式を与えるものだが、それ以降、これによって、予期する意識の二つの極を据えることが可能となる。一方の極は、どんな実現も未熟なものにとどまる今という瞬間の暗がりであり、もう一方の極は、「希望が向けられる対象の背景への開け」である。(181) 一方には、一度も赴いたことのない場所に到達するような実存を目指す、一切のユートピア的想像世界の源泉が帰される。だが、もう一方の極とともに決定的な地平が出現する。というのは、これによって、「一切のユートピアの北極星」を象り、カントがそれは期待することしかできないと述べた〈至高善〉へと回帰することになるからである。生きられた瞬間の微行《インコグニト》において「〈至高善〉の暈」が捉えられるという驚きの様々な現れがまだ残されている。驚きはまず、死に瀕したアンナの枕下にいるカレーニナについてトルストイが言及する形で現れる。このとき、「死の近さは、集中されたその力でもって、突然すべてを照らし出すその突発性とともに、「瞬間における永遠性の享受」(*carpe aeternitatem in momento*) を含むことができる」のである。(182) 驚きはより日常的には、風で動く一枚の葉を見るだけで生じたり、あるいは慣れ親しんだ数々の内容で満たされたりして現れることもある。「子供の微笑み、若い女性の視線、無から立ち上がるように思われるメロディーの美しさ、正確に位置づけ難い珍しくて奇異な言葉の有する無作法な輝き」などを通じて。(183) 最後に、主体の暗闇が希望の充満を前に屈する地点についての生き生きとした予期によって、——あたかも真に人間的な世界に気づくことで死からその毒針がとり除かれるかのように——「お前の問題だ」(*tua res agitur*) にその真の意味が与えられるときに現れる驚きである。

驚きとはすなわち、死の瞬間に突然世界が疎遠なものとなることを通じて、あるいは、その対極物に見える日常の単調さのうちで〈本質〉の閃光が放たれることによって生じるものであって、それは人間が自らの真の顔を明るみに出す絶対的問いなのである。この問いをめぐって諸希望の百科全書《エンチュクロペディー》を構築しながら、エルンスト・ブロッホはある人間学をも練り上げている。不安の耐えがたい瞬間、次いで幸福の静穏な出現などをその本質的なカテゴリーとする人間学である。ブロッホが最初のカテゴリーによってハイデガーの教えの何がしかを引き受けているにせよ、彼は第二のカテゴリーによってこそ、ハイデガーがあらゆる意味の源泉として死に与えたその特権を死から奪う。この資格で、またしてもブロッホは、知や義務、希望についての問いを「人間とは何か」という究極の問いへと導くカントの近くにいる。エマニュエル・レヴィナスが示すように、ブロッホの例外的な大胆さは、死に打ち勝つという予感を、まさに哲学が始まる場所、すなわち驚きに据えようと努めた点に存している。この意味で、いくつかの迂回路や時に相矛盾した忠実さにもかかわらず、彼の思考は深い統一性を示している。この統一性は、概念を情念から切り離さず、「いまだない」や「あたかも〜のように」というカテゴリーを通じて、〈無〉および〈全体〉という抽象物がそれぞれ「空腹や絶望（消滅）」と「未来への信頼（救済）」の同義語たらしめようとする配慮に由来する。[184]だが、こうした純粋に哲学的な一貫性を超えたところに、おそらくもう一つの動機が、死の意識における「触発される存在」の諸様態の探求のうちに刻み込まれている。すなわち、「創世記」にいう「灰や塵にすぎない私」（第一八章第二七節）と「雅歌」にいう「死のように強い愛」（第八章第六節）とのあいだに広がる空間全体を踏破するという欲望である。

こうした探求が依然として倫理学と存在論の筆記《エクリチュール》の重ね写しの次元にあるということは、もはや驚くべきことではない。逆に、ブロッホの特異な営為についてつねに特徴的なことは、世界が未完成であるとの意識によって支えられたその省察が、「アウシュヴィッツに直面して構想された」いくつかの書物で、いかにして提示されているかを示すことができるという点にある。[185]ブロッホの指針が、「神の死」において直接捉えられるニヒリズムに対する反抗、あるいはハイデガーによって超感性的世界の実効性の喪失として再解釈されたニヒリズムへの反抗にあることを認めるにせよ、いずれにしても確認せざるをえないのは、そうした指針が『ユートピアの精神』からすでに素描されていたということ、すなわち、今世紀の最初の悲劇に続く日々、到来するかどうかは想像できなかったにせよまた別の更なる破局が垣間見られていた逆説的な時代にそれが素描されたということである。この破局そのものについてはその後ごく控え目に言及されるだけで、同時代の神に見放された状態という文脈で希望の条件を問うことと直接目に見える関連が提起されることはないということがそこに付け加わる。ここで想像できるのは、自らの関心の対象の一部を表明するこの思弁的跳躍において、ブロッホが次のような明白な願望を実現しようとしたのかもしれないということである。すなわち、犠牲者たちのものとされる沈黙と、彼らの名においてある種の約束を保とうとする努力とを結びつけたいとの願望である。こうした観点から見ると、ブロッホは、言うなれば、ゲルショム・ショーレムがハンナ・アーレントに対して非難した、出来事についての時宜を得ない解釈への誘惑に抗い、良心の喪の時に相応しくあるべきものを尊重しているとも言える。だが、それと同程度に、ブロッホは、ハンス・ヨナスがこうした要を得た簡潔さのために強調した条件、すなわちあらゆるユートピアの地平の放棄をも忌避するのである。

「悪の凡庸さ」という観念が引き起こすかもしれない喧騒をものともせず、ハンナ・アーレントがつねに持っていた関心は、世界との和解の方法を、世界をもう一度居住可能なものにするという絶対的必然性に基づいて思考することであった。エルンスト・ブロッホはと言えば、世界そのものとの時期尚早な和解につきまとう危険に対して非常に早くからすでに哲学的な免疫ができていたために、現代の破局という危機に、ヨブがもはや〈啓示〉のなかに守られなかった約束の内容しか見てとらない様を対置し、前代未聞の非人間性の犠牲者たちの記憶のために、最も強力な抗議の声をあげようとしたのだ。この意味で、次の二つの展望のあいだには深い二律背反が存在する。一方の展望は、都市における生の称揚という枠組み、もしくは未分化なものに化す傾向のある生物に対する責任という枠組みでハンナ・アーレントとハンス・ヨナスが共有する「世界への配慮」である。他方の展望は、歴史的現実性という形のもとにであれ、それに認められてきた存在論的力能においてであれ、エルンスト・ブロッホが永続的に抱いていた所与の世界に対する不信である。ブロッホがヨブの書について自らの解釈を練り上げたのは後者の展望を起点としてである。すなわち、モーセの神の更なるユートピア化を証言するものとしてヨブの不平と反乱を理解するという考えをめぐってである。同様に、この展望は「イザヤ書」の読解をも司っている。その読解は次の二つの方向性を有していた。一方によれば、この書はやはり「〈約束〉に影響を及ぼした過去の失敗と破局」を指し示すものとされる。他方によれば、この書は何よりもまず、「まだ信用を失ってはいない未来、過去において[…]いまだ実現されたことのなかった〈約束〉に激しく迫る」ものなのである[186]。ブロッホの展望は結局のところ、ある新たな脱出が究極の契約を結ぶこともありうるという考えを育むものなのである。たとえそれが、「始源の「創世記」に」決然と抗うまさにその希望のおかげで、生き残った者たちの大地を生きやすいものにするという目的のためであったとしても。

これら二つの展望のあいだの二律背反はおそらく執拗なものである。約束を担う契約を〈創造〉の原初的モデルと対立させることで、エルンスト・ブロッホが、道徳と自然との対立が権利を保持したままになってしまうことを承知の上で、いかにして神の衰退を乗り越え、約束という展望を保とうと望んだかは分かる。だが、なぜハンス・ヨナスが、そのような解釈では神の沈黙における理由なき死の謎の厚みを探るには至らないと評し、彼自身は、希望という次元を犠牲にしてまでも、神的なものの自己自身の内部への避難という観念のもとで再考された「創世記」の世界を保つという関心を優先したのかということもすぐに理解される。ヴァルター・ベンヤミンが語った「メシアニズムの弱き力」をどうしても保持しようとする欲望は、おそらくは前者に帰せられる。あたかも、それ以降重要となるのは、われわれに希望を許容するものの内容ではなく、われわれが犠牲者たちに対する敬意を通じて希望を抱くその仕方、すなわち、カントの言葉で言えば、生き残った者たちの自由に相応しくあれとの義務に似た何ものかであるかのようなのだ。とはいえ、これら同じ犠牲者の名のもとで、そして同じ生き残りの者たちのためにこそ、ヨナスは、神学的なものを差し控え、また、確かに預言者たちの想像世界から糧を得ているとはいえ今日の理性の急転にあまりにも関わりすぎているユートピアの役割を取り払うよう促すのである。「暗い時代」にあって〈啓示〉のための対象を保護したいという願いは、責任の思想家によって率直に提起され、そして希望の思想家によってより控え目に取り上げられたが、それゆえ、一神教によって伝えられた三組みの残りの二つの極も、相対立する方向へと導かれる。一方のハンス・ヨナスは、自らの修復の条件を知らないように思われる世界のために、無限の〈創造〉過程だけを見る。他方、エルンスト・ブロッホは依然として〈救済〉の数々の兆しを聴き取ることができると考えている。たとえ絶望的なものであっても、それらの兆しだけが人間の不平の声に意味を与えることができるからだ。

　歴史の合理性による出来合いの慰めを拒絶する、悲劇の時代の生き残りたちのうちで、エルンスト・ブロッホとハンス・ヨナスは、数々の出来事のしばしば計り知れない激しさに直面した現代の意識の相異なる次元を探求している。明らかに、彼らが共有しているのは、かなり以前から勝利を告げられてきたニヒリズムという観点を拒絶することである。そのような企図に対するブロッホ独自の貢献について言えば、これは、ブロッホがこのニヒリズムと無神論との差異を掘り下げたその仕方に存する。この無神論について、エマニュエル・レヴィナスは、成年となった人間は無神論を乗り越えるためにはその危険に直面しなければならないと述べている。「一神教は無神論を乗り越え、それを含み込む。しかし、だがこのことは、疑い、孤独、反抗を知る年代に達していない者には不可能なのだ」という考えを、おそらくブロッホほどうまく説明できる者はいないだろう[187]。彼は、ヨブをこの疑いの年代に達した人類の名祖の位置へと高めることで、根底的に無益な苦しみに対する抗議の声に意義を与えるのである。神の意図や歴史的必然性による反復を禁じ、正義の神の外部への脱出の道すら希う抗議の声にである。しかし、最後の預言者たちや、彼らにおける——始原の「創世記」の守られなかった約束に対立する——終末の「創世記」という見地に与することで、彼は、暗闇のなかに光が、夜のなかに昼が、過去のなかに未来が闖入することを待機する状態としての期待の地平を保持しているのである。

約束する時間という展望を倦むことなく保持してきたエルンスト・ブロッホは、そうすることで「ユダヤ的希望の歴史」の地盤も築いたのだろうか。ヨセフ・ハイーム・イェルシャルミはかかる問題を立て、この点に関する一つのプログラムを素描しつつも、ブロッホがこの問題を最もよく解決できたという点に疑念を呈し、彼の希望の百科全書《エンチュクロペディー》はあまりにも超越論的なものへと逃避しているために、方法的原理や探究の方向性を与えるに至っていないのではないかと訝《いぶか》っている(188)。だが、こうしたことがブロッホの企図だったわけではない。その企図はむしろ、未来と超感性的世界のための証言として普遍的な文化が包含しうるすべてを集め、メシア的な輝きでもって照らされ、〈至高善〉の思考から糧を得た言語において、それらを振動させることに存していたのだ。ブロッホの営為は、断固として予期の方へと向けられており、しばしばそれを想起よりも好んでいたように思われる。例えば、「イザヤ書」における次のような希望と忘却の弁証法とも言うべきものを彼が強調するときがそうである。「見よ、私は新しい天と新しい地を創造する。もはや以前のことを思い起こす者はない。それは誰の心にも上ることはない(189)」(「イザヤ書」第六五章第一七節)。タルムードの〈賢者〉たちは、〈神殿〉の破壊後のイザヤの約束について注釈を行った際、次のような微妙な釣り合いを描いていた。「喪に服さないこと、私たちはそうすることはできない。[しかし]喪に服しすぎること、私たちは同じくそうすることもできない(190)」。エルンスト・ブロッホは、更に遠くまで進もうとしていたのだろうか。すなわち、希望の預言者とは、記憶せよという命令を無効にし、ユダヤ的な時間意識の核心に宿る想起《アナムネーシス》の美徳に異議を唱え、明日の日々のための熱情を解放しようとする者なのだと仄めかそうとしていたのだろうか。おそらく、こうした問いかけに対する彼の答えは、希望こそ、過去の犠牲者たちのために織られうる唯一の白布であるというものだろう。かかる動機は、ブロッホの省察と晩年のベンヤミンの思索との親近性を確証することにもなるだろう。更にまた、この動機によって同様に確認されるのは、ゲルショム・ショーレムが、ユダヤ的な意味での「賢者」になっていくと見ていた者について抱いた究極の印象である。すなわち、ブロッホの書いたものを読むと、「たとえマルクス主義の庭で掠めとられてしまうにせよ、智慧の木から疑いなく生まれた」果実をいつも発見するという印象である。[191] これこそが懐疑的な仲間から贈られた、この世紀のどの悲劇についても無傷のままではなかった一つの思考の実直さを雄弁に語る賛辞なのである。

（1） Jürgen Habermas, «Un Schelling marxiste», in *Profils philosophiques et politiques*, trad. F. Dastur, J.R. Ladmal et M.B. de Launay, Paris, Gallimard, 1974, p.193. エルンスト・ブロッホの生涯と業績についての情報の主だった部分は、Arno Münster, *Figures de l'utopie dans la pensée d'Ernst Bloch*, Paris, Aubier, 1985, p.175–180にある。

（2） Emmanuel Lévinas, «Sur la mort d'Ernst Bloch», in *De Dieu qui vient à l'idée*, Paris, Vrin, 1992, p.63.

（3） マックス・ウェーバーの発言ならびにこの段落での情報の大部分は、Eva Karadi, «Bloch et Lukács dans le cercle de Weber», trad. D. Jallamion, in *Réification et utopie. Ernst Bloch et György Lukács, un siècle après*, Paris, Actes Sud, 1996, p.69–87 から取られている。マックス・ウェーバーはしかしながら、スイスにおける政治運動とユートピアについての調査をエルンスト・ブロッホに委ねている。この調査は、ウェーバーが主管する雑誌に一九一八年に掲載されることになる。

（4） この物語については、Rolf Wiggershaus, *L'Ecole de Frankfort. Histoire, développement, signification*, trad. L. Deroche-Gurcel, Paris, PUF, 1993、特にその第一章で描かれている数々の肖像を参照されたい（同書 p.64）。

（5） Theodor Adorno, «L'anse, le pichet et la première rencontre», in *Notes sur la littérature*, trad. S. Muller, Paris, Flammarion, 1984, p.386. 一九六五年のこの論考のなかで、アドルノはエルンスト・ブロッホについてのしばしば辛辣なその評価に微妙な含みを持たせている。『ユートピアの精神』を初めて読んだときのことや、「異端的約束」を確証してくれるような身の丈や存在感や声音の持ち主たるブロッホとの出会いのことが熱っぽく語られているからである。「思想のうちに広がる敗北主義に抗する」力強い「反抗」を彼のうちに認めることで、アドルノは次のように言ってさえいる。「理論的内容がどうであるかに一切先立って、私はこの動機を実に深く銘記したので、明白な仕方でにせよそうでないにせよ、その思い出を伴わないものを私は一度も書いたことがない」（*ibid.*, p. 387）。

（6） Rolf Wiggershaus, *L'École de Francfort*, *op. cit.*, p.74 に引用されている。François Furet, *Le passé d'une illusion, Essai sur l'idée communiste au XXe siècle*, Paris, Robert Lafont/Calmann-Lévy, 1995, p.145–153 に、ルカーチについての見事な肖像が描かれている。

（7） 一九三七年九月二三日のアドルノのホルクハイマー宛の書簡。Rolf Wiggershaus, *L'École de Francfort*, *op. cit.*, p.181 に引用されている。

（8） 一九四九年一二月一二日のアドルノのハンス・ペシュケ宛の書簡（*ibid.*, p.395）。

（9） オスカー・ネクトの証言（*ibid.*, p.499）。

（10） Gershom Scholem, *Walter Benjamin. Histoire d'une amitié*, trad. P. Kessler. Paris, Calmann-Lévy, 1981, p.97–98 を参照。ショーレムの手帳には、一九一九年五月一九日のブロッホ訪問についての短い記述がある（*Tagebücher 1917–1923*, Francfort-sur-le-Main, Jüdischer Verlag, 2000, p.444）。ショーレムはその人生の終わりに、エルンスト・ブロッホ九〇歳を記念したテクストのなかで、この出会いに改めて言及している（Gershom Scholem, «Does God Dwell in the Heart of an Atheist?»（1975）, in *On the Possibility of Jewish Mysticism in Our Time & Other Essays*, trad. J. Chipman, Philadelphie et Jérusalem, The Jewish Publication Society, 1997, p.216–233）。その機会にショーレ

ムは、マルクス主義をはじめ二人をつねに隔ててきたものがいかに大きいかを踏まえたうえで、ブロッホに腹蔵ない賛辞を送っている。年長者であった者について、ショーレムはこう書いている。当時彼は「いわばすでに盲目と化した幻視者、龍との闘い、四〇年も途切れずに続いたこの闘いを生き抜いた師のごとき存在」となった(*ibid.*, p.217)。

(11) 一九一九年九月一五日のゲルショム・ショーレム宛の書簡(Walter Benjamin, *Correspondance 1, 1910–1928*, trad. G. Petitdemange, Paris, Aubier, 1979, p.200)。この引用は実際には『ユートピアの精神』(*L'esprit de l'utopie*, trad. A.-M. Lang et C. Piron-Audard, Paris, Gallimard, 1977, p.333) の末尾でなされている。しかし、この引用はサフェドのカバラー主義者たちからのものであって、『ゾハール』からのものではない。この間違いはモリトールによる。ショーレムはベンヤミンの書簡に付した注のなかでこの点を正している。

(12) 一九一九年九月一九日のエルンスト・シェーン宛の書簡 (*ibid.*, p.202)。

(13) 一九二〇年二月一三日のショーレム宛の書簡 (*ibid.*, p.216)。

(14) 一九二〇年一二月一日のショーレム宛の書簡 (*ibid.*, p.227)。

(15) 一九二六年四月三〇日のユーラ・ラート宛の書簡 (*ibid.*, p.386)。

(16) 一九三一年五月六日、ショーレムはベンヤミンに書簡を送り、「唯物論からの借用」について彼を非難し、自分はこれを称えることはできないと書いている。エルンスト・ブロッホに言及した後で、ショーレムは次のようにベンヤミンに忠告している。「君自身の天分を認識したまえ[…]君にとっての危険は、君が書いた数多のもののなかに露呈されている孤独への恐怖からよりもむしろ、共同体――たとえそれが革命における黙示録的共同体であるとしても――への希求から生じている」(この書簡は *Correspondance II, 1929–1940*, trad. G. Petitdemange, Paris, Aubier, 1979, p.51–52 に収録されている)。

(17) 一九三五年二月六日のヴァルター・ベンヤミンからアルフレート・コーエン宛の書簡 (*ibid.*, p.152)。

(18) Jürgen Habermas, «Un Schelling marxiste», *loc. cit.*, p.195.

(19) «Does God Dwell in the Heart of an Atheist?», *loc. cit.*, p.220.

(20) *Ibid.*, p.196.

(21) 『この時代の遺産』に収められた一九三八年の日付を持つ「印象主義についての論議」(日付からしてこの論考は同書の第一版には入っていないのだが、同書を導いている意図を確証するものである)を参照 (*Héritage de ce temps*, trad. J. Lacoste, Paris, Payot, 1978, p.244–254)。

(22) *Ibid.*, p.10.

(23) *Ibid.*, p.11.

(24) *Ibid.*, p.210–211.

(25) *Ibid.*, p.343.

(26) *Ibid.*, p.339.

(27) *Ibid.*, p.343.

(28) 一九三五年七月一八日のヴァルター・ベンヤミンのアルフレート・コーン宛の書簡 (*Correspondance II*, *op. cit.*, p.169)。

(29) Ernst Bloch, *Héritage de ce temps*, *op. cit.*, p.357.

(30) *Ibid.*, p.111. 第三福音書の千年王国的動機については、p.116–138。一九三七年の日付を持つこの箇所で、エルンスト・ブロッホは、後にナチズムの分析にとって古典的なものと化す一つの主題を開発しているが、これと時代を同じくする表現の一つが、エリック・フェーゲリンの『政治的宗教』(Eric Voegelin, *Les religions politiques*, 1938, trad. J. Schmutz, Paris, Cerf, 1994) のうちに見出される。

(31) エルンスト・ブロッホの『この時代の遺産』の一九六二年の後

記（*Héritage de ce temps*, *op. cit.*, p.12）。

（32）«Does God Dwell in the Heart of an Atheist?», *loc. cit.*, p.218.

（33）Emmanuel Lévinas, «La mort et le temps»（cours 1975–1976）, *Cahiers de l'Herne*, Paris, 1991 ; «Sur la mort dans la pensée d'Ernst Bloch», *loc. cit.*, p.75.

（34）Emmanuel Lévinas, «La mort et le temps», *loc. cit.*, p.63.

（35）*Ibid.*, p.62.

（36）Ernst Bloch, *Le principe espérance*, III, *Les images-souhaits de l'Instant exaucé*, trad. F. Wuilmart, Paris, Gallimard, 1991, p.540. 翻訳は修正した。

（37）Emmanuel Lévinas, «La mort et le temps», *loc. cit.*, p.63.

（38）*Ibid.*, p.64.

（39）Ernst Bloch, *Le principe espérance*, I, trad. F. Wuilmart, Paris, Gallimard, 1976, p.16.

（40）*Ibid.*, p.11.

（41）*Ibid.*, p.14.

（42）Ernst Bloch, *Traces*, trad. P. Quillet et H. Hildenbrand, Paris, Gallimard, 1968, p.217.

（43）Theodor Adorno, «*Traces* de Bloch»（1960）, in *Notes sur la littérature*, *op. cit.*, p.169.

（44）*Ibid.*, p.159.

（45）*Ibid.*

（46）*Ibid.*, p.168.

（47）『全体性と無限』のこの行程については、本書第三巻第九章を参照。

（48）*Ibid.*, p.165.

（49）これは、脱魔術化（désenchantement）の内的意識をおそらく最も見事に論じ、かつ表現したテクストでハイデガーが与えた解釈である（«Sur le mot de Nietzsche "Dieu est mort"», in *Chemins qui ne mènent nulle part*, trad. W. Brokmeir, Paris, Gallimard, 1962, p.261）。このテクストはマルティン・ブーバーにおいてすでにすれ違ったものだが（本書第五章二六三―二六五頁）、後に見るように、ハンス・ヨナスによって改めて註解されることになろう（本書第三巻第八章を参照）。

（50）Paul Ricœur, «La liberté selon l'espérance», in *Le conflit des interprétations. Essai d'herméneutique*, Paris, Seuil, 1969, p.402–415を参照。

（51）Ernst Bloch, *Sujet-Objet. Éclaircissements sur Hegel*, trad. M. de Gandillac, Paris, Gallimard, 1977, p.414.

（52）*Ibid.*, p.423.

（53）*Ibid.*, p.419.

（54）*Ibid.*, p.420.

（55）*Ibid.*, p.422. ここでエルンスト・ブロッホは、ヘーゲルの『法哲学』の序文のミネルヴァの梟の比喩の直前のある言い回しを敷衍している（Hegel, *Principes de la philosophie du droit*, trad. R. Derathé, Paris, Vrin, 1982, p.58を参照）。

（56）*Ibid.*, p.424.

（57）*Ibid.*

（58）Ernst Bloch, *L'esprit de l'utopie*, trad. A.-M. Lang et C. Piron-Audard, Paris, Gallimard, 1977, p.219.

（59）*Ibid.*, p.220.

（60）*Ibid.*, p.221.

（61）*Ibid.*, p.223.

（62）*Ibid.*, p.219

（63）*Ibid.*, p.222.

（64）*Ibid.*, p.221.

（65）*Ibid.*, p.218.

（66）Hegel, *Leçons sur la philosophie de l'histoire*, trad. J. Gibelin,

Paris, Vrin, 1987, p.26. ブロッホはこのテクストの引用はしていないが、これと同等のものを『エンチュクロペディー』（二一三節補遺）に見出している。「善、それも絶対的善は世界のうちで永遠に実現されるのであり、その結果はというと、絶対的善がそれ自身において、それ自身に対してすでに実現されており、そうなるためにわれわれを待つ必要はないということである」（*Sujet-Objet*, *op. cit.*, p.68 を参照）。

（67） *L'esprit de l'utopie*, *op. cit.*, p.225–226.

（68） *Sujet-Objet*, *op. cit.*, p.490.

（69） *Ibid.*, p.461.

（70） *L'esprit de l'utopie*, *op. cit.*, p.228.

（71） *Ibid.*, p.220.

（72） *Ibid.*, p.223.

（73） この点は、エルンスト・ブロッホによるカント読解にエマニュエル・レヴィナスが加えた註解のなかで明らかにされた（«La mort et le temps», *op. cit.*, p.46–47）。カントが、その三批判を組織する問いの三つ組み（私は何を知りえるか、私は何をしなければならないか、私には何を希望することが許されているか）に、第四の問いとして、人間とは何かを付け加えていたことを思い起こそう。

（74） *L'esprit de l'utopie*, *op. cit.*, p.216.

（75） *Ibid.*, p.217.

（76） *Ibid.*

（77） Paul Ricœur, «La liberté selon l'espérance», *loc. cit.*, in *Le conflit des interprétations*, *op. cit.*, p.393–415.

（78） それぞれ、Kant, *Fondements de la métaphysique des mœurs*, deuxième section, trad. V. Delbos, revue par F. Alquié, in *Œuvres philosophiques*, II, Paris, Gallimard, 1985, p.285 と *Métaphysique des mœurs*, Doctrine du droit, §62 を参照。しかしブロッホは、このカテゴリーが体系の全体を実際には方向づけていることも承知している（この点については、Rudolf Eisler, «Comme si», in *Kant Lexicon*, trad. A.-D. Balmès Eisler, trad. A.-D. Balmès et P. Osmo, Paris, Gallimard, 1994, p.157–159 を参照）。

（79） *L'esprit de l'utopie*, *op. cit.*, p.274.

（80） *Ibid.*, p.226.

（81） *Ibid.*, p.225.

（82） *Ibid.*, p.216–217.

（83） Hegel, *Principes de la philosophie du droit*, *op. cit.*, p.58.

（84） Ernst Bloch, *Sujet-Objet*, *op. cit.*, p.463.

（85） *Ibid.*, p.464. この場合哲学史研究によって構築されたこの立場が、『希望の原理』という大建造物のなかに再び見出されるということを強調できるかもしれない。まずその第一巻において、ブロッホは、ユートピアの機能は一つの目標に結びつき、「この目標が、単に望みと努力に相応しい対象ばかりではなく、それ自体で完成したものを表象する対象を成すように思われるなら、この目標は理想と呼ばれる」と主張している。次いでに第三巻において、ブロッホは、「最善なもの」を、カントによって「航海者にとっての北極星の位置」に置かれた「至高善」の観念と結びついたカテゴリーたらしめている（それぞれ、*Le principe espérance*, *op. cit.*, I, p.201 et III, p.493）。

（86） *Ibid.*, p.465.

（87） *Ibid.*, p.466.

（88） Hannah Arendt, *Condition de l'homme moderne*, trad. G. Fradier, Préface de Paul Ricœur, Paris, Calmann-Lévy, 1961, p.188.

（89） Emmanuel Lévinas, «La mort et le temps», *loc. cit.*, p.65.

（90） *Le principe espérance*, I, *op. cit.*, p.190.

（91） *Ibid.*, p.254.

（92） ここで、亡命期に書かれたこの大作の力強い構造ならびに、五つの動きからなるその複雑な構成の全体を視野に収めておかねばならない。この構成はグスタフ・マーラーの最後のいくつかの交響曲の構成のごときものに類似している。以下、その構成を、各部分の題名、その意図（鍵括弧で括って示した）、これが喚起する音楽的表記を付して挙げておく。一（梗概）「小さな白日夢たち」。いわばアレグロ・マ・ノン・トロッポ〔速く、しかし過度ではなく〕。導入として、また、われわれは無一物で生まれるがつねに願い続けるということを単に提起するために。二（土台）「先取りする意識」。今度はアレグロ。主題を提示し、前進衝動、待機情動、可能性、現実化といったカテゴリーを設定するために。三（移行）「鏡に映された願いのイメージ」。アンダンテ〔歩くような速さで〕。飾り窓、小咄、旅、映画、舞踊、劇など、いくつかの願いが表現された空間を経巡る。これら三つの部分が第一部を成すのだが、そこで次の第四の部分が第二部となる。四（構築）「より善き世界の青写真」。この広大なアダージョ〔ゆるやかに〕については、マーラー、更には晩年のベートーヴェンのような仕方でそのニュアンスを明示しなければならないが、そこでは姿を現すのはユートピアの諸々の具体的形態である。まず第一に医学が登場し、それに、数々の社会システム、技術、建築学、地理学、芸術と学知における遠近法が続く。最後の部がまだ残っているが、この部分はまたしてもそれだけで第五の部分を成している。五（同一性）「叶えられた〈瞬間〉の願いのイメージ」。この最後の豊穣なアレグロはそれだけで、希望の百科全書（エンチュクロペディー）たらんとするものの要約である。そこでは、道徳、音楽、死の諸々の比喩、宗教、〈至高善〉がひしめきあっているが、完全に整序されて綜合されることはない。最後の願い、人間の尊厳への願いの開示へと向かうためにである。

（93）*Le principe espérance*, II, *op. cit.*, p.434–435.

（94）*Ibid.*, p.437.

（95）*L'esprit de l'utopie*, *op. cit.*, p.145.

（96）*Ibid.* この言い回しは『希望の原理』のなかで何度も登場するが、ブロッホが音楽とその他の美的諸形式との対立を際立たせる箇所では特にそうである（たとえば、*op. cit.*, I, p.260）。

（97）*Le principe espérance*, I, *op. cit.*, p.259.

（98）*Ibid.*, p.261.

（99）*L'esprit de l'utopie*, *op. cit.*, p.58–59 ; Nietzsche, *Humain, trop humain*, II, §171.

（100）*L'esprit de l'utopie*, *op. cit.*, p.185–186. Schopenhauer, *Le monde comme volonté et comme représentation*, trad. A. Burdeau, Paris, PUF, 1966, p.329 を参照。そこでは、音楽は「宇宙がもはや存在しなくなったときでさえ、ある意味では存在し続けることができるだろう」とされている。

（101）*L'esprit de l'utopie*, *op. cit.*, p.191.

（102）*Ibid.*, p.192.

（103）*Ibid.*, p.59.

（104）*Ibid.*, p.189.

（105）*Ibid.*, p.198.

（106）ヴァルター・ベンヤミンにおいて出会われるこの困難については、本書第三章三一六―三三三頁を参照。

（107）Maurice Merleau-Ponty, «Le doute de Cézanne», in *Sens et non-sens*, Paris, Gallimard, 1996, p.18.

（108）*Ibid.*, p.22.

（109）Maurice Merleau-Ponty, *L'Œil et l'Esprit*, Paris, Gallimard, Paris, 1964, p.35.

（110）«Le doute de Cézanne», *loc. cit.*, p.25.

（111）*Ibid.*, p.33.

（112）Emmanuel Lévinas, «*Éthique et esprit*», in *Difficile liberté*, Paris, Albin Michel, 1988, p.20–21.

（113）見ることと聴くこととのこの対立は、それが神の顕現をめぐる問いに関わるときには、注釈の過程の核心にあると付け加えることができるだろう。多くの伝統的解明に加えて、マイモニデスにはこの問題についての最も完璧な論述が存在するが、これは神人同型論の反駁にほかならない。トーラーにおける曖昧な語句の解明を『迷える者への手引き』の最初の数章の課題として自らに課したマイモニデスは、神に顔を付与するかに見えるパニームという語句に出くわす。「主は顔と顔を合わせてモーセと話られた」という「出エジプト記」第三三章第一一節のように本質的な箇所でこの語句が登場するだけに、困難はより大きなものとなる。範例的な仕方で、マイモニデスは「申命記」第四章第一二節（「〈永遠者〉は火のなかからあなたたちに語りかけられた。あなたたちは語りかけられる声を聞いたが、声のほかには何の像［形］も見なかった」）に依拠して、視覚と聴覚の対立を確証している。すなわち、「顔と顔を合わせてということで言われているのは、彼［モーセ］は天使の媒介なしに［神の］声を聴いたということであるのは、あなたにとって明らかである」（*Guide des égarés*, I, 37 を参照）。

(114) Gershom Scholem, «La symbolique des couleurs dans la tradition et la mystique juive», in *Le Nom et les symboles de Dieu dans la mystique juive*, trad. M. R. Hayoun et G. Vajda, Paris, Cerf, 1988, p.152s を参照。ショーレムのものとしては、«Considérations sur la théologie juive», in *Fidélité et utopie*, trad. M. Delmotte et B. Dupuy, Paris, Calmann-Lévy, 1978, p.249s をも参照されたい。

(115) *Le principe espérance*, III, *op. cit.*, p.172.

(116) *L'esprit de l'utopie*, *op. cit.*, p.119.

(117) *Haguiga*, 14b を参照。この箇所をブロッホは自由に解釈しているが、そこでは、三人のラビとは四人であり、彼らのうちの一人が園（*Pardès*）の植物をさらに引き抜くことになっている。

(118) Emmanuel Lévinas, *Totalité et infini*, Paris, Le Livre de poche, 1990, p.245.

(119) *L'esprit de l'utopie*, *op. cit.*, p.160. フッサールによって提案された「生きられた時間」と「客観的時間」との区別のことが思い起こされる（*Leçons pour une phénoménologie de la conscience intime du temps*, trad. H. Dussort, Paris, PUF, 1964, p.6s）。フッサールが「過去把持」と「予‐見的待望」〔未来把持〕とを同時に語っているのは、ほかでもない旋律についてである（p.37）。Pierre Bouretz, «*Prima la musica* : les puissances de l'expérience musicale», *Esprit*, juillet 1993, p.114s を参照。

(120) *L'esprit de l'utopie*, *op. cit.*, p.170.

(121) *Ibid.*, p.156.

(122) *Le principe espérance*, III, *op. cit.*, p.189. Pierre Bouretz, «La musique : une herméneutique des affects d'attente?», *Rue Descartes*, n°21, septembre 1998, p.45–60.

(123) *L'esprit de l'utopie*, *op. cit.*, p.150–156 を参照。シェーンベルクについてのこの箇所で、エルンスト・ブロッホはある一冊の書物を挙げているが、この書物は、シェーンベルクによってウィーンで一九一一年に出版された『和声学』（*Traité d'harmonie*）にほかなるまい。次にブロッホは、嬰ヘ短調四重奏曲に言及している（第二番、作品一〇。一九〇七年から一九〇八年にかけて作曲され、一九〇八年一二月二一日に初演、一九一二年に編集された）。独特な器楽的装置（歌が介入する）に加えて、この四重奏曲は、その最後の動きとして、調性に対する最初の大いなる問い直しがある。後に新ウィーン楽派による「革命」として生きられるものの端緒がここに築かれるのである。ブロッホ自身は、そこに、革命そのものというよりもむしろ、伝統との断絶とそれへの忠誠との巧みな弁証法を見ているということが分かるだろう。作品の展開を完全には知りえなかったにもかかわらず、こうした読解――これはアドルノが後年行うことになる読解とは大きく異なっている――は、シェーンベルクの意図の本質的要素、すなわち伝統との力強い連関を看取している。この連関は、その最初の書物への回帰という形式によっても表現されている（アドルノの視点からすると、一つの告白とみなされるであろうシェーンベルクの後年のテクスト（«On revient toujours»(1948)、in Arnold Shoenberg, *Le style et l'idée*, trad. C. de Lisle, nouvelle édition établie et présentée par Danielle Cohen-Lévinas, Paris, Buchet/Chastel, 2002, p.90-91）を参照）。『モーセとアーロン』（*Moïse et Aaron*）の作者特有の形而上学的意図を強調するためにさらに付け加えると、伝統への反抗として一般に解釈されている発見に関して、シェーンベルクがしばしば前面に押し出すのはこの次元である。

(124) 周知のように、新ウィーン楽派の作曲家たちはバッハを賞賛していた。この賞賛はバッハ（Bach）の名の四文字を核に織り成された諸作品の中心そのものにしばしば刻印されているのだが、シェーンベルクもまた、自らの「師」を挙げた一九三一年のテクストのなかで名指しで賞賛の念を表現している。「バッハから私は対位法の精神［…］、唯一の要素から一つの作品全体を建てる技法［…］、拍子における「強拍」から解放される技法を学んだ」（«Du nationalisme en musique», in *Le style et l'idée*, *op. cit.*, p.139）。ベルクはというと、このテクストの重要性を大いに強調し、シェーンベルクをバッハに決定的な仕方で近づけているほどである。Alban Berg, «Credo»(1930), in *Écrits*, trad. H. Pousseur, G. Tillier et D. Collins, Christian Bourgois, 1999, p.64-65 を参照。

(125) *L'esprit de l'utopie*, *op. cit.*, p.152.

(126) Theodor W. Adorno, *Philosophie de la nouvelle musique*, trad. H. Hildenbrand et A. Lindenberg, Paris, Gallimard, 1962, p.25.

(127) *Ibid.*, p.29.

(128) *Ibid.*, p.30.

(129) Theodor W. Adorno, «Un fragment sacré. Au sujet de *Moïse et Aaron* de Schoenberg», in *Quasi una fantasia*, trad. J.L. Leleu, Paris, Gallimard, 1982, p.247.

(130) *Ibid.*, p.246.

(131) *Ibid.*

(132) *Ibid.*, p.248.

(133) シェーンベルクの『モーセ』は、魅惑することをやめない一つの謎を提示している。三〇年近くかけて制作されながらも、この作品は未完にとどまった。そのうえこの作品は、「ああ言葉、言葉よ、それが私に欠けている！」という台詞で中断されているのだ。アドルノにとっては、この種の省略は、侵犯に対する懲罰のように課せられたものであると同時に、最初の意図の取り戻しであるかぎりで欲せられたものでもある。

(134) *Ibid.*, p.252.

(135) 一九五一年六月二一日のアーノルト・シェーンベルクからヨーゼフ・ルーファー宛の書簡（*Correspondance 1910-1951*, trad. D. Collins, Paris, Lattès, 1983, p.297）。

(136) Arnold Schoenberg, «On revient toujours», *loc. cit.*, p.91.

(137) *Le principe espérance*, II, *op. cit.*, p.465.

(138) *L'esprit de l'utopie*, *op. cit.*, p.89.

(139) *Ibid.*, p.160.

(140) *Le principe espérance*, III, *op. cit.*, p.173-174.

(141) *Traces*, *op. cit.*, p.234.

(142) 『世界という実験』の序文を参照（*Experimentum mundi. Questions, catégories de l'élaboration, praxis*, trad. G. Raulet, Paris, Payot, 1981, p.29）。『未知への痕跡』でもって開始された著作集の最後を飾るものとして想定されたこの著作を紹介しながら（ただし著作集は最終的な公刊においては再編成される）、エルンスト・ブロッホは、自らの歩みの総体、その動きがいかなる意味を持つのか、その相異なる足跡がいかなる形なのかに立ち戻っている。

(143) Emmanuel Lévinas, «Sur la mort dans la pensée d'Ernst Bloch», *loc. cit.*, p.65.

(144) *L'esprit de l'utopie, op. cit.*, p.325.

(145) *Sanhédrin*, 97a および *Midrash Tehillim*, §3（「詩編」第四五章について）を参照。「隠れたメシア」の形と大破局の時との関連については、Gershom Scholem, «Pour comprendre le messianisme juif», in *Le messianisme juif*, trad. B. Dupuy, Paris, Calmann-Lévy, 1974, p.36–37 を参照。

(146) *Traces, op. cit.*, p.215.「幸福な手」（La main heureuse）、これはシェーンベルクの未完のオラトリオの題名でもある……。もっとも、これは単なる偶然の一致だろうが。

(147) *Ibid.*, p.59.

(148) *Ibid.*, p.122–123. Walter Benjamin, «Franz Kafka», in *Œuvres II*, *loc. cit.*, p.410–411 ならびに本書第三章二八〇―二八一頁を参照。ひどい鬱状態に陥った宰相ポチョムキンは、立ち入りを禁じられた部屋に閉じ籠もっていた。官吏たちは、ロシア皇后が早く送るよう急かしていた緊急の文書に署名させることができずに絶望していたが、ついに官吏のうちの一人が部屋に強引に押し入り、幻覚に囚われた宰相は文書に署名をすることとなった。意気揚々とその官吏は戻ってきたが、見ると、宰相ポチョムキンはすべての文書に自分を訪れた者の名を書いていたのである。

(149) *Traces, op. cit.*, p.216–217. ベンヤミンの話とその不可解さが思い出される。「この小人はゆがめられた生の住人であり、彼はメシアの到来とともに消え去るであろう。ある偉大なラビは、メシアは世界を力づくで変えるのではなく、物事をほんの少し正すだけであろうと言った」（«Franz Kafka», *loc. cit.*, p.445. 本書第三章二八四頁も参照）。

(150) *Traces, op. cit.*, p.208.

(151) *Ibid.*, p.134.

(152) ショアーの時代にこのテーゼに立ち戻ることの拒否については、エルンスト・ブロッホと友人のマルガレーテ・ズースマンとの論議ならびに、一九四六年に出版された彼女の著作『ヨブ記とユダヤ民族の運命』（*Das Buch Hiob und das Schicksal des jüdischen Volks*）がそれを証示している。『希望の原理』でも『キリスト教の中の無神論』（*L'athéisme dans le christianisme*）でも、更にはマルガレーテ・ズースマンの論文集に寄せたテクスト（*Auf Gespaltenem Pfad, Für Margarete Susman*, Darmstadt, Erato-Presse, 1964, p.84–101 所収）でも、ブロッホは、ズースマンがヨブの運命のうちにユダヤ民族特有の運命の類型を見るその仕方に抵抗している。この主題の分析については、アンドレ・ネヘルの研究に従うことができる（André Neher, «Job dans l'œuvre d'Ernst Bloch», in *Utopie-marxisme selon Ernst Bloch. Un système de l'inconstructible*, Hommages réunis par Gérard Raulet, Paris, Payot, 1976, p.233–238）。

(153) Ernst Bloch, *L'athéisme dans le christianisme. La religion de l'exil et du royaume*, trad. E. Kaufholz et G. Raulet, Paris, Gallimard, 1978, p.148. 同じ表現は、*Le principe espérance*, III, *op. cit.*, p.388 にも見られる。

(154) *Ibid.*, p.138.

(155) *Ibid.*, p.141, 139.

(156) *Ibid.*, p.142.

(157) *Ibid.*, p.143.

(158) ガハル（*gahal*）という動詞は、贖う（買い戻すという第一の意味で）と同時に復讐する（血を流させる）とを意味する。これは、実詞ゲウラー（*geoulah*）（〈救済〉）の語根を含んでいるが、対してゴエール（*goël*）はあくまで動詞的形式をとどめており、行為の次元を維持した分詞である。それぞれ「民数記」第三五章第一九節（「血の復讐者（*goël*）は、自分でその殺害者を殺すことができる」）、「サムエル記下」第一四章第一一節（「血の復讐をする者（*goël*）が殺戮を繰り返すことのありませんように」）を参照されたい。だが、同じく「箴言」第二三章第一〇―一一節をも参照されたい。そこでは、ゴエールとは孤児たちの敵を討つ者である。逃れの町をめぐって、エマニュエル・レヴィナスは、「マッコート篇」一〇Aに註解を加えながら、一種の妥協案を採用している。彼はゴエール・ハダム（*goël hadam*）を「流された血を贖う者」（rédempteur du sang versé）と訳しているのだ。Emmanuel Lévinas, «Les villes-refuges», in *Au-delà du verset*, Paris, Minuit, 1982, p.51s ならびに本書第九章を参照。

(159)　*L'athéisme dans le christianisme*, *op. cit.*, p.146.

(160)　*Ibid.*, p.147.

(161)　*Ibid.*, p.146.

(162)　*Ibid.*, p.141.

(163)　*Ibid.*, p.150.

(164)　*Ibid.*, p.153.

(165)　*Le principe espérance*, III, *op. cit.*, p.387.

(166)　*Ibid.*, p.391. ブロッホがここで自在に利用しているカバラーにおける神の収縮、輝きの四散、世界の修復というモデルについては、本書第四章九五—一〇一頁を参照。

(167)　*Ibid.*, p.387–388.

(168)　思い起こしておくと、これは〈燃える柴〉の場面で啓示された〈御名〉である。そのとき神は、民に伝えねばならないという理由で神の名を尋ねるモーセに、「私は私はあるだろうという者だろう」（je serai qui je serai）であると答え、「「私はあるだろう」がおまえたちのもとに私を遣わしたのだとイスラエルの子たちに言いなさい」（「出エジプト記」第三章第一四節）と付け加えている。「エヒエー・アシェル・エヒエー」ならびに〈御名〉の翻訳をめぐる問題については、本書第五章二〇八—二一一頁を参照。

(169)　この翻訳はマルティン・ブーバーとフランツ・ローゼンツヴァイクのそれに合致したものであるが、ラシの権威によっても正当化されうるということを付言しておこう。ラシはタルムード（*Berakhoth*, 9b）と、「出エジプト記」をめぐるミドラッシュ（*Chemot Rabbat*, III, 6）を典拠として次のような仕方で説明している。「私はこの試練のときも彼らとともにあり、また他の帝国に彼らが隷属しているときに彼らとともにある」。

(170)　*Le principe espérance*, III, *op. cit.*, p.390.

(171)　*Ibid.*, p.396.

(172)　ここでエルンスト・ブロッホが引用しているのはマイモニデスであるが、引用に際して、「サンヘドリン篇」第一〇章註解への序に含まれた一三の原理の第一二の命題が形式化されている。Moïse Maïmonide, «Introduction au chapitre Helèque», in *Epîtres*, trad., J. de Hulster, Paris, Verdier, 1983, p.194 を参照。

(173)　この問題系、ならびにそれがいかにハンス・ヨナスの哲学的歩みのなかに刻印されているかについては、本書第八章を参照。

(174)　Emmanuel Lévinas, «Textes messianiques», in *Difficile liberté*, Paris, Albin Michel, 1976, p.89–139 ; Pierre Bouretz, «Pour ce qui est du monde qui vient...», in *Rue Descartes*, n°19, février 1998, p.107–130 を参照。

(175)　*L'esprit de l'utopie*, *op. cit.*, p.244.

(176)　*Ibid.*, p.234.

(177)　*Ibid.*, p.235.

(178)　*Ibid.*, p.245.

(179)　*Le principe espérance*, III, *op. cit.*, p.119.

(180)　ここでも驚きに関して、ブロッホは二度このカント的主題系に立ち戻っている。*L'esprit de l'utopie*, *op. cit.*, p.241 et *Le principe espérance*, III, *op. cit.*, p.121 を参照。

(181)　*Le principe espérance*, I, *op. cit.*, p.347.

(182)　*Le principe espérance*, III, *op. cit.*, p.494. ブロッホは同じく『戦争と平和』の一節を挙げている（第三巻第二篇第三六章）。そこでトルストイは、アウステルリッツで負傷したアンドレイ侯爵について書いている。「ナポレオンを見つめながら、アンドレイ侯爵は、偉大さの虚しさを、誰もその意味を理解できない生の虚しさを、そしてそれよりもいっそう大きな、生ける者は誰も見通すことも意味を理解することもできない死の虚しさを思った」。エマニュエル・レヴィナスは何度もブロッホのこの主題に註解を加えている（特に、«La mort et le temps», *loc. cit.*, p.66–67 を参照）。

(183) *Ibid.*, p.321.

(184) *Le principe espérance*, I, *op. cit.*, p.368.

(185) この表現は André Neher, *L'exil de la parole. Du silence biblique au silence d'Auschwitz*, Paris, Seuil, 1970, p.156 から借用した。

(186) *L'athéisme dans le christianisme*, *op. cit.*, p.134.

(187) Emmanuel Lévinas, «Une religion d'adultes», in *Difficile liberté*, *op. cit.*, p.31. 不義理を装いながら、「ブロッホよ、私を赦し給え。しかし私は彼の無神論を信じない」と公言したとき、ショーレムもこの比較の方向に進むことができただろう。先の言葉に続いてショーレムは、ブロッホは、その宗教性のアナーキー的様相によって、せいぜいルターが「熱狂的」（enthousiaste）と名づけたものに類似するだけだと付言している。«Does God Dwell in the Heart of an Atheist?», *loc. cit.*, p.219 を参照。

(188) Yosef Hayim Yerushalmi, «Un champ à Anathoth : vers une histoire de l'espoir juif», in *Mémoire et histoire*, actes du XXVe Colloque des intellectuels juifs de langue française, Paris, Denoël, 1986, p.91–107.

(189) ブロッホはこの箇所に「終末論的切断」をはっきり看取している。この「終末論的切断」によって、最後の預言者たちは過去に起きたことならびに古の約束から離れて、「その根がいまだ実をもたらしてはいないような未来」を想像しようとするのである（*L'athéisme dans le christianisme*, *op. cit.*, p.134–135）。ミドラッシュ文学はしばしばこの聖句を註解してきた。一度なりとも、ミドラッシュ文学は、思い出せという命令を撤回する意に解さねばならないとは示唆してはいない。それとは逆に、二つの資料は、エレミアの「苦しみの預言」と、イザヤの「治癒の約束」とのあいだの一貫した対立を執拗に追っている（*Pesikta Rabbati*, 29/30B, 4；*Midrash Threni*（「哀歌」について）, I, 2, §23）。

(190) *Baba Bathra*, 60b.

(191) «Does God Dwell in the Heart of an Atheist?», *loc. cit.*, p.223.

著者略歴

(Pierre Bouretz, 1958-)

社会科学高等研究院教授．宗教的事象に関する学際的研究センター所長．専門はユダヤ・アラブ世界の中世哲学．著書『世界の約束――マックス・ウェーバーの哲学』(1996)『共和国と普遍的なもの』(2000)『バベルの塔』(共著，2003)『メシアニズムの光』(2008) ほか (いずれも未邦訳)．編書アーレント『全体主義の起原』『イェルサレムのアイヒマン』(2002)．

訳者略歴

合田正人〈ごうだ・まさと〉1957年生まれ．東京都立大学博士課程中退．西洋思想史，ユダヤ思想．明治大学文学部教授．著書『ジャンケレヴィッチ』(みすず書房 2003)『サルトル『むかつき』ニートという冒険』(シリーズ「理想の教室」，みすず書房 2006)『吉本隆明と柄谷行人』(PHP新書 2011) 訳書シャンジュー／リクール『脳と心』(共訳，みすず書房 2008) リクール『レクチュール』(みすず書房 2009) ベルクソン『創造的進化』(ちくま学芸文庫 2010) ほか．

渡名喜庸哲〈となき・ようてつ〉1980年生まれ．東京大学大学院総合文化研究科博士課程単位取得退学．日本学術振興会特別研究員．フランス哲学，社会思想史専攻．訳書ヴェーヌ『「私たちの世界」がキリスト教になったとき』(共訳，岩波書店 2010) ほか．

藤岡俊博〈ふじおか・としひろ〉1979年生まれ．東京大学大学院総合文化研究科博士課程単位取得退学．日本学術振興会特別研究員．専門はフランス哲学，ヨーロッパ思想史．訳書カイエ『功利的理性批判』(以文社 2011) ほか．

ピエール・ブーレッツ
20世紀ユダヤ思想家
来るべきものの証人たち
2
合田正人
渡名喜庸哲
藤岡俊博
共訳

2011年6月28日　印刷
2011年7月8日　発行

発行所　株式会社 みすず書房
〒113-0033 東京都文京区本郷5丁目 32-21
電話 03-3814-0131(営業) 03-3815-9181(編集)
http://www.msz.co.jp

本文組版　プログレス
本文印刷・製本所　中央精版印刷
扉・カバー印刷所　栗田印刷

ISBN 978-4-622-07581-3
[にじゅっせいきユダヤしそうか]